U0509971

本书出版由南京大学历史学院资助

本书为国家社科基金重大项目“长江下游社会复杂化及中原化进程研究”（20&ZD247）、

江苏省社会科学基金项目“江淮地区吴越文化遗存研究”（22LSB003)、

江苏高校哲学社会科学研究一般项目“宁镇地区文明化进程研究”（2021SJA0002) **阶段性成果**

长江下游地区
夏商时期考古学文化研究

白国柱　著

文物出版社

图书在版编目（CIP）数据

长江下游地区夏商时期考古学文化研究 / 白国柱著.
-- 北京 : 文物出版社, 2023.11
ISBN 978-7-5010-8200-1

Ⅰ. ①长… Ⅱ. ①白… Ⅲ. ①长江中下游－夏文化(考古)－考古学文化－文集②长江中下游－商周考古－考古学文化－文集 Ⅳ. ①K871.34-53

中国国家版本馆CIP数据核字(2023)第179757号

长江下游地区夏商时期考古学文化研究

著　　者：白国柱

封面设计：秦　彧
责任编辑：秦　彧
责任印制：王　芳

出版发行：文物出版社
社　　址：北京市东城区东直门内北小街2号楼
邮　　编：100007
网　　址：http://www.wenwu.com
经　　销：新华书店
印　　刷：北京荣宝艺品印刷有限公司
开　　本：889mm × 1194mm　1/16
印　　张：21
字　　数：506千字
版　　次：2023年11月第1版
印　　次：2023年11月第1次印刷
书　　号：ISBN 978-7-5010-8200-1
定　　价：280.00元

凡　例

（1）在对遗址遗物进行介绍时，陶器一般不特别标注。其他类别的器物会标注，如铜器、硬陶器、原始瓷器、石器、骨器等。

（2）因历史原因，许多简报在介绍出土遗物时，或有出土单位，但无具体编号，本文在出土单位后以“？”表示；有些遗物无出土单位或采集，也无编号，则只列器物名称，不编号。

（3）本文在介绍诸如龙山文化时期、二里头文化时期、商文化时期等类似的时间段时，为避免表达累赘，通常将“文化”去掉，如龙山时期。

序（一）

白国柱同志的著作《长江下游地区夏商时期考古学文化研究》即将出版，嘱我写序，我非常乐于承担这个任务。在此，与读者交流一下我的看法和感想。

《长江下游地区夏商时期考古学文化研究》一书，是在白国柱同志2017年博士学位论文基础上修订完成的。全书将长江下游地区分为里下河及运湖西地区、滁河流域、巢湖流域、皖西南地区、宁镇皖南地区、太湖流域等六个不同的区域，分别进行系统的考古学研究。在研究方法上，作者采用了传统的考古类型学和文化因素分析方法，将上述每个地区的考古学遗存分别进行细致的型式划分。首先建立每一个遗址的年代分期，进而完成区域内若干遗址的文化分期，讨论该区域从龙山时代向夏商时期的文化过渡，确定该区域内夏商时期考古学文化的格局和类型。最后，完成整个长江下游地区夏商时期考古学文化的编年、分布和动态演变过程。可以说，这部著作是一个纯粹的考古学研究成果，体现出了作者对于考古类型学研究的全部功力和水平，也是目前已经发表的，对于长江下游地区夏商时期考古学文化遗存最为细致和全面的观察与研究成果。这一著作的出版，将为该地区夏商时期考古学文化遗存的类型学研究提供可以借鉴的标尺，从而为进一步的综合研究奠定了坚实的基础。

白国柱同志本科并非考古学专业，但他很早就对考古学的知识表现出浓厚兴趣。本科毕业后，先到南京大学考古专业旁听了一些课程，经过努力，终于考进南京大学。经过考古学专业硕士和博士阶段近十年时间的系统学习和多次的田野考古工作，终于成长为一名合格的考古工作者。白国柱同志性格沉稳，观察事物细致入微，这也是他能够耐得住寂寞，多年来潜心专注于琐碎的考古类型学研究的一个先决条件。他在硕士、博士期间，先后参加了河南、安徽、江苏、上海等地十几处遗址的发掘，较重要者如上海广富林、安徽马鞍山五担岗等。工作后，参加了巴基斯坦的Jhang Bahatar遗址的发掘，打开了更广阔的研究视野。近年来，一直参与南京大学在江苏盐城大同铺遗址的考古本科田野实习工作，在手工业考古、植物考古等多个研究方向展开了新的探索，并承担了资料整理、考古报告出版事项。

白国柱同志参加的所有工作，以马鞍山五担岗遗址的发掘让我印象最为深刻。2009年底，在五担岗发掘工作结束后，所有参与发掘的老师和研究生均已撤离，只留下他一个人整理发掘资料。他从基本的陶器拼对工作开始做起，从不抱怨和懈怠，用了六年多时间，终于完成了《马鞍山五担岗》考古发掘报告的编写和出版。这个经历，可以看作是他从一个考古初学者向专业考古学家的转变过程。付出了很多，但得到的更多。有了这个积累，他顺利完成博士学位论文的写作。今天呈现给大家的这部著作，也可以说代表了他十多年来努力和付出的结晶。

长江下游地区早期文化遗存的发现和研究进程，已经有了近百年的历史。随着中华文明起源与早期发展阶段研究等重大学术课题的持续推进，以及全国各省区早期文明探索热潮的兴起，时至今日，仍然有许多问题是当今学术界的热点课题。因此，本书所讨论的一些基本问题，如文化类型的划分方案，文化因素的构成及动态演变过程等，也还是历久弥新的学术话题，需要不断进行深入探索和完善。当然，随着科技考古方法和技术的不断普及，对于长江下游地区夏商时期考古学文化的研究而言，也需要使用更多的科技方法和手段，来验证和补充传统的类型学研究所不能确定的细节和结论。这是考古学研究的大势所趋，也是长江下游地区夏商时期考古学文化研究一个新的着力点。

南京大学地处长江下游地区，南京大学考古学专业多年来在长江流域史前考古学研究方向用力甚多，已经出版了赵东升博士的《中原王朝视野下的南方和东南方——青铜时代长江中下游地区中原化进程研究》。白国柱博士的《长江下游地区夏商时期考古学文化研究》一书，可以看作是我们持续努力的又一个成果，体现出了这一地区的学术研究方兴未艾。我们期待着更多的年轻学者关注和投身到这个研究热潮中来，不断壮大我们的研究力量，也不断发出新的声音，展示新的学术成果。

水　涛

2023 年 9 月 6 日于南海中西部科学考察途中

序（二）

国柱先生的新作《长江下游地区夏商时期考古学文化研究》即将付梓，嘱我作序。

我对长江下游夏商时期的关注始于点将台文化，屈指算来已有三十多年。退休后，因种种原因已远离考古，尤其是远离江苏的考古，早已成为不知有汉、无论魏晋的桃花源中人。我与考古可谓是“别后不知君远近，触目凄凉多少闷；渐行渐远渐无书，水阔鱼沉何处问”。因此，以一个远离考古之人为国柱先生的大作作序，倍感汗颜。

夏商时期是我国由古国社会转型为王国社会的重要历史时期，长江下游引人瞩目的有新石器时代晚期的良渚文化与两周时期的吴越文化。良渚文化是我国古国文明的巅峰，吴越文化是长江下游王国文明的典范，而介于良渚文化与吴越文化之间的夏商时期考古学文化，则显得十分落寞。

夏商时期的长江下游是社会发展的低谷期，遗址数量急遽减少，城址与墓葬几乎不见，本土文化多呈弱势的发展态势；由于夏商时期夷夏东西的格局以及虞夏更替、后羿代夏、少康中兴、商汤伐桀、桀奔南巢、帝乙伐人方等一系列历史事件的发生，长江下游成为考古学文化的走廊，导致南荡遗存、广富林遗存、周邶墩遗存等非本土文化遗存在长江下游出现。

夏商时期长江下游不同区域的考古学研究甚少，对长江下游夏商时期考古学文化的全面研究几乎阙如，研究范围与研究深度与良渚文化或吴越文化相比较，可谓望尘莫及；加之以往的研究多有不足，研究结论相互抵牾者亦屡见不鲜。

诸多的不利因素为长江下游夏商时期考古学文化的研究带来极大的难度。我深知研究长江下游夏商时期考古学文化的无奈与苦衷，也深知长江下游夏商时期考古学文化研究的不足与缺憾。然国柱先生没有望而却步，而是知难而上，在所著的《长江下游地区夏商时期考古学文化研究》中对长江下游夏商时期的考古学文化进行了全面的、有条不紊的综合研究，国柱先生的大作无疑填补了长江下游夏商时期考古学文化研究的不足与缺憾。

国柱先生熟稔长江下游的山脉河流，熟稔长江下游的地形地貌，在《长江下游地区夏商时期考古学文化研究》中，驾轻就熟地将长江下游分为里下河地区、滁河流域、巢湖流域、皖西南地区、宁镇皖南地区和太湖流域等地理单元，建立了长江下游各地理单元从龙山向夏过渡期到夏商时期的分期框架，并根据现有资料尽量保持了分期框架的完整性和连续性，在分期框架的基础上推定了不同地理单元考古学文化年代上限与下限，重新界定了马桥文化、点将台文化、湖熟文化的年代。这是第一次建立的长江下游夏商时期考古学文化年代的框架与分期标尺。

《长江下游地区夏商时期考古学文化研究》对长江下游夏商时期各地理单元的考古学文化进行了文化因素的重新辨识，对各考古学文化的源流、文化背景、分布等问题提出了新的研究思路，同时补充了点将台文化、湖熟文化、万北类型、大城墩类型、亭林类型等考古学文化类型的内涵，确立了龙冈类型、神墩类型、滁河类型、薛家岗类型等新的考古学文化类型，填补了里下河地区、太湖流域、滁河流域、皖西南地区等地理单元的考古学文化空白。这是第一次提出龙冈、神墩、滁河、薛家岗等新的考古学文化类型，为长江下游夏商时期考古学文化的细化研究提供了可靠的依据。

长江下游远离夏商王朝的政治中心，亦未出现方国，《长江下游地区夏商时期考古学文化研究》对长江下游的文明进程进行了分析研究后，对中原文化在夏商王朝的不同时期对长江下游产生的影响进行了归纳；同时，《长江下游地区夏商时期考古学文化研究》还关注南方新石器时代末至夏商时期考古学文化与长江下游的关系，对马桥文化来源于肩头弄第一单元的认知提出了质疑，表明《长江下游地区夏商时期考古学文化研究》的研究范畴已远远超出了长江下游。

衢江上游的肩头弄文化又称肩头弄类型，或认为是马桥文化的一个地方类型，或认为是马桥文化的来源。根据今年在衢江流域的考古发掘，可以明确肩头弄文化是姑蔑文化的来源。在百越文化的研究中，马桥文化—于越文化、肩头弄文化—姑蔑文化、马岭文化—闽越文化并行不悖。国柱先生根据肩头弄三个单元的研究与象鼻盉的断代研究，掷地有声地指出“马桥文化来源于肩头弄第一单元的错误观点就必须更正了”，显示出独立思考的精神。

国柱先生为人低调，学问严谨；尊师敬长，谦虚谨慎。《长江下游地区夏商时期考古学文化研究》的基本逻辑次序是龙山时期向夏时期考古学文化的过渡、夏商时期考古学文化的文化分期、文化类型、文化编年、文化分布与文化演变；《长江下游地区夏商时期考古学文化研究》的最终结论是长江下游夏商时期诸文化发展过程是中华文明多元熔炉发展格局的缩影。全书内容结体合理，论述循序渐进，娓娓道来，嚼后生津。

夏商时期的考古学文化与古国、古族关系密切，尽管长江下游夏商时期古国、古族的记载语焉不详，然根据西周时期的群舒、巢、徐、干、吴、越等诸侯国家的地望，还是可以对长江下游夏商时期考古学文化地理单元的划分提供一定的依据。如考虑到西周时期诸侯国家的地望，《长江下游地区夏商时期考古学文化研究》中滁河流域与巢湖流域的划分是否可以重新考虑?

《长江下游地区夏商时期考古学文化研究》是研究长江下游夏商时期考古学文化的一部力作，是研究长江下游夏商时期考古学文化必读的著作；《长江下游地区夏商时期考古学文化研究》使长江下游夏商时期考古学文化的研究迈上新的高度，为长江下游夏商时期考古学文化的研究开辟了新的领域。因此，我乐意向关注长江下游夏商时期考古学文化的各界人士推荐国柱先生的《长江下游地区夏商时期考古学文化研究》。

是为序。

张　敏

2023 年 9 月 5 日凌晨

目　录

插图目录

插表目录

第一章　绪论

中华文明具有悠久的历史，也是世界四大古文明之一；其起源时间虽不算是最早者，但确是其中唯一未间断过的文明。世界上也没有哪一个国家像中国，在如此之大的国家中有始自数百万年前至今不衰不断的文化发展大系[1]。在文明起源与发展的过程中，河流、水系往往起到了极其重要的作用。其他三大古文明，多借一河流或水系，如古埃及、古巴比伦；而古印度也仅印度河、恒河两水系；只有中国，同时有许多河流与许多水系，而且都是极大且极复杂的[2]。在很长一段时间内，有一种看法认为黄河流域是中华文明的摇篮，民族文化从此兴起后再向外传播，其他地区的文化是在其影响下得以发展的。伴随考古工作的深入，这种认识逐渐发生改变。20世纪80年代，苏秉琦先生根据我国境内存在的公元前5千年至公元前3千年间的古文化遗存提出六大区域的主张[3]；进而提出中国文明起源与形成的多元说、满天星斗说，并指出中国文明曙光出现于公元前3千年前后[4]。俞伟超先生在苏先生的认识基础上，将六大区域更新为八大文化区[5]。张忠培先生同样也认为，中国古代文化的多元格局源远流长，谱系文化呈板块结构并彼此联结，并将中国古代文明分为三期五段[6]。严文明先生称，作为一种延绵不断的古老文明，必然有丰富而又深刻的思想内涵贯穿其中，并成为支撑其延续的坚强支柱，最终组成多元一体的文化格局[7]。

根据路易斯·亨利·摩尔根的主张，将人类文化发展划分为七个阶段，其中文明社会始于标音字母的发明和文字的使用[8]。自20世纪20年代末殷墟发掘起，让世界开始对中国古代文明产生新的认识，并逐步认可商王朝的存在。对夏文化的探索，也逐渐变得深入。伴随二里头遗址和二里头文化面貌的清晰揭示，这种文化成为公认的探索夏文化最重要的研究对象。夏鼐先生曾指出，二里头文化同较晚的文化相比，是直接与二里冈文化，间接与小屯殷代文化，都有前后继承的关系；同时

---

[1] 苏秉琦：《中国文明起源新探》，第176页，生活·读书·新知三联书店，1999年。

[2] 钱穆：《中国文化史导论》，第4、5页，商务印书馆，1994年。

[3] 苏秉琦、殷玮璋：《关于考古学文化的区系类型问题》，《文物》1981年第5期。苏秉琦先生将中国境内的古文化划分为六大区域，分别为陕豫晋临境地区、山东及邻省一部分地区、湖北和邻近地区、长江下游地区、以鄱阳湖—珠江三角洲为中轴的南方地区、以长城地带为重心的北方地区。

[4] 苏秉琦：《中国文明起源新探》，第101～127页，生活·读书·新知三联书店，1999年。

[5] 俞伟超：《中国古代文化的离合与启示》，《古史的考古学探索》，第68～76页，文物出版社，2002年。俞伟超先生将中国境内的古文化划分为八大文化区，分别为黄河中游、黄河下游、长江上游、长江中游、长江下游、长城地带东部、长城地带西部、鄱阳湖—洞庭湖一带（甚至包含鄱阳湖以南直到南海的地区和福建东部沿海地区）。

[6] 张忠培：《中国古代的文化与文明》，《考古与文物》2001年第1期。张忠培先生将中国文明时期分为三期五段：一为方国时期，或称古国时期，此期可分为公元前三四千年之际前后和龙山时代或尧舜时代两段；二为王国时期，夏商和西周存在区别，可分为夏商和西周两段；三为帝国时期。

[7] 严文明：《中华文明史》第一卷，第6～16页，北京大学出版社，2006年。

[8] 〔美〕路易斯·亨利·摩尔根著，杨东莼、马雍等译：《古代社会》，第3～12页，中央编译出版社，2007年。摩尔根认为，可将人类文化分为低级蒙昧社会、中级蒙昧社会、高级蒙昧社会、低级野蛮社会、中级野蛮社会、高级野蛮社会、文明社会等七个发展阶段。

又认为二里头文化接近中国文明的开始点[1]。越来越多的资料表明，可能在进入二里头时期之前，中国境内存在的诸多古文化中便已出现城市、文字、青铜器等文明要素。张忠培先生主张，需要重新建构西周以前文明史[2]，这显然意义非凡。近些年，也取得了卓有成效的断代成果[3]。而对于尧舜时代文明（或古文化）的研究，也随着陶寺、石峁、碧村等遗址的发现开始进入新阶段。夏商周断代工程的探索方向，逐渐将目光从中原核心地区向外延伸。考古新材料的不断涌现，更加证明了中国文明的产生与发展是多样的，周边地区的文明发展史同样值得关注。

长江下游，是中国重要的地理和文化单元。在很长一段时间内，对该地区的历史发展状况认识却不足。过去数十年的工作，逐步让人认识到这里也是中国重要的古文化区域。长江下游，是苏秉琦先生所划分的六大区域之一，在文化上有其自身的独特性；它至少与邻近的其他三大区域联结甚密、交流频繁，而这种复杂的文化背景也是目前该地区新石器时代末期至夏商时期困局难解的原因之一。这个困局，往往又包含文化属性、分期、年代三个核心问题；而这也一直是学术界所追逐的热点。伴随时间的推进，在一些问题的认识上已渐深入。自良渚至夏时期之间的文化空白，已伴随着钱山漾文化[4]、广富林文化[5]遗存的发现逐步得到填补。而该地区存在的夏商时期遗存，前人已取得较深入的认识，成果也较丰硕；但受主客观条件所限，仍有些问题需要解决。主要有三方面：（一）分期框架问题；（二）年代断定问题；（三）文化因素辨识问题。三大问题的背后，同时又隐含各种小问题，如文化来源、分布、社会形态等。要解决这些问题，并不容易。首先便是长江下游各地理单元的文化背景，需要将至迟自新石器时代末期以来的考古遗存进行辨识，划归到各自的考古学文化。可以发现，无论是长江下游存在的各地理单元内部，还是与之相邻的大的地理单元间，均有较强的文化互动。本地的文化因素不一定是土生土长，有可能来源于相邻地区甚至更远地区。一些考古学文化的迁徙可以深化这种认识，如大汶口文化的南下、良渚文化的北上、海岱龙山文化的南下、造律台文化、新砦期文化的南下等。这些实例表明，长江下游与相邻或更远地区的文化交流史，在更早的时段便存在了。从事该地区夏商时期考古学文化研究，就必须建立在这些基础之上。要解决根本问题，不仅深入中原，进入海岱，甚至黄河以北更远区域；同时也要追溯至长江中游以及黄山山脉以南、浙闽赣交界处仙霞岭以北所包含的黄山文化圈，或地理位置更靠南的地区。以上所述，是长江下游地区夏商时期研究的历史积留和难点问题；而这也是进行该研究的意义所在。

笔者在完成系列工作之后，也取得了一些成果。首先，建立了长江下游各地理单元夏商时期分期框架；根据现有资料，尽量保持了分期框架的完整性和连续性。其次，完成了各考古学文化年代上下限及相关年代的断定，对以往不足予以更正，如马桥文化、点将台文化、湖熟文化等的年代问题，特别是湖熟文化年代的重新判定将会引发系列变动。再次，对文化因素的重新辨识，将对各考古学文化的源流、文化背景、分布等问题提供新的研究思路；补充了各地区考古学文化类型的内涵，如点将台

[1] 夏鼐：《中国文明的起源》，第96页，文物出版社，1985年。

[2] 张忠培：《中国古代文明之形成史纲》，《考古与文物》1997年第1期。

[3] 夏商周断代工程专家组：《夏商周断代工程1996～2000年阶段成果报告（简本）》，世界图书出版公司，2000年。

[4] 宋建：《"钱山漾文化"的提出与思考》，《中国文物报》2015年2月13日第6版。

[5] 张忠培：《解惑与求真——在"环太湖地区新石器时代末期文化暨广富林遗存学术研讨会"的讲话》，《南方文物》2006年第4期。陈杰：《广富林文化初论》，《南方文物》2006年第4期。

文化、湖熟文化、万北类型、大城墩类型、亭林类型等，或在已有基础上提出新的文化概念；最后，确立了一些新的考古学文化类型，如神墩类型、薛家岗类型、滁河类型、龙冈类型等，有一定程度的创新，并填补了一些地区的考古学文化空白，这也是阐释地方文化的有益尝试。

总体来说，长江下游各地理单元的考古学文化互动频繁，夏商时期更是如此。从事该项研究，往往牵一发而动全身。夏商文化在分期和断代研究方面取得的进步，更是对长江下游的相关研究形成了巨大挑战。近些年来，伴随发掘技术的改善、多种科学技术的运用等，也迎来了前所未有的机遇。而笔者所取得的成果，或许对于长江下游地区夏商时期考古学文化研究有些微促进。

第一节　研究的时空范围

一　空间范围

本文研究的空间范围，为长江下游。本文选取鄱阳湖以北的湖口、九江，作为长江中游、长江下游的分界；其分界线大致为现湖北、安徽的省界。长江下游西侧部分，大致以江淮分水岭为北界；发源于江淮分水岭，而注入巢湖的水系，归属巢湖流域；发源于江淮分水岭，注入长江的水系，主要为滁河，归属滁河流域。长江下游东侧部分，大致以淮河故道（废黄河）为北界。钱塘江及其上游富春江，为长江下游的南界，皖南、浙西注入该河的水系区均纳入该空间。而长江下游的东界，则至大海（图1-1）。按地理特征不同，长江下游可分里下河及运湖西地区、滁河流域、巢湖流域、皖西南地区、宁镇皖南地区、太湖流域六个地理单元。在对这些地理单元进行研究时，考虑到文化因素来源，还涉及中原、海岱、太行山东部、长江中游、黄山周围甚至浙闽赣等地区的材料。

里下河及运湖西地区，位于江淮分水岭的东部，平均海拔较低、湖沼与河流密布，是长江下游维系海岱地区、中原地区文化交流的纽带。历史上，南北方向的文化交流体现得更加频繁，东西方向则要薄弱一些。南北方向，北向分正北、西北两个侧支；正北主要是指与海岱间的交流，西北主要指通过古泗水与豫东、鲁西南一带的交流。东西方向，主要是指沿淮河干流往西借支流池河、东淝河等与淮巢地带间的交流，或借支流涡河、颍河和汝河与豫东偏西地带间的交流。

滁河流域，是指滁河水系区；位于张八岭山脉与长江之间，东、西两端分临运湖西地区及巢湖流域。滁河，古称“涂水”，发源于安徽肥东县的梁园镇附近，往东流经居巢、含山、全椒、来安、南京和仪征，于仪征青山镇注入长江。滁河上游，与淮河南侧支流及巢湖水系地理位置非常接近。沿滁河至居巢与含山交界处，为柘皋河与夏坝河发源地。裕溪河沟通巢湖、长江，其支流清溪河与德胜河上游几乎相通；裕溪河在无为县二坝镇注入长江。和县、南京交界处，为滁河重要支流驷马河，于乌江镇注入长江。进入全椒、滁州境内，滁河支流多为南北向。绵延东西的江淮分水岭，从其中延伸出来的张八岭山脉将江淮地带东西隔开，向东地势渐低，也是通往里下河地区最大的天然阻隔[1]。因此，张八岭山脉在东南方向上自然延伸的分支，是滁河流域与运湖西以西平原的天然分界。滁河支流向阳河、八百河、新禹河等便发源于这些丘陵；由这些支流可进入运湖西地区。可以

[1]　汤加富：《大别山及邻区地质构造特征与形成演化》，第176、177页，地质出版社，2003年。

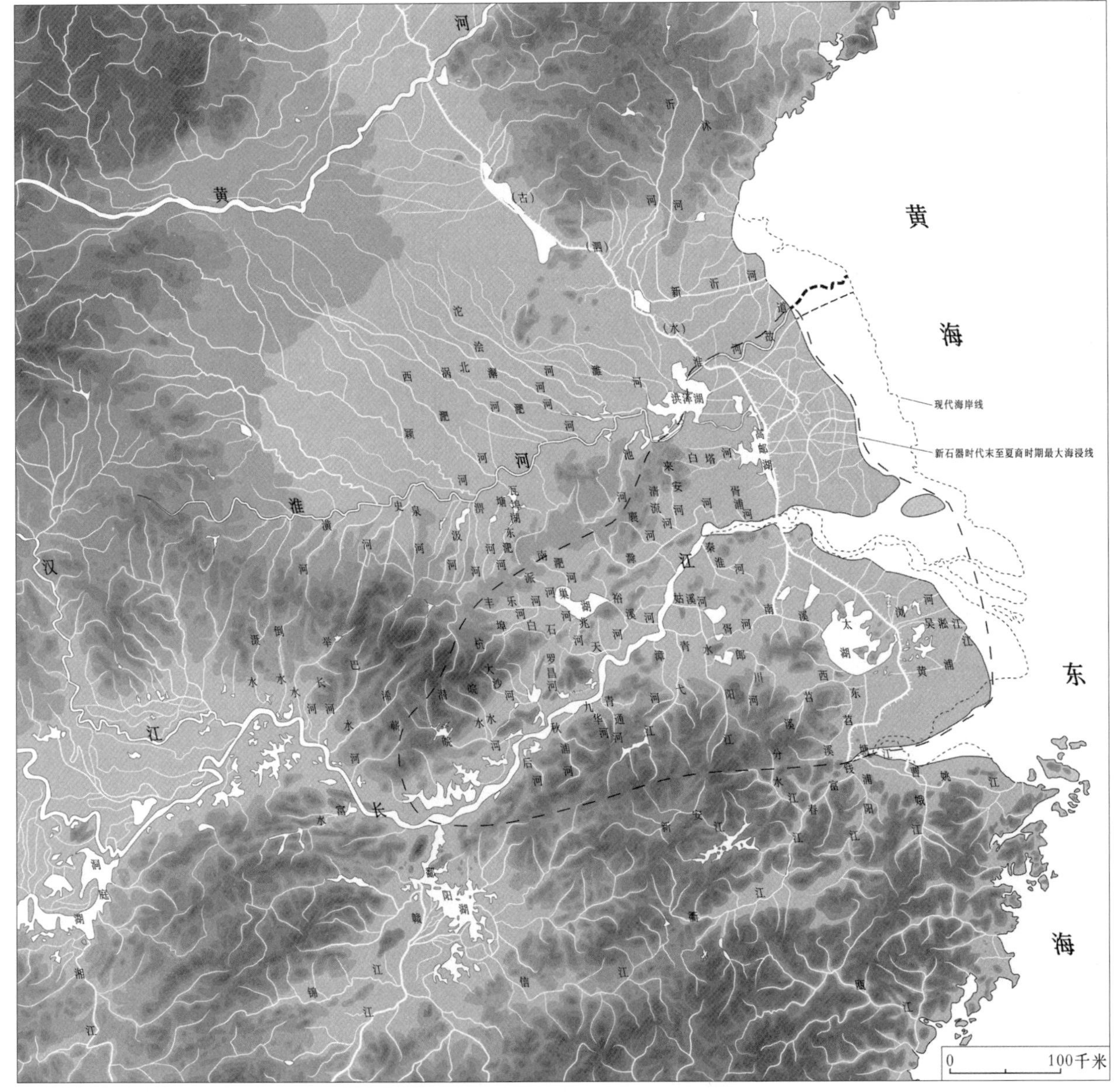

图1-1　长江下游地区地理位置图

看出，滁河流域也是南北交流的重要通道。

巢湖流域，指巢湖水系区；位于大别山系、江淮分水岭与长江之间，西南、东北方向分别与皖西南地区、滁河流域相邻。该流域河流众多，如南淝河、派河、丰乐河、杭埠河、兆河、裕溪河、柘皋河等。其中，巢湖西北的派河、南淝河，是沟通巢湖与淠河、东淝河的重要通道；巢湖北侧的柘皋河与滁河相邻，是沟通巢湖与滁河流域的通道；巢湖东北的裕溪河贯通巢湖、长江，是沟通宁镇地区与巢湖流域的重要通道；巢湖南侧的兆河、天河是沟通皖西南沿江地区与皖南的要道；巢湖西侧的杭埠河，沿河往西可进入大别山区；巢湖西侧的丰乐河，支流发源于江淮分水岭，上游与淠河相近。

皖西南地区，位于大别山系与长江之间，东端毗邻巢湖流域，西端紧邻鄂东南。沿鄂东南往西，可进入江汉平原；经湖口、九江之间水路往南，可进入与鄱阳湖休戚相关的赣北地区；而由鄱阳湖东南侧信江可进入黄山以南的狭长谷地。在历史上，皖西南地区是江汉平原、鄱阳湖水系与江淮地区交流的纽带。皖西南地区河流众多，大多发源于大别山系，最后注入长江，如皖河、大沙河等；

也有许多较小的河流起着沟通、串联这些大河的作用，如黄泥河；与长江平行方向的河流则少见。除此之外，也有诸多湖泊，如枫沙湖、白荡湖、破岗湖、菜子湖、龙感湖、泊湖、武昌湖、官湖等，这些湖泊也是东西通道的重要部分。

宁镇皖南地区，一般是指以茅山—天目山山脉为东界，黄山山脉为南界，九华山一线为西界，北侧大概以长江为界；江北蜀岗也包含在内。本文对这种分界基本认可。但笔者同时认为，蜀岗一带应为江淮分水岭张八岭余脉；宁镇地区的北界并未越过长江。严格来讲，宁镇地区与太湖流域并没有严格的界限，尤其是茅山山脉偏南地区。郎溪一带的郎川河水系既不属太湖流域，又很难划分至宁镇地区[1]。本文暂遵从以往认识，仅将北界作了调整；同时又将该地理单元分为南、北两部分，两者以芜湖漳河入江处至固城湖一线即古中江为界。北部地区即以宁镇丘陵为核心的地域，称宁镇地区。区域内主要有秦淮河、姑溪河两大水系，也存在一些较小的沿江河流如慈湖河、扁担河、高资河、七乡河等；地形以平原为主，分布一些沿江丘陵。过古中江后，划为南部地区，是广义的皖南地区，区域内主要有漳河、青弋江、水阳江及郎川河等诸水系，徽州盆地则有新安江支流；另有一些细小的沿江河流如秋浦河、青通河、顺安河、黄浒河等。皖南地区由北向南地势渐高，进入繁昌—宣城—广德一带更是明显；这些山地间也分布着一些海拔较高的盆地如徽州盆地、古黟盆地等。新安江北侧支流经徽州盆地，并一直流至钱塘江下游至宁绍平原、杭嘉湖平原；南侧支流则流经金衢盆地，并在建德梅城与北侧支流汇聚。新安江是沟通徽州盆地、金衢盆地、宁绍平原与杭嘉湖平原的交通要道，同时由可向北进入宁镇地势较低的平原区。因此，宁镇皖南地区新石器时代、夏商时期遗存的文化构成一直较为杂糅。

太湖流域，指太湖水系区；它的西侧紧邻宁镇地区，南、北两个方向则分别与里下河及运湖西地区、宁绍平原相邻。太湖西北、北部、东部地区，河网密布，历史上地貌也发生过较大的变动；但总体来说，内部交通较为便利。太湖西部的胥河、南溪，是沟通太湖与水阳江水系的要道，往西可至长江。太湖西南侧，分别为西苕溪和东苕溪，均发源于天目山，后在湖州道场乡汇聚流入太湖。茅山山脉北侧与沿江山脉间有一个较大的天然豁口，有部分注入太湖的河流也自此经过；宁镇地区由秦淮河水系沿水路则进入不了太湖水系，豁口地带是此二水系天然的过渡带。

二 时间范围

本文主要以长江下游地区夏商时期的考古遗存作为研究对象。那么，结合实际情况，将新砦期作为所涉及“夏”之年代上限。而研究的商时期遗存，则以殷末年为年代下限。西周时期遗存不再进行研究。夏商时期的绝对年代，上限参考《新密新砦——1999～2000年田野考古发掘报告》第二期遗存的测年数据，年代在1850BC～1750BC之间[2]；下限参考《夏商周断代工程1999—2000年阶

[1] 笔者认为宁镇地区的范围东以茅山—五条龙山（或胥河）为界，南以由芜湖至固城湖的河流（古中江）为界，西侧、北侧以长江为界。而在古中江南侧，以郎川河、水阳江、青弋江、漳河等流域区划分为皖南地区。宁镇、皖南，以往也有合称宁镇地区者。但从地理差异和不同阶段考古发现来看，将以郎川河、水阳江、青弋江、漳河等流域区为代表的皖南单独划分出来，则是一种趋势。

[2] 北京大学震旦古代文明研究中心、郑州市文物考古研究院：《新密新砦——1999～2000年田野考古发掘报告》，第428、429页，文物出版社，2008年。

段成果报告（简本）》殷墟四期末遗存的测年数据，年代为1046BC前后[1]。

第二节 研究对象和研究方法

一 研究目的

本文的研究目的，主要是建立长江下游地区夏商时期考古学文化的分期框架，然后在此基础上断代，并对地域间考古学文化的互动关系进行讨论。

二 研究对象

考古学文化研究，往往是以遗址出土的人类遗物作为研究对象，借以明确遗物背后所反应的社会形态。这些人类遗物，多包含石器、陶器、金属器、有机遗物等[2]，其中又以陶器、金属器等更易判定年代。长江下游地区夏商时期遗址中，陶器是最主要的出土物，自然作为主要研究对象；金属器数量较少，且大多为铜器，也为重要研究对象；原始瓷器也较少，但它代表着一种陶瓷器生产技术的跨越，作为辅助研究对象。

三 研究方法

1.地层学与类型学

地层学与类型学，是考古研究的基本理论和方法[3]。地层学，可以正确揭示遗址堆积间的先后关系，这也是考古学可靠的科学基础；而由此也可以明确这些堆积所出遗物的年代先后关系。类型学，又称器物形态学、标型学或型式学[4]，主要被用来研究器物的演化过程，即使有了准确的地层关系，如果不对其中的包含物作类型学分析，便很可能搞错文化性质和相对年代[5]。长江下游地区夏商时期遗址地层多较复杂、破碎、连续性差，仅依靠地层学往往独木难行；因此，类型学在串联这些千丝万缕的关系中起到了重要的作用。长江下游，东西、南北方向跨度均较大，因此选择合适的典型器进行器物排比，是研究的核心工作[6]。如皖西南地区商时期陶器选择的典型器为鼎式鬲、附耳甗和曲柄盉，其中鼎式鬲多见于商文化盘龙城类型，少量见于二里冈类型、湖熟文化；附耳甗多见于大路铺文化，也多见于赣东、皖南地方文化；曲柄盉则多见于商文化薛家岗类型，少量见于大路铺文化，巢湖西及皖南部分地区地方文化中也有分布。又如宁镇地区商时期陶器选择的典型器为长颈袋足鬲、

[1] 夏商周断代工程专家组：《夏商周断代工程1999—2000年阶段成果报告（简本）》，第52页，世界图书出版公司，2000年。

[2] 〔美〕罗伯特·沙雷尔、温迪·阿什莫尔著，余西云等译：《考古学——发现我们的过去》，第279～304页，世纪出版集团上海人民出版社，2009年。

[3] 张忠培：《地层学与类型学的若干问题》，《文物》1983年第5期。

[4] 苏秉琦：《地层学与器物形态学》，《文物》1982年第4期。

[5] 俞伟超：《关于"考古类型学问题"——为北京大学七七至七九级青海、湖北考古实习同学而讲》，《考古类型学的理论与实践》，第1～35页，文物出版社，1989年。

[6] 王巍：《中国考古学大辞典》，第6页，上海辞书出版社，2004年。

鼎式鬲、浅盘鼎、圈足簋形器、圈足罐形豆等，它们又分别与中原地区、皖西南地区、太湖流域的古文化有相同或相似者。这些器物，不仅是某地区陶器分期的标准，也往往是当地最具特色者；有的具备鲜明的时代特性，成为分期、断代的重要标的物；甚至是某地方文化的标志性器物，成为此文化与彼文化区别的划分标准，其背后可能对应了不同的族属。选择这些典型器后，遗址与遗址之间、地区与地区之间的古文化分期、断代便可互校；选择的数量越多，分期、断代的准确性便越高。当然，这些工作最好辅以相应的测年技术，使其可行性得以提高。

2.碳-14测年及树木年轮断代法

碳-14测年又称^{14}C断代法，是考古界运用频率最高的断代方法[1]，往往使用树木年轮断代法来校正测年结果；这种方法，使一些不确定因素大大减少，在大约一万年内时间尺度的精确度可达到50年[2]。但测年的准确性及其误差，是考古工作中必须谨慎对待的问题[3]；因为这要受样本选择、样本数量、是否受污染等多方面条件的制约。在以往，长江下游地区夏商时期遗址发掘工作中碳-14测年选样往往偏少，其中还有一些并未经过树木年轮校正；所以，以往测年数据的准确性是存在很大问题的。这个问题当然也逐渐得到了重视，马桥遗址在发掘时，碳-14选样数量便已经开始提高，钱山漾遗址第三、四次发掘时选样数量已经非常科学了。但如今研究面临的困境，便是大部分已发掘的遗址缺乏科学的测年数据，或者根本没有。夏商周断代工程如今已经取得阶段性成果[4]，碳-14测年技术的作用自然是举足轻重。当然，这个方法还面临一个问题，即夏商时期某考古学文化的某期年代区间可能不满50年，这还是不包含其他因素在内的情况。那么，在夏商文明史研究中对年代精度要求越来越高的情况下，处于传统认知的夏商王朝边陲之地的长江下游相关考古工作便应开始迎接挑战了。

3.文化因素分析法

文化因素分析法，是建立在考古学理论基础之上的进行考古学文化谱系分析的重要方法[5]。这种方法，在本质上是对考古学文化构成因素的分析[6]。它也是一种“解构”法，通过对不同文化因素的组别、源流进行分析，深化对各种考古学文化的成长过程、运动规律和彼此联系[7]。正如苏秉琦先生所说，要建立某区域的考古学文化区系类型体系，其基础便是对这些区域存在的遗存进行文化因素的逐级科学分析。而这种方法，是与地层学和类型学相辅相成、互为补充的。进行类型学研究，必须以地层学作为前提；进行文化因素分析，也必须以类型学为基础。而这样一个逐级的研究，都是有科学的依据包含在里面的。考古学文化的发展，并非孤立和封闭的，而是在与周围其他同时期考古学文化复杂的交流中逐步实现的。要进行文化因素分析，必须在分析该考古学文化与其他考古学文化各自文化内涵的基础上，进行纵向、横向甚至是交叉的比较研究，才能够弄清他们在各自发展

[1] 仇士华、蔡莲珍：《碳十四测定年代工作的发展近况》，《文物保护与考古科学》1989年第1期。
[2] 杨晶、吴加安：《科技考古》，第108～110页，文物出版社，2008年。
[3] 栾丰实、方辉等：《考古学理论·方法·技术》，第228～232页，文物出版社，2003年。
[4] 夏商周断代工程专家组：《夏商周断代工程1996～2000年阶段成果报告（简本）》，世界图书出版公司，2000年。
[5] 王巍：《中国考古学大辞典》，第8页，上海辞书出版社，2004年。
[6] 李伯谦：《论文化因素分析法》，《中国文物报》1988年11月4日第3版。
[7] 贺云翱：《具有解构思维特征的“文化因素分析法”——考古学者的“利器”之四》，《大众考古》2013年第5期。

过程中的传播、影响、融合、同化等具体过程或情景，借以揭示它们之间更为真实的相互关系[1]。如长江下游的湖熟文化，以往均认为刻槽盆、梯格纹是其核心文化要素，而马桥文化的该类因素应来自湖熟文化；但根据昆山、钱山漾、邱城、五担岗等遗址出土遗物的分析发现，其传播方向是相反的。正如前文所述，进行文化因素分析，必须要建立在地层学、类型学的基础之上；而这，恰是重中之重。

4.各种分析方法与系络图[2]的建立

“系络图”概念的核心思想，来源于英国考古学“Harris Matrix”，或称“哈里斯矩阵”；也可以这样认为，“系络图”是对“哈里斯矩阵”的直接引进和运用[3]。“哈里斯矩阵”是被广泛认可的目前最有效的田野考古记录方式之一，我国在田野考古实践过程中逐渐对其修订和完善[4]；“系络图”便是在此背景下产生的。全面揭露发掘法[5]或开放空间发掘法[6]是近些年由欧洲引入的，但我国仍主要采用探方发掘法[7]。而这些工作，又以抢救性发掘居多，还要面临发掘工期短、发掘面积大、地层堆积复杂等原因。为了解遗址文化面貌，也经常采取在遗址不同位置试掘的做法。采用探方发掘法的缺点之一，便是容易造成探方与探方之间地层难以衔接，而采用分区或多个位置试掘的方法更是如此。在这种情况下，建立探方系络图便显得尤为重要，而这也是“哈里斯矩阵”所不能体现的[8]。建立探方系络图，也是笔者进行长江下游地区夏商时期考古学文化研究所采用的核心方法。符合条件的，还要建立发掘区系络图；这个系络图，中间还要穿插类型学方法的运用。因为即使打掉隔梁、关键柱，还会存在发掘区的差异问题；当然这也只是条件最佳的状况，有些类似开放式发掘。

实际情况要糟糕得多，长江下游地区夏商时期遗址发掘基本属于以上所列最差的状况。笔者采用探方系络图与类型学相结合的方法，让遗址探方与探方、遗址与遗址之间可以建立有机的联系；这种联系，往往还要以碳-14测年及树木年轮校正法作为辅助。尽管仍存在诸多欠缺，但这也是目前从事该项研究的最佳途径。

本地区的夏商时期考古学文化研究，所采用的地层学、类型学、碳-14测年技术断代法、树木年轮断代法等方法，无一不是为了建立“系络图”。从遗址的探方系络图，至发掘区系络图，再至遗址的系络图；而遗址系络图便是特定条件下并不完整的哈里斯矩阵。不同遗址系络图之间建立联系，地理单元与地理单元之间系络图建立联系，而后者便是长江下游地区夏商时期考古文化框架的雏形。笔者所进行的分期研究，就建立在系络图基础之上。这些系络图，体系非常庞大，本文不再详列。

[1] 李伯谦：《论文化因素分析法》，《中国文物报》1988年11月4日第3版。

[2] 国家文物局：《田野考古规程》，第35、36页，文物出版社，2009年。

[3] 汤惠生：《哈里斯矩阵：考古地层学理论的新进展》，《考古》2013年第3期。

[4] 赵辉、张海等：《田野考古的“系络图”与记录系统》，《江汉考古》2014年第2期。

[5] 丁兰：《当代法国田野考古发掘方法与技术》，《华夏考古》2006年第4期。霍东峰、陈醉：《“全面揭露发掘法”与“探方揭露发掘法”评议》，《考古》2015年第11期。

[6] 汤惠生：《哈里斯矩阵：考古地层学理论的新进展》，《考古》2013年第3期。

[7] 国家文物局：《田野考古规程》，第4～7页，文物出版社，2009年。

[8] 赵辉、张海等：《田野考古的“系络图”与记录系统》，《江汉考古》2014年第2期。

四　分期体系参照标准

1.夏时期

本文所进行的长江下游夏时期考古学文化研究，分期参照中原核心地区同时期考古学文化框架体系，该地区考古学文化自新砦期至二里头文化时期[1]基本连贯。根据新砦遗址发掘结果得知，二里头一期遗存叠压在新砦期遗存之上，而新砦期是连接王湾三期与二里头一期的链条[2]。可以认为，新砦期是相当于夏早期的考古学文化，至于是否归属二里头文化系统，本文暂不予讨论；而二里头时期，应相当于夏中晚期[3]。由此可知，新石器时代末期王湾三期之后为新砦期，新砦期之后为二里头时期（表 1-1）。

表1-1　中原核心地区夏文化分期对应表

夏早期		夏中晚期			
新砦期		二里头文化			
早期	晚期	一期	二期	三期	四期

为避免分期、年代的混乱，本文在研究中作出以下调整：凡在年代上相当于新砦期的遗存，均列入夏早期；凡是年代相当于二里头时期的遗存，均以具体的期别归属。根据目前的测年数据，新砦期的年代在 1850BC ～ 1750BC 之间，可分早、晚二期。二里头文化可分为四期，第一期遗存的年代上限目前基本认定为 1750BC；第四期遗存的年代下限，暂定为 1550BC。

2.商时期

本文所进行的长江下游商时期考古学文化研究，分期参照商文化框架体系。通过前后几代学者的努力，商文化的分期研究已愈来愈成熟；尽管划分标准不尽相同，但在分期先后顺序上是一致的。邹衡较早涉足商文化分期，并取得诸多让人瞩目的成果[4]；并对商文化分期进行了修正。本文引用其《试论夏文化》一文所述商文化的分期体系。郑振香[5]、安金槐[6]、王立新[7]等在邹衡分期基础上对早商、晚商等问题也有各自的表述。唐际根在 1997 年发掘花园庄遗址时，注意到早于大司空一期并晚于白家庄阶段的遗存，将其分为早、晚两段[8]，并指出这种遗存属中商时期[9]；随

[1]　下文表述过程中，“二里头文化时期”简略为“二里头时期”，“二里头文化 × 期”简略为“二里头 × 期”。

[2]　赵春青：《新砦期的确认及其意义》，《中原文物》2002年第1期。北京大学震旦古代文明研究中心、郑州市文物考古研究院：《新密新砦——1999～2000年田野考古发掘报告》，第419～430页，文物出版社，2008年。

[3]　夏商周断代工程专家组：《夏商周断代工程1996～2000年阶段成果报告（简本）》，第77页，世界图书出版公司，2000年。

[4]　邹衡：《试论郑州新发现的殷商文化遗址》，《考古学报》1956年第3期。邹衡：《试论殷墟文化分期》，《北京大学学报（哲学社会科学版）》1964年第4期。邹衡：《试论殷墟文化分期（续完）》，《北京大学学扱（哲学社会科学版）》1964年第5期。邹衡：《试论夏文化》，《夏商周考古学论文集》，第95～182页，文物出版社，1980年。

[5]　郑振香：《论殷墟文化分期及相关问题》，《中国考古学研究——夏鼐先生考古五十年纪念论文集》，第116～127页，文物出版社，1986年。

[6]　安金槐：《关于郑州商代二里岗期陶器分期问题的再探讨》，《华夏考古》1988年第4期。

[7]　王立新：《早商文化研究》，高等教育出版社，1988年。

[8]　唐际根：《河南安阳市洹北花园庄遗址1997年发掘简报》，《考古》1998年第10期。

[9]　唐际根：《洹河流域区域考古研究初步报告》，《考古》1998年第10期。

后提出“中商文化”的概念[1]。《中国考古学·夏商卷》随后引入“中商文化”的主张，并将其分为三期[2]。此时，商文化分期体系逐渐由早期的早、晚划二法，过渡至早、中、晚三分法。2009年，笔者在对五担岗遗址进行发掘时，也发现年代类似花园庄遗址的遗存，遂以“花园庄阶段”替代[3]。

在接下来的研究中，笔者并未直接采用商文化的早商、晚商二阶段说或早商、中商、晚商三阶段说。按商文化发展的前后阶段，笔者将其分为二里冈下层、二里冈上层、花园庄阶段、殷墟阶段四个大的时期，其中包含十个小的时段（表1-2）。这种划分方法，能够直接反映商文化发展阶段的连续性。实际上，邹衡、郑振香、王立新、唐际根等诸先生均已注意到这种年代属花园庄阶段的遗存，但伴随着资料的丰富性增强，认知程度也有所提高。长江下游花园庄阶段遗存的辨识，是从事该地区商时期考古学文化研究的突破口和关键。以往数十年，在对湖熟文化分期研究时由于缺乏可靠的地层依据，造成了许多年代误判。从事这类分期研究，必须要注意不同考古学文化之间的联动性，这对建立整个地区商时期年代框架至关重要。

表1-2　商文化分期对应表

<table>
<tr><td rowspan="3">邹衡</td><td colspan="2">先商</td><td colspan="6">早商</td><td colspan="4">晚商</td></tr>
<tr><td colspan="2">一段</td><td colspan="2">二段</td><td colspan="2">三段</td><td colspan="2">四段</td><td colspan="2">五段</td><td>六段</td><td>七段</td></tr>
<tr><td>Ⅰ组</td><td>Ⅱ组</td><td>Ⅲ组</td><td>Ⅳ组</td><td>Ⅴ组</td><td>Ⅵ组</td><td>Ⅶ组</td><td>Ⅷ组</td><td>Ⅸ组</td><td>Ⅹ组</td><td>Ⅺ、Ⅻ组</td><td>XⅢ、XⅣ组</td></tr>
<tr><td rowspan="2">安金槐</td><td rowspan="2"></td><td colspan="2">二里冈下层</td><td colspan="3">二里冈上层</td><td colspan="6" rowspan="2"></td></tr>
<tr><td>一期</td><td>二期</td><td colspan="2">一期</td><td>二期</td></tr>
<tr><td rowspan="4">王立新</td><td rowspan="4"></td><td colspan="7">早商</td><td colspan="4" rowspan="4"></td></tr>
<tr><td colspan="2">一期</td><td colspan="3">二期</td><td colspan="2">三期</td></tr>
<tr><td>一段</td><td>二段</td><td colspan="2">三段</td><td>四段</td><td>五段</td><td>六段</td></tr>
<tr><td>一组</td><td>二组</td><td colspan="2">三组</td><td>四组</td><td>五组</td><td>六组</td></tr>
<tr><td rowspan="3">郑振香</td><td rowspan="3"></td><td colspan="6" rowspan="3"></td><td colspan="5">殷墟阶段</td></tr>
<tr><td colspan="2">一期</td><td>二期</td><td>三期</td><td>四期</td></tr>
<tr><td>早段</td><td>晚段</td><td></td><td></td><td></td></tr>
<tr><td rowspan="2">《夏商卷》</td><td rowspan="2"></td><td colspan="4">早商</td><td colspan="3">中商</td><td colspan="4">晚商</td></tr>
<tr><td>一期</td><td>二期</td><td colspan="2">三期</td><td>一期</td><td>二期</td><td>三期</td><td>一期</td><td>二期</td><td>三期</td><td>四期</td></tr>
<tr><td rowspan="2">本文分期</td><td rowspan="2"></td><td colspan="2">二里冈下层</td><td colspan="3">二里冈上层</td><td colspan="2">花园庄阶段</td><td colspan="4">殷墟阶段</td></tr>
<tr><td>一期</td><td>二期</td><td colspan="2">一期</td><td>二期</td><td>早期</td><td>晚期</td><td>一期</td><td>二期</td><td>三期</td><td>四期</td></tr>
</table>

[1] 唐际根：《中商文化研究》，《考古学报》1999年第4期。

[2] 中国社会科学院考古研究所：《中国考古学·夏商卷》，第249～253页，中国社会科学出版社，2003年。

[3] 安徽省文物考古研究所、南京大学历史学院考古文物系等：《马鞍山五担岗》，文物出版社，2016年。

第三节　学术史的简要回顾

长江下游地区夏商时期考古学文化研究，目前已到了较为深入的阶段。特别是近些年遗址的发掘，使得考古资料空前丰富，取得的成果也颇为显著。当然，这些成果也并非一日之功，而是包含了几代考古学者的辛劳和努力。而本节的主要目的，便是对本地区夏商时期考古发现、研究作一个简要的梳理和回顾。这个过程，可分为四阶段。

（一）第一阶段——零星发现期

主要指中华人民共和国成立以前时期。宁镇地区、太湖流域有零散发现，对遗存年代、性质的判断仍处于模糊期。1930 年 3 月，古物保存所卫聚贤等对南京栖霞山甘家巷六朝墓进行发掘时，另发现“新石器时代”遗址三处；发现的遗物极可能即包含夏商时期者。1935 ~ 1936 年，卫聚贤、蒋大沂、陈志良等学者对常州淹城、苏州吴城和越城等进行调查时，发现一批印纹陶片；此后吴越史地研究会成立。几乎与此同时，卫聚贤、张凤等学者先后赴上海戚家墩及附近前后进行了三次调查，采集陶片若干；而杭嘉湖平原也发现良渚、钱山漾、双桥等遗址，而钱山漾、双桥后被证明包含大量夏商时期遗存。这个阶段，基本属用考古调查的资料证实文献史料期，并未采用现代考古学的方法。

（二）第二阶段——发展期

中华人民共和国成立初至 20 世纪 70 年代。各地区陆续开始进行大量野外考古调查，正式发掘的遗址增多。重要的发现及研究如下。

1.里下河及运湖西地区

射阳湖和洪泽湖周围开展了系列考古调查[1]，但未进行发掘；工作目的主要是了解遗址分布情况。

2.滁河流域

以考古调查工作居多，部分遗址进行了试掘。调查、试掘的遗址主要有肥东大陈墩[2]、肥东大城头[3]、含山大城墩[4]、含山孙家岗[5]、来安顿丘山[6]、南京护国庵[7]、南京蒋城子[8]等，并取得初步认

[1]　尹焕章、赵青芳：《淮阴地区考古调查》，《考古》1963年第1期。南京博物院：《江苏射阳湖周围考古调查》，《考古》1964年第1期。尹焕章、张正祥：《洪泽湖周围的考古调查》，《考古》1964年第5期。

[2]　安徽省博物馆：《安徽新石器时代遗址的调查》，《考古学报》1957年第1期。安徽省文物考古研究所：《安徽考古的世纪回顾与思索》，《考古》2002年第5期。

[3]　安徽省博物馆：《安徽新石器时代遗址的调查》，《考古学报》1957年第1期。安徽省文物考古研究所：《安徽考古的世纪回顾与思索》，《考古》2002年第5期。

[4]　安徽省文物工作队：《含山大城墩遗址调查试掘简报》，《安徽文博》总第3期，《安徽文博》编辑部，1983年。

[5]　安徽省展览、博物馆：《安徽含山县孙家岗商代遗址调查与试掘》，《考古》1977年第3期。

[6]　国家文物局：《中国文物地图集·安徽分册》下，第160页，中国地图出版社，2014年。

[7]　南京博物院：《江苏仪六地区湖熟文化遗址调查》，《考古》1962年第3期。

[8]　南京博物院：《江苏仪六地区湖熟文化遗址调查》，《考古》1962年第3期。

识。通过对大城墩、孙家岗资料的分析，应存在商中晚期遗存。

3.巢湖流域

考古调查与发掘工作均有。通过对肥西大墩子遗址的发掘，发现存在龙山至夏商时期遗存[1]；尤其是铜铃、铜斝的发现，证明派河水系可能存在重要的夏商时期考古学文化。在大墩子周边，发现蛟头陂等遗址，文化内涵可能与大墩子相似。

4.皖西南地区

仅对潜山薛家岗[2]、张四墩等遗址进行了调查和发掘，基本未涉及对文化内涵的分析。

5.宁镇皖南地区

考古调查及发掘工作均较多。1951年年初，对宁镇山脉及秦淮河水系进行了大规模的考古调查[3]，后来进行的发掘工作多建立在此次调查基础之上。发掘的遗址，典型者有南京的北阴阳营[4]、点将台[5]、老鼠墩[6]、安怀村[7]、锁金村[8]、太岗寺[9]、昝庙[10]等。以曾昭燏、尹焕章等为代表的学者，将本地区自新石器时代末期至铜器时代的遗存命名为"湖熟文化"[11]，认为其以"台形遗址"为典型特色的文化内涵有别于其他地区；可以说这一认识具有高度的前瞻性。之后夏商时期的考古工作及认识，多是以此为基础开展的。张永年[12]、吴汝祚[13]等学者也提出了自己的认识。此阶段，对湖熟文化的内涵仍显模糊，年代跨度也较大，未进行深入的分期工作。

6.太湖流域

以考古调查为主[14]，有少量发掘工作，如钱山漾[15]、水田畈[16]、马桥[17]等遗址。伴随发掘工作的逐步开展，开始逐渐认识到该地区在良渚文化之后还存在与湖熟文化类似但有差异的遗存。这种遗存以马桥遗址第四层为代表，典型器有凹弧足鼎、实足甗、鸭形壶、折沿凹底罐及各种饰

[1] 胡悦谦：《试谈肥西县大墩孜商文化》，《安徽省考古学会成立会议会刊》，1979年。

[2] 安徽省文物工作队：《潜山薛家岗新石器时代遗址》，《考古学报》1982年第3期。

[3] 尹焕章、张正祥：《宁镇山脉及秦淮河地区新石器时代遗址普查报告》，《考古学报》1959年第1期。

[4] 南京博物院：《南京市北阴阳营第一、二次的发掘》，《考古学报》1958年第1期。

[5] 南京博物院：《江宁汤山点将台遗址》，《东南文化》1987年第3期。

[6] 南京博物院：《江宁湖熟史前遗址调查记》，《南京附近考古报告》，第1～32页，上海出版公司，1952年。

[7] 南京博物院：《南京安怀村古遗址发掘简报》，《考古通讯》1957年第5期。南京博物院、南京市文物保管委员会等：《江苏省出土文物选集》，第45页，文物出版社，1963年。

[8] 李鑑昭：《南京锁金村发现的新石器时代遗址》，《考古通讯》1956年第4期。尹焕章、蒋赞初、张正祥：《南京锁金村遗址第一、二次发掘报告》，《考古学报》1957年第3期。

[9] 江苏省文物工作队太岗寺工作组：《南京西善桥太岗寺遗址的发掘》，《考古》1962年第3期。

[10] 魏正瑾：《昝庙遗址内涵的初步分析》，《江苏省哲学社会科学联合会1981年年会论文选（考古学分册）》，1982年。

[11] 曾昭燏、尹焕章：《试论湖熟文化》，《考古学报》1959年第4期。

[12] 张永年：《关于"湖熟文化"的若干问题》，《考古》1962年第1期。

[13] 吴汝祚：《有关"湖熟文化"的几个问题》，《考古》1962年第1期。

[14] 南京博物院：《苏州市和吴县新石器时代遗址调查》，《考古》1961年第3期。

[15] 浙江省文物管理委员会：《吴兴钱山漾遗址第一、二次发掘报告》，《考古学报》1960年第2期。

[16] 浙江省文物管理委员会：《杭州水田畈遗址发掘报告》，《考古学报》1960年第2期。

[17] 上海市文物保管委员会：《上海马桥遗址第一、二次发掘》，《考古》1978年第1期。

云雷纹的豆、簋、觚等，年代相当于商中晚期至西周早期；而有别于以鬲、袋足甗等为典型器的湖熟文化。马桥遗址第四层遗存的辨识，标志着太湖流域夏商时期考古学文化研究开始进入新阶段。

（三）第三阶段——高潮期

20世纪80～90年代。基础建设变多，考古调查、考古发掘等工作明显见增。与之相应，分期、断代、文化属性辨识等研究逐渐变得深入。

1.里下河及运湖西地区

20世纪80年代发掘的遗址较少，仅甘草山[1]；更多集中发生于90年代，如周邶墩[2]、南荡[3]、龙虬庄[4]、龙冈[5]等；后进行过一次规模较大的调查，发现施庄[6]、孙庄[7]、土城子[8]等。在此阶段，辨识出了龙山时期至夏过渡期的“南荡类型”遗存、夏商时期的“万北类型”遗存。从周邶墩等遗址可知，岳石文化曾影响本地；而这类含有岳石文化因素的遗存当时被称为周邶墩第二类文化遗存。关于龙冈遗存的年代，作者将其定为殷墟一二期，大致无误。总体来说，本地区发现的夏商时期遗存在断代、文化属性认识上已较之前有了明显提高。

2.滁河流域

发掘的遗址有大城墩[9]、吴大墩[10]、牛头岗[11]、蒋城子[12]、濮家墩[13]等；调查发现有乌龟滩[14]等。此阶段最重要的成果是对大城墩、吴大墩等的分期，对夏商时期遗存有了一定认识，初步建立了滁河流域夏商时期考古学文化年代框架。但商偏晚阶段的遗存，仍较普遍地归为西周时期。

3.集湖流域

仅发掘庙集大城墩[15]，且未正式发表；肥东岗赵[16]调查发现有岳石文化因素遗存。

---

[1] 江苏省驻仪征化纤公司文物工作队：《仪征胥浦甘草山遗址的发掘》，《东南文化》第二辑，江苏古籍出版社，1986年。

[2] 南京博物院考古研究所、扬州博物馆、高邮文管会：《江苏高邮周邶墩遗址发掘报告》，《考古》1997年第4期。

[3] 南京博物院考古研究所、扬州博物馆、兴化博物馆：《江苏兴化戴家舍南荡遗址》，《文物》1995年第4期。

[4] 龙虬庄遗址考古队：《龙虬庄——江淮东部新石器时代遗址发掘报告》，第204页，文物出版社，1999年。

[5] 韩明芳：《江苏盐城市龙冈商代墓葬》，《考古》2001年第9期。

[6] 尹增淮、裴安年：《江苏洪泽县考古调查简报》，《东南文化》1992年第1期。

[7] 尹增淮、裴安年：《江苏洪泽县考古调查简报》，《东南文化》1992年第1期。

[8] 尹增淮、裴安年：《江苏洪泽县考古调查简报》，《东南文化》1992年第1期。

[9] 张敬国：《含山大城墩遗址第四次发掘的主要收获》，《文物研究》第四期，黄山书社，1988年。安徽省文物考古研究所：《安徽含山大城墩遗址发掘报告》，《考古学集刊·6》，中国社会科学出版社，1989年。安徽省文物考古研究所、含山县文物管理所：《安徽含山大城墩遗址第四次发掘报告》，《考古》1989年第2期。

[10] 张敬国、贾庆元：《肥东县古城吴大墩遗址试掘简报》，《文物研究》第一期，黄山书社，1985年。

[11] 华国荣、王光明：《南京牛头岗遗址考古发掘的主要收获》，《南京历史文化新探》，第1～5页，南京出版社，2006年。

[12] 南京市博物馆、南京大学历史系：《江苏江浦蒋城子遗址》，《东南文化》1990年第1、2期合刊。

[13] 王迅：《东夷文化与淮夷文化研究》，第67页，北京大学出版社，1994年。

[14] 张敬国：《安徽肥东、肥西古文化遗址调查》，《文物研究》第二期，黄山书社，1986年。

[15] 张敬国：《巢湖市庙集乡大城墩商周遗址》，《中国考古学年鉴·1987》，文物出版社，1988年。

[16] 张敬国：《安徽肥东、肥西古文化遗址调查》，《文物研究》第二期，黄山书社，1986年。

4.皖西南地区

自20世纪70年代末薛家岗遗址发掘后，该地区的调查、发掘活动逐渐密集。除薛家岗[1]外，百林山[2]、跑马墩[3]、汤家墩[4]、张四墩[5]、王家墩[6]、小北墩[7]、沈店神墩[8]等也进行了发掘，个别遗址先后调查过多次。

伴随资料的丰富，滁河流域、巢湖流域和皖西南等地区夏商时期考古学文化研究进入新阶段。杨德标[9]、胡悦谦[10]、何长风[11]、王迅[12]、宫希成[13]等学者先后对夏商时期遗存的文化内涵进行了探讨，王迅首次提出“斗鸡台文化”“大城墩类型”的概念，这也基本奠定了这些地区的研究基调。

5.宁镇皖南地区

该阶段遗址发掘较多，如团山[14]、城头山[15]、马迹山[16]、朝墩头[17]、丁沙地[18]、白蟒台[19]等，分期、断代进入新阶段，文化属性的辨识更加明确。张敏注意到，该地区的夏时期早段遗存与里下河及运湖西地区同时期遗存关系紧密，对分布范围、文化面貌、源流等方面进行了阐释，命名为“点将台文化”[20]。对“湖熟文化”的认识逐渐深入，对此进行探讨的学者主要有刘建国[21]、张敏[22]、林华

[1] 安徽省文物考古研究所：《潜山薛家岗》，文物出版社，2004年。

[2] 安徽省文物考古研究所：《怀宁县百林山遗址发掘简报》，《文物研究》第十二辑，黄山书社，2000年。

[3] 杨德标、金晓春等：《安徽怀宁跑马墩遗址发掘的主要收获》，《文物研究》第八辑，黄山书社，1993年。

[4] 安徽省文物考古研究所：《安徽枞阳县汤家墩遗址发掘简报》，《中原文物》2004年第4期。

[5] 许闻：《安徽安庆市张四墩遗址初步调查》，《文物研究》第十四辑，黄山书社，2005年。安徽省文物考古研究所：《安徽安庆市张四墩遗址试掘简报》，《考古》2004年第1期。安徽省博物馆：《安庆市张四墩遗址1980年试掘述要》，《文物研究》第十五辑，黄山书社，2007年。安徽省博物馆：《安庆市张四墩遗址1997年试掘新石器时代材料补遗》，《文物研究》第十五辑，黄山书社，2007年。安徽省文物考古研究所、安庆市博物馆：《安徽安庆市先秦文化遗址调查报告》，《文物研究》第十四辑，黄山书社，2005年。

[6] 高一龙：《太湖县王家墩遗址试掘》，《文物研究》第一期，黄山书社，1985年。

[7] 安徽省文物考古研究所：《安徽枞阳、庐江古遗址调查》，《江汉考古》1987年第4期。

[8] 安徽省文物考古研究所、安庆市博物馆：《安徽安庆市先秦文化遗址调查报告》，《文物研究》第十四辑，黄山书社，2005年。

[9] 杨德标、杨立新：《安徽江淮地区的商周文化》，《中国考古学会第四次年会论文集》，文物出版社，1983年。

[10] 胡悦谦：《试谈夏文化的起源》，《华夏文明》第一集，北京大学出版社，1987年。

[11] 何长风：《安徽江淮地区夏时期文化初析》，《文物研究》第四期，黄山书社，1988年。

[12] 王迅：《试论夏商时期东方地区的考古学文化》，《北京大学学报（哲学社会科学版）》1989年第2期。王迅：《东夷文化与淮夷文化研究》，北京大学出版社，1994年。

[13] 宫希成：《夏商时期安徽江淮地区的考古学文化》，《东南文化》1991年第2期。

[14] 团山考古队：《江苏丹徒赵家窑团山遗址》，《东南文化》1989年第1期。

[15] 镇江市博物馆：《江苏句容城头山遗址试掘简报》，《考古》1985年第4期。

[16] 镇江博物馆：《镇江市马迹山遗址的发掘》，《文物》1983年第11期。

[17] 谷建祥：《高淳县朝墩头新石器时代至周代遗址》，《中国考古学年鉴·1990》，文物出版社，1991年。谷建祥、申宪：《王油坊类型龙山文化去向初探——江苏境内王油坊类型龙山文化遗存分析》，《南京大学历史系考古专业成立三十周年纪念文集》，第44～48页，天津人民出版社，2002年。

[18] 南京博物院：《江苏句容丁沙地遗址试掘钻探简报》，《东南文化》1990年第1、2期合刊。

[19] 刘建国、刘兴：《江苏句容白蟒台遗址试掘》，《考古与文物》1985年第3期。

[20] 张敏：《试论点将台文化》，《东南文化》1989年第3期。

[21] 刘建国、张敏：《论湖熟文化分期》，《东南文化》1989年第1期。

[22] 张勄：《宁镇地区青铜文化谱系与族属的研究》，《张勄文集·考古卷》，第495～553页，文物出版社，2013年。另：作者张敏在该文集中将其姓名之“敏”改为“勄”。

东[1]、王恩田[2]、李伯谦[3]、刘绪[4]、张长寿[5]、林留根[6]、谷建祥[7]、杨楠[8]等；部分学者对湖熟文化的分期、分布范围、文化内涵、族属及与周边考古学文化的关系进行了有益的分析，但总体上仍处于探索阶段。

6.太湖流域

该地区的调查、发掘工作，主要集中于太湖东北部、东部、东南部及南部。发掘的遗址主要有马桥[9]、昆山、邱城[10]、绰墩[11]、广福村[12]、钱底巷[13]、花山[14]、亭林[15]、上莘桥[16]、查山[17]、金山坟[18]、澄湖[19]、越城[20]、张墓村[21]、姬山[22]、雀幕桥[23]、夹山[24]、周家湾[25]、郭新河[26]等。随着这些工作的进行，逐渐提出了“马桥文化”[27]、“亭林类型”[28]的认识。关于马桥文化，不断有学者

[1] 林华东：《对湖熟文化正名、分期及其他》，《东南文化》1990年第5期。

[2] 王恩田：《湖熟文化的分期及土墩墓的年代问题》，《东南文化》1990年第5期。

[3] 李伯谦：《湖熟文化研究中的若干问题》，《东南文化》1990年第5期。

[4] 刘绪：《略谈“湖熟文化”研究的定量分析和“先吴文化”称谓问题》，《东南文化》1990年第5期。

[5] 张长寿：《关于“湖熟文化”的三点看法》，《东南文化》1990年第5期。

[6] 林留根、施玉平：《湖熟文化族属研究》，《东南文化》1990年第5期。

[7] 谷建祥：《论宁镇地区古文化之演进》，《东南文化》1990年第5期。

[8] 杨楠：《江南土墩遗存研究》，民族出版社，1998年。

[9] 上海市文物管理委员会：《上海市闵行区马桥遗址1993～1995年发掘报告》，《考古学报》1997年第2期。上海市文物管理委员会：《马桥——1993～1997年发掘报告》，上海书画出版社，2002年。

[10] 浙江省文物考古研究所：《浙江省湖州市邱城遗址第三、四次的发掘报告》，《浙江省文物考古研究所学刊》第七辑，科学出版社，2005年。

[11] 南京博物院、昆山县文化馆：《江苏昆山绰墩遗址的调查与发掘》，《文物》1984年第2期。苏州博物馆、昆山市文物管理所：《江苏昆山市绰墩遗址发掘报告》，《东南文化》2000年第1期。苏州博物馆、昆山市文物管理所：《江苏昆山绰墩遗址第二次发掘报告》，《东南文化》2000年第6期。

[12] 苏州博物馆、吴江市文物陈列室：《江苏吴江广福村遗址发掘简报》，《文物》2001年第3期。

[13] 南京大学历史系考古专业、常熟博物馆：《江苏常熟钱底巷遗址发掘报告》，《考古学报》1996年第4期。

[14] 江阴花山遗址联合考古队：《江阴花山夏商文化遗址》，《东南文化》2001年第9期。

[15] 孙维昌：《上海市金山县查山和亭林遗址试掘》，《南方文物》1997年第3期。

[16] 夏星南：《浙江长兴县发现上海马桥四层文化型陶器》，《考古与文物》1989年第2期。

[17] 孙维昌：《上海市金山县查山和亭林遗址试掘》，《南方文物》1997年第3期。

[18] 上海市文物保管委员会：《上海青浦县金山坟遗址试掘》，《考古》1989年第7期。

[19] 南京博物院、吴县文管会：《江苏吴县澄湖古井群的发掘》，《文物资料丛刊》9，文物出版社，1985年。

[20] 南京博物院：《江苏越城遗址的发掘》，《考古》1982年第5期。

[21] 吴县文物管理委员会：《江苏吴县越溪张墓村遗址调查》，《考古》1989年第2期。

[22] 王岳群：《江苏武进姬山遗址调查》，《东南文化》1998年第4期。

[23] 嘉兴市文化局：《浙江嘉兴市雀幕桥遗址试掘简报》，《考古》1986年第9期。

[24] 杨楠：《江南土墩遗存研究》，第42～45页，民族出版社，1998年。

[25] 浙江安吉县博物馆：《浙江安吉出土商代铜器》，《文物》1986年第2期。

[26] 姚勤德：《江苏吴县南部地区古遗址调查简报》，《考古》1990年第10期。

[27] 宋建：《“马桥文化”试析》，《1981年江苏省考古学会第二次年会暨吴文化学术讨论会论文集（第一册）》，1981年。

[28] 上海市文物管理委员会：《马桥——1993～1997年发掘报告》，上海书画出版社，2002年。

提出自己的观点，如黄宣佩[1]、宋建[2]、陆建方[3]、李伯谦[4]、牟永抗[5]、田正标[6]等；分期、文化属性均取得一定突破，但有待深化。

（四）第四阶段——新阶段

2000年至今。进入新世纪以后，随着考古新技术、新方法的兴起，考古发掘及研究进入新阶段。遗址发掘数量并未超越上阶段，但分期、断代较之前有了较大提升。里下河及运湖西地区、滁河流域、巢湖流域、皖西南地区发掘的遗址已非常少，但考古学文化有了新认识。塘岗遗址的发掘[7]，明确岳石文化势力曾拓展至巢湖流域；薛家岗遗址的后续发掘[8]，认识到夏商时期遗存可能与长江中游同期遗存有关，在分期上也取得新的认识[9]。宁镇地区随着新遗址的发掘，对夏商时期考古遗存认识更加深刻，在研究深度上取得长足进步；如对点将台文化、湖熟文化的重新认识[10]，以及商文化影响宁镇地区路线的讨论[11]等。太湖流域随着昆山[12]、钱山漾[13]、新浮[14]、新岗[15]、神墩[16]等遗址近些年的发掘，对马桥文化、亭林类型的认识发生了改变；如宋建[17]、张敏[18]、焦天龙[19]、曹峻[20]等。

---

[1]　黄宣佩、孙维昌：《马桥类型文化分析》，《1981年江苏省考古学会第二次年会暨吴文化学术讨论会论文集（第一册）》，1981年。后在2014年录入《黄宣佩考古文集》《孙维昌文物考古论集》公开发表。

[2]　宋建：《马桥文化探源》，《东南文化》1988年第1期。宋建：《良渚文化向马桥文化演化过程初探》，《上海博物馆集刊》第五期，上海古籍出版社，1990年。宋建：《马桥文化二题》，《上海博物馆集刊》第七期，上海书画出版社，1996年。宋建：《马桥文化的分期与类型》，《东南文化》1999年第6期。宋建：《马桥文化的去向》，《中国考古学会第九次年会论文集》，文物出版社，1997年。

[3]　陆建方：《初论马桥——肩头弄文化》，《东南文化》1990年第1、2期合刊。

[4]　李伯谦：《马桥文化的源流》，《中国原始文化论集——纪念尹达八十诞辰》，第222～228页，文物出版社，1989年。

[5]　牟永抗：《高祭台类型初析》，《浙江省文物考古研究所学刊——建所十周年纪念（1980～1990）》，第7～15页，科学出版社，1993年。

[6]　田正标：《关于马桥文化的几个问题》，《纪念浙江省文物考古研究所建所二十周年论文集（1979～1999）》，第147～151页，西泠印社，1999年。

[7]　安徽省文物考古研究所：《安徽肥西塘岗遗址发掘》，《东南文化》2007年第1期。

[8]　安徽省文物考古研究所：《潜山薛家岗》，文物出版社，2004年。

[9]　赵东升：《论青铜时代江淮、鄂东南和赣鄱地区的文化格局及其与夏商西周文化的互动关系》，南京大学2009年博士学位论文。豆海锋：《试论安徽沿江平原商代遗存及与周边地区的文化联系》，《江汉考古》2012年第3期。赵东升：《青铜时代江淮、鄂东南和赣鄱地区中原化进程研究》，花木兰出版社，2013年。

[10]　张敏：《宁镇地区青铜文化研究》，《长江流域青铜文化研究》，第248～297页，科学出版社，2002年。毛颖、张敏：《长江下游的徐舒与吴越》，第68～127页，湖北教育出版社，2005年。张敏：《殷商时期的长江下游》，《南京博物院集刊11：南京博物院建院七十五周年纪念文集》，文物出版社，2009年。

[11]　水涛：《试论商末周初宁镇地区长江两岸文化发展的异同》，《长江流域青铜文化研究》，第298～304页，科学出版社，2002年。

[12]　浙江省文物考古研究所、湖州市博物馆：《昆山》，文物出版社，2006年。

[13]　浙江省文物考古研究所、湖州市博物馆：《钱山漾——第三、四次发掘报告》，文物出版社，2014年。

[14]　南京博物院：《江苏金坛市新浮遗址的试掘》，《考古》2008年第10期。

[15]　常州博物馆：《常州新岗——新石器时代文化遗址发掘报告》，文物出版社，2012年。

[16]　南京博物院、常州博物馆等：《溧阳神墩》，文物出版社，2016年。

[17]　宋建：《马桥文化原始瓷和印纹陶研究》，《文物》2000年第3期。宋建：《马桥文化的编年研究》，《长江流域青铜文化研究》，第305～321页，科学出版社，2002年。

[18]　张敏：《殷商时期的长江下游》，《南京博物院集刊11：南京博物院建院七十五周年纪念文集》，文物出版社，2009年。

[19]　焦天龙：《论马桥文化的源流》，《南方文物》2010年第1期。

[20]　曹峻：《论马桥文化与中原夏商文化的关系》，《中原文物》2006年第2期。曹峻：《马桥文化再认识》，《考古》2010年第11期。曹峻：《亭林类型初论》，《中国考古学会第十四次年会论文集》，文物出版社，2012年。

综合而论，本阶段所取得的成果是在上段研究基础上深化的结果，对点将台文化、湖熟文化、马桥文化、亭林类型都有新的认识；但分期构架上仍有待完善，每个地区考古文化的年代接序问题仍有待解决。

第二章　里下河及运湖西地区夏商时期考古学文化

里下河及运湖西地区文化背景深厚，新石器时代末至夏商时期遗址均有发现。尤其是新近10年，发现了诸多史前遗址。以往，学界多认为该区域海拔很低，早期遗址分布较少。但近期的考古工作无疑改变了这种认识，更多资料仍有待正式公布。胥浦河、洪泽湖和射阳湖水系最早作过调查，多集中于20世纪50～60年代[1]。进入80年代后，调查及发掘工作增多。已作调查或发掘的遗址，多集中于运湖以东，如洪泽湖东南侧的孙庄、山子墩、施庄和土城子等[2]，再往东有陆庄[3]、东园[4]、龙冈[5]等；高邮湖东侧，有周邶墩[6]、龙虬庄[7]、左家庄[8]、唐王墩[9]、佛前墩[10]等，再往东有南荡[11]、影山头[12]，东南则有单塘河[13]和天目山[14]等。运湖以西，洪泽湖西南有龙墩口和范家岗等[15]；高邮湖西南有吴家跳[16]；注入高邮湖的白塔河水系有马家墩、青狮墩等[17]；胥浦河水系有甘草山[18]（图2-1）。

以上遗址，年代自良渚至夏商时期。部分遗址，明确发现夏商时期地层或遗迹，如周邶墩、龙冈、甘草山、佛前墩等；而有些遗址经调查发现夏商时期遗物，如孙庄、施庄等。从岳石文化往南传播的角度看，里下河及运湖西地区应有更多夏商时期遗址分布。

[1]　南京博物院：《江苏射阳湖周围考古调查》，《考古》1964年第1期。尹焕章、张正祥：《洪泽湖周围的考古调查》，《考古》1964年第5期。南京博物院：《江苏仪六地区湖熟文化遗址调查》，《考古》1962年第3期。

[2]　尹焕章、张正祥：《洪泽湖周围的考古调查》，《考古》1964年第5期。

[3]　南京博物院考古研究所、盐城市文管会等：《江苏阜宁陆庄遗址》，《东方文明之光——良渚文化发现六十周年纪念文集》，第130～146页，海南国际新闻出版中心，1996年。

[4]　南京博物院、盐城市博物馆、阜宁县文化局：《江苏阜宁县东园新石器时代遗址》，《考古》2004年第6期。

[5]　韩明芳：《江苏盐城市龙冈商代墓葬》，《考古》2001年第9期。

[6]　南京博物院考古研究所、扬州博物馆、高邮文管会：《江苏高邮周邶墩遗址发掘报告》，《考古学报》1997年第4期。

[7]　龙虬庄遗址考古队：《龙虬庄——江淮东部新石器时代遗址发掘报告》，文物出版社，1999年。

[8]　江苏省文物局：《江苏省第三次全国文物普查新发现》，第21页，江苏美术出版社，2009年。

[9]　龙虬庄遗址考古队：《龙虬庄——江淮东部新石器时代遗址发掘报告》，第204、498页，文物出版社，1999年。

[10]　佛前墩是2020～2021年间发掘的商周时期遗址，位于高邮市马棚街道兴旺庄西北。据笔者现场考察出土遗物得知，该遗址年代上限大致为花园庄早段，并一直延续至东周阶段。该遗址早段遗存受商文化及太湖流域文化影响均较强烈，商时期遗物丰富且有代表性。其他资料暂时可参考网络公布者：https://www.njmuseum.com/en/articleDetails? id=356878。

[11]　南京博物院考古研究所、扬州博物馆、兴化博物馆：《江苏兴化戴家舍南荡遗址》，《文物》1995年第4期。

[12]　江苏省文物局：《江苏省第三次全国文物普查新发现》，第31页，江苏美术出版社，2009年。

[13]　周煜、黄炳煜：《天目山、单塘河古遗址调查简报》，《东南文化》1986年第2期。

[14]　周煜、黄炳煜：《天目山、单塘河古遗址调查简报》，《东南文化》1986年第2期。南京博物院、泰州博物馆等：《江苏姜堰天目山西周城址发掘报告》，《考古学报》2009年第1期。

[15]　《洪泽湖志》编纂委员会：《洪泽湖志》，第456页，方志出版社，2003年。

[16]　江苏省文物局：《江苏省第三次全国文物普查新发现》，第22页，江苏美术出版社，2009年。

[17]　国家文物局：《中国文物地图集·安徽分册》下，第157页，中国地图出版社，2014年。

[18]　江苏省驻仪征化纤公司文物工作队：《仪征胥浦甘草山遗址的发掘》，《东南文化》第二辑，江苏古籍出版社，1986年。

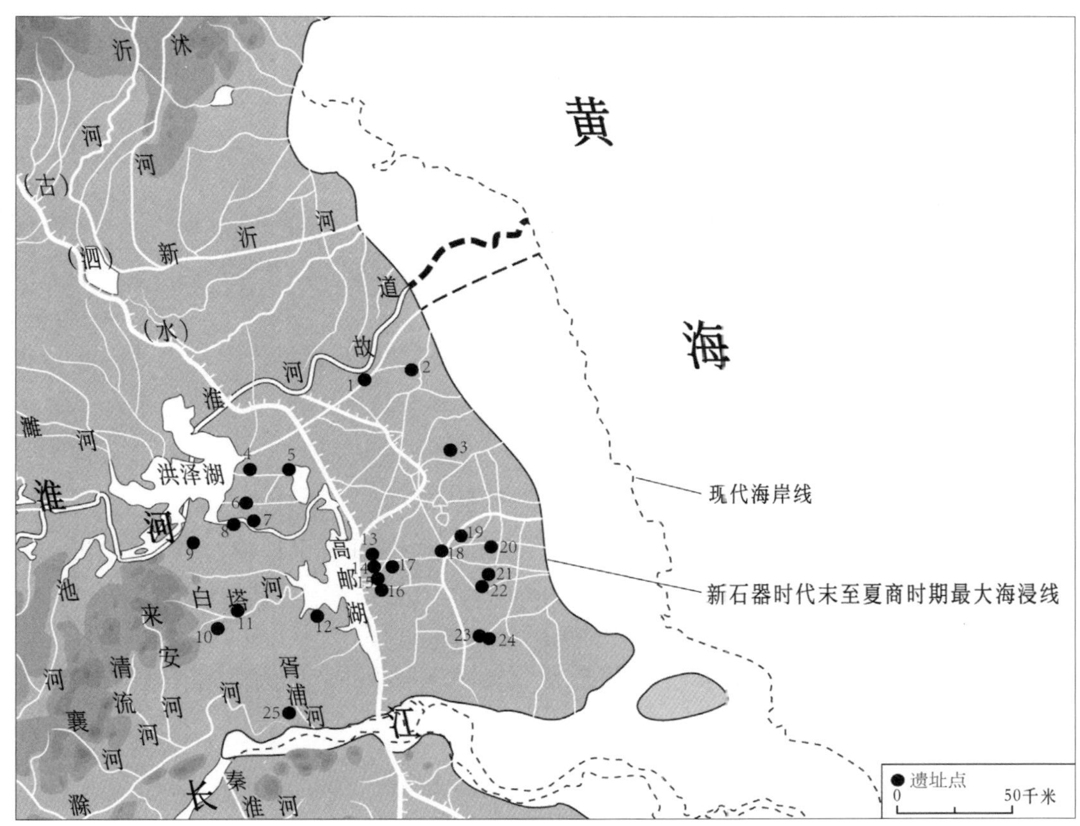

图2-1　里下河及运湖西地区新石器时代末至夏商时期主要遗存分布图

1.陆庄　2.东园　3.龙冈　4.孙庄　5.土城子　6.山子墩　7.施庄　8.龙墩口　9.范家岗　10.青狮墩　11.马家墩　12.吴家跳　13.佛前墩　14.唐王墩　15.龙虬庄　16.周邶墩　17.左家庄　18.南荡　19.影山头　20.东古　21.蒋庄　22.开庄　23.天目山　24.单塘河　25.甘草山

第一节　典型遗存分期

均为遗址。

1.周邶墩遗址

周邶墩遗址位于现高邮市龙奔镇周邶墩村南部，西距高邮湖约 8 千米，从遗址经河道可到古邗沟、高邮湖。遗址原为高出地面 7 ～ 10 米的土墩，由于附近砖瓦厂不断取土破坏，发掘前仅高出周围地面 1 米多。1993 年 9 ～ 10 月，南京博物院、扬州市博物馆及高邮市文管会等单位发掘 134 平方米。遗迹仅灰坑一种，共 20 个。简报将遗址出土物分为三类，第一类为南荡文化遗存，第二类为岳石文化尹家城类型，第三类为青铜时代吴文化 [1]。

据简报统计，第一类遗存陶器中夹砂灰陶、夹砂黑陶各占 35% 左右，其中黑陶比例较灰陶略低一点；夹砂红褐陶、泥质黑陶次之，均占 10% 左右；泥质灰陶再次，约占为 5% ～ 6%；存在极少量白陶，比例极小。陶器器类主要有鼎、甗、豆、鬶、瓮、罐、盆、钵、盒、杯、盉、器盖、纺轮等。石器器类有镞。骨器器类有镞、笄，其中长铤三角镞时代特征明显。陶器大多为素面，约占 59.3%；绳纹次之，约占 27.0%；再为弦纹，约占 4.9%；篮纹再次，约占 4.9%；其他依次为方格纹、梯格纹、

[1]　南京博物院考古研究所、扬州博物馆、高邮文管会：《江苏高邮周邶墩遗址发掘报告》，《考古》1997年第4期。

附加堆纹、指捺纹、刻划纹和圆形镂孔等。

第二类遗存陶器中夹砂灰、灰黄陶和夹砂红褐陶所占比例相近，分别为25.95%和25.56%；次为夹砂黑陶，约占13.62%。灰陶为泥质陶的大宗，约占11.77%；泥质黑陶和泥质红陶比例较小，分别为5.57%和4.79%。陶器器类主要有鼎、甗、鬲、豆、尊、瓮、罐、杯、盆、钵、碗、器盖、纺轮和网坠等。石器器类有刀、斧、锛、凿、镞和坠形器等，半月形窄石刀极富时代特征。陶器纹饰未见详细数据，大致以弦纹、附加堆纹为主，另有绳纹、篮纹、方格纹、刻划纹、水波纹、云雷纹和镂孔等。

第三类遗存陶器多为采集物，无地层、遗迹出土陶器相关统计数据。由简报所知，陶质有夹砂红陶、泥质红陶、泥质灰陶、泥质黑陶和硬陶等。陶器器类主要为瓮和罐，另有鬲、甗、豆、盆、钵、器座和网坠等。纹饰有叶脉纹、席纹、曲折纹、回纹、复线回纹、弦窗格纹、菱形填线纹、复线菱纹、水波纹、叶脉纹+方格纹等。部分硬陶器口沿有刻划符号。

对以上三类遗存分析后，可知遗址的年代上限为良渚末期，下限则能到春秋时期。T1212第②层陶器，年代明显偏早，如T1212②：5和T1212②：11，笔者认为要早至良渚晚期。所划分的第三类遗存则至少可分二里头、西周、春秋等不同时期，应重新探讨。

由简报可知，遗址上部破坏较严重，发掘时分南、北二区，地层堆积、层次不尽一致。其中T0911、T1011、T1212位于遗址南部，共3层。T0421、T0521位于遗址北部，共8层。两个发掘区地层似各经统一，但从出土情况看，不同探方的同层位或层位下遗迹出土物，年代有差异。简报对遗址的年代认识应大致无误，但有进一步分析的必要。通过对比，笔者将材料分为7组。

第1组：以T1212③、H19为代表。

第2组：以T0421⑧、T0521⑧、T0421⑦、T0521⑦、T1212②、H5、H6、H17、H18、H20为代表。

第3组：以T0421⑥、T0521⑥、T1011②、H13、H14、H15、H16为代表。

第4组：以T0421⑤、T0521⑤为代表。

第5组：以H2、H3、H4、H8为代表。

第6组：以T0911②、H11、H12为代表。

第7组：以H10为代表。

以上7组对应7段，陶器分析如下。

第1段：夹砂黑陶、夹砂灰陶、夹砂红褐、泥质灰陶和泥质黑陶器比例相近，器类有鼎、甗、甑、豆、罐、盆等。浅腹大撇足甗（图2-2，1），窄斜沿、腹部浅斜微弧、袋足斜直、裆较矮。深弧腹甑（图2-2，2），侈口，腹部微弧近斜直，腹部饰“∽”纹。该段遗物较少，甗的甑部弧腹盆形、袋足甚撇，年代应较早。临近区域未见同类遗存，在淮河中游北淝河水系尉迟寺遗址却有发现，年代为龙山早中期。这些器物的风格，可能受到了豫东、皖北一带龙山文化影响；但较王油坊下层要早，大致与海岱龙山文化二、三期同时。

第2段：侧扁三角足器较丰富，如深腹甗（图2-2，3）、垂腹鼎（图2-2，4、6、7、11）、扁鼓腹鼎（图2-2，5）、鼓腹鼎（图2-2，10）、小口盉（图2-2，8）等，虽然形态有异，但腹部多较突出。其他典型器有圆实足鼓腹鼎（图2-2，9）、斜长颈浅腹盆（图2-2，12）、袋足鬶（图2-2，13、14）、浅盘鼎（图2-2，15）、折腹环耳杯（图2-2，16）等，周边遗址有类似器物。

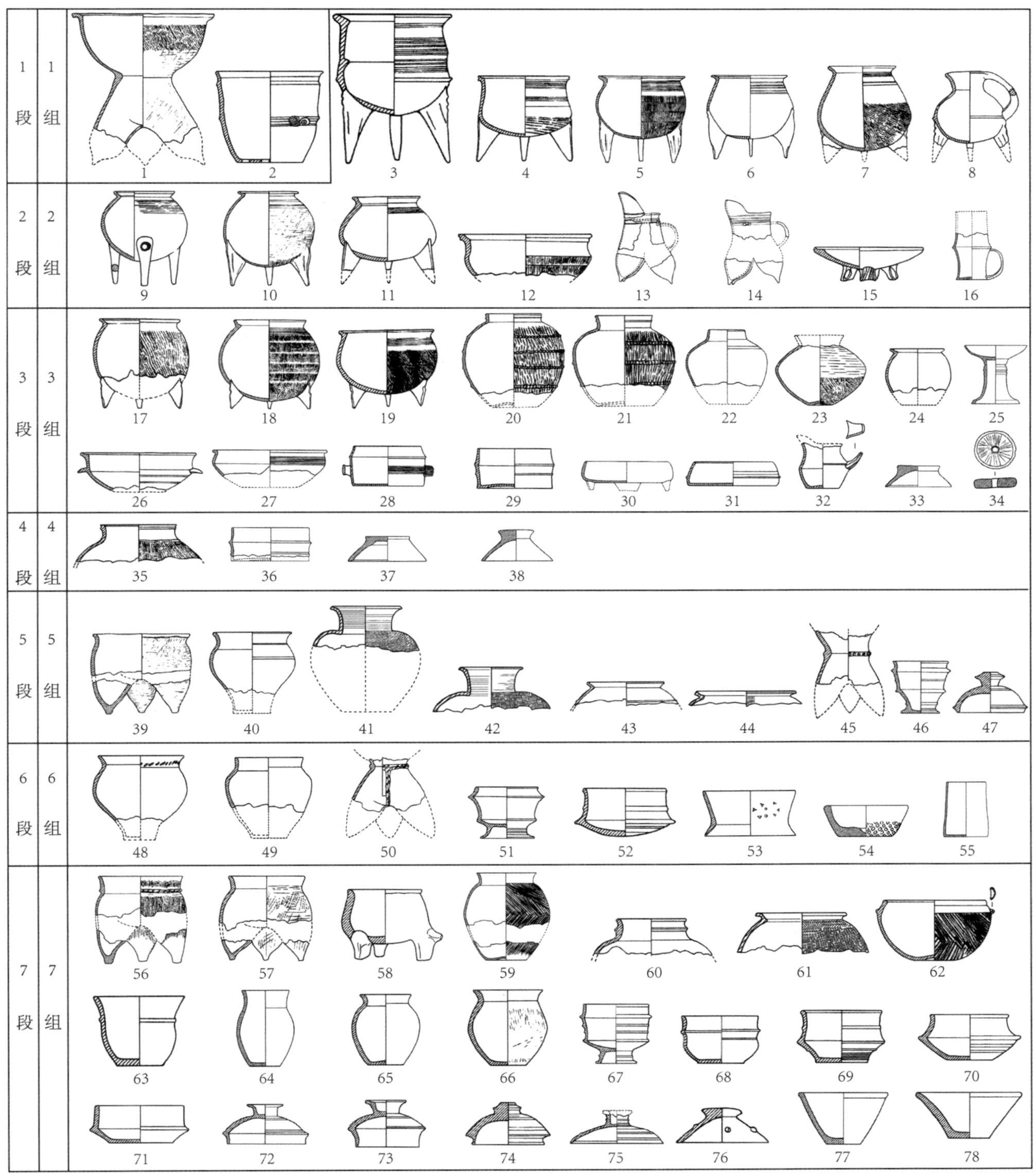

图2-2　周邯墩龙山至夏商时期遗存

1.甗（T1212③：12）　2.瓿（H19：1）　3.甗（T1212②：5）　4～7.鼎（H5：2、H6：3、T1212②：7、H20：1）　8.盉（T1212②：11）　9～11.鼎（H6：1、H6：4、采：01）　12.盆（H18：1）　13、14.鬶（H5：3、H6：6）　15.鼎（T1212②：10）　16.杯（T0421⑦：23）　17～19.鼎（H17：1、T0421⑥：12、T0421⑥：18）　20、21.瓮（T0521⑥：14、T0521⑥：21）　22～24.罐（T0421⑥：15、T0421⑥：11、H13：5）　25.豆（H17：2）　26、27.盆（H13：4、T0421⑥：22）　28、29.盒（H13：3、T0421⑥：21）　30、31.盘（H16：3、H14：1）　32.盉（T0421⑥：13）　33.器盖（H13：2）　34.纺轮（T0421⑥：16）　35.瓮（T0421⑤：9）　36.盒（T0421⑤：10）　37、38.器盖（T0421⑤：7、T0421⑤：8）　39.鬲（H3：1）　40.罐（H4：5）　41、42.硬陶罐（采：01、采：02）　43.罐（H2：1）　44.硬陶罐（H8：1）　45.甗（采：8）　46.尊（H4：1）　47.器盖（H4：2）　48、49.罐（H12：3、H12：4）　50.甗（采：9）　51.尊（T0911②：2）　52.盒（T0911②：3）　53.器座（T0911②：1）　54.钵（H9：2）　55.杯（H11：2）　56、57.鬲（H10：23、H10：25）　58.鼎（H10：6）　59、60.罐（H10：26、H10：27）　61.硬陶罐（采：05）　62、63.盆（H10：18、H10：7）　64～66.罐（H10：3、H10：27、H10：24）　67.尊（H10：22）　68～71.盒（H10：19、H10：12、H10：28、H10：29）　72～76.器盖（H10：8、H10：4、H10：13、H10：20、H10：21）　77、78.碗（H10：17、H10：14）

鼎足主要有三种，一种为翅状，侧面大体呈三角形，边缘呈不规则弧形，靠近足尖变窄狭，有捏痕，表面多有几道划槽，足跟处或有按窝；一种侧面呈高、瘦三角形，表面多有几道划纹，足跟处或有按窝；一种侧面近正三角形，足多较小，足跟处或有按窝。鼓腹鼎时代特征极明显，其腹部特别突出，多与高足组合出现；广富林文化亦多见此类鼓腹鼎，与其他时段鼓腹鼎特征有明显差别，这点应该引起注意。鼓腹鼎鼎足多较高大，亦多见按窝，足的两侧多见平行划纹；垂腹鼎鼎足施按窝，足面不见划纹；绳纹多施于下腹部至底部，颈部、上腹常以多道弦纹配搭。浅腹三足盘的矮环足很具特色，这种装饰手法常见于海岱龙山文化区，多以浅腹的形态出现。折腹环耳杯也较典型，其折腹位置居中，把手靠下，多见于豫东、皖北、鲁西等地区。袋足鬶裆部较高，耳的位置靠上，流有向口部方向变缓、过渡迹象。第 2 段紧接第 1 段，相当于王油坊中层，年代近海岱龙山文化五期。

第 3 段：典型器有侧扁三角足圆鼓腹鼎（图 2-2，17、18）、侧扁三角足扁鼓腹鼎（图 2-2，19）、鼓肩深弧腹瓮（图 2-2，20、21）、深弧腹罐（图 2-2，22、24）、束颈折腹罐（图 2-2，23）、中粗柄浅盘豆（图 2-2，25）、浅斜腹盆（图 2-2，26、27）、子母口盒（图 2-2，28、29）、敛口盘（图 2-2，30、31）、短把盉（图 2-2，32）、平顶大捉手器盖（图 2-2，33）、圆饼形纺轮（图 2-2，34）等。圆鼓腹鼎或扁鼓腹鼎的腹径与口径比例，较上段变小；鼎足，均为侧面为三角形的小三角足，足的边缘较直。粗高柄浅盘豆，多为敞口，豆柄多凹凸棱饰。鼓肩深弧腹瓮，肩部多突出，矮领外倾者较多见。瓮或罐一类的器物，最大腹径多偏上，少数居中，肩、腹分界不明显。束颈折腹罐，最大腹径居中且非常突出，具有明显的时代特征。斜弧腹盆，自肩部起收分较急，呈近似折肩的形态。子母口盒，口部微敛，腹部较直，或有贯耳饰。敛口盘，呈大浅盘状，无足或饰正装矮足。短把盉，短流，口部形态类似同期鬶，梯形把手。器盖，平顶大捉手。圆饼形纺轮，周边圆钝，上、下两面有放射状刻纹。该段遗存年代相当于王油坊上层偏早，近海岱龙山文化六期。

第 4 段：典型器如 T0421 和 T0521 第 5 层的深鼓腹瓮（图 2-2，35）、子母口盒（图 2-2，36）、平顶捉手器盖（图 2-2，37、38）等，年代已至龙山末期，甚至更晚。豫东、鲁西南、皖北直到淮河流域，龙山时期遗存年代框架目前并不完整。其后的岳石文化遗存，年代最早相当于二里头二期。因此，时间上并未完全接续。T0421、T0521 第 5 层的年代下限，有可能已进入新砦期。这两个探方，第 4、3 层的出土物极少，年代稍晚些。

第 5 段：典型器有弧腹袋足鬲（图 2-2，39）、大口小底罐（图 2-2，40）、高颈弧腹硬陶罐（图 2-2，41、42）、鼓腹罐（图 2-2，43）、鼓腹硬陶罐（图 2-2，44）、袋足甗（图 2-2，45）、斜腹尊（图 2-2，46）、菌状钮器盖（图 2-2，47）等。弧腹袋足鬲，微卷沿、弧腹近直、大袋足、矮实足尖，形态近于洛达庙二期者。斜腹尊，侈口、斜腹且明显内曲，年代要晚于岳石文化尹家城类型二期者[1]，处于由斜直腹向斜腹内曲过渡期。大口小底罐，宽卷沿、腹径微大于口径、最大腹径偏上；鼓腹瓮，内折沿、缩颈，沿下角呈明显的锐角。两种陶器风格近于鹿台岗

[1]　栾丰实：《岳石文化的分期和类型》，《海岱地区考古研究》，第445页，山东大学出版社，1997年。中国社会科学院考古研究所：《中国考古学·夏商卷》，第444～447、452页，中国社会科学出版社，2003年。

遗址同类器物，年代约在二里头三期偏晚[1]。菌状钮器盖，覆钵形、弧腹、微敛口，形态同尹家城类型二、三期同类遗物[2]相似。由此可知，该段遗存年代大致为二里头三期偏晚至二里头四期偏早阶段。

第6段：典型器有大口小底罐（图2-2，48）、折肩罐（图2-2，49）、袋足甗（图2-2，50）、圈足尊（图2-2，51）、圜底盒（图2-2，52）、镂孔器座（图2-2，53）、弧腹钵（图2-2，54）和斜直腹杯（图2-2，55）等。尊，粗矮喇叭形圈足、腹有双折棱、腹壁内曲，同尹家城类型同类器形态[3]。大口小底罐，宽卷沿、腹径略大于口径、最大腹径居中，形态近鹿台岗同类器[4]，年代在二里头四期中段前后。折肩罐，肩部斜直、腹部急收，形态同二里头遗址四期者[5]。因此，该段遗存年代大致属二里头四期中段，或稍晚些。

第7段：典型器有袋足鬲（图2-2，56、57）、矮足鼎（图2-2，58）、深鼓腹罐（图2-2，59、64～66）、宽肩弧腹罐（图2-2，60）、缩颈硬陶罐（图2-2，61）、浅弧腹盆（图2-2，62）、深弧腹盆（图2-2，63）、圈足尊（图2-2，67）、盒（图2-2，68～71）、圈形捉手器盖（图2-2，72、73、75）、菌状钮器盖（图2-2，74）、平顶大捉手器盖（图2-2，76）、斜腹碗（图2-2，77、78）等。弧腹袋足鬲、深鼓腹罐、折腹尊等在豫东、鲁西南和皖西北等地的岳石文化中常见，长江以南的宁镇地区、太湖流域也有少量发现。微弧腹袋足鬲是豫东、鲁西南、皖西北一带二里头四期的典型器，腹部较为平缓。鼓腹袋足鬲，其大宽沿、鼓腹的形态见于二里冈下层一、二期[6]。尊，腹部依然内曲，但大喇叭形圈足外撇已较小。盒，上腹深与下腹深已接近，形态已近于岳石文化尹家城类型晚期者。大口小底罐消失，演变成口径与底径比稍小的深弧腹罐或鼓腹罐。三种形态的深鼓腹罐，在二里冈下层一、二期均有发现[7]。瘦高的深鼓腹罐（图2-2，64），也是豫东鹿台岗类型[8]的典型器，仅纹饰有别。卷沿、最大腹径居中的鼓腹罐（图2-2，66），在尹家城类型中也有发现[9]。尊，双折腹，上、下腹均内曲，足、腹有时连为一体。个体稍大的陶器有一典型特征，即口沿下有时会装饰一周如水波纹样的斜向划纹带。这种装饰手法，滁河流域、宁镇地区北缘同期遗存中均有发现。因此，该段遗存年代应为二里冈下层一、二期。

2.南荡遗址

南荡遗址位于现泰州市兴化林湖乡戴家舍村南2.5千米处，1989年湖田改造开河时发现。遗址处于河湖之间，平均海拔在1米左右。东临渭水河，北临梓辛河，南有大横子、小横子、九里港等

[1] 郑州大学文博学院、开封市文物工作队：《豫东杞县发掘报告》，第120页，科学出版社，2000年。

[2] 栾丰实：《岳石文化的分期和类型》，《海岱地区考古研究》，第445页，山东大学出版社，1997年。中国社会科学院考古研究所：《中国考古学·夏商卷》，第444～447、452页，中国社会科学出版社，2003年。

[3] 山东大学历史系考古专业教研室：《泗水尹家城》，第223页，文物出版社，1990年。

[4] 郑州大学文博学院、开封市文物工作队：《豫东杞县发掘报告》，第111页，科学出版社，2000年。

[5] 中国社会科学院考古研究所：《偃师二里头——1959年～1978年考古发掘报告》，第319页，中国大百科全书出版社，1999年。

[6] 河南省文物考古研究所：《郑州商城——1953～1985年考古发掘报告》，第163、630页，文物出版社，2001年。

[7] 河南省文物考古研究所：《郑州商城——1953～1985年考古发掘报告》，第170、649、661页，文物出版社，2001年。

[8] 中国社会科学院考古研究所：《中国考古学·夏商卷》，第156页，中国社会科学出版社，2003年。

[9] 山东大学历史系考古专业教研室：《泗水尹家城》，第218页，文物出版社，1990年。

小河，西北有得胜湖。该遗址夏、秋两季位于水位以下，冬、春两季在水位以上。起初在地表发现大量陶片、动物骨骼，之后经过多次调查方确认为古遗址，面积约 10 万平方米。1992 年 10 ～ 12 月，南京市博物院、扬州市博物馆、兴化市博物馆对遗址进行了发掘。共布 9 个探方，实际发掘面积计 175 平方米。发现的遗迹不多，仅灰坑 1 个、灰沟 2 条、房址 1 处[1]。作者提出了“南荡文化遗存”[2]的认识，认为其有龙山文化偏晚阶段特征，并从文化迁徙角度出发，认为该类文化遗存应来源于王油坊类型，且与点将台文化紧密相关，年代可能进入夏时期。

T6、T7 的地层分三层，其余探方仅两层。由简报可知，各探方地层并未统一。出土遗物以陶器居多，富夹砂灰陶、夹砂黑陶、泥质灰陶和泥质黑陶，器类有鼎、甗、豆、鬶、壶、瓮、罐、盆、杯、钵、器盖等（图 2-3，1 ～ 36），无鬲、斝类器物。纹饰多绳纹，另有弦纹、篮纹和方格纹等，篮纹多竖向、斜向。F1、T9②各有一碳—14 测年数据，分别距今 3485 ± 69、3562 ± 79 年，达曼表校正为 1815 ± 103BC、1907 ± 63BC[3]。

在对材料进行对比、分析后，分为 4 组。

第 1 组：以 F1 为代表。

第 2 组：以 T6③、T7③为代表。

第 3 组：以 T6②、T7②、H1、G1 为代表。

第 4 组：以 T1②为代表。

以上 4 组对应 4 段，陶器分析如下。

第 1 段：典型器如罐形鼎，底部较平（图 2-3，1），有别于晚期多见的圜底形态，年代偏早；大敞口斜腹盆为卷沿，斜直腹，局部稍内曲（图 2-3，2），特征近王油坊下层同类器[4]；器盖，腹深较大（图 2-3，3）。该段遗存，年代相当于海岱龙山文化四期偏晚。

第 2 段：典型器如圆鼓腹鼎，腹径略大于口径（图 2-3，4）。弧腹盆，腹收较缓，腹深不大（图 2-3，6）；圈足盘，大敞口、浅盘（图 2-3，7）；斜腹钵（图 2-3，8），浅腹、平底。鼎足有两种，一种为侧扁三角足，近外侧较薄（图 2-3，9）；一种为正装扁圆柱形足（图 2-3，10）。这些器物的风格，以王油坊中层多见，年代相当于海岱龙山文化五期偏早。

第 3 段：典型器如大袋足甗（图 2-3，11），长弧颈，深弧腹，束腰明显；鼎较多见，有扁鼓腹（图 2-3，12）、圆鼓腹（图 2-3，13）、深鼓腹（图 2-3，14、15）等几种形态，腹径开始明显大于口径，侧扁三角足、足跟或有按窝（图 2-3，28、29）。直口鼓肩深腹瓮（图 2-3，16）、直腹瓜棱扁耳杯（图 2-3，26）、高颈鼓肩弧腹盆（图 2-3，19）等形态均可见于王油坊中层，而直口鼓肩深腹瓮（图 2-3，17）、浅斜腹盆（图 2-3，22）却又显示出王油坊上层的特征，下腹收较急且局部内曲的直口鼓肩深腹瓮自王油坊上层才开始出现。总体来说，该段器物兼具王油坊中层、上层特征，

[1] 南京博物院考古研究所、扬州博物馆、兴化博物馆：《江苏兴化戴家舍南荡遗址》，《文物》1995年第4期。

[2] “南荡文化遗存”是张敏首先于简报中提出，其后他也有“南荡遗存”的表述；除此外，张弛称其为“南荡类型”或“南荡文化遗存”，参张弛：《长江中下游地区史前聚落研究》，第224页，文物出版社，2003年。韩建业称其为“南荡类型”，参韩建业：《早期中国——中国文化圈的形成和发展》，第169页，上海古籍出版社，2015年。本文后续研究中采用“南荡类型”的表述。

[3] 简报称所测标本在采集之前可能受过芦根等植物的污染，并结合龙山末期海侵事件，将年代上限定在2200BC，下限定在2000BC。

[4] 中国社会科学院考古研究所河南二队、河南商邱地区文物管理委员会：《河南永城王油坊遗址发掘报告》，《考古学集刊·5》，中国社会科学出版社，1987年。

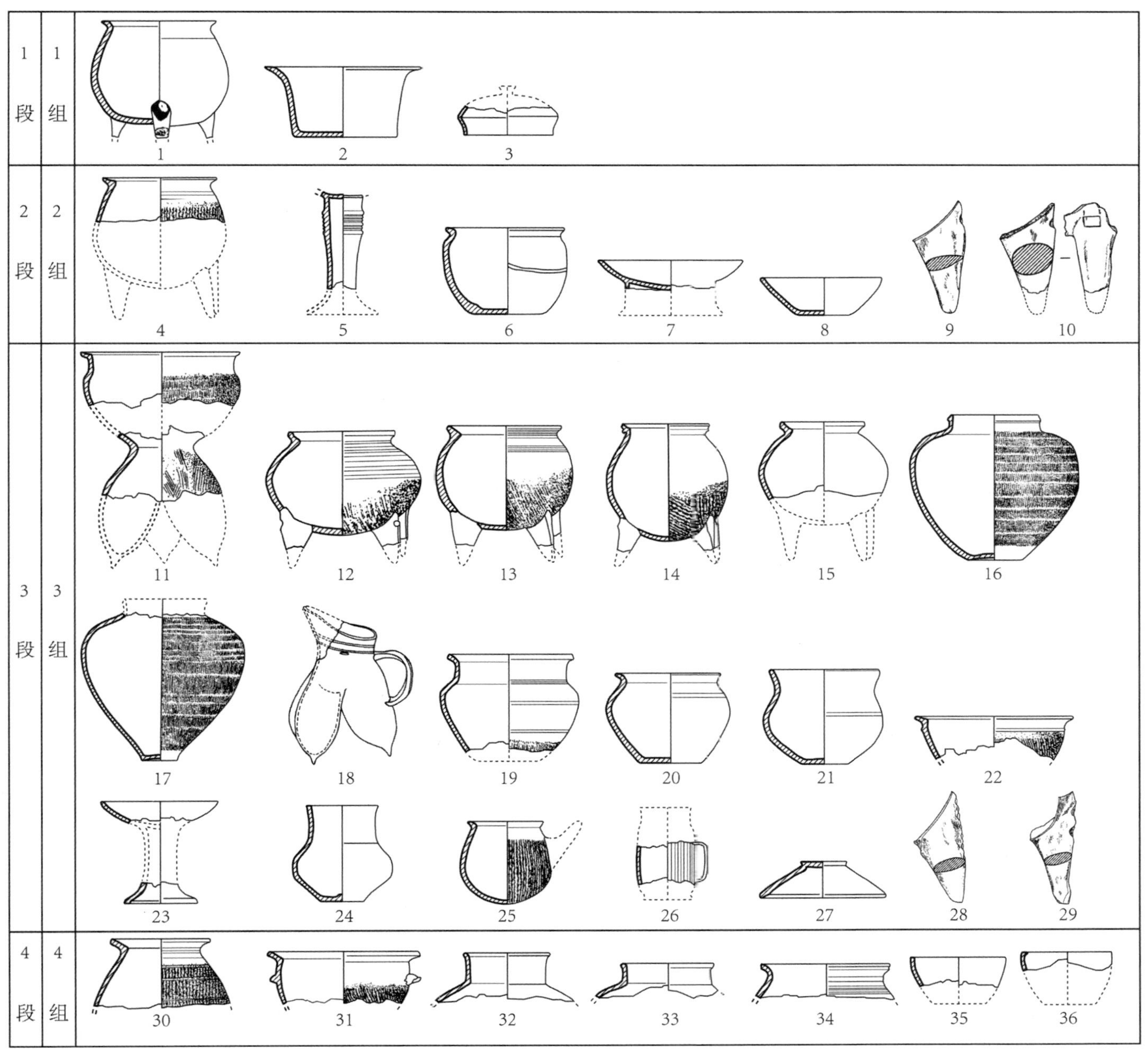

图2−3　南荡龙山时期遗存

1.鼎（F1：2）　2.盆（F1：7）　3.器盖（F1：4）　4.鼎（T7③：26）　5.豆（T7③：30）　6.盆（T7③：34）　7.盘（T7③：29）8.钵（T7③：36）　9、10.鼎足（T7③：26、T7③：27）　11.甗（T7②：6）　12～15.鼎（T6②：1、T6②：2、T6②：3、H1：4）　16、17.瓮（T7②：13、T7②：16）　18.鬶（H1：9）　19～22.盆（T7②：12、H1：6、T6②：22、T6②：6）　23.豆（H1：13）　24.壶（H1：3）　25.豆（H1：2）　26.杯（T7②：35）　27.器盖（H1：5）　28、29.鼎足（T7②：37、T7②：8）　30.鼎（T1②：5）　31.盆（T1②：6）　32～34.罐（T1②：11、T1②：12、T1②：10）　35、36.钵（T1②：16、T1②：21）

应处于王油坊中层至王油坊上层过渡期，年代相当于海岱龙山文化五期偏晚。

第 4 段：典型器为鼓腹鼎，呈垂腹形态（图 2-3，30），系由上段深鼓腹演变而来。其他如鸡冠耳鋬弧腹盆（图 2-3，31）、直口罐（图 2-3，32、33）、鼓腹罐（图 2-3，34）等也较有特色。这些遗物，年代较上段更晚些，约相当于海岱龙山文化六期。

3.龙冈遗址

龙冈遗址位于现盐城市亭湖区龙冈镇人民路与盐兴东路交界处东北侧的龙冈中学内，为蟒蛇河、西冈河等河流交汇处，北、西、南三面环水。1995 年 8 月，盐城市博物馆进行了抢救性发掘。据简报描述，因基建施工挖出了一长 6.0、宽 4.0 米左右的大坑，坑深 1.0 米左右，在坑底长 2.5、宽 1.0 米的范围内发现陶器 17 件、石器 1 件，尚有其他遗失者。作者将之定性为墓葬，并根据陶器风格推断年代为殷墟一、二期[1]。

从材料可知，出土物为陶器、石器（图 2-4，1～18），均较典型，如袋足鬲（图 2-4，1、2）、深腹袋足甗（图 2-4，3）、粗柄假腹豆（图 2-4，4、5）、矮圈足簋（图 2-4，6）、浅腹盆（图 2-4，7、9）、深腹盆（图 2-4，8）、折肩罐（图 2-4，10）、深腹小罐（图 2-4，11）、双耳圈足壶（图 2-4，12～14）、塔式器盖（图 2-4，15、16）、细高体纺轮（图 2-4，17）、半月形石刀（图 2-4，18）等。两件袋足鬲，一件足尖残缺，另一件足尖是否残缺存疑。这种形态的鬲若无足尖，几乎无法在二里冈时期至殷墟早期阶段遗存中找到原型；矮足尖或无足尖鬲在殷墟晚期遗存中倒是多见，但与龙冈鬲器形相差较大，而二里冈时期陶鬲足尖残缺的情况较多见。鼓腹鬲（图 2-4，1），腹微鼓、足尖有内勾趋势，属二里冈上层二期偏晚阶段风格。斜腹袋足鬲（图 2-4，2），腹部较斜，最大腹径靠下，形态近河北藁城台西二期墓葬鬲[2]。垂鼓腹的双耳壶（图 2-4，13），形态多见于二里冈上层二

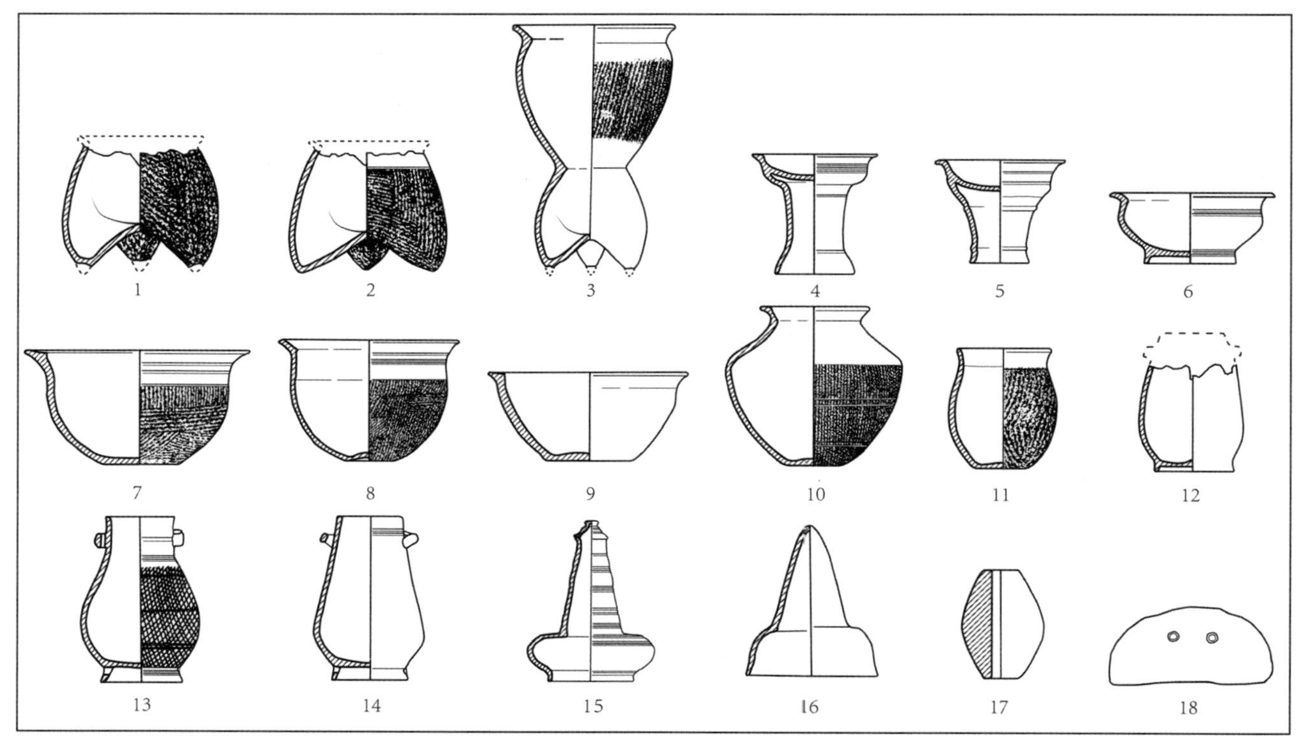

图2-4　龙冈商时期遗存

1、2.鬲（YLM：17、YLM：8）　3.甗（YLM：15）　4、5.豆（YLM：2、YLM：10）　6.簋（YLM：4）　7～9.盆（YLM：14、YLM：1、YLM：3）　10.罐（YLM：16）　11.罐（YLM：6）　12～14.壶（YLM：5、YLM：9、YLM：7）　15、16.器盖（YLM：12、YLM：13）　17.纺轮（YLM：11）　18.石刀（YLM：18）

[1]　韩明芳：《江苏盐城市龙冈商代墓葬》，《考古》2001年第9期。

[2]　河北省文物研究所：《藁城台西商代遗址》，第114页，文物出版社，1985年。

期，但前者颈部稍长、更直，贯耳更靠上；腹部斜直的双耳壶（图 2-4，12、14），形态接近于沧县倪杨屯壶[1]，年代属花园庄阶段。深腹小罐（图 2-4，11），口沿微卷，口径、腹径接近，形态接近于洹北商城 G4：49[2]，年代相当于花园庄早段。半月形石刀，多认为属岳石文化风格。

由上可知，龙冈陶器具有花园庄阶段特征，个别特征偏早。以鲁西南为核心分布区的潘庙类型[3]；如鬲、甗、豆、簋、盆等[4]，与龙冈陶器特征相似。但部分陶器并不见于潘庙类型，如塔式盖多见于二里冈；双耳圈足壶也不见于潘庙类型，却可见于台西类型[5]。由此可知，龙冈遗存年代大致相当于花园庄阶段，上限可能至二里冈上层二期偏晚。

4. 龙虬庄遗址

龙虬庄遗址位于现高邮市龙虬镇龙虬庄村的北部。平均海拔 2.4 米，四面环水，平面近方形，面积约 43000 平方米。遗址处于里下河平原区，周边河网密布，西距高邮湖约 8 千米，南距周邶墩遗址约 7 千米。1970 年，村民在开挖鱼塘时发现该遗址。南京博物院先后数次调查，采集到陶器和石器标本。1993 年 4 月至 1995 年 12 月，对遗址进行了四次正式发掘，发掘面积计 1335 平方米[6]。

龙山时期遗存主要见于探方 T3629、T4029 和 T4129 的③ B 层，数量不多，主要为夹砂灰陶、泥质黑陶、泥质灰陶的陶片。纹饰有绳纹和篮纹。典型器有罐形鼎（图 2-5，1）、卷沿斜腹盆（图 2-5，2）、鼓腹瓮（图 2-5，3）等；鼎足较多，均为侧扁足（图 2-5，4、5）。罐形鼎，内折沿且沿面内凹，缩颈，鼓腹。部分鼎足侧面饰划纹，年代早至良渚晚期。部分鼎足侧面呈三角形，有按窝，类似周邶墩足 H17：1。鼓腹瓮，直口微侈，肩部鼓出，与周邶墩 T0521⑥、T0521⑤瓮相似。卷沿斜腹盆，敞口，宽卷沿，形态与尹家城 H777：2[7]、王油坊 H13：2[8] 相似。近发掘区的遗址地表采集到一片泥质黑陶陶片，内壁有两列刻划陶文。

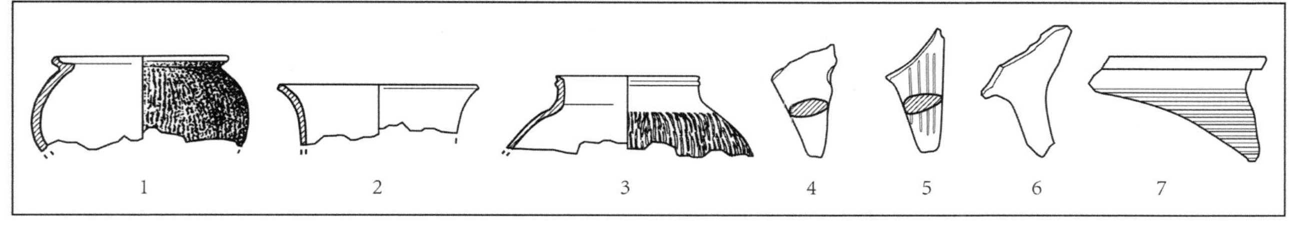

图2-5　龙虬庄、左家庄龙山时期遗存

1. 鼎（③B：？）　2. 盆（③B：？）　3. 瓮（③B：？）　4～5. 鼎足（③B：？、③B：？）　6. 鼎足　7. 鼎口沿（龙虬庄1～5，左家庄6、7）

[1] 沧州市文物保护管理所、沧县文化馆：《河北沧县倪杨屯商代遗址调查简报》，《考古》1993年第2期。

[2] 中国社会科学院考古研究所安阳工作队：《河南安阳市恒北花园庄遗址1997年发掘简报》，《考古》1998年第10期。

[3] 中国社会科学院考古研究所：《中国考古学·夏商卷》，第258、264～266页，中国社会科学出版社，2003年。

[4] 国家文物局考古领队培训班：《山东济宁潘庙遗址发掘简报》，《文物》1991年第2期。

[5] 中国社会科学院考古研究所：《中国考古学·夏商卷》，第257、262、263页，中国社会科学出版社，2003年。

[6] 龙虬庄遗址考古队：《龙虬庄——江淮东部新石器时代遗址发掘报告》，第204页，文物出版社，1999年。

[7] 山东大学历史系考古专业教研室：《泗水尹家城》，第106页，文物出版社，1990年。

[8] 中国社会科学院考古研究所河南二队、河南商邱地区文物管理委员会：《河南永城王油坊遗址发掘报告》，《考古学集刊·5》，中国社会科学出版社，1987年。

笔者认为，作者对 T3629、T4029 和 T4129③ B 层的年代判断无误，其与周邶墩第一类遗存关系紧密。罐形鼎、斜腹盆应与周邶墩第 2 组同类器形态相似，年代相当于海岱龙山文化五期；直口鼓腹瓮与周邶墩第 4 组瓮相似，年代相当于海岱龙山文化六期偏晚阶段。

5.其他遗址

（1）左家庄遗址

位于高邮市三垛镇左家庄村，江苏省第三次文物普查调查时发现。遗址北临港河，为一方形台地，海拔 3 米左右，面积 2 万多平方米。采集到大量陶片，器类有鬲、鼎、豆、尊、罐和盆等[1]。凸棱饰的罐形鼎口沿（图 2-5，7）和侧面内曲的鼎足（图 2-5，6），与南荡典型器物特征相近，年代约为龙山晚期。

（2）土城子遗址

位于现淮安市洪泽县岔河镇龙庄村郭庄东北 1 千米处白马湖的小岛上。1987 ～ 1990 年，南京博物院及淮阴文博单位考古调查发现，面积约 3000 平方米，采集到许多遗物[2]。遗址下文化层微卷沿的深弧腹鬲口沿（图 2-6，1）、残缺的鬲袋足（图 2-6，12）等较有特点，年代近商末周初。

（3）孙庄遗址

位于现淮安市洪泽县朱坝镇马棚村的孙庄北面。20 世纪 80 年代末 90 年代初，南京博物院及淮阴文博单位考古调查时发现。遗址高出周围地面 2 米左右，面积近 1 万平方米，文化层厚 1.0 ～ 1.5 米，采集遗物数件[3]。下文化层有敞口浅斜腹盆（图 2-6，2），接近龙山早中期形态；折沿深腹盆（图 2-6，3）、圈形捉手器盖（图 2-6，5）年代晚一些，可能到了二里头晚期。

（4）施庄遗址

位于现淮安市洪泽县共和镇施庄村的东南侧。1987 ～ 1990 年，南京博物院及淮阴文博单位考古调查发现。面积约 12000 平方米，文化层近 2 米[4]。由资料可知，施庄遗址下文化层年代应属龙山文化中晚期至二里头文化时期，上文化层应属商晚期，上文化层中偶见龙山时期遗物。下文化层多灰陶、红陶，其中红陶多为夹砂；纹饰主要有绳纹和篮纹。矮束颈的折肩罐（图 2-6，4），类似龙山晚期者；觚，内凹底、曲腹（图 2-6，6），多见于各地龙山时期遗存，如王油坊中层、西吴寺、尹家城出土者；鼎足多侧扁（图 2-6，8 ～ 10），扁柱足（图 2-6，11）较少。鼎足个别施按窝、足尖对捏，类似南荡遗址做法。尊，足外撇、下腹不曲（图 2-6，7），有岳石文化风格，年代约当于二里头三期。上文化层遗物，如鬲、豆、瓮等，特征不太明显，大致属晚商时期。

（5）甘草山遗址

位于现扬州仪征市中央大道与华电路交界处西南侧小高庄村东，西北距破山口铜器地点 5.1 千米。遗址地处山区丘陵向平原过渡带，平均海拔 15 ～ 16 米，南距长江 3.1 千米，东距胥浦河 4.7 千米，西南距滁河入江口 3.9 千米。西侧不远处为西北—东南方向延伸约 30 千米的丘陵区，最高海

[1]　江苏省文物局：《江苏省第三次全国文物普查新发现》，第21页，江苏美术出版社，2009年。

[2]　尹增淮、裴安年：《江苏洪泽县考古调查简报》，《东南文化》1992年第1期。

[3]　尹增淮、裴安年：《江苏洪泽县考古调查简报》，《东南文化》1992年第1期。

[4]　尹增淮、裴安年：《江苏洪泽县考古调查简报》，《东南文化》1992年第1期。

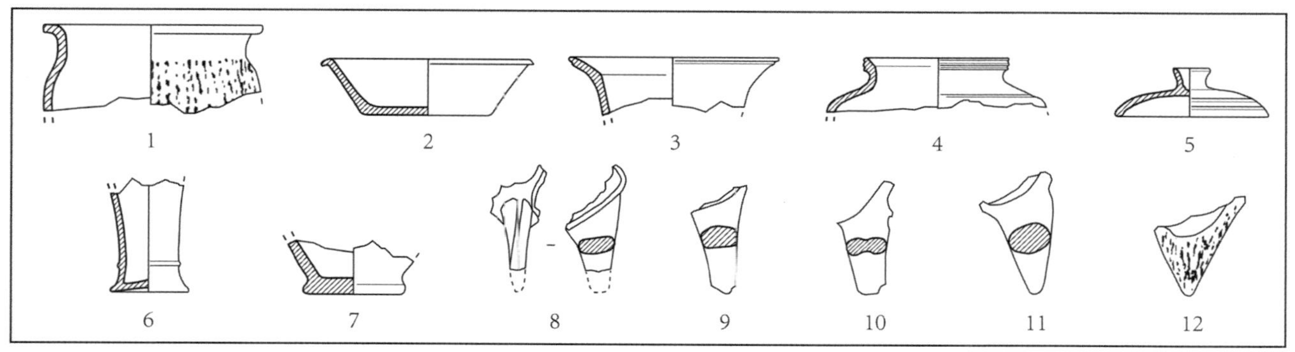

图2-6　土城子、孙庄、施庄龙山至夏商时期遗存

1.鬲（91HT：3）　2、3.盆（90HS下：2、90HS上：5）　4.罐（90HS上：5）　5.器盖（90HS下：5）　6.觚（88HS下：2）　7.尊（90HS下：4）　8～10.鼎足（90HS下：2、88HS下：1、90HS下：1）　11.鼎足　12.鬲足（91HT：2）　（土城子1、12，孙庄2、3、5，施庄4、6～11）

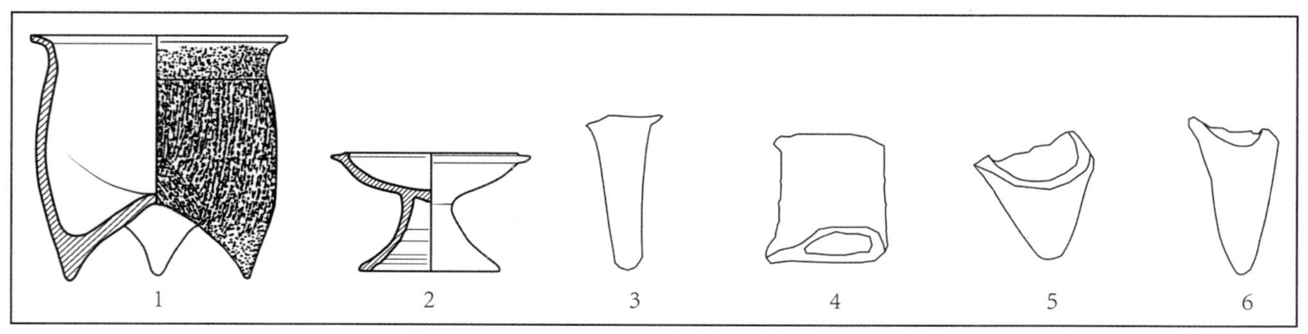

图2-7　甘草山、吴家跳龙山至夏商时期遗存

1.鬲（H2：？）　2.豆（H2：？）　3.鼎足　4.豆柄　5、6.鬲足　（甘草山1、2，吴家跳3～6）

拔50余米，往东海拔逐渐降低，至胥浦河附近海拔5～6米。遗址于1961年考古调查发现[1]。1982年春，因仪征化纤公司建厂施工发掘350平方米[2]。地层共四层，第4层下遗迹年代较早，如H1、H2。H2出土陶、原始瓷片共139片，器类有鬲和豆，纹饰有绳纹、弦纹、梯格纹、叶脉纹和网纹等。典型器有斜腹袋足鬲（图2-7，1）、宽折沿浅盘豆（图2-7，2）。鬲，宽卷沿、斜长颈、深弧腹、高弧裆、瘦狭袋足；形态与五担岗H52：1[3]相近，年代约为殷墟三期。豆，浅腹碗形，中高柄、喇叭形圈足，年代与鬲接近。那么，甘草山遗存年代相当于殷墟三期。

（6）吴家跳遗址

位于现高邮市天山镇神居山村西，处于神居山西侧的平原地带，区域海拔11～21米，较西侧河网地带明显要高，北距高邮湖约5.6千米，东距古邗沟13.3千米。遗址东、西、北三面环水，面积约2万平方米，为江苏省第三次文物普查的新发现[4]。跨过古邗沟往东，与之相距30千米处为周邶墩遗址。吴家跳考古调查时地表发现大量陶片，有少量硬陶。纹饰有绳纹、云雷纹、附加堆纹、叶

[1]　南京博物院：《江苏仪六地区湖熟文化遗址调查》，《考古》1962年第3期。

[2]　江苏省驻仪征化纤公司文物工作队：《仪征胥浦甘草山遗址的发掘》，《东南文化》第二辑，江苏古籍出版社，1986年。

[3]　安徽省文物考古研究所、南京大学历史学院考古文物系等：《马鞍山五担岗》，第175页，文物出版社，2016年。

[4]　江苏省文物局：《江苏省第三次全国文物普查新发现》，第22页，江苏美术出版社，2009年。

脉纹、方格纹和回纹等。器类有鼎、鬲、豆等。从鼎足、表面多凸棱的豆柄（图 2-7，3、4）来看，年代应属龙山时期；而从器形及竖向叶脉纹的装饰手法看，也可能有二里头时期遗物；而高实足跟的鬲足、矮实足的袋形鬲足（图 2-7，5、6），年代约为晚商时期。

第二节　本区域龙山时期向夏时期考古学文化的过渡

本区域新石器时代末期考古学文化的研究，目前已经取得一定进展和共识。南荡、周邶墩、龙虬庄等遗址龙山时期遗存的发现，将广富林文化与王油坊龙山时期遗存串联起来。因为这种遗存具有一定的区域性，且与周边同时期考古学文化有一定区别，于是有了“南荡文化遗存”“南荡遗存”“南荡类型”的认识[1]，且认为该类遗存与王油坊类型、广富林文化紧密相关，年代接近。笔者对这些材料进行了重新梳理，认为该类遗存有一定分布地域，有区别于周边地区的文化面貌，年代延续也较好，称之为“南荡类型”具备合理性。但这类遗存年代上限应到了龙山早中期，文化性质可能更复杂，再行分析十分必要。

一　南荡类型的分布情况

南荡类型的认识，以往是建立在南荡、龙虬庄、周邶墩等三处遗址的资料基础上。但实际上，该区域的龙山时期遗址不止以上 3 处，另外还有 8 处，如洪泽孙庄、洪泽施庄、洪泽山子墩、洪泽土城子、高邮左家庄、高邮周邶墩、盱眙龙墩口、盱眙范家岗等应均有该类遗存。里下河及运湖西区域，由东向西地势渐高，在公元前两千纪偏晚阶段的高海平面时期，西侧地区应要比东侧更适合人类居住。所以，自张八岭山脉以东至运湖西的地势较高地带，可能存在更多同时期遗存。

二　南荡类型的文化特征及年代

1. 文化特征

南荡类型遗存主要为陶器、石器和骨器，以陶器最为丰富。陶器主要为夹砂、泥质陶，多灰陶和黑陶器；器类主要有鼎、甗、鬶、豆、壶、盆、杯、瓮、罐、器盖等，典型器有鼓腹鼎、袋足甗、带流鬶、细高柄浅盘豆、卷沿斜腹盆等；纹饰主要有绳纹、篮纹、弦纹、方格纹、指捺纹、附加堆纹、三角星形纹、“∽”形纹等，组合纹饰有附加堆纹＋篮纹、附加堆纹＋三角星形纹、附加堆纹＋“∽”形纹等。鼎多鼓腹、扁鼓腹，流行侧扁三角足、足跟有按窝；少数鼎最大腹径偏下且底部近平，年代相应要早些。甗均为大袋足，裆部往往较高。豆多细柄，凸棱饰常见。鬶均为袋足，矮流，部分鬶口、流不分界。斜腹盆多大卷沿，腹深不大。盒多子母口，或有贯耳。该区域发现南荡类型遗存的遗址，地层多较单薄，遗迹种类也不多，仅灰坑、灰沟、房址等。

[1]　关于南荡类型的认识，可参考张弛：《中国史前农业、经济的发展与文明的起源》，《古代文明》（第1卷），第55页，文物出版社，2002年。张敏：《南荡遗存的发现及其意义》，《华夏文明的形成与发展》，第172～182页，大象出版社，2003年。宋建：《从广富林遗存看环太湖地区早期文明的衰变》，《长江下游地区文明化进程学术研讨会论文集》，第214～228页，上海书画出版社，2004年。

2.分期与年代

（1）典型器物型式划分

选取鼎、甗、豆、瓮、罐、盆、盒、器盖、鬶等器物，形态特征前后有变化。

鼎　分为二型。

A 型　鼓腹，腹径大于口径。分三亚型。

Aa 型　腹径略大于口径。分三式。演变趋势：沿下角先大后小，腹部有渐扁趋势（图 2-8，3、4、8）。

Ab 型　腹径明显大于口径，圆鼓腹。分二式。演变趋势：沿下角变大（图 2-8，5、15）。

Ac 型　腹径明显大于口径，扁鼓腹（图 2-8，9）。

B 型　弧腹微鼓，口径与腹径略同。分二式。演变趋势：沿下角变大，腹部变扁（图 2-8，6、12）。

C 型　垂腹。分二式。演变趋势：沿下角变小，上腹由近斜直变稍弧凸，腹部或有变扁趋势（图

分期		鼎 Aa型	鼎 Ab型	鼎 Ac型	鼎 B型	鼎 C型	甗	甑	豆
一期	1段						1	2	
二期	2段	3							
三期	3段	4	5		6	7			
	4段	8		9			10		11
四期	5段				12	13			14
	6段		15						

图2-8　里下河及运湖西地区龙山时期典型器物分期图-1

1.甗（T1212③：12）　2.甑（H19：1）　3～9.鼎（F1：2、T7③：26、H6：1、H6：3、H20：1、T6②：2、T6②：1）　10.甗（T7②：6）　11.豆（H1：13）　12.鼎（T0421⑥：18）　13.鼎（T1②：5）　14.豆（H17：2）　15.鼎（T0421⑥：12）　（周邶墩1、2、5～7、12、14、15，南荡3、4、8～11、13）

2-8，7、13）。

甗　盆形腹，袋足。分二式。演变趋势：甑体腹深变大，鬲部袋足足面由斜直变弧凸，足间距变小（图 2-8，1、10）。

甑　盆形，深弧腹（图 2-8，2）。

豆　中粗高柄，浅腹。分二式。演变趋势：盘腹收变缓（图 2-8，11、14）。

瓮　弧腹或鼓腹，腹深较大。分二式。演变趋势：最大腹径下移（图 2-9，4、9）。

罐　折腹，最大腹径居中（图 2-9，10）。

盆　可分二型。

A 型　折肩。分二式。演变趋势：沿下角变大，腹收变急（图 2-9，2、11）。

B 型　斜弧腹。分二式。演变趋势：沿下角变小，腹收变缓（图 2-9，5、12）。

C 型　卷沿，斜直腹，腹部或内曲。分二式。演变趋势：沿下角变大（图 2-9，1、6）。

盒　分二式。演变趋势：敛口变直口，腹深变小（图 2-9，13、15）。

器盖　分二式。大捉手，平顶，腹深不大。演变趋势：敞口幅度变小，腹深变大（图 2-9，7、14）。

鬶　分二式。演变趋势：流与口部从有明显分界变为无分界（图 2-9，3、8）。

期段＼类型		瓮	罐	盆 A型	盆 B型	盆 C型	盒	器盖	鬶
二期	2段					1			
三期	3段			2					3
三期	4段	4			5	6		7	8
四期	5段	9	10	11	12		13	14	
四期	6段						15		

图2-9　里下河及运湖西地区龙山时期典型器物分期图-2

1、2.盆（F1：7、H18：1）　3.鬶（H5：3）　4.瓮（T7②：16）　5.盆（T6②：6）　6.盆（③B：？）　7.器盖（H1：5）　8.鬶（H1：9）　9.瓮（T0521⑥：14）　10.罐（T0421⑥：11）　11、12.盆（H13：4、T1②：6）　13.盒（H13：3）　14.器盖（H13：2）　15.盒（T0421⑤：10）（南荡1、4、5、7、8、12，周邶墩2、3、9～11、13～15，龙虬庄6）

（2）分期与年代

由分析可知，可分为 6 段（表 2-1）。

第 1 段：以周邶墩第 1 组为代表，孙庄部分遗物划归该段。典型器有Ⅰ式甗（图 2-8，1）和深弧腹甑（图 2-8，2）等；多见绳纹、弦纹、“∽”形纹饰等。年代方面，较王油坊下层要早。如袋足甗为大撇足，足间距较大，类似禹会、尉迟寺龙山早中期甗形态；这种因素可能源于淮河中游。该段年代相当于海岱龙山文化二、三期。

表2-1　里下河及运湖西地区龙山时期遗存分期对应表

<table>
<tr><th colspan="2">遗址
分期</th><th>高邮周邶墩</th><th>高邮左家庄</th><th>高邮龙虬庄</th><th>兴化南荡</th><th>洪泽施庄</th><th>洪泽孙庄</th><th>王油坊龙山文化</th><th>海岱龙山文化</th></tr>
<tr><td>一期</td><td>1段</td><td>T1212③、H19</td><td></td><td></td><td></td><td></td><td>✓</td><td></td><td>二、三期</td></tr>
<tr><td>二期</td><td>2段</td><td></td><td></td><td></td><td>F1</td><td></td><td></td><td>下层</td><td>四期偏晚</td></tr>
<tr><td rowspan="2">三期</td><td>3段</td><td>T0421⑧、T0521⑧、T0421⑦、T0521⑦、T1212②、H18、H20、H5、H6</td><td>✓</td><td></td><td>T6③、T7③</td><td rowspan="2">✓</td><td rowspan="2">✓</td><td rowspan="2">中层</td><td>五期偏早</td></tr>
<tr><td>4段</td><td></td><td></td><td>✓</td><td>H1、G1、T6②、T7②</td><td>五期偏晚</td></tr>
<tr><td rowspan="2">四期</td><td>5段</td><td>T0421⑥、T0521⑥、T1011②、H13、H14、H15、H16、H17</td><td>✓</td><td></td><td>T1②</td><td>✓</td><td></td><td>上层</td><td>六期</td></tr>
<tr><td>6段</td><td>T0421⑤、T0521⑤</td><td></td><td>✓</td><td></td><td></td><td></td><td></td><td>六期末，下限可能进入夏早期</td></tr>
</table>

第 2 段：以南荡第 1 组为代表。典型器有 Aa 型Ⅰ式鼎（图 2-8，3）、C 型Ⅰ式盆（图 2-9，1）等。鼓腹鼎底部圜底近平，圆实足，足跟部有较大按窝；斜腹盆为卷沿、斜腹，腹深较小。这些陶器，形态已接近王油坊下层同类器，年代相当于海岱龙山文化四期偏晚。

第 3 段：以周邶墩第 2 组、南荡第 2 组为代表，左家庄、孙庄、施庄部分遗物属该段。典型器有 Aa 型Ⅱ式鼎（图 2-8，4）、Ab 型Ⅰ式鼎（图 2-8，5）、B 型Ⅰ式鼎（图 2-8，6）、C 型Ⅰ式鼎（图

2-8，7）、A 型Ⅰ式盆（图 2-9，2）、Ⅰ式鬶（图 2-9，3）等。鼓腹鼎最典型，广富林文化中也常见。本段遗存，年代相当于海岱龙山文化五期偏早。

第 4 段：以南荡第 3 组为代表，龙虬庄、孙庄、施庄部分遗物划归该段。典型器有 Aa 型Ⅲ式鼎（图 2-8，8）、Ac 型鼎（图 2-8，9）、Ⅱ式甗（图 2-8，10）、Ⅰ式豆（图 2-8，11）、Ⅰ式瓮（图 2-9，4）、B 型Ⅰ式盆（图 2-9，5）、C 型Ⅱ式盆（图 2-9，6）、Ⅰ式器盖（图 2-9，7）、Ⅱ式鬶（图 2-9，8）等，该段以扁鼓腹鼎特征显著，年代相当于海岱龙山文化五期偏晚。

第 5 段：以周邶墩第 3 组、南荡第 4 组为代表，左家庄、施庄部分遗物属该段。典型器有 B 型Ⅱ式鼎（图 2-8，12）、C 型Ⅱ式鼎（图 2-8，13）、Ⅱ式豆（图 2-8，14）、Ⅱ式瓮（图 2-9，9）、折腹罐（图 2-9，10）、A 型Ⅱ式盆（图 2-9，11）、B 型Ⅱ式盆（图 2-9，12）、Ⅰ式盒（图 2-9，13）、Ⅱ式器盖（图 2-9，14）等。自本段起，腹径较大的扁鼓腹鼎基本消失；瓮的最大腹径开始下移、腹收变缓，流行篮纹。鸡冠耳鋬装饰，在本区域开始出现。子母口盒，口部由敛变直。该段遗存年代相当于海岱龙山文化六期。

第 6 段：以周邶墩第 4 组为代表，龙虬庄部分遗物属该段。典型器有 Ab 型Ⅱ式鼎（图 2-8，15）、Ⅱ式盒（图 2-9，15）等。该段遗存，年代约相当于海岱龙山文化六期末。

如上分析，第 1、2、3～4、5～6 段遗存分别对应第一至第四期。第一期遗存，本区域少见，可能受淮河中游同期遗存影响形成，有学者称为禹会类型[1]；应也包含部分海岱龙山文化因素。年代相当于海岱龙山文化二、三期。自第二期起，文化因素开始变多元，造律台文化[2]影响至本地，并持续至第四期。第二期遗存年代相当于海岱龙山文化四期偏晚，第三、四期则分别相当于海岱龙山文化五、六期。周邶墩、南荡遗址均有测年数据，但前者误差太大。由南荡材料可知，属第 2 段的 F1 测年数据为 BC1815 ± 103 年，属第 3 段的 T9②测年数据为 BC1907 ± 63 年。从测年情况看，样本数量仍不充足，年代似也有一定偏差。结合文化特征，南荡类型遗存第二、三期应相当于龙山文化中晚期。

三　南荡类型所反映的区域文化传承

该区域在龙山偏早阶段开始，便受到周边区域同期文化的影响，且年代较早。第一期遗存，周邶墩 T1212②侧扁足甗、侧扁足环耳盉，有良渚文化风格，不会晚至龙山偏晚阶段。龙山时期南北文化交流远早于广富林文化阶段，如宁镇地区点将台遗址发现的类似海岱龙山文化偏早阶段的环足盘，可能经里下河地区传播而来。那么，南荡类型极可能是在良渚文化背景下受海岱龙山文化和淮河中游龙山文化反复冲撞而成。南荡类型偏晚阶段遗存，则明显包含了部分造律台文化因素，还包括部分海岱龙山文化因素。南荡类型之后，与之接序的是万北类型，区域考古学文化有较强的传承。与之临近的淮河中游，斗鸡台文化中岳石因素遗存年代上限为二里头二期或更早。斗鸡台遗址第 5 层曾出土带凸棱的粗高柄尊或豆，该类陶器在藤花落龙山末期遗存中也有发现。

[1] 韩建业：《早期中国——中国文化圈的形成和发展》，第169页，上海古籍出版社，2015年。

[2] 造律台文化是指以永城王油坊、永城造律台、宿州芦城子等地龙山时期遗存为代表的考古学文化，之前也有王油坊类型或造律台类型的认识。称王油坊类型的如吴汝祚：《关于夏文化及其来源的初步探索》，《文物》1978年第9期；栾丰实：《龙山文化王油坊类型初论》，《考古》1992年第10期。称造律台类型的如严文明：《龙山文化和龙山时代》，《文物》1981年第6期；李伯谦：《论造律台类型》，《文物》1983年第4期。

综上可知，万北类型与南荡类型在年代上基本接续。万北类型继承了龙山文化向南传播的传统，同时将岳石文化因素传播至宁镇地区和太湖流域。甚至远至浙东一带。

第二节　本区域夏商时期考古学文化分期

一　本区域夏时期遗存

里下河及运湖西地区的夏时期遗址较少，分布较稀疏，主要分布于洪泽湖、高邮湖水系区；目前仅发掘周邶墩[1]，孙庄[2]、施庄[3]等也有类似遗存。过淮河往北，进入古泗水流域后，这种情况有所改观；分布有井儿头[4]、万北[5]、大伊山[6]等遗址。淮河支流古睢水沿线，分布有后陈遗址[7]。皖西北地区，古汴水（获水）南向支流水系，分布有杨堡遗址[8]。

夏时期遗存以陶器为主，有少量石器。陶器多为夹砂、泥质陶，有少量硬陶器。

1.分期与年代

可分为2段。

第1段：以周邶墩第5组为代表，孙庄部分遗物归入该段。典型器有弧腹袋足鬲（图2-10，1）、附加堆纹袋足甗（图2-10，2）、圆肩弧腹硬陶罐（图2-10，3、4）、大口小底罐（图2-10，5）、鼓腹罐（图2-10，6）、鼓腹硬陶罐（图2-10，7）、斜腹盆（图2-10，8）、斜腹尊（图2-10，9）、菌状钮器盖（图2-10，10）等。多素面器，纹饰多凹凸棱饰、绳纹、曲折纹、席纹、附加堆纹等，绳纹一般较细密且经打磨；部分硬陶器口沿有刻划符号。流行鬲、甗、尊、罐等，袋足器、大腹径器等较有特色。该段弧腹风格的袋足鬲，首见于年代为二里头三期的先商文化；而足间距较大的袋足甗、斜腹尊则多见于岳石文化二期，年代相当于二里头文化三期或稍晚。高颈、圆肩、深弧腹的硬陶罐，多见于马桥文化中，年代与上述遗存相同。由此可知，该段年代约为二里头三期偏晚至二里头四期偏早阶段。

第2段：以周邶墩第6组为代表。典型器有袋足甗（图2-10，11）、大口小底罐（图2-10，12）、斜折肩罐（图2-10，13）、镂孔器座（图2-10，14）、斜弧腹钵（图2-10，15）、圜底盒（图2-10，16）、斜腹尊（图2-10，17）、斜腹杯（图2-10，18）等。装饰风格与上段相似，多素面器，多凹凸棱饰；另有附加堆纹、三角镂孔、方格纹、羽状饰等。凹凸棱饰、羽状饰较典型，前者多见于岳石文化，后者多见于滁河流域及宁镇北缘同期遗存。仍流行附加堆纹袋足甗、斜腹尊、大口小

[1]　南京博物院考古研究所、扬州博物馆、高邮文管会：《江苏高邮周邶墩遗址发掘报告》，《考古》1997年第4期。

[2]　尹增淮、裴安年：《江苏洪泽县考古调查简报》，《东南文化》1992年第1期。

[3]　尹增淮、裴安年：《江苏洪泽县考古调查简报》，《东南文化》1992年第1期。

[4]　尹焕章、赵青芳：《淮阴地区考古调查》，《考古》1963年第1期。

[5]　南京博物院：《江苏沭阳万北遗址新石器时代遗存发掘简报》，《东南文化》1992年第1期。

[6]　南京博物院、连云港市博物馆等：《江苏灌云大伊山遗址1986年的发掘》，《文物》1991年第7期。

[7]　中国国家博物馆、南京博物院：《江苏泗洪后陈遗址发掘简报》，《中国国家博物馆馆刊》2015年第7期。

[8]　安徽省文物考古研究所、武汉大学历史学院考古系：《皖北小孙岗、南城孜、杨堡史前遗址试掘简报》，《考古》2015年第2期。

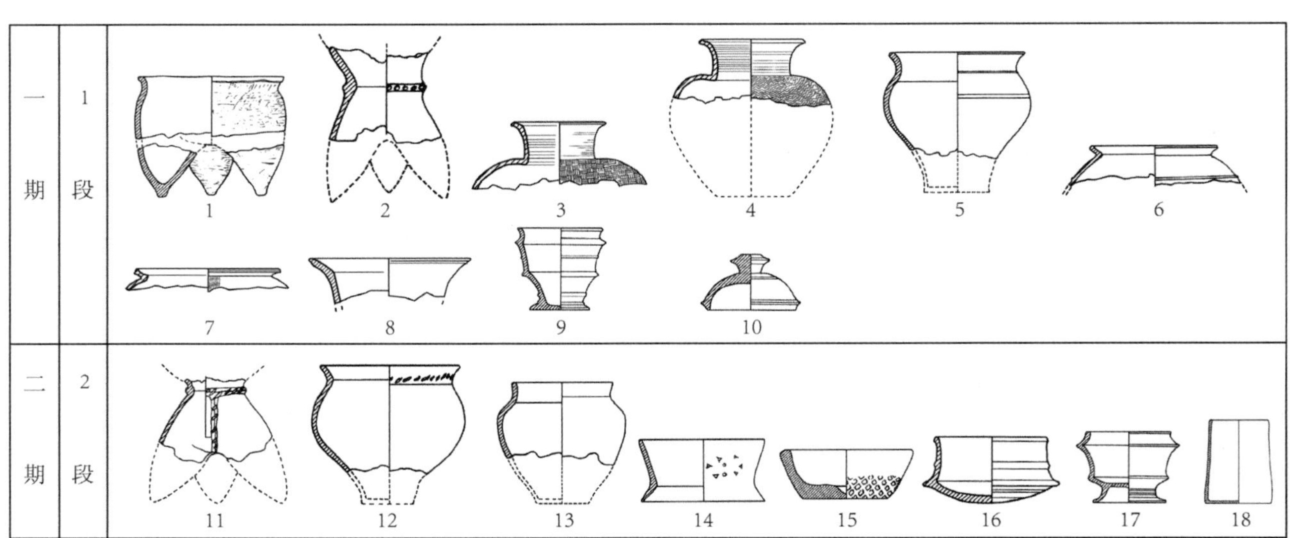

图2-10　里下河及运湖西地区夏时期典型器物分期图

1.鬲（H3：1）　2.甗（采：8）　3、4.硬陶罐（采：02、采：01）　5.罐（H4：5）　6.罐（H2：1）　7.硬陶罐（H8：1）　8.盆（90HS上：5）　9.尊（H4：1）　10.器盖（H4：2）　11.甗（采：09）　12、13.罐（H12：3、H12：4）　14.器座（T0911②：1）　15.钵（H9：2）　16.盒（T0911②：3）　17.尊（T0911②：2）　18.杯（H11：2）　（周邶墩1～7、9～18，孙庄8）

底罐等，甗的足间距变大，尊出现明显圈足，类似形态多见于岳石文化三期，年代约当于二里头文化四期中段或偏晚。

以上两段，各对应一期。第一期年代稍早，大约相当于二里头文化三期偏晚至二里头四期偏早阶段；第二期年代稍迟，约相当于二里头文化四期中段或偏晚。

2.文化因素分析

对出土陶器进行分析后，将文化因素分为以下几类。

A类：以附加堆纹袋足甗、斜腹尊、圜底盒、菌状钮器盖等（图2-11，1～6）为代表。该类风格器物多见于岳石文化，鹿台岗类型也有相似者[1]。但鹿台岗类型的岳石文化因素，应来自安邱堌堆类型[2]。岳石文化的分布西缘曾到达杞县附近的惠济河一线，而此地亦为鹿台岗类型的分布区。从豫东、鲁西南分布的二里头晚期遗存看，地理位置越往东，岳石文化因素比例越高。而第1段的岳石文化因素遗存，应来源于以鲁西南为核心分布区的安邱堌堆类型，也有部分因素与尹家城类型相似。

B类：以口腹径相近的弧腹袋足鬲（图2-11，7）、大口小底罐（图2-11，8、9）等为代表。尤为典型的是袋足鬲，饰细密绳纹、器表经打磨，这种风格以鹿台岗类型最为突出。鹿台岗类型中多见这种大口小底、口径与腹径近的瓮或罐，本区域该类器物应来源于此。

C类：以高颈深弧腹硬陶罐（图2-11，10、11）、折沿圆鼓腹硬陶罐等（图2-11，12）为代表。原报告将这类硬陶器划为第三类遗存，年代属西周[3]。张立东注意到了该类硬陶，将其划归万北类型[4]，即认为这种硬陶器年代早于西周，同时认为这种硬陶应来源于南方的考古学文化。目前所知岳

[1] 中国社会科学院考古研究所：《中国考古学·夏商卷》，第153、156页，中国社会科学出版社，2003年。

[2] 中国社会科学院考古研究所：《中国考古学·夏商卷》，第451～453页，中国社会科学出版社，2003年。

[3] 南京博物院考古研究所、扬州博物馆、高邮文管会：《江苏高邮周邶墩遗址发掘报告》，《考古》1997年第4期。

[4] 中国社会科学院考古研究所：《中国考古学·夏商卷》，第453、454页，中国社会科学出版社，2003年。

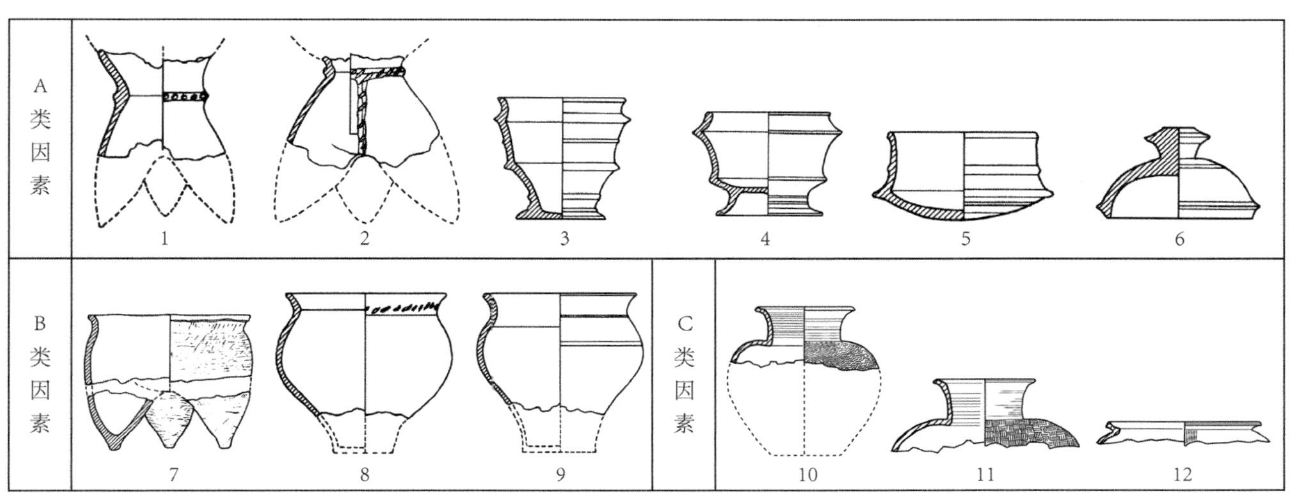

图2-11　里下河及运湖西地区夏时期遗存文化因素构成图

1、2.甗（采：8、采：9）　3、4.尊（H4：1、T0911②：2）　5.盒（T0911②：3）　6.器盖（H4：2）　7.鬲（H3：1）　8、9.罐（H12：3、H12：3）　10～12.硬陶罐（采：01、采：02、H8：1）　（周邶墩1～12）

石文化的年代下限，事实上也并未进入西周。笔者认同该硬陶器年代较早的观点，这种硬陶的高颈罐、圆鼓腹罐，应来源于马桥文化。由口、腹部形态以及流行曲折纹、席纹的装饰来看，年代应为二里头文化三期偏晚至四期偏早阶段。

对里下河及运湖西地区夏时期典型陶器进行分析后，将文化因素划分为三类。

第一期：包含A、B、C三类因素，典型器有袋足鬲、尊、盒、菌状钮器盖、硬陶罐等。这三类分别属岳石、先商、马桥等文化因素，共同出现于本地。结合本区域及宁镇地区、太湖流域的发现，岳石文化很可能在二里头二期时便影响本地。本期的岳石、先商文化因素可能来自于同一地区，如鹿台岗类型，或是安邱堌堆类型。这两种类型，在豫东、鲁西南乃至皖西北一带均有分布。这种融合了先商、岳石文化因素的遗存可能属两个族群；也可能是一种混合性的文化势力，对应一个族群，其他因素则是交流、吸收而来。马桥文化因素于此地出现稍晚一点，可能到了二里头三期前后，但不排除会更早些。

第二期：包含A、B两类因素，C类因素少量存在。典型器有附加堆纹袋足甗、尊、大口小底罐等，未见鬲。由此可见，本期是在上期遗存的基础上继续发展的。遗存仍然不多，但可证明这种文化交流在持续。

由上可知，本地夏时期遗存的年代，已相当于二里头晚期；结合周边区域的发现，肯定还存在更早的遗存。本地文化在发展过程中，文化因素逐渐变丰富，先商、马桥、岳石文化等因素交汇，并持续了较长一段时间。

二　本区域商时期遗存

本区域的商时期遗存点，目前发现也较少。高邮湖水系有周邶墩[1]、佛前墩[2]，大纵湖水系有龙

[1]　南京博物院考古研究所、扬州博物馆、高邮文管会：《江苏高邮周邶墩遗址发掘报告》，《考古》1997年第4期。

[2]　详参https://www.njmuseum.com/en/articleDetails? id=356878。

冈[1]，靠近长江的胥浦河水系有甘草山[2]。有些遗址经过调查，可能存在商时期遗存，如姜泰河水系的单塘河[3]，高邮湖水系的吴家跳[4]、左家庄[5]等，白塔河水系的青狮墩[6]、望夫台[7]，洪泽湖水系的土城子[8]、山子墩[9]、施庄[10]等。本区域商时期遗存，年代框架并不完整，有明显缺环。而这一缺环，只能由以后的考古工作来弥补。

本区域商时期遗存，以陶器为主，也有少量石器。陶器多为夹砂、泥质陶，包含部分硬陶器。根据陶器形态的演变，可进行分期。

1.分期与年代

可分为3段。

第1段：以周邶墩第7组为代表。典型器有袋足鬲（图2-12，1、2）、矮足鼎（图2-12，3）、尊（图2-12，4）、盒（图2-12，5～8）、宽肩弧腹罐（图2-12，9）、深鼓腹罐（图2-12，10～13）、缩颈硬陶罐（图2-12，14）、浅弧腹盆（图2-12，15）、深弧腹盆（图2-12，16）、圈形捉手器盖（图2-12，17、18、21）、菌状钮器盖（图2-12，19）、斜腹碗（图2-12，22、23）等。多素面陶，纹饰以凹凸棱为主；其他则有绳纹、篮纹、圆形镂孔、叶脉纹、叶脉纹+方格纹等纹样；绳纹一般较细密且经打磨处理。陶器形态上，鼓腹、斜腹器多见，流行微卷沿或直口微敛的口部特征。袋足鬲，已少见于豫东、鲁西南地区，结合商文化特征，年代应为二里冈下层一期或稍晚。圆鼓腹缩颈的硬陶罐，形态、纹饰组合皆类似钱山漾第5组、昆山第5组者，年代在二里冈下层一期前后。由上分析可知，本段遗存年代相当于二里冈下层时期。

第2段：以龙冈遗存为代表。典型器有袋足鬲（图2-12，24、25）、深腹袋足甗（图2-12，26）、假腹豆（图2-12，27、28）、矮圈足簋（图2-12，29）、双耳圈足壶（图2-12，30～32）、深腹小罐（图2-12，33）、折肩罐（图2-12，34）、浅弧腹盆（图2-12，35、37）、深弧腹盆（图2-12，36）、塔式器盖（图2-12，38、39）、细高体纺轮（图2-12，40）等。陶器多绳纹，其次为弦纹，存在少量网格纹；弦纹多以凹槽的形式出现。陶器形态上，鬲富斜腹特征，最大腹径往往偏下，袋足已见内勾现象；豆则均为假腹，不见真腹，假腹与柄分界明显；壶均为垂腹，有的腹壁较斜，或在靠近颈部处有内曲现象；深弧腹的小罐微卷沿，口径与腹径接近；塔式器盖上下有明显分界，形成上近圆锥形、下近扁弧腹形的特征；纺轮较为细高。综合袋足鬲、假腹豆、垂腹壶、深腹小罐、塔式器盖、细高体纺锤等器物特征，笔者认为龙冈遗存年代为花园庄阶段，上限可能到了二里冈上层二期偏晚。

[1] 韩明芳：《江苏盐城市龙冈商代墓葬》，《考古》2001年第9期。
[2] 江苏省驻仪征化纤公司文物工作队：《仪征胥浦甘草山遗址的发掘》，《东南文化》第二辑，江苏古籍出版社，1986年。
[3] 周煜、黄炳煜：《天目山、单塘河遗址调查简报》，《东南文化》1986年第2期。
[4] 江苏省文物局：《江苏省第三次全国文物普查新发现》，第22页，江苏美术出版社，2009年。
[5] 江苏省文物局：《江苏省第三次全国文物普查新发现》，第21页，江苏美术出版社，2009年。
[6] 天长县地方志编纂委员会：《天长县志》，第480页，社会科学文献出版社，1992年。
[7] 天长县地方志编纂委员会：《天长县志》，第480页，社会科学文献出版社，1992年。
[8] 尹增淮、裴安年：《江苏洪泽县考古调查简报》，《东南文化》1992年第1期。
[9] 尹增淮、裴安年：《江苏洪泽县考古调查简报》，《东南文化》1992年第1期。
[10] 尹增淮、裴安年：《江苏洪泽县考古调查简报》，《东南文化》1992年第1期。

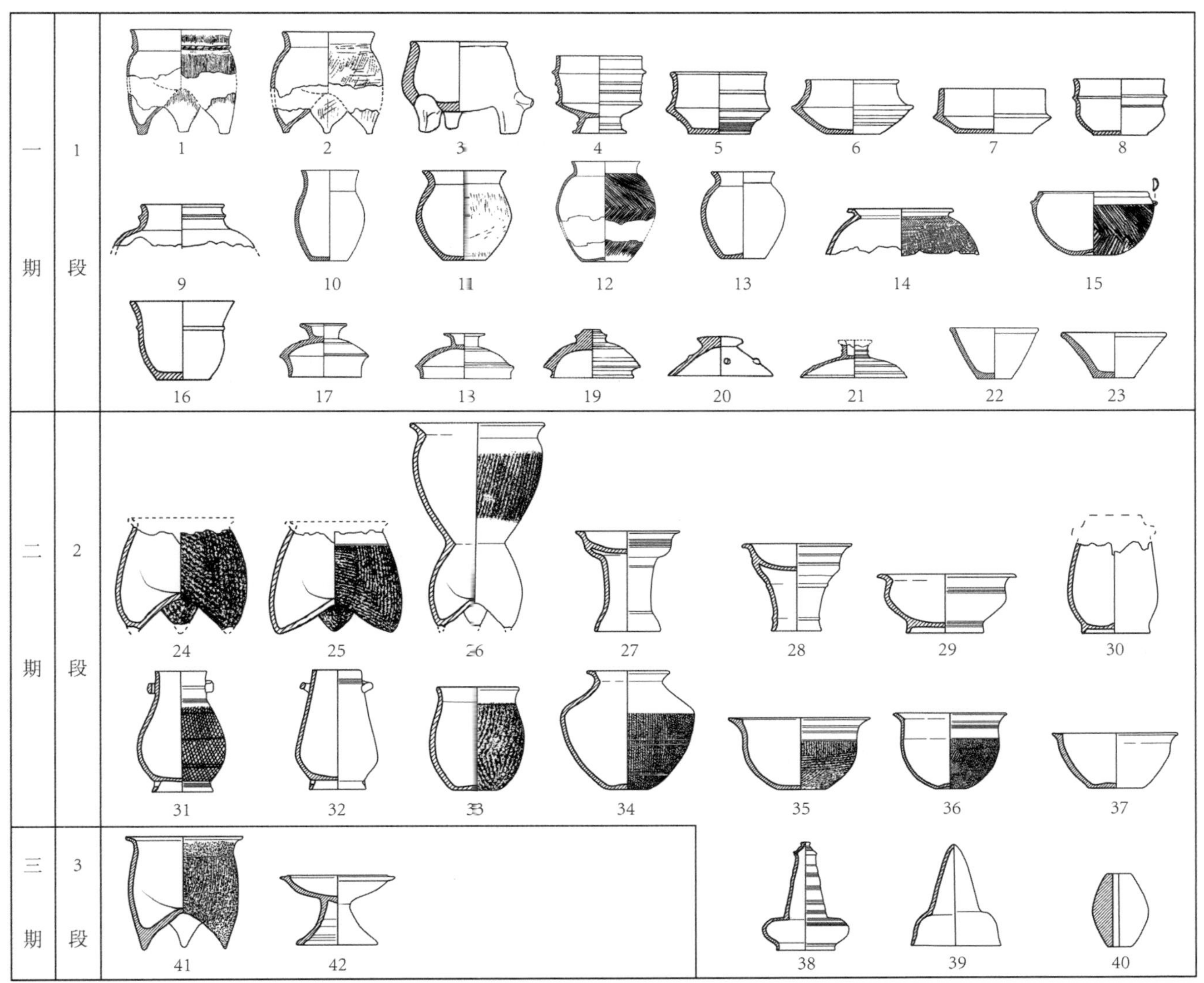

图2-12　里下河及运湖西地区商时期典型器物分期图

1、2.鬲（H10：23、H10：25）　3.鼎（H10：6）　4.尊（H10：22）　5～8.盒（H10：12、H10：28、H10：29、H10：19）　9～13.罐（H10：36、H10：3、H10：24、H10：26、H10：27）　14.硬陶罐（采：05）　15、16.盆（H10：18、H10：7）　17～19.器盖（H10：4、H10：8、H10：13）　20、21.器盖（H10：21、H10：20）　22、23.碗（H10：14、H10：17）　24、25.鬲（YLM：8、YLM：17）　26.甗（YLM：15）　27、28.豆（YLM：2、YLM：10）　29.簋（YLM：4）　30～32.壶（YLM：5、YLM：7、YLM：9）　33、34.罐（YLM：6、YLM：16）　35～37.盆（YLM：14、YLM：1、YLM：3）　38、39.器盖（YLM：12、YLM：13）　40.纺轮（YLM：11）　41.鬲（H1：？）　42.豆（H1：？）　（周邶墩1～23，龙冈24～40，甘草山41、42）

第3段：以甘草山遗存为代表。典型器有斜颈袋足鬲（图2-12，41）、中粗柄浅盘豆（图2-12，42）等。纹饰可见绳纹、弦纹、梯格纹、叶脉纹和网纹等；绳纹较细。袋足鬲深腹、高裆；豆则为浅盘、弧腹。从鬲、豆特征看，与五担岗第8组形态相似，年代应为殷墟三期。

综合各段陶器特征，以上三段可各对应一期。第一期遗存仅见于高邮湖东侧，年代为二里冈下层时期。第二期遗存与第一期相比，文化因素构成也相对简单，出现了双耳垂腹壶、塔式器盖、细高体纺轮、半月形石刀等非常具有地方特色的陶器；而鼓腹袋足鬲、袋足甗、假腹豆等具有典型特征的器物，年代大致在花园庄阶段或更早。第三期遗存仅见两件形态较完整的器物，年代相当于殷墟三期。

2. 文化因素分析

对出土陶器进行分析后，可将文化因素分为以下几类。

A类：以矮三足鼎、尊、盒、深鼓腹小罐、深弧腹盆、圈形捉手器盖、菌状钮器盖、斜腹碗等（图2-13，1～12）为代表，属岳石文化因素。综合周邶墩H10先商文化因素与岳石文化因素遗存共存的情况，可确定该岳石文化因素应来自于分布于豫东、鲁西南、皖西北地区等地的安邱堌堆类

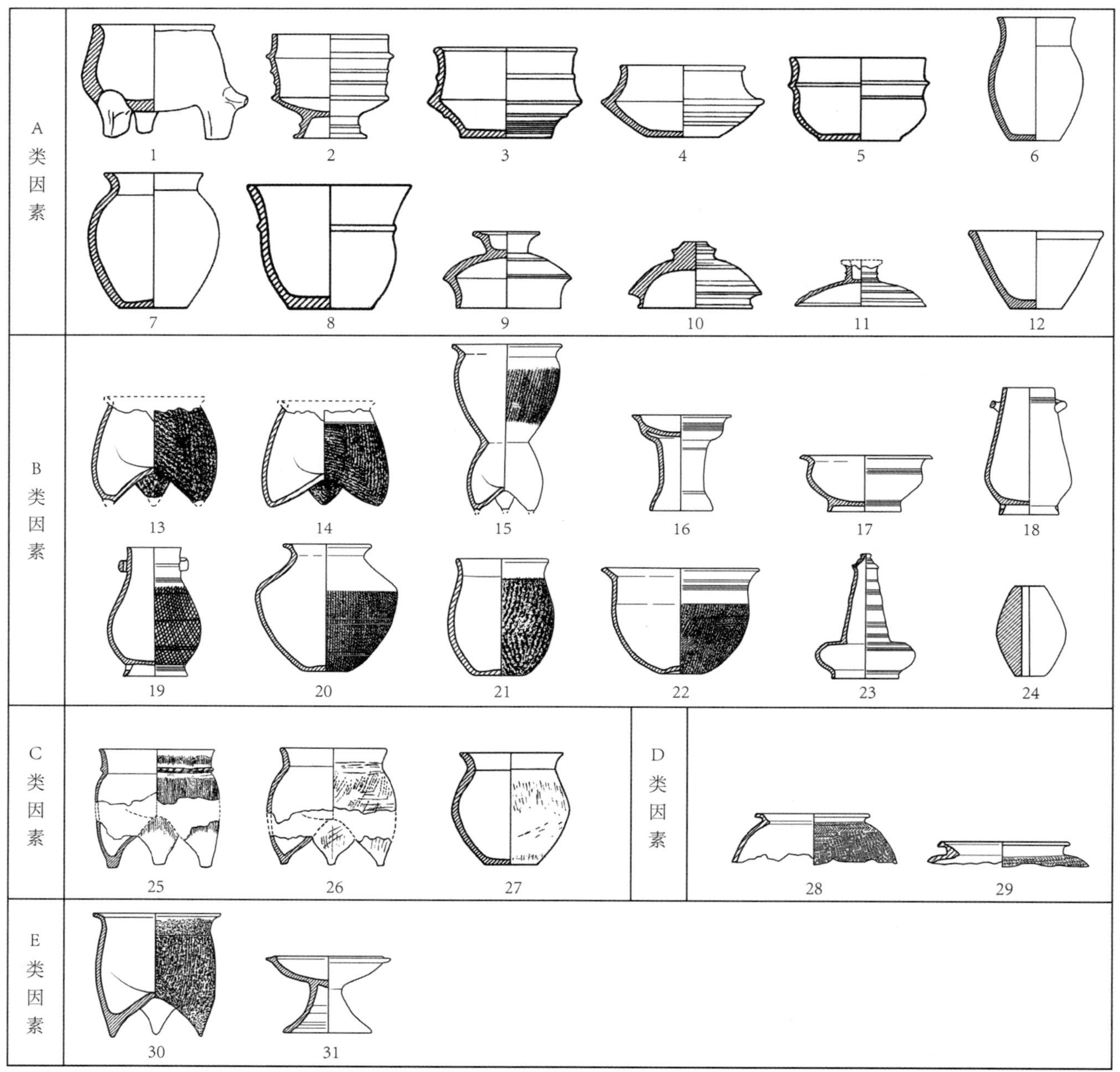

图2-13　里下河及运湖西地区商时期遗存文化因素构成图

1.鼎（H10：6）　2.尊（H10：22）　3～5.盒（H10：12、H10：28、H10：19）　6、7.罐（H10：3、H10：27）　8.盆（H10：7）　9～11.器盖（H10：4、H10：13、H10：20）　12.碗（H10：17）　13、14.鬲（YLM：8、YLM：17）　15.甗（YLM：15）　16、17.簋（YLM：2、YLM：10）　18、19.壶（YLM：7、YLM：9）　20、21.罐（YLM：16、YLM：6）　22.盆（YLM：1）　23.器盖（YLM：12）　24.纺轮（YLM：11）　25、26.鬲（H10：23、H10：25）　27.罐（H10：24）　28、29.硬陶罐（采：05、采：03）　30.鬲（H1：？）　31.豆（H1：？）　（周邶墩1～12、25～29，龙冈13～24，甘草山30、31）

型。与郝家庄、尹家城类型相比，虽在器类上有诸多相似之处，多素面，但富细绳纹、篮纹、方格纹器等，袋足鬲的比例也较大。对于该区域具有安邱堌堆类型文化因素与鹿台岗类型文化因素的遗存，必须加深相关认识。

B类：以斜腹袋足鬲、深腹袋足甗、假腹豆、矮圈足簋、双耳垂腹罐、斜折肩罐、深鼓腹小罐、深弧腹盆等（图2-13，13～24）为代表，应来源于潘庙类型。但塔式器盖、细高体纺轮等目前并不见于潘庙类型，具体来源仍不明确。这种遗存在年代上已属花园庄阶段或更早，与万北类型遗存仍有年代缺环。该类遗存北临潘庙类型，但相距较远，且有典型的地方特征。

C类：以细绳纹袋足鬲、细绳纹深腹小罐等（图2-13，25～27）为代表，应属鹿台岗类型文化因素的遗留，但年代却已到了二里冈下层时期。二里冈下层时期特别是偏早阶段，典型的商文化因素并未到达此地。

D类：以缩颈硬陶罐等（图2-13，28、29）为代表，属马桥文化因素，是在夏时期遗存基础上的进一步发展。夏时期遗存中常见的高颈硬陶罐因素似乎已不存在，取而代之的是圆鼓腹缩颈硬陶罐因素；但二者的关系并非断裂的，它们的来源相同，受太湖西部、西北部分布的马桥文化影响，即神墩类型。

由以上分析可知，本地商时期遗存主要由五种文化因素组成。

第一期：主要由A、C、D三类文化因素组成。A类因素比重最高，C、D两类因素比重相对较低；A类因素自本期出现，至第二期时比重已较低。A类因素在很长的一段时间内均占据重要位置，这也是由里下河及运湖西地区特殊的地理位置决定的。与A类因素对应的岳石文化，延续了龙山文化南下的传统，本地的夏商时期遗存中均可见到其影响。与C类因素对应的鹿台岗类型，仅见于该期，后随岳石文化因素遗存南下，被长江下游土著文化吸收。而D类因素所对应的马桥文化，存在于二里冈下层时期；这也证明马桥文化因素也有北上传统，从商时期郑州地区见到的原始瓷、硬陶器来看，马桥文化与典型商文化之间可能存在交流。

第二期：主要由A、B两类因素组成，其中后者占绝对数量。以A类因素为代表的岳石文化，本地遗存中仅见半月形石刀，未见陶器。B类因素，与潘庙类型关系密切；它已与早期阶段的鹿台岗类型文化因素不同，属典型商文化因素的地方变体。这种因素的南下，可能与当时商王朝与东夷地方势力的角逐有关，但持续的时间并不长。

第三期：仅见E类因素。该因素应来自湖熟文化，年代为殷墟三期前后。目前这类遗存仅见于长江北岸的仪征甘草山，属胥浦河水系。胥浦河与滁河下游地理位置极近，而滁河中游已可见典型的商文化大城墩类型，年代自二里冈下层时期持续至殷墟晚期。与甘草山地理位置较近的滁河下游南京牛头岗与护国庵也存在殷墟时期遗存，但目前文化面貌模糊。由甘草山情况可知，至少在殷墟三期前后，湖熟文化的影响便已到达长江北岸。

第四节　本区域夏商时期考古学文化类型

里下河及运湖西地区的地理情况，前已讨论。本区域夏时期至二里冈时期的遗存，有孙庄[1]、施

[1] 尹增淮、裴安年：《江苏洪泽县考古调查简报》，《东南文化》1992年第1期。

庄[1]、周邶墩[2]等。邻近区域，也发现有同时期遗存，并存在相似的文化因素，如新沂河水系的大伊山[3]、万北[4]等。大伊山H1发现有印纹硬陶片，子母口盒、圈足尊等与周邶墩H10同类器形态相近。由此可知，大伊山H1年代至迟可至二里冈下层时期，至少包含马桥、岳石两种文化因素；这种遗存曾被划分至苏北类型[5]，当时并未注意硬陶因素。张立东曾根据这类遗存，划分出万北类型。笔者对此表示赞同，同时认为，应将后陈[6]、井儿头[7]、六郎墩[8]、孙庄[9]、施庄[10]等同类资料补充入万北类型。年代稍偏晚至花园庄阶段的遗存，目前仅见大纵湖水系的龙冈[11]及高邮湖东侧的佛前墩[12]。这类遗存与万北类型有年代缺环，文化内涵也有很大区别，建议将这种与潘庙类型可能存在渊源关系、地理位置相距较远的遗存命名为"龙冈类型"。属殷墟时期的遗存，仅有胥浦河水系的甘草山[13]，商时期遗存应属湖熟文化系统。

一 万北类型

（一）来源

万北类型，建立在南荡类型基础之上。早期遗存，性质仍较单纯。如泗洪后陈等遗址的岳石文化因素遗存，年代到了二里头二期偏晚阶段，且暂未见其他因素。至二里头三期偏晚阶段时，情况发生了变化。该区域遗存中岳石文化因素仍然存在，但突然出现另外两种文化因素。经过比较后发现，素面器、细绳纹、篮纹、方格纹等特征的因素应来源于先商文化鹿台岗类型；而这种遗存的核心分布地域是豫东、鲁西南、皖西北地区。而另一种以硬陶器为代表的遗存，应来源于马桥文化神墩类型。鹿台岗类型文化因素的发现，证明它并非固定分布于鲁豫皖交界处，而是一度南下。至于南下原因，目前不明。马桥文化因素的发现则不难理解，至迟自二里头三期起便开始向外传播，而且几乎是包含北、西、南三个方向。由此可知，万北类型是一种混合型的文化，它以岳石文化因素为主，以先商、马桥等文化因素为辅，主体仍属岳石文化系统。

（二）分布

万北类型包含三种文化因素，其中的岳石因素不仅见于本区域，也相继传播至宁镇地区、太湖流域甚至浙东地区。鹿台岗类型因素自在本区域发现后，宁镇地区北缘地带似也少量发现。早期马

[1] 尹增淮、裴安年：《江苏洪泽县考古调查简报》，《东南文化》1992年第1期。

[2] 南京博物院考古研究所、扬州博物馆、高邮文管会：《江苏高邮周邶墩遗址发掘报告》，《考古》1997年第4期。

[3] 南京博物院、连云港市博物馆等：《江苏灌云大伊山遗址1986年的发掘》，《文物》1991年第7期。

[4] 南京博物院：《江苏沭阳万北遗址新石器时代遗存发掘简报》，《东南文化》1992年第1期。

[5] 王迅：《东夷文化与淮夷文化研究》，第40页，北京大学出版社，1994年。

[6] 中国国家博物馆、南京博物院：《江苏泗洪后陈遗址发掘简报》，《中国国家博物馆馆刊》2015年第7期。

[7] 尹焕章、赵青芳：《淮阴地区考古调查》，《考古》1963年第1期。

[8] 袁颖：《盱眙县六郎墩周代遗址》，《中国考古学年鉴·1987》，文物出版社，1988年。张敏、韩明芳：《江淮东部地区古文化的初步认识》，《中国考古学会第九次年会论文集》，文物出版社，1997年。

[9] 尹焕章、张正祥：《洪泽湖周围的考古调查》，《考古》1964年第5期。

[10] 尹焕章、张正祥：《洪泽湖周围的考古调查》，《考古》1964年第5期。

[11] 韩明芳：《江苏盐城市龙冈商代墓葬》，《考古》2001年第9期。

[12] 内容可参考https：//www.njmuseum.com/en/articleDetails？id=356878。

[13] 江苏省驻仪征化纤公司文物工作队：《仪征胥浦甘草山遗址的发掘》，《东南文化》第二辑，江苏古籍出版社，1986年。

桥文化因素不仅发现于周邶墩，新沂河北岸的大伊山遗址也有发现。这种包含岳石文化、先商文化、马桥文化因素的复合性遗存，具有一定的分布范围，北界约为新沂河一线，西界进入运湖西地区，南界近长江，东到大海（图 2-14）。

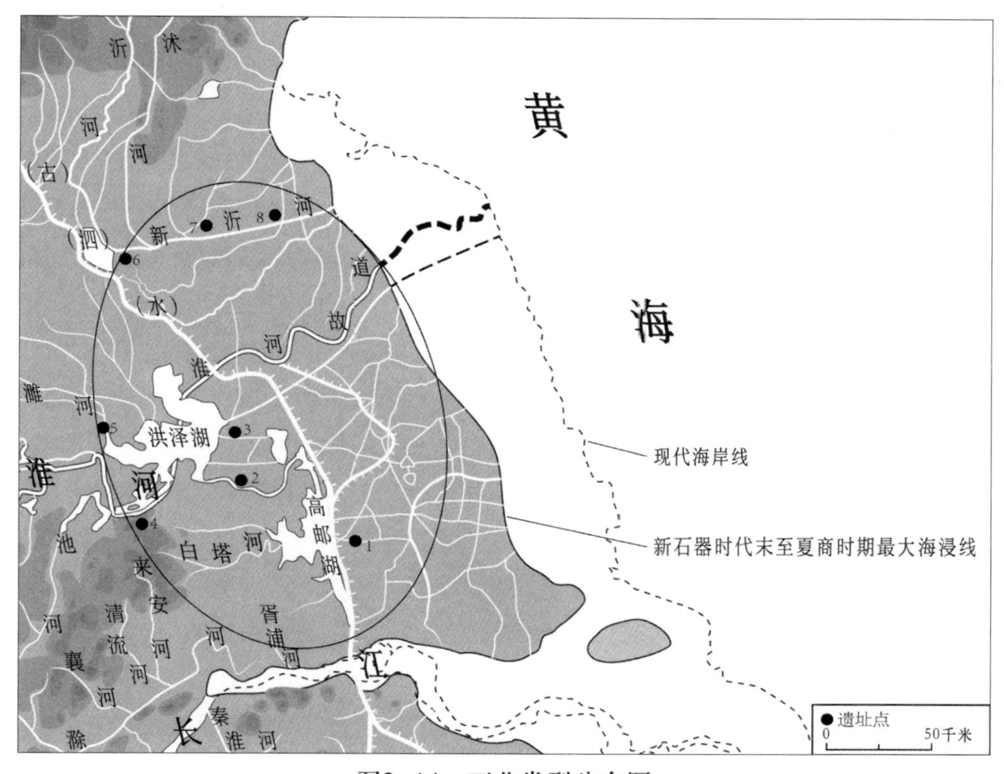

图2-14　万北类型分布图

1.周邶墩　2.施庄　3.孙庄　4.六郎墩　5.后陈　6.井儿头　7.万北　8.大伊山

（三）分期与年代

出土遗物主要为陶器，少见石器。陶器主要为夹砂、泥质陶，有少量硬陶。遗物可分为 4 组，各组对应 1 段（表 2-2）。

第 1 段：以后陈 H3、H4 为代表，施庄部分器物划归该段。夹砂陶以红、褐色为主，泥质陶以黑色为主，有少量的夹砂黑陶。器类以尊、甗居多，盒、盆、器盖次之，罐、豆较少。个体较大的夹砂陶器，颈部常有施加泥条的做法，泥条之上多饰斜十字纹，如甗。个体较小的陶器，多为泥质黑陶，流行凹凸棱装饰，如尊、盒和器盖等。典型器有Ⅰ式尊（图 2-15，1）、A 型Ⅰ式盒（图 2-15，2）、A 型Ⅰ式盆（图 2-16，1）等，未见硬陶器。尊的下腹内曲、倾斜程度不大；盒腹收较缓，腹深相对大；盆的口沿，形态为宽卷沿或宽折沿、沿下角比较大，又多见附加堆纹泥条上施加斜十字划纹的做法。由以上分析可知，该段年代应为二里头文化二期偏晚至二里头文化三期偏早阶段。

第 2 段：以周邶墩 H2、H3、H4 和 H8 等为代表；洪泽孙庄部分器物划归该组。夹砂陶仍以红、褐色为主，泥质陶中灰色系变多见 [1]；出现灰色硬陶器。陶器器类主要有鬲、尊、瓮、罐和器盖等。

[1]　该期遗存有地层单位的仅高邮周邶墩，但遗物比较少，统计数据可能存在误差。

表2-2　万北类型遗存分期对应表

遗址 分期	高邮周邶墩	洪泽施庄	洪泽孙庄	泗洪后陈	岳石文化尹家城类型	二里头文化
一期		✓		H3、H4	一、二期	二、三期
二期	H2、H3、H4、H8		✓		二期晚	三期偏晚、四期偏早
三期	T0911②、H11、H12				三期早、中	四期中、晚
四期	H10				三期晚	四期末或更晚

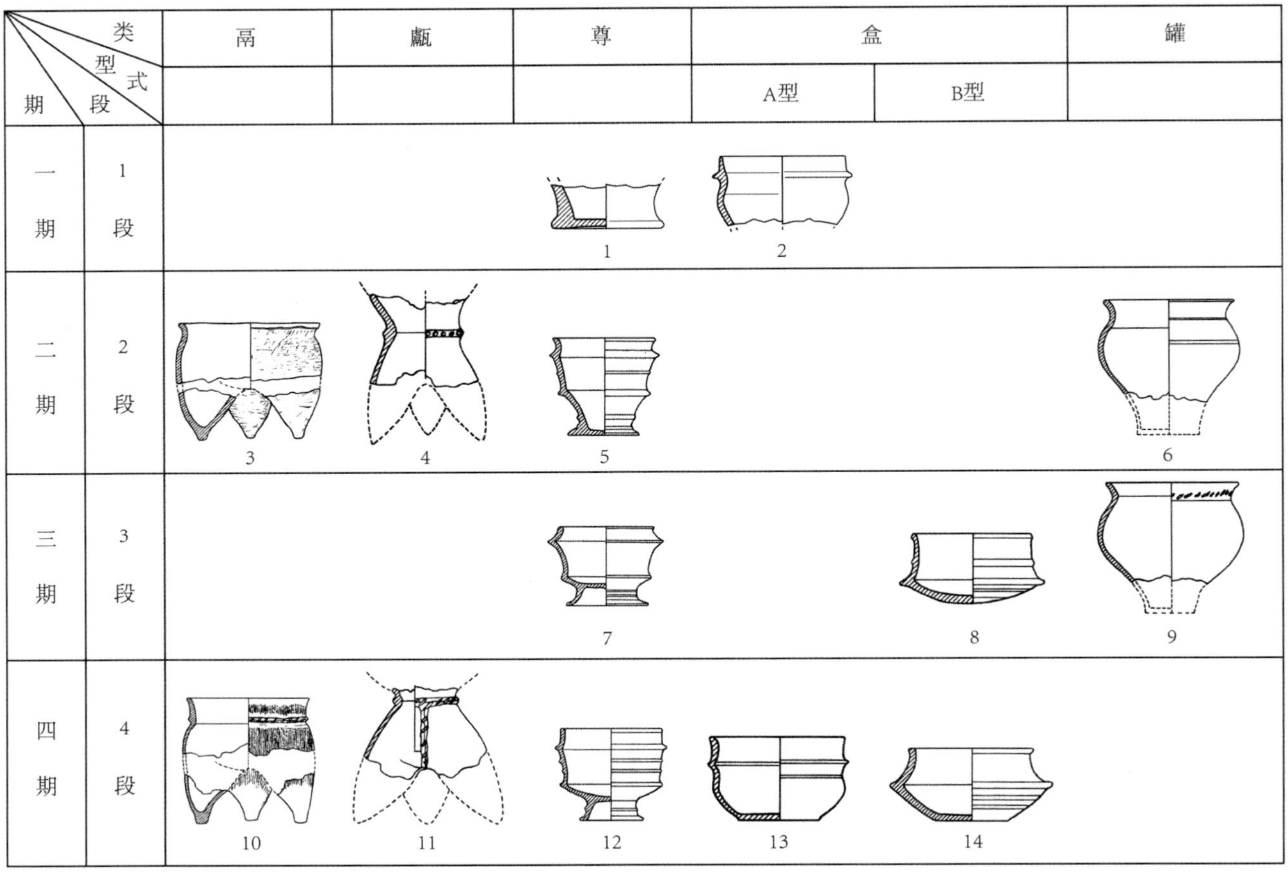

图2-15　万北类型典型器物分期图-1

1.尊（H4①：1）　2.盒（H3①：12）　3.鬲（H3：1）　4.甗（采：8）　5.尊（H4：1）　6.罐（H4：5）　7.尊（T0911②：2）　8.盒（T0911②：3）　9.罐（H12：3）　10.鬲（H10：23）　11.甗（采：9）　12.尊（H10：22）　13.盒（H10：19）　14.盒（H10：28）（后陈1、2，周邶墩3～14）

典型器有Ⅰ式鬲（图2-15，3）、Ⅰ式甗（图2-15，4）、Ⅱ式尊（图2-15，5）、Ⅰ式罐（图2-15，6）、A型Ⅱ式盆（图2-16，2）、A型Ⅰ式器盖（图2-16，3）、B型Ⅰ式器盖（图2-16，4）等，典型硬陶器有A型Ⅰ式罐（图2-16，5）、B型罐（图2-16，6）等。本段鬲，微卷沿、鼓腹、大袋足，器表似施绳纹又经刮削；尊的腹部明显变斜，上、下腹几乎在一条线上；大口小底罐为宽卷沿，腹径略大于口径，最大腹径偏中上；盆为大宽沿，沿下角变小；器盖捉手有菌状和圈形两种；鼓腹硬陶罐缩颈明显，腹部有之字纹饰；小口鼓肩深腹硬陶罐，高颈明显，肩部突出，多饰曲折纹和席纹。两类硬陶罐，口沿均有刻划符。由上分析，本段年代大致为二里头三期中偏晚阶段，下限进入二里头四期较早阶段。

第 3 段：以周邶墩 T0911②、H11 和 H12 等为代表。夹砂陶均红色；泥质陶以灰色为主，黑色少见；硬陶器为灰褐色和红色。陶器器类主要有尊、盒、杯、罐和器盖等。典型器有Ⅲ式尊（图 2-15，7）、B 型Ⅰ式盒（图 2-15，8）、Ⅱ式罐（图 2-15，9）、器座（图 2-16，7）等，典型硬陶器有 B 型罐（图 2-16，6）等。该段遗存延续时间较短，但一些陶器形态较上段有明显变化。如尊的腹部继续内曲，有了明显的大圈足，口部总体呈敛口但近唇部微侈，凹凸棱饰特征明显；圜底盒较典型，微侈口，凹凸棱饰；大口小底罐与上段相似，但最大腹径下移，颈部装饰斜向似羽毛状的刻划纹时代特征较强；高颈、鼓肩的硬陶深弧腹罐仍有发现。由上分析可知，该段年代相当于二里头文化四期中段或偏晚。

第 4 段：以周邶墩 H10 为代表。夹砂陶大多为灰色，红色极少；泥质陶亦大多为灰色，黑色、红色较少；硬陶器为灰褐色和红色。该段陶器，器类主要有鬲、鼎、甗、尊、盒、罐、盆、器盖和碗等。典型器有Ⅱ式鬲（图 2-15，10）、Ⅱ式甗（图 2-15，11）、Ⅳ式尊（图 2-15，12）、A 型Ⅱ式盒（图 2-15，13）、B 型Ⅱ式盒（图 2-15，14）、矮足鼎（图 2-16，8）、A 型Ⅲ式盆（图 2-16，9）、B 型盆（图 2-16，10）、A 型Ⅱ式器盖（图 2-16，11）、B 型Ⅱ式器盖（图 2-16，12）等；典型硬陶器有 A 型Ⅱ式罐（图 2-16，13）。本段器物较上段变化明显，陶器已经基本见不到红、褐色。鬲总体特征是大宽沿、腹部鼓出但不斜，袋足足尖较矮，纹饰均为细绳纹；甗足间距明显变大；

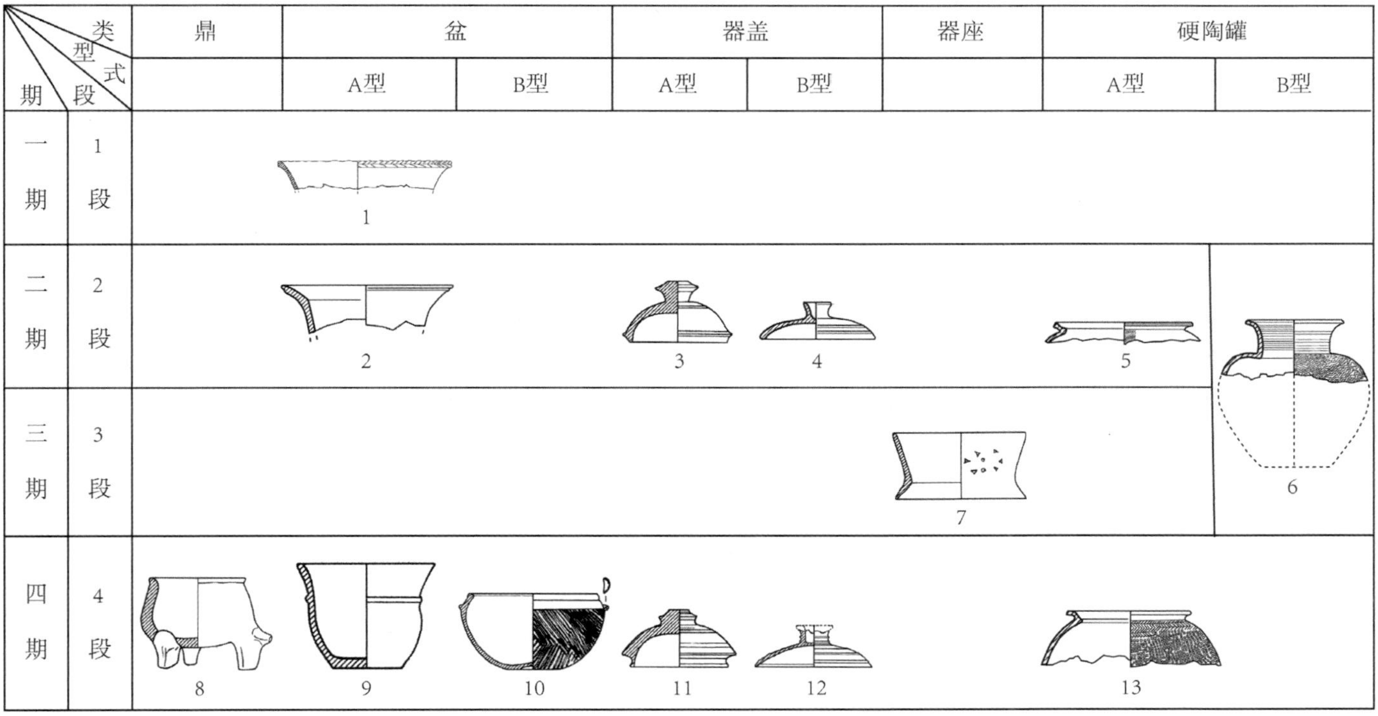

期	段	鼎	盆		器盖		器座	硬陶罐	
			A型	B型	A型	B型		A型	B型
一期	1段		1						
二期	2段		2		3	4		5	6
三期	3段						7		
四期	4段	8	9	10	11	12		13	

图2-16　万北类型典型器物分期图-2

1.盆（H3①：19）　2.盆（90HS：5）　3.器盖（H4：2）　4.器盖（90HS：5）　5、6.硬陶罐（H8：1、采：02）　7.器座（T0911②：1）　8.鼎（H10：6）　9.盆（H10：7）　10.盆（周H10：18）　11.器盖（H10：13）　12.器盖（H10：20）　13.硬陶罐（采：05）　（后陈1，孙庄2、4，周邶墩3、5～13）

尊依然为内曲腹，但腹壁有变直倾向，圈足继续内收，已不明显外撇；子母口盒腹深似变小；深腹盆腹微弧，腹壁不甚斜。夹砂、泥质陶器装饰性的纹样开始变多，已经突破之前附加堆纹、凹凸棱装饰的框架，开始多见绳纹和篮纹，以细绳纹最常见。硬陶器装饰以横向的叶脉纹多见，且有横向叶脉纹＋方格纹的组合纹饰；口沿亦可见一些刻划符。从地层叠压关系、陶器形态看，该段年代应已进入二里冈下层时期。

综合以上特征，第1至4段可各对应一期。第一期，年代为二里头文化二期偏晚至二里头文化三期偏早；第二期，年代为二里头三期中偏晚，下限为二里头四期较早；第三期，年代为二里头文化四期中偏晚；第四期，年代为二里冈下层时期。

（四）文化因素分析

根据出土遗物分析，文化因素可分为三类。

A类：以矮足小鼎、附加堆纹袋足甗、尊、子母口盒、大口小底罐、深鼓腹罐、斜弧腹盆、菌状钮器盖、圈形捉手器盖和斜直腹碗等（图2-17，1～16）为代表，均为岳石文化因素器物，可在安邱堌堆类型中找到原型。万北类型中未见舌状足鼎、盘形豆、双腹盆等典型岳石文化陶器，滁河流域、太湖流域却有双腹特征器发现。如南京浦口牛头岗双腹盆[1]、溧阳神墩盘形豆[2]，江阴佘城舌状足鼎[3]等，可见这种岳石文化因素向南传播的距离较远。附加堆纹袋足甗、尊、子母口盒、大口小底罐、菌状钮器盖、圈形捉手器盖等陶器存续的时间较长、数量较多，是本区域典型岳石文化因素陶器。

B类：以大口鼓腹硬陶罐和小口高颈鼓肩硬陶深腹罐（图2-17，17～22）为代表，其他器类未见。以周邶墩H8出土硬陶器为代表，简报将其判定为西周时期[4]，但器物风格明显偏早。从陶器形态及纹饰特征看，年代应早至二里头三期偏晚，下限可能进入了二里头四期偏早。该类硬陶因素，越往北越不发达，基本排除由北向南传播至该地区的可能性，但也并非土著因素。这种因素，应来自马桥文化。由高邮往南，经扬州、镇江再至丹阳一带，目前并未发现同期的硬陶遗存[5]。由丹阳往东至常州，明确发现马桥文化因素遗存者为新岗遗址[6]；而新岗H10与周邶墩H8的硬陶器风格接近。

C类：以微卷沿弧腹鬲、宽卷沿鼓腹鬲和折沿鼓腹罐（图2-17，23～26）为代表，其他器类少见。本区域并未见完整袋足鬲，出土的三件鬲口部与袋足之间均残缺，因此是否绝对是鬲还有些疑问；但从滁河下游牛头岗遗址绳纹袋足鬲[7]看，这种鬲至迟在二里头晚期便已传播至长江下游沿江地带。从里下河及运湖西地区文化脉络来看，袋足鬲并非本地的文化传统。安邱堌堆类型遗存中虽然存在袋足鬲，但数量极少，而鹿台岗类型中却常见。这种鬲的形态，似乎也受到了岳石文化弧裆器的影响；也可能是鹿台岗类型与安邱堌堆类型的混合产物。鹿台岗类型中同样多见折沿鼓腹瓮或

[1] 王光明：《牛头岗遗址早期陶器与禹会村遗址出土陶器之初步比较》，《禹会村遗址研究——禹会村遗址与淮河流域文明研讨会论文集》，第100页，科学出版社，2014年。

[2] 南京博物院、常州博物馆等：《溧阳神墩》，第400页，文物出版社，2016年。

[3] 江苏佘城遗址联合考古队：《江阴佘城遗址试掘简报》，《东南文化》2001年第9期。

[4] 南京博物院考古研究所、扬州博物馆、高邮文管会：《江苏高邮周邶墩遗址发掘报告》，《考古》1997年第4期。

[5] 镇江丹徒赵家窑团山第11层遗存年代为二里头四期或稍早，但出土物少，未见硬陶器。

[6] 常州博物馆：《常州新岗——新石器时代文化遗址发掘报告》，第49、237、238页，文物出版社，2012年。

[7] 华国荣：《南京牛头岗遗址的发掘》，《2003年中国重要考古发现》，第46页，文物出版社，2004年。

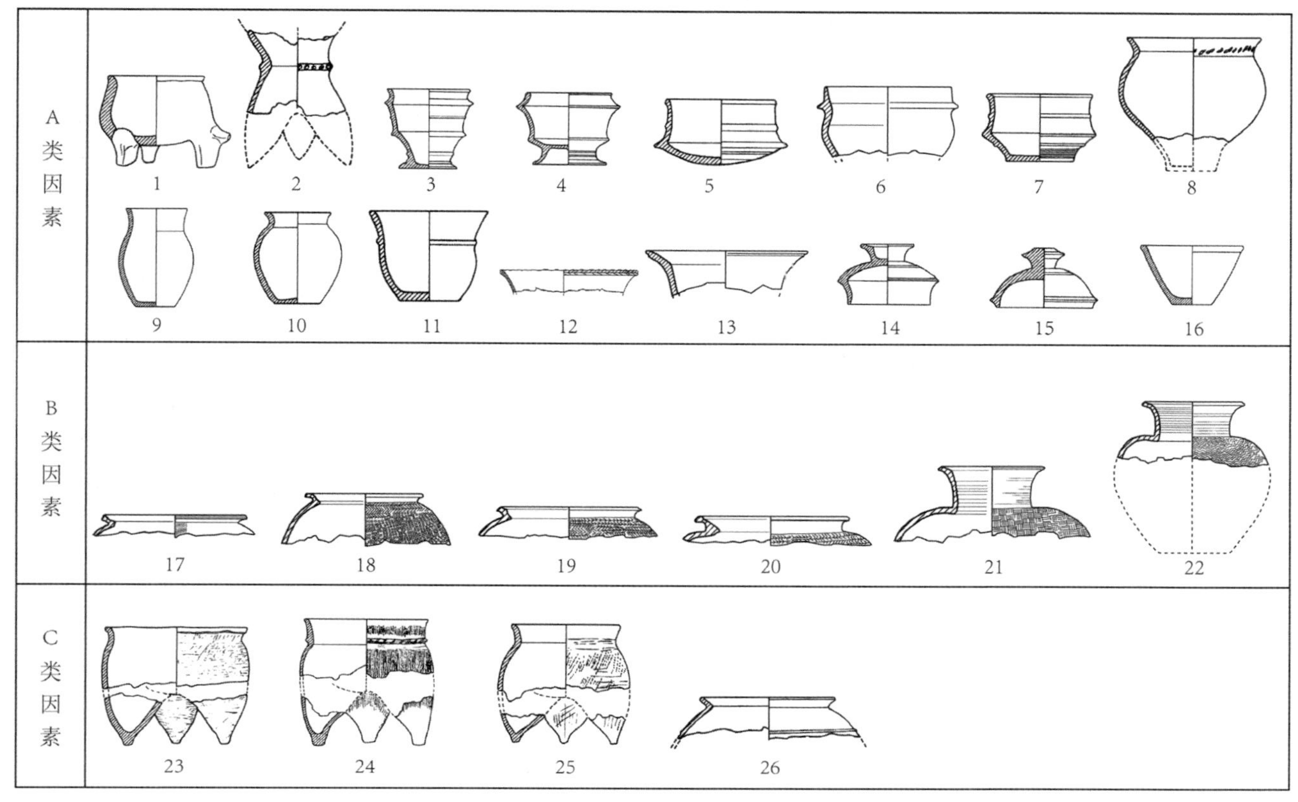

图2–17　万北类型遗存文化因素构成图

1.鼎（H10：6）　2.甗（采：8）　3、4.尊（H4：1、T0911②：2）　5～7.盒（T0911②：3、H3①：12、H10：12）　8～10.罐（H12：3、H10：3、H10：27）　11～13.盆（H10：7、H3①：19、90HS上：5）　14～15.器盖（H10：4、H4：2）　16.碗（H10：17）　17～22.硬陶罐（H8：1、采：05、采：04、采：03、采：02、采：01）　23～25.鬲（H3：1、H10：23、H10：25）　26.罐（H2：1）（周邶墩1～5、7～11、14～26，后陈6、12，孙庄13）

罐，而周邶墩遗址也有类似形态的硬陶器。C类因素似乎较B类更少，比重最低。

由上分析可知，该区域是南北文化交流的通道。二里头时期泥质、夹砂陶的袋足鬲及硬陶器的发现，更是证明了这种观点。那么，自鲁豫皖交界区域至里下河及运湖西地区，再至宁镇地区、太湖流域；这条文化走廊，至少在龙山至二里冈下层时期是存在的。

二　龙冈类型

周邶墩遗址商时期遗存，年代为二里冈下层时期。与之年代最接近者，应为龙冈和佛前墩。龙冈商时期遗存的年代较集中，处于二里冈上层偏晚至花园庄阶段间。佛前墩商时期遗存有一定延续性，应自花园庄阶段延续至晚商时期。新沂河北侧的万北遗址，发现有斜腹袋足鬲、假腹豆等，与龙冈器物风格相似；二者应属同一文化系统。这类遗存，受商文化的影响很强烈。太湖流域对该区域的影响跨越两个文化阶段，即马桥文化和亭林类型时期。在二里冈上层偏晚至花园庄阶段间，太湖流域因素均占据了较高的比例。而岳石文化影响，有逐渐衰弱的迹象。这种以商文化、太湖流域文化因素为主体，而岳石文化因素处于相对次要位置的区域性遗存，与万北类型分布范围相近，但文化性质有别。同时，与周边的考古学文化如潘庙类型、大城墩类型、湖熟文化、马桥文化、亭林类型有一定差异。陶器以典型商文化因素斜腹袋足鬲、假腹豆等为代表，还有深弧腹袋足甗、矮圈足簋、双耳垂腹圈足壶、斜折肩罐、深鼓腹小罐、深弧腹盆、浅斜腹盆、塔式器盖、细高体纺轮等（图 2–4）。另外，也有较多的太湖流域因素器物，又有部分岳石文化因素遗物。该类遗存商文化因素的来源，较为复杂，可能有多种；太湖流域因素，先后为神墩类型和亭林类型。岳石文化因素，则极可能为安邱堌堆类型，或尹家城类型。那么，这种类型的遗存，有一定的分布范围，大致与万北类型重合，北界应也在新沂河一线；南界至少到达佛前墩遗址所在的高邮湖一带；西界目前不知（图 2–18）。这种与周边考古学文化有区别的考古遗存，或可暂命名为“龙冈类型”。

本区域的二里冈上层偏晚至花园庄阶段遗存，部分因素在临近区域并未发现。如塔式器盖属商文化因素，但在临近的潘庙类型、大城墩类型中并未发现；而二里冈却有同类器物。龙冈的细高体纺轮，也不见于潘庙类型、大城墩类型，却多见于台西类型。因此，龙冈类型的商文化因素来源可能为多个，也或许是这几种类型商文化本身便存在交流。台西、洹北商城曾发现一些花园庄阶段的硬陶器，数量不多，很可能便是借里下河及运湖西地区便利的水路传播而来；那么，龙冈见到与台西类型相似的纺轮便毫不奇怪了。滁河流域、宁镇地区、太湖流域，均发现许多花园庄阶段遗存，但里下河及运湖西地区迄今却仅见两处。那么，龙冈类型与周边诸考古学文化的具体交流情况，仍

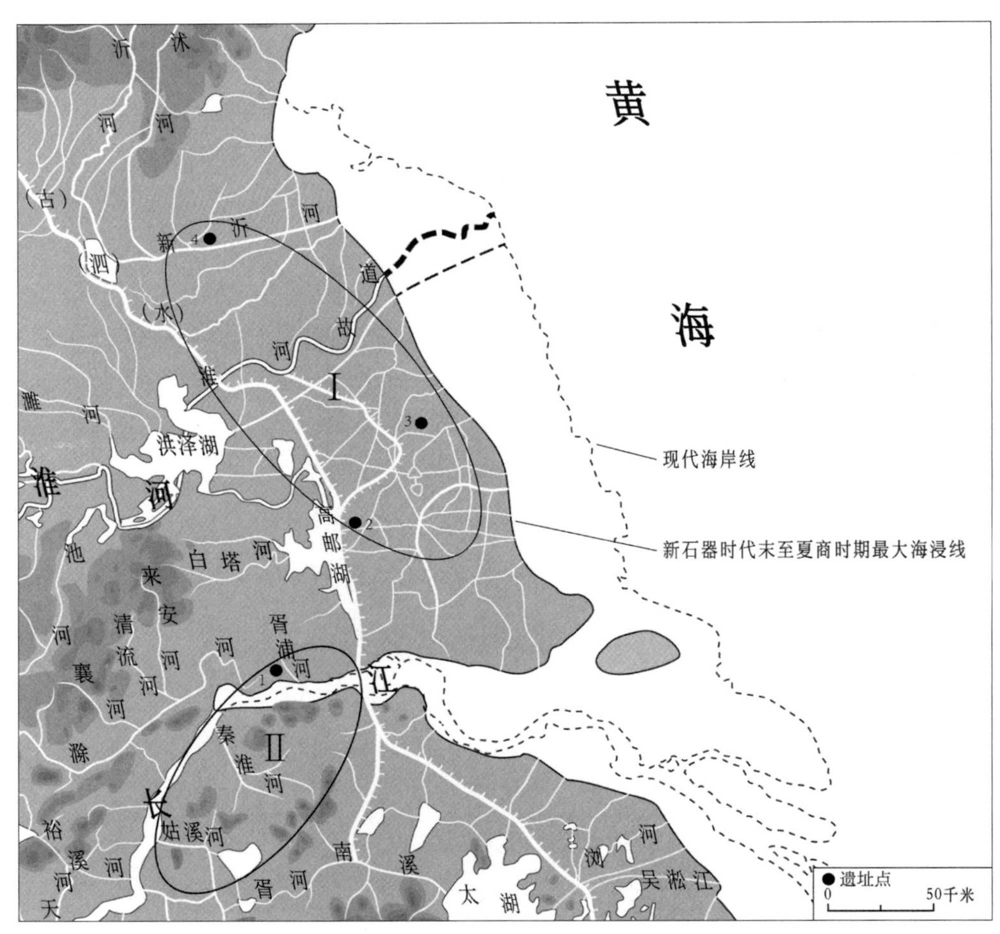

图2–18　龙冈类型、湖熟文化分布图

1.甘草山　2.佛前墩　3.龙冈　4.万北　（Ⅰ龙冈类型　Ⅱ湖熟文化）

有很多疑问。这些文化因素背后所代表的土著文化，相互之间到底是什么关系，仍然需要更多新的考古资料去进行阐释。

三　湖熟文化

本区域湖熟文化遗存，目前仅见甘草山（图 2-18）。甘草山有两件稍完整的陶器，一件为袋足鬲，一件为中粗柄浅盘豆。从二器物形态看，年代已到了殷墟三期。由出土陶器的灰坑 H1 可知，仍存在其他梯格纹、叶脉纹、网纹的陶片。湖熟文化在商时期深受马桥文化、亭林类型的影响，这种太湖流域因素是湖熟文化的重要组成；如中粗柄浅盘豆、梯格纹器、叶脉纹器等因素均是来源于太湖流域。这种认知，与以往是有一定区别的。目前所知湖熟文化的年代上限，至迟已经到了二里冈下层二期前后，而马桥文化因素影响宁镇地区则至迟在二里冈上层一期前后。而由甘草山遗址的商时期遗存可知，年代约为殷墟三期。在更多资料发表之前，本文暂从前人观点，将甘草山商时期遗存纳入湖熟文化体系。但近年高邮佛前墩遗址的发现，极可能会打破目前的文化认知。

第三章　滁河流域夏商时期考古学文化

滁河流域，是沟通长江南北考古学文化的重要通道，也是长江北侧沿江区东西方向的重要走廊。从以往的情况可知，本区域考古发掘及调查工作尚不丰富，滁河干流入江地带遗址发现较少，襄河水系更是鲜有涉及。仅就目前资料看，该区域新石器时代末至夏商时期考古学文化发展序列较为完整，部分遗址遗存具有鲜明的地域特征。滁河干流和支流两岸，大多有遗址分布。上游一带，干流两岸有大陈墩[1]、刘岗[2]、大城头[3]等，北向支流沙河水系有吴大墩[4]、乌龟滩[5]。往东进入含山、和县境内，滁河中上游的夏坝河水系，有大城墩[6]、孙家岗[7]。滁河中下游一带，遗址多分布于清流河、来安河和驷马河两岸，其中清流河水系有大墩子[8]、朱勤大山[9]、濮家墩[10]、何郢[11]等；来安河水系有顿丘山[12]；驷马河水系有大城子[13]；干流或邻近的小河，发现有牛头岗[14]、蒋城子[15]、护国庵[16]、拐墩[17]等；襄河水系目前未有发现。滁河入江处，北凭江淮分水岭东南向之延伸——张八岭余脉；东侧虽然临近胥浦河，但被仪征西侧的十里长山——龙山一线山脉阻隔，这也是滁河流域与

[1]　安徽省博物馆：《安徽新石器时代遗址的调查》，《考古学报》1957年第1期。

[2]　杨立新：《安徽地区史前玉器的发现与研究》，《文物研究》第十二辑，黄山书社，2000年。

[3]　安徽省博物馆：《安徽新石器时代遗址的调查》，《考古学报》1957年第1期。

[4]　张敬国、贾庆元：《肥东县古城吴大墩遗址试掘简报》，《文物研究》第一期，黄山书社，1985年。

[5]　张敬国：《安徽肥东、肥西古文化遗址调查》，《文物研究》第二期，黄山书社，1986年。

[6]　安徽省文物工作队：《含山大城墩遗址调查试掘简报》，《安徽文博》总第3期，《安徽文博》编辑部，1983年。张敬国：《含山大城墩遗址第四次发掘的主要收获》，《文物研究》第四期，黄山书社，1988年。安徽省文物考古研究所：《安徽含山大城墩遗址发掘报告》，《考古学集刊·6》，中国社会科学出版社，1989年。安徽省文物考古研究所、含山县文物管理所：《安徽含山大城墩遗址第四次发掘报告》，《考古》1989年第2期。

[7]　安徽省展览、博物馆：《安徽含山县孙家岗商代遗址调查与试掘》，《考古》1977年第3期。

[8]　安徽省文物考古研究所2015年发掘，发现有良渚晚期、西周时期遗存，资料未正式公布。

[9]　南京博物院：《江苏仪六地区湖熟文化遗址调查》，《考古》1962年第3期。

[10]　王迅：《东夷文化与淮夷文化研究》，第67页，北京大学出版社，1994年。阚绪杭、汪景辉：《滁州市濮家墩新石器时代至周代遗址》，《中国考古学年鉴·1998》，文物出版社，2000年。

[11]　宫希成：《安徽滁州市何郢遗址发掘的主要收获》，《古代文明研究通讯》2002年第12期。国家文物局：《中国考古60年（1949～2009）》，第276页，文物出版社，2009年。余建立硕士学位论文《何郢遗址出土陶器分析——兼论滁州地区西周时期考古学文化编年谱系及其相关问题》中引用过较多器物，但后来未正式公布。本文资料引自滁州市政府官网：http：//www.chuzhou.gov.cn/art/2010/9/8/art_308_15885.html.

[12]　王迅：《东夷文化与淮夷文化研究》，第59页，北京大学出版社，1994年。

[13]　安徽省文物考古研究所发掘2013年发掘，发现有钱山漾时期、夏时期、商时期及西周时期遗存，资料目前未正式公布。

[14]　华国荣：《南京牛头岗遗址的发掘》，《2003中国重要考古发现》，第44～47页，文物出版社，2004年。华国荣、王光明：《南京牛头岗遗址考古发掘的主要收获》，《南京历史文化新探》，第1～5页，南京出版社，2006年。王光明：《牛头岗遗址早期陶器与禹会村出土陶器之初步比较》，《禹会村遗址研究——禹会村遗址与淮河流域文明研讨会论文集》，第99～105页，科学出版社，2014年。

[15]　南京市博物馆、南京大学历史系：《江苏江浦蒋城子遗址》，《东南文化》1990年第1、2期合刊。

[16]　南京博物院、南京市文物保管委员会等：《江苏省出土文物选集》，第45页，文物出版社，1963年。南京博物院：《江苏仪六地区湖熟文化遗址调查》，《考古》1962年第3期。

[17]　江苏省文物局：《江苏省第三次全国文物普查新发现》，第4页，江苏美术出版社，2009年。

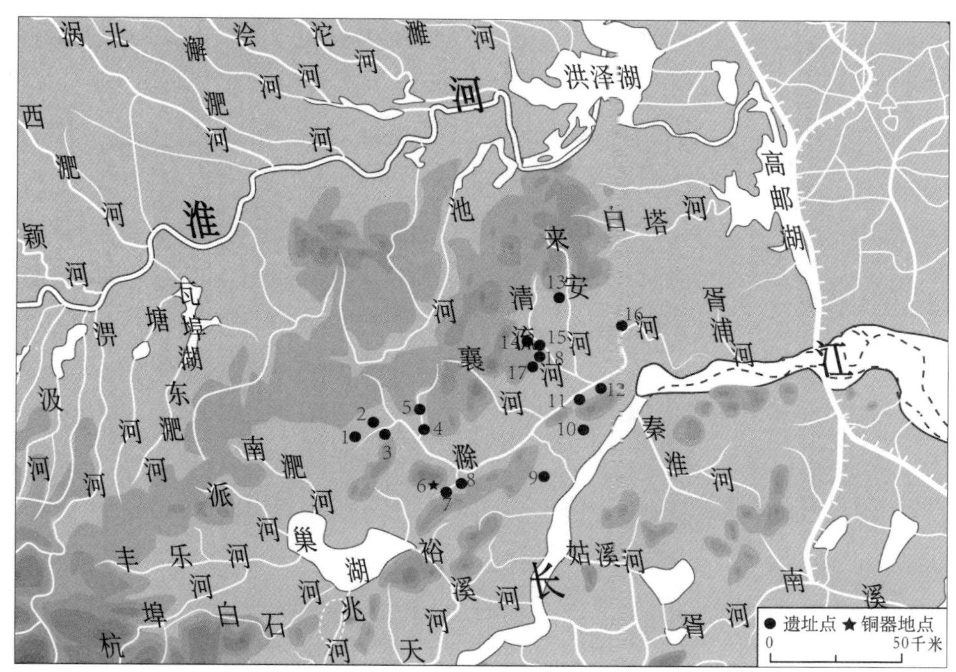

图3-1　滁河流域新石器时代末至夏商时期主要遗存分布图

1.大陈墩　2.刘岗　3.大城头　4.吴大墩　5.乌龟滩　6.孙戚村　7.大城墩　8.孙家岗　9.大城子　10.蒋城子　11.牛头岗　12.护国庵　13.顿丘山　14.何郢　15.濮家墩　16.拐墩　17.大墩子　18.朱勤大山

里下河及运湖西地区的界岭。因地理位置接近，滁河下游地区与胥浦河水系在不同时期文化互有影响。滁河上游两岸及中下游的清流河水系分布遗址较密集，中游及入江地带分布较稀疏。特别是沙河与夏坝河、夏坝河与驷马河之间的两岸，暂未见早期遗址分布（图 3-1）。滁河流域曾发现淮河中游龙山、良渚、钱山漾、岳石、商、湖熟、马桥、亭林等不同时代多种因素的遗存，而近些年安徽省文物考古研究所于滁州一带也开展了较大规模的调查和发掘工作，证明滁河流域所分布的早期遗址要远比目前认知丰富得多，非常值得深入探索。

滁河流域发现的夏商时期铜器不多，主要是通过正式考古发掘获取，如大城墩、孙家岗等。也有铜器是在农作中掘土而得，如孙戚村[1]。

对本区域新石器时代考古遗存的研究，目前并不充分。但从考古资料可知，区域内新石器时代末期遗存的发展具有延续性和地域性，进而影响了夏时期遗存。因此，要更深入了解滁河流域夏商时期考古学文化，对新石器时代末期考古遗存的研究也是不可或缺的。

第一节　典型遗存分期

一　遗址

1.大城墩遗址

位于现马鞍山市含山县仙踪镇孙戚村东北 80 米处的台地上，滁河支流夏坝河流经遗址的南缘。

[1]　杨德标：《安徽省含山县出土的商周青铜器》，《文物》1992年第5期。

遗址平面近长方形，现存约 2 万平方米。遗址平均海拔 22 米，高出周围地面 2～3 米。沿夏坝河北上 3 千米左右，即为孙家岗遗址。再往北不远便进入滁河干流，沿河可至肥东吴大墩和南京牛头岗。柘皋河支流与夏坝河最近处仅距几千米，与巢湖流域地理几乎相接。1979 年秋，安徽省文物考古研究所、巢湖地区文管所及含山县文物组对遗址进行了调查和试掘[1]。1980 和 1982 年，各进行了一次发掘[2]。1984 年进行了第四次发掘[3]。四次发掘，面积总计 1000 平方米。经分析，遗址最早年代相当于大汶口文化中期，后续自龙山时期延续至东周时期。

龙山时期地层计二层，分别为 T17 的第 11、10 层。简报中将 T23 的第 16、15、14B、14A 和 13 层也定为龙山时期，但仅公布了第 14B 层材料；而通过对第 14B 层遗物的分析，其年代最早相当于二里头时期，要晚于龙山时期。龙山时期陶器，典型器主要有侧扁三角足鼎、折腹豆、粗高柄镂孔豆、折腹觚、鼓肩深腹瓮、敛口鼓腹瓮、圆鼓腹罐、鼓腹盆、敞口弧腹碗、指捺纹纺轮、叶脉纹纺轮等。根据龙山地层出土陶器，笔者对陶质、纹饰作了简单统计。发现陶器以灰、黑陶系为主，大约占 80.9%；其他居于次要位置，如黄褐及红陶等。灰黑陶系中，以泥质黑陶比例最高，占 47.6%；夹砂灰陶次之，占 23.8%；泥质灰陶再次之，占 9.5%。纹饰有篮纹、弦纹、绳纹、网纹、镂孔、指捺纹、叶脉纹等。篮纹多施于鼎，网纹多施于瓮，弦纹多施于盆、豆和碗。鼎有夹砂灰、夹砂红两种陶质，侧扁三角足多见，足跟或施有指窝。高柄豆盘腹近平，圆形镂孔饰。折腹觚形瓶虽残损，但腹部有明显折棱，近底明显外撇。鼓肩深腹瓮为小口，窄折平沿，束颈，肩部突出。敛口深腹瓮腹部明显鼓出，饰网纹。鼓腹盆多为宽折沿或卷沿，腹部鼓出但腹径不超过口径，腹部多见凹凸棱饰。敞口弧腹碗多有低矮而外撇的圈足，多凹凸棱饰。纺轮多见圆饼形，有的周边施一圈指捺纹，有的表面则施有大叶脉纹。典型陶器有侧扁三角足鼎、折腹豆、粗高柄镂孔豆、折腹觚、折沿凸棱饰鼓腹盆、鸡冠耳鋬鼓腹盆、敞口凸棱饰弧腹碗和指捺纹纺轮等。

与滁河流域其他龙山时期遗存比较，如肥东吴大墩、肥东大城头、滁州朱勤大山、南京牛头岗等。对比后发现，除牛头岗龙山遗存较丰富外，其他遗址偏少。遗憾的是，牛头岗资料并未正式发表，仅公布零散材料且不知层位关系。因此，仅靠滁河流域材料仍难对大城墩遗存进行确切对比分期。在对滁河流域文化背景简要梳理后，笔者将视角投向淮河流域，该区域的龙山时期遗存分期相对完备。如淮河南侧有寿县斗鸡台[4]、蚌埠禹会[5]，淮河北侧沙颍河水系有郾城郝家台[6]、沈丘乳香台[7]，淮河北侧浍河、北淝河水系分别有宿州芦城子[8]、蒙城尉迟寺[9]等。经对比分析后，大城墩 T17 的第 11、10 层年代可定为龙山早中期。完成该工作后，分组情况如下。

[1] 安徽省文物工作队：《含山大城墩遗址调查试掘简报》，《安徽文博》总第3期，《安徽文博》编辑部，1983年。

[2] 安徽省文物考古研究所：《安徽含山大城墩遗址发掘报告》，《考古学集刊·6》，中国社会科学出版社，1989年。

[3] 张敬国：《含山大城墩遗址第四次发掘的主要收获》，《文物研究》第四期，黄山书社，1988年。安徽省文物考古研究所、含山县文物管理所：《安徽含山大城墩遗址第四次发掘报告》，《考古》1989年第2期。

[4] 北京大学考古学系商周组、安徽省文物工作队：《安徽省霍邱、六安、寿县考古调查试掘报告》，《考古学研究（三）》，科学出版社，1997年。

[5] 中国社会科学院考古研究所、安徽省蚌埠市博物馆：《蚌埠禹会村》，科学出版社，2013年。

[6] 河南省文物考古研究所：《郾城郝家台》，大象出版社，2012年。

[7] 河南省文物研究所、周口地区文化局：《河南乳香台遗址的发掘》，《华夏考古》1990年第4期。

[8] 叶润清：《安徽省宿州市芦城子遗址发掘简报》，《文物研究》第九辑，黄山书社，1994年。

[9] 中国社会科学院考古研究所：《蒙城尉迟寺——皖北新石器时代聚落遗存的发掘与研究》，科学出版社，2001年。中国社会科学院考古研究所、安徽省蒙城县文化局：《蒙城尉迟寺（第二部）》，科学出版社，2007年。

将大城墩龙山至商时期遗存分析后，可分为12组。

第1组：以T17⑪为代表。

第2组：以T17⑩为代表。

第3组：以T1⑥为代表。

第4组：以T17⑨为代表。

第5组：以T17⑧为代表。

第6组：以T5⑦为代表。

第7组：以T4⑥、T18⑮为代表。

第8组：以T3⑤B为代表。

第9组：以T4⑤、T17⑥为代表。

第10组：以T1⑤、T3⑤A为代表。

第11组：以T4④、T5④、T7⑤、T8⑤、T17⑤B为代表。

第12组：以T1④、T3④、T17⑤A为代表。

以上12组对应12段。

第1段：陶器以灰陶为主，黑陶次之，有少量黄褐陶，器类有鼎、豆、盆、瓮、纺轮等（图3-2，1～8）。折沿鼓腹鼎（图3-2，1）、直口鼓腹鼎（图3-2，2）、宽折沿鼓腹盆（图3-2，4）等，与郝家台龙山二期同类器风格相近；粗高柄镂孔豆（图3-2，3）与禹会同类豆风格相近。总体上看，该段年代属龙山偏早阶段，相当于郝家台龙山二期[1]或稍晚。

第2段：陶器以黑陶为主，灰陶次之，红陶较少，黄褐陶更少，器类有鼎、豆、觚、盆、碗、纺轮等（图3-2，9～17）。折腹豆（图3-2，9）、折腹觚（图3-2，10）、鸡冠耳鋬盆（图3-2，12）等，与郝家台龙山三期同类器风格相近；敞口弧腹碗（图3-2，13）、花边底弧腹碗（图3-2，15）、侧扁三角鼎足（图3-2，16）等，类似形态多见于淮河中游两岸的龙山早中期遗存。因此，该

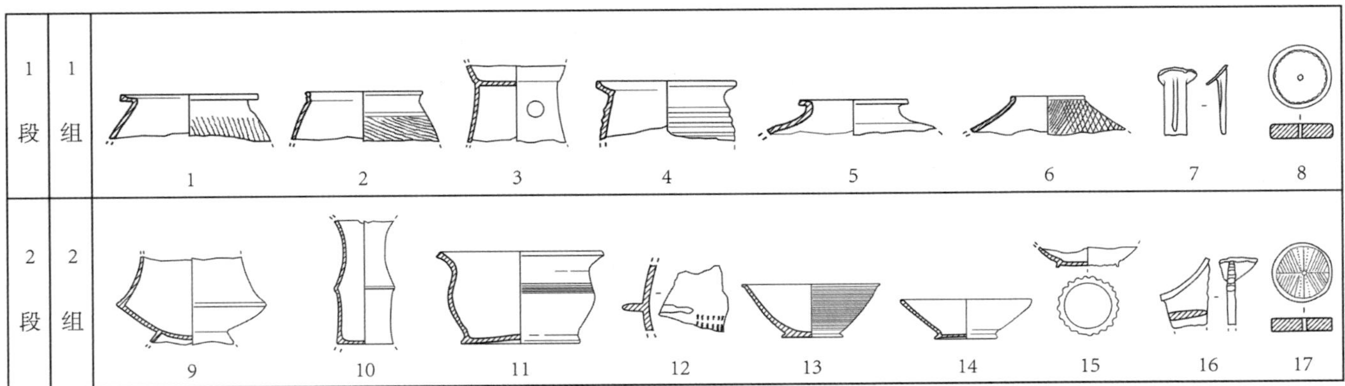

图3-2　大城墩龙山至夏商时期遗存-1

1、2.鼎（T17⑪：151、T17⑪：152）　3.豆（T17⑪：163）　4.盆（T17⑪：154）　5、6.瓮（T17⑪：164、T17⑪：150）　7.鼎足（T17⑪：160）　8.纺轮（T17⑪：212）　9.豆（T17⑩：203）　10.觚（T17⑩：202）　11、12.盆（T17⑩：201、T17⑩：128）　13～15.碗（T17⑩：20、T17⑩：211、T17⑩：131）　16.鼎足（T17⑩：133）　17.纺轮（T17⑩：84）

[1] 河南省文物考古研究所：《郾城郝家台》，第85～170页，大象出版社，2012年。

段年代相当于斗鸡台龙山早期[1]、芦城子龙山二期[2]、郝家台龙山三期[3]。

第3段：陶器夹砂陶偏多，有灰陶、红陶、黑陶和黄褐陶，器类有鼎、罐、盘、豆、盆、缸、器盖等（图3-3，1～10）；多以绳纹、弦纹、云雷纹、网纹、附加堆纹、指捺纹、镂孔等为饰；弦纹多为凹凸棱，常与圆形镂孔组合出现。网纹多见于罐、缸等。凹凸棱饰则多见于小口罐、细高柄豆和瓦足盘。附加堆纹不仅施于个体比较大的器物，如直腹缸；也施于个体稍小的器物，如侈口盆。瓦足盘的腹部鼓出、平底，三足与腹部有明显的夹角，足的形状呈筒瓦形，足的表面多见横凹槽。鼎为夹砂黄褐陶，不见口、腹，圆实足饰两对按窝。细高柄豆，柄中部稍凸出、圆形镂孔。典型器有折沿圜底罐（图3-3，1）、瓦足盘（图3-3，2）、细高柄镂孔豆（图3-3，3）、折沿弧腹盆（图3-3，4）、小口罐（图3-3，5）、大口缸（图3-3，6）、直腹缸（图3-3，7、8）、大捉手器盖（图3-3，9）、对称按窝鼎足（图3-3，10）等。从形态特征看，该段年代接近二里头二期。

第4段：陶器以灰陶为主，黑陶和黄褐陶较少，灰陶均夹砂，器类有鼎、盆、缸、罐（图3-3，11～15）等，纹饰有绳纹、附加堆纹等。绳纹变多，其他纹饰少见。典型器有浅盘鼎（图3-3，11）、宽沿弧腹盆（图3-3，12）和侈口缸（图3-3，13、14）等。浅盘鼎不见于二里头，但二里头多见浅斜腹的豆和盆。宽沿弧腹盆口沿较宽，沿面有窄平台，沿下角较大；罐微侈口，腹部微弧近直。从以上特征判断，该段年代应为二里头三期。

第5段：陶器夹砂陶系为主，灰、红陶较多，有少量黑陶和黄褐陶，器类有鬲、鼎、豆、爵、斝、瓮、罐、盆、釜和器盖等（图3-3，16～35）等。纹饰有绳纹、弦纹、云雷纹、指捺纹、镂孔等，凹凸棱与圆形镂孔组合变得更常见。鬲无完整器，有圆鼓腹、长颈深腹两种形态。前者为宽卷沿、圆鼓腹，可能为圆实足鬲，即后来之所谓鼎式鬲。后者窄斜沿、斜长颈，腹径大于口径且最大腹径偏下，可能为大袋足鬲，流行于二里头四期。鼎为浅腹盆形，宽卷沿，折腹，平底或略圜底，侧扁三角足。该形态鼎并非典型的二里头文化风格，而是多见于二里头偏晚阶段先商文化之"潞王坟——宋窑类遗存"[4]，或称辉卫类型[5]、辉卫文化[6]等，先商文化漳河类型中也有少量类似器物[7]。豆有三种，一种为细高柄，表面饰数周凸棱，且有较大圆形镂孔；一种为粗高柄浅腹碗形豆，外撇足，凸棱+圆形镂孔组合纹饰；一种为大粗柄折盘豆，宽卷沿，大撇足，凹凸棱、云雷纹、圆形镂孔组合饰；年代应为二里头四期。陶爵上部残损，但可看出其腹壁微微内曲，平底，腹侧有鋬，有三圆实足，腹壁可见两周凸棱；与南关外C5T95④：151[8]相似。斝为袋足，倾斜程度不大；侧面有鋬，最下方位于袋足之上，鋬两侧贴有圆形泥饼；南关外有与之类似者，但与潜山薛家

[1] 北京大学考古学系商周组、安徽省文物工作队：《安徽省霍邱、六安、寿县考古调查试掘报告》，《考古学研究（三）》，科学出版社，1997年。

[2] 叶润清：《安徽省宿州市芦城子遗址发掘简报》，《文物研究》第九辑，黄山书社，1994年。

[3] 河南省文物考古研究所：《郾城郝家台》，第142～170页，大象出版社，2012年。

[4] 刘绪：《论卫怀地区的夏商文化》，《纪念北京大学考古专业三十周年论文集》，第95～182页，文物出版社，1990年。中国社会科学院考古研究所：《中国考古学·夏商卷》，第157～164页，中国社会科学出版社，2003年。

[5] 邹衡：《关于探讨夏文化的几个问题》，《文物》1979年第3期。邹衡：《试论夏文化》，《夏商周考古学论文集》，第95～182页，文物出版社，1980年。

[6] 张立东：《论辉卫文化》，《考古学集刊·10》，地质出版社，1996年。

[7] 中国社会科学院考古研究所：《中国考古学·夏商卷》，第146～155页，中国社会科学出版社，2003年。

[8] 河南省文物考古研究所：《郑州商城——1953～1985年考古发掘报告》，第133页，文物出版社，2001年。

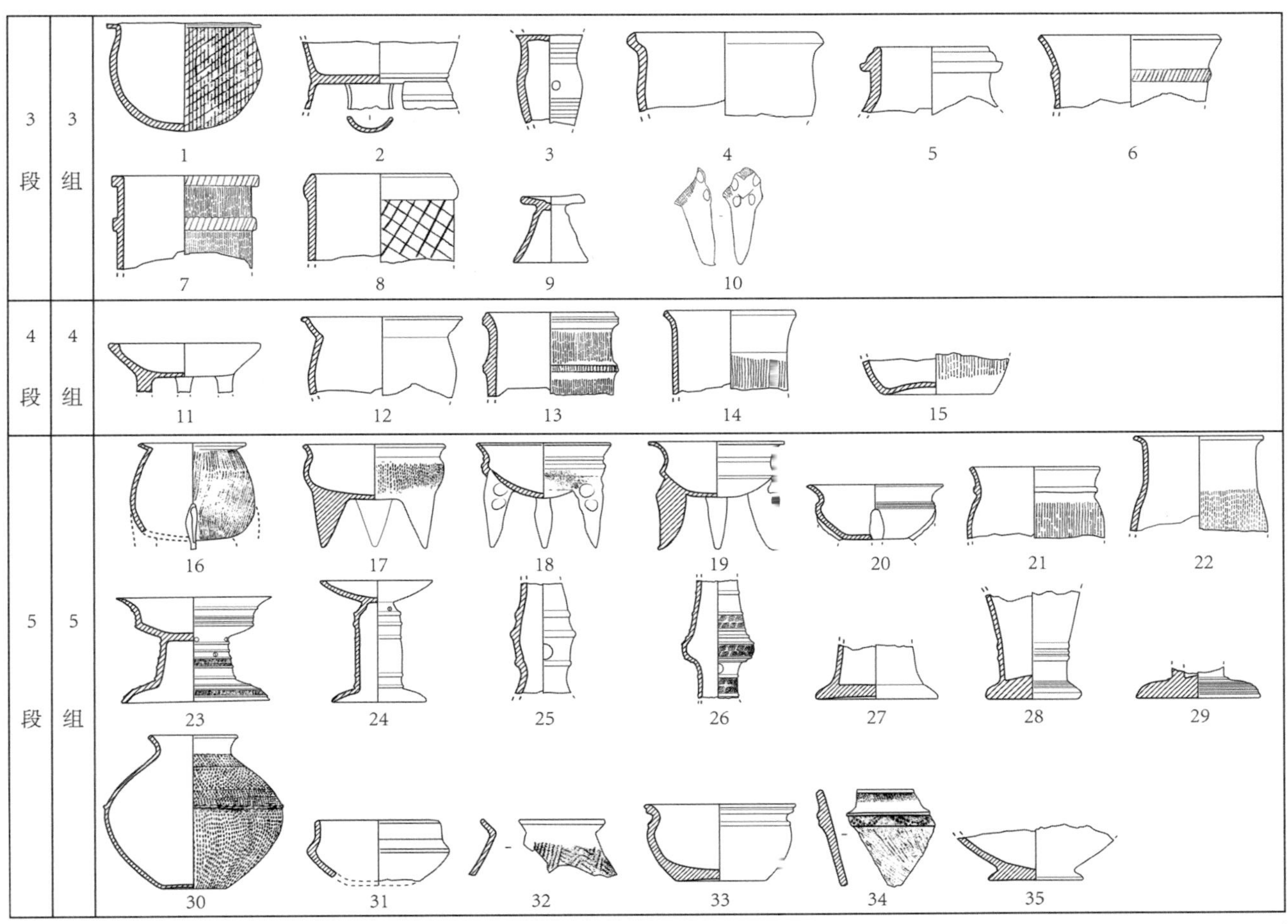

图3-3　大城墩龙山至夏商时期遗存-2

1.罐（T17⑨：215）　2.盘（T17⑨：171）　3.豆（T17⑨：184）　4.盆（T17⑨：185）　5.罐（T17⑨：177）　6～8.缸（T17⑨：181、T17⑨：175、T17⑨：179）　9.器盖（T17⑨：215）　10.鼎足（T17⑨：173）　11.鼎（T17⑧：67）　12.盆（T17⑧：195）　13、14.缸（T17⑧：194、T17⑧：187）　15.罐（T17⑧：191）　16～20.鼎（T1⑥：34、T1⑥：36、T1⑥：35、T18⑰：216、T5⑧：2）　21、22.鬲（T18⑰：200、T18⑰：198）　23～26.豆（T5⑧：4、T5⑧：5、T18⑰：196、T1⑥：2）　27～29.觚（T1⑥：9、T1⑥：5、T1⑥：6）　30.瓮（T5⑧：4）　31、32.罐（T18⑰：199、T1⑥：50）　33.盆（T1⑥：37）　34.缸（T1⑥：7）　35.碗（T1⑥：18）

岗 H25：90[1] 形态更相近。瓮为小口，卷沿，矮束颈，深鼓腹，最大腹径偏中下；类似器物可见于南关外下层及鹿台岗 H9。典型器有垂腹罐形鼎（图 3-3，16）、釜形鼎（图 3-3，18）、弧腹盆形鼎（图 3-3，17、19、20）、折沿长颈鬲（图 3-3，22）、粗高柄折盘豆（图 3-3，23）、中粗柄碗形豆（图 3-3，24）、中粗柄凸棱豆（图 3-3，25、26）、撇足觚（图 3-3，27～29）、深腹瓮（图 3-3，30）、直口小罐（图 3-3，31）、浅弧腹盆（图 3-3，33）等。经分析可知，该段年代应为二里头四期[2]。

第 6 段：陶器不多，简报仅 4 件，分别为夹砂灰陶鬲、泥质红陶罐和两件算珠形纺轮。鬲为卷折沿，颈部较长，腹部斜鼓，弧裆（图 3-4，1），与南关外中层 C5T73③：47[3] 相似，但裆部稍矮。小口罐直口微侈，微斜肩，斜直腹，内凹底（图 3-4，2）；这种形态的罐在二里头晚期未发现，但

[1]　安徽省文物考古研究所：《潜山薛家岗》，第456页，文物出版社，2004年。

[2]　本文原将其列到二里头时期，但考虑到该段遗存有许多先商文化因素，导致了文化性质的改变；而之后二里冈一期的遗存在文化属性上与之连续、不便剥离。因此，特将其列到商时期，这是需要注意的。

[3]　河南省文物考古研究所：《郑州商城——1953～1985年考古发掘报告》，第128页，文物出版社，2001年。

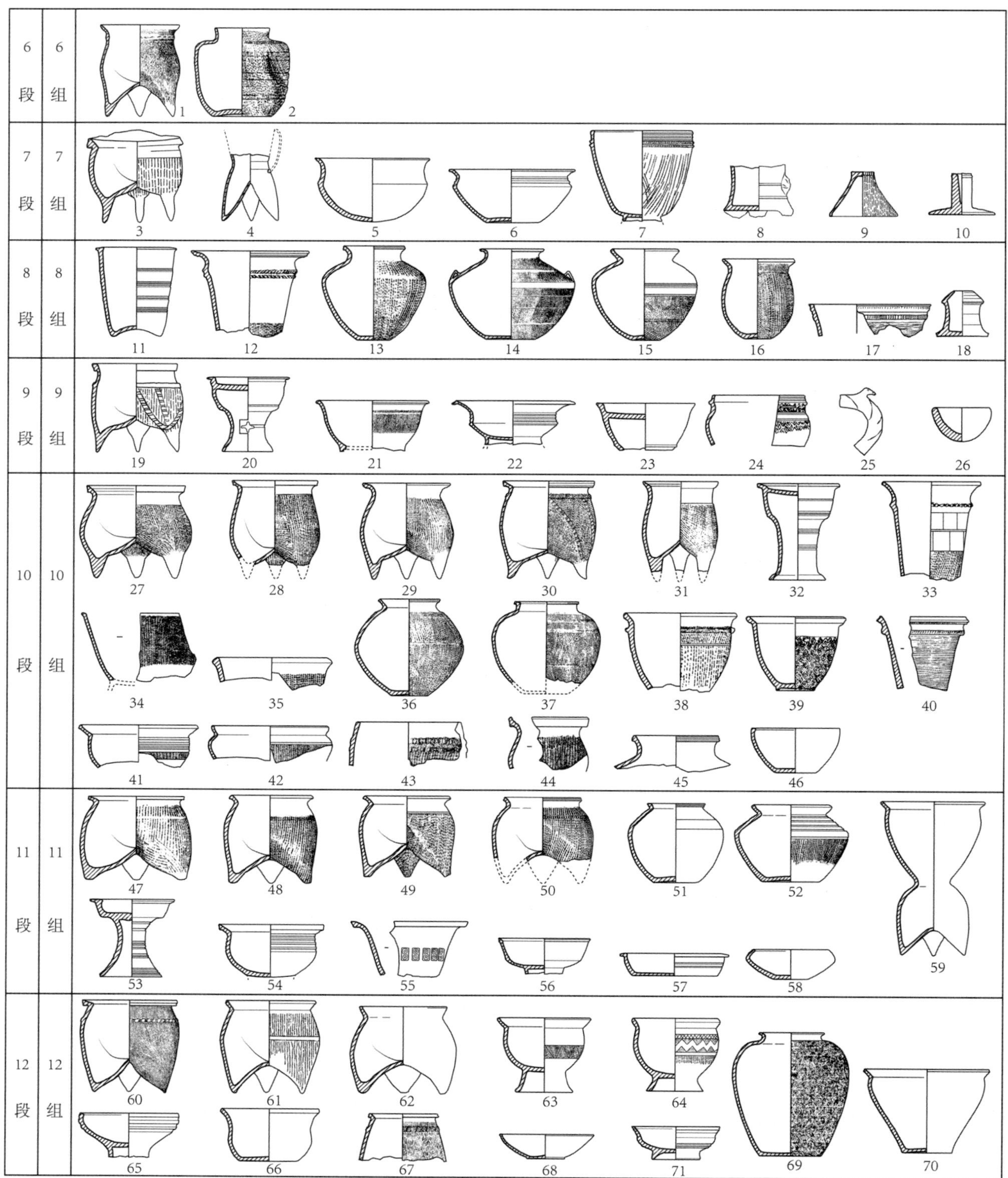

图3-4　大城墩龙山至夏商时期遗存-3

1.鬲（T5⑦：1）　2.罐（T5⑦：9）　3.鬲（T18⑮：221）　4.斝（T4⑥：46）　5.釜（T4⑥：10）　6.盆（T4⑥：11）　7.缸（T18⑮：225）　8.爵（T4⑥：45）　9.器盖（T18⑮：227）　10.觚（T4⑥：49）　11.双足器（T3⑤B：21）　12.尊（T3⑤B：4）　13～15.瓮（T3⑤B：5、T3⑤B：9、T3⑤B：25）　16.罐（T3⑤B：4）　17.缸（T3⑤B：40）　18.器盖（T3⑤B：50）　19.鬲（T4⑤：35）　20、22、23.豆（采：10、T17⑥：224、T17⑥：233）　21.簋（T4⑤：40）　24.硬陶罐（T17⑥：226）　25.器把（T17⑥：228）　26.窝形器（T17⑥：222）　27～31.鬲（T3⑤A：10、T3⑤A：13、T3⑤A：51、T3⑤A：52、T1⑤：3）　32.豆（T3⑤A：12）　33.尊（T3⑤A：3）　34、35.簋（T3⑤A：46、T3⑤A：66）　36、37.瓮（T3⑤A：17、T3⑤A：18）　38、41.盆（T3⑤A：70、T3⑤A：57）　39.硬陶尊（T3⑤A：11）　40、43.缸（T3⑤A：71、T3⑤A：？）　42.甗（T3⑤A：72）　44.罐（T3⑤A：30）　45.瓮（T3⑤A：52）　46.钵（T3⑤A：67）　47～50.鬲（T4④：4、T4④：8、T5④：20、T4④：8）　51.瓮（T4④：19）　52.罐（T8⑤：1）　53、56.豆（T4④：10、T17⑤B：234）　54、55.簋（T4④：13、T4④：37）　57.盆（T17⑤B：240）　58.钵（T5④：12）　59.甗（T7⑤：12）　60～62.鬲（T1④：2、T17⑤A：231、T3④：17）　63、64.簋（T3④：20、T17⑤A：241）　65.豆（T3④：30）　66、70.盆（T17⑤A：238、T3④：10）　67.罐（T17⑤A：236）　68.钵（T17⑤A：43）　69.硬陶瓮（T3④：3）　71.原始瓷豆（T3④：7）

可见于郑州大师姑和辉县孟庄早商偏早阶段遗存。由上可知，该段年代应为二里冈下层一期。

第 7 段：陶器较少，器类有鬲、斝、釜、盆、觚、缸和器盖等（图 3-4，3 ～ 10），多见绳纹、划纹、附加堆纹、划纹 + 附加堆纹组合纹饰。鬲不甚规整，折沿，折唇，微鼓腹，高分裆袋足，高实足，口、腹径接近；形态接近二里冈 C5T35②：49[1]，年代为二里冈下层二期。缸为深腹，直口，腹壁斜直，矮圈足，附加堆纹 + 划纹组合纹饰。器盖为平顶，腹壁内曲，腹深较大，饰绳纹。典型器有折沿折唇微鼓腹鬲（图 3-4，3）和斜腹圈足缸（图 3-4，7）。因此，该段年代应为二里冈下层二期前后。

第 8 段：陶器多为泥质灰陶，夹砂灰陶次之，泥质红陶最少。器类主要有瓮、罐、尊、缸、器盖等（图 3-4，11 ～ 18）。多见绳纹、间断绳纹、弦纹、附加堆纹、篮纹等，也有附加堆纹 + 篮纹、附加堆纹 + 绳纹组合纹饰。瓮的形态稍多，有小口双耳瓮、仰折沿鼓肩深腹瓮和卷折沿鼓肩深腹瓮等。小口双耳瓮卷折沿、矮束颈、折肩，底微内凹，腹径明显大于口径，器宽大于器高，饰间断绳纹。仰折沿鼓肩深腹瓮大宽沿、沿面内凹，肩部明显突出，下腹部也明显鼓出，底微内凹；类似二里冈上层一期 BQM2：13[2]。卷折沿鼓肩深腹瓮矮束颈，肩部突出，深腹，底微内凹，与二里冈上层一期 C5T94②：92[3] 相似。罐为卷折沿、深鼓腹，微内凹底，饰绳纹；形态接近二里冈上层一期 C15T3②：32[4]，但口部、颈部承袭了二里冈下层二期的器物特征。尊为大口，斜方唇，深折腹，附加堆纹 + 绳纹组合纹饰；形态同二里冈上层一期者，口部承袭二里冈下层二期部分器物特征。缸为大口，斜腹微内曲，从器形上判断更类似二里冈下层二期者，横篮纹饰则多见于二里冈上层一期。二足器窄斜沿、斜腹、二足，同类器罕见，但形态偏晚。器盖钮较长，内部中空，斜顶不封口；多见于二里冈类型。最早见于二里冈下层二期，流行于二里冈上层一期，大城墩器盖属后者。典型器有小口双耳瓮（图 3-4，14）、仰折沿鼓肩深腹瓮（图 3-4，15）、卷折沿鼓肩深腹瓮（图 3-4，13）、卷折沿深弧腹罐（图 3-4，16）、大口尊（图 3-4，12）、大口缸（图 3-4，17）、斜腹双足器（图 3-4，11）和中空捉手器盖（图 3-4，18）等。经分析，该段年代应为二里冈上层一期。

第 9 段：陶器，灰陶占比过半，黑、红陶较少。泥质陶较多，极少量硬陶、原始瓷。多见绳纹、弦纹、菱纹、三角纹及绳纹 + 附加堆纹组合纹饰。器类主要有鬲、簋、豆、罐和窝形器等（图 3-4，19 ～ 26）。鬲为斜方唇，下拉沿，颈部短斜，微鼓腹稍斜，高分裆，袋足，高实足尖，饰绳纹 + 附加堆纹组合纹饰。鬲颈与上段相比变长，腹部、颈部分界明显，再加上斜方唇的特征，可基本认定其年代相当于花园庄早段。簋为侈口，卷沿，斜方唇，斜弧腹，腹深较小；其形态与台西 M17：12[5] 几近相同。豆有两种形态，一种是浅盘假腹的粗高柄豆，一种是折盘粗高柄豆。前者为窄斜沿，盘近平，假腹明显，从口部到豆柄几乎在一条直线上；属花园庄早段风格，如台西 M20：3[6]。台西豆为宽卷沿，圜底较深，无假腹。折盘粗高柄豆，类似形态多见于马桥文化。罐为灰褐色硬陶，盘口，扁鼓腹，饰菱纹；该罐兼具岳石、马桥文化特征，应属改良器物。窝形器，弧壁，圜底，宁镇地区

[1] 河南省文物考古研究所：《郑州商城——1953～1985年考古发掘报告》，第630页，文物出版社，2001年。
[2] 河南省文物考古研究所：《郑州商城——1953～1985年考古发掘报告》，第788页，文物出版社，2001年。
[3] 河南省文物考古研究所：《郑州商城——1953～1985年考古发掘报告》，第753页，文物出版社，2001年。
[4] 河南省文物考古研究所：《郑州商城——1953～1985年考古发掘报告》，第729页，文物出版社，2001年。
[5] 河北省文物研究所：《藁城台西商代遗址》，第114页，文物出版社，1985年。
[6] 河北省文物研究所：《藁城台西商代遗址》，第115页，文物出版社，1985年。

花园庄早段遗存中有类似器物，如马鞍山五担岗。典型器有鼓腹袋足鬲（图3-4，19）、假腹豆（图3-4，20、23）、折盘豆（图3-4，22）、矮圈足簋（图3-4，21）、硬陶罐（图3-4，24）等。由上分析，该段年代相当于花园庄早段。

第10段：陶器数量较多，很有代表性。以夹砂灰陶、泥质灰陶为主，有少量夹砂黄褐、泥质黄褐、泥质红和泥质黑陶，极少量硬陶和原始瓷。与上段相比，灰陶显著增多、比例占大半，硬陶和原始瓷较上段略升。多见绳纹、间断绳纹、弦纹、指捺纹、大方格纹、篮纹、附加堆纹、绳纹+附加堆纹、弦纹+附加堆纹、绳纹+附加堆纹+大方格纹等纹饰，部分器物有鸡冠耳鋬饰。硬陶有云雷纹、方格纹和席纹等纹饰。器类主要有鬲、甗、簋、豆、尊、瓮、罐、盆、缸、钵和纺轮等（图3-4，27～46）。折沿鼓腹鬲近方体，口径、腹径近同，最大腹径居中，袋足，矮分裆，粗壮实足，绳纹+附加堆纹组合纹饰；极似花园庄H1：9[1]、邢台葛家庄H5：40[2]，年代属花园庄晚段。折沿斜腹鬲近高体，腹径略大于口径，最大腹径偏下，袋足，中高分裆；花园庄早、晚两段皆有类似形态，但器体较高的特征更接近花园庄晚段风格。卷折沿长颈鼓腹鬲是新见形态且较有特点，鬲近高体，口径约同腹径，袋足，中高分裆。无疑，这是商文化影响下的产物。白家庄阶段起，中原核心地带商文化有些式微。潘庙类型偏晚阶段遗存中有类似形态的鬲，宁镇地区也有较多发现。如该件鬲与北阴阳营鬲T43③：Ⅰ1372[3]形态是极接近的，而团山、新浮、城头山同形态的鬲偏胖，年代稍晚些；年代越晚，颈部似越长。卷折沿短颈鼓腹鬲近方体，腹径大于口径，袋足，中高分裆；与藁城台西M86：1[4]、盐城龙冈YLM：8[5]形态近似，年代属花园庄晚段。甗有两种，甑部均为深腹盆形，但一种为斜弧腹，口径大于腹径；一种为凸肩，口径小于腹径，最大腹径靠上；后者为花园庄晚段特有形态。簋为敞口，斜弧腹，饰绳纹，承袭上段风格。豆为假腹，浅盘，圜底，斜沿，粗高柄；属花园庄晚段风格。尊为大口，口径明显大于腹径，斜腹微内曲，上腹饰附加堆纹，下腹饰绳纹，附加堆纹与绳纹之间为大方格纹；该种纹样的大方格纹始见于二里冈上层一期，时间愈晚愈接近方形。瓮的形态主要有两种，一种是束颈宽沿的鼓腹瓮，口径小于腹径，最大腹径居中或偏下一点；一种是斜颈窄折沿的鼓肩深腹瓮，口径小于腹径，最大腹径偏上。两种瓮腹部均明显鼓出，颈部有随时间推移加长趋势。罐的形态大致类似瓮。盆的形态主要有两种，一种腹部较深，折沿但不太宽，斜弧腹；一种腹部较浅，口沿非常宽，弧腹。缸为斜方唇，斜腹内曲，沿下有一周附加堆纹泥条，下饰篮纹。典型器有袋足鬲（图3-4，27～31）、假腹豆（图3-4，32）、大口尊（图3-4，33）、深腹瓮（图3-4，36、37）、大宽沿弧腹盆（图3-4，41）、曲壁横篮纹缸（图3-4，40）、硬陶尊（图3-4，39）等。如上分析，该段年代约为花园庄晚段。

第11段：陶器以灰陶为主，黑陶次之，少量黄褐陶、红陶。多见绳纹、弦纹、云纹、附加堆纹、弦纹+绳纹、绳纹+附加堆纹等纹饰，弦纹、附加堆纹通常见于器物上半部。器类主要有鬲、甗、簋、豆、瓮和罐等（图3-4，47～59）。鬲的形态多样，但多外斜大袋足，弧裆或分裆，矮实足尖；

[1] 中国社会科学院考古研究所安阳工作队：《河南安阳市洹北花园庄遗址1997年发掘简报》，《考古》1998年第10期。

[2] 河北省文物研究所、吉林大学边疆考古研究中心等：《河北邢台市葛家庄遗址1999年发掘简报》，《考古》2005年第2期。

[3] 南京博物院：《北阴阳营——新石器时代及商周时期遗址发掘报告》，第150页，文物出版社，1993年。

[4] 河北省文物研究所：《藁城台西商代遗址》，第114页，文物出版社，1985年。

[5] 韩明芳：《江苏盐城市龙冈商代墓葬》，《考古》2001年第9期。

鬲的肩腹交界处多突出，最大腹径多偏中下。折沿鬲较多见，口径小于腹径，这种风格的鬲多见于殷墟早期。甗为深弧腹盆形，瘦狭袋足，甑部为折沿、深弧腹，为殷墟早期常见形态。簋的形态主要有两种，一种为宽折沿、垂腹，腹深往往不大，有殷墟偏早阶段特征，形态承袭自花园庄阶段同类器；一种为宽卷沿、敞口、斜腹，腹部多微内曲，下腹急收。豆为中粗高柄，其典型特征是折平沿、浅斜腹、平底，此形态亦多见于殷墟早期。瓮或罐多折沿、束颈，斜肩或折肩，肩部多见凹弦纹带。从本段陶器看，大城墩遗址部分地层、遗迹应混有不同时段遗物，如T4④可能也有殷墟偏晚阶段的遗物。典型器有袋足鬲（图 3-4，47～50）、深弧腹瘦狭袋足甗（图 3-4，59）、宽折沿垂腹簋（图3-4,54）、宽卷沿斜腹簋（图3-4,55）、浅盘高柄豆（图3-4,53）、折沿深腹瓮（图3-4，51）等。总体来看，该段年代大致为殷墟早期。

第 12 段：陶器以灰陶系为主，黑陶次之，有少量红陶，极少硬陶、原始瓷。多见绳纹、弦纹、附加堆纹、曲折纹、网纹、绳纹 + 附加堆纹、绳纹 + 弦纹、绳纹 + 网纹 + 曲折纹等纹饰。器类主要有鬲、簋、豆、瓮、盆和钵等（图 3-4，60～71）。鬲均折沿，腹径略大于口径，最大腹径多偏中上；鬲均为瘦狭袋足，弧裆或分裆，足内收，实足尖似乎更矮；属殷墟晚期风格。簋为侈口，卷折沿，微鼓腹，圈足束腰，与梅园庄殷墟三期MM4：2[1]形态接近。盆为侈口，宽卷沿，浅弧腹，多见于殷墟晚期。典型器有折沿鼓腹袋足鬲（图 3-4，60～62）、折沿弧腹簋（图 3-4，63、64）、中粗柄浅盘豆（图 3-4，65）、浅弧腹盆（图 3-4，66）、深鼓腹罐（图 3-4，67）、硬陶瓮（图 3-4，69）、原始瓷豆（图 3-4，71）等。因此，该段年代应为殷墟晚期。

2.吴大墩遗址

位于现合肥市肥东县古城镇墩子吴村北 300 米处，滁河支流沙河自遗址东、西两侧 700～800 米处流过。遗址平面近长方形，西南角遭破坏；长约 200 米，宽约 140 米。遗址平均海拔近 40 米，高出周围地面 2～3 米。沿沙河北上约 5 千米，为乌龟滩遗址。再往北 7、8 千米，便进入淮河支流池河水系。从遗址附近沿沙河往东南约 17 千米，滁河干流附近有岗赵遗址。再往东南，为大城墩遗址，与吴大墩直线距离约 43 千米。吴大墩发现于 1984 年，1985 年先后进行了调查和试掘，共开探方 3 个，实际发掘 75 平方米[2]。由简报可知，探方位于遗址的西南和中部偏东位置，T1、T2 应相邻。

在对龙山至商时期陶器进行分析后，划分为 4 组。

第 1 组：以 T2⑨为代表。

第 2 组：以 T2⑧为代表。

第 3 组：以 T1⑦、T2⑦为代表。

第 4 组：以 T1⑥、T2⑥为代表。

以上 4 组对应 4 段。

第 1 段：陶器中夹砂红陶比例占 98%，有极少量的泥质灰陶，素面器多见；器类主要为碗，袋足器可能为甗或鬶。碗为敞口、弧腹、矮圈足（图 3-5，1）。从口部较直、腹部收分后有一个较高碗底的特征看，年代应为龙山晚期。袋足为矮实足尖，形态细瘦（图 3-5，2），属龙山时期特征。

[1]　中国社会科学院考古研究所：《殷墟发掘报告（1958～1961）》，第220页，文物出版社，1987年。

[2]　张敬国、贾庆元：《肥东县古城吴大墩遗址试掘简报》，《文物研究》第一期，黄山书社，1985年。

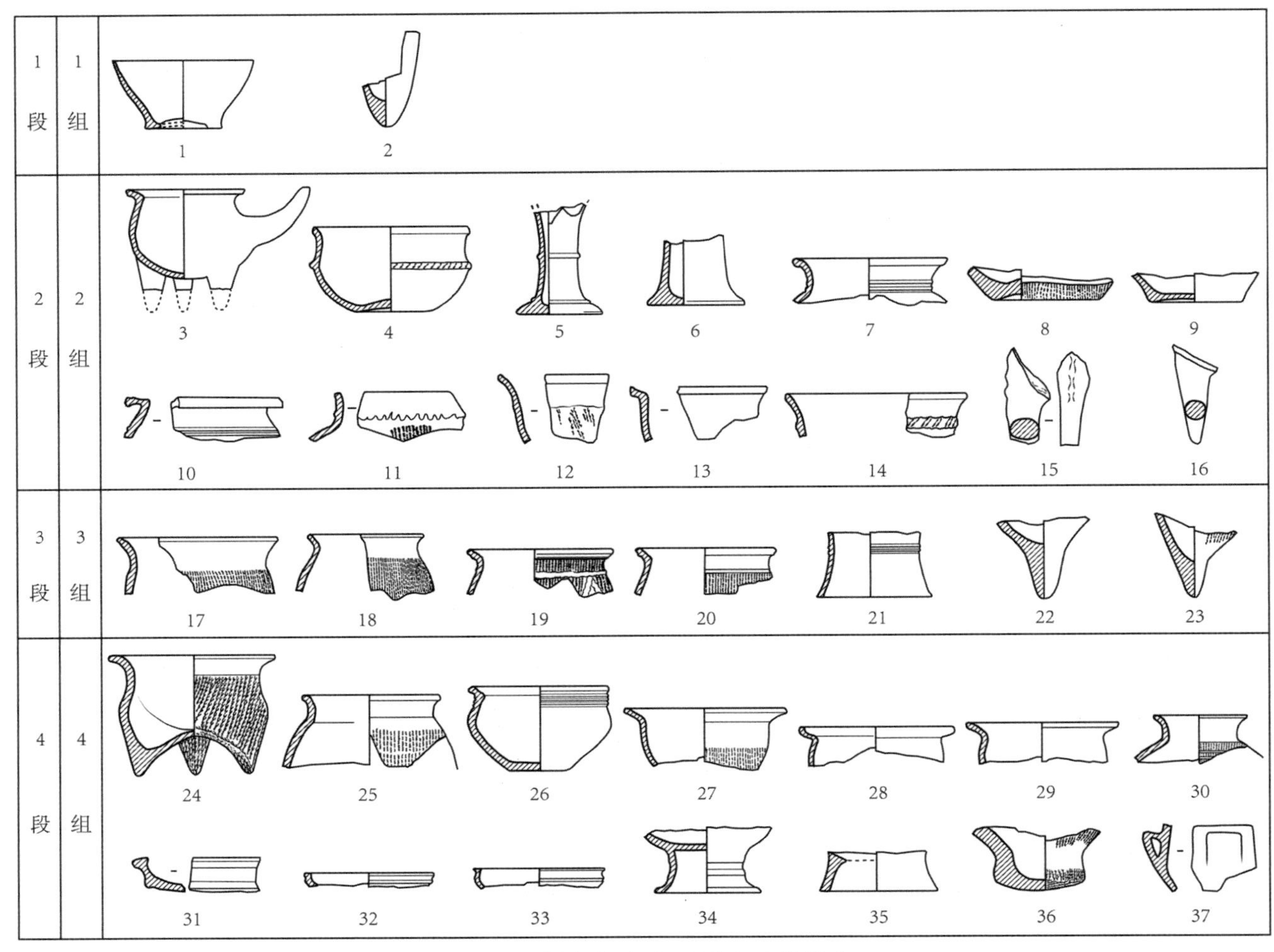

图3–5 吴大墩龙山至夏商时期遗存

1.碗（T2⑨：99） 2.袋足（T2⑨：68） 3.鼎（T2⑧：69） 4.盆（T2⑧：75） 5、6.觚（T2⑧：83、T2⑧：84） 7～11.罐（T2⑧：72、T2⑧：78、T2⑧：74、T2⑧：80、T2⑧：71） 12～13.盆（T2⑧：86、T2⑧：65） 14.缸（T2⑦：107） 15～16.鼎足（T2⑧：66、T2⑧：70） 17～20.鬲（T2⑦：102、T2⑦：101、T2⑦：92、T2⑦：93） 21.豆（T2⑦：59） 22～23.鬲足（T2⑦：104、T2⑦：103） 24～25.鬲（T1⑥：64、T1⑥：83） 26～29.盆（T1⑥：13、T1⑥：89、T1⑥：68、T1⑥：69） 30、37.瓮（T1⑥：81、T1⑥：41） 31～34.豆（T2⑥：51、T1⑥：67、T1⑥：66、T1⑥：86） 35.簋（T2⑥：49） 36.缸（T2⑥：53）

该段年代，应为龙山晚期。

第 2 段：陶器的夹砂灰陶比例为 89.2%，泥质黑陶占 10.2%，有少量夹砂褐、夹砂黑、泥质灰和泥质褐陶。素面器多见，纹饰有绳纹、弦纹、方格纹、弦纹、指捺纹、附加堆纹、篮纹、绳纹 + 附加堆纹、绳纹 + 弦纹 + 附加堆纹组合。器类有鼎、觚、盆、罐和缸等（图 3–5，3 ～ 16）。鼎分扁足鼎、圆实足鼎两种。扁足鼎为折沿，鼓腹，圜底，口径与腹径略同，腹部可见羊角状把手；郝家台有类似的角把鼎[1]，形态几乎没有区别，仅陶质、纹饰不同。觚可见两种，一种为细体，一种为粗体，均大撇足，柄上常见凸棱；类似二里头一期风格。盆为微敛口，扁鼓腹，底内凹，饰一周附加堆纹泥条，属二里头一期偏早阶段特征，如新砦二里头一期的 T6④：3[2]。瓮、罐的形态有两种，

[1] 河南省文物考古研究所：《郾城郝家台》，第200页，大象出版社，2012年。

[2] 北京大学震旦古代文明研究中心、郑州市文物考古研究院：《新密新砦——1999～2000年田野考古发掘报告》，第449页，文物出版社，2008年。

一种为折沿、鼓腹，一种为卷沿、深弧腹；后者矮弧颈上饰两周凸棱，口部形态与新砦二里头一期T5④：10[1]相似。缸为圆方唇，深斜腹，绳纹＋弦纹＋附加堆纹组合纹饰。典型器有羊角把鼎（图3-5，3）、撇足觚（图3-5，5、6）、卷沿深弧腹罐（图3-5，7）等。罐的颈部和肩部、觚的柄部等常见凹凸棱饰。指捺纹以按窝的形式出现，饰于鼎足足跟，多见三组成对按窝，属二里头偏早阶段风格。从上可知，该段年代应偏早，约属二里头一期偏早阶段。

第3段：陶器中灰陶占80%，黄褐陶占20%，灰陶系中以泥质为多[2]。常见绳纹、弦纹、附加堆纹、绳纹＋附加堆纹、弦纹＋绳纹等纹饰。器类有鬲、豆等（图3-5，17～23）。鬲均夹砂灰陶，多叠唇、沿面多斜下，有榫口形态（图3-5，17），也有方唇者；多鼓腹，矮弧颈；袋足，实足不高，部分偏矮。豆为粗高柄，柄中部有两道凸棱（图3-5，21）。从以上器物特征看，该段年代应相当于花园庄早段。

第4段：陶器中灰陶占70.8%，黑陶占16.7%，红陶占12.5%。有绳纹、弦纹、附加堆纹、指捺纹、绳纹＋弦纹、绳纹＋附加堆纹等纹饰。器类有鬲、簋、豆、瓮、罐和盆等（图3-5，24～37）。鬲为卷沿鼓腹鬲，圆方唇，长弧颈，微鼓腹，口径大于腹径，中高弧裆，袋足，实足跟较粗壮；与金坛新浮鬲T1④：28[3]形态相似，年代应为花园庄晚段[4]。豆分窄平沿和外翻沿两种，均假腹；有两件盘腹较斜，分别与台西F2：23、T13：235[5]器形相近，年代应为花园庄晚段[6]。瓮多卷折沿或卷沿，斜颈或弧颈，颈部多较长，一般为鼓肩深弧腹；这种形态在花园庄晚段常见，长江下游的遗址如北阴阳营、五担岗、新浮、大城墩等也多有发现。罐为侈口，卷沿，矮弧颈，深鼓腹，口径小于腹径；其形态与花园庄H2：15[7]、J1③：2[8]相似，年代应属花园庄阶段。盆的形态有三种，一种为宽卷沿或宽折沿，或有榫口，微鼓腹，口径大于腹径；与大城墩T3⑤A：57[9]、新浮T1④：41[10]相似；一种为大宽沿，深弧腹，与大城墩T3⑤A：11[11]、新浮T1④：40[12]、潘庙H81：11[13]相似；一种为折沿折腹盆，肩部突出，腹径大于口径，弧腹急收；与大城墩T3⑤A：46[14]相似。典型器有卷沿袋足鬲（图3-5，24）、斜折肩盆（图3-5，26）、假腹豆（图3-5，31）、小底缸（图3-5，36）、折肩瓮（图3-5，37）等。由上可知，该段年代相当于花园庄晚段。

[1] 北京大学震旦古代文明研究中心、郑州市文物考古研究院：《新密新砦——1999～2000年田野考古发掘报告》，第447页，文物出版社，2008年。

[2] 由简报可知，应存在一定数量的泥质黑陶。

[3] 南京博物院：《江苏金坛市新浮遗址的试掘》，《考古》2008年第10期。

[4] 简报作者将该鬲年代定为西周早期。关于这种形态的鬲，张家坡西周墓地曾见1件，将其定为了西周初期；报告中也提出岐山贺家村和长安客省庄也见过类似陶鬲，以前研究者认为其属先周时期。笔者观察后发现，张家坡西周墓地M315：01与贺家村、客省庄同类器有区别，但总体特征类似；年代应属中商偏晚阶段。吴大墩T1⑥：64整体形态与张家坡M315：01相近，但体态更低，更接近新浮T1④：28；吴大墩T1⑥：64及同层位出土的器物在形态上更接近新浮出土者，形态均稍扁，长江下游、江淮地区的西周遗存中无类似器形的陶鬲。因此，将该鬲年代定为花园庄晚段似乎更妥。

[5] 河北省文物研究所：《藁城台西商代遗址》，第48页，文物出版社，1985年。

[6] 外翻沿、侈口、浅斜腹、粗柄的假腹豆出现自二里冈上层一期，中商时期特别流行。

[7] 中国社会科学院考古研究所安阳工作队：《河南安阳市洹北商城的勘察与试掘》，《考古》2003年第5期。

[8] 中国社会科学院考古研究所安阳工作队：《河南安阳市洹北商城宫殿区二号基址发掘简报》，《考古》2010年第1期。

[9] 安徽省文物考古研究所：《安徽含山大城墩遗址发掘报告》，《考古学集刊·6》，中国社会科学出版社，1989年。

[10] 南京博物院：《江苏金坛市新浮遗址的试掘》，《考古》2008年第10期。

[11] 安徽省文物考古研究所：《安徽含山大城墩遗址发掘报告》，《考古学集刊·6》，中国社会科学出版社，1989年。

[12] 南京博物院：《江苏金坛市新浮遗址的试掘》，《考古》2008年第10期。

[13] 国家文物局考古领队培训班：《山东济宁潘庙遗址发掘简报》，《文物》1991年第2期。

[14] 安徽省文物考古研究所：《安徽含山大城墩遗址发掘报告》，《考古学集刊·6》，中国社会科学出版社，1989年。

3.牛头岗遗址

牛头岗遗址位于现南京市浦口区汤泉街道北汤泉农场牛头岗路东侧。东侧紧临滁河支流，北距滁河干流约 1.7 千米，东南距老山山脚约 1.9 千米，距长江近 18 千米。遗址处于老山山地与滁河之间的平原，地势向东南方向渐高，平均海拔 11 ～ 14 米，最高海拔 16.8 米，为平面不甚规则的“台形”。现存面积约 5 万平方米。1990 年，江浦文管会考古调查时发现。1991 年和 1992 年，南京市博物馆分两次对遗址东北部边缘地带进行了试掘，初步弄清了遗址文化堆积及内涵[1]。2001 ～ 2003 年，南京市博物馆连续三次对遗址进行了正式的考古发掘[2]。通过发掘，发现该遗址主体遗存自新石器时代晚期延续至西周晚期。

原文将牛头岗陶器简单分为了三期，即龙山、夏商和西周时期。早期多泥质灰、夹砂灰褐陶，泥质黑、泥质红陶次之。纹饰有各类篮纹、附加堆纹、网格纹和弦纹等。器类有鼎、甗、鬶、罐、盆、盘、钵和器盖等，鼎、甗材料较丰富。典型器有垂腹罐形鼎、深直腹高分裆甗。中期多夹砂灰褐、泥质灰陶，夹砂红、泥质黑陶次之。纹饰主要有绳纹、附加堆纹、弦纹、刻划纹、梯格纹、水波纹和网格纹等。器类有鬲、鼎、甗、豆、罐和盆等。与早期相比，三足器明显减少。典型器为直腹弧裆鬲。晚期陶器种类和数量增加，多夹砂红褐陶，泥质红、夹砂褐陶较少。纹饰主要有绳纹、附加堆纹、戳印纹和刻划纹等。器类主要有鬲、甗、豆、罐和盆等。典型器为高体深腹甗。

2013 年，在禹会村遗址相关会议及后来出版的论文集中，牛头岗发掘者公布了一些材料，涉及了部分陶器照片和线图，且将牛头岗分为龙山、夏、商和西周四个时期[3]。这种划分法，笔者基本认可。但是，牛头岗也存在更早的遗物。如折沿斜腹大口缸与蒙城尉迟寺 JS10：12[4] 形态接近，年代为大汶口文化晚期。遗憾的是，牛头岗的资料未正式公布过，文字简介材料或研究性文章中，遗物缺乏单位、层位信息，材料有限制性。

笔者对这些材料梳理后，将龙山至夏商时期陶器分为 4 组，每组对应 1 段。

第 1 段：器类有鼎、鬶、甗、盆、罐、盘、器盖等（图 3-6，1 ～ 12）。典型器数件。侧扁足的垂腹罐形鼎（图 3-6，1、2）与钱山漾 T1001⑨ B：49[5] 形态相似，年代相当于龙山早中期。正装鼎足的罐形鼎（图 3-6，3）与禹会 JSK：8[6] 形态相似，年代相当于龙山早期。高实足鬶（图 3-6，4）与禹会 JSK2②：35 形态一致，年代相当于龙山早期。三足呈长圆形袋足的高颈袋足鬶（图 3-6，5）与禹会 JSK5：1[7]、钱山漾 T1001⑨ B：50[8] 形态接近，年代相当于龙山早期。宽折沿、深腹盆形、矮弧裆锥形足的陶甗（图 3-6，6）鬲部与禹会 H44：43[9] 极近，年代相当于龙山早期。腹深极浅的折腹盆（图 3-6，7）与禹会 H44：4[10] 形态接近，年代相当于龙山早期偏晚。间断绳纹深垂腹罐（图

[1] 华国荣、王光明：《南京牛头岗遗址考古发掘的主要收获》，《南京历史文化新探》，第1～5页，南京出版社，2006年。

[2] 华国荣：《南京牛头岗遗址的发掘》，《2003年中国重要考古发现》，第44～47页，文物出版社，2004年。

[3] 王光明：《牛头岗遗址早期陶器与禹会村遗址出土陶器之初步比较》，《禹会村遗址研究——禹会村遗址与淮河流域文明研讨会论文集》，第100页，科学出版社，2014年。

[4] 中国社会科学院考古研究所、安徽省蒙城县文化局：《蒙城尉迟寺（第二部）》，第139页，科学出版社，2007年。

[5] 浙江省文物考古研究所、湖州市博物馆：《钱山漾——第三、四次发掘报告》，第60页，文物出版社，2014年。

[6] 中国社会科学院考古研究所、安徽省蚌埠市博物馆：《蚌埠禹会村》，第134页，科学出版社，2013年。

[7] 中国社会科学院考古研究所、安徽省蚌埠市博物馆：《蚌埠禹会村》，第166页，科学出版社，2013年。

[8] 浙江省文物考古研究所、湖州市博物馆：《钱山漾——第三、四次发掘报告》，第71页，文物出版社，2014年。

[9] 中国社会科学院考古研究所、安徽省蚌埠市博物馆：《蚌埠禹会村》，第146页，科学出版社，2013年。

[10] 中国社会科学院考古研究所、安徽省蚌埠市博物馆：《蚌埠禹会村》，第150页，科学出版社，2013年。

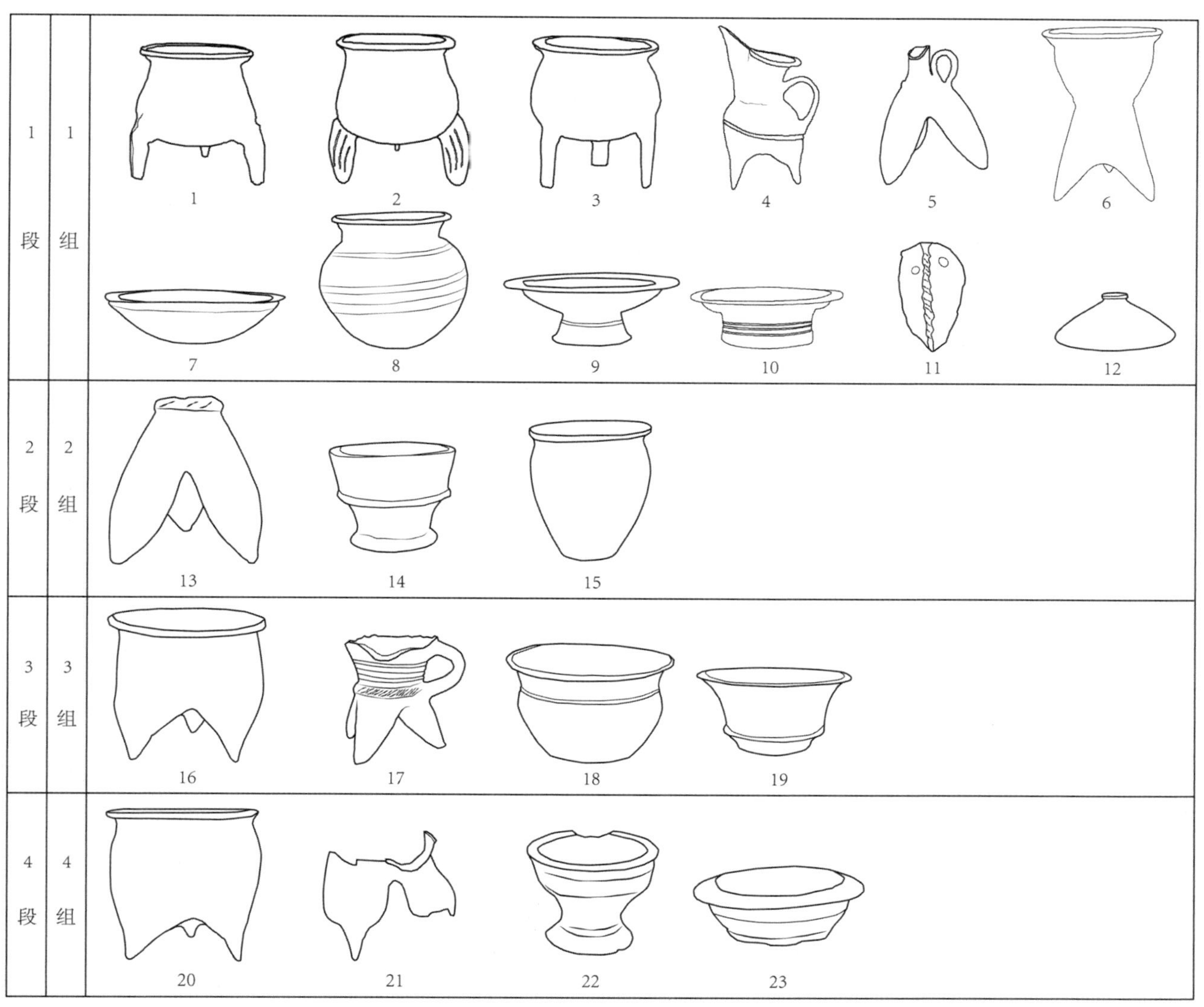

图3-6　牛头岗龙山至夏商时期遗存

1.鼎　2.鼎　3.鼎　4.鬶　5.鬶　6.甗　7.盆　8.罐　9 盘　10.盘　11.鼎足　12.器盖　13.甗　14.尊　15.罐　16.鬲　17.斝　18.盆　19.盆　20.鬲　21.甗　22.豆　23.豆

3-6，8）与王油坊最早期罐 H50：13[1] 形态相似，年代应近龙山中期。因此，本段年代相当于龙山早中期。

第 2 段：器类有甗、尊、罐等（图 3-6，13 ～ 15），具有明显的岳石文化风格。袋足甗（图 3-6，13），高束腰，腰部有一周泥条，袋足较细瘦，与尹家城 T247⑦：37[2]、周邶墩采：9[3] 形态接近。斜腹尊（图 3-6，14）、深弧腹素面罐（图 3-6，15）分别与泗水尹家城的 H714：32、H604：5[4]、[5] 形态接近，年代为二里头三期偏晚。因此，本段年代相当于二里头三期偏晚，下限可能进入二里头

[1]　中国社会科学院考古研究所河南二队、河南商邱地区文物管理委员会：《河南永城王油坊遗址发掘报告》，《考古学集刊·5》，中国社会科学出版社，1987年。

[2]　山东大学历史系考古专业教研室：《泗水尹家城》，第211页，文物出版社，1990年。

[3]　南京博物院考古研究所、扬州博物馆、高邮文管会：《江苏高邮周邶墩遗址发掘报告》，《考古学报》1997年第4期。

[4]　山东大学历史系考古专业教研室：《泗水尹家城》，第213页，文物出版社，1990年。

[5]　山东大学历史系考古专业教研室：《泗水尹家城》，第223页，文物出版社，1990年。

四期早段。

第 3 段：器类有鬲、斝、盆等（图 3-6，16～19）。卷沿直腹弧裆鬲（图 3-6，16）与周邶墩 H3 ：1[1]、洛达庙 C20T23③ ：12[2] 特征相近。器壁内曲的双腹盆（图 3-6，19）与尹家城 H404 ：1[3]形态近似。卷沿弧腹盆（图3-6，18）与周邶墩H10 ：7形态相似，瘦袋足环耳斝（图3-6，17）年代与弧腹盆接近，年代约为二里冈下层一期。总体来说，本段为二里头文化与商文化对本地影响的过渡期，可能也受到了里下河及运湖西地区文化影响。

第 4 段：器类有鬲、甗、豆等（图 3-6，20～23）。外翻沿、斜弧腹的假腹豆（图 3-6，23），腹深较大，腹、柄间有明显的凹弦纹，形态与二里冈上层一期 C5H2：11[4]、二里冈上层二期 CEM5：1[5] 相似，年代应处于二里冈上层时期或偏晚。而折平沿、斜腹的假腹豆（图 3-6，22），腹部稍斜、腹深较小，与大城墩采：10[6] 形态相近，年代为花园庄阶段。大袋足甗（图 3-6，21）袋足呈炮弹形，袋足不长，无明显弧裆；有别于二里冈下层时期甗足，与团山 H13：25[7]、五担岗 H110：9[8] 形态已接近，年代应相当于花园庄阶段。而宽卷沿、长弧颈、深弧腹、矮弧裆的袋足鬲（图 3-6，20），与团山 H13：8[9]、五担岗 H89：1[10] 形态相似，年代为花园庄阶段。第 4 段年代，约为二里冈上层时期至花园庄阶段。

4.其他遗址

（1）孙家岗遗址

位于现马鞍山市含山县仙踪镇大苏家村，西距滁河支流夏坝河约 400 米，南距大城墩遗址约 3.5 千米。遗址近圆形，面积近 5000 平方米。1975 年 6 月，由安徽省展览、博物馆及当地文博部门对该遗址进行了调查和试掘，发现灰坑、灶、土台等遗迹[11]。出土陶片千余片，遗物没有明确层位和编号。商时期陶器有折沿鼓腹鬲、附耳袋足盘口斝、敛口深弧腹钵等（图 3-7，1～3），年代应为殷墟早期。1984 年，于孙家岗遗址采集铜爵 1 件。从铜爵形态看，三棱锥形足，双柱较原始，但腹部斜直未分段又有晚期特征，浅圜底，饕餮纹 + 连珠纹组合纹饰（图 3-7，4），年代应为二里冈上层二期或更晚。

（2）乌龟滩遗址

位于现合肥市肥东县广兴乡东南约 2 千米处，面积约 2 万平方米，南距吴大墩遗址约 5 千米。遗址位于张八岭山脉西南边缘的平原地带，海拔 50 米左右；滁河支流沙河起源于附近山峰。1985 年，

[1] 南京博物院考古研究所、扬州博物馆、高邮文管会：《江苏高邮周邶墩遗址发掘报告》，《考古学报》1997年第4期。

[2] 河南省文物考古研究所：《郑州商城——1953～1985年考古发掘报告》，第113页，文物出版社，2001年。

[3] 山东大学历史系考古专业教研室：《泗水尹家城》，第220页，文物出版社，1990年。

[4] 河南省文物考古研究所：《郑州商城——1953～1985年考古发掘报告》，第740页，文物出版社，2001年。

[5] 河南省文物考古研究所：《郑州商城——1953～1985年考古发掘报告》，第861页，文物出版社，2001年。

[6] 安徽省文物考古研究所：《安徽含山大城墩遗址发掘报告》，《考古学集刊·6》，中国社会科学出版社，1989年。

[7] 团山考古队：《江苏丹徒赵家窑团山遗址》，《东南文化》1989年第1期。

[8] 安徽省文物考古研究所、南京大学历史学院考古文物系等：《马鞍山五担岗》，文物出版社，2016年。

[9] 团山考古队：《江苏丹徒赵家窑团山遗址》，《东南文化》1989年第1期。

[10] 安徽省文物考古研究所、南京大学历史学院考古文物系等：《马鞍山五担岗》，第212、213页，文物出版社，2016年。

[11] 安徽省展览、博物馆：《安徽含山县孙家岗商代遗址调查与试掘》，《考古》1977年第3期。

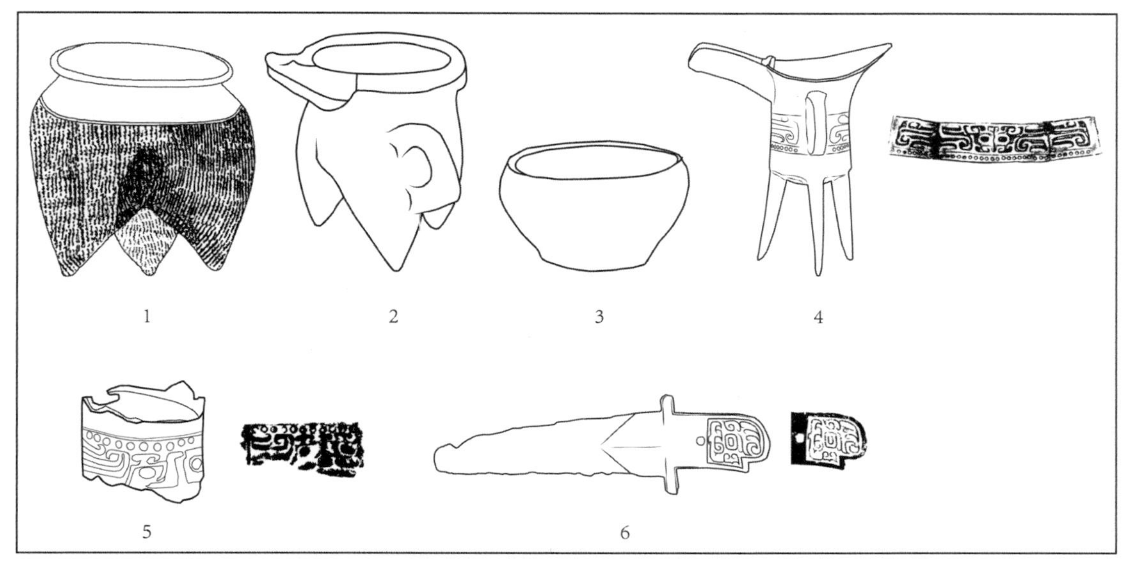

图3−7　孙家岗、孙戚村商时期遗存

1.鬲　2.斝　3.钵　4.铜爵　5.铜觚　6.铜戈　（孙家岗1～4，孙戚村5、6）

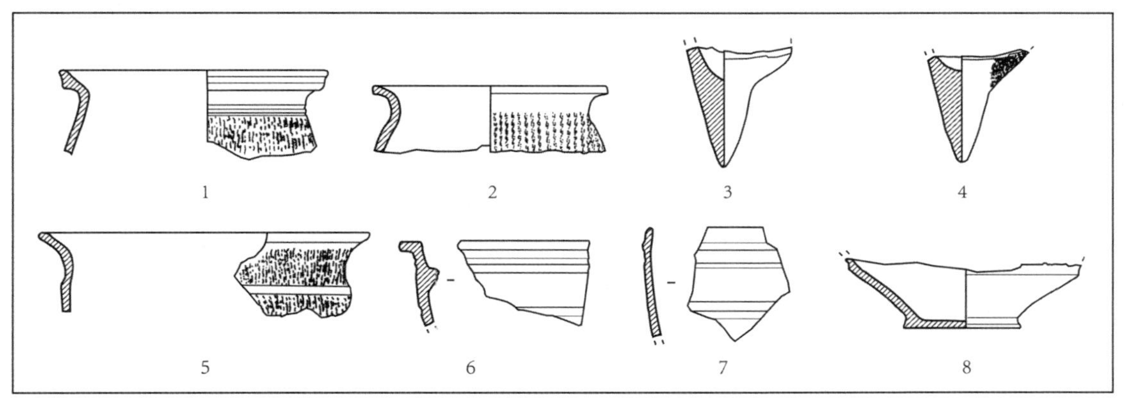

图3−8　乌龟滩商时期遗存

1.鬲（85FGW：19）　2.鬲（85FGW：15）　3.鬲足（85FGW：4）　4.鬲足（85FGW：18）　5.盆（85FGW：9）　6.豆（85FGW：16）　7.尊（85FGW：3）　8.盆（85FGW：13）

安徽省文物考古研究所、北京大学考古专业及当地文管所对遗址进行了调查[1]。简报认为采集遗物年代相当于二里冈上层，并有部分岳石文化遗物。笔者基本认同该观点，同时认为大部分陶器年代要稍偏晚些。商时期陶器器类主要有鬲、豆、盆和碗等（图 3−8，1 ～ 8），纹饰主要有绳纹、弦纹等。鬲为卷折沿或折沿，唇缘或内凹，矮弧颈，鼓腹，口径与腹径相近（图 3−8，1、2），袋足实足相对较高（图 3−8，3、4），属花园庄阶段特征。豆为窄平沿、浅盘、平底，腹稍斜（图 3−8，6），与大城墩采：10[2]、台西 M20：3[3] 相似，年代约为花园庄早段。盆为侈口，卷折沿，长弧颈，深弧腹（图 3−8，5），与潘庙 H81：11[4] 相似，年代约为花园庄晚段。观察鬲的形态，其唇缘斜下、下拉

[1]　张敬国：《安徽肥东、肥西古文化遗址调查》，《文物研究》第二期，黄山书社，1986年。

[2]　安徽省文物考古研究所：《安徽含山大城墩遗址发掘报告》，《考古学集刊·6》，中国社会科学出版社，1989年。

[3]　河北省文物研究所：《藁城台西商代遗址》，第115页，文物出版社，1985年。

[4]　国家文物局考古领队培训班：《山东济宁潘庙遗址发掘简报》，《文物》1991年第2期。

沿形成弧颈或斜颈，这种特征多见于二里冈上层二期后。而两件鬲足已经稍显粗壮，已经脱离二里冈时期比较细瘦的高实足形态，年代应晚于二里冈上层二期。盆为卷折沿、下拉沿、长斜颈，亦为花园庄阶段特征。假腹豆为窄平沿、浅盘，这种特征出现自二里冈上层一期，二里冈上层二期至花园庄阶段特别流行。二里冈上层一期豆腹非常斜，而乌龟滩假腹豆腹部稍斜，年代稍晚。因此，乌龟滩商时期遗存年代相当于花园庄阶段。

（3）蒋城子遗址

位于现南京市浦口区桥林街道郑庄村西南，西侧 50 米左右有石碛河流过，东南方向距长江约 5 千米。20 世纪 60 年代发现[1]。1983 年 9 月初至 11 月底，南京大学历史系考古专业、南京市博物馆发掘 570 平方米[2]。部分探方并未发掘到底。出土遗物多为陶器，以红褐陶系为主，器类主要有鬲、甗、簋、豆、瓮、罐和盆等。从出土陶器特征看，各探方地层似并未统一。简报认为，蒋城子遗址年代上限为西周前期，并延续至战国初。但分析部分遗物，特征似偏早。如矮柱足的袋足鬲（图 3–9，1），年代应属殷墟晚期。

（4）顿丘山遗址

位于现滁州市来安县新安镇城东村赵坝，东距滁河支流来安河约 560 米。遗址平均海拔 24 米，面积 2.4 万平方米。1972 年，安徽省博物馆对遗址进行了发掘，出土陶器、石器、铜器、骨器和卜甲等[3]。未发布简报，一些研究中仅见零星资料[4]，如圆实足鼎、圜底绳纹尊等。另有学者补充了新资料，如折沿浅弧腹绳纹盆（图 3–9，2）[5]。从陶盆特征看，年代相当于花园庄早段。

（5）何郢遗址

位于现滁州市琅琊区十里庙村东南约 500 米处。三面环水，平面近圆形，海拔 31 ～ 32 米，高

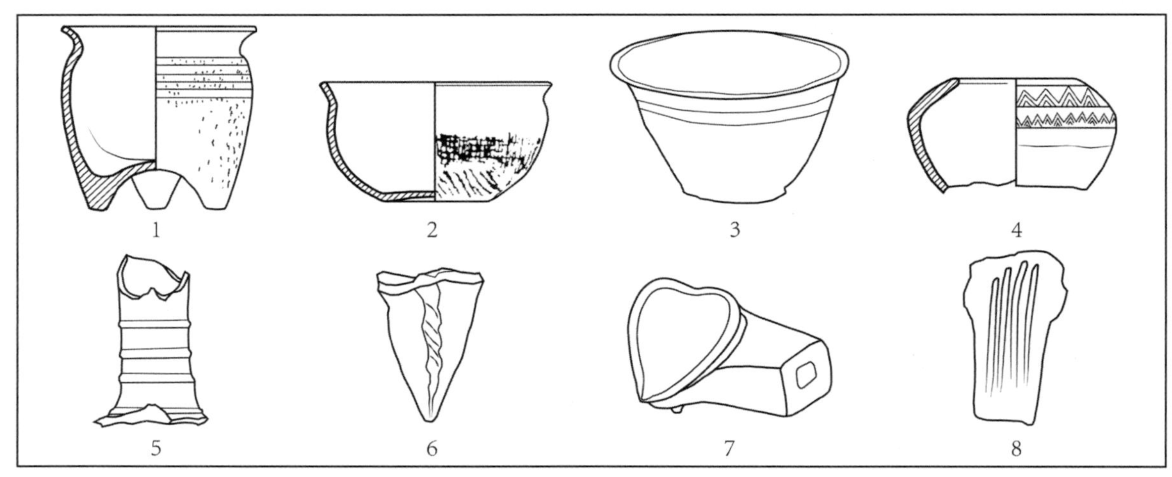

图3–9 蒋城子、顿丘山等龙山、商时期遗存

1.鬲（T2101⑨：2） 2.盆 3.甗 4.钵 5.豆 6.鼎足 7.勺 8.鼎足 （蒋城子1，顿丘山2，何郢3，濮家墩4，朱勤大山5、6，护国庵7，大城头8）

[1] 南京博物院：《江苏仪六地区湖熟文化遗址调查》，《考古》1962年第3期。

[2] 南京市博物馆、南京大学历史系：《江苏江浦蒋城子遗址》，《东南文化》1990年第1、2期合刊。

[3] 国家文物局：《中国文物地图集·安徽分册》下，第160页，中国地图出版社，2014年。

[4] 胡悦谦：《试谈肥西县大墩孜商文化》，《安徽省考古学会成立会议会刊》，1979年。

[5] 王迅：《东夷文化与淮夷文化研究》，第59页，北京大学出版社，1994年。

出周围地面2～3米。西距关山12千米，西南距城西湖、琅琊山分别为5.5和8.0千米。由遗址往西和西南方向，海拔渐高；东北、东及东南方向，海拔渐低，进入滁河支流密布地带。遗址西南侧约3.8千米，为滁河支流清流河，遗址西侧的小河与清流河相通。遗址东南6千米处为濮家墩，东北14.8千米处为来安顿丘山，西南跨过清溪河不远分布有朱勤大山和大墩子等遗址。2002年9～10月，安徽省文物考古研究所、安徽大学历史系考古专业及滁州市文物管理所对何郢遗址进行了正式发掘，发掘面积近800平方米[1]。遗址地层共14层，其中第12至14层为灰色土层。观察陶甗特征（图3-9，3），年代相当于殷墟晚期。

（6）濮家墩遗址

位于现滁州市南谯区大王街道庵前村，从清流河分叉而出的小河沿遗址东侧流过。遗址近圆形，平均海拔21米，面积近6000平方米。早年经调查，采集有新石器时代、商时期的遗物[2]。陶钵敛口、鼓腹（图3-9，4），其年代应为花园庄晚段至殷墟早期。1997年11月初至12月底，安徽省文物考古研究所发掘100平方米，发现灰坑、房址和墓葬等。发掘者认为遗址有少量新石器时代遗存，其他则多为西周时期遗存[3]。

（7）朱勤大山遗址

位于现滁州市南谯区朱小郢村东。1961年考古调查发现。遗址大致呈椭圆形，海拔约20米，高出周围地表约7米，面积约9600平方米。西距琅琊山6.6千米，东北距滁河支流清流河1.7千米，紧贴遗址的西侧有小河与清流河相通。东南方向不远，约21千米处即为牛头岗。调查人员在遗址东南侧断面发现上、下两层灰土。上层出土有鬲、罐、刻槽盆、钵、罍、瓿和纺轮，纹饰有绳纹、席纹；另有石锛、石凿和数块铜矿石[4]。下层出土有细高柄凸棱豆（图3-9，5）、鬼脸形鼎足（图3-9，6）等。从豆形态看，年代应为龙山晚期。鬼脸形鼎足两侧不见圆孔，年代约为龙山早中期。上层遗物具体不详。从朱勤大山鼎足形态看，年代要比牛头岗鬼脸形鼎足早些。

（8）大城头遗址

位于现合肥市肥东县东黑洼村，1955年安徽省博物馆调查发现。遗址高约10米，面积近8000平方米。因受山体流水冲刷，文化层较薄。采集到一些遗物，如陶拍、鬲足、鼎足等，也有较多陶片及硬陶片[5]。从公布的图片来看，大部分遗物年代信息不明。竖向刻槽的正装鼎足（图3-9，8），特征典型，年代相当于龙山早中期。

（9）拐墩遗址

位于现南京市六合区程桥街道桂花村林营以西约400米，处于滁河支流张窑河与东大河交汇处。2008年考古调查时发现[6]。遗址高出周围地面约3米，海拔11～12米，面积约8000平方米。沿小河顺流南下不足3千米即可进入滁河干流。从遗址采集的部分遗物，如矮实足尖的大袋足和锥形实

[1] 宫希成：《安徽滁州市何郢遗址发掘的主要收获》，《古代文明研究通讯》2002年第12期。国家文物局：《中国考古60年（1949～2009）》，第276页，文物出版社，2009年。余建立：《何郢遗址出土陶器分析——兼论滁州地区西周时期考古学文化编年谱系及其相关问题》，北京大学2006年硕士学位论文。

[2] 王迅：《东夷文化与淮夷文化研究》，第67页，北京大学出版社，1994年。

[3] 阚绪杭、汪景辉：《滁州市濮家墩新石器时代至周代遗址》，《中国考古学年鉴·1998》，文物出版社，2000年。

[4] 南京博物院：《江苏仪六地区湖熟文化遗址调查》，《考古》1962年第3期。

[5] 安徽省博物馆：《安徽新石器时代遗址的调查》，《考古学报》1957年第1期。

[6] 江苏省文物局：《江苏省第三次全国文物普查新发现》，第4页，江苏美术出版社，2009年。

足尖的瘦狭袋足等，为长江沿岸商末周初陶鬲特征。部分陶器饰有梯格纹。梯格纹有两种，一种印纹较浅、交错；一种印纹较深、规整。从纹饰特征看，遗址应存在商晚及西周早期遗存。

大城子遗址位于现马鞍山市和县香泉镇龙塘行政村章四科村。2015 年，安徽省文物考古研究所对遗址进行了发掘。发现良渚文化末期及钱山漾文化风格的陶器，也有相当于二里头偏晚阶段至二里冈下层一期和中晚商时期的遗物。资料暂未正式公布。

二　铜器地点

1 处。

位于现马鞍山市含山县仙踪镇孙戚村北，东距大城墩遗址约 200 米。1989 年秋，孙戚村村民取土时发现铜觚和铜戈各 1 件[1]。作者通过现场勘查推测其可能出自土坑墓，并通过对铜戈形态与铜觚纹饰的特征，判定两件铜器年代为商早期。笔者基本认同这种观点。出土的觚（图 3-7，5），残损严重，流与足均无；饕餮纹 + 连珠纹组合纹饰。这种纹饰大致开始于二里冈上层一期，在中、晚商时期也流行；而从其饕餮纹特征来看，年代不会太晚，应相当于花园庄阶段。戈（图 3-7，6），戈内微曲，呈圆首长方形，有歧齿，饰夔纹，与觚纹饰相近[2]，年代应同为花园庄阶段。

第二节　滁河流域龙山时期向夏时期考古学文化的过渡

本区域发现的新石器时代末遗址不多，正式发掘者更少，大约有 7 处。其中滁河中上游有 4 处，有大城墩、吴大墩、刘岗、大城头等，前二者已发表简报；滁河下游有牛头岗、朱勤大山、大墩子、大城子等。

（一）滁河中上游的龙山时期遗存

1. 分期与年代

根据目前公布的材料，滁河中上游 4 处遗址有新石器时代末期遗存，其中大城墩、吴大墩经过正式发掘且有明确的层位关系，大城头采集有陶器标本。以上资料，以陶器为主，可简要分为三期。

第一期，代表单位有大城墩 T17⑪。典型陶器有直口鼓腹的斜篮纹鼎、折沿深鼓腹的斜篮纹鼎、宽折沿的鼓腹盆，形态与郝家台龙山二期者相近；而粗高柄斜腹镂孔豆在禹会也有发现。总体上看，该期遗存年代相当于郝家台龙山二期[3]或偏晚。

第二期，代表单位有大城墩 T17⑩。侧扁三角足、凹凸棱饰的弧腹碗、花边底的弧腹碗等典型特征，常见于淮河中游北侧一带龙山早中期遗存，而折腹豆、折腹觚、鸡冠耳鋬盆等则与郝家台龙

[1] 杨德标：《安徽含山县出土的商周青铜器》，《文物》1992年第5期。

[2] 安徽大学、安徽省社会科学院、安徽省文物考古研究所：《安徽江淮地区商周青铜器》，第19页，文物出版社，2014年。

[3] 河南省文物考古研究所：《郾城郝家台》，第85～170页，大象出版社，2012年。

山三期同类器特征相近。该期遗存，年代相当于斗鸡台龙山早期[1]、芦城子龙山二期[2]、郝家台龙山三期[3]。

第三期，代表单位有吴大墩 T2⑨。所见陶器，袋足器足尖低矮，敞口碗有低矮圈足，属龙山晚期特征。吴大墩第 8 层羊角把鼎 T2⑧：69 也有龙山晚期特色。该期遗存，年代相当于龙山晚期，与郝家台龙山四、五期相当[4]。

2.文化特征

第一期，陶器以灰陶系为主，黑陶系次之，有少量灰陶和黄褐陶。纹饰多见斜篮纹，另有网纹、弦纹、指捺纹和圆形镂孔等。器类有鼎、瓮、豆、盆、纺轮等（图 3-10，1～8）。器物多折沿，部分近直口，或有榫口。篮纹多见于鼎，口沿下肩颈交界处纹饰多抹平；网纹见于瓮；弦纹多以凹凸棱形式出现，如盆腹；指捺纹多施于纺轮周圈；镂孔多见于豆柄。鼎均为夹砂灰陶，饰斜向篮纹。主要有两种形态，一为折沿深鼓腹，方唇，沿面内曲，束颈，沿下角较小；一为近直口圆鼓腹，圆方唇，微束颈，沿下角较大。豆为泥质黑陶，盘腹较斜，平底，豆柄上的镂孔较大。平底的粗高柄镂孔豆时代特征较强。罐有两种形态，一种为折平沿深腹，一种为敛口鼓腹。前者为泥质黄褐陶，窄沿，矮颈，肩部鼓出，肩颈交界处有轮旋迹象，素面；后者为泥质黑陶，唇缘内凹，腹部圆鼓，饰网纹。盆为泥质灰陶，宽折沿，沿面内曲，有矮榫口，鼓腹但口径大于腹径，腹部可见多道凹凸棱饰。纺轮为泥质黑陶，圆饼形，周边有多个指捺纹形成一圈，这种饰密集指捺纹的纺轮也常见于尉迟寺龙山遗存中。典型器有折沿鼓腹斜篮纹鼎（图 3-10，1）、直口鼓腹斜篮纹鼎（图 3-10，2）、折沿鼓腹盆（图 3-10，3）、折平沿深弧腹瓮（图 3-10，4）、敛口网纹鼓腹瓮（图 3-10，5）、粗高柄镂孔豆（图 3-10，6）、凹槽正装鼎足（图 3-10，7）、指捺纹纺轮（图 3-10，8）等。

第二期，陶器以黑陶系为主，灰陶、红陶系次之。纹饰多见凹凸棱，另有绳纹、指捺纹、鸡冠耳鋬和叶脉纹等。器类有鼎、盆、碗、豆、觚、纺轮等（图 3-10，22～30）。凹凸棱饰见于多种陶器，如觚、豆、盆和碗等；指捺纹多见于鼎足；叶脉纹多见于纺轮；绳纹＋鸡冠耳鋬的组合多见于盆。鼎仅有足，均夹砂红陶。形态有两种，一种为带按窝稍细瘦的侧扁三角足，一种为稍宽的素面侧扁三角足。该类鼎足不见于皖西北、豫东南的沙颍河水系，更偏北、偏东的区域多见，如北淝河水系尉迟寺[5]、澥河水系南城孜[6]、浍河水系孟城[7]和芦城子[8]等。豆为泥质黑陶，敛口，深折腹，粗柄。敛口折腹豆为大城墩龙山遗存的特色器物。觚为泥质黑陶，腹部稍偏下有明显的折棱，中粗体。折腹觚多见于淮河支流沙颍河的上游地区。盆为泥质黑陶，宽卷沿，鼓腹，口径大于腹

[1]　北京大学考古学系商周组、安徽省文物工作队：《安徽省霍邱、六安、寿县考古调查试掘报告》，《考古学研究（三）》，科学出版社，1997年。

[2]　叶润清：《安徽省宿州市芦城子遗址发掘简报》，《文物研究》第九辑，黄山书社，1994年。

[3]　河南省文物考古研究所：《郾城郝家台》，第142～170页，大象出版社，2012年。

[4]　河南省文物考古研究所：《郾城郝家台》，第198～255页，大象出版社，2012年。

[5]　中国社会科学院考古研究所：《蒙城尉迟寺——皖北新石器时代聚落遗存的发掘与研究》，第281～306页，科学出版社，2001年。中国社会科学院考古研究所、安徽省蒙城县文化局：《蒙城尉迟寺（第二部）》，第255～278页，科学出版社，2007年。

[6]　安徽省文物考古研究所、武汉大学历史学院考古系：《皖北小孙岗、南城孜、杨堡史前遗址试掘简报》，《考古》2015年第2期。

[7]　朔知：《固镇孟城新石器时代遗址》，《文物研究》第十一辑，黄山书社，1998年。

[8]　叶润清：《安徽省宿州市芦城子遗址发掘简报》，《文物研究》第九辑，黄山书社，1994年。

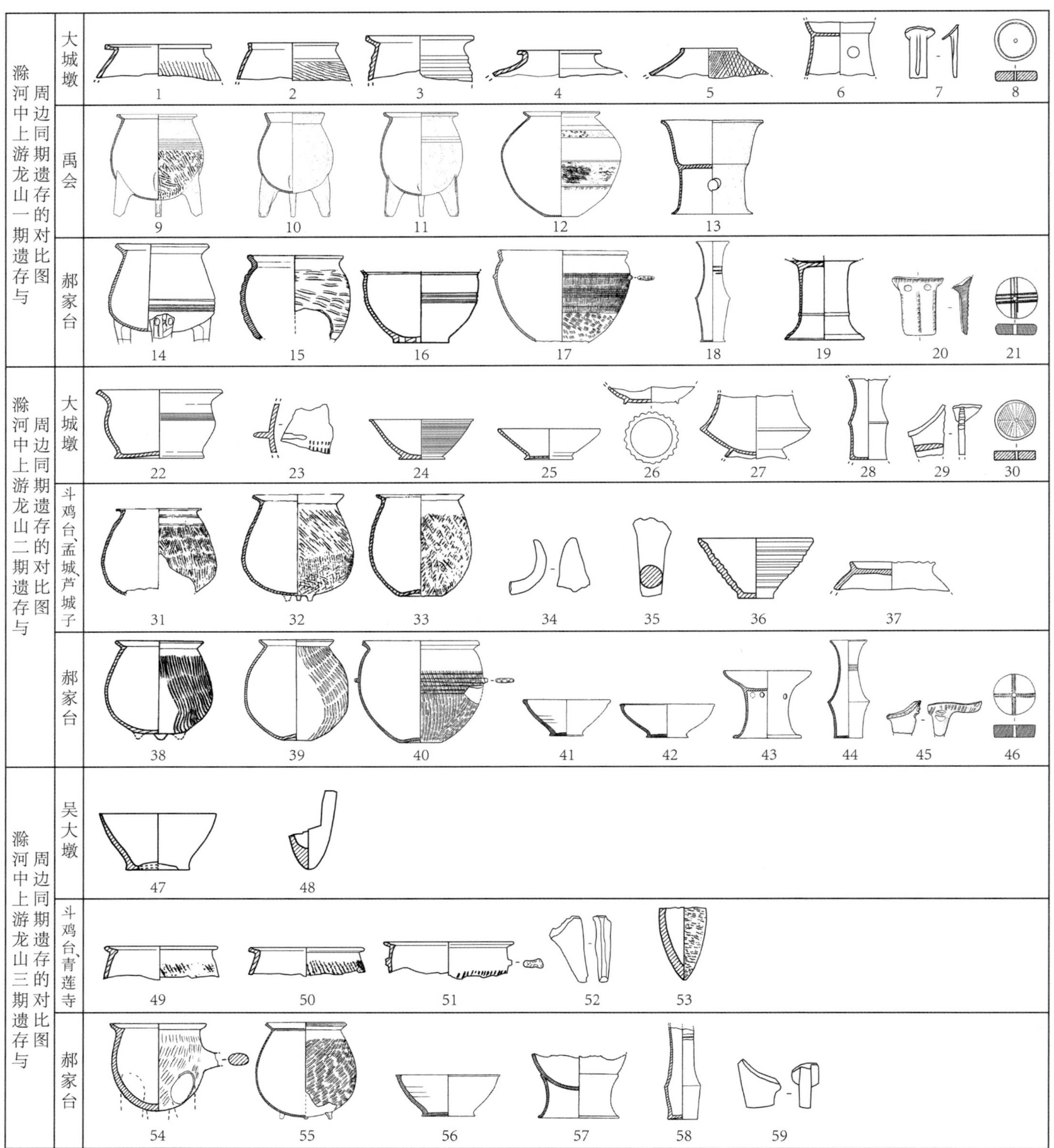

图3-10　滁河中上游龙山时期与周边地区同时期遗存对比图

1.鼎（T17⑪：151）　2.鼎（T17⑪：152）　3.盆（T17⑪：154）　4.瓮（T17⑪：164）　5.瓮（T17⑪：150）　6.豆（T17⑪：163）　7.鼎足（T17⑪：160）　8.纺轮（T17⑪：212）　9.鼎（HG5：12）　10.鼎（HG5：30）　11.鼎（JSK3：27）　12.罐（JSK3：3）　13.豆（H44：54）　14.鼎（T8H129：1）　15.鼎（T8④：76）　16.甑（T63③：25）　17.盆（T11H123：1）　18.觚（T29④：44）　19.豆（T8⑤：145）　20.鼎足（T28⑤：01）　21.纺轮（T45⑧：20）　22.盆（T17⑩：201）　23.盆（T17⑩：128）　24.碗（T17⑩：20）　25.碗（T17⑩：211）　26.碗（T17⑩：131）　27.豆（T17⑩：203）　28.觚（T17⑩：202）　29.鼎足（T17⑩：133）　30.纺轮（T17⑩：84）　31.鼎（T1⑨：185）　32.鼎（T1⑨：187）　33.罐（T1⑨：188）　34.把手（T1⑨：160）　35.鼎足（T1⑨：132）　36.碗（H19：23）　37.碗或盖（T4822⑥：1）38.鼎（T29H201：35）　39.罐（T29③：12）　40.盆（T29③：11）　41.碗（T28H236：1）　42.碗（T7②：26）　43.豆（T46⑤：10）　44.觚（T14④：54）　45.鼎足（T46⑤：？）　46.纺轮（T10③：27）　47.碗（T2⑧：69）　48.袋足（T2⑨：99）　49.鼎（T2⑨：68）　50.鼎（T1⑧：122）　51.盆（T1⑧：121）　52.鼎足（T1⑧：123）　53.袋足（T1⑧：119）　54.鼎（T26③：12）　55.鼎（T10②B：3）　56.碗（T37④A：21）　57.豆（T26③：28）　58.觚（T30③B：12）　59.鼎足（T28③：21）　（大城墩1～8、22～30，禹会9～13，郝家台14～21、38～46、54～59，斗鸡台31～35、49～52，芦城子36，孟城37，吴大墩47、48，青莲寺53）

径，低矮圈足；腹饰多道凹弦纹或绳纹＋鸡冠耳鋬组合纹饰。碗多夹砂灰陶，少数泥质黑陶。有两种形态，一种为弧腹，一种为内曲腹。前者尖唇，有非常低矮的圈足；圈足为平底，或饰一周花边。后者为矮直口，尖圆唇，有低矮圈足，底微内曲。腹部满饰凸棱，近器底饰一周花边的碗多见于涡河以北地区。典型器有卷沿鼓腹盆（图3-10，22）、鸡冠耳鋬鼓腹盆（图3-10，23）、斜腹凸棱碗（图3-10，24）、折腹豆（图3-10　27）、折腹觚（图3-10，28）和侧扁三角足鼎（图3-10，29）等。

第三期，陶器仅见两件。一件为泥质灰陶碗（图3-10，47），一件为夹砂红陶袋足（图3-10，48）。碗为泥质灰陶，整体形态呈敞口，弧腹，腹深较大，近底部较直，平底略内凹。袋足较细瘦，无实足尖，周边地区同时期甗或鬶足罕见此形态。尉迟寺有一件尖底器[1]，形态倒是与之类似。

3.与周边同时期遗存的比较

第一期，很多陶器的风格特征多见于淮河中游、上游地带。而与禹会龙山遗存相比，鼎的形态较接近，但有明显不同。本区域鼎流行篮纹，而淮河中游的禹会流行绳纹。平底粗高柄镂孔豆（图3-10，6），也与禹会龙山同类器形态接近。参考郝家台龙山二期遗存，直口鼓腹鼎（图3-10，2）、宽折沿鼓腹盆（图3-10，3）等有一定相似性，且也流行斜篮纹纹饰。滁河中上游同期遗存中，暂未发现折腹觚，而这是郝家台龙山遗存的典型器。滁河中上游年代稍晚的陶器，却发现了折腹现象。观察禹会与郝家台同期遗存，二者关系似较紧密，在陶器风格、葬俗方面也有很多共同之处。那么，滁河中上游龙山遗存中发现有郝家台和禹会龙山遗存的诸多风格特征，实属正常。

第二期，陶器器类较少，但有几件器物较有特色，如鸡冠耳鋬盆（图3-10，23）、折腹觚（图3-10，28）、折腹豆（图3-10，27）、十字分区大叶脉纹纺轮（图3-10，30）等；以上风格器物在郝家台常见，而淮河中游干流及淮河支流涡河、澥河以北的区域罕见。淮河南岸地带明显有郝家台因素影响，如斗鸡台饰斜向篮纹的矮足垂腹鼎（图3-10，31、32）、深鼓腹罐（图3-10，33）、羊角形把手器（图3-10，34）等。而多按窝的侧扁足（图3-10，29）、花边底碗（图3-10，26）、凹凸棱碗（图3-10，24）等，则更多是受到了淮河支流涡河、澥河以北区域遗存的影响；禹会龙山遗存存续时间短，滁河中上游该期已不见其影响。

第三期，陶器数量少，但特征仍较明显。如吴大墩弧腹碗同郝家台碗如出一模，吴大墩袋足与青莲寺斝足[2]形态接近。斗鸡台龙山遗存流行饰斜向篮纹的折沿深弧腹器（图3-10，50、51）、鸡冠耳鋬盆（图3-10，52）、侧扁三角足鼎（图3-10，53）等，可能仍受到了郝家台龙山遗存的影响。吴大墩羊角把鼎（图3-5，3）的年代，虽已进入夏时期，但有龙山遗风，斗鸡台、郝家台均有龙山时期角把器。角把器少见于淮河支流涡河、澥河以北区域。

综上，第一期，文化组成较复杂，应受到了淮河中游龙山遗存影响。淮河中游龙山早期遗存仍

[1]　中国社会科学院考古研究所：《蒙城尉迟寺——皖北新石器时代聚落遗存的发掘与研究》，第300页，科学出版社，2001年。

[2]　北京大学考古学系商周组、安徽省文物工作队：《安徽省霍邱、六安、寿县考古调查试掘报告》，《考古学研究（三）》，科学出版社，1997年。

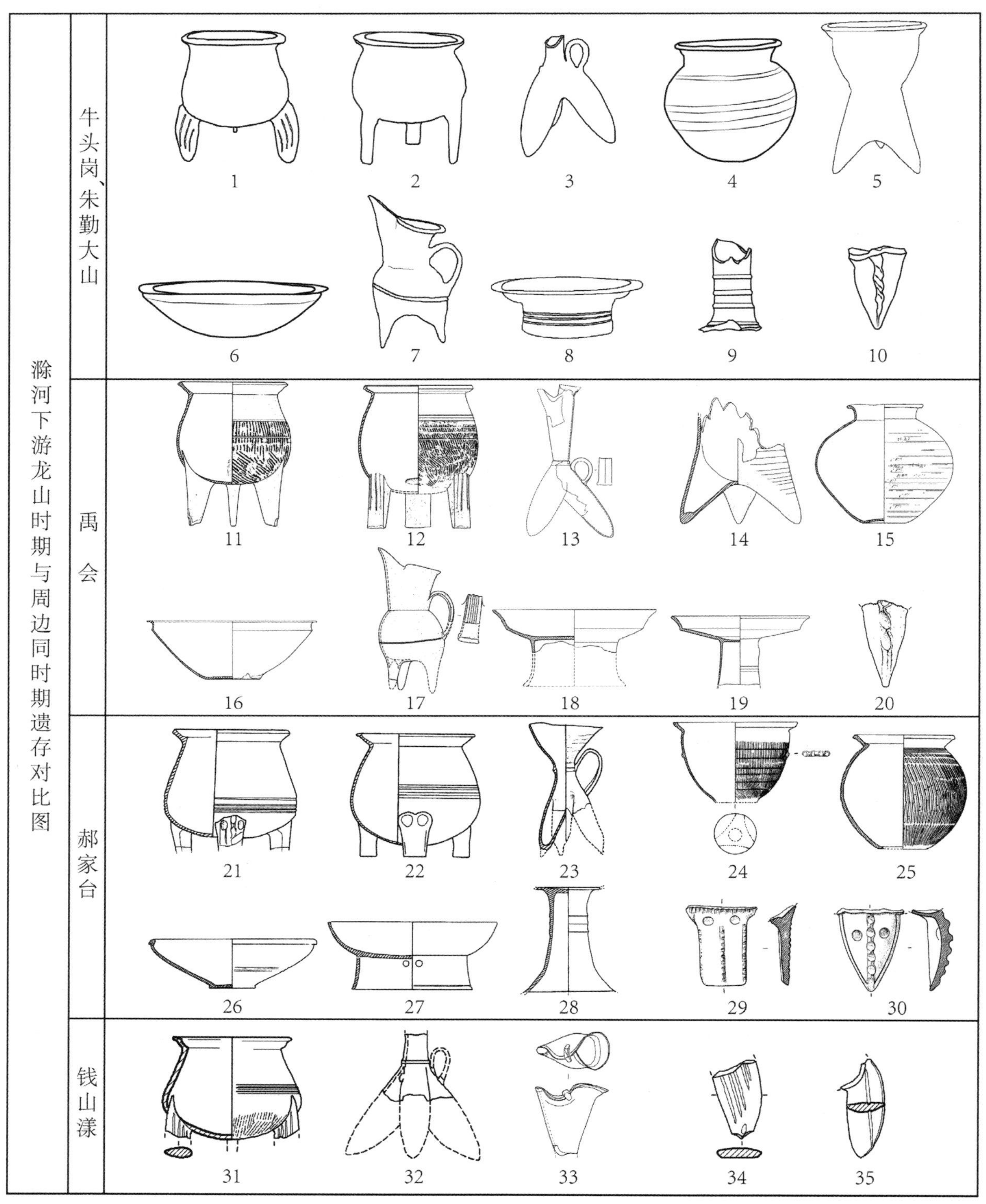

图3-11 滁河下游龙山时期与周边地区同时期遗存对比图

1、2.鼎 3.鬶 4.罐 5.甗 6.盆 7.鬶 8.盘 9.豆 10.鼎足 11.鼎（JSK2①：4） 12.鼎（JSK4：8） 13.鬶（JSK5：1） 14.甗（H44：43） 15.罐（JSK7：1） 16.盆（T2026④：9） 17.鬶（JSK②：35） 18.盘（JSK7：2） 19.豆（T2030③：1） 20.鼎足（T1203：？） 21.鼎（T8H129：1） 22.鼎（T42⑦：50） 23.鬶（T44⑧：15） 24.甑（T11③D：69） 25.罐（T11H128：5） 26.盆（T16G2：2） 27.盘（T48⑦：14） 28.豆（T29④：45） 29.鼎足（T28⑤：01） 30.鼎足（T11③D：01） 31.鼎（T1001⑨B：49） 32、33.鬶（T1001⑨B：50、T1001⑦B：37） 34、35.鼎足（T02⑦A：31、T0802⑬：36） （牛头岗1～8，朱勤大山9、10，禹会11～20，郝家台21～30，钱山漾31～35）

可见尉迟寺类型大汶口文化因素，不少陶器仍然存在大汶口文化特征[1]。自本期开始，郝家台龙山遗存可能已对禹会一带产生了影响，进而影响了滁河流域。第二期和第一期不同，郝家台龙山遗存开始对淮河中游南岸的部分区域产生了强烈影响，并一直持续到龙山末期。淮河中游的龙山时期遗存，可划入禹会类型。

（二）滁河下游的龙山时期遗存

遗址有牛头岗、朱勤大山、大墩子、大城子等，前两处有简单的线图、照片（图3-11，1～10）。典型陶器有鼓腹正装刻槽足鼎（图3-11，2）、高颈袋足鬶（图3-11，3）、斜袋足甗（图3-11，5）、高颈深鼓腹罐（图3-11，4）、折沿浅斜腹盆（图3-11，6）、高颈实足鬶（图3-11，7）、矮粗柄浅腹盘（图3-11，8）、细高柄凹凸棱豆（图3-11，9）、鸟首形鼎足（图3-11，10）等多见于禹会（图3-11，11～20）。观察郝家台龙山器物（图3-11，21～30），其垂腹鼎口、腹形态与牛头岗垂腹鼎的形态也是接近的，但鼎足与纹饰区别较大；矮粗柄浅腹盘（图3-11，27）、高柄凹凸棱豆（图3-11，28）等与滁河下游同类器在形态上相近，而袋足鬶、分体甗、鼓腹罐、浅腹盆等则有较大差异。而鱼鳍形足的垂腹鼎（图3-11，1、31、34、35）则不见于禹会，更不见于皖北、皖西北及豫东一带。这种如鱼鳍般鼎足是钱山漾文化的典型特征，它是在良渚文化的基础上发展而来的，且一度影响到长江以北地区。而牛头岗、禹会、钱山漾的袋足鬶（图3-11，3、13、32、33），均为细瘦袋足、捏口流，形态基本没有区别。而郝家台鬶，则更加细瘦，且为平口流、不捏口（图3-11，23）。如上分析，滁河下游龙山时期遗存在发展过程中并非是孤立的，而是受到了周边文化影响。郝家台、禹会、钱山漾等文化在不同时期、不同程度地参与到滁河流域的发展进程中。这些文化因素在融入滁河流域文化体系后，被后续的夏时期文化吸收，成为具有鲜明风格的地方文化。

第三节　滁河流域夏商时期考古学文化分期

一　本区域夏时期遗存

本区域夏时期遗存，数量较少。遗址有吴大墩、大城墩、大城子、牛头岗等；乌龟滩可能也存在岳石文化因素遗存，但因数量较少、残破，难以确定其具体年代，暂不讨论。遗物以陶器为主，大城墩遗址曾出土早期铜器，但因地层关系存疑暂不予以讨论。陶器数量虽然较多，但少见前后形态演变明显者，因此仅作分期，不作型、式划分。

1.分期与年代

可分为四段。

第1段：以吴大墩第1组为代表。多素面陶器，纹饰少见，凸棱、附加堆纹等多为辅助性装饰。

[1]　淮河中游龙山时期最早段遗存与郝家台龙山早期遗存在一定程度上接近，但郝家台一、二期龙山遗存似乎是在皖西北地区大汶口文化的强烈影响下形成的，而郝家台三期龙山遗存则受到了王湾三期文化的影响；淮河中游南岸淠河及瓦埠湖一带如斗鸡台、青莲寺等均可见到郝家台龙山遗存的影响，并一直持续到龙山末期。

典型器有羊角把鼎（图 3-12，1）、浅弧腹盆（图 3-12，2）、撇足觚（图 3-12，3、4）、大口缸（图 3-12，5）等。角把器可能受到了淮河中游相关文化影响，如淮河南岸斗鸡台和沙颍河水系郝家台龙山中、晚期遗存中均不缺乏。从鼎口、腹、把手观察，与龙山时期淮河中游同类器物无明显差异。而在二里头文化中，则基本不见该类器物。因此，羊角把鼎的年代，至少应为二里头偏早阶段，具有鲜明的地方特征。而其他器物，如盆、觚、缸等（图 3-12，2～7），二里头及其他同时期地方文化中并不罕见，时代均在二里头一期前后。总体来看，本段年代相当于二里头一

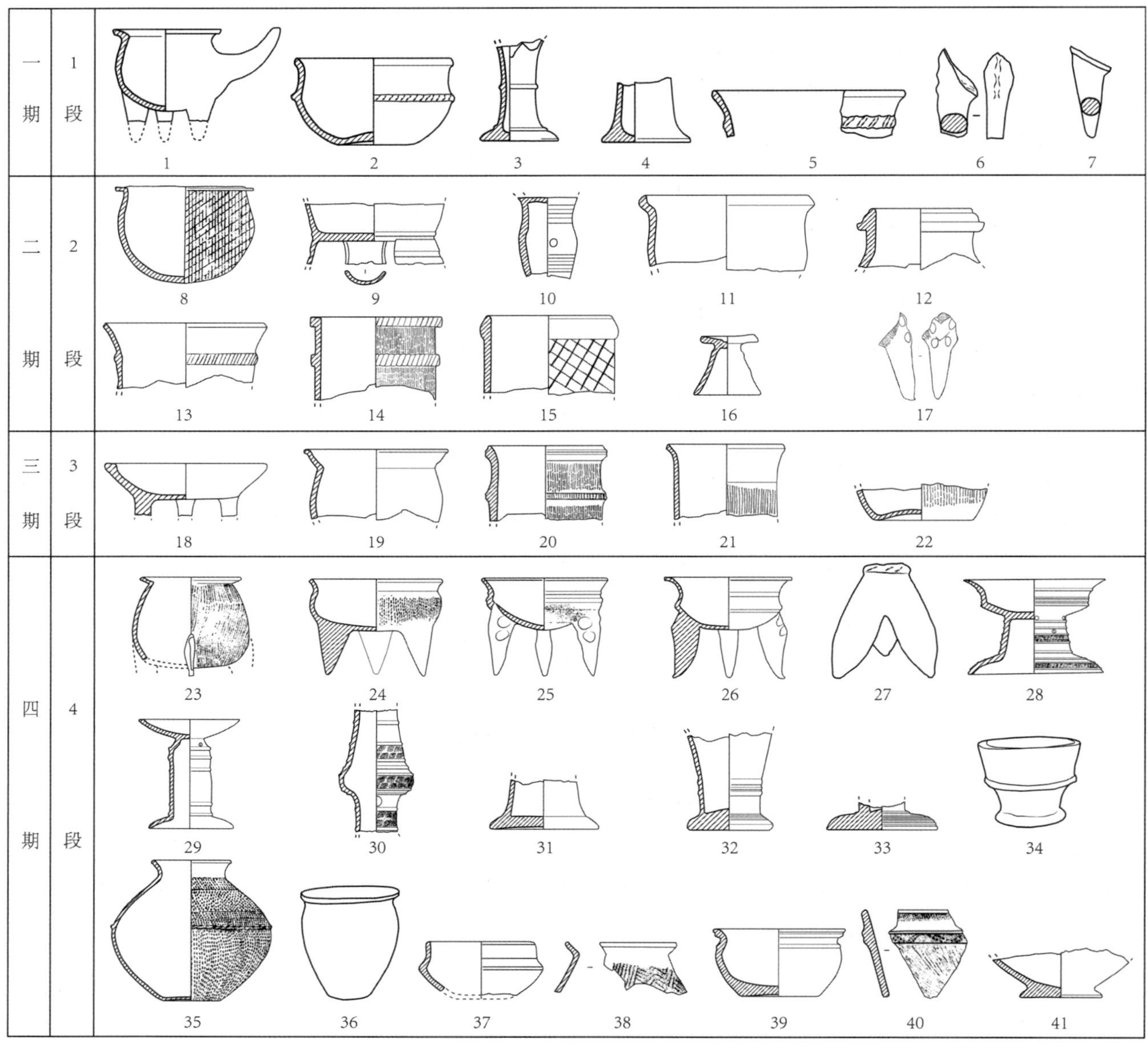

图3-12　滁河流域夏时期典型器物分期图

1.鼎（T2⑧：69）　2.盆（T2⑧：75）　3、4.觚（T2⑧：83、T2⑧：84）　5.缸（T2⑦：107）　6、7.鼎足（T2⑧：66、T2⑧：70）　8.罐（T17⑨：215）　9.盘（T17⑨：171）　10.豆（T17⑨：184）　11.盆（T17⑨：185）　12.罐（T17⑨：177）　13～15.缸（T17⑨：181、T17⑨：175、T17⑨：179）　16.器盖（T17⑨：215）　17.鼎足（T17⑨：173）　18.鼎（T17⑧：67）　19.盆（T17⑧：195）　20、21.缸（T17⑧：194、T17⑧：187）　22.罐（T17⑧：191）　23～26.鼎（T1⑥：34、T1⑥：36、T1⑥：35、T18⑰：216）　27.甗　28～30.豆（T5⑧：4、T5⑧：5、T1⑥：2）　31～33.觚（T1⑥：9、T1⑥：5、T1⑥：6）　34.尊　35.瓮（T5⑧：4）　36.罐　37、38.罐（T18⑰：199、T1⑥：50）　39.盆（T1⑥：37）　40.缸（T1⑥：7）　41.碗（T1⑥：18）　（吴大墩1～7，大城墩8～26、28～33、35、37～41，牛头岗27、34、36）

期偏早。

第 2 段：以大城墩第 3 组为代表。陶器仍以素面器为主，但也有多种纹饰，如方格纹、镂孔、指捺纹等，而弦纹和附加堆纹仍然流行。典型器有圜底罐（图 3-12，8）、瓦足盘（图 3-12，9）、中粗柄凸节镂孔豆（图 3-12，10）、弧腹盆（图 3-12，11）、小口罐（图 3-12，12）、大口缸（图 3-12，13）、直腹缸（图 3-12，14、15）、大捉手器盖（图 3-12，16）和对称按窝鼎足（图 3-12，17）等。自该段起，一些器物明显具有二里头文化特征，如细高柄凸棱镂孔豆、瓦足盘、圜底罐、小口罐、直腹缸等，年代应为二里头二期。

第 3 段：以大城墩第 4 组为代表。除素面器外，绳纹出现并流行。陶器形态也发生了一些变化，如缸的腹部变稍鼓、盆的口沿更宽、盆鼓腹更甚、直腹罐腹微鼓，浅斜腹圆实足盘出现等。典型器有浅盘鼎（图 3-12，18）、宽折沿弧腹盆（图 3-12，19）、侈口缸（图 3-12，20、21）等。本段遗存延续上段，年代略晚，应为二里头三期前后。

第 4 段：以大城墩第 5 组为代表，牛头岗部分遗存归入该段。新见三角填线纹、篮纹等。器类明显变多。出现几种新器形，如扁腹盆形鼎、釜形鼎、大凸棱豆、斜腹缸等。典型器有垂腹罐形鼎（图 3-12，23）、扁腹盆形鼎（图 3-12，24、26）、釜形鼎（图 3-12，25）、袋足甗（图 3-12，27）、粗柄折盘豆（图 3-12，28）、中粗柄浅腹碗形豆（图 3-12，29）、凸棱镂孔豆（图 3-12，30）、撇足觚（图 3-12，31 ～ 33）、尊（图 3-12，34）、小口深腹瓮（图 3-12，35）、深弧腹小罐（图 3-12，36）、扁折腹小罐（图 3-12，37）、浅弧腹盆（图 3-12，39）、斜腹篮纹缸（图 3-12，40）、圈足碗（图 3-12，41）等。经分析，该段年代应为二里头四期。

综合各段特征，以上四段可各对应一期。第一期主要见于滁河上游，陶器器类、器形均不多；部分陶器仍有龙山时期风格，年代偏早，处于二里头一期甚至更早的阶段。自第二期起，陶器器类、器形均有发展，也有新的文化因素融入进来，年代上相当于二里头二期。第三期遗存偏少，但总体上延续上期，年代约为二里头三期。第四期遗存较丰富，滁河上下游均可有分布，陶器在器类、形态多样性上发展到了高峰，年代相当于二里头四期。

2.文化因素分析

对出土陶器分析后，将文化因素归为以下几类。

A 类：以折沿垂腹罐形鼎、中粗柄凸节镂孔豆、瓦足盘、大口缸、直腹缸、折沿圜底罐、按窝足鼎等（图 3-13，1 ～ 7）为代表，属典型的二里头文化因素。这种因素，从第二期变得明显，并延续至第四期；影响力自弱渐强。但第一期时，二里头文化似对滁河流域的影响力偏弱，本地仍存在较强的土著文化因素，二里头文化影响本地有渐进过程。淮河干流南岸一带的二里头文化因素较为强势，这种因素的年代上限已经到了二里头文化一期偏晚阶段。滁河流域与淮河流域相近，本地的二里头文化因素应是由淮河流域传播而来。

B 类：以浅腹盘形圆实足鼎、粗柄折盘豆、中粗柄浅腹碗形豆、大凸棱豆、撇足觚、直口扁折腹小罐等（图 3-13，8 ～ 13）为代表。这类因素首见于第三期，陶器仅浅盘鼎；第四期起器类变多，增加了豆、觚和罐等。这些陶器，有一部分与伊洛地区典型二里头文化特征相似，但其来源绝非如此。观察马桥文化器物，会发现这些陶器特征与之相似，太湖流域非常流行。因此，这种因素更可

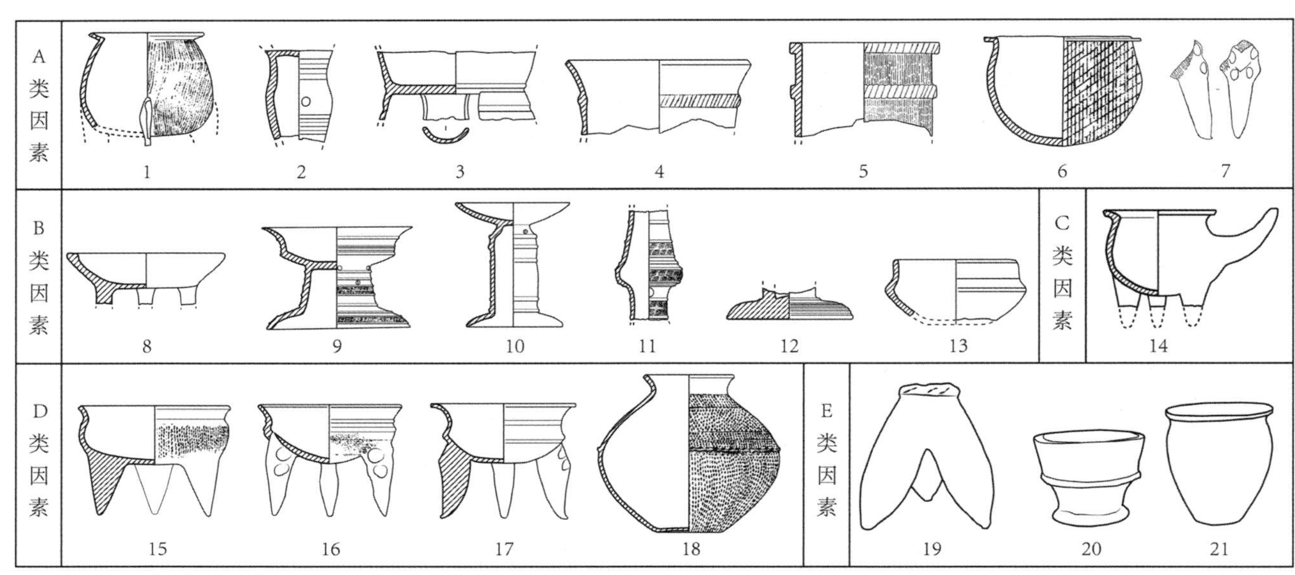

图3-13 滁河流域夏时期遗存文化因素构成图

1.鼎（T1⑥：34） 2.豆（T17⑨：184） 3.盘（T17⑨：171） 4.缸（T17⑨：181） 5.缸（T17⑨：175） 6.罐（T17⑨：215） 7.鼎足（T17⑨：173） 8.鼎（T17⑧：67） 9.豆（T5⑧：4） 10.豆（T5⑧：5） 11.豆（T1⑥：2） 12.觚（T1⑥：6） 13.罐（T18⑰：199） 14.鼎（T2⑧：69） 15.鼎（T1⑥：36） 16.鼎（T1⑥：35） 17.鼎（T18⑰：216） 18.瓮（T5⑧：4） 19.甗 20.尊 21.罐 （大城墩1～13、15～18，吴大墩14，牛头岗19～21）

能来源于马桥文化。再观察大凸棱豆，属马桥文化神墩类型的典型器；不见于马桥类型、高祭台类型。综合陶器特征及地理情况，基本可确定B类因素来源于神墩类型。这种因素自第三期首见，第四期为发展高峰；年代为二里头三、四期。

C类：以羊角把鼎（图3-13，14）为代表。角把风格的陶器，并非滁河流域特有；这种特征，在龙山时期的多个区域均有发现。而吴大墩羊角把鼎，接近郝家台龙山中晚期陶器风格。郝家台类型龙山遗存，曾对淮河中游持续、强烈影响。再看龙山时期淮河中游与滁河流域间的相互关系，便可明确这种角把鼎来源于淮河中上游，到达本地后逐渐土著化，并延续发展至夏时期。角把陶器，目前仅见于第一期，年代相当于二里头文化一期偏早。

D类：以扁腹圜底盆形鼎、釜形鼎、扁腹平底盆形鼎、小口深腹瓮等（图3-13，15～18）为代表。如果仅看小口深腹瓮形态，很容易将之归为马桥文化因素。再观察这几件鼎，便会发现其非常典型，目前仅发现于先商文化或与先商文化有关联的遗存中。除先商文化核心分布区外，二里头、二里冈、南关外、盘龙城也发现了类似风格的鼎。那么，滁河流域这种风格独特的鼎应与以上遗存存在关联。综合各方面特征，该类因素遗存与鹿台岗类型有区别。侧扁足的扁腹平底盆形鼎，流行于先商文化辉卫类型，其他文化中较少发现。虽然二里头、二里冈均有发现，但均非该因素源头。在以往研究中，往往将该类因素归入二里头文化，可能需要更正这种认识。这种因素的遗存，滁河流域夏时期第四期开始出现，年代为二里头四期，并一直持续至二里冈下层一期前后。

E类：以斜袋足甗、尊、深弧腹小罐等（图3-13，19～21）为代表，多见于第四期。这类遗存较容易辨识，属岳石文化因素。第二期有1件大捉手器盖，也非常类似岳石文化风格；但不典型，且同期未见其他岳石文化因素，因此暂不归为岳石文化。岳石文化自二里头二期起，相继对淮河中游、宁镇地区、太湖流域产生了影响。滁河流域是否有更早阶段的岳石文化因素遗存，非常值得关注。

在对滁河流域夏时期遗存进行分析后，可知主要由五类因素组成。

第一期，主要为A、C类因素，其中A类属二里头文化因素，C类属土著文化因素。自本期起，A类因素开始影响本地，但力度有限；如本地遗存中可见形态属二里头文化的陶器，但纹饰却很少；以C类因素为代表的土著文化仍然具有较强的生命力。

第二期，主要为A类因素。以A类因素为代表的二里头文化因素是本段遗存的主要构成，几乎不见其他因素器物。C类因素融入了地方文化中，可能成为稍晚阶段周边角把器的来源。

第三期，主要为A、B类因素，其中B类属马桥文化神墩类型因素。B类因素自该期出现，但非常少见；A类仍为主要因素。以B类为代表的马桥文化因素，至迟自二里头三期起影响滁河流域。B类因素影响的方向为自东往西，途径可能有三种；经滁河下游传播而来，或经古中江水道越长江再经裕溪河至巢湖北岸传播而来，又或借裕溪河再至滁河中上游。

第四期，主要为A、B、D、E类因素，其中D类属先商文化因素，E类属岳石文化因素。本期文化因素种类最多，除二里头文化因素外，先商文化因素、马桥文化因素和岳石文化因素均占了较高比例，构成文化因素组成最为特殊的一期。先商文化因素应为辉卫类型，该类型因素在越过黄河到达南关外后，再经涡河、西淝河等水系到达淮河中游，再由东淝河、淠河等水系传播至滁河流域；这种因素的南下途径与鹿台岗类型不同，后者是自豫东经古泗水南下至里下河地区。目前先商文化因素在淮河以南东淝河水系已有发现，那么滁河流域发现该类型因素也不意外。岳石文化因素出现于滁河流域的年代偏晚，其来源于淮河中游还是里下河地区，目前仍不明确。

通过以上分析，滁河流域夏时期遗存是在继承了本地龙山时期土著文化的基础上逐渐发展形成的。大约自二里头一期起，二里头文化因素到达本地。此后该因素影响逐渐增强，到二里头二、三期到达顶峰。大约二里头三期时，马桥文化因素开始影响本地，此后一直延续至花园庄阶段；需要指出的是，二里头四期时本地的马桥文化因素势力较为强势。二里头四期偏早阶段，辉卫类型开始影响本地，并持续至商初。从现有证据看，岳石文化影响滁河流域的年代为三期偏晚至二里头四期偏早阶段，但极有可能更早。

二　本区域商时期遗存

本区域商时期遗存，分布范围较夏时期明显增大。除襄河水系外，滁河的其他支流大多都有发现。滁河干流及邻近干流的支流附近，分布有大陈墩、大城头、乌龟滩、吴大墩、大城墩、孙家岗、牛头岗、护国庵、蒋城子、拐墩、孙戚村等；而驷马河水系有大城子，清流河水系有何郢、濮家墩、顿丘山等。遗物以陶器为主，也有少量石器、铜器、硬陶器和原始瓷器。

1.分期与年代

可分四段。

第1段：以大城墩第6组为代表，牛头岗部分遗存归入该组。典型器有斜腹袋足弧裆鬲（图3-14，

1、2）、袋足斝（图3-14，3）、直口方体罐（图3-14，4）、深弧腹盆（图3-14，5）、双腹盆（图3-14，6）等。绳纹陶居半，以素面为主体的陶器多辅以附加堆纹或凹凸棱饰。袋足鬲、斝均属辉卫类型因素，典型商文化还未影响本地。从陶器形态看，年代已近二里冈下层一期。

第2段：以大城墩第7组为代表。典型器有鼓腹袋足鬲（图3-14，7）、袋足斝（图3-14，8）、圜底釜（图3-14，9）、折肩浅斜腹盆（图3-14，10）、大口圈足篮纹缸（图3-14，11）、平底实足爵（图3-14，12）、覆碗形器盖（图3-14，13）、大圈足细体觚（图3-14，14）等。纹饰仍以绳纹为主，凹凸棱饰多见，篮纹开始出现。典型商文化开始影响本地，陶器如高实足跟袋足鬲、大口斜腹矮圈足的篮纹缸、平底爵等。本段年代，相当于二里冈下层二期。

第3段：以大城墩第8组为代表，牛头岗部分遗存归入该组。典型器有双足器（图3-14，15）、大口尊（图3-14，16）、宽肩弧腹瓮（图3-14，17～19）、深弧腹小罐（图3-14，20）、大口缸（图3-14，21）、中空捉手器盖（图3-14，22）等。纹饰方面，与前两段相近，多见绳纹+附加堆纹组合，绳纹开始多间断。新见大口尊及中空捉手的器盖，瓮、罐类较多见，流行宽肩。从尊、罐等器物形态看，本段年代应为二里冈上层一期前后。

第4段：以大城墩第9组、吴大墩第3组为代表，乌龟滩、顿丘山、牛头岗部分遗存归入该组。典型器有鼓腹袋足鬲（图3-14，23）、大袋足甗（图3-14，24）、圈足簋（图3-14，25）、假腹豆（图3-14，26～28）、折盘豆（图3-14，29）、浅弧腹盆（图3-14，30）、子母口硬陶罐（图3-14，31）等。纹饰方面，绳纹比例较高，多与其他纹饰组合出现，如附加堆纹、三角纹；也多见错拍现象。自本段开始，陶鬲多见数条附加堆纹交汇的装饰、十字镂孔、云雷纹等，袋足开始变瘦、实足跟稍变矮；部分豆有假腹。本段年代，相当于花园庄早段。

第5段：以大城墩第10组、吴大墩第4组为代表，乌龟滩、濮家墩、牛头岗部分遗存归入该组。典型器有袋足鬲（图3-14，32～38）、深腹瓮（图3-14，39、40）、假腹豆（图3-14，41）、大口尊（图3-14，42）、折肩浅腹盆（图3-14，43）、深弧腹盆（图3-14，44）、硬陶尊（图3-14，45）、大宽沿弧腹盆（图3-14，46、47）、弧颈瓮（图3-14，48）、折肩瓮（图3-14，49）、折肩盆形甗（图3-14，50）、斜腹簋（图3-14，51）、深斜腹簋（图3-14，52）、大口斜腹篮纹缸（图3-14，53）、敛口缸（图3-14，54）、垂腹罐（图3-14，55）、敛口浅腹钵（图3-14，56）等。纹饰种类与上段相近，但绳纹占大多数；新见大方格纹。鬲的实足跟继续变矮且变粗壮，足尖内勾，部分鬲颈部明显加长外斜；假腹豆盘腹开始变浅，假腹与柄的分界变得更不明显；大口尊腹部变更斜，且饰方格纹。本段年代，约当于花园庄晚段，下限或进入殷墟一期偏早。

第6段：以大城墩第11组为代表，濮家墩部分遗存归入该组。典型器有袋足鬲（图3-14，57～60）、深腹盆形甗（图3-14，69）、深腹瓮（图3-14，61）、折腹罐（图3-14，62）、浅腹盘形豆（图3-14，63、66）、簋（图3-14，64、65）、浅腹平底盘（图3-14，67）、扁腹钵（图3-14，68）等。纹饰构成基本同上段，新见云纹。鬲的实足跟变极矮，假腹豆不见。该段年代，大致为殷墟早期。

第7段：以大城墩第12组为代表，孙家岗、蒋城子、何郢部分遗存归入该组。典型陶器有袋足鬲（图3-14，70～72）、矮柱足鬲（图3-14，73）、圈足簋（图3-14，75、76）、浅弧腹盆（图3-14，82）、深弧腹盆（图3-14，77）、浅腹钵（图3-14，80）、中粗柄敛口豆（图3-14，81）等，

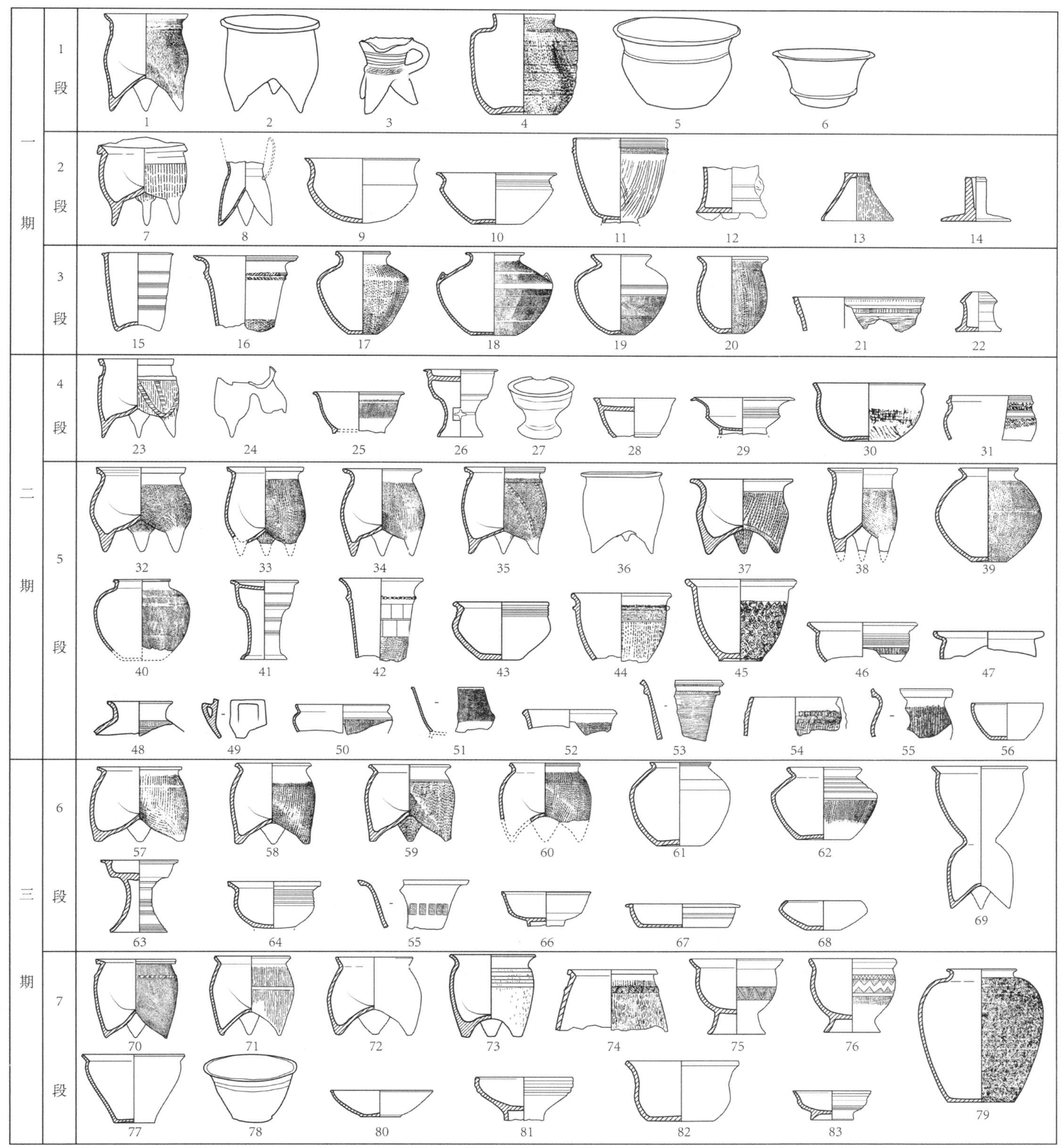

图3-14 滁河流域商时期典型器物分期图

1.鬲（T5⑦：1） 2.鬲 3.斝 4.罐（T5⑦：9） 5.盆 6.盆 7.鬲（T18⑮：221） 8.斝（T4⑥：46） 9.釜（T4⑥：10） 10.盆（T4⑥：11） 11.缸（T18⑮：225） 12.爵（T4⑥：45） 13.器盖（T18⑮：227） 14.觚（T4⑥：49） 5.双足器（T3⑤B：21） 16.尊（T3⑤B：4） 17～19.瓮（T3⑤B：5、T3⑤B：9、T3⑤B：25） 20.罐（T3⑤B：4） 21.缸（T3⑤B：40） 22.器盖（T3⑤B：50） 23.鬲（T4⑤：35） 24.甗 25.簋（T4⑤：40） 26.豆（采：10）27.豆 28.豆（T17⑥：233） 29.豆（T17⑥：224） 30.盆 31.硬陶罐（T17⑥：226） 32.鬲（T3⑤A：10） 33.鬲（T3⑤A：13） 34.鬲（T3⑤A：51） 35.鬲（T3⑤A：52） 36.鬲 37.鬲（T1⑥：64） 38.鬲（T1⑤：3） 39.瓮（T3⑤A：17） 40.瓮（T3⑤A：18） 41.豆（T3⑤A：12） 42.尊（T3⑤A：3） 43.盆（T1⑥：13） 44.盆（T3⑤A：70） 45.硬陶尊（T3⑤A：11） 46.盆（T3⑤A：57） 47.盆（T1⑥：68） 48～49.瓮（T1⑥：81、T2⑥：41） 50.甗（T3⑤A：72） 51.簋（T3⑤A：46） 52.簋（T3⑤A：66） 53.缸（T3⑤A：71） 54.缸（T3⑤A：？） 55.罐（T3⑤A：30） 56.钵（T3⑤A：67） 57.鬲（T4④：4） 58.鬲（T4④：8） 59.鬲（T5④：20） 60.鬲（T4④：8） 61.瓮（T4④：19） 62.罐（T8⑤：1） 63.豆（T4④：10） 64.簋（T4④：13）65.簋（T4④：37） 66.豆（T17⑤B：234） 67.盆（T17⑤B：240） 68.钵（T5④：12） 69.甗（T7⑤：12） 70.鬲（T1④：2） 71.鬲（T17⑤A：231）72.鬲（T3④：17） 73.鬲（T2101⑨：2） 74.鬲（T17⑤A：236） 75.簋（T3④：20） 76.簋（T17⑤A：241） 77.盆（T3④：10） 78.甗 79.硬陶瓮（T3④：3）80.钵（T17⑤A：43） 81.豆（T3④：30） 82.盆（T17⑤A：238） 83.原始瓷豆（T3④：7） （大城墩1、4、7～23、25～26、28～29、31～35、38～42、44～46、50～72、74～77、79～83，牛头岗2、3、5、6、24、27、36，顿丘山30，吴大墩37、43、47～49，蒋城子73，何郢78）

典型硬陶器有圆肩弧腹瓮（图 3-14，79），典型原始瓷器有浅盘豆（图 3-14，83）等。三角纹多见，其他与上段相近。部分鬲的实足根几乎消失。本段年代，已进入殷墟晚期。

综合以上分析，可将第 1、2、3 段合并为第一期，将第 4、5 段合并为第二期，将第 6、7 段合并为第三期。第 1 段，属非典型商文化因素，年代约为二里冈下层一期或偏早；而第 2、3 段则分别相当于二里冈下层二期、二里冈上层一期，典型商文化开始影响本地。第 4、5 段，年代约为花园庄阶段，下限可能进入殷墟一期偏早。而第 6、7 段，年代分别相当于殷墟早、晚期。

2.文化因素分析

将出土遗物进行分析后，其文化因素可归为以下几类。

A 类：以袋足鬲、假腹豆、矮圈足簋、宽把袋足斝、平底曲壁爵、大口缸、大口尊、宽肩深腹瓮、深弧腹小罐等（图 3-15，1 ～ 15）为代表，属典型商文化因素。该类因素，与二里冈同期器物无大差异；大约自第 2 段起出现于滁河流域，并一直持续至第 7 段，应由中原经淮河以南的东淝河、淠河水系传播而来。近年来发现的商时期遗存，也证明了这点。

B 类：以深弧腹素面盆、双腹盆等（图 3-15，16、17）为代表，属岳石文化因素，仅见于第 1 段，第 2 至 5 段或有可能存在。该因素自二里头晚期首见于滁河流域后，二里冈下层时期较强盛，此后的影响力似变弱。

C 类：以袋足鬲、附加堆纹袋足斝、直口方体罐等（图 3-15，18 ～ 21）为代表。该类因素，可能是辉卫类型因素的遗留，延续至商初；陶器特征与典型的商文化有区别，这是需要注意的。这种因素，也仅见于第 1 段。

D 类：以双足器、折肩瓮、鸟首形角把器等（图 3-15，22 ～ 24）为代表，为土著文化因素，其他地域少见。它是在吸收了典型商文化、岳石文化、马桥文化等诸因素的基础上逐渐形成的，可能存在于各段遗存中。

E 类：以深弧腹硬陶尊、子母口硬陶罐、折盘豆、中空捉手器盖、细体觚等（图 3-15，25 ～ 29）为代表，属马桥文化因素。前已讨论，本区域马桥文化因素应为神墩类型。马桥文化因素在个别期段表现得并不明显，但应存在于第 1 至 5 段遗存中。

F 类：以矮束颈圆肩深弧腹硬陶瓮、矮圈足浅斜腹原始瓷豆等（图 3-15，30、31）为代表，属亭林类型文化因素，也就是以往部分学者认为的后马桥文化[1]。亭林类型大约形成于花园庄晚段至殷墟一期偏早阶段，影响滁河流域的时间应稍晚。从现有资料来看，该类因素在殷墟晚期对滁河流域仍有影响。

对滁河流域商时期遗存分析后，可知其文化因素主要由六类组成。

第一期，主要为 A、B、C、D、E 等五类因素。第 1 段，不见 A 类因素，仅见 B、C 类因素，可能存在 E 类因素，B、C 类因素仅见于该段。自第 2 段起，A 类因素逐渐占据主流，并延续至第 7 段。第 1 段遗存，仍见辉卫类型和岳石文化因素影响，典型商文化因素至第 2 段才到达本地；辉卫类型因素、岳石文化因素有土著化趋势。而马桥文化因素，在大部分时段内是本地遗存的重要构成，

[1] 宋建：《马桥文化的去向》，《中国考古学会第九次年会论文集》，文物出版社，1997年。

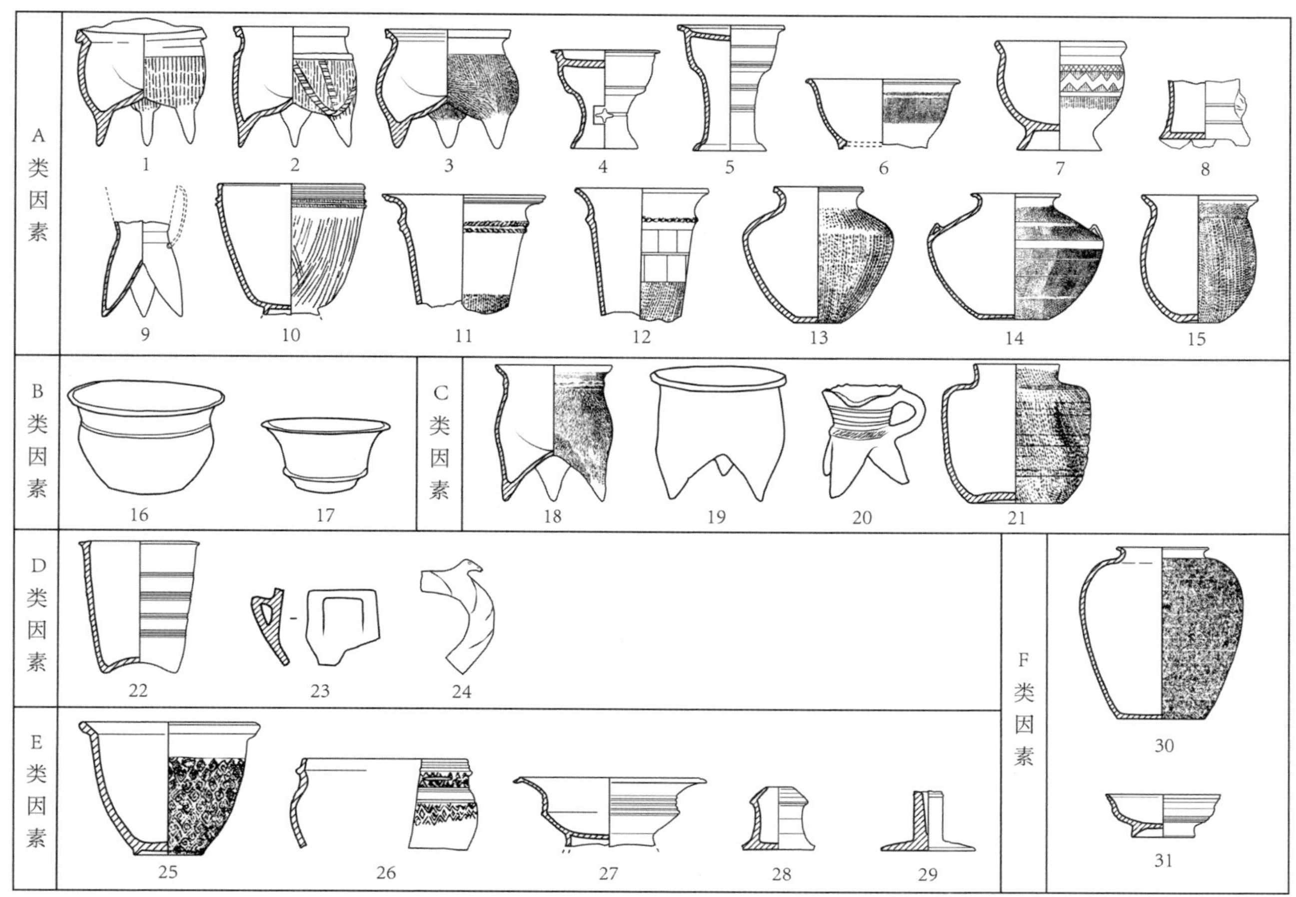

图3-15　滁河流域商时期遗存文化因素构成图

1.鬲（T18⑮：221）　2.鬲（T4⑤：35）　3.鬲（T3⑤A：10）　4.豆（采：10）　5.豆（T3⑤A：12）　6.簋（T4⑤：40）　7.簋（T17⑤A：241）　8.斝（T4⑥：46）　9.爵（T4⑥：45）　10.缸（T18⑮：225）　11.尊（T3⑤B：4）　12.尊（T3⑤A：3）　13.瓮（T3⑤B：5）　14.瓮（T3⑤B：9）　15.罐（T3⑤B：4）　16.盆　17.盆　18.鬲（T5⑦：1）　19.鬲　20.斝　21.罐（T5⑦：9）　22.双足器（T3⑤B：21）　23.瓮（T2⑥：41）　24.把手（T17⑥：228）　25.硬陶尊（T3⑤A：11）　26.硬陶罐（T17⑥：226）　27.豆（T17⑥：224）　28.器盖（T3⑤B：50）　29.觚（T4⑥：49）　30.硬陶瓮（T3④：3）　31.原始瓷豆（T3④：7）　（大城墩1～15、18、21、22、24～31，牛头岗16、17、19、20，吴大墩23）

从二里冈下层时期持续至花园庄阶段。

第二期，主要为A、D、E三类因素。以A类为代表的典型商文化因素是本期遗存的主要构成，而且非常发达；在此基础上，也逐渐出现以D类为代表的土著文化因素，有一定地方特征；以E类为代表的马桥文化因素本期仍然存在。

第三期，主要为A、D、F三类因素。自第6段起，太湖流域考古学文化发生了变化，亭林类型替代马桥文化，太湖流域与滁河流域的文化交流依然延续。

由上分析，滁河流域商时期遗存是以典型商文化因素为主体，吸收了辉卫类型、岳石文化、马桥文化、亭林类型等文化因素，发展为独特的商文化地方类型。二里头四期偏早阶段，本地仍然存在一定比例的二里头文化因素；此后至二里冈下层一期，辉卫类型、马桥文化、岳石文化等因素是本地遗存的主要组成。典型商文化，大约于二里冈下层二期影响滁河流域，本地文化构成发生剧变。此后至花园庄阶段，滁河流域文化构成相对稳定；这种情况持续到花园庄晚段至殷墟一期偏早阶段，太湖流域文化发生变动，亭林类型替代马桥文化，与滁河流域的交流依然较紧密。滁河流域商时期遗存，以商文化因素为主要组成，有别于宁镇皖南地区的同期遗存。因此，滁河流域似是商文化分布的东南缘，对宁镇皖南地区、太湖流域都产生过一定影响。

第四节　滁河流域夏商时期考古学文化类型

滁河流域的地理情况，前已详述。本区域夏时期遗存，在构成上以二里头文化因素为主，其他因素为辅。二里头文化影响本地之前，本地存在以土著因素为代表的龙山时期孑遗。二里头文化影响本地后，后续增加了几种文化因素，如岳石、先商和马桥文化因素等。本区域夏时期遗存，学界以往少有关注和研究。早期研究中，已有学者辨识出本区域的岳石文化因素，但将印纹陶因素划归为湖熟文化[1]，这显然是以往考古资料不充分所导致的情况。其实，这种印纹陶因素并非来自于湖熟文化，因为湖熟文化的年代上限不早于二里冈下层二期，宁镇地区也未见早于该阶段的印纹陶。那么，这种印纹陶因素另有来源。以扁弧腹盆形鼎为代表的器物，一度归为地方因素。对此，前文已分析，不再赘述。印纹陶因素、扁弧腹鼎因素分别属马桥文化神墩类型、先商文化辉卫类型。由此可知，滁河流域夏时期遗存主要由五种文化因素组成，分别为二里头、岳石、先商、马桥、土著等。这种遗存，已有学者将其划归至斗鸡台文化巢湖类型[2]。笔者认为，目前巢湖流域夏时期遗存仅包含两种文化因素，即岳石文化因素和二里头文化因素。而作为比较，滁河流域夏时期遗存文化因素则复杂得多。因此，巢湖流域和滁河流域的夏时期遗存是有较大差异的。这类遗存，有别于斗鸡台类型和巢湖类型的现有文化内涵，或将其暂命名为“滁河类型”更妥。那么，斗鸡台文化则为斗鸡台、巢湖、滁河三种类型。

本区域商时期遗存，在构成上以典型商文化因素为主，其他因素为辅。偏早阶段，先商文化因素并未消失，直到典型商文化因素到达本地才被同化。可以说，在典型商文化因素到达之前，在某一个时间段内存在着以先商、马桥、岳石等因素为主要构架的情况。这种情况直到二里冈下层二期才发生改变，先商因素、岳石等因素渐退出，太湖流域因素则贯穿整个发展进程。由前文可知，本地商时期遗存主要由先商遗留、典型商文化、马桥、岳石、亭林类型、土著等几种文化因素构成，其中亭林类型是马桥文化的替代者。而这几种文化因素，典型商文化和岳石文化因素业已辨识。有学者将巢湖以北江淮分水岭与淮河之间的商时期遗存命名为“皖西类型”[3]，将巢湖和滁州商时期遗存命名为“大城墩类型”[4]。近年来也有学者将此二类型合并，统称为“大城墩类型”[5]；《中国考古学·夏商卷》也认同该观点。由于巢湖流域商时期文化面貌尚不明朗，但可确认包含典型的商文化因素。而近年的考古发现中，诸多遗址发现有马桥文化、亭林类型因素的遗存。因此，笔者认为，大城墩类型包括滁河流域、巢湖流域的商时期遗存。

[1]　王迅：《试论夏商时期东方地区的考古学文化》，《北京大学学报（哲学社会科学版）》1989年第2期。

[2]　王迅：《东夷文化与淮夷文化研究》，第65页，北京大学出版社，1994年。

[3]　王迅：《东夷文化与淮夷文化研究》，第68页，北京大学出版社，1994年。

[4]　王迅：《东夷文化与淮夷文化研究》，第68、69页，北京大学出版社，1994年。

[5]　王立新：《早商文化研究》，第185～190页，高等教育出版社，1998年。

一　滁河类型

1.来源

要明确滁河类型来源，首先要先明确文化背景。由前文可知，滁河流域发现有淮河中上游龙山早、中期遗存因素，也包含有淮河中游龙山遗存的因素，二者融汇为禹会类型后影响滁河流域。当然，滁河流域也发现有明确的钱山漾文化因素。在龙山时期的较早阶段，钱山漾文化的分布可能跨越了长江。本区域夏时期偏早阶段遗存，以角把鼎最典型，这种器物可见于郝家台龙山遗存；这可能是淮河流域龙山文化影响滁河流域的后续传承。在此之后，二里头文化开始影响滁河流域，目前遗存显示的年代区间为二里头一期至二里头四期偏早阶段；二里头二、三期为影响高峰。自二里头三期起，岳石、马桥、先商文化因素先后到达本地，并逐渐取代二里头文化。由前文可知，二里头文化因素来源于伊洛地区，经江淮地带传播而来；岳石文化因素稍复杂，斗鸡台文化、万北类型均可能为其来源；马桥文化因素来自太湖流域，应为马桥文化神墩类型，可能经滁河下游或裕溪河传播而来；先商文化因素属辉卫类型，应由江淮地带传播而来。

2.分布

滁河类型遗址主要分布于滁河干流附近，支流驷马河两岸也有分布。遗址分布点并不多，滁河中上游有吴大墩、大城墩，中下游有大城子、牛头岗（图3-16）。滁河类型的东北、东南、西南、西北侧等四个方向的临近区域，分布有万北类型、点将台文化、马桥文化、巢湖类型和斗鸡台类型。目前，滁河流域偏北的襄河、清流河、来安河一带暂未见夏时期遗存，文化面貌仍有待发掘。

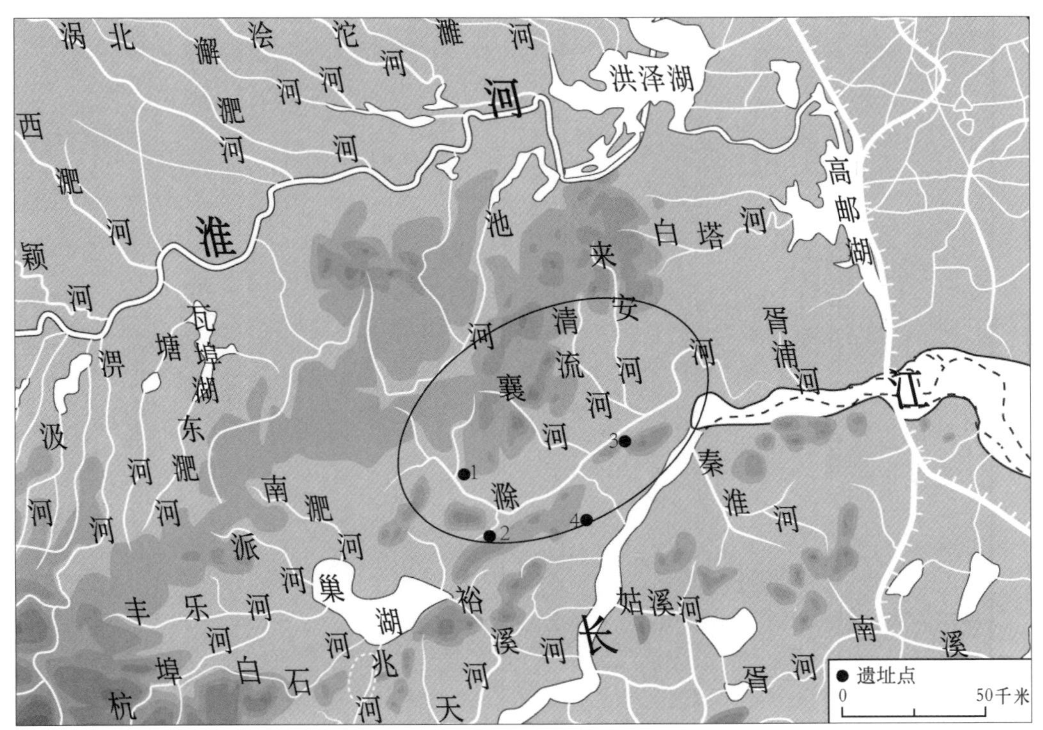

图3-16　滁河类型分布图

1.吴大墩　2.大城墩　3.牛头岗　4.大城子

3.分期

可分为四期。

第一期，仅见于吴大墩，年代相当于二里头一期。

第二期，仅见于大城墩，年代相当于二里头二期。

第三期，可见于大城墩、牛头岗，年代相当于二里头三期。

第四期，可见于大城墩、牛头岗、大城子，年代相当于二里头四期偏早。

二 大城墩类型

1.来源

本区域大城墩类型商时期遗存，建立在滁河类型基础之上。二里冈下层一期，本地遗存中仍见辉卫类型和二里头文化因素，岳石文化、马桥文化的影响也未间断。二里冈下层二期，典型商文化影响本地，构成本地商时期遗存的主体，辉卫类型和二里头文化因素已土著化，岳石文化因素衰弱。太湖流域文化则一直与本区域有稳定的交流，神墩类型延续夏时期的交流路线，并持续至花园庄晚段；后续亭林类型代替神墩类型维系了与滁河流域的文化往来。本地发现的亭林类型因素，可能由太湖流域越长江直接传播至滁河流域；也存在另外一种可能，即经宁镇地区秦淮河水系传播而来。殷墟时期的宁镇地区，深受亭林类型的影响，而且是湖熟文化晚期阶段的重要组成因素。

2.分布

本区域大城墩类型商时期遗存的分布，与滁河类型相近，但分布密度更大。清流河水系分布有何郢、顿丘山、濮家墩，驷马河水系分布有大城子，夏坝河水系分布有大城墩、孙家岗，沙河水系分布有吴大墩、乌龟滩，分布在滁河干流附近分布有大陈墩、大城头、蒋城子、牛头岗、护国庵、拐墩等（图 3-17）。该区域的西北方，紧邻斗鸡台文化，而东南方则与湖熟文化隔长江相邻。与滁河流域紧邻的高邮湖西南区域，商时期文化面貌仍不明朗；虽然湖熟文化在殷墟晚期曾跨过长江到达胥浦河水系，但北界不清。与滁河流域相邻的巢湖流域，亦属大城墩类型分布范围。

3.分期

可分为三期七段。

第 1 段，可见于大城墩、大城子、牛头岗等。

第 2 段，可见于大城墩。

第 3 段，可见于大城墩、牛头岗等。

第 4 段，可见于大城墩、牛头岗、吴大墩、乌龟滩、顿丘山、孙家岗、孙戚村、大城子等。

第 5 段，可见于大城墩、吴大墩、乌龟滩、濮家墩、大城子等。

第 6 段，可见于大城墩、孙家岗、濮家墩、大城子等。

第 7 段，可见于大城墩、蒋城子、何郢、拐墩、大城子等。

第 1 至 3 段归为第一期，年代为二里冈下层一期至二里冈上层一期；第 4、5 段归为第二期，年

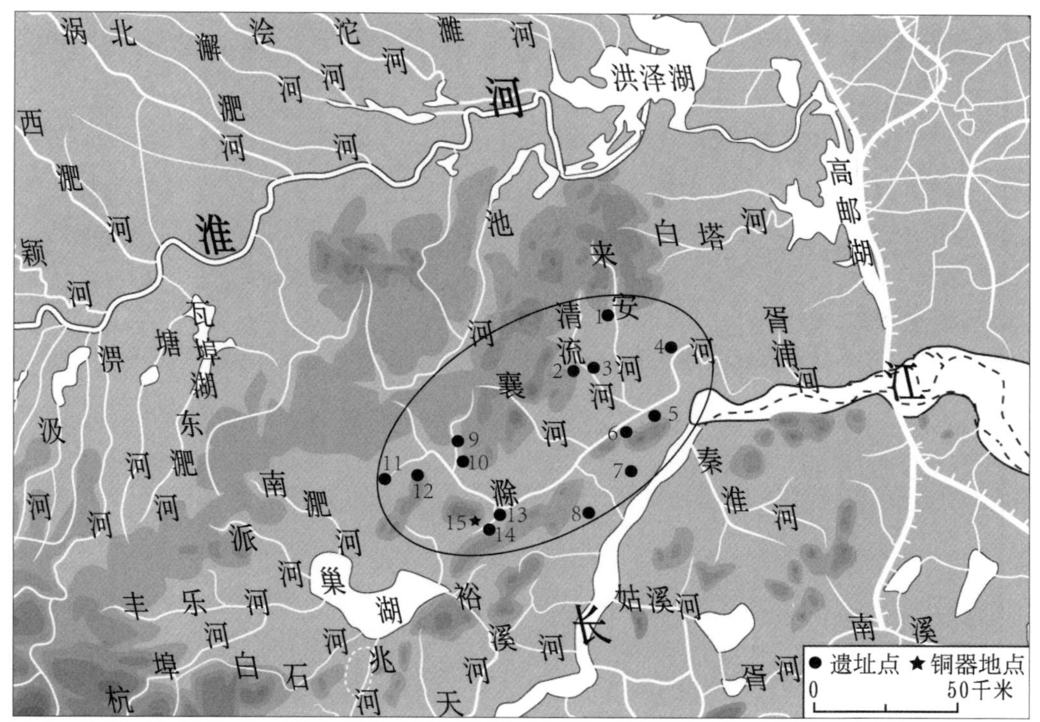

图3-17　滁河流域大城墩类型分布图

1.顿丘山　2.何郢　3.濮家墩　4.拐墩　5.护国庵　6.牛头岗　7.蒋城子　8.大城子　9.乌龟滩　10.吴大墩　11.大陈墩　12.大城头　13.孙家岗　14.大城墩　15.孙戚村

代为二里冈上层二期至花园庄阶段，下限可能进入殷墟一期偏早；第6、7段归为第三期，年代为殷墟时期。

4.对宁镇地区的影响

商文化对宁镇地区的影响，目前资料显示的年代上限为二里冈下层二期前后，这也是湖熟文化的年代上限。大城墩类型、湖熟文化中的商文化早期因素，年代很接近。宁镇地区发现的年代较早的商式陶器，如鼓腹鬲、小口宽肩深弧腹绳纹瓮等；吸收了岳石文化因素的商因素陶器，如袋足甗，同风格的甗也曾见于二里冈商早期遗存中。二里冈下层时期，岳石文化对宁镇地区的影响，似较对滁河流域的要大。到二里冈上层一期后，宁镇地区很多陶器保持了典型商式形态，却变为了红陶、红褐陶绳纹器或素面器，也有部分网纹器。自二里冈上层二期开始，宁镇地区商文化因素有变强的趋势，曾一度出现未加改造的灰陶袋足鬲。进入花园庄阶段后，商文化对宁镇地区的影响进入高峰期，宁镇地区开始主动吸收这种商文化因素并做了类似二里冈上层一期阶段的改良，湖熟文化的发展到了高峰期。进入殷墟时期后，商文化对宁镇地区的影响逐渐变弱，湖熟文化呈现的地方特征愈发明显。由前文，商文化对宁镇地区的影响，在很长的一段时间内，均为大城墩类型，主要集中于二里冈下层二期至花园庄阶段。自花园庄晚段开始至殷墟早期的一段时间内，可能有数种商文化地方类型影响了宁镇地区，但时间不长。而大城墩类型，一直是湖熟文化中商文化因素的主要来源。

第四章　巢湖流域夏商时期考古学文化

巢湖流域，是长江下游重要的文化接触地带、文化碰撞区，其北、东、西南、东南均为不同的地理单元。该区域考古调查工作开展较多，相关水系几乎都做过调查，但密度不大，且多集中于巢湖西侧和西北侧地带。尽管如此，仍发现较多早期遗址（图 4-1）。派河水系主要有大墩子、蛟头陂、蔡大墩孜和陈大墩孜[1]等，年代为龙山至商周时期。南淝河水系主要有岗赵[2]、刘大墩[3]和武大城[4]等，年代为龙山至夏商时期。柘皋河水系主要有皋城[5]，年代大致为商周时期。裕溪河水系有董城圩、荆王城和小城子[6]，另有大张[7]、大黄岗[8]等，年代大致为良渚至商周时期。兆河水系主要有神墩[9]，年代为商周时期。杭埠河水系的调查工作主要集中于中游，发现有锣咥、杨家岗头、九连庄、鲍墩、山场、佘家庄、黑虎城、杨家老庄、杨店、亚夫城等[10]，年代为良渚至商周时期。丰乐河水系主要有王大岗[11]、师谷墩[12]等，年代为龙山至商周时期。

与调查情况相似，经正式发掘的遗址亦多分布于巢湖西及西北部。年代区间处于新石器时代末至夏商时期者，如派河水系大墩子[13]、三官庙[14]、古埂[15]，南淝河水系塘岗[16]、烟大谷堆[17]，柘皋

[1] 胡悦谦：《试谈肥西县大墩孜商文化》，《安徽省考古学会成立会议会刊》，1979年。从资料看，蔡大墩孜、陈大墩孜与蛟头陂应为同一遗址，暂以蛟头陂指代此三处。该文“大墩子”为“大墩孜”，近些年改“孜”为“子”。遗址发现数件铜器，详参安徽大学、安徽省社会科学院、安徽省文物考古研究所：《安徽江淮地区商周青铜器》，第1、2页，文物出版社，2014年。程露：《也谈肥西大墩孜出土的青铜斝和铃》，《东方博物》第五十二辑，中国书店，2014年。

[2] 张敬国：《安徽肥东、肥西古文化遗址调查》，《文物研究》第二期，黄山书社，1986年。

[3] 杨立新：《安徽淮河流域夏商时期古代文化》，《文物研究》第五辑，黄山书社，1989年。

[4] 杨立新：《安徽淮河流域夏商时期古代文化》，《文物研究》第五辑，黄山书社，1989年。

[5] 国家文物局：《中国文物地图集·安徽分册》下，第240页，中国地图出版社，2014年。

[6] 杨立新：《安徽淮河流域夏商时期古代文化》，《文物研究》第五辑，黄山书社，1989年。

[7] 钱玉春：《巢湖文明的记忆》，第281页，黄山书社，2012年。

[8] 国家文物局：《中国文物地图集·安徽分册》下，第240页，中国地图出版社，2014年。

[9] 杨立新：《安徽淮河流域夏商时期古代文化》，《文物研究》第五辑，黄山书社，1989年。

[10] 安徽省文物局、安徽省文物考古研究所：《杭埠河中游区域系统调查报告》，第139～142页，文物出版社，2012年。

[11] 高一龙、吴建民等：《安徽六安王大岗遗址发掘纪要》，《东南文化》1991年第2期。

[12] 张敬国：《安徽肥东、肥西古文化遗址调查》，《文物研究》第二期，黄山书社，1986年。

[13] 胡悦谦：《试谈肥西县大墩孜商文化》，《安徽省考古学会成立会议会刊》，1979年。

[14] 秦让平：《安徽肥西三官庙遗址发现二里头时期遗存》，《中国文物报》2019年8月23日。遗址出土数件夏商时期铜器，但资料尚未正式公布。本文作了统计，但暂不将铜器纳入研究。

[15] 安徽省文物考古研究所：《安徽肥西县古埂新石器时代遗址》，《考古》1985年第7期。

[16] 安徽省文物考古研究所：《安徽肥西塘岗遗址发掘》，《东南文化》2007年第1期。贾庆元、高飞：《肥西县塘岗新石器时代及商周时期遗址》，《中国考古学年鉴·2007》，文物出版社，2008年。

[17] 宫希成：《合肥市烟大谷堆商周时期遗址》，《中国考古学年鉴·2003》，文物出版社，2004年。

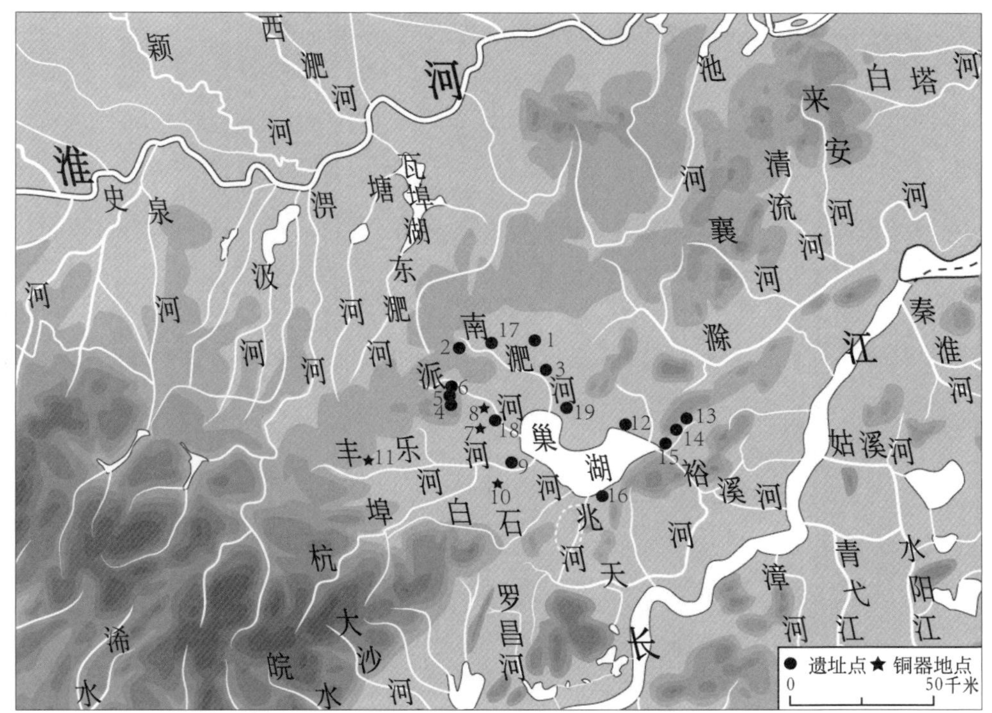

图4-1　巢湖流域新石器时代末至夏商时期主要遗存分布图

1.刘大墩　2.塘岗　3.武大城　4.大墩子　5.蛟头陂　6.三官庙　7.馆驿　8.小颜湾　9.师谷墩　10.福元　11.城墩　12.庙集大城墩　13.小城子　14.荆王城　15.董城圩　16.神墩　17.烟大谷堆　18.古埂　19.岗赵

河水系庙集大城墩[1]，裕溪河水系荆王城[2]、凌家滩[3]、韦岗[4]等。这些遗址，仅塘岗、古埂正式发表详细资料，其他则仅有简讯公布。

大墩子和三官庙遗址均出土有重要的铜器，其他则为零散的铜器地点。派河水系有馆驿[5]、小颜湾[6]，丰乐河水系有福元[7]、城墩[8]。

第一节　典型遗存分期

一　遗址

1.肥西塘岗遗址

塘岗遗址位于现合肥市蜀山区南岗镇吴牌坊村北，北距南淝河支流约250米，东距蜀山湖约

[1]　张敬国：《巢湖市庙集乡大城墩商周遗址》，《中国考古学年鉴·1987》，文物出版社，1988年。

[2]　杨立新：《安徽淮河流域夏商时期古代文化》，《文物研究》第五辑，黄山书社，1989年。钱玉春：《巢湖文明的记忆》，第273页，黄山书社，2012年。

[3]　安徽省文物考古研究所：《凌家滩——田野考古发掘报告之一》，文物出版社，2006年。

[4]　安徽省文物考古研究所：《安徽含山县韦岗遗址新石器时代遗存发掘简报》，《考古》2015年第3期。

[5]　安徽大学、安徽省社会科学院、安徽省文物考古研究所：《安徽江淮地区商周青铜器》，第20、32、37页，文物出版社，2014年。

[6]　安徽大学、安徽省社会科学院、安徽省文物考古研究所：《安徽江淮地区商周青铜器》，第28、29、34、35、46页，文物出版社，2014年。宫希成：《中国出土青铜器全集·8安徽》，第18、19页，科学出版社，2018年。

[7]　安徽大学、安徽省社会科学院、安徽省文物考古研究所：《安徽江淮地区商周青铜器》，第49页，文物出版社，2014年。

[8]　安徽大学、安徽省社会科学院、安徽省文物考古研究所：《安徽江淮地区商周青铜器》，第33、48页，文物出版社，2014年。

1300 米。遗址平面近椭圆形，总面积近 3.6 万平方米。海拔 28 ～ 31 米，高出周围地面约 2 ～ 3 米。2006 年 3 月至 8 月，安徽文物考古研究所发掘 1635 平方米。发现灰坑、房址、灰沟等遗迹，出土较多遗物[1]。作者将遗存分为三期，第一期年代为新石器时代中期偏晚，并认为与大汶口文化存在关联；第二期年代为新石器时代晚期偏晚，晚期受到了岳石文化影响；第三期遗存年代定为商周时期。笔者将出土遗物进行了对比后，发现塘岗遗存年代有一定调整空间。第一期年代确实相当于大汶口文化中晚期，同六安众德寺第 13 层[2]，特征相近，属新石器时代晚期；第二期则与岳石文化有关，年代已进入夏时期，而非新石器时代晚期；第三期年代则应为西周中期偏晚，不见商时期遗物。

通过对比，将夏时期材料分为 2 组。

第 1 组：以 H28、H38 为代表。

第 2 组：以 H26、H39 为代表。

以上分组，可对应为二段。

第 1 段：陶器以灰陶为主，其中泥质灰陶占 50%，夹砂红褐陶占 25%，夹砂灰陶、泥质红陶相对较少。器类有鼎、尊、盆、罐和器盖等。多素面器，凹凸棱多为辅助性纹饰；少量绳纹、乳丁纹、花边形纹。凹凸棱纹饰多见于尊、盆、罐等；尊多凸棱饰；盆、罐、碗多凹弦纹；有的器盖顶部饰有一周花边。陶器流行卷沿或卷折沿，部分沿面较宽。鼎多近平底，尊有圈足。典型器有侧扁足弧腹盆形鼎（图 4-2，1）、圆实足鼓腹罐形鼎（图 4-2，2）、斜腹尊（图 4-2，3）、深弧腹盆（图 4-2，4）、卷沿鼓腹罐（图 4-2，5）、斜弧腹罐（图 4-2，6）、平顶曲壁器盖（图 4-2，7、8）等。圆实足鼓腹盆形鼎与古城[3]、魏家郢子[4]发现的鼎特征相似；斜腹尊、深弧腹盆、卷沿鼓腹罐、斜弧腹罐等器物则有明显的岳石文化二期特征[5]。因此，该段年代约为二里头三期。

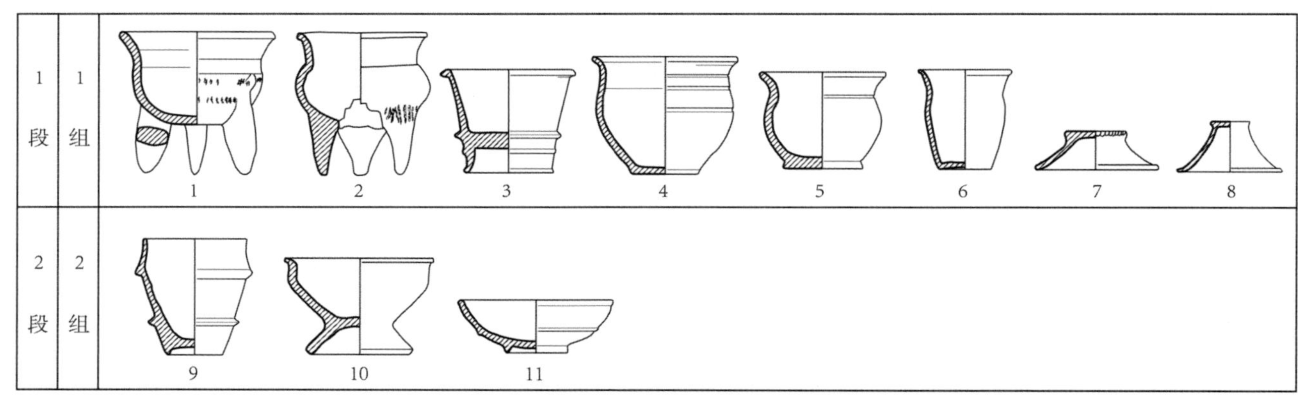

图4-2 塘岗夏时期遗存

1、2.鼎（H28：2、H28：9） 3.尊（H28：4） 4.盆（H28：6） 5、6.罐（H28：3、H28：8） 7、8.器盖（H38：1、H28：5） 9.尊（H26：1） 10.簋（H39：1） 11.碗（H26：2）

[1] 安徽省文物考古研究所：《安徽肥西塘岗遗址发掘》，《东南文化》2007年第1期。贾庆元、高飞：《肥西县塘岗新石器时代及商周时期遗址》，《中国考古学年鉴·2007》，文物出版社，2008年。

[2] 北京大学考古学系商周组、安徽省文物工作队：《安徽省霍邱、六安、寿县考古调查试掘报告》，《考古学研究（三）》，科学出版社，1997年。

[3] 安徽省文物考古研究所、长丰县文物管理所：《安徽长丰县古城遗址发掘报告》，《文物研究》第十九辑，科学出版社，2012年。

[4] 王湘：《安徽寿县史前遗址调查报告》，《中国考古学报》第二册，商务印书馆，1947年。

[5] 中国社会科学院考古研究所：《中国考古学·夏商卷》，第446页，中国社会科学出版社，2003年。

第 2 段：陶器均为灰陶；泥质陶较多，夹砂陶稍少；多凹凸棱饰，见于尊、碗等器物。流行微敛口，如尊和簋；圈足尊继续流行，但圈足变矮。典型器有斜腹尊（图 4-2，9）、矮圈足折腹簋（图 4-2，10）、敞口弧腹碗（图 4-2，11）等。该段尊的腹部更斜，簋的最大腹径约同口径、腹下半部偏深，属二里头四期偏早阶段风格 [1]。该段年代，相当于二里头四期偏早阶段。

2.肥西大墩子遗址

大墩子遗址位于现合肥市肥西县馆驿周坝行政村汪郢自然村西北 100 米处，北与派河支流高小河相近。遗址海拔 20 ～ 23 米，高出周围地面约 3 米，面积约 4800 平方米。1971 年 7 月，安徽省博物馆对其进行了试掘。共布设探方 2 个，发掘 40 平方米 [2]。作者将遗址堆积分为三大文化层，年代分别为龙山时期、商时期、商末周初。此后，又有部分铜器资料公布 [3]。

笔者将大墩子公布的部分材料分为 3 组。

第 1 组：以第二文化层偏早阶段遗物为代表。

第 2 组：以第二文化层偏晚阶段遗物为代表。

第 3 组：以第一文化层遗物为代表。

以上分组对应 3 段。

第 1 段：器物有铜铃、陶鼎。铜铃（图 4-3，1），平顶近椭圆形，上有两大圆孔，带钮，侧有扉，其形态与二里头 M11 : 2[4] 相近；而 M11 打破二里头三期地层和房基，其年代可能为二里头三期偏晚，下限进入二里头四期。陶鼎为夹砂红陶，外卷沿，圜底，三角形足，足跟处饰一乳丁，腹、底、足饰绳纹。从描述看，形态应与肥西塘岗 H28 : 9 相似，为典型的岳石文化因素陶器。该段遗存，年代应为二里头三期偏晚。

第 2 段：器物有铜斝、陶鬲、陶豆、陶斝、陶爵等。铜斝均敞口，长颈内收，扁鼓腹或斜方腹，三棱足或半圆足，颈腹间为拱形扁鋬，口部可见不规则菌状柱。一件斝颈部有弦纹两道，弦纹间饰两周模糊的连珠纹（图 4-2，2）；另一件铜斝则为素面（图 4-2，3）。从整体形态及装饰纹样来看，年代应为二里冈下层二期前后。陶鬲为夹砂红陶，折沿，斜鼓腹，袋足，高分裆，高实足尖，饰绳

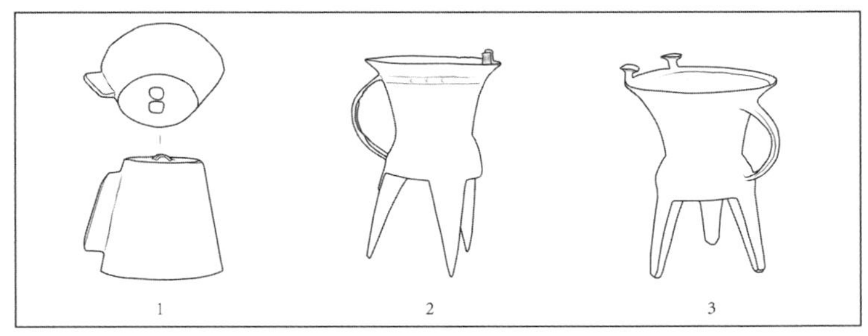

图4-3　大墩子夏商时期铜器

1.铃　2.斝　3.斝

[1] 中国社会科学院考古研究所：《偃师二里头——1959～1978年发掘报告》，第323页，中国大百科全书出版社，1999年。

[2] 胡悦谦：《试谈肥西县大墩孜商文化》，《安徽省考古学会成立会议会刊》，1979年。

[3] 安徽大学、安徽省社会科学院、安徽省文物考古研究所：《安徽江淮地区商周青铜器》，第1、2页，文物出版社，2014年。程露：《也谈肥西大墩孜出土的青铜斝和铃》，《东方博物》第五十二辑，中国书店，2014年。

[4] 中国社会科学院考古研究所二里头工作队：《1984年秋河南偃师二里头遗址发现的几座墓葬》，《考古》1986年第4期。

纹，腹部、袋足饰三叉形附加堆纹；这种附加堆纹首见于二里冈上层一期。加上其高实足尖的特征，陶鬲年代应为二里冈上层时期。陶豆3件，泥质灰或黑陶，均假腹；其一为平沿圆唇，假腹较深，口沿下饰两周弦纹，假腹的柄上饰两周弦纹；其二为外翻沿，假腹较浅，口沿下饰一周弦纹；其三为折沿方唇，假腹较浅，口沿下饰一周弦纹。从三件豆的形态看，年代大致属早中商之际。陶斝为泥质红陶，敞口，圆唇，鼓腹，圜底；特征与铜斝形似，年代应相近。陶爵为夹砂红陶，直腹，敛口，平底，长流，扁圆形矮柱；从形态分析，应属早中商阶段特征。

第3段：器物仅陶鬲。鬲为夹砂黑陶，折沿，方唇，鼓肩，微鼓腹，袋足，高分裆，实足尖近无，饰绳纹。从形态特征判断，鬲的年代应为殷墟时期。

3.其他遗址

（1）古埂遗址

位于现合肥市肥西县城东小区胡湾村，北临派河。遗址海拔10～12米，呈漫坡状，高出周围地面约2米。1983年5至6月，安徽大学历史系、六安地区博物馆等单位发掘150平方米[1]。遗址文化层分4层，其中第4、3层年代为大汶口中晚期；部分探方第2层年代为大汶口末期，其他则进入龙山早期。龙山早期单位有T3②和T4②，陶器有鼎、鬶、盘、豆等。鼎2件，一件为折沿，垂腹，足尖按捺（图4-4，1）；一件为宽折沿，鼓腹（图4-4，2），饰绳纹；年代为龙山早期。鬶为高颈，捏口，宽扁錾（图4-4，3），年代也为龙山早期。盘为浅腹，矮圈足（图4-4，4）；细高柄折腹豆（图4-4，5），形态接近大汶口末期风格，年代应为龙山早期偏早。

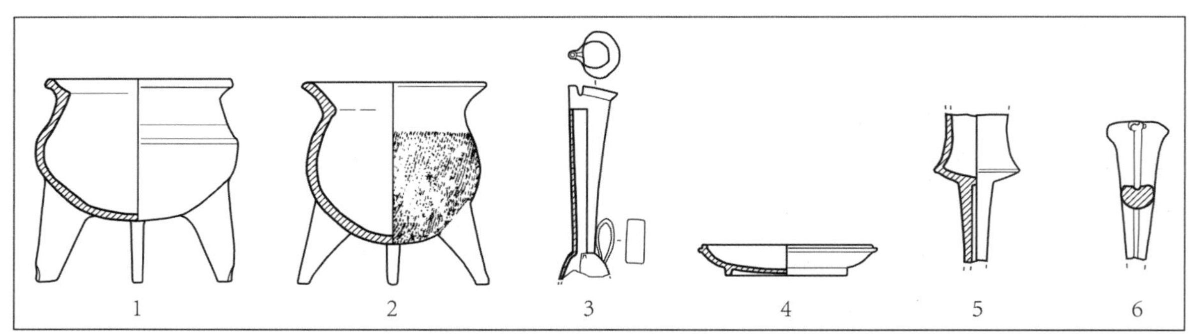

图4—4 古埂龙山时期遗存

1、2.鼎（T3②：1、T4②：4） 3.鬶（T4②：3） 4.盘（T3②：4） 5.豆（T3②：10） 6.鼎足（T4②：3）

（2）师谷墩遗址

位于现合肥市肥西县清平乡政府北1千米处，东距巢湖约5千米。遗址海拔9～10米，高出周围地面约2米。因破坏严重，现存面积近1000平方米。1985年秋，安徽省文物考古研究所、北京大学考古专业等对该遗址进行了调查，采集到鼎足、鬲足、杯、盆、罐等陶器[2]。从材料分析，陶器年代并不一致。刻槽鼎足（图4-5，1），年代属龙山早中期。卷沿盆（图4-5，2）、矮圈足杯（图4-5，3）、三角足鼎（图4-5，4）等，有明显岳石文化特征，年代应为二里头三、四期。

（3）庙集大城墩遗址

位于现合肥市居巢区中埠镇庙集行政村马场岗自然村南100米处，面积近9000平方米。遗址海

[1] 安徽省文物考古研究所：《安徽肥西县古埂新石器时代遗址》，《考古》1985年第7期。

[2] 张敬国：《安徽肥东、肥西古文化遗址调查》，《文物研究》第二期，黄山书社，1986年。

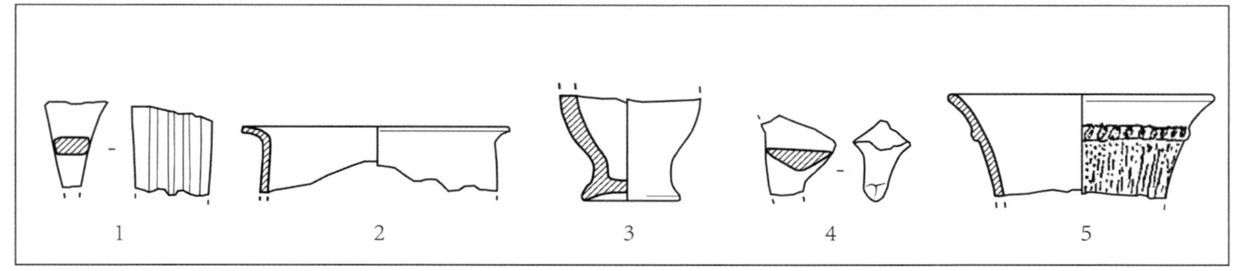

图4-5　师谷墩、庙集大城墩龙山至夏商时期遗存

1.鼎足（FQS：4）　2.盆（FQS：8）　3.杯（FQS：3）　4.鼎足（FQS：9）　5.尊　（师谷墩1～4，庙集大城墩5）

拔 17～20 米，高出周围地面约 5 米，文化堆积厚 4 米。1986 年，安徽省文物考古研究所发掘 315 平方米。探方第 4、5 层有大面积红烧土，发现陶器、原始瓷器等遗物。商时期遗迹较少，主要为灰坑，出土物以陶器为主[1]。典型器为陶尊（图 4-5，5），敞口，曲腹，年代应为花园庄阶段。

（4）岗赵遗址

位于现合肥市肥东县长乐乡岗赵村，北距南淝河支流 70 米，南距巢湖约 5500 米。遗址海拔 13～15 米，总面积约 5 万平方米。1985 年秋，安徽省文物考古研究所对该遗址进行了调查，采集到鼎、碗、盘、豆、角状把手器等陶器[2]。鼎、碗等的形态特征判断，属大汶口文化典型风格。而圆实足鼓腹的平底鼎等，应为岳石文化风格遗物。

二　铜器地点

除大墩子遗址外，馆驿、小颜湾、城墩、福元等地点发现有铜器，部分地点铜器似有组合现象。

1.馆驿

位于现合肥市肥西县上派镇城关，发现觚、爵、斝等铜器 3 件。觚（图 4-6，1）[3] 为细体，中腰已微微凸出，有向三段式过渡趋势。爵（图 4-6，5）[4]、斝（图 4-6，10）[5] 均为伞状柱，这种形态首见于花园庄阶段。“丁”字形足斝自二里冈上层二期偏晚阶段出现，花园庄阶段至殷墟一期间流行；而馆驿斝“丁”字偏瘦，属花园庄阶段特征。以上三器，年代应属花园庄阶段。馆驿斝、觚，与淮河支流润河水系月儿河一带铜器[6] 铸造风格相近。

2.小颜湾

位于现合肥市肥西县上派镇紫蓬社区，发现铜觚、爵各 2 件。觚有粗体、细体两种形态。粗体

[1] 张敬国：《巢湖市庙集乡大城墩商周遗址》，《中国考古学年鉴·1987》，文物出版社，1988年。杨立新：《安徽淮河流域夏商时期古代文化》，《文物研究》第五辑，黄山书社，1989年。

[2] 张敬国：《安徽肥东、肥西古文化遗址调查》，《文物研究》第二期，黄山书社，1986年。

[3] 安徽大学、安徽省社会科学院、安徽省文物考古研究所：《安徽江淮地区商周青铜器》，第32页，文物出版社，2014年。

[4] 安徽大学、安徽省社会科学院、安徽省文物考古研究所：《安徽江淮地区商周青铜器》，第37页，文物出版社，2014年。

[5] 安徽大学、安徽省社会科学院、安徽省文物考古研究所：《安徽江淮地区商周青铜器》，第20页，文物出版社，2014年。宫希成：《中国出土青铜器全集·8安徽》，第10页，科学出版社，2018年。

[6] 安徽省博物馆：《安徽省博物馆藏青铜器》，第4、5页，上海人民美术出版社，1987年。

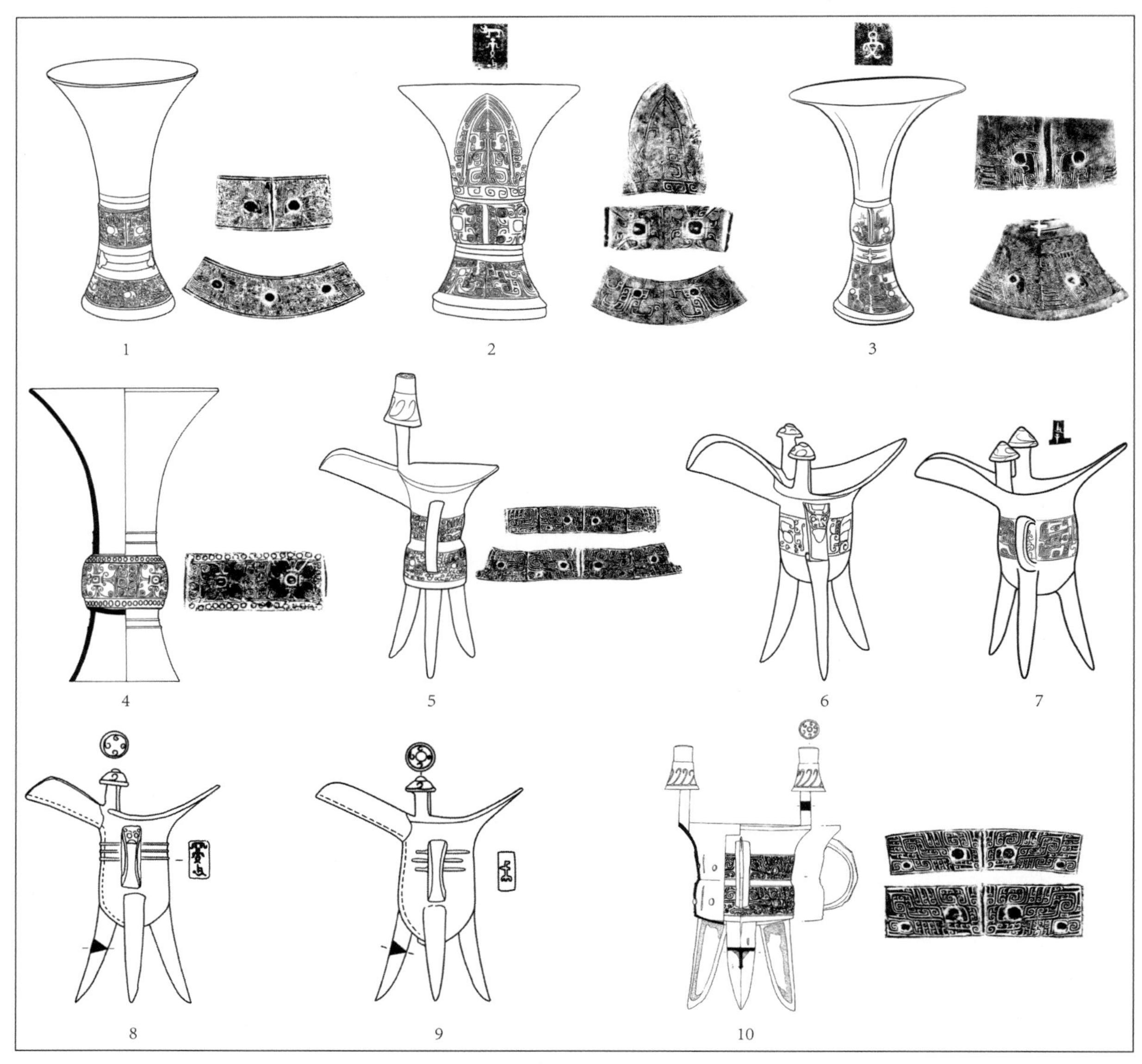

图4-6 馆驿、小颜湾等地点铜器

1～4.觚 5～9.爵 10.斝 （馆驿1、5、10，小颜湾2、3、8、9，城墩4、7，福元6）

觚（图 4-6，2），器身明显呈三段，口下饰三角纹、腹饰饕餮纹，足跟为较高竖阶状；圈足内壁有铭文“父丁”和族徽[1]；属殷墟三期器物。细体觚（图 4-6，3），为大口、瘦长形，觚的圈足底阶较矮、直角下折，饕餮纹；圈足内壁有族徽[2]。这种形态的觚，常见于殷墟二期偏晚阶段。爵为筒形深腹、卵底、直壁，鋬上部有隐约的兽首，属殷墟三期特征[3]。但二者铭文、族徽有异，第一件鋬侧腹外壁有“父丁”及族徽（图 4-6，8）[4]；另一件鋬侧腹外壁有“戈”，无族徽（图 4-6，9）[5]。

[1] 安徽大学、安徽省社会科学院、安徽省文物考古研究所：《安徽江淮地区商周青铜器》，第34、35页，文物出版社，2014年。

[2] 安徽大学、安徽省社会科学院、安徽省文物考古研究所：《安徽江淮地区商周青铜器》，第28、29页，文物出版社，2014年。

[3] 朱凤瀚：《中国青铜器综论》，第989页，上海古籍出版社，2009年。

[4] 安徽大学、安徽省社会科学院、安徽省文物考古研究所：《安徽江淮地区商周青铜器》，第46页，文物出版社，2014年。宫希成：《中国出土青铜器全集·8安徽》，第18页，科学出版社，2018年。

[5] 安徽大学、安徽省社会科学院、安徽省文物考古研究所：《安徽江淮地区商周青铜器》，第47页，文物出版社，2014年。宫希成：《中国出土青铜器全集·8安徽》，第19页，科学出版社，2018年。

3.福元

位于现合肥市庐江县福元乡，发现铜爵 1 件。爵（图 4-6，6）为筒形腹、卵底、直壁，鋬上部有明显的兽首[1]，属殷墟二期偏晚特征。

4.城墩

位于现六安市舒城县古城乡，发现爵、觚各 1 件。爵（图 4-6，7）为筒形腹、卵底，腹部微鼓，鋬上部有隐约兽首[2]，属殷墟三期特征。铭文有两处，一处位于鋬相对侧立柱外，为“父辛”二字；一处位于鋬侧觚外壁，为“举”字。城墩觚（图 4-6，4）呈明显的三段形态，中腰明显突出，足跟已无竖阶，连珠纹 + 四瓣目纹组合纹饰[3]，属殷墟三期偏晚阶段至殷墟四期初特征。

总体来看，巢湖流域以肥西大墩子铜器年代最早，大致在二里头三期至二里冈下层二期间。而馆驿铜器，出土地点与大墩子相近，应属同一文化系统，年代为花园庄阶段，铜器铸造风格、纹饰特点与阜南月儿河铜器极近，应为同一技术体系。派河水系除大墩子、馆驿外的铜器年代偏晚，约为殷墟二、三期前后。而杭埠河水系的城墩、福元等地铜器则处于殷墟二期偏晚阶段至殷墟四期初。

第二节　巢湖流域夏商时期考古学文化分期

一　本区域文化背景

巢湖流域的龙山时期遗存目前发现很少，且多属龙山早期。从出土情况看，该区域在新石器时代晚期明显受到了大汶口文化的冲击。皖北、江淮分水岭、皖西南地带，均可见到这种文化碰撞。龙山早期，良渚文化北上至里下河地区，势力范围变大。滁河流域、巢湖流域也受到了强烈影响。诸多具有良渚文化特征的陶器，甚至是玉器，在巢湖周边也时有发现。良渚文化强盛时，势力可能到了淮河一线。很多龙山时期的遗址中，发现有包含良渚文化及其他数种因素在内的多元结构。无疑，在淮河、巢湖一带，良渚文化与诸多地方文化之间有过碰撞和交汇。在此阶段之后，包括沙河水系、双洎河水系、浍河水系和海岱等地区在内的诸地方文化不断南下，构成了本地新石器时代末期复杂的文化交流面貌。最终，也导致了宁镇皖南地区、太湖流域文化格局的动荡。目前，巢湖流域龙山中期、晚期遗存仍然发现较少，仍不足以对本地龙山至夏时期的文化转变展开更深入的讨论[4]。

二　本区域夏时期遗存

本区域夏时期遗存，分布于巢湖西、西北和北侧，如巢湖西侧的丰乐河水系、巢湖西北侧的派

[1]　安徽大学、安徽省社会科学院、安徽省文物考古研究所：《安徽江淮地区商周青铜器》，第49页，文物出版社，2014年。

[2]　安徽大学、安徽省社会科学院、安徽省文物考古研究所：《安徽江淮地区商周青铜器》，第48页，文物出版社，2014年。

[3]　安徽大学、安徽省社会科学院、安徽省文物考古研究所：《安徽江淮地区商周青铜器》，第33页，文物出版社，2014年。

[4]　对巢湖流域龙山时期遗存进行分析，其目的是探讨龙山时期巢湖流域与宁镇皖南地区、太湖流域的文化交流问题；鉴于目前所公布材料较少的状况，仅作概要性说明。

河水系、巢湖北侧的南淝河水系。明确存在夏时期遗存的遗址，有大墩子[1]、三官庙[2]、塘岗[3]、师谷墩[4]等。在以往的研究中，有学者曾提及合肥的刘大墩和武大城存在夏时期遗存[5]，但未见详细内容。

夏时期遗物多为陶器，也有少量石器、铜器，部分典型器物可进行分期。

1.典型器物

（1）铜器

仅见铃。铃顶部近椭圆形，单侧有扉，顶部穿孔与拱形钮并存（图4-7，7）。

（2）陶器

主要有鼎、尊、簋、罐等。

鼎　有两种形态，一种为深腹盆形，一种为深腹罐形，均为宽卷沿（图4-7，1、2）；鼎足，早期横截面呈扁圆或圆锥形，晚期则为三角形（图4-7，8）。

尊　斜腹，自早至晚腹部倾斜加剧（图4-7，3、9、10）。

簋　折腹，喇叭形矮圈足（图4-7，11）。

罐　分鼓腹、斜弧腹两种，均卷沿，平底（图4-6，5、6）。

盆　卷沿，深弧腹，平底（图4-7，4）。

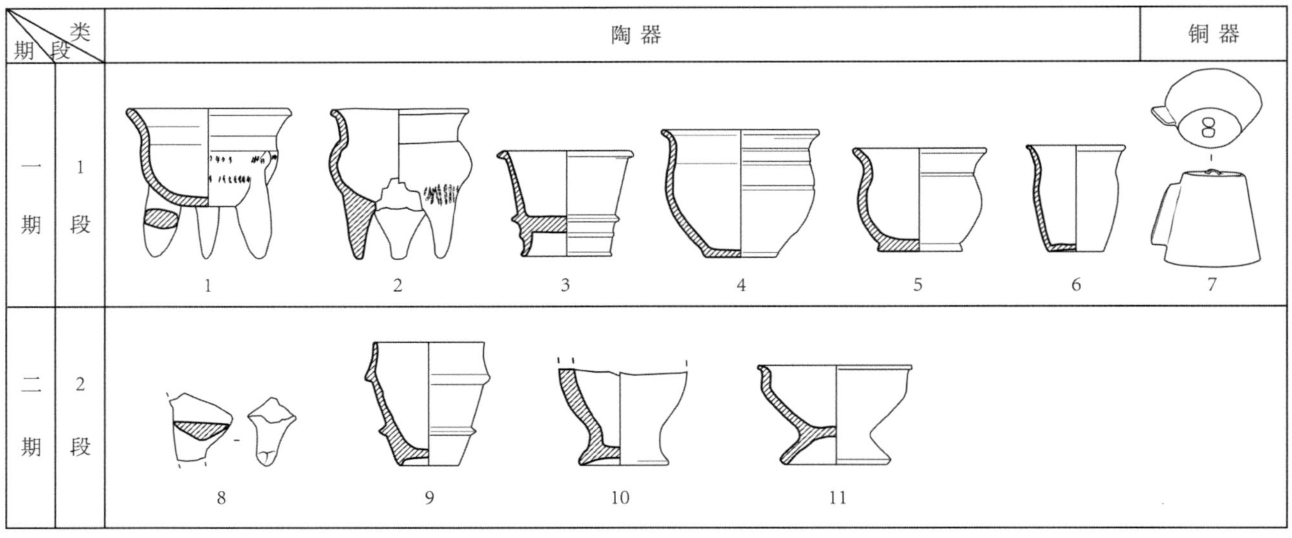

图4-7　巢湖流域夏时期典型器物分期图

1、2.鼎（H28：2、H28：9）　3.尊（H28：4）　4.盆（H28：6）　5、6.罐（H28：3、H28：8）　7.铃　8.鼎足（FQS：9）　9、10.尊（H26：1、FQS：3）　11.簋（H39：1）　（塘岗1～6、9、11，大墩子7，师谷墩8、10）

---

[1]　胡悦谦：《试谈肥西县大墩孜商文化》，《安徽省考古学会成立会议会刊》，1979年。胡悦谦：《肥西县大墩孜商文化遗址》，内部资料，未正式公布。

[2]　秦让平：《安徽肥西三官庙遗址发现二里头时期遗存》，《中国文物报》2019年8月23日。

[3]　安徽省文物考古研究所：《安徽肥西塘岗遗址发掘》，《东南文化》2007年第1期。贾庆元、高飞：《肥西县塘岗新石器时代及商周时期遗址》，《中国考古学年鉴·2007》，文物出版社，2008年。

[4]　张敬国：《安徽肥东、肥西古文化遗址调查》，《文物研究》第二期，黄山书社，1986年。

[5]　杨立新：《安徽淮河流域夏商时期古代文化》，《文物研究》第五辑，黄山书社，1989年。

2.分期与年代

根据前文，每组对应一段。

第 1 段：以塘岗第 1 组为代表，大墩子部分遗物归入该段。典型器物，铜器有铃，陶器有盆形鼎、罐形鼎、斜腹尊、弧腹盆、鼓腹罐、斜弧腹罐等（图 4-7，1 ～ 7）。铜铃具有明显的二里头文化风格，与二里头遗址出土者没有分别。陶器则属岳石文化特征器物。参考二里头遗址出土铜铃的特征及年代，大墩子铜铃年代应为二里头三期。观察陶器特征，鼎、罐具有岳石文化二期风格，年代与铜铃接近。那么，该段年代大致为二里头三期偏晚。

第 2 段：以塘岗第 2 组为代表，师谷墩部分遗物归入该段。典型陶器有扁三角鼎（足）、斜腹尊和矮圈足折腹簋等（图 4-7，8 ～ 11），器类与第 1 段差别较大。尊由上段微斜腹过渡为斜腹；尊、簋有束腰现象。该段年代较上段稍晚，约为二里头四期。

综合以上特征，以上二段可各归一期。第一期，主要分布于巢湖偏西地区；其年代上限，已经到了二里头三期。第二期，接序上一期；年代到了二里头四期。

3.文化因素分析

夏时期遗物，由两类文化因素构成。

A 类：以陶器中的鼎、尊、盆、罐等（图 4-8，1 ～ 8）为代表。这些陶器年代接近，有典型的岳石文化特征。除陶鼎外，其他器物有明显的尹家城类型风格。两件陶鼎，来源要复杂些。宽卷沿扁鼓腹的罐形鼎，东淝河水系的魏家郢子、古城等遗址也有类似遗物，但为平底微内凹形态，年代要早至二里头二期，这几乎是目前淮河中游岳石文化因素遗存的年代上限。塘岗卷沿盆形鼎与尹家城类型、郝家庄类型同类器风格相似，但更接近后者。巢湖流域及淮河中游南侧地带的新砦期至二里头时期遗存，应属斗鸡台文化系统[1]。

B 类：以铜铃、陶簋等（图 4-8，9、10）为代表，该类遗物在巢湖流域较少见。铜铃是二里头文化的典型器物，不见于岳石文化。二里头遗址铜铃，最早见于二里头二期偏晚阶段，铃壁内曲、

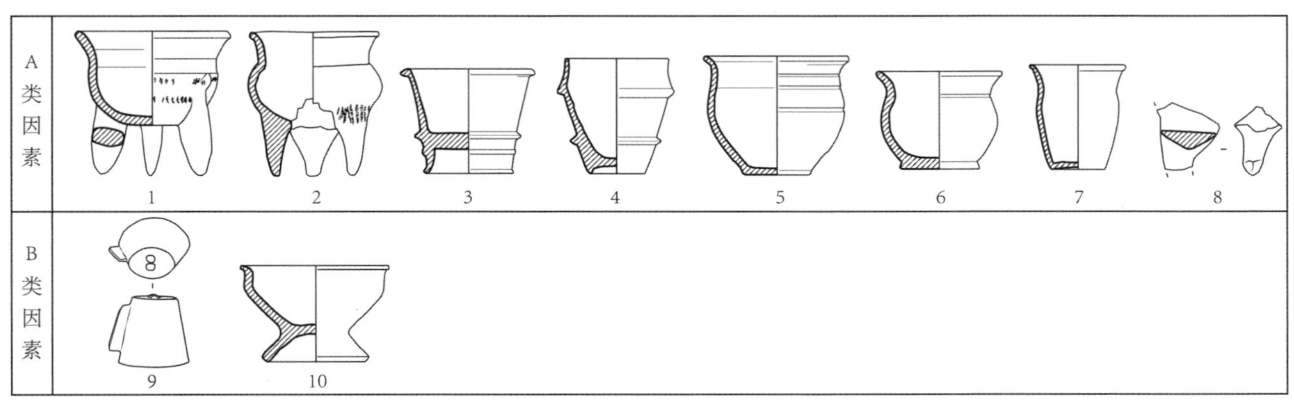

图4-8　巢湖流域夏时期遗存文化因素构成图

1、2.鼎（H28：2、H28：9）　3、4.尊（H28：4、H26：1）　5.盆（H28：6）　6、7.罐（H28：3、H28：8）　8.鼎足（FQS：9）　9.铜铃　10.簋（H39：1）　（塘岗1～8、10，大墩子9）

[1] 中国社会科学院考古研究所：《中国考古学·夏商卷》，第457～461页，中国社会科学出版社，2003年。

扉较短；稍晚的铃壁微弧、扉较长、穿孔与拱形钮并存，且铃的孔向钮过渡[1]。大墩子铜铃孔与钮皆存，年代大致为二里头三期偏晚。二里头遗址铜铃多见于高等级墓葬，属稀缺物品。大墩子遗址铜铃的发现，证明当时派河水系古文化已与二里头文化来往紧密。

那么，东淝河水系、滁河流域等地区发现典型的二里头文化遗物自然可以理解。严格来讲，塘岗陶簋（图 4-7，10），与二里头文化束腰簋形器的形态很接近；而岳石文化同类器多矮圈足，但不束腰。因此，将塘岗簋划归二里头文化因素更妥当。

在对巢湖流域夏时期遗存进行分析后，可知其主要由两类文化因素构成。

第一期，主要有 A、B 两类因素。A 类属岳石文化因素，应来源于鲁西南地区，但交流路线并不清晰。B 类属典型二里头文化因素，由伊洛地区传播而来。该期未见本地创新的文化因素，主要为岳石和二里头文化因素遗物。

第二期，主要有 A、B 两类因素，是在上期基础上的延续，构成未见变化。

由上分析可知，本区域夏时期遗存中并未明显见到对本区域龙山时期文化的继承，而主要是受岳石、二里头文化因素影响。与分布于瓦埠湖、东淝河水系的斗鸡台文化遗存不同，本地遗存中岳石文化因素比重偏高；这也可能是本区域夏时期遗存发现较少而导致的结果。

三　本区域商时期遗存

本区域商时期遗址不多，但较夏时期密度为大。派河水系有大墩子[2]、蛟头陂[3]等，南淝河水系有刘大墩[4]、武大城[5]、烟大谷堆[6]等，柘皋河水系有庙集大城墩[7]，裕溪河水系有董城圩[8]、荆王城[9]、小城子[10]、大黄岗[11]等，兆河水系有神墩[12]。杭埠河中游也曾做过大量调查[13]，但年代框架较模糊。丰乐河水系的师谷墩[14]，也可能存在商时期遗存。

经正式发掘的遗址，有大墩子、烟大谷堆、庙集大城墩、荆王城和神墩，大墩子、庙集大城墩曾公布少量资料，其他则多以简讯公布。

大墩子、馆驿、小颜湾、城墩、福元等地点铜器，资料已于近年陆续公布。

[1] 安家瑗：《中国早期的铜铃》，《中国历史博物馆馆刊》总第10期，文物出版社，1987年。

[2] 胡悦谦：《试谈肥西县大墩孜商文化》，《安徽省考古学会成立会议会刊》，1979年。胡悦谦：《肥西县大墩孜商文化遗址》，内部资料，未正式公布。

[3] 胡悦谦：《试谈肥西县大墩孜商文化》，《安徽省考古学会成立会议会刊》，1979年。

[4] 杨立新：《安徽淮河流域夏商时期古代文化》，《文物研究》第五辑，黄山书社，1989年。

[5] 杨立新：《安徽淮河流域夏商时期古代文化》，《文物研究》第五辑，黄山书社，1989年。

[6] 宫希成：《合肥市烟大谷堆商周时期遗址》，《中国考古学年鉴·2003》，文物出版社，2004年。

[7] 张敬国：《巢湖市庙集乡大城墩商周遗址》，《中国考古学年鉴·1987》，文物出版社，1988年。杨立新：《安徽淮河流域夏商时期古代文化》，《文物研究》第五辑，黄山书社，1989年。

[8] 杨立新：《安徽淮河流域夏商时期古代文化》，《文物研究》第五辑，黄山书社，1989年。

[9] 杨立新：《安徽淮河流域夏商时期古代文化》，《文物研究》第五辑，黄山书社，1989年。

[10] 杨立新：《安徽淮河流域夏商时期古代文化》，《文物研究》第五辑，黄山书社，1989年。

[11] 国家文物局：《中国文物地图集·安徽分册》下，第240页，中国地图出版社，2014年。

[12] 杨立新：《安徽淮河流域夏商时期古代文化》，《文物研究》第五辑，黄山书社，1989年。

[13] 安徽省文物局、安徽省文物考古研究所：《杭埠河中游区域系统调查报告》，文物出版社，2012年。

[14] 张敬国：《安徽肥东、肥西古文化遗址调查》，《文物研究》第二期，黄山书社，1986年。

1.典型器物

多为铜器，陶器资料甚少，可作简单分期。

（1）铜器

主要有爵、斝、觚三类。

爵　均较瘦高，长流，三棱足，菌状柱较高（图4-9，4、7、9、10）。可分三式。形态由折腹向直腹、平底向圜底，菌状柱圆柱向方柱过渡。

斝　均束腰，下腹外鼓（图4-9，1、2、5）。可分二式。早期颈部以较大斜度外倾，且较长；晚期颈部外倾但角度变小，颈部变短。足也由三棱锥形向“丁”字形足演变。

觚　均喇叭口，圈足（图4-9，6、8、11、12）。可分四式。觚体由不分段变为三段，喇叭口也有变大趋势。

（2）陶器

尊　敞口，曲腹，绳纹＋附加堆纹组合纹饰（图4-9，3）。

2.分期与年代

以上遗物可进行简单分组。

将肥西大墩子铜斝划为第1组，庙集大城墩陶尊、馆驿铜器划为第2组，小颜湾细体铜觚、福元铜爵划为第3组，城墩铜爵、小颜湾铜爵和粗体铜觚划为第4组，城墩铜觚划为第5组。

以上5组对应5段。

第1段：以大墩子第2组为代表，典型器物为Ⅰ式铜斝（图4-9，1、2），斝整体形态相近，均为长斜颈，敞口，扁鼓腹或斜方腹，三棱锥形足或半圆足，颈腹间为拱形扁鋬，菌状柱柱帽为不规则三角形；斜方腹斝颈部有两道弦纹，弦纹间有两周连珠纹。从器物形态及装饰纹样看，年代属二里冈下层二期前后。

第2段：以庙集大城墩、馆驿器物为代表。陶器仅见尊，侈口，卷沿，斜腹，绳纹＋附加堆纹组合纹饰（图4-9，3）；属花园庄阶段风格。典型铜器有Ⅰ式爵（图4-9，4）、Ⅱ式斝（图4-9，5）、Ⅰ式觚（图4-9，6），器身均分段，继承二里冈时期样式；伞状柱、“丁”字形足、涡纹，证明已脱离二里冈期进入稍晚阶段；三件铜器，觚的年代可能略早，但均为花园庄阶段。

第3段：以福元、小颜湾的部分铜器为代表。典型铜器有Ⅱ式爵（图4-9，7）、Ⅱ式觚（图4-9，8）。爵为筒形腹，卵底，稍弧腹，三足稍长，鋬顶有兽首纹。觚喇叭口较大，中腹突出变为三段觚，足阶渐收，口下流行三角纹。该段年代，大致为殷墟二期偏晚。

第4段：以小颜湾、城墩的部分铜器为代表。典型铜器有Ⅲ式爵（图4-9，9、10）、Ⅲ式觚（图4-9，11）。爵为筒形腹，卵底，稍弧腹，三足稍短，鋬顶有兽首纹。觚较粗矮，柄上凸节开始变大。综合以上特征，该段年代为殷墟三期前后。

第5段：以城墩部分铜器为代表。典型铜器为Ⅳ式觚（图4-9，12），觚体有大凸棱，属殷墟三期偏晚至四期初特征。

以上分段，第1段视为第一期，第2段视为第二期，第3～5段视为第三期；年代分别相当于二里冈下层二期、花园庄阶段、殷墟二至四期。

图4-9　巢湖流域商时期典型器物分期图

1、2、5.斝　3.尊　4、7、9、10.爵　6、8、11、12.觚　（大墩子1、2，庙集大城墩3，馆驿4～6，福元7，小颜湾8、9、11，城墩10、12）

3. 文化因素分析

第 1 段器物，铜斝年代为二里冈下层二期前后，与二里冈同期铜斝形态、装饰风格基本一致，属典型商文化因素。

第 2 段器物，陶器为侈口，卷沿，斜腹；形态、纹样与花园庄遗址同类器无差别。铜器，如爵、斝、觚，也是典型商文化风格。

第 3～5 段器物，如铜爵和铜觚，则是在前两段基础上的继承和发展。

可以这样认为，巢湖流域商时期地方文化是在商文化的强烈影响下产生的，陶器、铜器与商核心区未见差别。再看滁河流域，商时期遗存也明显受到了典型商文化的影响。不同的是，滁河流域在商时期的不同阶段皆受到了太湖流域文化影响，期间也包括岳石文化。从东淝河水系斗鸡台、丁家孤堆等的情况看，该区域在二里冈上层一期仍受岳石文化影响。而巢湖流域商时期遗存，极可能包含岳石文化因素。

4. 与其他地区同时期遗存的关系

由此可知，巢湖流域商时期地方文化应是在商文化、岳石文化的共同作用下产生的，这种情况自商文化影响巢湖流域初期便存在，并一直持续到二里冈上层一期。二里冈上层一期之后，岳石文化的影响可能逐渐衰弱，本地受商文化影响更加强烈，并一直持续至殷墟时期。马桥文化因素、亭林类型因素在滁河中、下游地区多见，但巢湖偏西地区暂未发现。巢湖东侧裕溪河上游一带商时期遗存面貌尚不清楚，以后研究中应予以关注。

第三节　巢湖流域夏商时期考古学文化类型

本区域夏时期遗存，由岳石文化因素和二里头文化因素组成，属斗鸡台文化系统，处于二里头晚期阶段。该类遗存虽属斗鸡台文化，但却与淮河以南瓦埠湖、东淝河水系的夏时期遗存有一定差异。一是年代差异，淮河南岸地带夏时期遗存最早可至新砦期；二是文化因素差异，淮河南岸地带夏时期遗存内涵较复杂，至少包含新砦期文化、二里头文化、岳石文化等三种因素，且二里头文化因素并不比岳石文化因素比例小。王迅先生注意到了两个区域夏时期遗存的差别，并将斗鸡台文化分为斗鸡台类型和巢湖类型[1]。笔者对此认识表示赞同，但也有不同认识。按照这种认识，巢湖类型的分布范围包括巢湖流域和滁河流域。但观察滁河流域岳石文化因素遗存，年代最早约为二里头三期偏晚，而巢湖流域、淮河南岸地带岳石文化因素遗存年代最早则分别为二里头三期偏晚、二里头二期。三个地区的岳石文化因素遗存，虽属同一文化系统，但可能有文化类型差异，影响的路径和年代或有区别。再看马桥文化因素遗存，目前仅发现于以上三地区的滁河流域。巢湖流域与滁河流域夏时期遗存，文化结构是有一定差异的。

本区域商时期遗存，资料较零碎。而滁河流域已发掘的商时期遗址，资料多已公布且较丰富。总体来看，巢湖流域现有的商时期遗存，数量暂不充分，但与滁河流域发现的相近。王迅先生认为

[1] 王迅：《东夷文化与淮夷文化研究》，第65、66页，北京大学出版社，1994年。

这两个流域商时期遗存同属大城墩类型，笔者赞同这种观点。但观察目前巢湖流域商时期资料，数量仍偏少，将来仍有探索空间。

一　巢湖类型

巢湖流域夏时期遗存，属斗鸡台文化巢湖类型，主要分布于丰乐河、派河及南淝河水系（图4-10），白石河、兆河、裕溪河等水系则暂无发现。派河水系分布有大墩子、蛟头陂、三官庙，南淝河水系分布有塘岗、刘大墩、武大墩，丰乐河水系分布有师谷墩。巢湖类型遗物可分为两期。第一期以盆形鼎、罐形鼎、斜腹尊、深斜腹罐和铜铃等（图4-7，1～7）为代表，年代相当于二里头三期偏晚。第二期以三角足鼎、斜腹尊、矮圈足束腰簋等（图4-7，8～11）陶器为代表，年代相当于二里头四期。值得注意的是，近些年长江南岸黄浒河水系师姑墩遗址出土的早期遗物具有典型的二里头文化特征，比重较高，年代相当于二里头一、二期，部分遗物年代上限可能会到新砦期。这些包含中原地区文化因素的遗物，显然是由斗鸡台文化区传播而来。那么，斗鸡台文化巢湖类型遗存应远较目前见到的丰富，且在夏时期具有较好的延续性。师姑墩遗址夏时期遗存的文化构成，至少包括二里头文化和马桥文化两种因素。马桥文化是否在夏时期影响到了巢湖流域，是将来必须探讨的问题。

巢湖类型遗物主要为陶器和石器，有少量铜器。该类型主要由岳石文化、二里头文化两种因素构成，岳石文化因素典型陶器有盆形鼎、罐形鼎、斜腹尊、深弧腹盆、斜腹小罐、矮圈足束腰簋等（图4-8，1～8）；多泥质灰黑陶，少量红褐陶；浅凹槽饰较多。二里头文化因素典型器有铜铃和

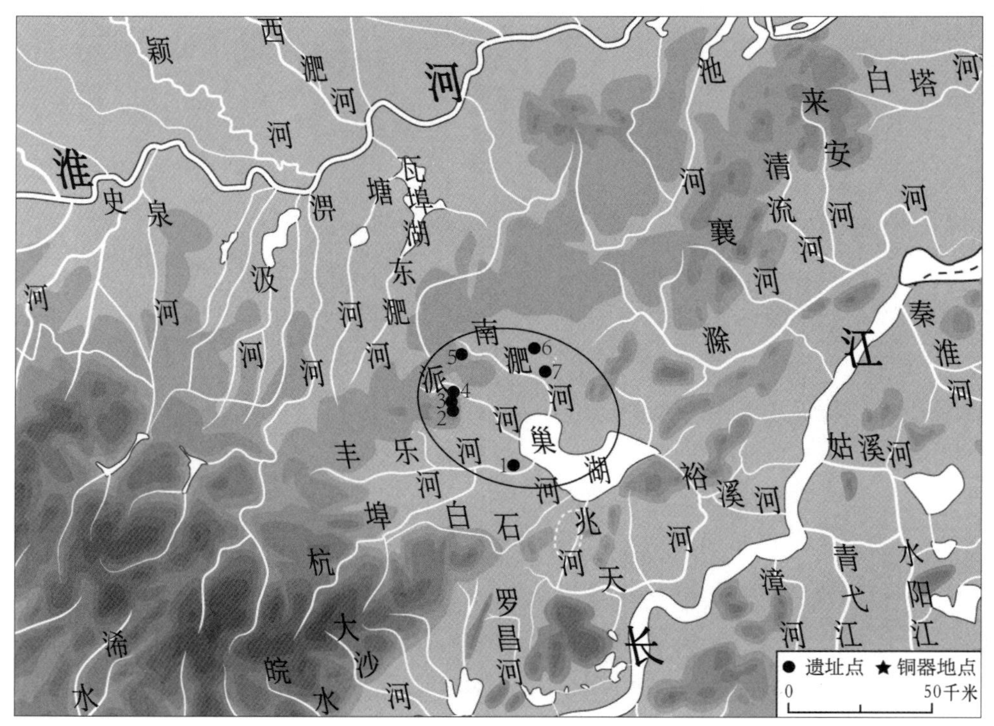

图4-10　巢湖类型分布图

1.师谷墩　2.大墩子　3.蛟头陂　4.三官庙　5.塘岗　6.刘大墩　7.武大城

陶簋（图4-8，9、10）。由此可知，巢湖类型中的岳石文化因素和二里头文化因素遗存，可能受到了斗鸡台类型的影响。

二　大城墩类型

1.分布

巢湖流域商时期遗存，属大城墩类型。它的分布范围比较广，巢湖周边均见（图4-11）。南淝河水系，分布有刘大墩、武大城、烟大谷堆；派河水系，分布有大墩子、蛟头陂，铜器地点有馆驿、小颜湾；丰乐河、杭埠河水系，分布有师谷墩，铜器地点有福元、城墩；兆河水系，分布有神墩；柘皋河水系，分布有庙集大城墩；裕溪河水系，分布有小城子、荆王城和董城圩等。

2.文化特征

该区域商时期遗存，仅见少量的铜器和陶器。铜器主要为酒器，器类有爵、斝和觚等（图4-9,1、2、4～12）。早期铜器纹饰比较简单，器物主体部分为素面，辅以凸棱或连珠纹的装饰；时间偏晚纹饰则变复杂。流行兽面纹、蕉叶纹等，至殷墟晚期纹饰则变得模糊或素面。铜器制作上，前后也存在不同，其中以花园庄阶段至殷墟早期较复杂，在此之前及之后均稍简单。陶器仅见尊（图4-9，3），大口、深腹，绳纹＋附加堆纹装饰，特征与商文化同类器基本一致。

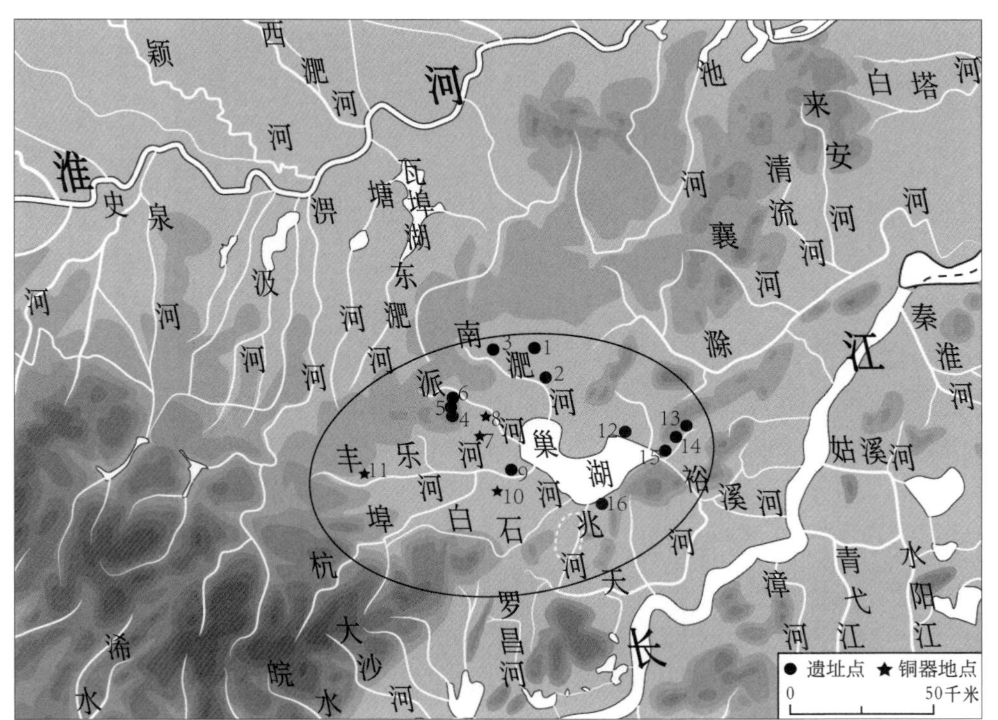

图4-11　巢湖流域大城墩类型分布图

1.刘大墩　2.武大城　3.烟大谷堆　4.大墩子　5.蛟头陂　6.三官庙　7.馆驿　8.小颜湾　9.师谷墩　10.福元　11.城墩　12.庙集大城墩　13.小城子　14.荆王城　15.董城圩　16.神墩

3.分期及年代

前文已述，本区域商时期遗存可分为三期，与大城墩类型分期相近。第一期遗存，年代相当于二里冈下层二期前后，铜器与二里冈风格并无区别。第二期遗存，年代相当于花园庄阶段。第三期遗存，年代相当于殷墟二期偏晚至殷墟四期偏早阶段。

从大城墩类型在巢湖流域的分布情况看，遗址数量较多，但资料零散，缺乏系统性。近十年来，该流域发掘了如武斌大墩、大雁墩、刘小郢、三官庙、安定寺大墩等遗址，其中部分遗址明确包含商时期遗存。因此，这些资料在将来完整公布后，将会极大完善目前巢湖流域大城墩类型的资料体系。

第五章 皖西南地区夏商时期考古学文化

皖西南地区，是长江中游通往长江下游巢湖流域等诸地区的重要通道。多年的调查工作，本区域发现了数量较多的新石器时代至商周时期遗址（图 5-1）。20 世纪 70 年代后段，便有一些零散的考古调查。在此期间，发现几处遗址，皖河水系有薛家岗[1]、汪洋庙[2]，石塘河水系有张四墩[3]。进入 80 年代，调查工作增多。靠近巢湖的枞阳地区，调查了白荡湖、菜子湖、枫沙湖、白荡湖和横埠河周边的台地，发现浮山、小北墩、毛竹园、魏家墩、夜郎城、狮子山、子午墩、汤家墩等早期遗址 18 处[4]。在对望江县武昌湖周边地区的调查工作中，发现戴家墩、狗尾山、麻冲、七星墩、双墩、枫岭墩、汪家山、王牌、麻圆墩等早期遗址 49 处[5]。太湖县和宿松县境内泊湖、龙感湖、花亭湖周边区域经调查后，发现黄鳝嘴、何家凸、牛凸岭、一天门、刘湾、野人湾、王孙咀等新石器时代遗址 6 处，发现王家墩、大墩、墩上屋、章家墩、袁家咀、乌龟垅、彭岭、杨家坟、关前等商周时期遗址 9 处[6]。对安庆市境内皖河、石塘湖、长枫港周边进行调查后，发现夫子城、墩头、沈店神墩、三城寺、任埒祠墩、芭茅神墩、饶家墩等早期遗址 40 余处[7]。怀宁大沙河沿岸则发现孙家城[8]、跑马墩[9]等商时期遗址。进入 21 世纪后，对怀宁境内的大沙河和皖河水系开展了区域系统调查，发现包括黄龙、金龙岭、朱山嘴、仓盐墩、高墩等遗址 133 处[10]。总体来说，这些调查覆盖了皖西南地区的大部分水系。调查发现的这些遗址，不少存在夏商时期遗存，如王家墩、墩上屋、大墩、章家墩、袁家咀、乌龟垅、彭岭、杨家坟、关坟和沈店神墩等。

本区域新石器时代末至商周时期遗址，有一部分已进行了发掘，沿江水系的文化脉络因此逐

[1] 安徽省文物工作队：《潜山薛家岗新石器时代遗址》，《考古学报》1982年第3期。

[2] 安徽省文物考古研究所：《望江汪洋庙新石器时代遗址》，《考古学报》1986年第1期。

[3] 许闻：《安徽安庆市张四墩遗址初步调查》，《文物研究》第十四辑，黄山书社，2005年。

[4] 阚绪杭、方国祥：《枞阳县新石器时代文化遗址调查报告》，《文物研究》第七辑，黄山书社，1991年。安徽省文物考古研究所：《安徽枞阳、庐江古遗址调查》，《江汉考古》1987年第4期。杨德标、方国祥：《枞阳县汤家墩商周遗址》，《中国考古学年鉴·1989》，文物出版社，1990年。

[5] 望江县文物管理所：《安徽望江县新石器时代遗址调查》，《考古》1988年第6期。阚绪杭：《望江县赛口新石器时代遗址调查与麻圆墩遗址的试掘》，《文物研究》第十一辑，黄山书社，1998年。

[6] 安徽省文物工作队：《太湖、宿松古文化遗址调查》，《安徽文博》总第3期，《安徽文博》编辑部，1983年。安徽省文物考古研究所：《宿松黄鳝嘴新石器时代遗址》，《考古学报》1987年第4期。

[7] 安徽省文物考古研究所、安庆市博物馆：《安徽安庆市先秦文化遗址调查报告》，《文物研究》第十四辑，黄山书社，2005年。

[8] 安徽省文物考古研究所、怀宁县文物管理所：《安徽怀宁孙家城新石器时代遗址发掘简报》，《文物》2014年第5期。

[9] 杨德标、金晓春等：《安徽怀宁跑马墩遗址发掘的主要收获》，《文物研究》第八辑，黄山书社，1993年。

[10] 安徽省文物考古研究所、怀宁县文物管理所：《安徽怀宁县皖河流域先秦文化遗址调查报告》，《文物研究》第十四辑，黄山书社，2005年。安徽省第三次全国文物普查办公室、怀宁县文物管理所：《怀宁考古记——基于"三普"调查的发现与研究》，文物出版社，2011年。

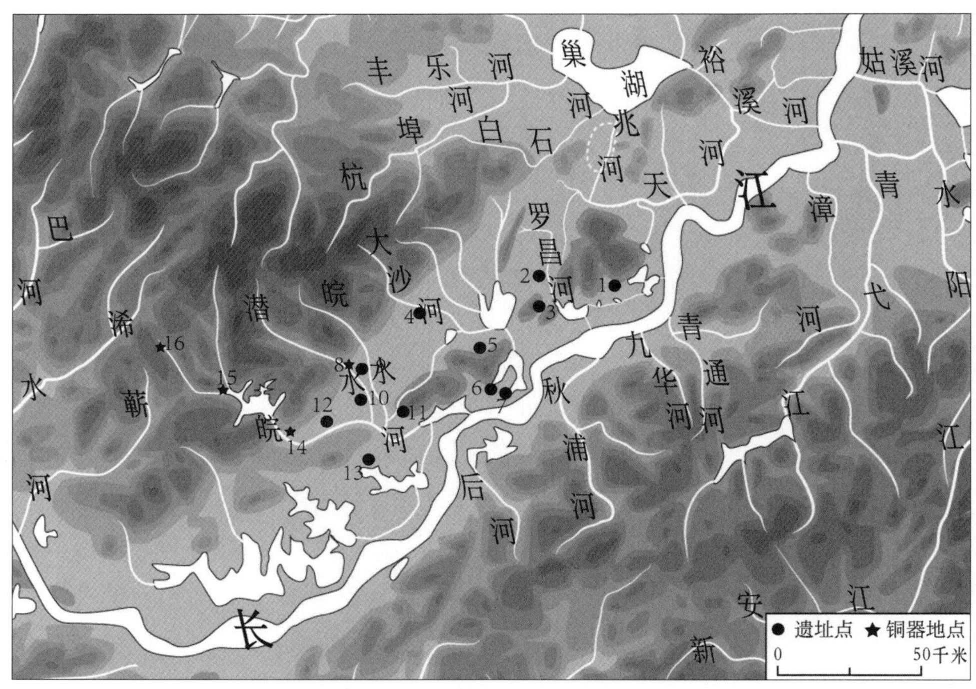

图5-1 皖西南地区新石器时代末至夏商时期主要遗存分布图

1.汤家墩 2.小北墩 3.浮山 4.孙家城 5.跑马墩 6.张四墩 7.沈店神墩 8.彰法山 9.百林山 10.薛家岗 11.杨家嘴 12.王家墩 13.戴家墩 14.晋熙 15.刘畈 16.冶溪

渐清晰。处于该年代区间的遗址，白荡湖周边有小北墩[1]，横埠河水系有汤家墩[2]，大沙河水系有孙家城[3]，破岗湖周边有张四墩[4]，皖河水系有百林山[5]、何家凸[6]、薛家岗[7]、跑马墩[8]、夫子城[9]、王家墩[10]、吴河[11]、佘墩[12]、汪洋庙[13]、杨家嘴[14]，泊湖周边有黄鳝嘴[15]。这些遗址，存在

[1] 安徽省文物考古研究所：《安徽枞阳、庐江古遗址调查》，《江汉考古》1987年第4期。

[2] 安徽省文物考古研究所：《安徽枞阳县汤家墩遗址发掘简报》，《中原文物》2004年第4期。方国祥：《安徽枞阳出土一件青铜方彝》，《文物》1991年第6期。安徽大学、安徽省社会科学院、安徽省文物考古研究所：《安徽江淮地区商周青铜器》，第62、63页，文物出版社，2014年。

[3] 安徽省文物考古研究所、怀宁县文物管理所：《安徽怀宁孙家城新石器时代遗址发掘简报》，《文物》2014年第5期。安徽省文物考古研究所、怀宁县文物局：《安徽省怀宁县孙家城遗址H29发掘简报》，《江汉考古》2015年第2期。

[4] 安徽省文物考古研究所：《安徽安庆市张四墩遗址试掘简报》，《考古》2004年第1期。安徽省博物馆：《安庆市张四墩遗址1980年试掘述要》，《文物研究》第十五辑，黄山书社，2007年。安徽省博物馆：《安庆市张四墩遗址1997年试掘新石器时代材料补遗》，《文物研究》第十五辑，黄山书社，2007年。安徽省文物考古研究所、安庆市博物馆：《安徽安庆市先秦文化遗址调查报告》，《文物研究》第十四辑，黄山书社，2005年。

[5] 安徽省文物考古研究所：《怀宁县百林山遗址发掘简报》，《文物研究》第十二辑，黄山书社，2000年。

[6] 安徽省文物工作队：《太湖、宿松古文化遗址调查》，《安徽文博》总第3期，《安徽文博》编辑部，1983年。

[7] 安徽省文物工作队：《潜山薛家岗新石器时代遗址》，《考古学报》1982年第3期。安徽省文物考古研究所：《潜山薛家岗》，文物出版社，2004年。

[8] 杨德标、金晓春等：《安徽怀宁跑马墩遗址发掘的主要收获》，《文物研究》第八辑，黄山书社，1993年。

[9] 安徽省文物考古研究所：《安徽安庆市夫子城新石器时代遗址的发掘》，《考古》2002年第2期。

[10] 高一龙：《太湖县王家墩遗址试掘》，《文物研究》第一期，黄山书社，1985年。

[11] 安徽省文物考古研究所1984年对遗址进行过发掘，但资料未正式公布。

[12] 与吴河遗址同时，安徽省文物考古研究所开展了发掘工作。参国家文物局：《中国文物地图集·安徽分册》下，第447页，中国地图出版社，2014年。

[13] 安徽省文物考古研究所：《望江汪洋庙新石器时代遗址》，《考古学报》1986年第1期。望江县文物管理所：《安徽望江县新石器时代遗址调查》，《考古》1988年第6期。

[14] 卢茂村：《怀宁杨家嘴遗址调查》，《安徽文博》总第1期，《安徽文博》编辑部，1980年。许闻：《怀宁黄龙新石器时代遗址试掘简报》，《文物研究》第二期，黄山书社，1986年。

[15] 安徽省文物考古研究所：《宿松黄鳝嘴新石器时代遗址》，《考古学报》1987年第4期。

夏商时期遗存的有薛家岗、百林山、跑马墩、汤家墩、孙家城、张四墩、王家墩、沈店神墩、小北墩等。

发现铜器的遗址有薛家岗、汤家墩、跑马墩、孙家城等，铜器地点有彰法山[1]、晋熙[2]、冶溪[3]、刘畈[4]等。

比较遗憾的是，虽然本地区新石器时代遗址众多，但龙山中晚期者偏少，夏时期者更是缺乏。这些实际情况，导致本地区龙山时期向夏时期考古学文化的过渡情况仍不太清晰。

第一节　典型遗存分期

一　遗址

1.薛家岗遗址

薛家岗遗址位于现潜山市王河镇永岗行政村永明村北，东距潜水 200 米。遗址呈不规则椭圆形，海拔 21～25 米，高出周围地面 1～4 米，总面积可能超过 10 万平方米。遗址发现于 1977 年，共进行过六次发掘，发掘面积总计约 2330 平方米。共发现灰坑 56 个、墓葬 153 座、房址 5 座及其他数种遗迹，属夏商周时期者有灰坑 47 个、墓葬 1 座、房址 2 座、红烧土堆积 1 处[5]。原文将夏商时期遗存分为二里头晚期、二里冈期两大期，并与中原及长江中游同期遗存作了比较。笔者对该年代架构部分认可，但认为稍简略，可再细化。现根据叠压关系，将材料分为 7 组。

第 1 组：以 T49⑨为代表。

第 2 组：以 T49⑧、H20、H25 为代表。

第 3 组：以 T49⑦、T7②、H11、H31、H55 为代表。

第 4 组：以 T21③、T22③、T34③、T35③、H27、H35 为代表。

第 5 组：以 T38③、H37、H38、K2 为代表。

第 6 组：以 T44③ b、H17、H28、H30、H49、H57 为代表。

第 7 组：以 M152、H15 为代表。

第 8 组：以遗址部分采集陶器为代表。

以上 8 组对应 8 段。

第 1 段：陶器仅见 1 件鼎式鬲（图 5-2，1）。厚圆唇略外翻，垂腹，圜底，圆锥形足，弦纹 + 绳纹组合纹饰。同南关外 C5H9：8[6] 特征相近，而与典型商文化陶器差别明显，且年代更早。由分析可知，该段遗存风格与南关外期相近，年代约为二里头四期。

---

[1] 安徽大学、安徽省社会科学院、安徽省文物考古研究所：《安徽江淮地区商周青铜器》，第38页，文物出版社，2014年。

[2] 安徽大学、安徽省社会科学院、安徽省文物考古研究所：《安徽江淮地区商周青铜器》，第44页，文物出版社，2014年。

[3] 安徽大学、安徽省社会科学院、安徽省文物考古研究所：《安徽江淮地区商周青铜器》，第40～43页，文物出版社，2014年。

[4] 安徽大学、安徽省社会科学院、安徽省文物考古研究所：《安徽江淮地区商周青铜器》，第45页，文物出版社，2014年。

[5] 安徽省文物工作队：《潜山薛家岗新石器时代遗址》，《考古学报》1982年第3期。安徽省文物考古研究所：《潜山薛家岗》，文物出版社，2004年。

[6] 河南省文物考古研究所：《郑州商城——1953～1985年考古发掘报告》，第128页，文物出版社，2001年。

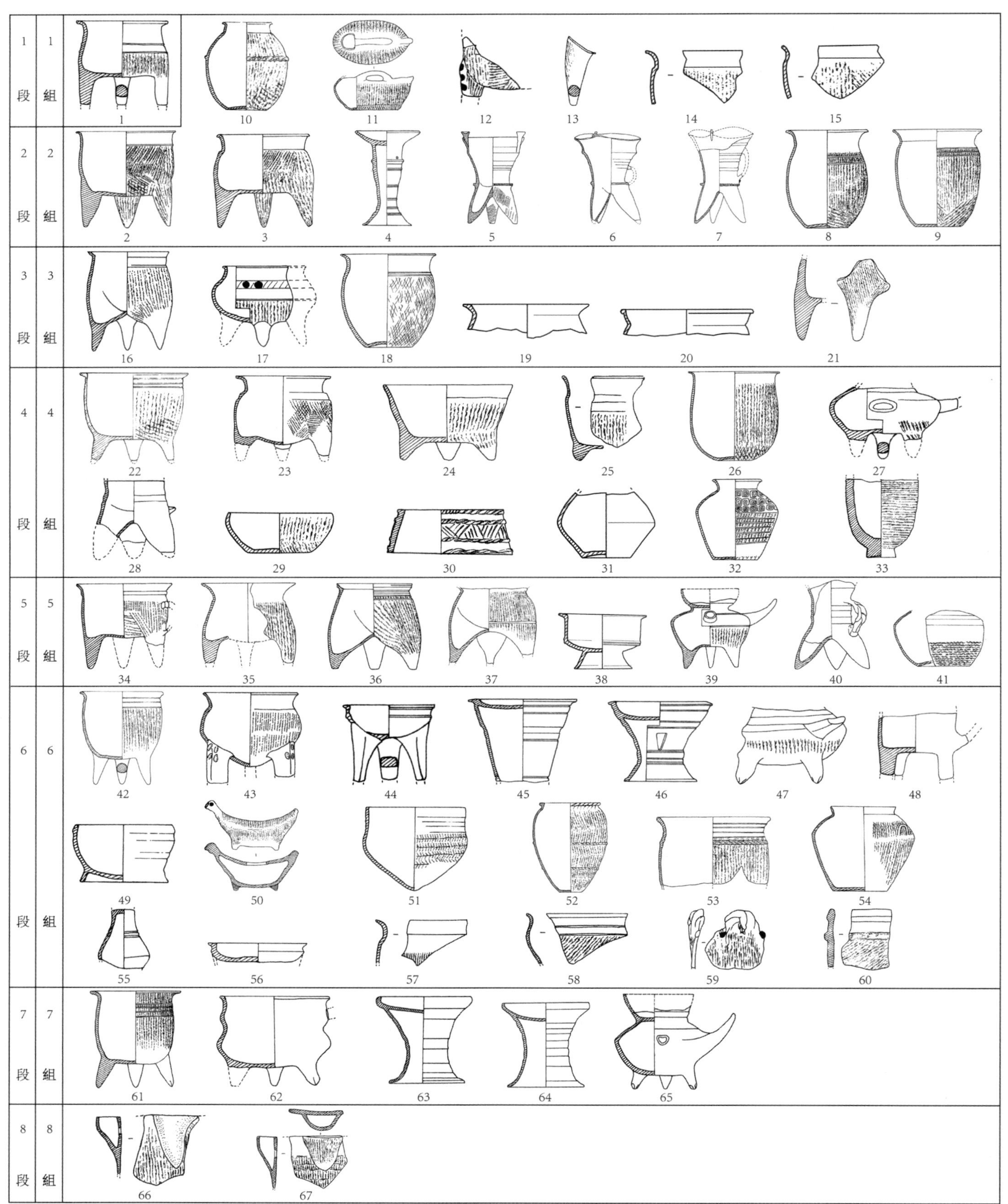

图5-2　薛家岗夏商时期遗存

1～3.鬲（T49⑨：1、H25：88、H25：111）　4.豆（H25：93）　5～7.斝（H25：90-1、H25：90-2、H25：90-3）　8～10.罐（H25：113、H25：101、T49⑧：21）11.壶（H20：14）　12.鬲足（T49⑧：19）　13.鼎足（T49⑧：20）　14.鬲（T49⑧：15）　15.甗（T49⑧：18）　16.鬲（H31：1）　17.鬲（H11：1）　18.罐（T7②：9）　19、20.鬲（H55：1、T49⑦：8）　21.鬲足（T49⑦：6）　22～25.鬲（T21③：10、H35：2、T22③：15、T34③：4）　26.罐（H35：4）　27.盉（T34③：12）　28.斝（T35③：4）　29.钵（T22③：5）　30.器座（H35：32）　31.壶（H35：27）　32.罐（T22③：2）　33.缸（H27：24）　34～36.鬲（H37：1、H37：2、T38③：6）　37.鬲（H38：19）　38.簋（K2：2）　39.盉（H38：13）　40.斝（H37：3）　41.罐（H37：4）　42、43.鬲（T44③b：30、H30：34）　44.鼎（H17：89）　45、46、55、56.豆（H28：10、H28：5、H30：61、H28：13）　47.盉（T44③b：32）　48.爵（T44③b：58）　49.簋（T44③b：15）　50.尊（H17：72）　51.釜（H28：4）　52.瓮（H17：95）　53、54.罐（T44③b：29、T44③b：4）　57.鬲（H57：1）　58.盆（H30：63）　59.鼎（T44③b：45）　60.缸（H30：64）　61.鬲（M152：1）　62.鼎（M152：2）　63、64.豆（H15：1、M152：3）　65.盉（M152：4）　66、67.甗（采：7、采：8）

第2段：陶器以夹砂陶为多，泥质陶较少。陶色以红为主，黑、灰渐次；灰陶系多偏灰黄色；红陶系含部分红褐陶。器类有鬲、鼎、甗、豆、斝、壶、罐等（图5-2，2～15）。纹饰以绳纹为主，弦纹次之，另有附加堆纹、篮纹、刻划纹、网纹、指捺纹、镂孔等；绳纹常与弦纹组合出现，弦纹多见于肩腹交界处。鬲多为浅足窝、粗壮锥形实足，浅圜底，流行大宽沿、卷折沿，这种鬲多见于二里冈下层一期。鼎仅见鼎足，横截面圆形。甗见甑部，微卷沿，深弧腹，饰绳纹。豆为中粗柄，敞口，浅腹碗形。斝均为敞口，细瘦袋足，足尖多较矮；颈部多明显折棱，呈盘口状。爵为直腹内曲，凹底，三实足。鸭形壶，有首有尾，平底，饰绳纹；常见于马桥文化中。罐均为深腹，鼓腹或弧腹。典型器有卷折沿鼎式鬲（图5-2，2）、宽卷沿鼎式鬲（图5-2，3）、中粗柄碗形豆（图5-2，4）、盘口袋足斝（图5-2，5～7）、深弧腹罐（图5-2，8、9）、深鼓腹罐（图5-2，10）、鸭形壶（图5-2，11）等。该段遗存，文化构成多元，年代大致为二里冈下层一期。

第3段：陶器数量不多，多红陶，灰陶次之；红陶中有一部分红褐陶。本段虽仍以红陶系为主，但灰陶占比略有提升；灰黄陶则消失。器类有鬲、罐等（图5-2，16～21）。陶器以素面和绳纹装饰为多，也有篮纹、平行划纹、乳丁纹、网纹等。鬲有两种，一种为高锥形实足袋足鬲，一种为鼎式鬲。前者有短颈，腹部微鼓，高分裆；后者为卷折沿的扁鼓腹、圜底，圆实足粗壮而不高。罐深腹微鼓，卷折沿；体态较上段稍变胖。典型器有高实足袋足鬲（图5-2，16）、卷折沿鼎式鬲（图5-2，17）、深鼓腹罐（图5-2，18）等。该段遗存，年代与上段接序，大致为二里冈下层二期。

第4段：陶器以红陶为主，灰陶、黑陶次之；夹砂陶较多，泥质陶次之，有少量硬陶。陶器多素面，纹饰以绳纹为主，另有篮纹、弦纹、附加堆纹、刻划纹、指捺纹和镂孔等。器类有鬲、斝、盉、壶、罐、缸、钵、器座等（图5-2，22～33）。鬲有三种，一种为宽卷沿、扁鼓腹，圜底，锥形实足不高，饰绳纹；一种为侈口、宽沿、斜腹，略圜底，矮锥形实足，饰绳纹；一种为折平沿、微鼓腹，略圜底，锥形实足较高，饰错拍绳纹；为二里冈上层一期典型商式风格。斝的袋足稍胖，袋足与颈之间有凹弦纹；三足间距变大。盉的碗口部位缺失，扁鼓腹、略圜底，曲柄，圆锥形实足，饰绳纹；该器类不见于前几段，与二里冈下层二期典型商式碗口束腰斝形态接近，可能是吸收该文化因素后的改良器，但年代偏晚些。壶为扁鼓腹、腹部近折、内凹底，素面。罐至少两种形态，一种为深垂腹，侈口、卷折沿、平底内凹，饰绳纹；一种为斜肩弧腹，卷沿、矮束颈、平底微内凹，云雷纹＋方格纹组合纹饰；折肩弧腹罐多见于二里冈上层一期典型商文化遗存。缸为斜弧腹、饼底，饰横篮纹。钵为敛口、浅弧腹、大平底，饰绳纹。器座为斜腹、敛口，刻划纹＋附加堆纹组合纹饰；斜腹扁体的器座也多见于二里冈上层一期典型商文化遗存。典型器有折沿微鼓腹鼎式鬲（图5-2，22）、宽卷沿鼓腹鼎式鬲（图5-2，23）、斜腹鼎式鬲（图5-2，24、25）、深垂腹罐（图5-2，26）、曲柄盉（图5-2，27）、袋足斝（图5-2，28）、斜腹器座（图5-2，30）、卷沿斜肩弧腹罐（图5-2，32）等。经分析，该段遗存年代为二里冈上层一期。

第5段：陶器以红陶、黑陶为主，灰陶次之；夹砂陶占大半，次为泥质陶，有少量硬陶。陶器多素面，纹饰以绳纹为主，另有弦纹、附加堆纹、叶脉纹、方格纹、刻划纹等。器类有鬲、簋、盉、斝、罐等（图5-2，34～41）。鬲有四种，一种为折沿、斜鼓腹的袋足鬲，中高分裆、粗矮实足，饰绳纹颈部间断；一种为折沿、斜鼓腹的袋足鬲，中高弧裆、长实足尖，饰绳纹被弦纹间断；一种为宽卷沿、斜鼓腹的鼎式鬲，束颈、圜底、高锥形实足，饰绳纹；一种为卷折沿、斜腹的鼎式鬲，略圜底，锥形实足较粗壮；其中折沿、斜鼓腹的袋足分裆鬲形态与二里冈 C8T4②：16[1] 相近，属二里冈上层二期。簋为折沿，上腹近直、下腹急收，上、下腹间折棱明显，束腰型圈足，素面；二里冈上层二期典型商文化中多见。盉顶部为碗形，斜肩、浅弧腹，曲柄，锥形实足，饰绳纹，其束腰扁腹的形态与上段相近。斝为高颈、袋足、麻花形把手，中高分裆、足尖较矮，三足间距较上段大，颈部有几道凸棱。罐的形态与曲柄盉腹体相似，斜肩、浅弧腹、内凹底，饰绳纹。典型器有盆形环耳鼎式鬲（图 5-2，34）、卷沿垂腹鼎式鬲（图 5-2，35）、折沿斜腹分裆鬲（图 5-2，36）、鼓腹弧裆鬲（图 5-2，37）、折腹簋（图 5-2，38）、曲柄盉（图 5-2，39）、袋足斝（图 5-2，40）、扁弧腹凹底罐（图 5-2，41）等。经分析，该段年代为二里冈上层二期。

第 6 段：陶器出土较多，以红陶为主，灰陶次之，黑陶较少；夹砂陶占绝对比例，泥质陶较少，有少量硬陶。纹饰以绳纹为主，另有弦纹、篮纹、附加堆纹、方格纹、圆圈纹、叶脉纹、指捺纹、刻划纹、镂孔。器类有鬲、鼎、簋、豆、盉、爵、瓮、罐、缸、盆、釜、尊等（图 5-2，42 ～ 60）。鬲有两种，一种为卷折沿、微鼓腹的鼎式鬲，口径略大于腹径，圜底，锥形实足较高，饰绳纹，颈部有几道凹弦纹；一种为宽卷沿、釜形腹的鼎式鬲，高锥形按窝实足，饰绳纹；前者形态特征较典型，其折沿或卷折沿、微鼓腹的形态类似洹北商城 J1⑥：9[2]，也与马鞍山五担岗 H110：1[3] 基本一致，均为花园庄晚段特征。鼎有两种形态，一种为折平沿、折腹、圜底，三扁平足，上腹有几道凹弦纹；另一种为横麻花形环耳的弧腹鼎，仅见口部。簋为敛口、扁鼓的碗形腹，束腰形低矮圈足，器表多见凹凸棱饰。豆均为假腹，局部形态有差异。一种为翻沿、斜腹，腹深较大；一种翻沿、斜腹，腹深极浅；一种为折平沿、上腹较直，折腹；这几种豆形态多见于花园庄阶段。盉为折肩、圜底，锥形矮足、足尖按捺，曲柄，饰绳纹；形态类似上段。爵为直腹、平底、三高实足、拱形把手，素面。瓮为窄折平沿、方唇、短斜颈、圆肩、弧腹、小平底，整体形态呈蛋形，绳纹 + 附加堆纹组合纹饰。罐有两种，一种为矮直颈微侈，斜折肩，下腹斜弧，平底微内凹，肩部有横置的半环耳，饰绳纹；一种为卷沿，深弧腹，绳纹 + 附加堆纹组合纹饰；属花园庄早段风格。缸为圆方唇，斜腹，篮纹 + 附加堆纹组合纹饰。盆为卷折沿、方唇、圆肩、斜腹，饰绳纹，颈部有两道凹弦纹。釜形器为硬陶，直口，上腹微内曲，下腹缓收，尖底，叶脉纹 + 弦纹组合纹饰。禽形尊，鸟形，首尾均尖而上翘，四矮足，饰绳纹；可能由第二段鸭形壶演化而来。典型器有卷折沿微鼓腹鼎式鬲（图 5-2，42）、宽卷沿釜形腹鼎式鬲（图 5-2，43）、盘形鼎（图 5-2，44）、外斜沿极浅盘假腹豆（图 5-2，45）、外翻沿浅盘假腹豆（图 5-2，46）、曲柄盉（图 5-2，47）、矮圈足簋（图 5-2，49）、禽形尊（图 5-2，50）、尖底釜（图 5-2，51）、深弧腹瓮（图 5-2，52）、深弧腹罐（图 5-2，53）、斜折肩弧腹罐（图 5-2，54）、斜腹缸（图 5-2，60）等。由以上分析可知，该段年代应为花园庄阶段。

第 7 段：陶器以灰陶为主，黑陶、红陶次之；夹砂陶占较高比例，泥质陶很少。纹饰以绳纹为主，弦纹次之，其他纹饰少见。器类有鬲、鼎、豆、盉等（图 5-2，61 ～ 65）。鬲为浅足窝，

[1] 河南省文物考古研究所：《郑州商城——1953～1985年考古发掘报告》，第857页，文物出版社，2001年。

[2] 中国社会科学院考古研究所安阳工作队：《河南安阳市洹北商城宫殿区二号基址发掘简报》，《考古》2010年第1期。

[3] 安徽省文物考古研究所、南京大学历史学院考古文物系等：《马鞍山五担岗》，第173页，文物出版社，2016年。

为鼎式鬲，卷折沿、圆方唇、弧腹，口径大于腹径，圜底近平，锥形足较粗壮外撇甚，绳纹＋弦纹组合纹饰；形态与上段卷折沿微鼓腹鼎式鬲相近，但腹部稍内收，年代要晚至殷墟一期。鼎为侈口，腹部有一周宽凹槽，圜底，曲柄，矮锥形实足，素面。豆为微敛口，浅弧腹，假腹形态不明显，粗高柄，柄上可见多周凹凸棱饰。盉口部为碗形，束腰，斜折肩，弧腹，圜底，曲柄上扬，三矮锥形实足足尖经按捺。典型器有卷折沿弧腹鼎式鬲（图 5-2，61）、曲腹角把鼎（图 5-2，62）、假腹豆（图 5-2，63、64）、曲柄盉（图 5-2，65）等。经分析，该段年代为殷墟一期前后。

第 8 段：陶器均为灰陶，纹饰为间断绳纹。器类有甗。甗为直口，半圆形附耳，甗口下有一圆孔与耳相通（图 5-2，66、67）。该类甗在皖西南长河水系王家墩遗址曾有发现，但其为有肩甗且耳外撇，形态稍早；薛家岗甗无肩，直耳，较王家墩甗矮；该种形态的甗多见于大路铺文化的核心分布区长江中游，皖西南地区少见。该段遗存，年代应为殷墟三期前后。

2.百林山遗址

百林山遗址位于现安庆市怀宁县小山镇良湖行政村联合自然村西南的车轴寺大桥东侧，沪蓉高速公路贯穿遗址。遗址西距皖水约 500 米，海拔 26 ～ 28 米，高出周围地面 1 ～ 3 米。平面长矩形，长约 90 米，宽约 30 米，现存约 2700 平方米。遗址原面积较大，1969 年、1979 年在加固皖河大堤时破坏掉大部分。1997 年，因公路施工由安徽文物考古研究所进行发掘。发掘时文化层几乎不存，遗迹仅 3 个灰坑。作者将灰坑出土遗物分为两期，认为第一期与二里冈上层、乌龟滩商时期遗存、跑马墩第一期年代相近；第二期与跑马墩第二期时代相近，年代为西周中期[1]。笔者基本赞同将遗存划为两期的认识，对第二期遗存判定为西周时期也表示认同。但二里冈上层遗存、肥东乌龟滩商时期遗存与跑马墩一期遗存年代并不一致，后两者要更晚一些。作者划分入第一期的 H1、H2，年代并不一致。

通过对相关材料分析后，百林山商时期遗存可划分为两组。H2 年代较早，划分为第 1 组；H1 年代稍偏晚，划分为第 2 组。以上两组，各对应一段。

第 1 段：陶器以黑陶、红褐陶为主，灰陶次之；夹砂陶占绝对比例，泥质陶较少。纹饰以绳纹为主，另有弦纹和附加堆纹。器类有鬲、簋、盆等（图 5-3，1 ～ 5）。鬲均为敛口卷沿，深腹，袋足，饰绳纹。一种鬲的唇部下翻，多见于二里冈下层二期，如郑州二里冈 A11H151：8[2]；而另一种鬲唇不下翻，颈部由唇部下拉形成束颈，这种特征自二里冈下层二期出现，二里冈上层一期多见。簋为折沿、方唇、折腹，口径明显大于腹径，属二里冈下层二期风格。盆为折沿，方唇，斜腹，颈部向口沿内侧靠拢；多见于二里冈下层二期。典型器有卷沿深腹鬲（图 5-3，1、2）、折沿深腹鬲（图 5-3，3）、折腹簋（图 5-3，4）和折沿深斜腹盆（图 5-3，5）等。由上分析，该段遗存年代应为二里冈下层二期。

第 2 段：陶器以灰陶为主，黑陶、红褐陶次之；夹砂陶占绝对比例，几乎不见泥质陶。纹饰以绳纹为主，有少量弦纹和附加堆纹。器类有鬲、豆、爵、瓮、罐、缸等（图 5-3，6 ～ 18）。鬲均为

[1] 安徽省文物考古研究所：《怀宁县百林山遗址发掘简报》，《文物研究》第十二辑，黄山书社，2000年。
[2] 河南省文物考古研究所：《郑州商城——1953～1985年考古发掘报告》，第626页，文物出版社，2001年。

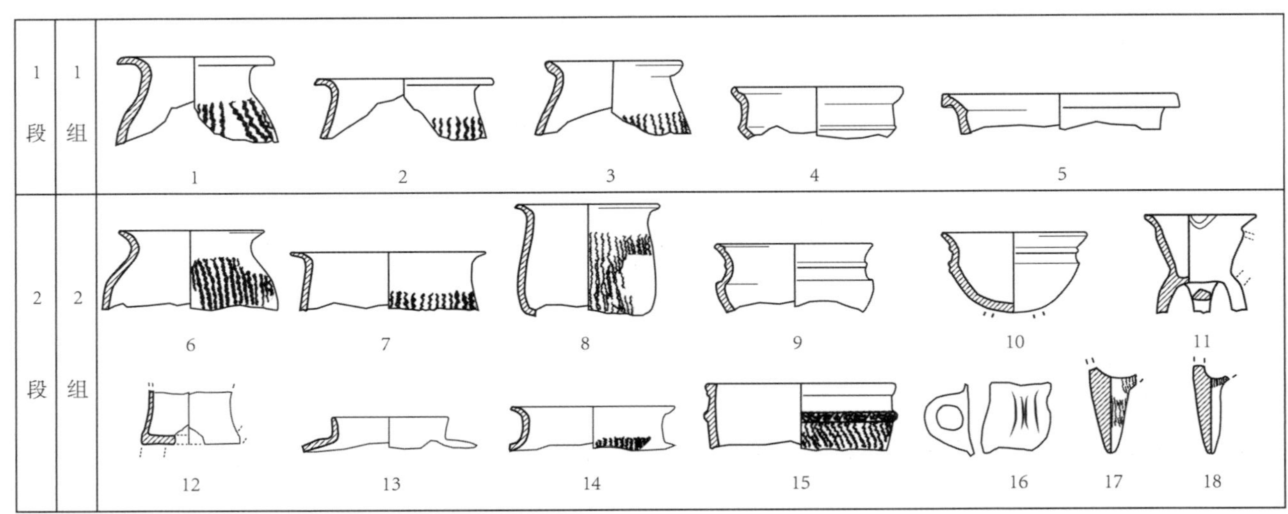

图5-3 百林山商时期遗存

1～3.鬲（H2：1、H2：3、H2：2） 4.簋（H2：4） 5.盆（H2：5） 6、7.鬲（H1：5、H1：4） 8、16.罐（H1：4、H1：12） 9.鼎（H1：6） 10.豆（H1：2） 11、12.爵（H1：3、H1：16） 13、14.瓮（H1：8、H1：14） 15.缸（H1：10） 17、18.鬲足（H1：13、H1：11）

敛口、卷沿、深腹，饰绳纹；腹部倾斜程度不一，唇部下拉为弧颈，区别于上一段鬲，多见于二里冈上层一期。鼎为深腹盘形，宽卷沿、束颈、折腹，口径与腹径接近，圜底，颈部有一周凸棱；与二里冈下层二期 C1H17：132[1] 形态相近，但又有区别，口、腹部更接近二里冈上层一期作风。豆为卷沿、束颈、折腹、圜底，颈部有一周凸棱，口、腹部与本段盘形鼎相似。爵为内曲腹、平底、三棱锥形实足，素面；由于内曲腹、腹底外倾，造成爵足根部鼓起，这种形态以二里冈下层二期、二里冈上层一期多见。瓮为卷折沿，矮弧颈或矮直颈，肩部均鼓，或饰绳纹。缸窄平沿，尖圆唇，斜腹微鼓，饰绳纹＋附加堆纹的组合纹饰。典型器有卷沿深腹鬲（图 5-3，6）、深腹罐（图 5-3，8）、卷沿深腹盆形鼎（图 5-3，9）、卷沿折腹豆（图 5-3，10）、内曲腹爵（图 5-3，11、12）、鼓肩瓮（图 5-3，13、14）、斜腹缸（图 5-3，15）等。该段遗存年代，约为二里冈上层一期。

3.跑马墩遗址

跑马墩遗址位于现安庆市怀宁县五横乡五横村，西南距大沙河支流约 800 米。1984 年怀宁县文物普查时发现。海拔 57～62 米，现存面积不足 200 平方米。1992 年 9 月至 11 月，安徽省文物考古研究所发掘近 172 平方米。共出土陶片近 3 万片，内涵非常丰富。遗址堆积共七层，作者将第 7、6、5 层定为第一期，年代为商周时期；将第 4、3、2 层定为第二期，年代为西周中期[2]。笔者认为第二期遗存年代要早至殷墟时期。

根据地层叠压关系及器物分析情况，可将跑马墩材料分为 6 组。

第 1 组：以 T1⑦为代表。

第 2 组：以 T1⑥、T4⑥、T5⑥、T6⑥、H2 为代表。

第 3 组：以 T1⑤、T2⑤、T3⑤、T4⑤为代表。

[1] 河南省文物考古研究所：《郑州商城——1953～1985年考古发掘报告》，第646页，文物出版社，2001年。

[2] 杨德标、金晓春等：《安徽怀宁跑马墩遗址发掘的主要收获》，《文物研究》第八辑，黄山书社，1993年。

第 4 组：以 T1④、T5④、T6④为代表。

第 5 组：以 T1③、T2③、T5③、T6③为代表。

第 6 组：以 T1②、T2②、T3②、T6②、H1 为代表。

以上 6 组对应 6 段。

第 1 段：陶器以黑陶为主，红陶、灰陶次之；泥质陶比例较大。纹饰以绳纹为主，另有弦纹、乳丁纹等。器类有盉、瓮、罐和盆等（图 5-4，1 ～ 4）。盉后部残缺，长流上扬，粗壮锥形实足，形态与郑州小双桥羊形陶尊 [1] 极近，年代为二里冈上层二期。瓮为矮直颈微侈，唇缘加厚，宽斜肩，饰绳纹，属二里冈上层二期风格。罐为束颈、斜肩、深弧腹、横环耳，饰绳纹。盆为卷折沿、深弧腹，弦纹 + 乳丁纹组合纹饰。典型器有长流盉（图 5-4，1）、圆肩深腹瓮（图 5-4，2）、斜肩深弧腹罐（图 5-4，3）、卷沿深腹盆（图 5-4，4）等。该段遗存年代，应为二里冈上层二期前后。

第 2 段：陶器以灰陶为主，黑陶次之，红陶较少；夹砂陶比例较大，泥质陶次之。纹饰以绳纹为主，另有附加堆纹、弦纹等，绳纹中亦可见间断绳纹。器类有鬲、甗、簋、瓮、盆、釜、钵等（图 5-4，5 ～ 16）。鬲为卷折沿鼎式鬲，方唇，微鼓腹，口径约同腹径，三圆锥形实足微外撇，饰绳纹；形态与意生寺 T1④：10[2] 相近，花园庄也有类似器物。甗的甑部为深腹盆形，折沿，饰间断绳纹；五担岗花园庄早段遗存有类似陶器。簋为粗矮圈足、弧腹，素面。瓮为侈口、斜折肩、斜弧腹，饰绳纹。盆为折沿，弧腹或鼓腹。釜为敞口、弧腹、圜底，素面。钵为敛口、浅弧腹，素面。典型器有卷沿鼓腹鼎式鬲（图 5-4，5、6）、深弧腹盆形甗（图 5-4，7）、矮圈足簋（图 5-4，8、11）、斜肩深弧腹瓮（图 5-4，12）、折沿弧腹盆（图 5-4，13）、折沿鼓腹盆（图 5-4，14）、敞口釜（图 5-4，9）、浅弧腹钵（图 5-4，10）等。该段遗存年代，应相当于花园庄早段。

第 3 段：陶器以灰陶为主，黑陶次之，红陶较少；夹砂陶所占的比例比较大，有少量的泥质陶。纹饰以绳纹为主，另有弦纹、刻划纹等。器类有鬲、豆、盆、瓮等（图 5-4，17 ～ 21）。鬲为卷折沿鼎式鬲，圆方唇、束颈、斜折肩、弧腹、圜底、粗壮锥形实足，饰间断绳纹；花园庄类似形态的陶器，年代为花园庄晚段，本地的风格或与之有关联。豆为敞口、假腹，腹深较小，器表可见凹弦纹；从豆形态看，已由假腹向真腹过渡，但从外观看仍难以区分。盆为窄平沿、束颈、鼓腹，口径约同腹径，饰绳纹。瓮为束颈或矮直颈，斜折肩、折肩幅度不大，深弧腹。典型器有折沿弧腹鼎式鬲（图 5-4，17）、敞口假腹豆（图 5-4，18）、鼓腹盆（图 5-4，19）、斜肩深弧腹瓮（图 5-4，20、21）等。典型铜器为锛（图 5-4，22），高体，素面。该段遗存年代，应相当于花园庄晚段。

第 4 段：陶器以红陶为主，灰陶、黑陶次之；夹砂陶较多，泥质陶较少。纹饰以绳纹为主，部分为间断绳纹，另见附加堆纹。器类有鬲、甗、盆、瓮等（图 5-4，23 ～ 27）。鬲为卷沿、鼓腹，腹径大于口径，弧裆，饰绳纹；殷墟一期常见作风。甗为宽卷沿、圆唇、深弧腹，饰绳纹或间断绳纹。盆为卷沿、深弧腹，绳纹 + 附加堆纹组合纹饰；附加堆纹中有横“8”字形，类似式样在本地区王家墩也有发现。瓮为矮直口、圆方唇、鼓腹，腹径明显大于口径，饰间断绳纹。典型器有卷沿鼓腹鬲（图 5-4，23）、深弧腹甗（图 5-4，24）、深弧腹盆（图 5-4，25）、鼓腹瓮（图 5-4，26）等。该段遗存年代，应为殷墟一期。

[1] 河南省文物考古研究所：《郑州小双桥——1990～2000年考古发掘报告》，第469页，科学出版社，2012年。

[2] 湖北省文物考古研究所纪南城工作站：《湖北黄梅意生寺遗址发掘报告》，《江汉考古》2006年第4期。

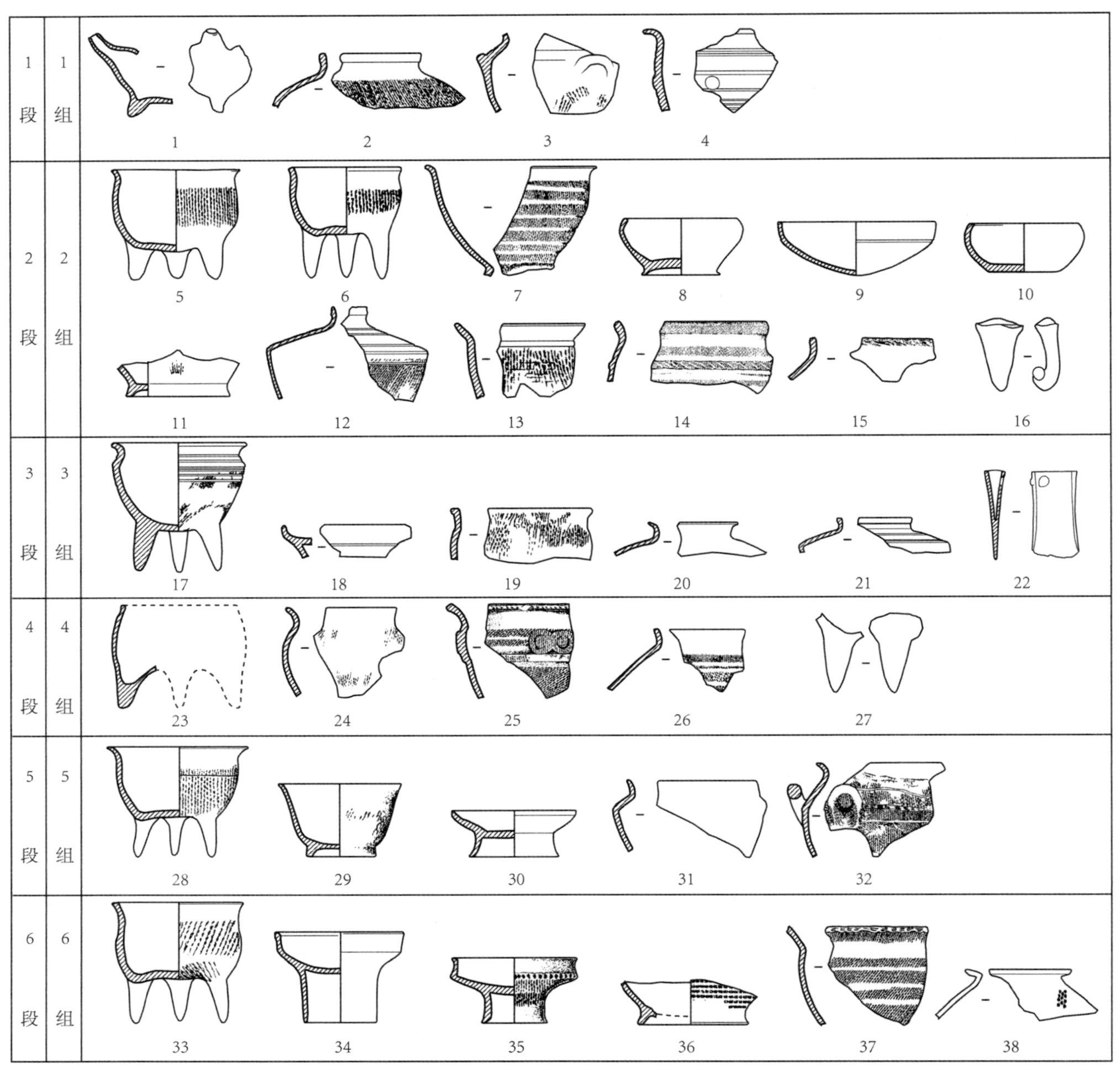

图5-4　跑马墩商时期遗存

1.盉（T1⑦：？） 2.瓮（T1⑦：？） 3.罐（T1⑦：？） 4.盆（T1⑦：？） 5、6.鬲（H2：25、H2：26） 7.甗（H2：？） 8、11.簋（H2：24、T6⑥：？） 9.釜（T4⑥：15） 10.钵（T4⑥：4） 12.瓮（H2：？） 13、14.盆（H2：？、H2：？） 15.瓮（H2：？） 16.把手（H2：？） 17.鬲（T2⑤：7） 18.豆（T2⑤：？） 19.盆（T3⑤：？） 20、21.瓮（T4⑤：？、T4⑤：？） 22.铜锛（T2⑤：8） 23.鬲（T1④：1） 24.甗（T6④：？） 25.盆（T5④：？） 26.瓮（T6④：？） 27.鬲足（T6④：？） 28.鬲（T2③：1） 29.簋（T5③：8） 30.豆（T5③：9） 31.盆（T5③：？） 32.罐（T6③：？） 33.鬲（T6②：3） 34、35.豆（T3②：1、T1②：2） 36.簋（H1：？） 37.盆（T2②：？） 38.瓮（H1：？）

第 5 段：陶器以红陶为主，灰陶、黑陶次之，夹砂陶、泥质陶比例相近。纹饰有绳纹、叶脉纹、附加堆纹等，部分间断绳纹。器类有鬲、簋、豆、盆、罐等（图 5-4，28～32）。鬲为浅足窝，卷沿、尖唇、弧腹、圜底，饰间断绳纹；自第 3 段鼎式鬲形态发展而来。簋为敞口、斜腹微内曲、矮圈足，饰绳纹；与殷墟 PNT108⑤：59[1] 特征无二，年代为殷墟二期。豆为敞口，浅斜腹，矮圈足，

[1] 中国社会科学院考古研究所：《殷墟发掘报告（1958～1961）》，第139页，文物出版社，1987年。

素面；亦为殷墟二期风格。盆为卷沿，折肩，深弧腹。典型器有盆形鼎式鬲（图 5-4，28）、矮圈足斜腹簋（图 5-4，29）、矮圈足浅斜腹豆等（图 5-4，30）、横环耳鼓腹罐（图 5-4，32）、折肩深腹盆等（图 5-4，31）。该段遗存年代，应为殷墟二期。

第 6 段：陶器以红陶为主，灰陶、黑陶次之；夹砂陶、泥质陶比例相近。纹饰有绳纹、压印纹、圆窝纹等，绳纹系中部分为间断绳纹。陶器器类有鬲、簋、豆、瓮、盆等（图 5-4，33 ～ 38）。鬲为盆形鼎式鬲，卷沿、方唇、弧腹、圜底，饰绳纹；鬲开始有垂腹现象。簋为弧腹、矮圈足，饰绳纹。豆有两种，敛口或敞口，折腹、浅腹、圜底、直柄；殷墟三期风格。瓮为折沿，缩颈，斜肩。盆为宽折沿、深弧腹，饰间断绳纹。典型器有盆形鼎式鬲（图 5-4，33）、矮圈足簋（图 5-4，36）、浅斜腹敞口豆（图 5-4，34）、浅斜腹直口豆（图 5-4，35）、缩颈鼓腹瓮（图 5-4，38）、宽折沿深弧腹盆（图 5-4，37）等。该段遗存年代，应为殷墟三期。

4.汤家墩遗址

汤家墩遗址位于现铜陵市枞阳县周潭镇七井行政村竹山自然村，注入枫沙湖的小河七井大涧从遗址东、北边流过。1986 年安徽省第二次文物普查时发现。遗址海拔 28 ～ 30 米，高出周围地面约 3 米，现存面积约 6700 平方米。1987 年，当地农民在挖窑取土时发现一铜方彝[1]。1989 年 9 月至 10 月，安徽省文物考古研究所发掘近 200 平方米，发现灰坑 4 个、灰沟 1 个、柱洞 16 个。作者将遗存分为两期，第一期年代为殷墟一期，第二期年代为殷墟四期[2]。笔者在对汤家墩材料分析后，认为分期和年代可深入探讨。

按遗址地层叠压关系、器物特征，将材料分为 7 组。

第 1 组：以 H5 为代表。

第 2 组：以 T6⑨为代表。

第 3 组：以 T6⑦为代表。

第 4 组：以 T7⑦为代表。

第 5 组：以 T7⑥为代表。

第 6 组：以 T5⑥、T4④、T2⑤为代表。

第 7 组：以 T5⑤为代表。

以上 7 组对应 7 段。

第 1 段：陶器均为夹砂灰陶，纹饰有绳纹、弦纹，间断绳纹的轮旋痕均在上腹。器类有鬲、甗等。鬲有两种，一种为卷沿、圆方唇、束颈、鼓腹，口径与腹径接近；与南关外下层同类器 C5.1T102③：12[3]特征相近。一种为直口微敛、鼓腹、腹径大于口径，弧裆、袋足，有较粗壮的实足尖；该形态鬲多见于郑州一带早于二里冈下层二期的遗存中，如大师姑二里头晚期 G5① d：38[4]、

[1] 方国祥：《安徽枞阳出土一件青铜方彝》，《文物》1991年第6期。安徽大学、安徽省社会科学院、安徽省文物考古研究所：《安徽江淮地区商周青铜器》，第62、63页，文物出版社，2014年。

[2] 安徽省文物考古研究所：《安徽枞阳县汤家墩遗址发掘简报》，《中原文物》2004年第4期。

[3] 河南省文物考古研究所：《郑州商城——1953～1985年考古发掘报告》，第128页，文物出版社，2001年。

[4] 河南省文物考古研究所：《郑州大师姑》，第196页，科学出版社，2004年。

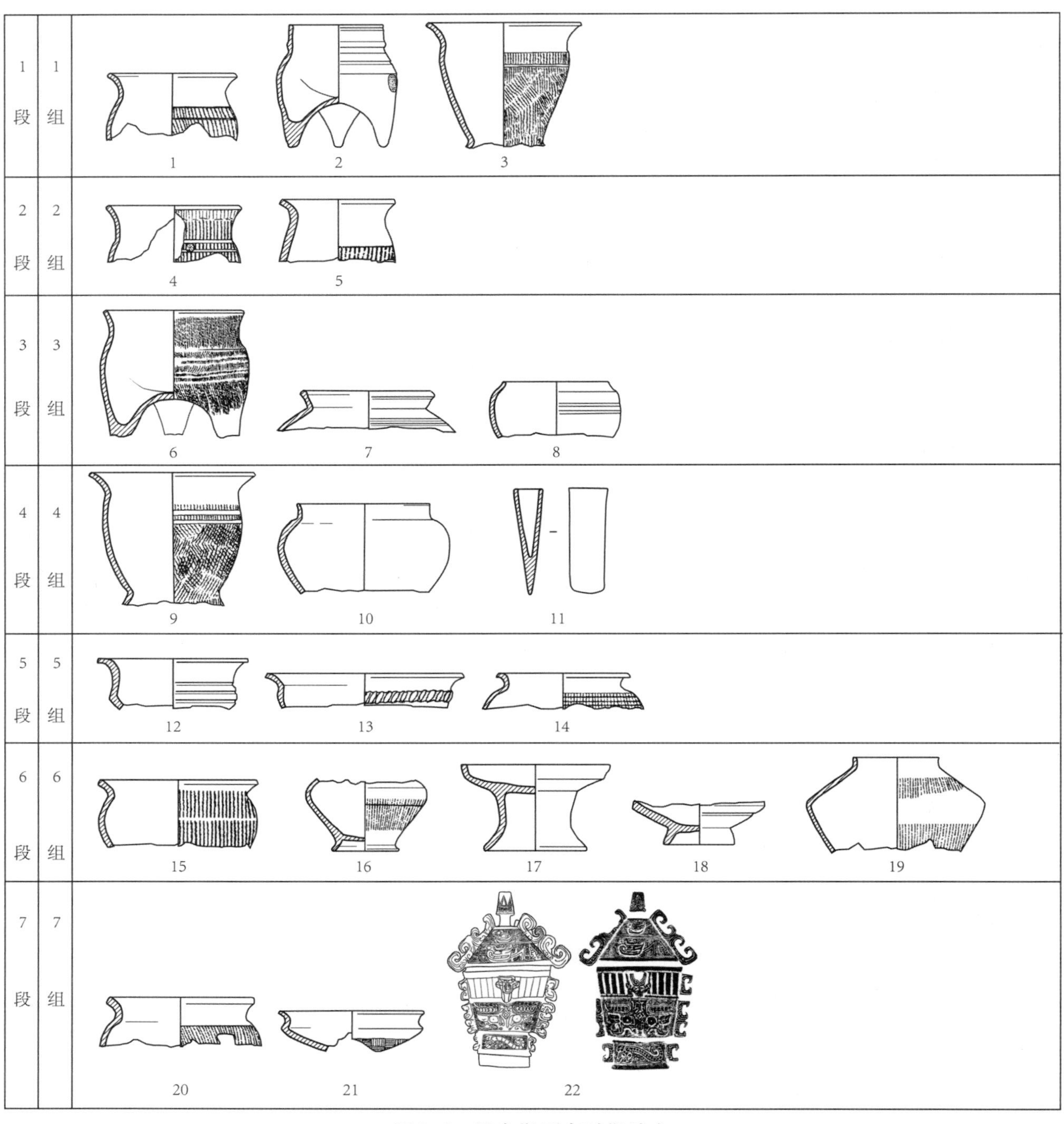

图5–5　汤家墩夏商时期遗存

1、2.鬲（H5：6、H5：5）　3.甗（H5：7）　4、5.鬲（T6⑨：16、T6⑨：23）　6.鬲（T6⑦：10）　7.瓮（T6⑦：25）　8.钵（T6⑦：22）　9.甗（T7⑦：18）　10.瓮（T7⑦：36）　11.铜锛（T7⑦：26）　12.簋（T7⑥：38）　13.尊（T7⑥：37）　14.瓮（T7⑥：35）　15.鬲（T5⑥：10）　16.簋（T5⑥：5）　17.豆（T5⑥：6）　18.原始瓷豆（T4④：18）　19.瓮（T4④：11）　20.鬲（T5⑤：11）　21.原始瓷豆（T5⑤：14）　22.铜彝（1987采）

南关外下层C5T95③：69[1]。甗为敞口、宽卷沿、圆方唇、斜弧腹，腹深较大；类似南关外下层

[1] 河南省文物考古研究所：《郑州商城——1953～1985年考古发掘报告》，第128页，文物出版社，2001年。

C5T87④：122[1]。典型器有宽卷沿鼓腹鬲（图 5-5，1）、敛口鼓腹弧裆鬲（图 5-5，2）、大敞口斜弧腹甗（图 5-5，3）等。本段遗存年代，相当于二里头四期。

第 2 段：陶器有夹砂黑陶、夹砂红陶，纹饰有绳纹、间断绳纹。器类仅鬲。鬲有两种，一种为侈口、微卷沿、长弧颈，口径大于腹径；一种为侈口、卷沿、弧颈，口径大于腹径；二者口部形态有细微差异，年代均为二里冈下层一期。典型器有卷沿弧腹鬲（图 5-5，4、5）等。本段遗存年代，应为二里冈下层一期。

第 3 段：陶器主要为泥质灰陶，夹砂红褐陶次之。纹饰有交错绳纹、弦纹。器类有鬲、瓮、钵等。鬲为微卷沿、矮弧颈、弧腹，口径大于腹径，弧裆，锥形足较高，足窝较深；鬲颈较上段变短、腹部更突出，类似者如二里冈 C5.3T306①：18[2]、意生寺 T7⑥：1[3]，与后者形态、纹饰几乎一致，年代为二里冈上层一期。瓮为宽折沿，圆方唇，鼓腹。钵为敛口，扁鼓腹。典型器有卷沿鼓腹鬲（图 5-5，6）、鼓腹瓮（图 5-5，7）、弧腹钵（图 5-5，8）等。该段遗存年代，应为二里冈上层一期。

第 4 段：陶器主要为灰陶，红陶较少；夹砂陶和泥质陶比例相近。纹饰有绳纹、弦纹、绳纹 + 弦纹组合纹饰。器类主要有甗、瓮。甗为宽卷沿、圆方唇、鼓腹，口径大于腹径，饰绳纹；此形态的甗在花园庄早段较常见，如潘庙 H81：11[4]、五担岗 T17⑤：1[5]。瓮为矮直口、圆肩、鼓腹，素面；亦为花园庄早段风格。钵为侈口，圆唇，弧腹。铜器有锛（图 5-5，11），器体较高，素面。典型器有宽卷沿深腹甗（图 5-5，9）、矮直颈圆肩鼓腹瓮（图 5-5，10）。由上分析，该段遗存年代为花园庄早段。

第 5 段：陶器主要为泥质黑陶和夹砂红褐陶，纹饰有间断绳纹、弦纹和附加堆纹。器类有簋、尊和瓮等。簋为宽卷沿、方唇、束颈、垂腹，饰凹弦纹。尊为大敞口、卷沿、方唇、深斜腹，饰附加堆纹；多见于花园庄晚段遗存。瓮为卷沿、斜方唇、矮束颈、圆肩，饰间断绳纹。典型器有卷沿垂腹簋（图 5-5，12）、斜腹尊（图 5-5，13）和卷沿圆肩瓮（图 5-5，14）等。该段遗存年代，应为花园庄晚段。

第 6 段：陶器以灰陶为主，少红陶、红褐陶；夹砂陶占绝对比例，有少量原始瓷。纹饰有间断绳纹、弦纹。器类有鬲、簋、豆、瓮等。鬲为卷折沿、方唇、鼓腹，口径略大于腹径。簋为敛口、矮圈足、凸肩、深斜弧腹。豆有两种，一种为夹砂红褐陶，敞口、浅斜腹、中粗柄；一种为原始瓷，折腹、下腹浅斜，束腰形矮圈足；属殷墟三期多见器形。瓮为矮直口、斜折肩、斜弧腹，饰绳纹；属殷墟三期典型风格。典型器有卷折沿鼓腹鬲（图 5-5，15）、矮圈足斜弧腹簋（图 5-5，16）、敞口浅盘豆（图 5-5，17）、斜折腹原始瓷豆（图 5-5，18）、矮直口折肩瓮（图 5-5，19）等。由上分析，该段遗存年代为殷墟三期。

第 7 段：出土夹砂黑陶器、原始瓷器；纹饰有绳纹和席纹。鬲为卷折沿、方唇、矮束颈、圆肩，口径约同于腹径，最大腹径于肩；殷墟四期风格。豆为原始瓷，折沿、斜方唇、束颈、折肩、浅弧

[1]　河南省文物考古研究所：《郑州商城——1953～1985年考古发掘报告》，第129页，文物出版社，2001年。

[2]　河南省文物考古研究所：《郑州商城——1953～1985年考古发掘报告》，第722页，文物出版社，2001年。

[3]　湖北省文物考古研究所纪南城工作站：《湖北黄梅意生寺遗址发掘报告》，《江汉考古》2006年第4期。

[4]　国家文物局考古领队培训班：《山东济宁潘庙遗址发掘简报》，《文物》1991年第2期。

[5]　安徽省文物考古研究所、南京大学历史学院考古文物系等：《马鞍山五担岗》，第212页，文物出版社，2016年。

腹，饰席纹。典型器有卷沿深鼓腹鬲（图5-5，20）、折弧腹原始瓷豆（图5-5，21）。铜彝（图5-5，22），似殷墟早期形态，但彝盖与腹之间有一段空白，高足但无孔，大鸟纹尾自中部急下折、尾部上端有歧羽、尾部末端分叉但不上翘，饕餮纹有首无身、首为牛角纹，夔纹曲身、拱背、尾上卷、头向下张口、躯干不分歧为二；属殷墟四期偏晚阶段装饰风格。由上分析可知，该段遗存年代为殷墟四期前后。

5.孙家城遗址

孙家城遗址位于现安庆市怀宁县马庙镇粟岗行政村的孙城和费家瓦屋村之间，海拔 29 ～ 35 米，面积约 25 万平方米。遗址北侧紧临大沙河，高出周围地面 2 ～ 5 米。20 世纪 80 年代发现，2003 年后调查多次，2007 至 2008 年间发掘两次，发现薛家岗文化晚期、张四墩类型及晚商时期遗存。晚商时期遗存以 H29 最具代表性。H29 分四层，第 4、3、1 层材料均有发表。H29 第 4、2 层有测年数据，H29④树轮校正年代为 1230BC（68.2%）～ 1020BC，H29②树轮校正年代为 1060BC（68.2%）930BC；H29 测年数据落在殷墟三期至西周早期之间。作者认为 H29 较多器物具有明显的殷墟四期特征，部分陶器也有明显的西周早期特征，并将横向或纵向的“S”形纹作为划分晚商、西周的划界标准[1]。笔者认为，这种横向或纵向的“S”形纹饰是云雷纹的一种，包括戳印或贴塑的圆饼饰，在商时期的长江中游、皖西南地区、鄱阳湖水系区非常流行，夏商时期的中原也不鲜见这种纹饰；因此，不能作为年代划分的直接标准。H29 测年数据自殷墟二期至西周早期，年代区间较大。参考 H29 器物作风及碳 -14 测年数据，笔者认为 H29 遗物年代应为殷墟晚期。

H29 遗物可分两组，H29 的④、③、②层为第 1 组，H29①为第 2 组，2 组对应 2 段。

第 1 段：陶器灰、黑陶系与红、褐陶系比例相近，夹砂陶比例略高于泥质陶。纹饰以绳纹为主，有一些间断绳纹；另有弦纹、附加堆纹、纵向“S”形纹、叶脉纹、乳丁纹、戳印连珠纹和细窗棂纹等。器类有鬲、簋、尊、罐、盆等（图 5-6，1 ～ 14）。鬲有两种，一种为浅弧腹鼎式鬲，卷折沿、束颈，口径略大于腹径，最大腹径偏上，略圜底，粗壮锥形足外撇，有较浅的足窝，饰绳纹；与跑马墩 H2：26、T6②：3[2] 接近，年代约在殷墟二、三期之际。一种为深弧腹鬲，卷沿、束颈，饰间断绳纹。部分鬲足，有饰纵向附加堆纹做法。簋为侈口、微卷沿、弧腹，饰绳纹；唇部斜向上、唇下拉为弧颈。多见于殷墟三期，如梅园庄 MM4：2[3]。尊有两种，均侈口，宽卷沿或微卷沿，颈部均不长，直腹，多见细窗棂纹、戳印圆圈纹 + 乳丁纹 + 细窗棂纹或细窗棂纹 + 纵向“S”纹 + 弦纹 + 叶脉纹的组合纹饰。瓮有两种，一种为窄肩深鼓腹，一种为宽肩深弧腹。前者宽卷沿、矮束颈、腹部鼓出，后者矮弧或短斜颈、肩部较宽。罐有两种，一种为矮直颈、宽圆肩、斜弧腹，一种为矮直颈、窄斜肩、蛋形深腹；多见于殷墟三期，如苗圃三期 KT8③：1[4]。盆为卷沿、弧腹、微鼓腹，口径大于腹径，饰绳纹；与苗圃 GH215②：179[5] 极似。典型器有宽卷沿扁弧腹鼎式鬲（图 5-6，1）、卷沿深弧腹盆（图 5-6，3）、浅弧腹碗形簋（图 5-6，4）、侈口直腹尊（图 5-6，5、6）、宽卷沿深鼓

[1] 安徽省文物考古研究所、怀宁县文物局：《安徽省怀宁县孙家城遗址H29发掘简报》，《江汉考古》2015年第2期。

[2] 杨德标、金晓春等：《安徽怀宁跑马墩遗址发掘的主要收获》，《文物研究》第八辑，黄山书社，1993年。

[3] 中国社会科学院考古研究所：《殷墟发掘报告（1958～1961）》，第220页，文物出版社，1987年。

[4] 中国社会科学院考古研究所：《殷墟发掘报告（1958～1961）》，第155页，文物出版社，1987年。

[5] 中国社会科学院考古研究所：《殷墟发掘报告（1958～1961）》，第150页，文物出版社，1987年。

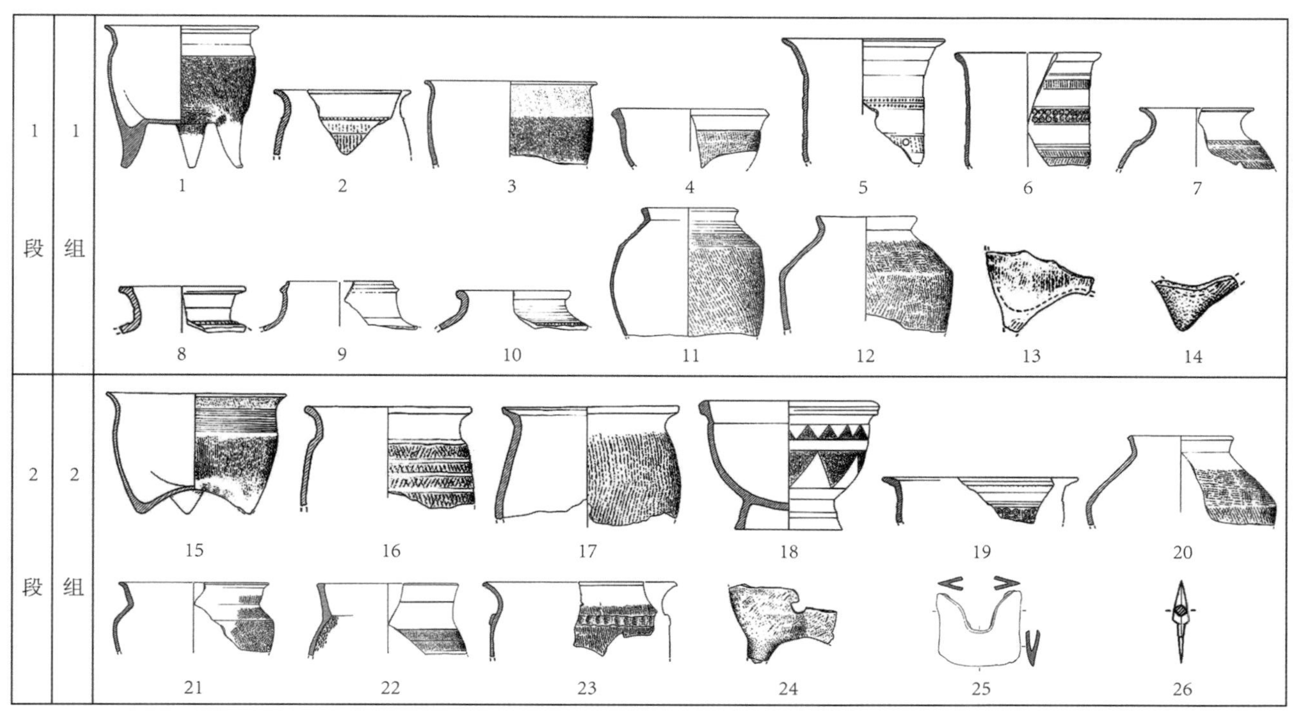

图5–6　孙家城商时期遗存

1、2.鬲（H29④：14、H29③：88）　3.盆（H29④：54）　4.簋（H29④：59）　5、6.尊（H29④：74、H29④：75）　7～10.瓮（H29④：67、H29④：61、H29④：63、H29③：90）　11、12.罐（H29④：105、H29④：57）　13、14.鬲足（H29④：141、H29④：40）　15～17.鬲（H29①：51、H29①：26、H29①：14）　18、19.簋（H29①：36、H29①：94）　20.瓮（H29①：58）　21、22.罐（H29①：72、H29①：34）　23.盆（H29①：28）　24.鬲足（H29①：130）　25.铜锸（H29①：7）　26.铜镞（H29①：10）

腹瓮（图5–6，7）、矮束颈圆肩弧腹瓮（图5–6，8～10）、矮直颈斜肩深腹罐（图5–6，11、12）等。该段遗存年代，约为殷墟三期。

第2段：陶器灰、黑陶系与红、褐陶系并重，夹砂、泥质陶比例相近。纹饰以绳纹为主，部分间断绳纹、错拍绳纹；另有弦纹、附加堆纹、横三角纹等。器类有鬲、簋、瓮、罐、盆等（图5–6，15～26）。鬲有高体、扁体两种形态，高体又有折沿、卷沿之分，卷沿高体鬲矮束颈、窄肩的特征为殷墟晚期常见。扁体鬲为折沿、内斜弧腹、袋足，矮弧裆，实足尖近无；这种矮弧裆、实足尖近乎无的斜腹鬲，年代应属殷墟四期偏早阶段，也有部分殷墟三期特征。簋为侈口，垂腹或鼓腹。鼓腹簋多三角唇缘，殷墟三期多见，上腹较直的垂腹簋则多见于殷墟四期。瓮为直颈微侈、斜折肩、深弧腹、平底微内凹；凸折肩瓮殷墟时期流行，但直颈微侈、斜肩微鼓、折棱明显的形态则多见于殷墟三期。罐有两种，一种为矮直颈、深鼓腹，腹径明显大于口径，殷墟时期多见。但殷墟早期多斜肩，罐口部由颈下拉至肩部的做法则多见于殷墟三、四期。另一种罐为短斜颈、窄斜肩、深弧腹，属殷墟四期特征。盆为宽卷沿、束颈、深弧腹，绳纹＋附加堆纹组合纹饰。殷墟晚期盆形态多样，但总体向斜腹过渡。宽卷沿形态的盆，多明显束颈、窄肩或耸肩；孙家城该段盆已开始向窄肩过渡但不明晰，上腹部开始微微鼓出，应为殷墟四期风格。典型器有卷沿斜腹鬲（图5–6，15）、卷沿深鼓腹鬲（图5–6，16）、三角缘唇浅弧腹簋（图5–6，18）、卷沿弧腹簋（图5–6，19）、矮直颈斜折肩深弧腹瓮（图5–6，20）、矮直颈深鼓腹罐（图5–6，22）、短斜颈窄斜肩深弧腹罐（图5–6，21）和宽卷沿深弧腹盆（图5–6，23）等。铜器为工具和武器，如锸（图5–6，25）和镞（图5–6，

26）。由上分析，本段陶器兼具殷墟三、四期特征，年代应属殷墟四期偏早。

6.张四墩遗址

张四墩遗址位于现安庆市宜秀区白泽湖乡三义村西，由破岗湖延伸出的小河自遗址西流过。遗址海拔13～15米，高出周围地面3～5米，总面积近3万平方米。1976年发现，1978、1980、1997年各试掘一次[1]。后续普查又开展了系列工作[2]。1978、1980年均发现有商时期遗存，但记录模糊。

商时期遗物大概可分为两组，1980年商遗物为第1组，1978年商遗物为第2组，部分采集遗物可归入第2组。以上2组对应2段。

第1段：陶器大部分为灰陶，红陶较少；多夹砂陶，泥质陶较少。纹饰以绳纹、间断绳纹为主，另有弦纹、鸡冠耳鋬饰。器类有甗、豆、盆等（图5-7，1～7）。甗为深弧腹，鬲部斜鼓、中高弧裆；实足尖偏矮，已脱离二里冈时期高实足尖的形态，年代应为花园庄晚段。豆为微敛口或矮直口，弧腹较浅，假腹向真腹过渡；年代为花园庄晚段或稍晚。盆有折肩深斜腹、浅斜腹和浅弧腹三种，典型商文化或地方类型的花园庄阶段遗存中均有类似器物。典型器有浅盘假腹豆（图5-7，2、3）、折肩深斜腹盆（图5-7，4、5）、浅斜腹盆（图5-7，6）和浅弧腹盆（图5-7，7）。该段遗存，年代应为花园庄晚段。

第2段：陶器纹饰有绳纹、弦纹。器类有鬲和豆。鬲为弧腹盆形，浅足窝，形态似鼎；宽卷沿、束颈，口径大于腹径，圜底，粗壮的锥形实足外撇严重。卷沿、口径大于腹径、实足明显外撇的特

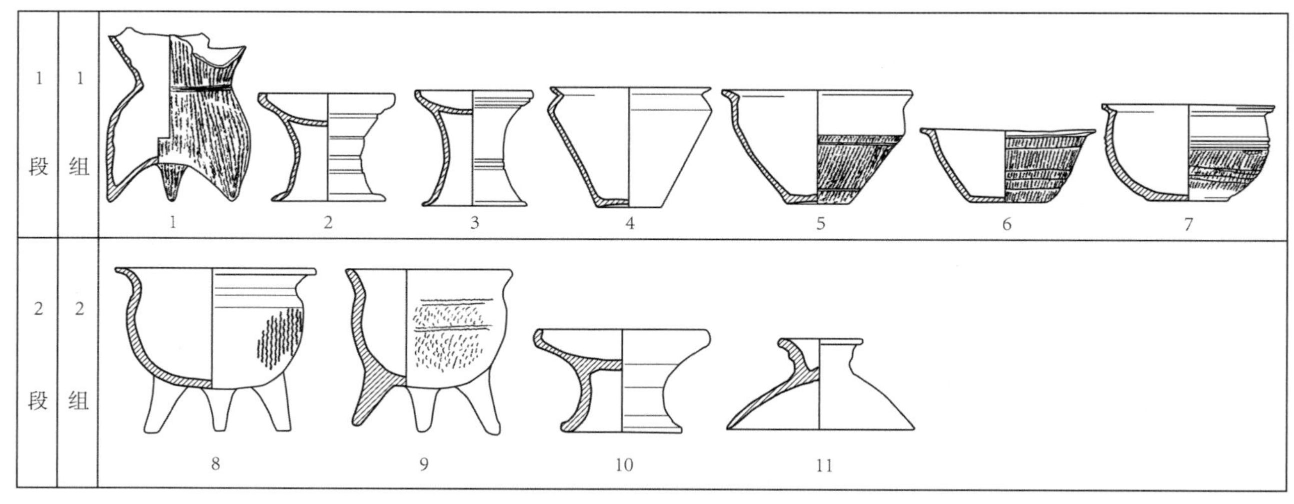

图5-7　张四墩商时期遗存

1.甗（T1Ⅰ3：4）　2、3.豆（T1Ⅰ4：19、T1Ⅰ4：24）　4～7.盆（T2BⅠ：78、BⅡ1：79、T1耕土层下：5、T3Ⅱ3：52）　8、9.鬲（1979采、张采：3）　10.豆（1979采）　11.器盖（1979采）

[1] 许闻：《安徽安庆市张四墩遗址初步调查》，《文物研究》第十四辑，黄山书社，2005年。安徽省文物考古研究所：《安徽安庆市张四墩遗址试掘简报》，《考古》2004年第1期。安徽省博物馆：《安庆市张四墩遗址1980年试掘述要》，《文物研究》第十五辑，黄山书社，2007年。安徽省博物馆：《安庆市张四墩遗址1997年试掘新石器时代材料补遗》，《文物研究》第十五辑，黄山书社，2007年。

[2] 安徽省文物考古研究所、安庆市博物馆：《安徽安庆市先秦文化遗址调查报告》，《文物研究》第十四辑，黄山书社，2005年。

征要晚于花园庄阶段，年代大致为殷墟早期。豆为敛口、浅弧腹、粗高柄，假腹已完全过渡为真腹，年代为殷墟一、二期之际。器盖为浅弧腹覆碗形，尖唇、敞口，圈形捉手、束腰甚，年代属殷墟一期前后。典型器有卷沿盆形鼎式鬲（图5-7，8、9）、敛口浅盘豆（图5-7，10）、圈形捉手器盖（图5-7，11）等。该段遗存，年代应为殷墟一、二期。

7.其他遗址

（1）王家墩遗址

位于现安庆市太湖县小池镇孔河村，西南侧紧临有皖河支流长河延伸出来的小河南河。遗址海拔30～31米，高出周围地面1～3米，总面积近1万平方米。1983年，安徽省文物考古研究所进行发掘，面积计75平方米。发现薛家岗文化、商周时期遗存，包含墓葬2座、灰坑1个[1]。遗址第2层，为殷墟时期遗存。器类有鬲、甗、簋、瓮等（图5-8，1～10）。鬲有两种形态，一种为敛口、扁鼓腹、圜底、矮锥形实足，素面；属殷墟三期特征。一种为宽斜沿、斜弧腹、束颈、腹内斜、弧裆近平、矮柱足，饰间断绳纹；属殷墟二、三期特征。鼎为折沿、弧腹，口部有横环耳，饰绳纹。甗为附耳，耳高不过口沿、且向外撇，折沿、鼓腹，饰间断绳纹；大路铺第一期遗存中常见类似附耳甗[2]，作者将年代定为晚商早期。簋为敛口，深鼓腹，矮圈足，饰间断绳纹+乳丁纹+“8”字形纹饰；这种形态的簋以殷墟二、三期多见，而这种“8”字形纹饰在跑马墩第4组也有发现，年代相近。瓮有两种形态，均为矮直颈，一种为圆肩，深弧腹，最大腹径于肩，腹径约为口径两倍；一种为广肩，折腹，最大腹径居中，腹径与口径比超过3倍。典型器有敛口扁鼓腹鼎式鬲（图5-8，1、10）、折沿斜弧腹鬲（图5-8，2）、横环耳弧腹鼎（图5-8，9）、附耳甗（图5-8，3、4）、深弧腹矮圈足簋（图5-8，5）、矮直颈圆肩深弧腹瓮（图5-8，6～8）等。由以上分析可知，王家墩遗存年代约为殷墟二、三期。

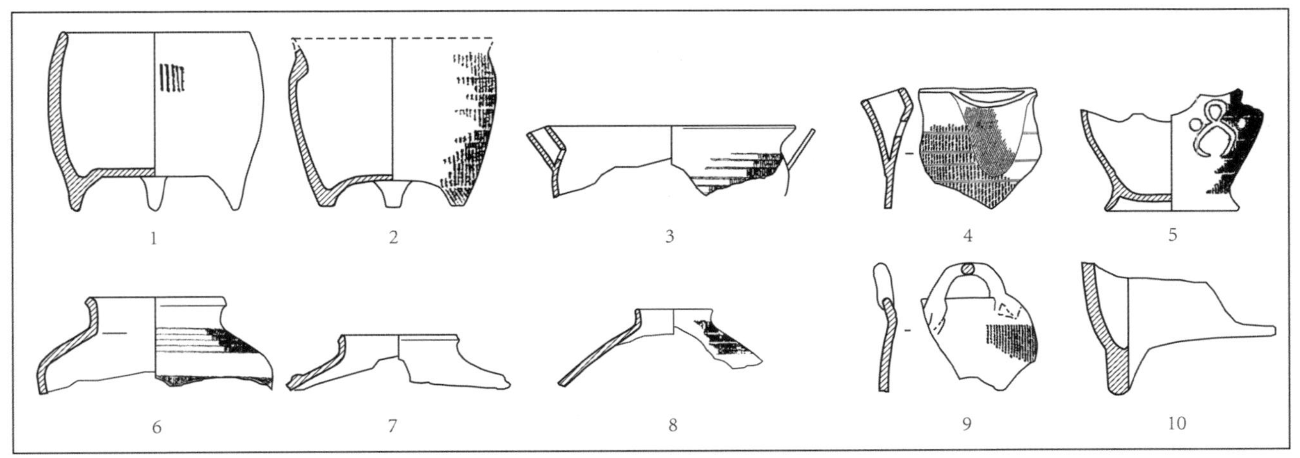

图5-8　王家墩商时期遗存

1、2、10.鬲（T2②：1、T3②：4）　3、4.甗（②：？、②：？）　5.簋（T3②：2）　6～8.瓮（②：？、②：？、②：？）　9.鼎（②：？）

[1] 高一龙：《太湖县王家墩遗址试掘》，《文物研究》第一期，黄山书社，1985年。

[2] 湖北省文物考古研究所、湖北省黄石市博物馆、湖北省阳新县博物馆：《阳新大路铺》，第744页，文物出版社，2013年。

（2）沈店神墩遗址

位于现安庆市宜秀区白泽湖乡沈店村的西侧，东临破岗湖约 400 米。遗址海拔 14 ～ 16 米，高出周围地面 2 ～ 4 米，总面积近 15000 平方米。1986 年，安庆市博物馆发掘探沟 1 条，发现商时期遗存[1]。探沟共四层，陶器主要有鬲（足）、豆、盉、钵等。纹饰多素面，另有绳纹、弦纹等。豆为浅弧腹浅盘豆，敞口或直口，总体形态可分为两种，一种为假腹豆，假腹开始向真腹过渡，粗高柄，凹弦纹饰；年代为花园庄晚段至殷墟一期。一种为真腹豆，斜腹，唇部有折棱；口、腹部形态同五担岗 T17⑤：4[2]，年代为花园庄晚段。盉为碗口形，斜肩微鼓，弧腹，圜底，曲柄，锥形实足较矮；腹部开始形成明显的圜底、但不深，足窝消失，底部处于一条弧线上，再加上三足粗矮且外撇，这种形态应不会晚至殷墟一期，大概属花园庄晚段。钵为敛口，浅弧腹，平底，素面。鬲足为高锥形实足，有较浅的足窝，足的中部弧凸，素面。典型器有浅弧腹假腹豆（图 5-9，1、2）、直口斜腹豆（图 5-9，3）、曲柄盉（图 5-9，4）、敛口弧腹钵（图 5-9，5）等。由上分析可知，沈店神墩遗物年代较集中，相当于花园庄晚段至殷墟一期。

（3）小北墩遗址

位于现铜陵市枞阳县钱桥镇钱桥行政村柏家墩自然村，罗昌河支流自遗址西侧 500 米处流过。遗址海拔 21 ～ 24 米，高出周围地面 1 ～ 3 米，面积 17000 平方米。1975 年发现，1981 年 9 月至 10 月由安徽省文物考古研究所对其进行了试掘，开探沟一条，发现新石器、商时期遗存[3]。晚期遗存以陶器为主。器类有鬲、鼎、觚、盆。鬲有两种，一种为宽卷沿，深鼓腹，口径大于腹径，饰绳纹（图 5-10，1）；其卷沿、深鼓腹的形态应早于二里冈下层时期，年代相当于二里头四期；

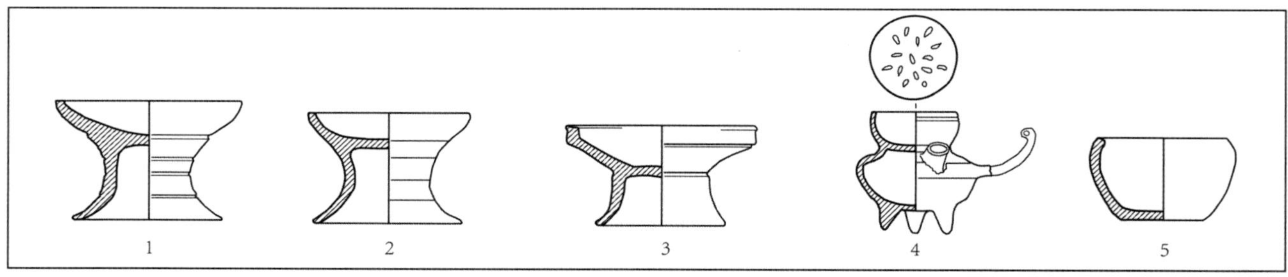

图5-9　沈店神墩商时期遗存

1～3.豆　（沈采：1、沈采：10、沈采：11）　4.盉（沈采：5）　5.钵（沈采：4）

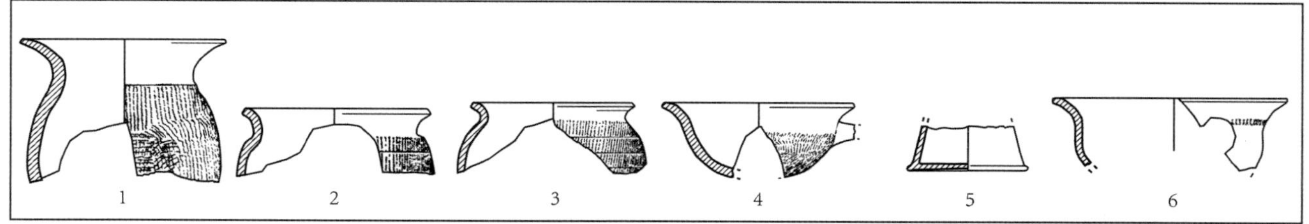

图5-10　小北墩夏商时期遗存

1～3.鬲　4.鼎　5.觚　6.盆

[1]　安徽省文物考古研究所、安庆市博物馆：《安徽安庆市先秦文化遗址调查报告》，《文物研究》第十四辑，黄山书社，2005年。

[2]　安徽省文物考古研究所、南京大学历史学院考古文物系等：《马鞍山五担岗》，第144页，文物出版社，2016年。

[3]　安徽省文物考古研究所：《安徽枞阳、庐江古遗址调查》，《江汉考古》1987年第4期。

一种为窄卷沿、深鼓腹、极窄肩，饰间断绳纹（图 5-10，2、3）；多见于殷墟晚期。鼎为敞口，浅弧腹，圜底，角状把手，饰错拍绳纹（图 5-10，4）；它与曲壁觚（图 5-10，5）、卷沿弧腹盆（图 5-10，6）的年代似较早，有二里头三期特征。这些器物的年代，分别为二里头晚期、殷墟晚期。

二　铜器地点

皖西南地区，除汤家墩、薛家岗、跑马墩等遗址出土铜器外，其他铜器地点主要分布在皖河水系，如潜山彰法山[1]、太湖晋熙[2]、太湖刘畈[3]、岳西冶溪[4]等。彰法山铜器地点位于皖河支流后河西侧，出土的青铜爵（图 5-11，3）为筒形深腹、卵底、直壁、高柱、蕈形帽，腹壁可见扉棱，柱在流与口间、三足不高但外撇甚、拱形鋬顶端有兽首但较模糊等是殷墟三期偏早阶段特征。晋熙青铜爵（图 5-11，1）筒形深腹、卵底、中高柱，柱在流与口间、三足不高微外撇、拱形鋬光素等特征与

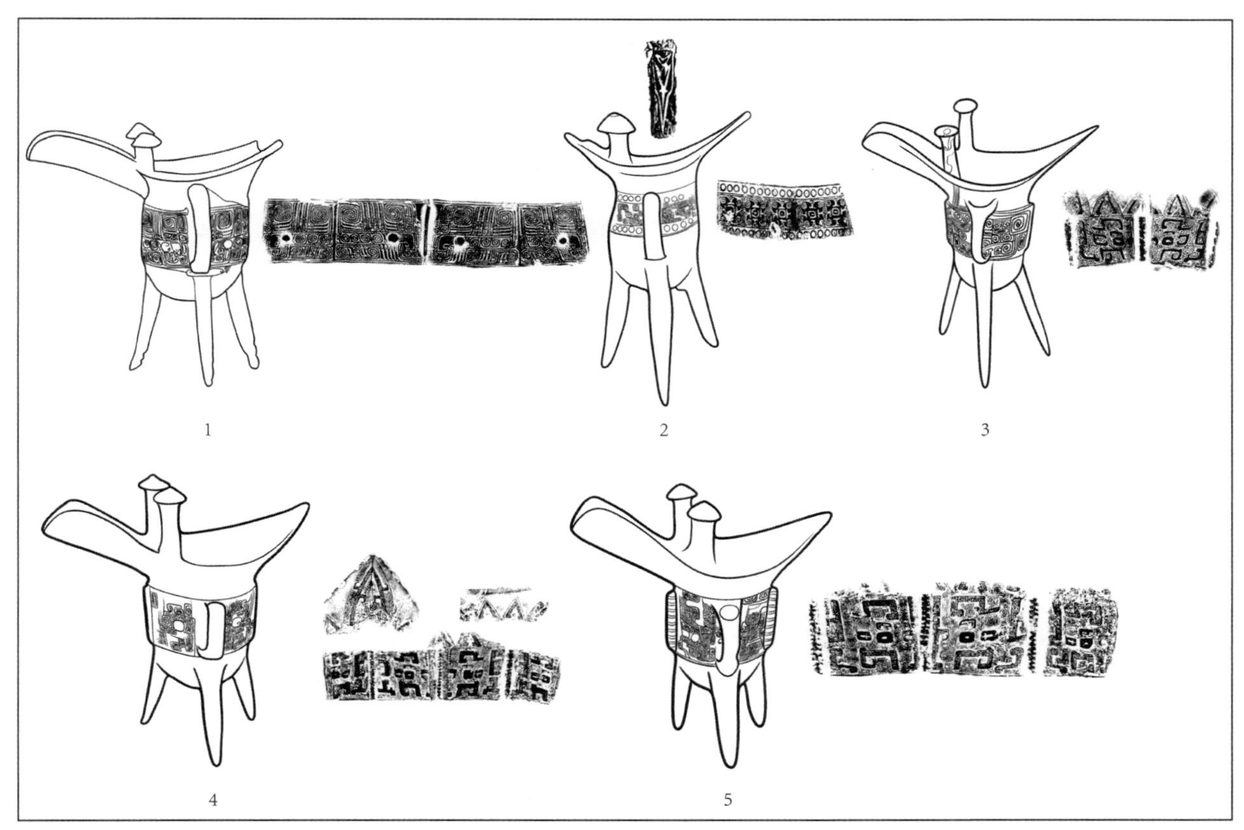

图5-11　晋熙、刘畈等地点铜器

1～5.爵　（晋熙1，刘畈2，彰法山3，冶溪4、5）

[1]　安徽大学、安徽省社会科学院、安徽省文物考古研究所：《安徽江淮地区商周青铜器》，第38页，文物出版社，2014年。

[2]　安徽大学、安徽省社会科学院、安徽省文物考古研究所：《安徽江淮地区商周青铜器》，第44页，文物出版社，2014年。

[3]　安徽大学、安徽省社会科学院、安徽省文物考古研究所：《安徽江淮地区商周青铜器》，第45页，文物出版社，2014年。

[4]　安徽大学、安徽省社会科学院、安徽省文物考古研究所：《安徽江淮地区商周青铜器》，第40～43页，文物出版社，2014年。

安阳刘家庄M61爵[1]相似，年代为殷墟二期偏早。刘畈青铜爵（图5-11，2）筒形深腹、卵底、直壁、中高柱，柱在流与口间、拱形鋬顶端有兽首但较模糊，属殷墟三期偏早阶段特征。冶溪青铜爵（图5-11，4、5）2件，均为筒形深腹、卵底、高柱，腹壁可见扉棱，三足稍矮微外撇，拱形鋬顶端有兽首，除足之外与彰法山铜爵形态基本一致，年代应为殷墟三期偏早。

第二节　皖西南地区夏商时期考古学文化分期

一　本区域部分早期遗存的讨论

皖西南地区，夏时期遗存发现极少。从现有材料看，并未明显见到二里头文化的影响。一些遗址的部分遗物，年代早于二里冈下层时期，进入了夏的年代区间。如枫沙湖水系汤家墩、皖河水系薛家岗等，部分遗物有明显的南关外期特征，年代约相当于二里头四期。薛家岗鼎式鬲 T49⑨：1，（图 5-12，1），年代应为二里头四期。汤家墩最早单位 H5，出土遗物也有南关外风格，如直口微敛的弧裆鬲（图 5-12，2）、宽卷沿的鼓腹鬲（图 5-12，3）、斜弧腹甗（图 5-12，5），年代为二里头四期；弧裆鬲或有二里头三期偏晚阶段特征。罗昌河水系的小北墩，卷沿深鼓腹鬲，应略早于二里冈下层，年代早至二里头四期；而浅圜底角把鼎（图 5-12，6）、曲壁觚（图 5-12，7）、卷沿弧腹盆（图 5-12，8）等，也应属二里头晚期遗物。然而，皖西南地区遗址地层年代缺乏延续性。薛家岗遗址出土物较破碎或不典型，汤家墩各单位间遗物可能有混杂，小北墩遗物无明确单位且描述不清。这些客观情况的存在，对皖西南地区夏时期遗存的年代及文化性质判定均非有利因素。与汤家墩一江之隔的铜陵师姑墩，距此仅 35 千米。师姑墩二里头文化因素遗存，年代约为二里头一期偏晚至二里头二期，与之地理相近的汤家墩遗址似也应有该因素遗存。皖西南与巢湖流域、皖南相邻的这块地域，应属斗鸡台文化的影响范畴。截至目前，皖西南地区夏时期文化面貌仍不清晰。近些年，该地区考古调查及发掘工作增多，发掘科学性也增强。更多夏时期遗存的发现，应属时间问题。

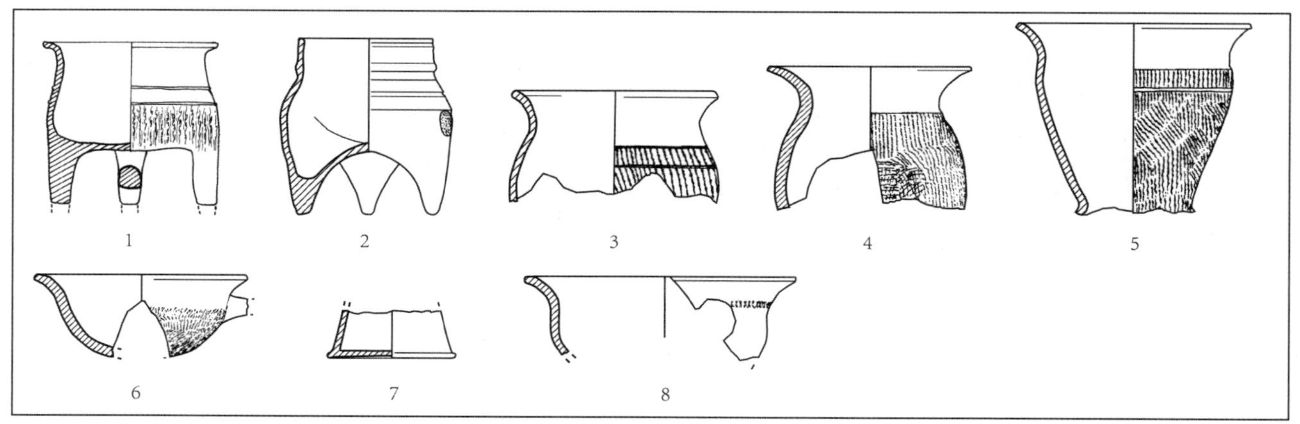

图5-12　皖西南地区早期遗存

1.鬲（T49⑨：1）　2.鬲（H5：5）　3.鬲（H5：6）　4.鬲　5.甗（H5：7）　6.鼎　7.觚　8.盆　（薛家岗1，汤家墩2、3、5，小北墩4、6～8）

[1] 朱凤瀚：《中国青铜器综论》，第961页，上海古籍出版社，2009年。

二　本区域夏商时期遗存

本区域夏商时期遗存，各地的分布情况不一。皖河以西的沿江地带，为古彭蠡泽旧地，目前未有发现。皖河以西大别山麓的山前丘陵地带，应分布有该时期遗存，但目前也为空白。夏商时期遗存的分布，主要集中在皖河、大沙河水系。部分湖泊周围也有分布，如白荡湖和枫沙湖水系。皖河水系夏商时期遗存的分布，主要有薛家岗、百林山、王家墩、张四墩、沈店神墩等，杨家嘴或也有该时期遗存。大沙河水系发现相对少，主要有跑马墩和孙家城。白荡湖水系的罗昌河，分布有小北墩，枫沙湖水系则分布有汤家墩。

另外，也有不少遗址曾出土有商时期铜器，典型者如薛家岗、汤家墩、跑马墩；铜器地点则有彰法山、晋熙、刘畈、冶溪等，这些资料均为近年来集中发表。

1.铜器的分期与年代

器类有彝、爵、锛、锸、销刀、镞等，部分器物可分期。将汤家墩、跑马墩铜器划为第 1 组，晋熙铜器划为第 2 组，彰法山、冶溪铜器划为第 3 组，汤家墩 1987 年铜器、孙家城铜器划为第 4 组；以上 4 组对应 4 段（图 5-13）。

第 1 段：汤家墩、跑马墩锛器身窄长，顶端较宽，弧刃，刃宽与銎口宽相近。年代为花园庄晚段。

第 2 段：晋熙爵为筒状腹，已非垂腹；爵柱由在流上向口过渡，居于口与流中间；圜底。年代为殷墟二期偏早阶段。

第 3 段：刘畈、彰法山和冶溪铜爵均为圜底，爵柱又接近口部，三足外撇现象较 2 段厉害，拱形鋬顶端兽首较模糊。年代为殷墟三期偏早阶段。

第 4 段：汤家墩彝形态似偏早，盖斜而不鼓、腹部斜直的特征常见于殷墟偏早阶段；但察其纹饰，似为殷墟晚期至西周初风格。大鸟纹尾自中部急下折、尾部上端有岐羽、尾部末端分叉但不上翘，饕餮纹有首无身、首为牛角纹，夔纹曲身、拱背、尾上卷、头向下张口、躯干不分歧为二。观察大鸟纹岐羽少、末端开叉不上翘及夔纹拱背卷尾辅助纹饰少的做法，不会晚至西周。因此，将汤家墩方彝年代定为殷墟四期偏晚阶段或较妥当。孙家城锸为凹口形，凹口顶端较开阔呈“U”形，且器身宽扁、两侧斜直稍内收；这种形态殷墟晚期多见。该段年代，应为殷墟四期。

综合上述铜器材料，可分两期；第 1 段为第一期，第 2、3、4 段合并作为第二期。

总体来说，皖西南地区铜器发现尚少，器类也不丰富，仅能作简单分期。从铜器风格特征看，受商文化影响较大。

2.陶器的分期与年代

（1）典型陶器型式划分

主要选取鬲、甗、簋、豆、斝、盉、罐、瓮等延续性较强、形态典型的陶器，并对其进行分析。

鬲　从整体形态观察可分三型。

图5–13 皖西南地区商时期铜器分期图

1、2.锛（T7⑦：26、T2⑤：8） 2～6.爵 7.彝（1987采） 8.锸（H29①：7） （汤家墩1、7，跑马墩2，晋熙3，刘畈4，彰法山5，冶溪6，孙家城8）

A 型 分裆鬲。分二式。演变趋势：裆高变矮，腹部变斜，足更外撇（图 5–14，7、16）。

B 型 弧裆鬲。分五式。演变趋势：裆高总体趋势由高变矮，腹部由内斜变外斜再变内斜，足尖大体上由高变矮（图 5–14，1、11、17、25、33）。

C 型 鼎式鬲。分三亚型。

Ca 型 圜底，罐形或釜形。分五式。演变趋势：口沿渐宽，腹深渐大，底部由圆变尖（图 5–14，2、8、12、18、20）。

Cb 型 弧腹，盆形。分八式。演变趋势：腹深渐大后再变小，口径总体渐大，三足由外撇至渐内收、再外撇、再变内收的趋势（图 5–14，4、5、13、19、21 ～ 23、26 ～ 30）。

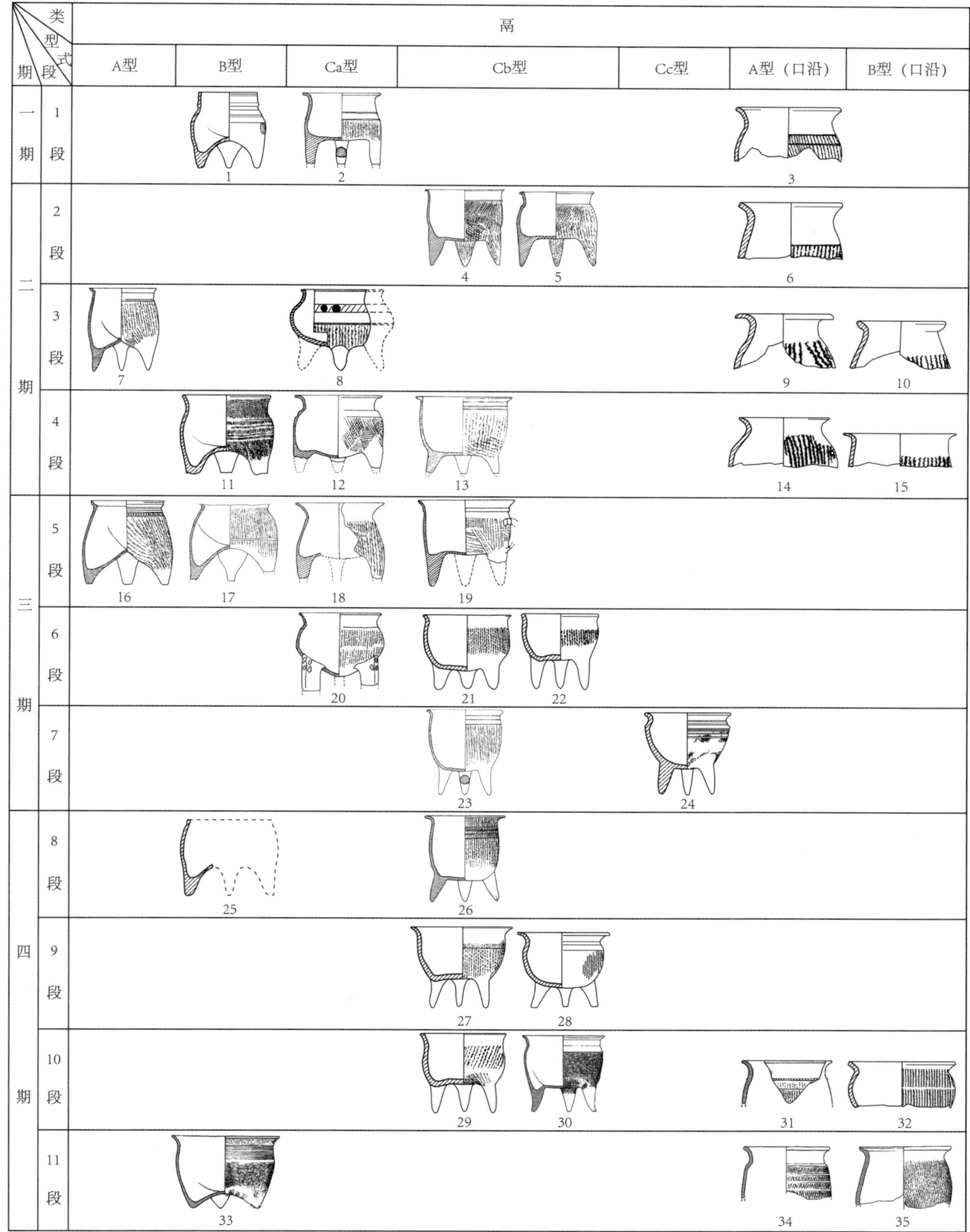

图5-14　皖西南地区夏商时期典型陶器分期图-1

1～35.鬲（H5：5、T49⑨：1、H5：6、H25：88、H25：111、H2：3、H31：1、H11：1、H2：1、H2：2、T6⑦：10、H35：2、T21③：10、H1：5、H1：7、T38③：6、H38：19、H37：2、H37：1、H30：34、H2：25、H2：26、T44③b：30、T2⑤：7、T1④：1、M152：2、T2③：1、1979采、T6②：3、H29④：14、H29③：88、T5⑥：10、H19①：51、H19①：26、H19①：14）（汤家墩1、3、6、11、32，薛家岗2、4、5、7、8、12、13、16～20、23、26，百林山9、10、14、15，跑马墩21、22、24、25、27、29，张四墩28，孙家城30、31、33～35）

Cc 型　斜腹，盆形，折肩（图 5-14，24）。

鬲口沿　可见口、腹部形态者分二型。

A 型　卷沿。分六式。演变趋势：腹部渐斜再内收（图 5-14，3、6、9、14、31、34）。

B 型　折沿。分四式。演变趋势：腹渐内收（图 5-14，10、15、32、35）。

甗　分四式。演变趋势：甑部由敞口渐变为敛口（图 5-15，1、13、24、28）。

簋　弧腹。分五式。演变趋势：由垂腹渐变为斜弧腹（图 5-15，6、16、25、29、32）。另存在一种有肩、敛口、斜腹的圈足簋形器，亦有演变趋势，在此不再讨论。

豆　分二型。

A 型　真腹。分三式。演变趋势：斜腹渐为弧腹，平底渐为圜底（图 5-15，17、26、30）。

B 型　假腹。分三式。演变趋势：假腹渐内收，假腹向真腹过渡（图 5-15，14、18、22）。

斝　分三式。演变趋势：袋足渐斜，把手底端渐移至袋足上部（图 5-15，2、3、8、11）。

盉　腹部类似扁弧腹罐，有把手。分四式。演变趋势：腹深渐大，底部渐圆（图 5-15，9、12、19、23）。

罐　深腹，腹径、口径比值小。分五式。演变趋势：由敛口渐变为侈口，弧腹有渐变为垂腹迹象（图 5-15，4、5、7、10、20、33）。

瓮　有明显的折棱，口径明显小于口径。分五式。演变趋势：肩的倾斜程度渐大（图 5-15，15、21、27、31、34）。

（2）分期与年代

陶器较多，部分较典型且有延续性，可作型、式划分。

第 1 段：以汤家墩第 1 组、薛家岗第 1 组为代表，小北墩部分遗物属该组。遗存发现较少。典型陶器有 B 型Ⅰ式鬲（图 5-14，1）、Ca 型Ⅰ式鬲（图 5-14，2）、A 型Ⅰ式鬲口沿（图 5-14，3）、Ⅰ式甗（图 5-11，1）等。绳纹多在上腹被一道弦纹间断，部分错拍。流行大宽沿，颈部多较高，部分陶器带角状把手；折沿陶器多有一段斜颈。鬲的形态多样、不稳定，卷沿、折沿均多见，但宽卷沿形态最流行；腹部形态多罐或盆形；裆有分裆、弧裆区别；足有袋足、高锥形实足差异，足窝深浅不一。

第 2 段：以汤家墩第 2 组、薛家岗第 2 组为代表。该段陶器相较丰富，数量和器类均有增多。典型陶器有 Cb 型Ⅰ式鬲（图 5-14，4、5）、A 型Ⅱ式鬲口沿（图 5-14，6）、Ⅰ式斝（图 5-15，2、3）、Ⅰ式罐（图 5-15，4、5）等，也有鸭形壶等特征器物。部分陶器束颈变不明显，形成了较长的弧颈。扁鼓腹是该段陶器的重要特色，以 Cb 型鬲尤为多见，多有极浅的足窝；该类型器物，自第 2 段出现起一直延续到第 11 段。Cb 型鬲中存在一种足跟饰两对或三对对称按窝者，自第 2 段持续到第 7 段。鸭形壶的出现，证明本地在受中原文化影响的同时掺杂了部分太湖流域因素。总体来说，本段器物的形态特征明显承继第 1 段。

第 3 段：以薛家岗第 3 组、百林山第 1 组为代表。该段陶器较上段要少。典型陶器有 A 型Ⅰ式鬲（图 5-14，7）、Ca 型Ⅱ式鬲（图 5-14，8）、A 型Ⅲ式鬲口沿（图 5-14，9）、B 型Ⅰ式鬲口沿（图 5-14，10）、Ⅰ式簋（图 5-15，6）、Ⅱ式罐（图 5-15，7）等。Ca 型鬲腹部变弧凸，底部变深，颈部倾斜更甚且变短；短斜颈、扁鼓腹的鼎式鬲为本段所特有；宁镇山地沿江地带、太湖流域也有类似陶器。鬲的颈部与口沿相接处，开始向里靠拢，使得唇缘距离颈部稍远。深腹罐开始变矮

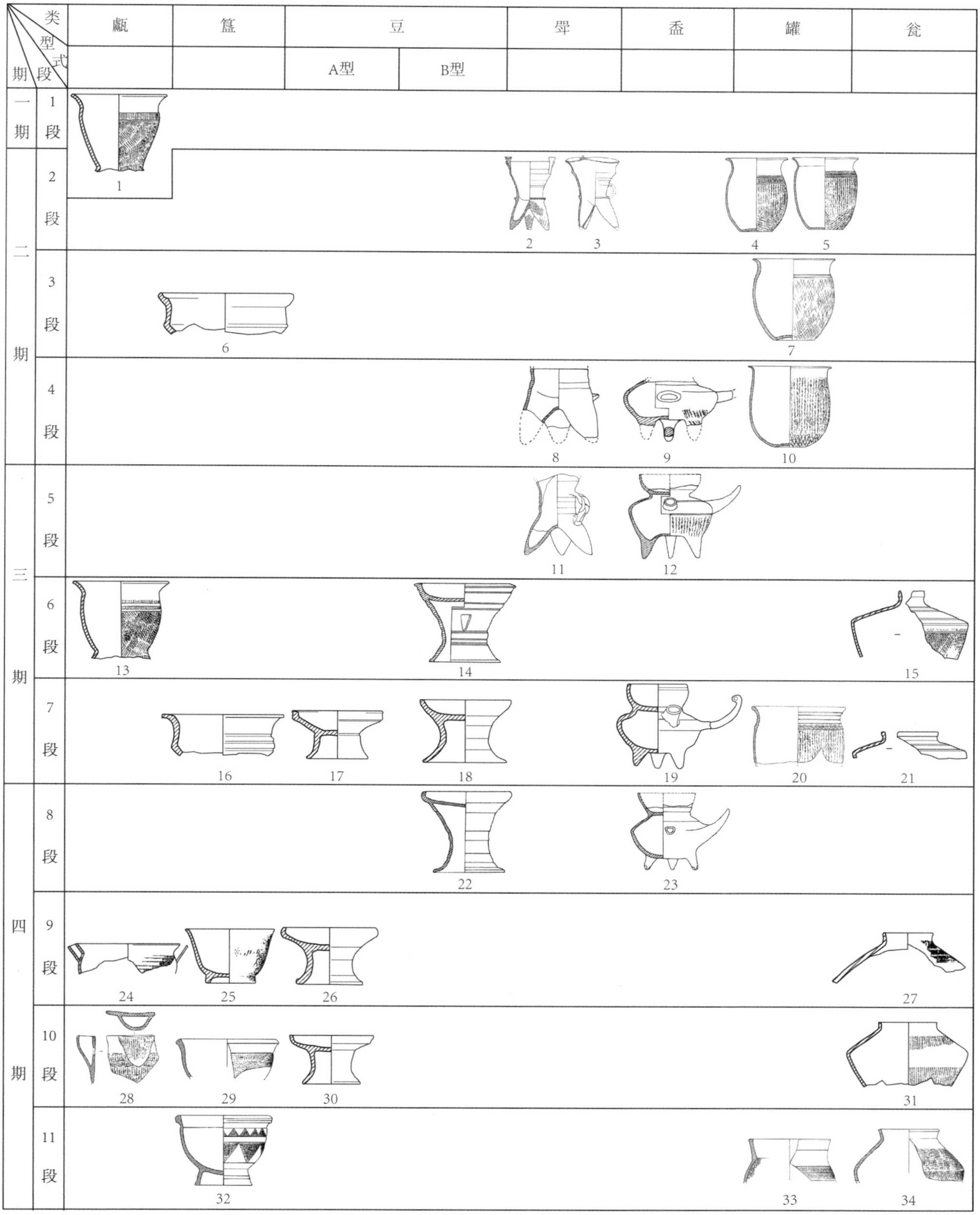

期	段	甗	簋	豆 A型	豆 B型	斝	盉	罐	瓮
一期	1段	1							
二期	2段					2、3		4、5	
	3段		6					7	
	4段					8	9	10	
三期	5段					11	12		
	6段	13			14				15
	7段		16	17	18		19	20	21
四期	8段				22		23		
	9段	24	25	26					27
	10段	28	29	30					31
	11段		32					33	34

图5–15　皖西南地区夏商时期典型陶器分期图–2

1.甗（H5：7）　2、3.斝（H25：90–1、H25：90–2）　4、5.罐（H25：113、H25：101）　6.簋（H2：4）　7.罐（T7②：9）　8.斝（T35③：4）　9.盉（T34③：12）　10.罐（H35：4）　11.斝（H37：3）　12.盉（H38：13）　13.甗（T7⑦：18）　14.豆（H28：5）　15.瓮（H2：？）　16.簋（H2：4）　17、18.豆（沈采：11、沈采：10）　19.盉（沈采：5）　20.罐（T44③b：29）　21.瓮（T4⑤：？）　22.豆（M152：3）　23.盉（M152：4）　24.甗（②：？）　25.簋（T5③：8）　26.豆（1979采）　27.瓮（②：？）　28.甗（采：7）　29.簋（H29④：59）　30.豆（T5⑥：6）　31.瓮（T4④：11）　32.簋（H29①：36）　33.罐（H29①：34）　34.瓮（H29①：58）　（汤家墩1、13、16、30、31，薛家岗2～5、7～12、14、20、22、23、28，百林山6，跑马墩15、21、25，张四墩26，沈店神墩17～19，王家墩24、27，孙家城29、32～34）

胖，最大腹径下移。

第 4 段：以汤家墩第 3 组、薛家岗第 4 组、百林山第 2 组为代表。该段陶器明显较前 3 段丰富。典型陶器有 B 型Ⅱ式鬲（图 5-14，11）、Ca 型Ⅲ式鬲（图 5-14，12）、Cb 型Ⅱ式鬲（图 5-14，13）、A 型Ⅳ式鬲口沿（图 5-14，14）、B 型Ⅱ式鬲口沿（图 5-14，15）、Ⅱ式斝（图 5-15，8）、Ⅰ式曲柄盉（图 5-15，9）、Ⅲ式罐（图 5-15，10）等。Ca 型鬲的腹部开始变深，形态变为明显的釜形，并一直延续到第 7 段。新见曲柄盉，自本段起至少延续至第 8 段，属地域特色器；形态似是来源于中原商二里冈下层二期敛口束腰斝，并吸收部分特征改良而成。

第 5 段：以跑马墩第 1 组、薛家岗第 5 组为代表。该段遗存是上段的延续，器类也几近一致。典型陶器有 A 型Ⅱ式鬲（图 5-14，16）、B 型Ⅲ式鬲（图 5-14，17）、Ca 型Ⅳ式鬲（图 5-14，18）、Cb 型Ⅲ式鬲（图 5-14，19）、Ⅲ式斝（图 5-15，11）、Ⅱ式曲柄盉（图 5-15，12）等。流行斜腹，多见于鬲、盉、罐等；鬲足开始外倾、最大腹径偏下。

第 6 段：以汤家墩第 4 组、跑马墩第 2 组为代表，薛家岗第 6 组部分遗物属该组。典型陶器有 Ca 型Ⅴ式鬲（图 5-14，20）、Cb 型Ⅳ式鬲（图 5-14，21、22）、Ⅱ式甗（图 5-15，13）、B 型Ⅰ式豆（图 5-15，14）、Ⅰ式瓮（图 5-15，15）等。本段开始，特征明显的假腹豆出现，并延续到第 8 段前后。新出现腹径远超过口径的折肩瓮，自本段起一直延续至第 11 段。Ca 型鬲、釜等出现明显的尖底或尖圜底，属本段陶器特色。

第 7 段：以汤家墩第 5 组、跑马墩第 3 组、张四墩第 1 组为代表，薛家岗第 6 组及沈店神墩部分遗物属该组。典型陶器有 Cb 型Ⅴ式鬲（图 5-14，23）、Cc 型鬲（图 5-14，24）、Ⅱ式簋（图 5-15，16）、A 型Ⅰ式豆（图 5-15，17）、B 型Ⅱ式豆（图 5-15，18）、Ⅲ式曲柄盉（图 5-15，19）、Ⅳ式罐（图 5-15，20）、Ⅱ式瓮（图 5-15，21）等。圆实足陶器如鬲、盉等，足尖多捏制处理；尖底或尖圜底器也比较流行。自本段开始，Cb 型鬲的腹部突然变深，并至少延续至第 8 段；明显有别于其他时段。

第 8 段：以跑马墩第 4 组、薛家岗第 7 组为代表，沈店神墩及张四墩第 2 组部分遗物属该组。典型陶器有 B 型Ⅳ式鬲（图 5-14，25）、Cb 型Ⅵ式鬲（图 5-14，26）、B 型Ⅲ式豆（图 5-15，22）、Ⅳ式曲柄盉（图 5-15，23）等等。自该段起，假腹豆开始向真腹豆过渡，但仍处于过渡期。Cb 型鬲、鼎、盉等三足明显外倾，足尖捏制处理依然多见。附“8”字形的附加堆纹开始出现，并至少流行至第 10 段。

第 9 段：以跑马墩第 5 组为代表、张四墩第 2 组及王家墩部分遗物属该组。典型陶器有 Cb 型Ⅶ式鬲（图 5-14，27、28）、Ⅲ式甗（图 5-15，24）、Ⅲ式簋（图 5-15，25）、A 型Ⅱ式豆（图 5-15，26）、Ⅲ式瓮（图 5-15，27）等。特别流行横环耳，这种情况似始见于第 7 段，但本段尤为多见，如横环耳鼎、横环耳罐等。附耳甗是本段新见的形态；假腹豆几乎消失。

第 10 段：以汤家墩第 6 组、跑马墩第 6 组、孙家城第 1 组为代表，王家墩、小北墩部分遗物属该组。典型陶器有 Cb 型Ⅷ式鬲（图 5-14，29）、A 型Ⅴ式鬲口沿（图 5-14，31）、B 型Ⅲ式鬲口沿（图 5-14，32）、Ⅳ式甗（图 5-15，28）、Ⅳ式簋（图 5-15，29）、A 型Ⅲ式豆（图 5-15，30）、Ⅳ式瓮（图 5-15，31）等，三足器的足间距开始变小、外倾变缓；折肩瓮的肩部明显变更斜。

第 11 段：以孙家城第 2 组为代表，小北墩部分遗物属该组。典型陶器有 B 型Ⅴ式鬲（图 5-14，

33）、A型Ⅵ式鬲口沿（图5-14，34）、B型Ⅳ式鬲口沿（图5-14，35）、Ⅴ式簋（图5-15，32）、Ⅴ式罐（图5-15，33）、Ⅴ式瓮（图5-15，34）等。鼎式鬲不见，开始流行极窄肩深腹鬲；三角纹饰较有特色。

综合各段陶器特征，将第1段划为第一期，第2、3、4段合并为第二期，第5、6、7段合并为第三期，第8、9、10、11段合并为第四期。第一期年代，早于二里冈下层一期；部分陶器有南关外期风格，或有二里头文化特征；年代应相当于二里头四期。第二期的三段分别与二里冈下层一期、二里冈下层二期、二里冈上层一期对应，即早商阶段；本地陶器自该期形成自身风格并渐趋稳定。第三期的三段分别与二里冈上层二期、花园庄早段、花园庄晚段相对应，即中商阶段；陶器吸收了部分商文化因素，但也有一些明显有异于商文化的器物。第四期的四段分别与殷墟一至四期相对应，即晚商阶段；陶器仍然受商文化影响，但周边土著文化的崛起对本地文化产生了较大影响。

3.文化因素分析

对出土遗物进行分析后，其文化因素构成可分为以下几类。

A类：以罐形鼎式鬲、弧裆袋足鬲、敞口斜腹甗、深弧腹罐（图5-16，1～4）等为代表，陶器风格接近南关外期，并在这个基础上有所发展。有学者认为南关外期源自下辉卫类型[1]，笔者赞同这种观点。先商文化辉卫类型的确可能经南关外南下至盘龙城，而皖西南地区很可能是两地文化间的过渡区。近年来，江淮地区东淝河水系丁家孤堆也发现罐形鼎式鬲、深腹罐等年代明显偏早的陶器，风格与南关外期、皖西南地区早期遗存接近。

B类：可再分B1和B2两类。B1类以分裆鬲、弧裆鬲、袋足甗、弧腹圈足簋、假腹豆、大口尊、横篮纹饼底缸、折腹盆、扁弧腹盆、斜腹盆、矮直口圆肩瓮、深腹罐、袋足斝、锥形足爵等（图5-16,5～24）为代表，属典型商文化因素。而B2以盆形鼎式鬲、罐形鼎式鬲、釜形鼎、盘形鼎（图5-16，25～29）为代表，这种因素是A类文化因素的延续，但进入商时期后成为商文化的次要因素，但却成为本地文化的主要构成，属典型文化因素。

C类：以鸭形壶、粗柄深折腹豆、大凸棱豆、圈形捉手器盖等（图5-16，30～33）为代表，该类因素应来自于马桥文化。

D类：以钵形鬲、附耳甗和横环耳鼎（图5-16，34～37）为代表，属大路铺文化的典型风格。大路铺文化偏早阶段影响到了皖西南地区，从而改变了本地的文化格局。

E类：以盆形环耳鼎式鬲、曲腹角把鼎、釜形鼎式鬲、釜、曲柄盉、敛口深弧腹瓮、横环耳折肩深腹罐和鸟形尊等（图5-6，38～45）为代表。角把鼎是吸收商文化因素后的改良器；曲腹鼎则为变体器；釜形鼎是在罐形鼎基础上发展而来，但其腹部越来越尖，成为本地特色；曲柄盉可能吸收中原束腰敛口斝部分特征改良形成；敛口瓮、横环耳罐、鸟形尊则是本地特色器物。

经上分析，对皖西南地区商时期典型陶器文化因素构成主要分五大类。

第一期，遗存组成较为单纯，均为A类，南关外期风格，应属先商文化辉卫类型因素。主要器类有直口弧裆鬲、浅腹罐形鼎式鬲和敞口斜腹甗等。

[1]　王立新、胡宝华：《试论下七垣文化的南下》，《考古学研究（八）》，科学出版社，2011年。

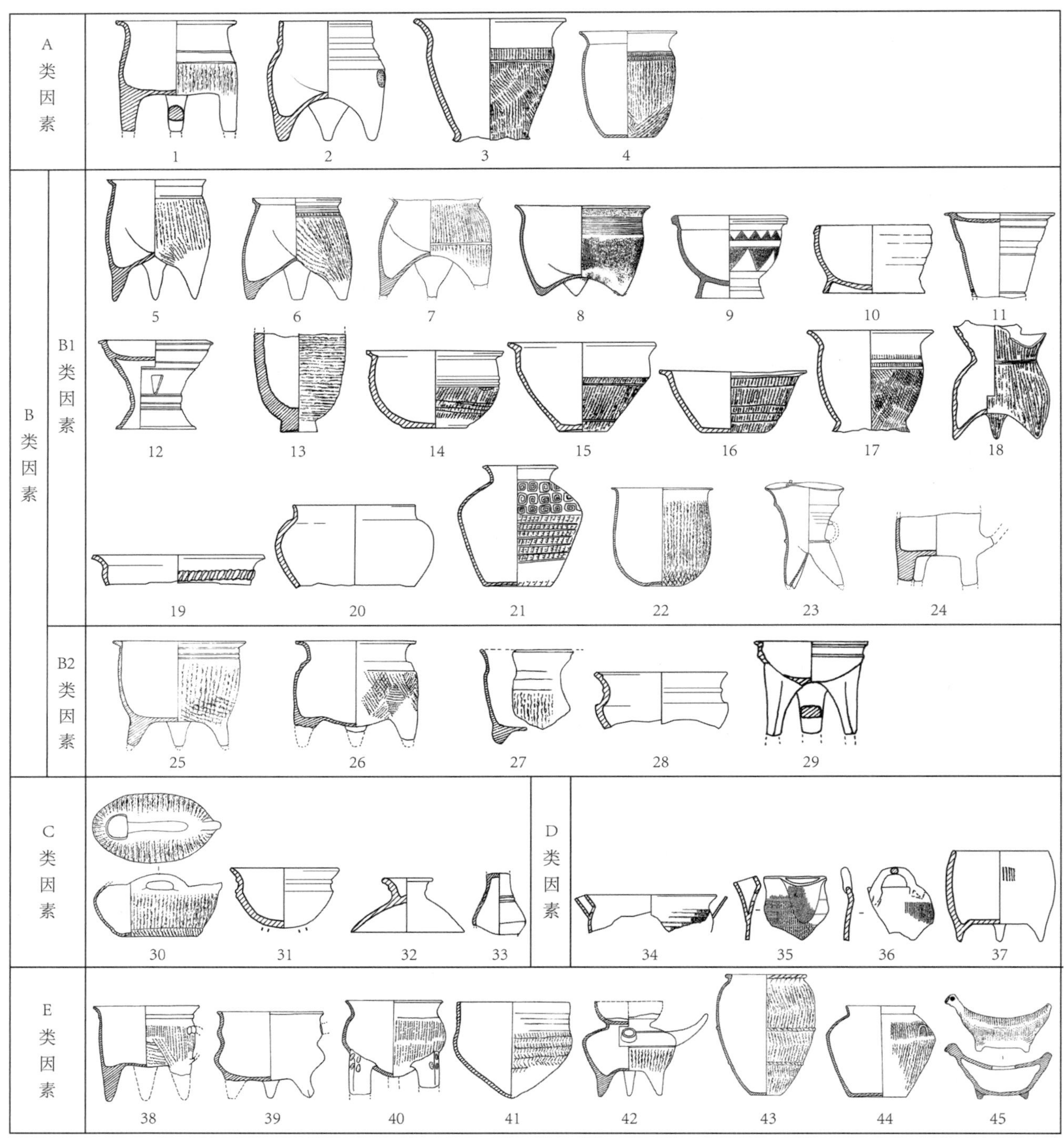

图5-16　皖西南地区夏商时期遗存文化因素构成图

1、2.鬲（T49⑨：1、H5：5）　3.甗（H5：7）　4.罐（H25：101）　5～8.鬲（H31：1、T38③：6、H38：19、H29④：14）　9、10.簋（H29①：36、T44③b：15）　11、12.豆（H28：10、H28：5）　13.缸（H27：24）　14～16.盆（T3Ⅱ3：52、BⅡ1：79、T1耕土层下：5）　17、18.甗（T7⑦：18、T1Ⅰ3：4）　19.尊（T7⑥：37）　20.瓮（T7⑦：36）　21、22.罐（T22③：2、H35：4）　23.斝（H25：90–2）　24.爵（T44③b：58）　25～27.鬲（T21③：10、H35：2、T34③：4）　28、29.鼎（H1：6、H17：89）　30.壶（H20：14）　31.豆（H1：2）　32.器盖（1979采）　33.豆（H30：61）　34、35.甗（②：？、②：？）　36.鼎（②：？）37.鬲（T2②：1）　38、40.鬲（H37：1、H30：34）　39.鼎（M152：2）　41.釜（H28：4）　42.盉（H38：13）　43.瓮（H17：95）　44.罐（T44③b：4）　45.尊（H17：72）　（薛家岗1、4～7、10～13、21～27、29、30、33、38～45，汤家墩2、3、17、19、20，孙家城8、9，张四墩14～16、18、32，百林山28、31，王家墩34～37）

第二期，遗存组成变复杂，早段为B、C两类因素，其中B类又可分为B1和B2两类。B1类为典型商文化因素，B2类由A类因素即辉卫类型发展而来，C类则为马桥文化因素。本段遗存中B2占据主要地位，B1、C类因素极少；中段开始至晚段，B1类因素比例增大，B2类因素渐趋稳定形成自身特色后产生E类因素。总体来说，自第二期中段起，来自中原的商文化因素明显增多。从相关发现来看，中原与皖西南地区交流渐强，皖西南地区商文化因素陶器器类明显增多，如各种形态的鬲、鼎、簋、豆、瓮、罐、缸、斝、钵、器座等。这种情况的出现，促进了当地特色文化因素即土著特征的形成。如曲柄盉，便属于创新的文化因素。

第三期，本期遗存组成较稳定，共B、C、E三类因素，创新因素即E类比重变大，并形成自己的风格，如盆形环耳鼎式鬲、尖圜底釜形鼎式鬲、曲柄盉、釜形器、敛口深弧腹瓮、横环耳折肩深腹罐和鸟形尊等。

第四期，偏早阶段遗存仍延续上期特色，但遗址数量明显减少，创新因素器物也减少，仅见曲腹鼎和曲柄盉。自本期第二段起至晚段，文化因素由B、D类组成。D类属大路铺文化因素，自本期第二段起影响皖西南地区，较典型的器物有附耳甗、钵形鬲等。

通过以上分析可知，皖西南地区商时期遗存是在辉卫类型影响下产生的。进入商时期之后，这种文化因素逐渐融入当地形成地域特色。在这个过程中，典型商文化因素在早商二期起逐渐与本地交流，并持续至整个中商时期。在中原典型商因素、辉卫类型因素双重作用下，本地的器物种类增加，相应地创新器类也增加。约至殷墟二期时，大路铺文化遗存影响本地，但典型商文化因素、辉卫类型甚或土著因素并未立即消失，仅分布范围缩小，并持续至商末。

第三节　皖西南地区夏商时期考古学文化类型

由前文地理分析可知，皖西南地区从东至西为东、中、西三部分。东部地区主要为白荡湖——枫沙湖水系区，该地区与巢湖水系相近，也是进入江淮地区的要道。中部地区以大沙河水系为主，起了串联东部地区与皖河水系的作用，其中的白兔湖和菜子湖水系与东部地区枫沙湖水系相接；通过菜子湖可直接进入破岗湖，而破岗湖水系与皖河水系是紧密相连的。西部地区以皖河水系为主，皖河分长河和潜水两大支流；而长河位于西侧，已经接近长江中、下游的交界地带，即古彭蠡泽旧地，起着沟通江汉平原、赣北地区的作用。

薛家岗遗址发现于1979年，经过数次发掘。除薛家岗外，20世纪80年代起又相继发掘了张四墩、王家墩、汤家墩、跑马墩、百林山等遗址。受条件限制，对这些遗址的文化认识一直未取得突破，但明确该类遗存有地方特色。2004年，薛家岗遗址夏商时期资料发表后，文化认知开始深入。《潜山薛家岗》报告中，认为薛家岗夏商时期遗存与典型商文化、盘龙城类型均有一定的联系，该观点准确无疑。报告同时认为，薛家岗夏商时期遗存地域特征明显，如曲柄盉、禽鸟形器、附耳甗等。并产生两个深刻认识：（1）曲柄盉与群舒文化的产生有关；（2）附耳甗因素与长江中游吴城文化、皖南地区古文化有密切交流[1]。后续的研究，对薛家岗夏商时期遗存文化内涵的认识逐渐深入[2]。

[1]　安徽省文物考古研究所：《潜山薛家岗》，第518～523页，文物出版社，2004年。

[2]　豆海锋：《试论安徽沿江平原商代遗存及与周边地区的文化联系》，《江汉考古》2012年第3期。赵东升：《青铜时代江淮、鄂东南和赣鄱地区中原化进程研究》，花木兰出版社，2013年。

纵观以往研究，已认识到皖西南地区夏商时期遗存与以盘龙城类型为代表的周边文化有关联，且有一定地域特色。由前文可知，皖西南地区东部地区、大沙河水系、皖河水系自二里头四期至殷墟一期，陶器器类、纹饰等文化特征均有一致性。该地文化虽与盘龙城类型存在紧密联系，但也有很大区别。盘龙城铜器、原始瓷器、硬陶器均较发达，而皖西南地区铜器欠发达，原始瓷器和硬陶器也较少见。陶器虽均以鼎式鬲为特色，但盘龙城的器类和数量远更丰富；而皖西南地区也有特征陶器，如曲柄盉、釜形器、禽鸟形器等，曲柄盉对巢湖西侧流域、皖南地区两周时期古文化影响深远。因此，皖西南地区以薛家岗二里头四期至殷墟一期、跑马墩花园庄阶段至殷墟四期为代表的遗存，有明显地域特征及延续性，应属一种全新的文化类型。考虑到在薛家岗首先发现且较典型，以"薛家岗类型"命名似更妥帖。薛家岗、王家墩等遗址发现的商时期偏晚阶段遗存，受鄂东南、赣西北等地文化影响，陶器以附耳甗、曲柄盉等为特色。自殷墟时期延续至春秋时期，皖西南均有这种特征的器物。这种文化，强盛时曾影响至皖西北、赣东北。《阳新大路铺》报告中，将其命名为"大路铺文化"，已有学者对此表示认同[1]，本文暂从该观点。以下就上述两种文化进行探讨。

一　薛家岗类型

1.来源

薛家岗类型二里头时期遗存，包含部分辉卫类型因素。而盘龙城类型第一期，也发现有类似因素。皖西南地区、长江中游的二里头晚期遗存均少见，暂未见二地在该时段的紧密关系。但观察皖西南二里冈下层一期及盘龙城第一期遗存，均见弧腹盆形鼎式鬲、溜肩深弧腹罐、粗柄碗形豆等具有南关外期风格的器物。以上两种遗存，年代稍有差异，但器物均见南关外期风格。皖西南南关外期罐形鼎式鬲、敞口甗、溜肩深弧腹罐等均属南关外期特征器，本地稍晚出现的扁鼓腹盆形鼎式鬲，在郑州二里冈下层一期遗存中也有发现。二里冈下层二期至二里冈上层二期，皖西南地区与典型商文化交流处于高峰期，许多陶器均可互见；这种情况也见于盘龙城类型中。由此可知，盘龙城类型和薛家岗类型早期，有相当一部分文化因素的源头是一致的。

2.分布

薛家岗类型二里头时期遗存，仅见皖西南枫沙湖水系汤家墩和皖河水系薛家岗两处，大沙河水系暂未发现该期遗存。商时期遗存分布范围扩大，在枫沙湖水系、大沙河水系和皖河水系，西界可能为皖河支流长河一线，并未到达鄂皖赣交界处的黄梅（图5-17）。自殷墟一期开始，薛家岗类型受到大路铺文化影响，遗存不丰富，遗迹仅见墓葬；陶器器类、数量均显著减少。自殷墟二期起，皖河支流长河的薛家岗类型遗存已不见，而是被以王家墩商时期遗存为代表的大路铺文化取代。自殷墟三期起，皖河支流潜水的薛家岗类型遗存也被大路铺文化取代。从跑马墩、孙家城商时期遗存可知，大路铺文化始终未到达大沙河水系。自殷墟三期至殷墟四期，大沙河水系、枫沙湖水系仍为薛家岗类型的势力范围，盆形鼎式鬲等典型文化因素仍存在，但釜形鼎式鬲、曲柄盉、釜形器、禽鸟形器等因素却消失不见。典型商文化因素比重变大，如斜腹袋足鬲、三角缘唇弧腹簋、直腹圈足

[1] 罗运兵、陈斌、丁伟：《大路铺文化土著文化因素的形成与传播》，《江汉考古》2014年第6期。

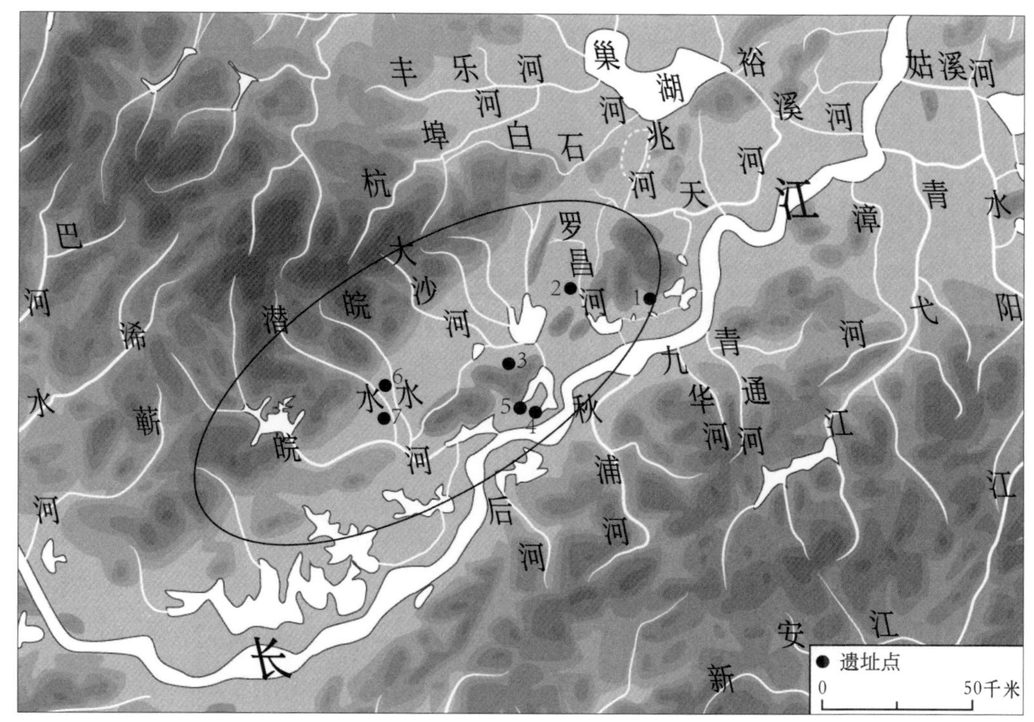

图5-17　薛家岗类型分布图

1.汤家墩　2.小北墩　3.跑马墩　4.沈店神墩　5.张四墩　6.百林山　7.薛家岗

尊等；典型的薛家岗类型文化因素开始处于次要位置；陶器装饰上有来自大路铺文化和周边同期文化的影响。

3.与盘龙城类型的关系

由上文，薛家岗类型和盘龙城类型最早期遗存文化因素来源相近。那么，薛家岗类型和盘龙城类型间也应存在紧密的联系。两种文化诸多特征相似，均有原始瓷器和硬陶器；许多陶器器类相同、形态相近，如盆形鼎式鬲，形态演进趋势大致相同；其他如分裆鬲、盘形鼎、深弧腹罐、斝、爵、豆等也是如此；甗形器，应是受到了马桥文化的影响。薛家岗类型和盘龙城类型差异也非常明显，特别是在二里冈下层二期至二里冈上层二期与典型商文化交流的高峰时期，两者可能各吸收了土著文化、典型商文化因素，自身文化得到了发展。盘龙城铜器、原始瓷器、硬陶器均较发达，而皖西南地区铜器、原始瓷器、硬陶器则欠发达。盘龙城类型流行折肩斜腹尊，而薛家岗类型中不见；薛家岗类型流行釜形鼎式鬲、曲腹鼎、曲柄盉等，而盘龙城类型中不见。陶器虽均以鼎式鬲为特色，但盘龙城陶器在器类和数量上更丰富。黄梅意生寺主体遗存属盘龙城类型，也是等级稍次于盘龙城的聚落遗址，该地与薛家岗类型分布区距离很近。盘龙城和薛家岗，分别是盘龙城类型、薛家岗类型的代表性遗址。与薛家岗相比，意生寺与盘龙城距离更近，但意生寺的文化特征更接近盘龙城类型，而与薛家岗类型有较大区别。这也证明，薛家岗类型虽然在文化属性上与盘龙城类型有一定的亲缘关系，但也是区别于盘龙城类型的一种区域文化。

4.与大路铺文化的关系

前文已述，大路铺文化主要分布于鄂东南、赣西北，属该文化的核心分布区。大路铺文化以陶器最发达，以刻槽足鬲、附耳甗、附耳盆、鸡冠状耳罍、长方形孔高柄豆为特色，也包含盆形鼎式鬲、曲柄盉。大路铺文化早期，分布范围曾到达皖西南地区的皖河水系西部。因此在皖河水系发现的大路铺文化遗存中，便有附耳甗和曲柄盉。大路铺文化东进至皖河水系，薛家岗类型往东逐渐压缩，大路铺文化中心也出现了薛家岗类型因素的曲柄盉，年代应为殷墟二期。从皖河水系薛家岗、王家墩等遗址的发现来看，薛家岗类型与大路铺文化是前后承继关系，分布范围并不完全重合。

二　大路铺文化

1.在皖西南地区的分布

皖河水系遗址仅发现两处，即薛家岗和王家墩，铜器地点5处，主要属皖河支流潜水和长河（图5-18）。皖河下游也分布有其他的商时期遗址，如张四墩、沈店神墩，但商时期遗存文化属性属薛家岗类型，且年代偏早，处于花园庄阶段至殷墟一期之间。皖河水系大路铺文化的出现是在殷墟一期之后，东起皖河支流潜水，西至鄂皖交界处。潜水与鄂皖交界的大别山南麓的丘陵地带，应均为大路铺文化的分布范围。往西到湖北境内，自黄梅至武汉的长江两岸地带，可能一度被大路铺文化占据。

2.皖西南地区大路铺性质的文化遗存与赣北商时期遗存的关系

结合各方面情况，自殷墟一期之后，皖河水系的商时期遗存受大路铺文化影响渐强。该地发现

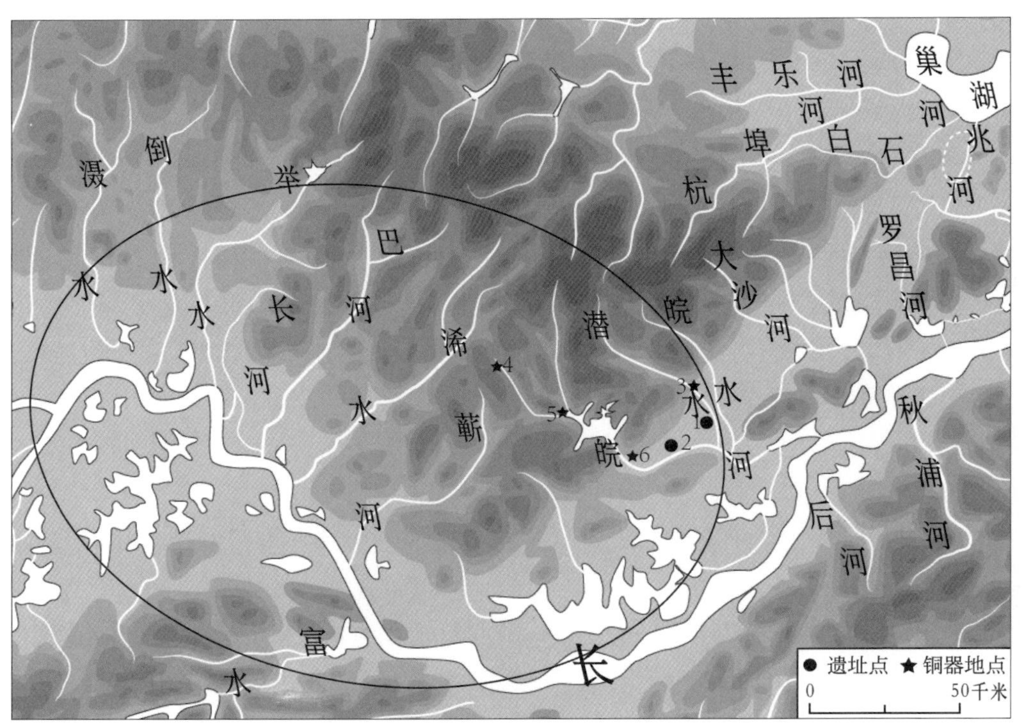

图5-18　皖西南地区大路铺文化分布图

1.薛家岗　2.王家墩　3.彰法山　4.冶溪　5.刘畈　6.晋熙

的商时期陶器，有一些与大路铺文化典型特征毫无区别。鄂东南长江北岸的武穴、黄梅，商时期遗存与皖河水系同期遗存文化属性一致，且均较典型；如雨山垴[1]、蔡墩[2]、张墩[3]等。而与之相邻的长江南岸，商时期遗存的文化属性与以上区域类型相近，如神墩[4]、铜岭[5]等。往东越过鄱阳湖，湖口、都昌、万年一带的商时期遗存，包含有大路铺文化因素，但不典型，如下石钟山[6]、小张家[7]、斋山[8]等；陶器中的附耳甗，均不见足，类似盘龙城类型、吴城文化晚商时期的同类器。而赣东北的彭泽、婺源境内，已不见大路铺文化影响；如团山[9]、茅坦庄[10]等；虽有无足甗形器，已不见附耳。可见，大路铺文化的影响力曾波及鄱阳湖东岸地区，但力度却有限。

由上可知，皖西南地区夏商时期，应存在两种类型的考古学文化。一种是与盘龙城类型有亲缘关系但差异明显的薛家岗类型；另一种是大路铺文化，强盛时段到达皖河水系后取代薛家岗类型，将薛家岗类型的势力范围压缩至皖水以东。大路铺文化与薛家岗类型在皖河水系是替代关系，殷墟二期后皖河水系的薛家岗类型渐渐消失；大沙河水系及东部地区，薛家岗类型继续发展，并持续至商末。

[1] 武穴市博物馆：《武穴市新石器及商周遗址调查》，《江汉考古》1995年第1期。
[2] 京九铁路考古队：《合九铁路（湖北段）》文物调查，《江汉考古》1993年第3期。
[3] 京九铁路考古队：《合九铁路（湖北段）》文物调查，《江汉考古》1993年第3期。
[4] 江西省文物工作队、九江市博物馆：《江西九江神墩遗址发掘简报》，《江汉考古》1987年第4期。
[5] 江西省考古研究所铜岭遗址发掘队：《江西瑞昌铜岭商周矿冶遗址第一期发掘简报》，《江西文物》1990年第3期。
[6] 江西省文物工作队、湖口县石钟山文管所：《江西湖口下石钟山发现商周时代遗址》，《考古》1987年第12期。
[7] 周振华：《都昌县发现商周遗址》，《南方文物》1999年第3期。
[8] 江西省文物工作队、万年县博物馆：《江西万年类型商文化遗址调查》，《东南文化》1989年第4、5期合刊。
[9] 江西省文物考古研究所、江西省彭泽县文管所：《江西彭泽县团山遗址发掘简报》，《南方文物》2007年第3期。
[10] 江西省文物考古研究所、江西婺源县博物馆：《江西省婺源县茅坦庄遗址商代文化遗存发掘简报》，《南方文物》2006年第1期。

第六章　宁镇皖南地区夏商时期考古学文化

宁镇皖南地区，新石器时代末至夏商时期的遗址发现较多，主要水系均有分布。自姑溪河往南至安徽芜湖、南陵、宣城以北地势低洼的圩区，为古丹阳湖所在。自此往南，至铜陵一带地势渐高，南北地理无明显分界。但自古中江向南，诸多河流源自南部山区，而后北流汇入古中江。整个区域，自新石器时代至夏商时期，孕育了诸多古文化，很多遗址被发现、发掘。以古中江为界，北部区域经发掘者，秦淮河水系主要有北阴阳营[1]、太岗寺[2]、老鼠墩[3]、前岗[4]、东岗头[5]、白蟒台[6]、城头山[7]、城上村[8]、昝庙[9]等；西北侧沿江地带主要有锁金村[10]、安怀村[11]、五担岗[12]、烟墩山[13]、毕家山[14]、申东[15]等；北侧沿江地带主要有点将台[16]、鲤鱼山[17]、丁沙地[18]、团山[19]、马迹山[20]、丁

[1] 南京博物院：《南京市北阴阳营第一、二次的发掘》，《考古学报》1958年第1期。南京博物院：《北阴阳营——新石器时代及商周时期遗址发掘报告》，文物出版社，1993年。

[2] 江苏省文物工作队太岗寺工作组：《南京西善桥太岗寺遗址的发掘》，《考古》1962年第3期。

[3] 南京博物院：《江宁湖熟史前遗址调查记》，《南京附近考古报告》，第1～32页，上海出版公司，1952年。南京博物院：《江宁湖熟曹家边遗址考古发掘报告》，《穿越宜溧山地：宁杭高铁江苏段考古发掘报告》，第1～31页，科学出版社，2013年。

[4] 南京博物院：《江宁湖熟史前遗址调查记》，《南京附近考古报告》，第1～32页，上海出版公司，1952年。

[5] 朱国平、高伟：《江苏句容东岗头遗址的发掘及其对湖熟文化研究的启示》，《东南文化》2015年第3期。

[6] 刘建国、刘兴：《江苏句容白蟒台遗址试掘》，《考古与文物》1985年第3期。

[7] 镇江市博物馆：《江苏句容城头山遗址试掘简报》，《考古》1985年第4期。

[8] 南京博物院、江苏句容博物馆：《江苏句容城上村遗址考古调查、勘探报告》，《南方文物》2013年第2期。

[9] 魏正瑾：《昝庙遗址内涵的初步分析》，《江苏省哲学社会科学联合会1981年年会论文选（考古学分册）》，1982年。

[10] 李鑑昭：《南京锁金村发现的新石器时代遗址》，《考古通讯》1956年第4期。尹焕章、蒋赞初、张正祥：《南京锁金村遗址第一、二次发掘报告》，《考古学报》1957年第3期。

[11] 南京博物院：《南京安怀村古遗址发掘简报》，《考古通讯》1957年第5期。南京博物院、南京市文物保管委员会等：《江苏省出土文物选集》，第45页，文物出版社，1963年。

[12] 马鞍山市文物管理所、马鞍山市博物馆：《马鞍山文物聚珍》，第92、93页，文物出版社，2006年。李敬华：《马鞍山五担岗遗址浅析》，《历史与文化研究》第1辑，黄山书社，2006年。南京大学历史学系考古专业、安徽省文物考古研究所、马鞍山市文物局：《安徽省马鞍山市五担岗遗址发掘简报》，《东南文化》2012年第6期。安徽省文物考古研究所、南京大学历史学院考古文物系等：《马鞍山五担岗》，文物出版社，2016年。

[13] 安徽省文物局、安徽省文物考古研究所：《建国60周年安徽重要考古成果展专辑图录》，第106～112页，文物出版社，2002年。

[14] 《雨山掇英》编写组：《雨山掇英》，第56、57页，安徽大学出版社，2017年。

[15] 叶润清、罗虎：《安徽马鞍山市申东商周遗址考古发掘收获》《中国文物报》2013年11月8日第8版。

[16] 南京博物院：《江宁汤山点将台遗址》，《东南文化》1987年第3期。

[17] 南京市博物馆：《南京市栖霞区鲤鱼山遗址发掘》，《江苏考古（2012～2013）》，南京出版社，2015年。

[18] 南京博物院：《江苏句容丁沙地遗址试掘钻探简报》，《东南文化》1990年第1、2期合刊。南京博物院考古研究所：《江苏句容丁沙地遗址第二次发掘简报》，《文物》2001年第5期。

[19] 团山考古队：《江苏丹徒赵家窑团山遗址》，《东南文化》1989年第1期。

[20] 镇江博物馆：《镇江市马迹山遗址的发掘》，《文物》1983年第11期。镇江博物馆：《江苏镇江马迹山遗址第二次发掘简报》，《东南文化》2015年第1期。

家村[1]、松子头[2]、断山墩[3]、磨盘墩[4]、癞鼋墩[5]、左湖[6]、乌龟山[7]、乌龟墩[8]等；茅山附近主要有二塘头[9]、朝墩头[10]、庙基山[11]等；姑溪河水系少见发掘者。南部区域经发掘者，郎川河水系主要有欧墩[12]、磨盘山[13]，水阳江水系有孙埠，新安江水系主要有新州[14]、下冯塘[15]、太子山[16]、下林塘[17]等；漳河水系主要有凤凰嘴[18]、月堰[19]、缪墩[20]、马厂[21]等；西南侧沿江地带顺安河水系主要有师姑墩[22]等。以上部分遗址，存在新石器时代末期遗存。也有部分调查发现较为重要，如姑山[23]。存在夏商时期遗存者有北阴阳营、锁金村、安怀村、太岗寺、鲤鱼山、东岗头、城上村、城头山、团山、丁沙地、马迹山、断山墩、乌龟山、乌龟墩、白蟒台、二塘头、五担岗、毕家山、申东、凤凰嘴、师姑墩等（图6-1）。

20世纪40年代末至50年代初，南京湖熟镇发现史前遗存[24]，此后秦淮河水系又进行过数次调查。1957年，宁镇山脉及秦淮河水系开展了一次较大范围调查，发现史前遗址152处[25]。2008至2011年，姑溪河水系进行了区域系统调查，发现新石器至商周遗址80余处[26]。其间，较小的地理单元也曾做过一些调查，在此不再赘述。

这些遗址，有的出土铜器。这些铜器但多个体较小，以销刀、锥、钻等工具为主；似也存在与

[1]　镇江博物馆、复旦大学文史研究院：《江苏镇江丁家村遗址发掘简报》，《东南文化》2017年第1期。

[2]　镇江博物馆：《镇江松子头遗址试掘报告》，《镇江台形遗址》，第199～243页，江苏大学出版社，2015年。

[3]　邹厚本、宋建、吴绵吉：《丹徒断山墩遗址发掘纪要》，《东南文化》1990年第5期。

[4]　南京博物院、丹徒县文教局：《江苏丹徒磨盘墩遗址发掘报告》，《史前研究》1985年第2期。

[5]　南京博物院：《江苏丹徒葛村新石器时代遗址探掘记》，《考古通讯》1957年第5期。

[6]　南京博物院、镇江博物馆：《江苏镇江市左湖遗址发掘简报》，《考古》2000年第4期。

[7]　镇江博物馆：《镇江谏壁月湖乌龟山遗址发掘报告》，《东方文明之韵——吴文化国际学术研讨会论文集》，第50～63页，岭南美术出版社，2001年。

[8]　镇江博物馆：《镇江大港乌龟墩遗址发掘简报》，《东方文明之韵——吴文化国际学术研讨会论文集》，第42～49页，岭南美术出版社，2001年。

[9]　徐州博物馆：《江苏溧水二塘头遗址发掘简报》，《东南文化》2012年第6期。

[10]　谷建祥：《高淳县朝墩头新石器时代至周代遗址》，《中国考古学年鉴·1990》，文物出版社，1991年。谷建祥、申宪：《王油坊类型龙山文化去向初探——江苏境内王油坊类型龙山文化遗存分析》，《南京大学历史系考古专业成立三十周年纪念文集》，第44～48页，天津人民出版社，2002年。

[11]　高淳县地方志编纂委员会：《高淳县志（1986～2005）》，第880页，方志出版社，2010年。

[12]　宋永祥：《安徽郎溪欧墩遗址调查报告》，《考古》1989年第3期。

[13]　南京大学历史学院考古文物系2015、2016年发掘，资料未正式发表。

[14]　安徽省文物考古研究所、歙县文物管理所：《歙县新州遗址东区、北区的发掘》，《文物研究》第十三辑，黄山书社，2001年。陈小春：《新州遗址出土的石质品研究》，安徽大学2009年硕士学位论文。

[15]　方玲：《下冯塘遗址研究》，安徽大学2011年硕士学位论文。

[16]　方玲：《下冯塘遗址研究》，安徽大学2011年硕士学位论文。

[17]　杨德标：《屯溪下林塘遗址试掘简报》，《文物研究》第一期，黄山书社，1985年。

[18]　叶润清：《芜湖市凤凰嘴新石器时代至春秋时期遗址》，《中国考古学年鉴·2016》，中国社会科学出版社，2017年。

[19]　安徽省文物考古研究所：《安徽芜湖月堰遗址新石器时代墓葬发掘简报》，《文物》2009年第8期。

[20]　徐繁：《繁昌县缪墩遗址调查简报》，《文物研究》第七辑，黄山书社，1991年。

[21]　资料来自《安徽省文物考古研究所年报（2014年）》，未正式发表。

[22]　安徽省文物考古研究所：《安徽铜陵县师姑墩遗址发掘简报》，《文物》2013年第6期。

[23]　1995年4月，南京大学水涛教授赴南陵县考古调查，于姑山遗址发现鸭形壶1件。姑山遗址位于漳河上游东侧的丘陵区，位于现南陵县三里镇新义村，与师姑墩相距仅34千米。

[24]　南京博物院：《江宁湖熟史前遗址调查记》，《南京附近考古报告》，第1～32页，上海出版公司，1952年。

[25]　尹焕章、张正祥：《宁镇山脉及秦淮河地区新石器时代遗址普查报告》，《考古学报》1959年第1期。

[26]　郭晓敏：《姑溪河流域先秦遗址初探》，安徽大学2013年硕士学位论文。中国国家博物馆、安徽省文物考古研究所：《安徽省当涂县姑溪河流域区域系统调查简报》，《东南文化》2014年第5期。中国国家博物馆、安徽省文物考古研究所：《姑溪河：石臼湖流域先秦时期聚落考古调查与研究》，科学出版社，2019年。

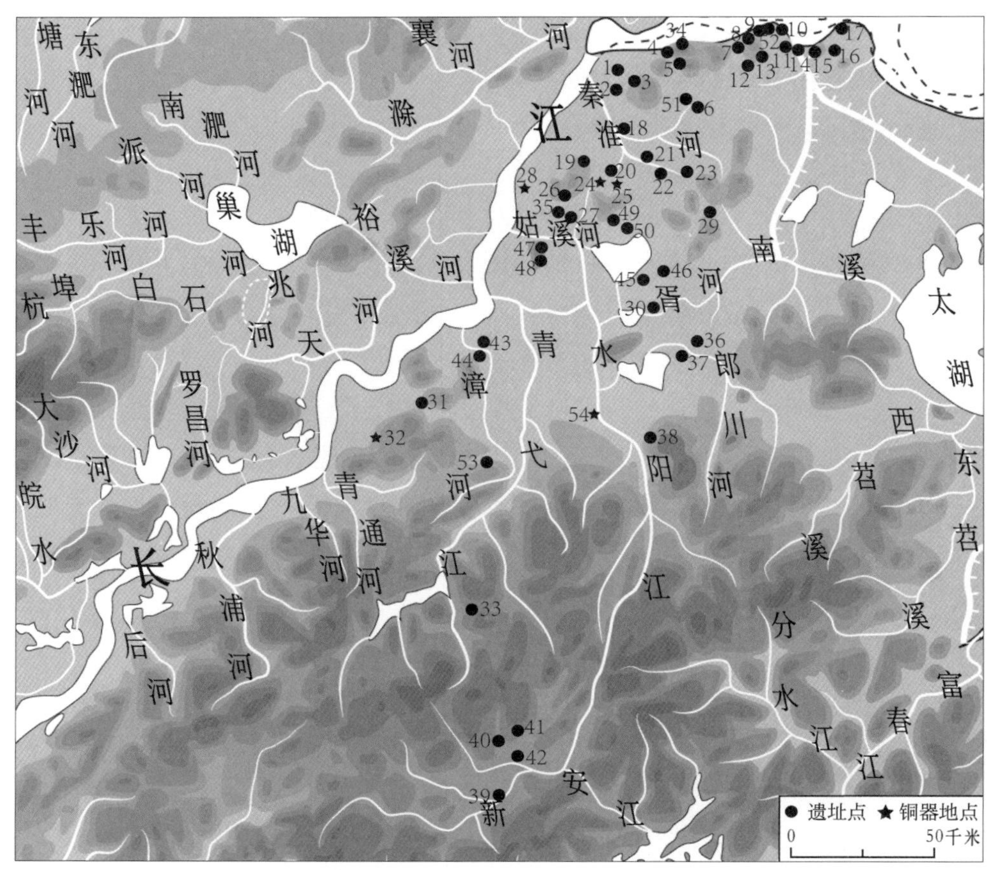

图6-1　宁镇地区新石器时代末至夏商时期主要遗存分布图

1.安怀村　2.北阴阳营　3.锁金村　4.鲤鱼山　5.点将台　6.城头山　7.团山　8.枕子山　9.龙脉团山　10.左湖　11.乌龟山　12.丁家村　13.松子头　14.癞鼋墩　15.东神墩　16.断山墩　17.乌龟墩　18.窨子山　19.太岗寺　20.昝庙　21.老鼠墩　22.东岗头　23.白蟒台　24.陶吴-横溪　25.塘东　26.五担岗　27.小山　28.经开区　29.二塘头　30.朝墩头　31.师姑墩　32.童墩　33.姜家山　34.丁沙地　35.毕家山　36.欧墩　37.磨盘山　38.孙埠　39.下林塘　40.太子山　41.下冯塘　42.新州　43.凤凰嘴　44.月堰　45.庙基山　46.墩山头　47.窑墩　48.船头村　49.朱港渡　50.张家甸　51.城上村　52.马迹山　53.姑山　54.石山村

冶炼有关的遗物，如北阴阳营陶勺。除此之外，还存在一些典型铜器地点，如南京横溪塘东[1]、南京陶吴—横溪[2]、马鞍山经开区[3]、铜陵童墩[4]等，宣城石山村也有铜器发现。

宁镇皖南地区，新石器时代末至夏时期遗存的年代框架基本连贯。因此，在讨论夏时期遗存的文化来源、分期、年代等问题时，将新石器时代特别是龙山时期遗存纳入分析，则是非常有必要的。之前在讨论里下河及运湖西地区、滁河流域夏时期考古学文化时已将有关的龙山时期遗存作了分析，其目的便是为了明确宁镇地区和太湖流域新石器时代末期、夏时期考古遗存的文化脉络。这样，新石器时代末期向夏时期考古学文化的过渡问题、夏商时期考古学文化的分期问题将变得更有依据和可信性。有鉴于此，笔者将本区域龙山时期遗存进行分析，是否纳入钱山漾文化、广富林文化或以一种新的文化类型代替，下文将详细讨论。

[1]　南波：《介绍一件青铜铙》，《文物》1975年第8期。

[2]　南京博物馆博物院藏宝录编辑委员会：《南京博物院藏宝录》，第147～149页，上海文艺出版社，1992年。另：南京市江宁区陶吴镇与横溪镇之间出土，无更确切信息，陶吴与横溪紧邻，二地均有商周时期铜器地点。

[3]　安徽大学、安徽省文物考古研究所：《皖南商周青铜器》，第10～13页，文物出版社，2006年。

[4]　安徽大学、安徽省文物考古研究所：《皖南商周青铜器》，第14～17页，文物出版社，2006年。

第一节　典型遗存分期

一　遗址

1.五担岗遗址

五担岗遗址位于现马鞍山市花山区霍里街道丰收行政村窑头自然村五亩山河南侧的台墩上，面积约20万平方米。2002年，安徽省文物考古研究所发掘3000平方米，目前仅公布零星资料[1]。2009年，南京大学历史学院考古文物系、南京航空航天大学考古与艺术研究所、南京师范大学社会发展学院文物与博物馆学系又发掘约3800平方米，发现较丰富的夏商周时期遗存[2]。通过层位关系及文化特征对比，将五担岗夏商时期材料分为9组。

第1组：以H77部分器物为代表。

第2组：以T11⑦为代表。

第3组：以T31⑨、T32⑩为代表。

第4组：以T18⑦、T31⑧、T32⑨、H111为代表。

第5组：以T18⑥、T17⑤、H73、H89、H108、H110、Y1为代表。

第6组：以T07④、T30⑤、H103、H109为代表。

第7组：以T07③、T17④、T23⑥、T24⑤、T31⑦、H56、H70为代表。

第8组：以T34⑦、H52、H100②为代表。

第9组：以T31⑥、H36、H100①、F2为代表。

以上8组对应8段。

第1段：陶器均为夹砂红褐陶。器类仅鼎（图6-2，1～3）。流行平底微内凹的罐形鼎，鼎足足跟有一对按窝，这种形态多见于二里头二期。从其他鼎足特征看，鼎足根部一般为一对或两对按窝，属二里头二、三期特征。

第2段：陶器以红、褐陶系为主，有少量黑陶；夹砂陶为主，泥质陶较少。器类有鬲、甗、瓮等（图6-2，4～7）。素面器较多，纹饰主要有绳纹、网格纹；部分间断绳纹。有两种形态的鬲，一种为微卷沿、扁鼓腹、圆锥形实足；一种为敛口、折沿、束颈、深鼓腹。甗束腰明显、袋足，饰网格纹，岳石文化多见该风格。瓮为直口、高颈、肩部明显突出、深弧腹，饰间断绳纹。典型器有扁鼓腹鼎式鬲（图6-2，4）、折沿深鼓腹鬲（图6-2，7）、网格纹袋足甗（图6-2，5）、直口宽肩弧腹瓮（图6-2，6）等。该段典型器物，多有二里冈下层二期风格。因此，本段遗存年代应为二里冈下层二期。

第3段：陶器以夹砂陶为主，主要为红褐陶系，黑陶、灰陶极少；泥质陶主要为灰、黑陶系；有少量硬陶。陶器多素面，少量磨光。纹饰以绳纹为主，另有梯格纹、弦纹、网纹、曲折纹、指捺纹、云雷纹、篮纹、叶脉纹、席纹、间断绳纹、戳印纹和复线三角纹等；也有绳纹+附加堆纹、绳纹

[1]　马鞍山市文物管理所、马鞍山市博物馆：《马鞍山文物聚珍》，第92、93页，文物出版社，2006年。李敬华：《马鞍山五担岗遗址浅析》，《历史与文化研究》第1辑，黄山书社，2006年。

[2]　南京大学历史学系考古专业、安徽省文物考古研究所、马鞍山市文物局：《安徽省马鞍山市五担岗遗址发掘简报》，《东南文化》2012年第6期。安徽省文物考古研究所、南京大学历史学院考古文物系等：《马鞍山五担岗》，文物出版社，2016年。

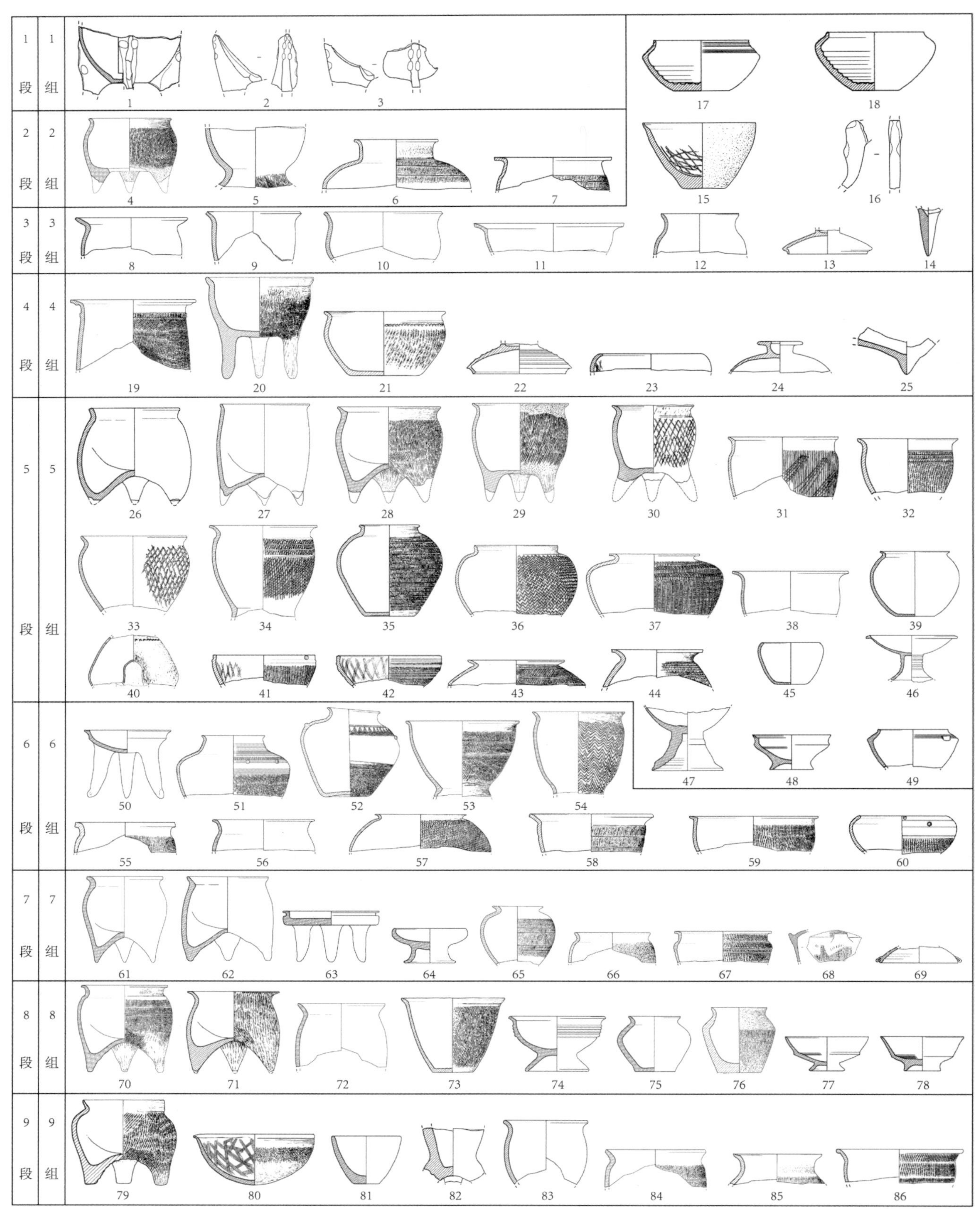

图6-2　五担岗夏商时期遗存

1.鼎（H77：2）　2、3.鼎足（T17④：3、T25②：2　4.鬲（T11⑦：1）　5.甗（T11⑦：5）　6.瓮（T11⑦：6）　7.鬲（T11⑦：6）　8.鬲（T31⑨：5）　9.鼎（T31⑨：2）　10、11.盆（T32⑩：1、T31⑨：11）　12.罐（T32⑩：2）　13.器盖（T31⑨：8）　14.鬲足（T31⑨：6）　15.刻槽盆（T32⑩：1）　16.鼎足（T31⑨：7）　17、18.硬陶罐（T31⑨：4、T31⑨：3）　19.鬲（T31⑧：3）　20.鼎（T32⑨：2）　21.盆（T31⑧：1）　22.器盖（H111：1）　23.刻槽盆（T32⑧：9）　24.器盖（T32⑨：7）　25.鬲足（T32⑨：8）　26～31.鬲（T18⑥：1、H110：2、H89：1、H110：1、T17⑤：2、H110：10）　32.鼎（H73：3）　33、34、40.甗（Y1：3、T17⑤：1、H110：9）　35～37、40.瓮（H108：1、T17⑤：15、H110：15、H110：6）　38.盆（H110：14）　39、44.罐（T18⑥：1、Y1：1）　41、42.刻槽盆（H112：2、T17⑤：9）　45.钵（T18⑥：2）　46.豆（H110：19）　47.硬陶豆（H110：11）　48.原始瓷豆（T17⑤：4）　49.原始瓷罐（T17⑤：13）　50.鼎（T07④：1）　51、52.瓮（H109：8、H109：1）　53、54.甗（T07④：3、T07④：4）　55、56.鬲（H109：2、H109：12）　57.硬陶瓮（H103：4）　58、59.盆（H103：3、H109：6）　60.钵（H109：11）　61、62、66、67.鬲（H56：3、H70：1、T24⑤：14、T24⑤：9）　63.鼎（T31⑦：1）　64.豆（T23⑥：2）　65、68.瓮（T24⑤：11、T24⑤：5）　69.硬陶器盖（T24⑤：6）　70～72.鬲（H52：1、H100②：2、H52：7）　73.盆（H100②：1）74.簋（H100②：5）　75、76.罐（H100②：6、H100②：7）　77、78.原始瓷豆（H100②：4、H87：7）　79、83、84.鬲（H100①：1、H36①：3、F2：21）　80.刻槽盆（T31⑥：1）　81.碗（F2：14）　82.爵（F2：20）　85.罐（F2：24）　86.盆（F2：17）

+ 刻划纹、弦纹 + 三角填线纹、绳纹 + 戳印纹等组合纹饰。器类以鬲最多，次为罐，另有鼎、盆、刻槽盆、器盖等（图 6–2，8 ～ 18）。夹砂素面陶比例极大，仅较少数有纹饰。陶器特征，一是夹砂红褐陶比例大，硬陶器较少；二是绳纹占一定比例，间断绳纹、梯格纹、叶脉纹、三角纹均有发现。三是有高足跟浅窝高实足鬲，足较细长；鼎多模仿中原铜器，口部多折沿、腹部多微鼓；刻槽盆为素面平底器。器盖为浅盘子母口。鬲、盆多大宽沿，鬲内沿有一周窄平台。硬陶器多个体较小、矮直口、扁体，器表灰色、红褐色混杂多见。典型器有折沿鼓腹鬲（图 6–2，8）、弧腹盆形鼎（图 6–2，9）、素面平底刻槽盆（图 6–2，15）、浅弧腹盆（图 6–2，10）、斜弧腹盆（图 6–2，11）、深鼓腹罐（图 6–2，12）、圈形捉手器盖（图 6–2，13）和扁体硬陶罐（图 6–2，17、18）等。该段遗物，文化组成复杂，从陶器特征看，夹砂红褐素面陶器应属于岳石文化因素。绳纹陶因素来源不明显，可能属典型商文化因素。硬陶，应为马桥文化因素。本段遗存年代，主要从几件特征器入手。折沿鼓腹鬲，属二里冈上层一期常见器形，但改绳纹为素面。盆形鼎为明显的仿铜陶器，形态也常见于二里冈上层一期。浅弧腹盆、斜弧腹盆、深鼓腹素面罐等少见于典型商文化区，多见于岳石文化中。刻槽盆，为土著特征器物。部分陶器也具有二里冈上层二期早段特征，如甗足外斜、沿内口有窄台面。纹饰方面，复线三角纹和三角填线纹，也见于昆山 G1 第四阶段。以三角纹为母题的纹饰虽然出现较早，但一直比较少见，更多流行于商偏晚阶段。扁腹的硬陶罐，基本不见于中原，也与昆山 G1 第四阶段同类器相似。同时，该段陶器也有类似大辛庄第一期、马桥第 3 段、南山窑早中期遗存的特征，年代应是接近的。因此，该段遗存年代应属二里冈上层一期，下限可能进入二里冈上层二期早段。

第 4 段：陶器以夹砂陶为主，主要为红褐陶系，黑陶、灰陶较少；次为泥质陶，有红陶、黑陶、灰陶；有较少硬陶。有极少原始瓷、小件铜器。夹砂陶多红褐，器表颜色不均。多素面陶；绳纹比例较上段高；另有弦纹、间断绳纹、梯格纹、网纹、圆圈纹、篮纹、方格纹、附加堆纹、曲折纹、刻划纹、叶脉纹、指捺纹、乳丁纹、云雷纹、回纹、席纹、菱形填线纹、复线回纹和复线菱纹等，组合纹饰有绳纹 + 附加堆纹、绳纹 + 乳丁纹、绳纹 + 刻划纹、绳纹 + 指捺纹、间断绳纹 + 附加堆纹、弦纹 + 戳印纹、弦纹 + 圆弧纹、篮纹 + 附加堆纹、弦纹 + 圆圈纹 + 绳纹及绳纹 + 弦纹 + 指捺纹等。器类以鬲为主，另有鼎、盆、刻槽盆、器盖等（图 6–2，19 ～ 25）。遗物种类、特征发生了一些变化，出现绿松石、原始瓷器。陶器中，素面陶比例大幅上升，绳纹比例下降，圆圈纹或菱纹为母题的纹饰出现。鼎占比下降，其他器类数量波动不大。鬲、鼎和盆的口部，流行厚尖圆唇或厚圆唇，腹部多鼓出。典型器有折沿斜腹鬲（图 6–2，19）、矮实足袋足鬲（图 6–2，25）、折沿盆形鼎（图 6–2，20）、折沿浅弧腹盆（图 6–2，21）、刻槽盆（图 6–2，23）、圈形捉手器盖（图 6–2，22、24）等。该段遗存，文化因素组成延续上段，典型商文化影响似乎陷入比较胶着的状况，岳石文化影响明显加强。从统计数据看，绳纹陶和硬陶比例均有下降，应是受岳石文化强烈影响所致。尽管如此，以绳纹陶为代表的商文化因素仍是该段遗存的重要组成，其变化趋势与商文化的发展基本同步，在自身发展过程中融入了更多的地方特征。但却是不可忽视的。该段陶鬲，斜直腹不鼓的特征与大辛庄二期鬲相似，属二里冈上层二期风格。微鼓腹、圜底、圆实足的仿铜陶鼎，证明商文化因素的影响并未实质降低。鬲处于由深腹向浅腹、斜腹向弧腹过渡的阶段，年代应在二里冈上层二期至花园庄早段间。商文化在本地与地方文化产生了深刻交融，与典型商文化特征差别已很大，如灰陶与褐陶比例、绳纹与素面比例。因此，该段遗存年代，大致相当于花园庄早段，上限可能进入二里冈上层二期晚段。

第5段：陶器夹砂陶仍以红褐陶为主，灰陶较少；泥质陶中灰陶比例略上升，红陶、黑陶比例相近；硬陶器、原始瓷器仍较少，有部分釉硬陶。素面陶仍占半数以上，绳纹上升至三成左右；另有弦纹、指捺纹、刻划纹、曲折纹、回纹、梯格纹、附加堆纹等；以附加堆纹、三角纹、梯格纹、乳丁纹等作为母题的复合纹饰增多。器类有鬲、鼎、甗、豆、瓮、罐、钵、盆、刻槽盆、器盖等（图6-2，26～49）。鬲有两种，一种为袋足鬲，一种为鼎式鬲。前者又可分外斜腹、内斜腹和鼓腹，腹径大多大于口径；后者均为鼓腹，腹径均大于口径，足间距或大于口径。总体来看，鬲的颈部有加长趋势。这种情况在其他器类表现得也很明显，如宽肩深弧腹瓮颈部较鬲的颈部更长。开始出现从口缘部位直接下拉沿的作法，如鬲、罐等，但仍相对少见。甗为敛口，最大腹径偏上，时代特征典型。刻槽盆多梯格纹＋乳丁纹组合纹饰，本段尤为多见。豆为中粗柄碗形。盆为卷沿，浅弧腹，有垂腹迹象。盆多为窄折沿，斜弧腹但腹部稍稍鼓出。钵体态较扁，为明显的敛口，腹部微鼓。典型器有折沿斜鼓腹鬲（图6-2，26）、卷沿微鼓腹袋足鬲（图6-2，27）、鼓腹袋足鬲（图6-2，28）、鼎式鬲（图6-2，29、30）、敛口折沿斜腹鬲（图6-2，31）、折沿弧腹盆形鼎（图6-2，32）、折沿鼓肩弧腹盆形甗（图6-2，33）、卷沿深鼓腹甗（图6-2，34）、中粗柄外翻沿豆（图6-2，46）、宽肩深弧腹瓮（图6-2，35～37）、卷沿弧腹盆（图6-2，38）、卷沿鼓腹罐（图6-2，39）、梯格纹刻槽盆（图6-2，41）、绳纹刻槽盆（图6-2，42）、敛口弧腹钵（图6-2，45）等；硬陶典型器有中粗柄豆（图6-2，47）；原始瓷典型器有直口折腹豆（图6-2，48）和折肩弧腹罐（图6-2，49）。该段陶器颈部加长；鬲袋足变瘦狭，足窝变深，大城墩、潘庙等同期遗存也有该现象。以三角纹、圆圈纹、乳丁纹开始流行，与台西中商陶器情况相似。陶鬲厚唇、翻贴沿特征与铜山丘湾下层、大城墩鬲T1：5A的相似，年代约为花园庄晚期阶段或偏晚。因此，该段遗存年代，应属花园庄晚段，已向殷墟一期过渡。

第6段：陶器夹砂红褐陶比例上升，灰陶比例下降；硬陶器、原始瓷器比例未发生大的变化。陶器以素面为主，部分绳纹，云雷纹、网纹、梯格纹、刻划纹、方格纹、席纹、回纹、三角填线纹等等变多，组合纹饰中仍多见以三角纹、梯格纹、附加堆纹为母题者；网纹、曲折纹较有特点。器类有鬲、鼎、甗、瓮、盆、钵等（图6-2，50～60）。从本段起，鬲颈部继续变长并且外折呈盘状，尖圆唇、口沿折棱明显剖面呈扁三角形的情况变多。鼎为敞口，浅弧腹，圆锥形实足。甗有两种形态，一种为深弧腹盆形，折沿，口径大于腹径，最大腹径位于口沿下；一种也为深弧腹，总体为筒状，最大腹径偏上。瓮的形态较多，但总体来说颈部变长、变斜，肩均较宽，多束颈。盆有两种形态，分别为折沿斜腹和折沿弧腹。钵敛口甚，腹部非常浅，绳纹＋乳丁纹饰。典型器有翻贴沿鼓腹鬲（图6-2，55）、宽卷沿鼓腹鬲（图6-2，56）、敞口浅盘鼎（图6-2，50）、折沿深弧腹盆形甗（图6-2，53）、折沿深腹筒形甗（图6-2，54）、宽肩深弧腹瓮（图6-2，51、52）、鼓腹硬陶瓮（图6-2，57）、折沿弧腹盆（图6-2，59）、宽折沿斜腹盆（图6-2，58）、敛口弧腹钵（图6-2，60）等。该段遗存年代，约为殷墟一期。

第7段：夹砂红褐陶比例继续上升，有一定数量灰陶。陶器仍然以素面为主，绳纹、间断绳纹、弦纹为主流纹饰，另有网纹、梯格纹、指捺纹、附加堆纹、方格纹、席纹、回纹等。器类有鬲、鼎、豆、瓮、器盖等（图6-2，61～69）。鬲多为瘦狭袋足，实足尖开始变矮。鬲主要有三种，一种为卷沿、矮束颈、鼓腹，腹径大于口径，最大腹径于肩，足内斜；一种为折沿、斜鼓腹，腹径大于口径，最大腹径偏下；一种为折沿，短斜颈，斜腹，腹径稍大于口径，最大腹径于肩。鼎为折平沿、直腹、平底，圆锥形实足。豆为矮粗柄、敛口、浅弧腹。瓮有两种，一种为卷沿、矮束颈、圆肩、弧腹，最大腹径与口径比较上段变小；一种为折肩瓮，或有盲耳。器盖为覆碗形，口部有扁平耳。典型器有卷沿鼓腹鬲（图 6-2，61、66）、折沿斜鼓腹鬲（图 6-2，62）、折沿斜直腹鬲（图 6-2，67）、直腹浅盘鼎（图 6-2，63）、矮粗柄浅腹敛口豆（图 6-2，64）、卷沿圆肩深弧腹瓮（图 6-2，65）、折肩瓮（图 6-2，68）、覆碗形硬陶器盖（图 6-2，69）等。该段年代，相当于殷墟二期。

第 8 段：夹砂陶比例略增，灰陶比例下降。绳纹陶比例继续上升，其他纹饰数量少但种类增多；绳纹母题纹饰多见，有时会以弦纹间断，器物肩部多见贴塑乳丁；梯格纹、三角填线、复线三角纹和圆圈纹继续流行；硬陶器纹饰种类增多，如回纹、席纹、菱纹和方格纹等，复线纹饰亦增多。器类有鬲、簋、豆、盆、罐等（图 6-2，70 ～ 78）。鬲、罐比例上升，鼎、豆比例下降。鬲的特征不一，流行大卷沿、束颈窄肩，袋足开始附明显的细柱足。浅盘鼎腹深极小，平底，三足微外撇。甗的甑部作深腹盆形，曲腹逐渐过渡为斜直腹。簋多为折沿，矮圈足，腹部多凸棱，束腰。盆的特征变化与甗的甑部相近，均为斜折沿、深腹。罐流行束颈做法，肩部较宽。典型陶器有鼓腹鬲（图 6-2，70 ～ 72）、折沿斜弧腹盆（图 6-2，73）、折沿弧腹束腰簋（图 6-2，74）、卷沿圆肩弧腹罐（图 6-2，75）、折肩弧腹罐（图 6-2，76）等；原始瓷器典型器有敞口矮圈足折腹豆（图 6-2，77、78）等。从器物特征看，年代近殷墟三期。

第 9 段：夹砂陶比例基本未变，灰陶比例略降。素面陶仍居半数以上，绳纹陶比例仍在三成左右，典型纹饰有网纹、梯格纹、方格纹、云雷纹、三角纹、乳丁纹、涡纹等，新见复线菱纹。器类有鬲、刻槽盆、爵、盆、罐、碗等（图 6-2，79 ～ 86）。自本段起，鬲最明显变化是出现了粗壮矮柱足，足窝较深；口、腹部流行仰折沿、凸肩，也存在卷沿、深弧腹、口径大于腹径者。刻槽盆多圜底，流行绳纹。爵为弧腹，底部略内凹，实足的根部鼓出。典型器有仰折沿凸肩柱足鬲（图 6-2，79）、卷沿深弧腹鬲（图 6-2，83、84）、圜底刻槽盆（图 6-2，80）、弧腹内凹底爵（图 6-2，82）等。该段年代，约为殷墟四期。

2. 团山遗址

团山遗址位于现镇江市丹徒区高资镇赵家窑村西南 70 米处，北距长江 3 千米。平面呈椭圆形，高出周围地面约 7 米，面积约 3000 平方米。1957 年，南京博物院对宁镇山脉一线进行考古调查时发现该遗址 [1]。1987 年 11 月至次年 1 月，南京博物院、镇江博物馆、南京大学历史系考古专业等发掘近 380 平方米，发现崧泽、良渚、夏商及两周时期遗存 [2]。夏商时期地层主要为部分探方第 11 至第 8 层，遗迹主要为灰坑。现将夏商时期遗存分为 5 组。

第 1 组：以 T1404⑪为代表。

第 2 组：以 H9、H13 为代表。

[1] 尹焕章、张正祥：《宁镇山脉及秦淮河地区新石器时代遗址普查报告》，《考古学报》1959年第1期。

[2] 团山考古队：《江苏丹徒赵家窑团山遗址》，《东南文化》1989年第1期。

第 3 组：以 T1404⑩、T203⑩、T204⑩、T205⑩、T305⑩、T405⑩、T406⑩、T505⑩、T506⑩为代表。

第 4 组：以 H11 为代表。

第 5 组：以 T1404⑧、T506⑧为代表。

以上 5 组对应 5 段。

第 1 段陶器较少，均夹砂红陶，多素面器，部分口沿下施羽状刻划饰。器类有鬲、甗、鼎、瓮等（图 6-3，1～4）。瘦高的大袋足束腰素面甗（图 6-3，1），类似南关外期甗风格，仅纹饰不同。团山甗腰箍纵截面为三角形，鹿台岗类型也有同种做法。鬲为卷沿、深弧腹，浅窝高锥形足（图6-3，2），滁河流域牛头岗也有类似发现，鹿台岗类型中也可见到。羽状饰亦多见于滁河流域、里下河地区、鲁豫皖交界处。鼎仅见足（图 6-3，4），单从形态看，年代比其他几件要早些。该段陶器，数量偏少，且文化面貌较杂糅。浅窝实足鬲、袋足甗、对称按窝足鼎均非本地文化传统，应属外来文化因素。该段遗存，年代相当于二里头四期。

第 2 段陶器较上段明显不同。夹砂红褐陶较多，少见灰、黑陶，出现硬陶器。器类有鬲、甗、瓮、罐、簋形器、刻槽盆、盆、杯、器盖、钵等（图 6-3，5～26）。袋足鬲开始出现长颈、且有外斜现象，口径偏大、腹径变小，与五担岗 6 段、新浮 2 段鬲特征相似；鼎式鬲形态近薛家岗 M152：1[1]，年代约殷墟一期。甗的甑部为折沿、口径与腹径相近的鼓腹盆形，新浮 2 段有类似者。低矮大圈足的簋形器，腹部圆鼓，较有特色。刻槽盆为斜弧腹，腹深偏大，与本区域同期遗物略有差异。瓮多为矮束颈，肩部斜长，深弧腹，与五担岗 6 段瓮近似。中粗柄的碗形豆，其口部已过渡到内斜沿形态，这与新浮 2 段瓮是一致的。典型陶器有外斜颈袋足鬲（图 6-3，6、7）、折沿弧腹鼎式鬲（图6-3，9、10）、鼓腹盆形甗（图6-3，5）、矮圈足簋形器（图6-3，14）、斜弧腹刻槽盆（图 6-3，15、16）、矮束颈斜肩弧腹瓮（图 6-3，20）等，典型硬陶器有中粗柄碗形豆（图 6-3，13）、长弧颈斜肩弧腹瓮（图 6-3，18）、圈形捉手器盖（图 6-3，24、25）、浅腹钵（图 6-3，26）等。从以上分析可知，该段遗存年代同五担岗 6 段，年代约为殷墟一期。

第 3 段陶器多个体较小，器类有豆、杯、瓮、罐、钵等（图 6-3，27～44），未见鬲、甗、鼎。流行乳丁纹、凹凸棱纹、绳纹、梯格纹等纹饰，扁平耳、横环耳的装饰风格较为典型。豆的形态多样，豆柄多扁三角形镂孔；粗高柄斜腹盘形豆为典型的商式器物，与大城墩 T4④：10[2] 形态一致，年代约为殷墟二期。钵的口、肩处变更圆，有垂腹现象。典型陶器有粗高柄斜腹盘形豆（图 6-3，27）、中粗柄内斜沿碗形豆（图 6-3，28）、凹凸棱敞口杯（图 6-3，32）、卷沿鼓腹罐（图 6-3，34）等。典型硬陶器有中粗柄镂孔豆（图 6-3，30、31）、矮弧颈鼓腹瓮（图 6-3，35）、横环耳罐（图 6-3，38）、浅腹钵（图 6-3，41～43）等。该段遗存年代，约为殷墟二期前后。

第 4 段陶器仅见鬲、瓮、罐（图 6-3，45～47）。鬲为折沿、鼓腹、大袋足、最大腹径偏中上，素面；与殷墟三期鬲相似，大城墩、东岗头[3]也有同形态者。瓮为灰红色硬陶，斜弧颈，肩较上段更宽、更圆，腹部较深。本段典型器有宽折沿鼓腹鬲（图 6-3，45）、斜弧颈圆肩弧腹硬陶瓮（图

[1] 安徽省文物考古研究所：《潜山薛家岗》，第493页，文物出版社，2004年。

[2] 安徽省文物考古研究所：《安徽含山大城墩遗址发掘报告》，《考古学集刊·6》，中国社会科学出版社，1989年。

[3] 朱国平、高伟：《江苏句容东岗头遗址的发掘及其对湖熟文化研究的启示》，《东南文化》2015年第3期。

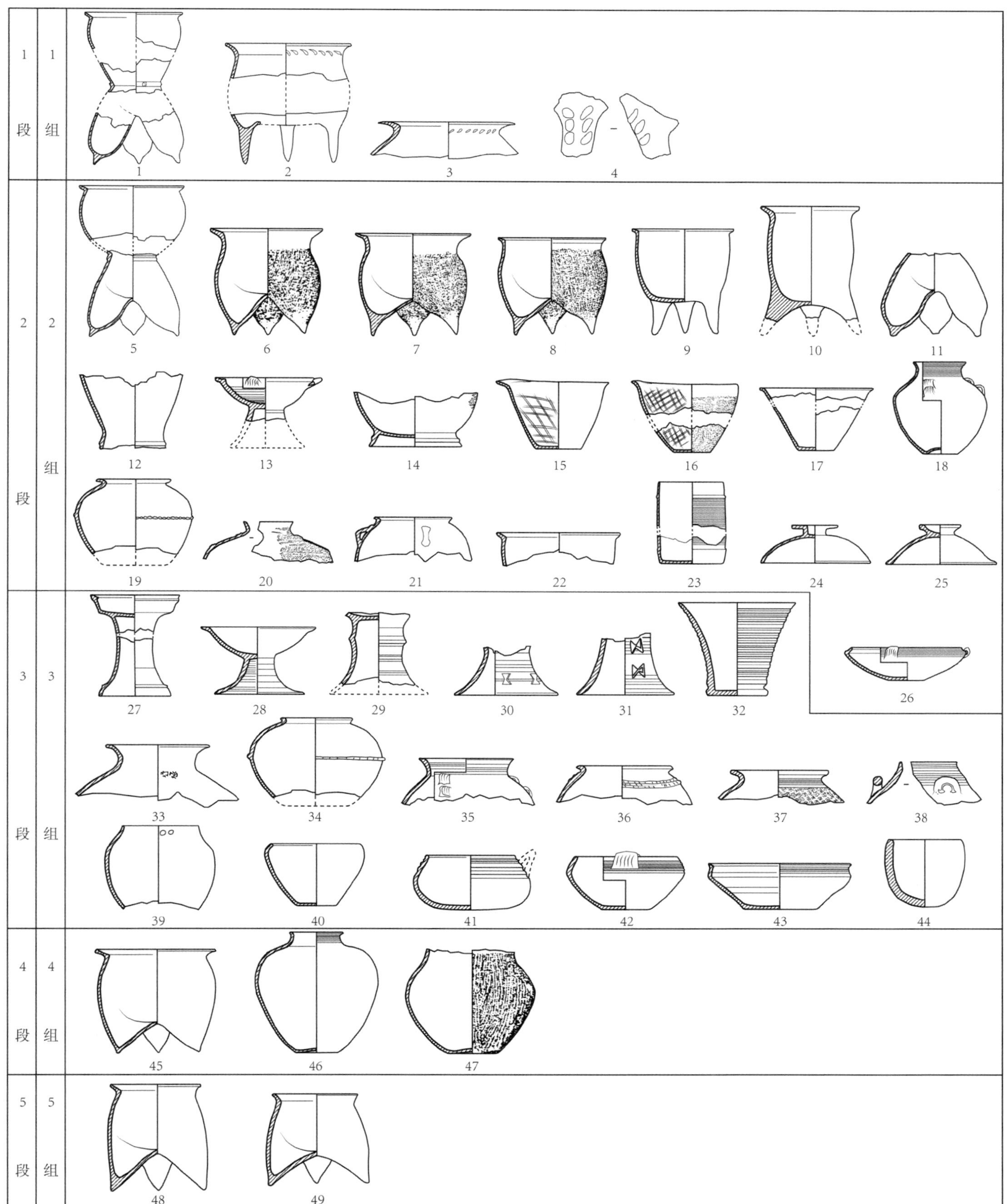

图6-3　团山夏商时期遗存

1.甗（T1404⑪：11）　2.鬲（T1404⑪：17）　3.瓮（T1404⑪：12）　4.鼎足（T1404⑪：14）　5.甗（H13：25）　6～10.鬲（H13：17、H13：1、H13：8、H9：2、H13：9）　11、12.甗（H9：3、H13：11）　13.硬陶豆（H13：12）　14.簋形器（H13：23）　15、16.刻槽盆（H13：3、H13：15）　17.盆（H13：20）　18.硬陶瓮（H9：1）　19.罐（H9：6）　20.瓮（H13：14）　21.罐（H13：21）　22.盆（H13：26）　23.杯（H13：16）　24、25.硬陶器盖（H9：4、H13：5）　26.硬陶钵（H13：2）　27～29.豆（T605⑩：22、T405⑩：26、T203⑩：17）　30、31.硬陶豆（T406⑩：22、T506⑩：11）　32.杯（T205⑩：21）　33.瓮（T406⑩：21）　34.罐（T406⑩：24）　35.硬陶瓮（T406⑩：25）　36、37、39.罐（T1404⑩：11、T506⑩：13、T505⑩：13）　38.硬陶罐（T204⑩：15）　40、44.钵（T204⑩：18、T506⑩：8）　41～43.硬陶钵（T405⑩：22、T203⑩：10、T405⑩：23）　45.鬲（H11：1）　46.硬陶瓮（H11：2）　47.罐（H11：3）　48、49.鬲（T506⑧：5、T1404⑧：1）

6-3，46）、弧腹罐（图 6-3，47）等，年代约为殷墟三期。

第 5 段仅见陶鬲 2 件，均为夹砂红褐陶，斜鼓腹，腹径大于口径，最大腹径偏下，袋足外斜（图 6-3，48、49）。与上段相比，鬲的最大腹径下移，东岗头鬲也有类似变化，年代均为殷墟四期。

3.城头山遗址

城头山遗址位于现镇江句容市华阳街道光里庙村南侧句容水库内。遗址平面近椭圆形，海拔 25 ～ 27 米，面积约 3 万平方米。1957 年，南京博物院调查发现[1]。1981 年试掘探方一个，发掘面积 42 平方米[2]；后经多次发掘，但资料未正式发表；部分研究性文章中，曾公布少数器物[3]。从这些资料可知，遗址主体遗存自崧泽晚延续至商周时期。

对以上材料分析后，将新石器时代末至夏商时期遗存分为 8 组。

第 1 组：以 T16⑥、H3、H4、M31、M35、M37 为代表。

第 2 组：以 M32 为代表。

第 3 组：以 T6⑥、T13⑥、T18⑥、H11、M33 为代表。

第 4 组：以 T1② B 为代表。

第 5 组：以 H2 为代表。

第 6 组：以 T1② A 为代表。

第 7 组：以 T15④为代表。

第 8 组：以 M6、M15 为代表。

以上 8 组对应 8 段。

第 1 段：陶器器类主要有鼎、甗、盉、盘、匜、罐、壶、瓮、器盖等（图 6-4，1 ～ 15）。鼎为扁鼓腹，侧扁三角足，足根或有按窝，足侧面有多道划纹。甗为侧扁三角足，足侧面亦有多道划纹。H4 甗年代略早，足尖仍为鸭嘴形；T16⑥甗年代较之略晚。典型器有侧扁三角足甗（图 6-4，1、2）、侧扁三角足鼎（图 6-4，3、4）、侧扁三角足角把鼎（图 6-4，5）、三足盉（图 6-4，6、7）、罐形盉（图 6-4，8、11、12）、盘形匜（图 6-4，9、10）等，均为典型的良渚文化晚期风格遗物，年代相当于龙山早期。

第 2 段：陶器仅陶鼎 1 件（图 6-4，16），折沿、扁鼓腹、侧扁三角足。扁鼓腹特征典型，类似器物在南荡类型、广富林文化中多见。因此，该段年代应为龙山晚期。

第 3 段：陶器器类主要有豆、簋、盆、罐、杯、钵等（图 6-4，17 ～ 24）。豆为直口，细高柄，豆盘口径较小。盆有两种形态，一种为敞口、深弧腹、平底；一种为敞口、双腹、喇叭形圈足。罐为直口微侈，斜肩，扁弧腹，平底内凹。杯为敛口，弧腹，饰扁平的环耳把手。钵为敛口，腹收急，饼底。其中细高柄直盘口豆（图 6-4，18）、曲腹簋（图 6-4，22）、扁弧腹篮纹罐（图 6-4，17）、榫口弧腹盆（图 6-4，20）、敞口弧腹盆（图 6-4，21）、环耳杯（图 6-4，23）、扁腹钵（图 6-4，

[1] 尹焕章、张正祥：《宁镇山脉及秦淮河地区新石器时代遗址普查报告》，《考古学报》1959年第1期。

[2] 镇江市博物馆：《江苏句容城头山遗址试掘简报》，《考古》1985年第4期。

[3] 张敏：《宁镇地区青铜文化研究》，《长江流域青铜文化研究》，第248～297页，科学出版社，2002年。

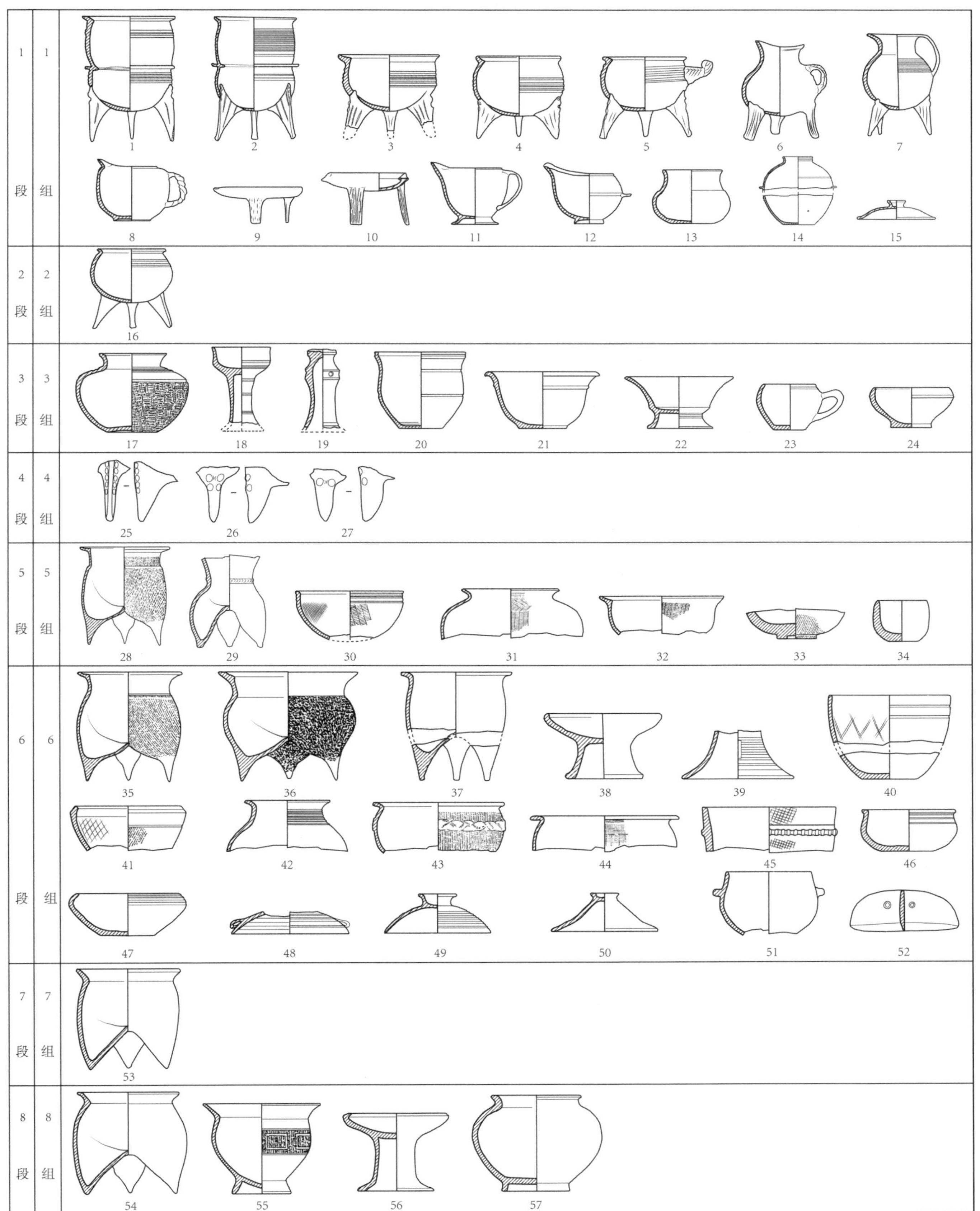

图6–4　城头山龙山至夏商时期遗存

1.甗（T16⑥：28）　2.甗（H4：1）　3.鼎（T16⑥：13）　4.鼎（H3：3）　5.鼎（M37：1）　6.盉（M31：1）　7.盉（M35：4）　8.盉（M35：4）　9.匜（H4：2）　10.匜（T15⑥：27）　11.盉（H4：4）　12.盉（T15⑥：25）　13.壶（H4：6）　14.瓮（H4：7）　15.器盖（H4：10）　16.鼎（M32：2）　17.罐（M33：1）　18.豆（T6⑥：28）　19.豆（T6⑥：27）　20.盆（T6⑥：27）　21.盆（T18⑥：25）　22.簋（T13⑥：19）　23.杯（T18⑥：27）　24.钵（H11：1）　25.鼎足（T1②B：？）　26.鼎足（T1②B：？）　27.鼎足（T1②B：？）　28.鬲（H2：3）　29.甗（H2：5）　30.刻槽盆（H2：14）　31.瓮（H2：15）　32.盆（H2：10）　33.缸（H2：7）　34.钵（H2：5）　35.鬲（T1②A：108）　36.鬲（T18⑤：22）　37.鬲（T1②A：60）　38.豆（T1②A：16）　39.硬陶豆（T1②A：23）　40.刻槽盆（T1②A：49）　41.刻槽盆（T1②A：73）　42.硬陶瓮（T1②A：29）　43.盆（T1②A：5）　44.盆（T1②A：8）　45.缸（T1②A：4）　46.钵（T1②A：2）　47.硬陶钵（T1②A：19）　48、49.硬陶器盖（T1②A：33、T1②A：15）　50.器盖（T1②A：7）　51.罐（T1②A：25）　52.石刀（T1②A：91）　53.鬲（T15④：11）　54.鬲（M6：1）　55.簋（M15：2）　56.豆（M15：1）　57.罐（M15：6）　（注：该图7、8的器号，原文均为M35：4）

24）等，多见于新砦期文化遗存[1]。因此，本段遗存年代应相当于新砦期。

第4段：陶器仅见鼎足3件（图6-4，25～27），具有明显的二里头文化风格。鼎足足跟为一对、两对或五对按窝，五对按窝者年代约为二里头三期。总体来说，该段遗存年代大致为二里头中晚期。

第5段：陶器主要为红陶系，器类有鬲、甗、刻槽盆、盆、瓮、缸和钵等（图6-4，28～34）。纹饰主要有绳纹、梯格纹等。鬲为折沿、鼓腹、袋足，裆较高。甗为袋足，裆顶部较宽。刻槽盆为敛口、圜底。盆为折沿、斜弧腹，腹深不大。瓮为矮束颈、圆肩、深腹。缸为弧腹、小圈足。钵为敛口、弧腹。典型器有折沿斜颈袋足鬲（图6-4，28）、束腰袋足甗（图6-4，29）、梯格纹刻槽盆（图6-4，30）、矮束颈圆肩弧腹瓮（图6-4，31）、折沿弧腹盆（图6-4，32）、弧腹圈足缸（图6-4，33）等。自本段起，折沿斜颈袋足鬲颈部开始变长，长颈开始外斜，颈部没有直接上拉到唇缘；矮束颈圆肩弧腹瓮颈部较矮，还未形成斜长颈，颈部不宽。从以上器物特征看，该段遗存相当于五担岗5段，年代约为花园庄晚段，下限可能进入殷墟一期偏早。

第6段：主要为陶器，少量石器较有特色。红陶比例较高，灰陶、黑陶较少；有一定数量硬陶。陶器器类主要有鬲、豆、刻槽盆、盆、瓮、缸、罐、钵和器盖等（图6-4，35～51），多见绳纹和梯格纹，另有方格纹、附加堆纹、弦纹等。典型器有折沿袋足鬲（图6-4，35～37）、平底刻槽盆（图6-4，40）、斜腹缸（图6-4，45）、折沿弧腹盆（图6-4，44）等，典型硬陶器有长方形镂孔豆（图6-4，39）、斜颈弧腹瓮（图6-4，42）、浅腹钵（图6-4，47）、覆碗形器盖（图6-4，48、49）等。典型石器为半月双孔刀（图6-4，52）。斜颈的折沿袋足鬲，颈部可直接连到唇缘，与上段完全不同；这种变化趋势在五担岗、新浮均有发现，年代要晚到殷墟一期。长斜颈的弧腹瓮，颈部斜长，与鬲颈变化趋势相近。因此，该段遗存年代应为殷墟一期。

第7段：仅红陶鬲1件（图6-4，53）。鬲为宽折沿、鼓腹、袋足，袋足几乎无实足尖；鬲的最大腹径偏中上，口径大于腹径。与团山4段鬲形态类似，年代为殷墟三期。

第8段：有4件陶器。器类有鬲、簋、豆、罐等（图6-4，54～57）。鬲较有特点，腹部突出，最大腹径偏下，足间距变大。典型器有折沿斜鼓腹鬲（图6-4，54）、大宽沿圈足簋（图6-4，55）、高柄浅盘豆（图6-4，56）、卷沿鼓腹罐等（图6-4，57）。宽沿、腹部突出、最大腹径偏下的素面鬲，殷墟四期常见。簋为典型的商式器物，年代与鬲接近。

4.马迹山遗址

马迹山遗址位于现镇江市京口区五凤桥高架与丁卯桥路交界处东侧。遗址原为圆台形，海拔14米，高出地面3米左右，现已不存。1980年、2014年各进行过一次发掘，发掘面积总计550平方米，发现灰坑、房址、墓葬等遗迹，主体遗存自崧泽时期延续至商周时期[2]。

笔者对这些材料梳理后，将龙山至夏商时期遗存分为6组。

---

[1] 北京大学震旦古代文明研究中心、郑州市文物考古研究院：《新密新砦——1999～2000年田野考古发掘报告》，第449页，文物出版社，2008年。

[2] 镇江博物馆：《镇江市马迹山遗址的发掘》，《文物》1983年第11期。镇江博物馆：《江苏镇江马迹山遗址第二次发掘简报》，《东南文化》2015年第1期。

第 1 组：以Ⅱ T0101⑥、Ⅰ T0202⑥、Ⅱ T0303⑥为代表。

第 2 组：以Ⅱ T0301⑥为代表。

第 3 组：以 T2②、H1 部分遗存为代表。

第 4 组：以 T1②、T3②部分遗存为代表。

第 5 组：以Ⅱ T0201⑤、Ⅱ T0203⑤为代表，T2②、T4②、H1 部分遗存归入该组。

第 6 组：以Ⅱ T0202⑤、Ⅰ T0303② B 为代表，H2 部分遗存归入该组。

以上 6 组对应 6 段。

第 1 段：主要为陶器，少量石器。陶器器类有鼎、豆、杯、盆、瓮、器盖等（图 6-5，1 ～ 14），石器器类有刀（图 6-5，15）。素面陶器较多，常见凹凸棱饰，另有网纹、三角纹、圆圈纹等。浅盘形鼎、高柄豆、斜弧腹盆、器盖形态等类似周邶墩 2 段；也有南荡类型少见的直腹器盖、子母口盒，而这是海岱龙山文化的标志器物。高柄豆、半月形双孔石刀在广富林文化中也有发现。典型器有浅盘鼎（图 6-5，1）、斜弧腹盆（图 6-5，4、6、12）、高柄器盖（图 6-5，8）、斜直腹器盖（图 6-5，10）、高柄豆（图 6-5，11）、子母口盒（图 6-5，13）、敞口斜腹杯（图 6-5，14）等，典型石器为半月双孔刀（图 6-5，15）。因此，该段遗存年代，应为龙山晚期。

第 2 段：仅 2 件陶器。器类为鼎（图 6-5，16、17）。鼎为折沿、扁鼓腹、圜底、侧扁三角形鼎足；腹径略大于口径，足根或经过刮削，足侧面内凹。扁腹风格常见于龙山晚期，但该鼎腹径开始变小，略大于口径，展示出了稍晚风格，以新砦期至二里头一期多见。鼎足根部经过刮削的做法常见于龙山晚期，在周邶墩和广富林均有发现，侧面内凹足则常见于钱山漾文化。考虑到鼎足为侧扁三角形、足跟经过处理、口与腹径接近的情况，年代应属新砦期，下限进入二里头一期。

第 3 段：仅 3 件陶器。器类有罐和盒，多凸棱饰。罐为卷沿、深弧腹，口径与腹径接近（图 6-5，18），属海岱地区岳石文化一期常见形态。凸棱盒（图 6-5，19、20），则为岳石文化一期典型器。因此，本段遗存年代应相当于二里头二期。

第 4 段：主要为陶器。器类主要有尊、罐、盆、钵和器盖等（图 6-5，21 ～ 29），流行凹凸棱饰。该段遗存较上段稍晚，岳石文化因素陶器仍多见。典型器有折沿斜腹罐（图 6-5，21）、斜腹凸棱尊（图 6-5，22）、双腹盆（图 6-5，23）、敛口鼓腹罐（图 6-5，24）、菌状钮器盖（图 6-5，26、27）、大凸棱豆（图 6-5，29）等。岳石文化因素陶器较上段为多。综合器物特征，年代相当于二里头三期偏晚。

第 5 段：主要为陶器，多为夹砂、泥质陶，少量硬陶器。器类主要有鼎、甗、刻槽盆、瓮、钵、器盖等（图 6-5，30 ～ 37）。流行绳纹、梯格纹、凹凸棱纹、网纹等纹饰。典型器有浅盘鼎（图 6-5，30）、刻槽盆（图 6-5，31）、弧腹瓮（图 6-5，32、33）、扁耳弧腹钵（图 6-5，35）、圈形捉手器盖（图 6-5，36）、筒形腹甗（图 6-5，37）等。矮束颈圆肩瓮、扁耳弧腹钵等，年代相当于花园庄晚段；但观察浅盘鼎、筒形腹甗、斜颈圆肩瓮、圈形捉手器盖，年代似晚至殷墟一期。因此，该段遗存年代应为花园庄晚段至殷墟一期。

第 6 段：仅 3 件陶器，器类分别为鬲、簋、豆（图 6-5，38 ～ 40），素面、绳纹、凹凸棱饰均见。陶鬲为外斜腹，腹径大于口径，最大腹径偏下；这种特征属殷墟四期。簋为宽折沿，口沿部位由唇缘直接下拉至颈部，弧腹，口径明显大于腹径，束腰形矮圈足；类似城头山第 8 段同类器，殷墟也

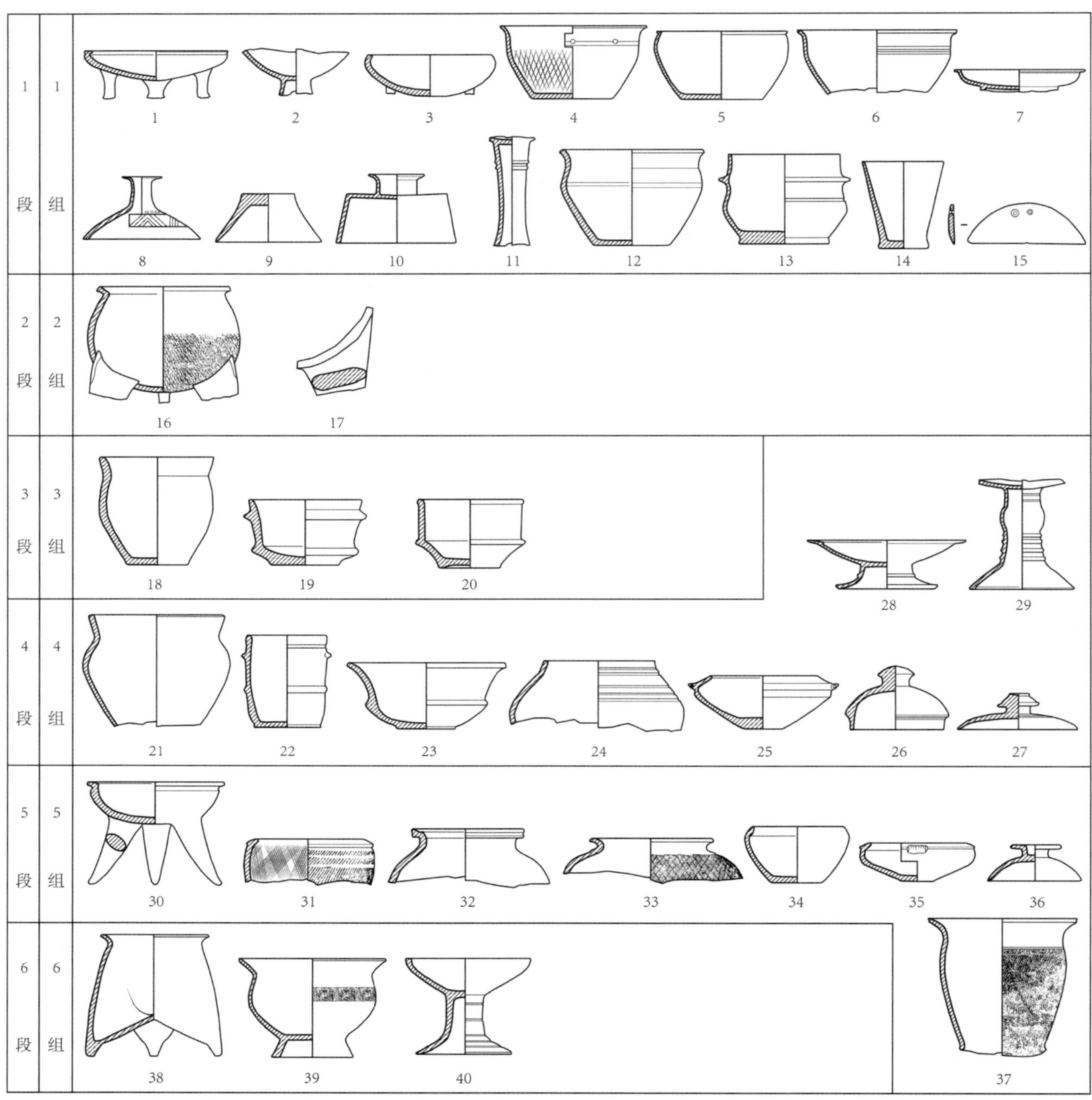

图6-5　马迹山龙山至夏商时期遗存

1.鼎（ⅡT0101⑥：22）　2、3.豆（ⅡT0101⑥：16、ⅡT0101⑥：20）　4～6.盆（ⅡT0101⑥：8、ⅡT0101⑥：6、ⅡT0101⑥：7）7.盘（ⅠT0201⑥：3）　8～10.器盖（ⅡT0101⑥：10、ⅡT0101⑥：9、ⅡT0303⑥：1）　11.豆（ⅠT0202⑥：1）　12.盆（ⅡT0201⑥：1）　13.盒（ⅠT0202⑥：2）　14.杯（ⅠT0202⑥：3）　15.石刀（ⅠT0202⑥：5）　16.鼎（ⅡT0301⑥：3）　17.鼎足（ⅡT0301⑥：2）　18.罐（T2②：47）　19、20.盒（H1：10、H1：13）　21.罐（H15：2）　22.尊（T3②：39）　23.盆（H2：25）　24.罐（T3②：9）　25.钵（H15：1）　26、27.器盖（T1②：19、T3②：21）　28、29.豆（ⅡT0201⑤：4、ⅡT0201⑤：2）　30.鼎（H1：19）　31.刻槽盆（H1：14）　32、33.瓮（T4②：32、H1：13）　34、35.钵（H1：14、T4②：31）　36.器盖（T2②：46）　37.甗（ⅡT0203⑤：1）　38.鬲（ⅡT0202⑤：4）　39.簋（ⅠT0303②B：1）　40.豆（H2：24）

有相似风格器物。典型器有折沿斜腹鬲（图6-5，38）、折沿弧腹簋（图6-5，39）、大圈足碗形豆（图6-5，40）。该段遗存年代，约为殷墟四期。

5.师姑墩遗址

师姑墩遗址位于现芜湖铜陵市义安区钟鸣镇长龙村，南近黄浒河支流闸河，北临鲇鱼山。遗址平面近椭圆形，海拔15～17米，高出周围地面1～3米，面积近7500平方米。2009年安徽省第三次文物普查时发现，2010年3至8月发掘约1300平方米，发现夏商至春秋时期遗存，遗迹有房址、灰坑、灰沟、水井等。作者将其分为三期，并认为早期遗存与斗鸡台文化三、四期年代相近，中期遗存相当于中晚商时期，晚期遗存相当于西周至战国[1]。笔者认为中期、晚期的年代判断大致正确，但早期遗存的年代需做出一定调整。

在对材料梳理后，现将师姑墩夏商时期材料分为4组。

第1组：以T6⑫、T7⑫、H8为代表。

第2组：以T6⑪、T9⑪、H9为代表。

第3组：以T8⑩为代表。

第4组：以T5⑭、T37⑨为代表。

以上4组对应4段。

第1段：主要为陶器和石器。陶器器类主要有罐、鼎、缸、豆、觚等（图6-6，1～8）；纹饰多样，流行凹凸棱纹和间断绳纹，其他如横篮纹、方格纹、圆形镂孔、附加堆纹、按捺纹等，也较有特色。有少量硬陶器。罐有两种，一种为深弧腹罐，圆方唇、唇部外翻、高弧颈、深弧腹微鼓、腹径大于口径；观察二里头文化一、二期同类器，其唇缘外翻形态加剧，唇缘中间逐渐内凹，束颈也逐渐加重，颈部也渐变短，纹饰由间断绳纹逐渐过渡到绳纹；由此可知H8罐形态上要原始些，年代早于二里头一期晚段。第二种罐则为高颈外倾、扁鼓腹，由垂腹迹象，饰横篮纹；从形态看，扁鼓腹形态应不会晚至二里头一期晚段，再加上耸肩、饰横篮纹等的特点，年代为新砦期至二里头一期偏早阶段；与城头山3段高颈罐年代接近。豆为敞口、浅斜折腹、高柄、圜底，柄上有圆形镂孔，豆柄上粗下细有分段；偃师二里头一期遗存中有类似者，但腹部较斜、较直，底部过平，且上腹一般较浅；而师姑墩T7⑫豆上腹内曲、倾斜的形态特征要略早些。觚为斜腹，往下渐粗，足外撇甚。缸较典型，在中原及长江下游少见。典型器有深弧腹罐（图6-6，1）、高颈扁鼓腹罐（图6-6，2）、直腹大口缸（图6-6，3）、中粗柄折盘镂孔豆（图6-6，4）、凹凸棱细体觚（图6-6，5）、折沿鼓腹硬陶罐（图6-6，8）等。由上分析，该段遗存年代为新砦期偏晚至二里头一期偏早阶段。

第2段：主要为陶器。器类有鼎、豆、铃、罐、盆、缸等（图6-6，9～15）。多见绳纹，其中间断绳纹偏少；仍然多见凹凸棱、圆形镂孔；新出现的鸡冠耳鋬饰、花边纹较有特色。鼎为折沿、圜底，口径与腹径相近，饰绳纹；与上段相比鼎腹变深，纹饰也由间断绳纹过渡到绳纹，二里头一期遗存中常见。盆为卷沿、弧腹、圜底，口径大于腹径，饰间断绳纹，口沿下有鸡冠耳鋬饰；腹部不甚鼓出、口径大于腹径，与偃师二里头一期同类器形态接近，也有二里头二期偏早阶段风格。罐为高颈、斜肩，与二里头一期同类器形态接近。豆仍为高柄，凹凸棱饰，圆形镂孔，但豆柄粗已无明显分段，二里头一期遗存也常见这种豆。二里头一期至二期，这种折盘豆的豆柄由上

[1]　安徽省文物考古研究所：《安徽铜陵县师姑墩遗址发掘简报》，《文物》2013年第6期。

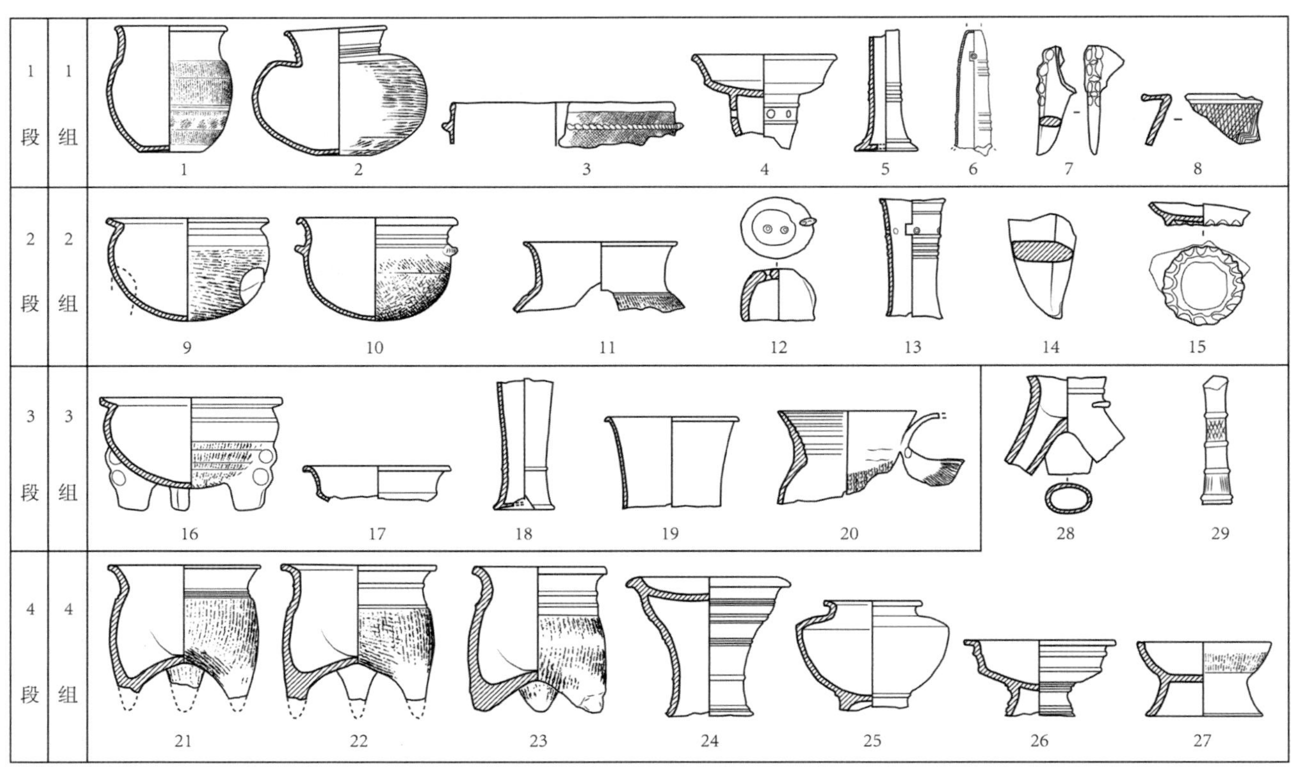

图6-6　师姑墩夏商时期遗存

1.罐（H8：1）　2.罐（H8：2）　3.缸（T6⑫：37）　4.豆（T7⑫：1）　5.觚（T7⑫：24）　6.豆（T6⑫：3）　7.鼎足（T6⑫：27）　8.硬陶罐（T9⑪：11）　9.鼎（T6⑪：4）　10.盆（T6⑪：61）　11.罐（T6⑪：23）　12.铃（T9⑪：3）　13.豆（T6⑪：61）　14.鼎足（T6⑪：84）　15.缸（T6⑪：59）　16.鼎（T8⑩：2）　17.豆（T8⑩：33）　18.觚（T8⑩：20）　19.罐（T8⑩：30）　20.鸭形壶（T8⑩：6）　21.鬲（T37⑨：5）　22.鬲（T37⑨：10）　23.鬲（T5⑭：1）　24.豆（T37⑨：6）　25.豆（T37⑨：7）　26.豆（T37⑨：8）　27.豆（T37⑨：3）　28.袋足器（T37⑨：11）　29.竹节柄器（T37⑨：2）

粗下细向上下均粗或中部凸起演变。所以，本段豆年代应不会晚至二里头二期。铃，平面近椭圆形，局部平面呈圆角菱形，弧壁有扉棱，顶部有两孔；与之类似的铃较少。铃顶部只有两孔、无窄梁、壁有扉棱但不规整，较二里头二期遗存同类器要原始，处于无窄梁、扉棱初创期；参考地层关系，该铃年代不会进入二里头二期，应处于二里头一期偏晚阶段。典型器有折沿鼓腹鼎（图6-6，9）、鸡冠耳鋬圜底盆（图6-6，10）、高颈罐（图6-6，11）、弧壁铃（图6-6，12）、高柄镂孔豆（图6-6，13）、花边底缸（图6-6，15）等。经分析可知，该段遗存年代为二里头一期偏晚。

第3段：主要为陶器。器类有鼎、豆、觚、罐、壶等（图6-6，16～20）。鼎为折沿、浅圜底，口径大于腹径，足根有两对对称大按窝，上腹部鼓出程度较上段变小，下腹部较上段内收，形成明显的浅圜底形（图6-6，16），属二里头二期阶段特征[1]。其他典型器有曲壁折盘豆（图6-6，17）、曲壁觚（图6-6，18）、高颈罐（图6-6，19）、鸭形壶（图6-6，20）等。

第4段：主要为陶器。器类有鬲、豆、竹节柄器等（图6-6，21～29）。流行绳纹和凹凸棱饰，绳纹中通常将弦纹施于绳纹上方，而绳纹主体多错拍；网纹较少。鬲为折沿或卷沿，颈部斜长有外

[1]　中国社会科学院考古研究所：《偃师二里头——1959年～1978年考古发掘报告》，中国大百科全书出版社，1999年。中国社会科学院考古研究所：《二里头（1999–2006）》，文物出版社，2014年。

倾现象，唇缘直接下拉至颈部，鼓腹或斜腹，弧裆或分裆，袋足，实足跟粗壮；类似形态多见于殷墟一期，上限可至花园庄晚段；五担岗5～6段、团山2段、城头山5～6段遗存均有类似发现。豆主要有两种，一种为真腹豆，一种为假腹豆。真腹豆也有两种，一种为敞口，或折腹，多见于花园庄晚段；一种为罐形，下接中粗柄。假腹豆唇部外翻，敞口，浅盘，腹与柄几乎在一条弧线上；多见于花园庄晚段至殷墟一期。典型器有卷沿鼓腹鬲（图6-6，21）、折沿鼓腹鬲（图6-6，22）、折沿斜腹鬲（图6-6，23）、浅盘假腹豆（图6-6，24）、罐形豆（图6-6，25）、折盘豆（图6-6，26）、敞口斜弧腹豆（图6-6，27）和竹节柄器（图6-6，29）等。因此，该段遗存年代应为花园庄晚段偏晚至殷墟一期。

6.北阴阳营

北阴阳营遗址位于南京市鼓楼区云南路与北京西路交界处西北，现已不存。遗址西侧近金川河支流，沿金川河可至长江；通往遗址附近的金川河支流现已湮没。遗址是1954年进行基建工作时发现的，1955至1958年间进行过4次发掘，发掘面积约3100平方米，发现新石器时代晚期至商周时期遗存[1]。

经对比分析，可将龙山至商时期遗存分为5组。

第1组：以T354④、T462④为代表。

第2组：以H10为代表。

第3组：以T273③、T364③、H45、H48、H55、K1为代表。

第4组：以T44③、T492③、T23②、T364②、H57为代表。

第5组：以T582③、T372②、T373②、T582②为代表。

以上5组对应5段。

第1段：仅见3件陶器。器类有杯（图6-7，1）、器盖（图6-7，2）、鼎（图6-7，3）等，纹饰有凹凸棱纹、按捺纹等。鼎为鸟首形足，多见于海岱龙山文化，禹会同期遗存亦有相似器。杯为曲腹，腹部有凸棱，形态与禹会H44：2相似。器盖为圈形捉手，斜直腹，也可在禹会找到相似者。本段遗存年代偏早，相当于龙山早中期。

第2段：仅1件陶鼎（图6-7，4），折沿、扁鼓腹、圜底，腹径明显大于口径，足饰三对称按窝，饰绳纹；年代约为二里头一期。

第3段：主要为陶器，少量釉硬陶。器类有鬲、鼎、甗、豆、刻槽盆、盆、瓮、器盖等（图6-7，5～19）。绳纹多见，另有弦纹、梯格纹、云雷纹、网纹等。鬲均折沿，部分颈部较长，属花园庄晚段特征。鼎为敞口、浅盘、折腹、圆锥形实足，与五担岗6段同类器相近但形态更早。甗为深腹筒形，腹部较深，类似形态常见于花园庄晚段。扁平耳钵为明显的敛口，腹部急收，同新浮1段钵形态。其他如素面细高柄浅盘豆、浅腹钵、刻槽盆、浅弧腹盆等，也与五担岗5段年代相近。本段典型器有折沿斜颈鼓腹鬲（图6-7，5、7）、折沿束颈鼓腹鬲（图6-7，6、11）、浅盘鼎（图6-7，8）、深弧腹甗（图6-7，9）、细高柄浅盘豆（图6-7，10）、平底刻槽盆（图6-7，12）、扁平耳

[1]　南京博物院：《南京市北阴阳营第一、二次的发掘》，《考古学报》1958年第1期。南京博物院：《北阴阳营——新石器时代及商周时期遗址发掘报告》，文物出版社，1993年。

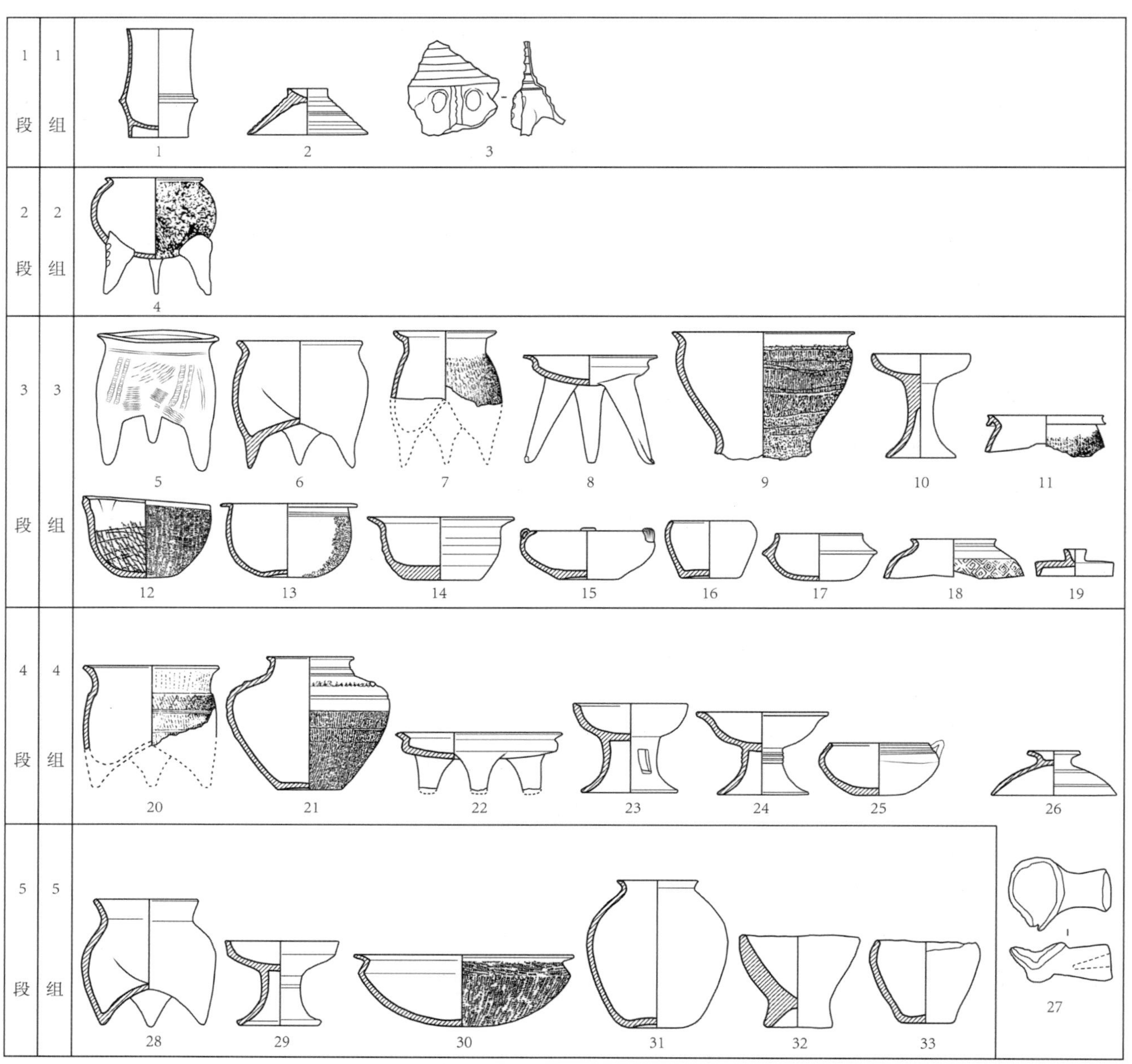

图6-7　北阴阳营龙山、商时期遗存

1.杯（T462④：9）　2.器盖（H1：Ⅰ81）　3.鼎足（T274④：？）　4.鼎（H10：1）　5～7.鬲（1955-1956：？、H48：60、T43③：Ⅰ1372）　8.鼎（T364③：333）　9.甗（T273③：63）　10.豆（T373③：32）　11.鬲（K9：3）　12.刻槽盆（T373③：83）　13.盆（H55：38）　14.盆（H48：58）　15～17.钵（H57：51、T373③：5、T43③：Ⅰ700）　18.硬陶瓮（T273③：64）　19.器盖（H55：39）　20.鬲（T361②：3）　21.瓮（T23②：Ⅰ1348）　22.鼎（T492③：27）　23.豆（T34②：Ⅱ2293）　24.原始瓷豆（T363③：31）　25.硬陶钵（T43③：Ⅱ2333）　26.器盖（T562③：51）　27.勺（T691③：19）　28.鬲（T373②：83）　29.豆（T582③：13）　30.盆（T582②：14）　31.瓮（T582③：25）　32.杯（T373②：52）　33.钵（T591②：1）

浅腹钵（图 6-7，15）、釉硬陶瓮（图 6-7，18）等。由上分析可知，本段遗存年代相当于花园庄晚段。

第 4 段：主要为陶器，有少量硬陶器、原始瓷器。陶器器类有鬲、鼎、豆、瓮、钵、器盖和勺等（图 6-7，20～27）。流行绳纹，出现乳丁纹、三角纹等纹饰。鬲颈部加长，口沿外翻，呈现出口径大于腹径的形态，属殷墟一期作法。鼎为折沿、略圜底，年代处于五担岗 6、7 段间，即殷墟

一、二期间。器盖为圈形捉手、覆碗形，团山2段也有类似者，年代为殷墟一期。钵为敛口，但敛口程度变小，与新浮2段钵近似，年代为殷墟一期。豆为敞口，豆柄开始出现长方形镂孔；这种镂孔豆多见于殷墟一、二期。瓮为长斜颈，宽斜肩，深弧腹；与五担岗6段者近同。钵为釉硬陶，扁腹，一侧有扁耳。典型陶器有卷沿微鼓腹鬲（图6-7，20）、鼓肩深腹瓮（图6-7，21）、浅盘鼎（图6-7，22）、长方形镂孔豆（图6-7，23）、釉硬陶扁腹钵（图6-7，25）、圈形捉手器盖（图6-7，26）、长柄勺（图6-7，27）等，典型原始瓷器为中粗柄敞口豆（图6-7，24）。因此，本段遗存年代为殷墟一、二期。

第5段：陶器常见，器类有鬲、豆、杯、瓮、盆和钵等（图6-7，28～33）；多见素面器，纹饰有弦纹、梯格纹等。鬲为宽卷沿、肩部突出、鼓腹，最大腹径于肩；这种形态多见于殷墟三期。豆为敞口、斜腹、圜底近平、腹极浅；属殷墟三期常见风格。盆为折沿、窄斜肩、大圜底，饰梯格纹；这种形态的盆多流行于殷墟四期。瓮为卷沿、圆肩、鼓腹，最大腹径偏中下，腹部较鼓；为殷墟三期典型形态。典型器有卷沿鼓腹鬲（图6-7，28）、敞口浅盘豆（图6-7，29）、折沿大圜底盆（图6-7，30）、卷沿圆肩弧腹瓮（图6-7，31）等。由上可知，本段遗存年代为殷墟三、四期。

7.点将台遗址

点将台遗址位于现南京市栖霞区幸福村南，紧邻七乡河的西侧，过河往东为千亩地村，幸福村往西北不远为下西岗村。遗址海拔12～13米，高出周围地面4米，面积4000平方米左右。遗址于1972年发现，1973年发掘130平方米，发现灰坑、墓葬等遗迹，遗存主要分龙山早期、夏时期及商时期三大阶段[1]。2016年，笔者在对该遗址进行调查时发现了龙山晚期遗存。在对1973年资料进行分析后，将龙山至夏商时期遗存分为4组。

第1组：以T205④、T402④、T408④、T604②部分遗存为代表。

第2组：以T205③、T208③、T408④部分遗存为代表。

第3组：以T205③、T208③、T408③部分遗存为代表。

第4组：以T402③、T408③、T604③、T605④、T605③部分遗存为代表。

第5组：以T302③为代表；T208②、T402②部分遗存归入该组。

以上5段对应5段。

第1段：以陶器为主，器类有鼎、盘、器盖、纺轮等（图6-8，1～6）。流行素面器，纹饰有弦纹、刻槽纹和射线纹等。该段遗存年代跨度稍大，最早者可至龙山早期，如环足盆、扁鼓腹盆、曲壁器盖等。侧扁刻槽鼎足，仍有良渚文化晚期作风。正装刻槽鼎足，分布地域更广些，良渚文化晚期遗存、龙山文化早中期遗存中均有发现，如滁河流域、淮河流域、海岱地区等。放射线饰纺轮则以王油坊下层较为多见，南荡类型中也有发现。典型器有环足盆（图6-8，1）、曲壁器盖（图6-8，3）、放射线纹纺轮（图6-8，4）和刻槽足鼎（图6-8，5、6）等。由上可知，本段遗存年代为龙山早中期。

[1] 南京博物院：《江宁汤山点将台遗址》，《东南文化》1987年第3期。

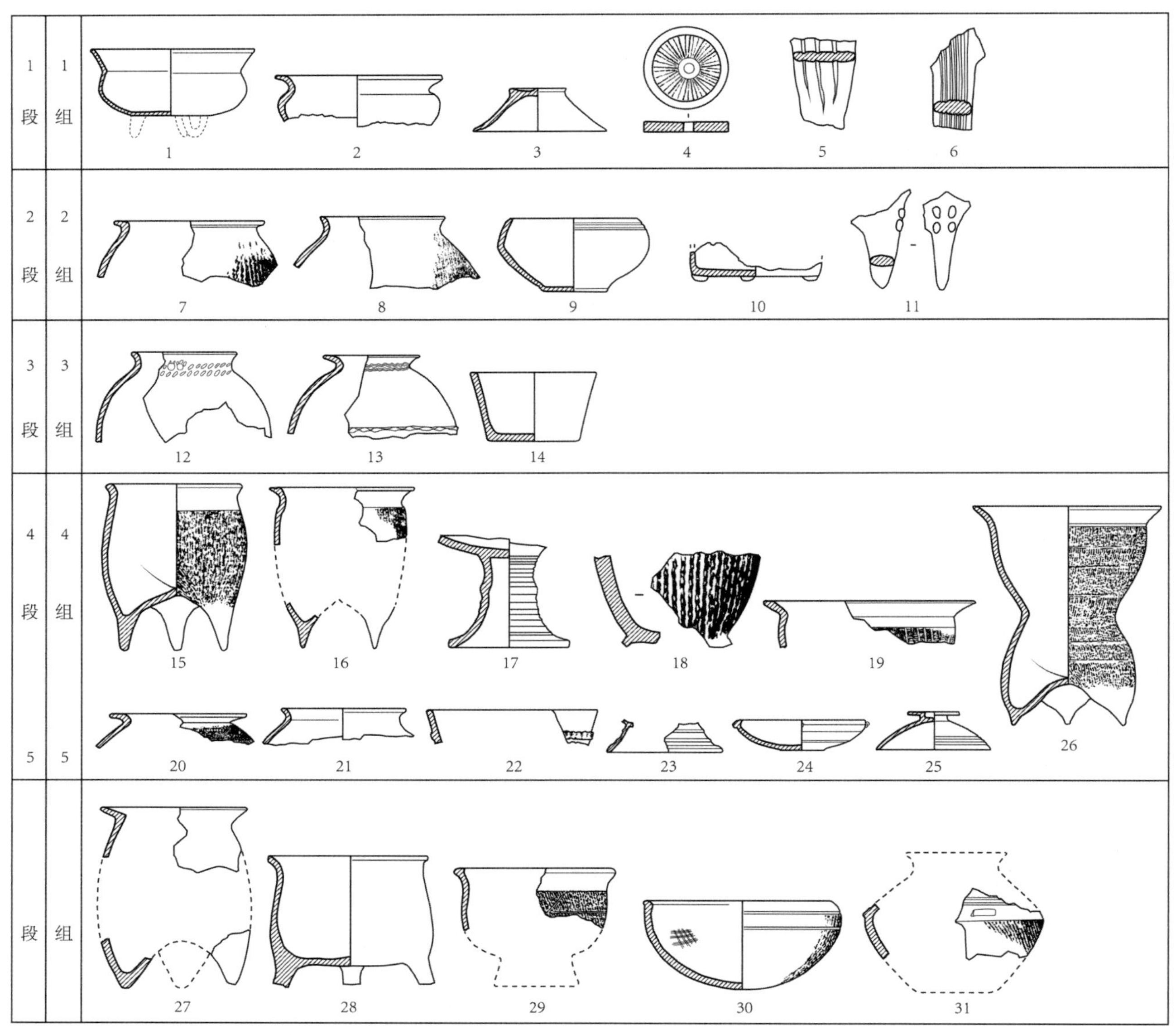

图6–8 点将台龙山至夏商时期遗存

1、2.盆（T205④：11、T402④：8） 3.器盖（T605③：27） 4.纺轮（T604②：6） 5、6.鼎足（T402④：？、T408④：？） 7、8.罐（T205④：12、T205④：13） 9.钵（T208③：9） 10.盘（T408④：12） 11.鼎足（T208③：？） 12、13.罐（T205③：13、T408③：13） 14.盆（T208③：15） 15、16.鬲（T408③：8、T605③：23） 17.豆（T605③：28） 18.甗（T605③：24） 19.盆（T605③：25） 20、21.瓮（T605③：26、T605④：21） 22.缸（T604③：11） 23.簋（T605④：？） 24.硬陶钵（T408③：14） 25.器盖（T402③：6） 26.甗（T302③：6） 27.鬲（T208②：16） 28.鼎（T305②：4） 29.簋（T402②：10） 30.刻槽盆（T302③：7） 31.罐（T208②：18）

第 2 段：仅见 5 件陶器，器类有鼎、盘、罐和钵等（图 6-8，7～11），流行绳纹、弦纹、指捺纹等。折沿罐为尖唇、短斜颈；形态多见于豫东二里头一期遗存中，斗鸡台遗址中第 5 层也有发现。矮三足盘发现较少，斗鸡台第 5 层有相似形态器物。钵为敛口、圆肩、腹部急收、平底微外撇；新砦期至二里头一期间流行。侧扁鼎足有两对按窝，多见于二里头文化早期。典型器有折沿鼓腹罐（图 6-8，7）、卷沿鼓腹罐（图 6-8，8）、扁腹钵（图 6-8，9）、矮三足盘（图 6-8，10）等。经分析可知，该段遗存年代，大致为二里头早期。

第 3 段：仅见 3 件陶器，器类为罐和盆。罐均束颈、鼓腹，颈部有羽状或水波纹饰（图 6-8，

12、13）；多见于岳石文化二、三期。盆为敞口、斜直腹、平底（图6-8，14）；属典型的岳石文化三期陶器，年代应相当于二里头四期。

第4段：陶器较多，器类有鬲、甗、豆、瓮、盆、缸、钵、器盖等（图6-8，15～26），流行绳纹和凹凸棱纹，另有梯格纹、附加堆纹等。鬲有两种形态，一种敛口、折沿、鼓腹、腹径小于口径、高实足；与北阴阳营3段鬲特征相近，年代为花园庄晚段；一种为卷沿、斜颈、口缘部位直接下拉至颈、口径大于腹径；与北阴阳营4段、城头山6段、师姑墩3段鬲风格相近，年代为殷墟一期。其他如折沿束颈瓮，五担岗6段也有发现，年代为花园庄晚段。圈形捉手器盖、扁腹硬陶钵等，可见于团山2段，年代为殷墟一期。甗为宽折沿、斜鼓腹、下腹较鼓；属殷墟二期特征。而圈足簋、中粗柄豆、斜颈瓮、大口缸等则应处于花园庄晚段至殷墟二期之间。典型器有深腹袋足鬲（图6-8，15、16）、弧腹盆形甗（图6-8，26）、束颈折肩瓮（图6-8，20）、大口缸（图6-8，22）、扁腹硬陶钵（图6-8，24）、圈形捉手器盖（图6-8，25）等。该段遗存年代，约为花园庄晚段至殷墟二期。

第5段：陶器5件，器类有鬲、鼎、簋、刻槽盆、罐等（图6-8，27～31）；素面器、绳纹器均有。鬲为折沿、鼓腹、腹径大于口径、最大腹径偏中下；与五担岗8段器物特征相近，年代为殷墟三期。簋为折沿，口缘部位有较尖的榫口，弧腹；罐为折肩，最大腹径居中；属殷墟三期典型特征。其他如刻槽盆、鼎，年代大概处于殷墟三、四期间。典型器有鼓腹袋足鬲（图6-8，27）、垂腹鼎（图6-8，28）、弧腹簋（图6-8，29）、刻槽盆（图6-8，30）和折肩罐（图6-8，31）。因此，该段遗存年代大致为殷墟三、四期。

8.二塘头遗址

二塘头遗址位于现南京市溧水区白马镇二塘头村东北侧，东临茅山山脉落步山1300米，海拔41～43米，高出周围地面3米左右，面积4400平方米。2009年，徐州博物馆对该遗址发掘790平方米，发现灰坑、房址等遗迹。作者认为其早期遗存中第5层陶鬲T0507⑤：12与二里冈下层者相似，并认为晚期遗存进入西周时期[1]。笔者认为T0507⑤：12折沿、斜鼓腹、腹径大于口径且最大腹径偏下、矮分裆、粗壮实足的特征不会早至二里冈下层，而是属殷墟二期；而最晚的第3B层遗存中陶鬲宽卷沿、最大腹径于肩的特征证明其为殷墟三期。现将二塘头遗存按地层、遗迹间相互关系进行分组，可分3组。

第1组：以第H15、H16为代表。

第2组：以第T0505⑤、T0506⑤、T0507⑤、T0605⑤、T0606⑤、T0704⑤、T0804⑤为代表。

第3组：以T0507④、T0705④、T0507③B、TG1③B为代表。

以上3组对应3段。

第1段：主要为陶器，有少量硬陶器、原始瓷器。器类有鬲、鼎、甗、豆、刻槽盆、盘、罐、钵、器盖等（图6-9，1～15）。素面器较多，绳纹、凹凸棱纹也较流行，也有镂孔、网纹、横“S”纹等。该段遗存，较宁镇沿江区域包含更多太湖流域文化因素，如折沿鼎（图6-8，3）、扁鼓腹罐

[1]　徐州博物馆：《江苏溧水二塘头遗址发掘简报》，《东南文化》2012年第6期。

（图 6–9，5）、硬陶小罐（图 6–9，6）、直腹圈足盘（图 6–9，7）、刻槽盆（图 6–9，8）、鼓腹素面甗（图 6–9，9）、粗高柄深腹镂孔豆（图 6–9，11）、半实心细柄豆（图 6–9，12）、原始瓷罐（图 6–9，13）等。商文化因素较沿江区域影响为小，陶器中的卷沿绳纹鬲（图 6–9，1、2）等为其影响下的产物，鬲为敛口、卷沿，颈部开始加长、但仍未变斜，与五担岗 5 段、北阴阳营 3 段鬲类似，年代约为花园庄晚段。

第 2 段：主要为陶器，有一定数量石器。陶器器类有鬲、豆、瓮、盘、盆、鼎、簋形器、器盖等（图 6–9，16～37）；多素面器，绳纹、凹凸棱继续流行，另有戳印纹、网纹、梯格纹等。鬲多折沿，颈部开始外斜（图 6–9，17），五担岗 6 段、团山 2 段、城头山 6 段也有类似形态；年代应为殷墟一期。最大腹径居中的分裆袋足鬲，实足尖近无（图 6–9，25）；年代约为殷墟二期。其他

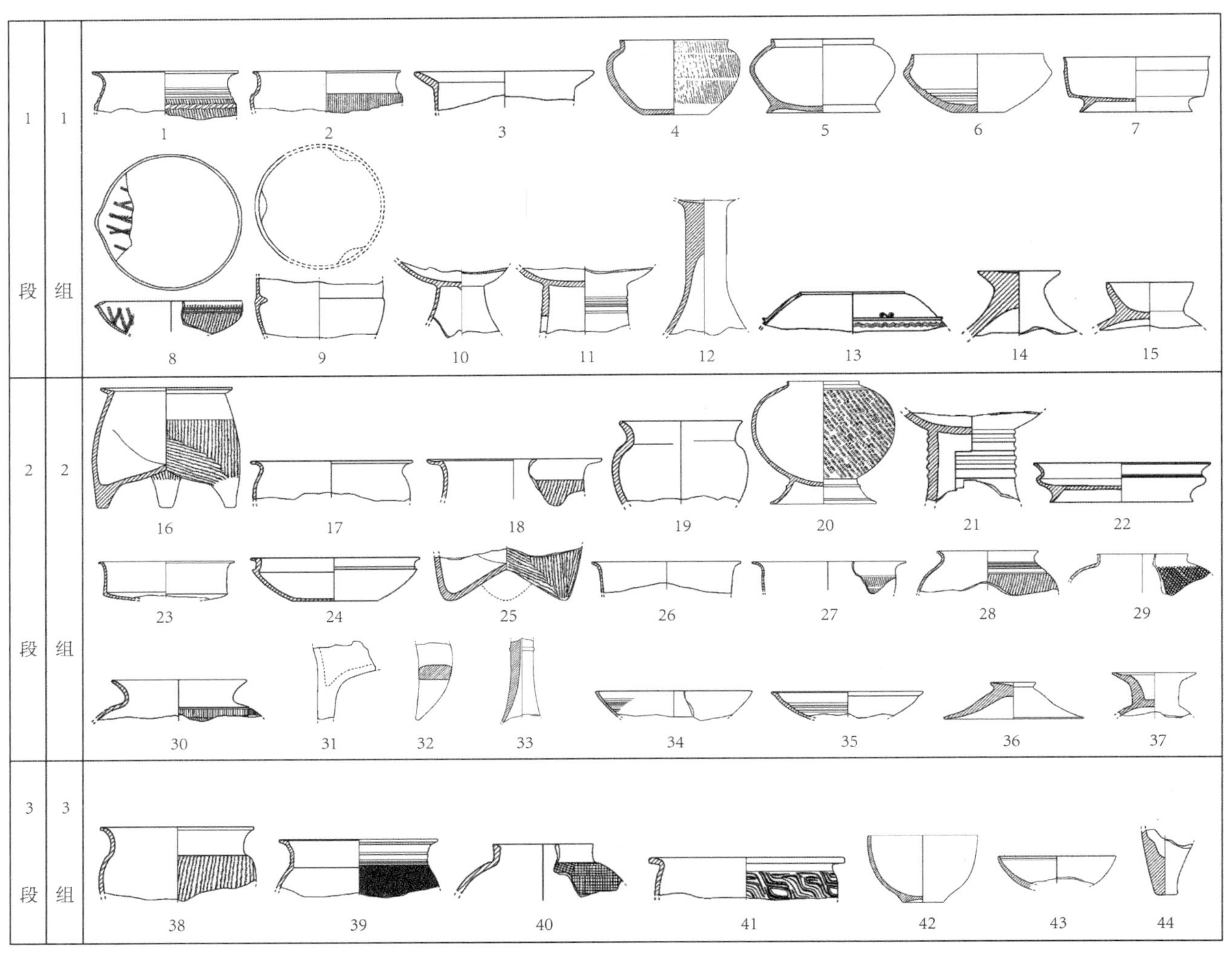

图6–9 二塘头商时期遗存

1、2.鬲（H15①：6、H19：1） 3.鼎（H16①：6） 4、5.罐（H15①：13、H16①：3） 6.硬陶罐（H15②：4） 7.盘（H16①：2） 8.刻槽盆（H15②：3） 9.甗（H15②：5） 10～12.豆（H15①：5、H15①：7、H15①：4） 13.原始瓷罐（H16①：8） 14、15.器盖（H15①：10、T0507⑤：10） 16～19.鬲（T0507⑤：12、T0507⑤：3、T0606⑤：9、T0506⑤：5） 20.簋形器（T0605⑤：9） 21.原始瓷豆（T0506⑤：4） 22、23.盘（T0704⑤：1、T0804⑤：8） 24.盆（T0804⑤：1） 25.鬲（T0507⑤：1） 26、27.盆（T0704⑤：3、T0705⑤：4） 28～30.瓮（T0505⑤：2、T0704⑤：2、T0804⑤：3） 31.鬲足（T0506⑤：11） 32.鼎足（T0605⑤：5） 33.豆（T0506⑤：1） 34、35.硬陶豆（T0506⑤：8、T0507⑤：6） 36、37.器盖（T0507⑤：11、T0507⑤：10） 38.鬲（T0507③B：1） 39.罐（T0705④：1） 40.瓮（T0507④：3） 41.盆（TG1③B：13） 42.碗（TG1③B：5） 43.豆（T0505⑤：3） 44.鬲足（T0507④：2）

陶器如豆、盆、器盖等特征不太典型。从该段遗存高实足、浅足窝的鬲足（图 6-9，31）看，似存在鼎式鬲。而矮圈足的簋形器（图 6-9，20），有明显的束腰，圈足形态较上段内收；新浮 2 段也有类似器物。瓮形态较多，部分颈部变斜长（图 6-9，28），个别变为矮直口（图 6-9，29）；与五担岗 6 段同类器风格接近，年代为殷墟一期。盘多为大圈足，中晚商时期流行于太湖流域；本段盘腹开始变曲，但未变斜（图 6-9，22、23）；年代为殷墟一期左右。有一种鼎为扁足，足跟或有按窝（图 6-9，32），这也是较为特殊的形态，在新浮遗址也有发现。其他典型器有卷沿鼓腹素面鬲（图 6-9，19）、粗高柄豆（图 6-9，21）、弧腹盆（图 6-9，24、26、27）、半实心细高柄豆（图 6-9，33）、曲壁器盖（图 6-9，36）等。因此，该段遗存年代约为殷墟一、二期。

第 3 段：陶器较多，器类主要有鬲、瓮、罐、盆、碗等（图 6-9，38 ～ 44），纹饰有绳纹、云雷纹、方格纹等。流行宽卷沿，窄肩，如宽卷沿窄肩鬲（图 6-9，38）和宽卷沿罐（图 6-9，39）；特征与五担岗 8 段者同，年代为殷墟三期。其他如矮直口瓮（图 6-9，40）、云雷纹弧腹盆（图 6-9，41）、直口碗（图 6-9，42）、柱足鬲（图 6-9，44）等，年代约为殷墟三、四期。因此，本期遗存年代应为殷墟三、四期。

9.白蟒台遗址

白蟒台遗址位于现镇江句容市葛村镇小前村南的虬山水库内，秦淮河支流从遗址一侧流过。海拔 12 米左右，平面为长方形，面积约 1300 平方米。1981 年 3 至 5 月，镇江博物馆发掘 40 平方米，发现灰坑、灶等遗迹。作者将遗址堆积分为三大文化层，认为下文化层为商中期，中文化层为商晚周初，上文化层为西周早期[1]。

笔者对以上遗存进行梳理后，将三大文化层大致分为三组。

第 1 组：以 T1③、T2③为代表。

第 2 组：以 T1②、T2②为代表。

第 3 组：以 T1①、T2①为代表。

以上 3 组对应 3 段。

第 1 段：主要为陶器，少量硬陶器。器类有鬲、甗、豆、刻槽盆、盆、瓮、罐等（图 6-10，1 ～ 15）；以素面器为主，也有绳纹、梯格纹、凹凸棱等纹饰。鬲为卷折沿、颈部外斜、鼓腹、袋足、高弧裆；与二塘头 2 段风格相似，年代为殷墟一期左右。豆的形态主要有两种，一种为平盘豆，一种为弧腹豆。前者口部为窄平沿，多见于花园庄晚段、殷墟一期；后者为弧腹碗形豆，口沿或内斜，中粗柄一般不高。二塘头 2 段也有该形态豆。折沿矮束颈的鼓腹瓮，风格同五担岗 6 段瓮，年代为殷墟一期。典型器有袋足鼓腹鬲（图 6-10，1）、斜袋足素面甗（图 6-10，2）、中粗柄浅盘豆（图 6-10，3）、中粗柄碗形豆（图 6-10，4、5）、刻槽盆（图 6-10，7 ～ 9）、长颈瓮（图 6-10，10）、折沿鼓腹瓮（图 6-10，11、12）、弧腹盆（图 6-10，13、14）、硬陶罐（图 6-10，15）等。因此，该段遗存年代约为殷墟一期。

第 2 段：主要为陶器，器类有鬲、豆、盘、刻槽盆、瓮、罐、钵、碗等（图 6-10，16 ～ 30）。

[1] 刘建国、刘兴：《江苏句容白蟒台遗址试掘》，《考古与文物》1985年第3期。

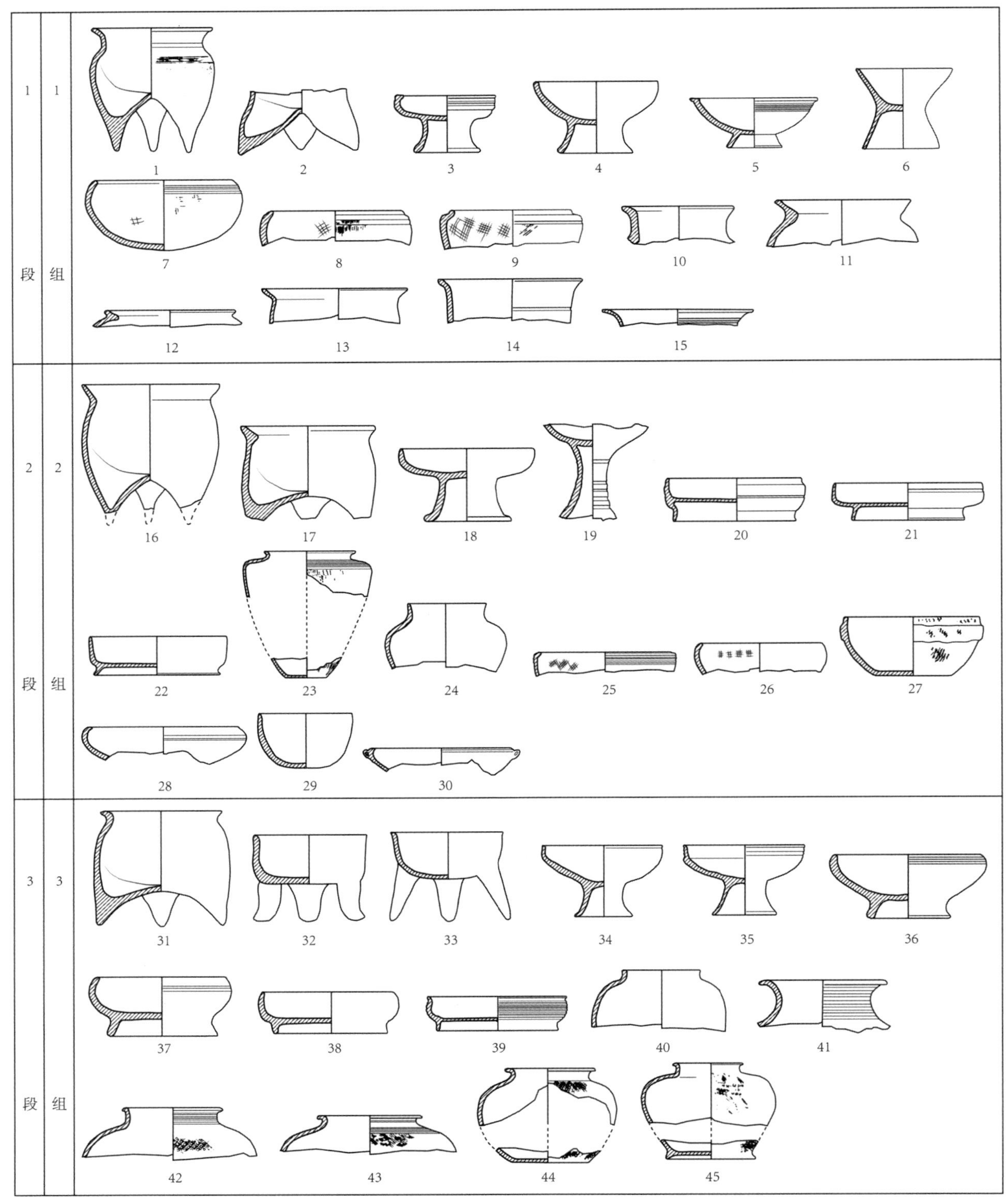

图6-10 白蟒台商时期遗存

1.鬲（T1③：19） 2.甗（T1③：21） 3～6.豆（T2③：2、T2③：15、T2③：5、T1③：9） 7～9.刻槽盆（T1③：27、T1③：29、T2③：7） 10～12.瓮（T1③：6、T1③：1、T1③：17） 13、14.盆（T1③：7、T1③：8） 15.硬陶罐（T1③：35） 16、17.鬲（T1②：2、T2②：6） 18、19.豆（T2②：4、T1②：9） 20～22.盘（T2②：15、T2②：17、T2②：7） 23.瓮（T2②：11） 24.罐（T2②：10） 25、26.刻槽盆（T1②：25、T2②：18） 27、28.钵（T2②：3、T1②：7） 29.碗（T2②：12） 30.钵（T1②：27） 31.鬲（T2①：9） 32、33.鼎（T1①：16、T2①：15） 34、35.原始瓷豆（T2①：11、 T2①：14） 36、37.豆（T1①：7、T1①：8） 38、39.盘（T1①：6、T2①：16） 40～43.瓮（T1①：5、T2①：2、T1①：10、T2①：7） 44.罐（T2①：4） 45.硬陶罐（T2①：13）

多素面器，也有绳纹、网纹、附加堆纹、梯格纹等。鬲为宽折沿、沿下角较大、鼓腹、袋足，口径大于腹径，最大腹径居中。平盘豆，口部外斜呈敞口。圈足盘的圈足径小于腹径，为该类盘较早阶段特征。折肩瓮肩部有明显折角，肩部斜直，下腹微鼓。以上几件器物，属殷墟二期常见形态，部分可能有殷墟三期风格。典型器有折沿鼓腹鬲（图 6-10，16）、折沿弧腹鬲（图 6-10，17）、敞口浅盘豆（图 6-10，18）、细高柄深腹豆（图 6-10，19）、圈足盘（图 6-10，20～22）、折肩瓮（图 6-10，23）、弧腹罐（图 6-10，24）、刻槽盆（图 6-10，25、26）等。经以上分析，该段遗存年代为殷墟二期，下限可能进入殷墟三期。

第 3 段：主要为陶器，少量硬陶器、原始瓷器。器类主要有鬲、鼎、豆、盘、瓮、罐等（图 6-10，31～45），多素面器。鬲为折沿、鼓腹、最大腹径偏中下；殷墟三期风格。中粗柄原始瓷豆多直口，盘腹多浅圜底；殷墟三期多见。圈足盘，多敛口形态，东岗头 2 段也有类似器物。部分陶器特征或稍晚。典型陶器有鼓腹袋足鬲（图 6-10，31）、浅腹鼎（图 6-10，32、33）、矮圈足敛口豆（图 6-10，36、37）、圈足盘（图 6-10，38、39）、矮束颈罐（图 6-10，44）等。典型硬陶器为束颈罐（图 6-10，45），典型原始瓷器为中粗柄直口豆（图 6-10，34、35）。因此，该段遗存年代约为殷墟三期，下限进入殷墟四期。

10. 东岗头遗址

东岗头遗址位于现镇江句容市郭庄镇甲山村东岗头，秦淮河支流自遗址东、南、西三侧流过。遗址海拔 11～13 米，高出周围地面 3 米左右，总面积约 4.5 万平方米。遗址于 1957 年发现，2005 年由南京博物院、镇江博物馆、句容文管会进行了发掘，发现灰沟及墓葬遗迹，并认为遗址 G2 属西周中期[1]。笔者认为，部分地层、灰沟的个别层位存在商时期遗存。

现按地层关系及器物特征差异，将东岗头遗存分为 3 组。

第 1 组：以 T1215②、G2⑤为代表。

第 2 组：以 G2④、G2③、G2②为代表。

第 3 组：以 G2①为代表。

以上 3 组对应 3 段。

第 1 段：仅见 3 件陶器，器类有鬲和豆（图 6-11，1～3），均素面。鬲有两种形态。一种鬲为卷沿、鼓腹，腹径大于口径、最大腹径偏上，大袋足、实足尖近无、足内斜；五担岗 7 段有类似风格鬲，年代为殷墟二期。一种鬲为钵形、敛口、角把，较少见；属土著文化与商文化的融合性器物。豆为中粗柄、窄平沿、斜腹、平盘；形态多见于殷墟一、二期。典型器有鼓腹袋足鬲（图 6-11，1）、钵形角把鬲（图 6-11，2）、中粗柄斜腹浅盘豆（图 6-11，3）。由上分析可知，该段遗存年代为殷墟二期。

第 2 段：多为陶器，数量较上段多，有少量硬陶器。器类有鬲、甗、豆、盘、罐、瓿等（图 6-11，4～15），商文化因素、太湖流域文化因素比重相近。从器物特征看，与五担岗 8 段接近，年代为殷墟三期。典型器有折沿鼓腹鬲（图 6-11，4～6）、折沿弧腹甗（图 6-11，7）、中粗柄敞口

[1] 朱国平、高伟：《江苏句容东岗头遗址的发掘及其对湖熟文化研究的启示》，《东南文化》2015年第3期。

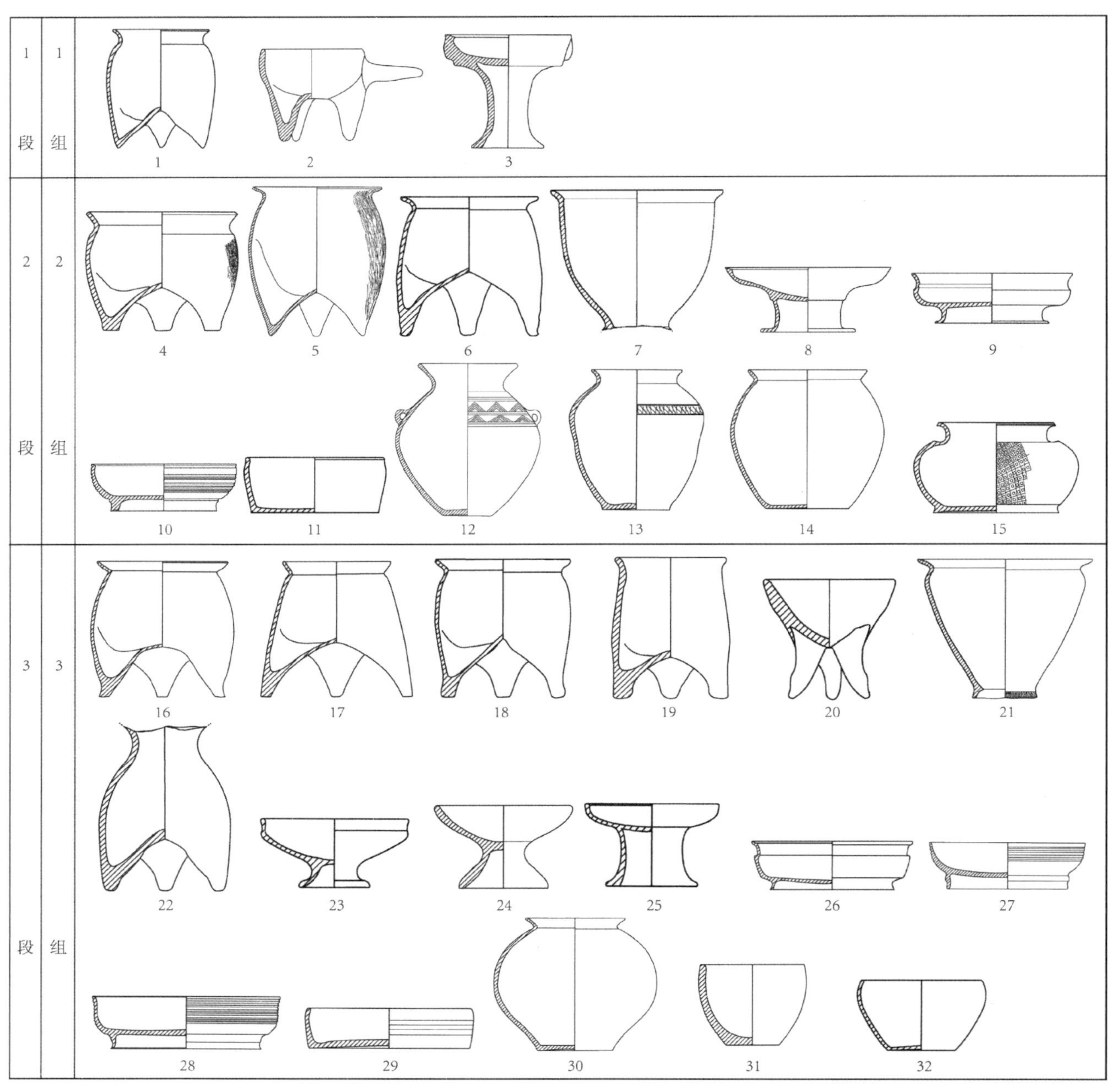

图6-11　东岗头商时期遗存

1.鬲（G2⑤：321）　2.鬲（G2⑤：329）　3.豆（T1215②：1）　4～6.鬲（G2④：310、G2④：296、G2③：239）　7.甗（G2②：553）　8.豆（G2④：280）　9、10.盘（G2④：289、G2③：242）　11.硬陶钵（G2④：298）　12～14.罐（G2④：258、G2④：308、G2④：287）　15.硬陶瓿（G2④：279）　16～19.鬲（G2①：98、G2①：97、G2①：95、G2①：160）　20.鼎（G2①：105）　21、22.甗（G2①：696、G2①：784）　23～25.豆（G2①：167、G2①：65、G2①：187）　26～29.盘（G2①：155、G2①：80、G2①：193、G2①：171）　30.罐（G2①：62）　31、32.钵（G2①：156、G2①：12）

豆（图6-11，8）、圈足盘（图6-11，9、10）、弧腹罐（图6-11，12～14）、浅腹硬陶钵（图6-11，11）、扁鼓腹硬陶瓿（图6-11，15）等。因此，该段遗存，年代约为殷墟三期。

第3段：陶器丰富，器类有鬲、鼎、甗、豆、罐、盘、钵等（图6-11，16～32）。鬲、甗类器物并未减少，但素面器变多；一些器类形态发生改变，出现了更多土著特色，如钵形鼎等。圜底豆增多，圈足盘更加流行。从陶器特征看，应属殷墟偏晚阶段风格。典型器有折沿鼓腹鬲（图6-11，

16、18）、斜腹鬲（图 6-11，17、19）、钵形鼎（图 6-11，20）、深弧腹甗（图 6-11，21）、中粗柄直口豆（图 6-11，23）、中粗柄碗形豆（图 6-11，24）、圈足盘（图 6-11，26～28）、内凹底盘（图 6-11，29）、折沿鼓腹罐（图 6-11，30）和钵（图 6-11，31、32）等。该段陶器，形态多与五担岗 9 段相近，年代应为殷墟四期。

11.其他遗址

（1）朝墩头遗址

位于现南京市高淳区固城镇檀村，通往固城湖的胥河支流自遗址东流过。遗址海拔 11～13 米，高出周围地面 3 米左右，面积约 1 万平方米。1989 年 9 至 12 月，南京博物院、高淳文保所发掘 500 平方米。作者将堆积主要分为四层，并认为第 5、4 层为良渚早期，第 3 层为龙山晚期，第 2 层为周代[1]。一些研究性文章后续公布了部分第 3、2 层遗物（图 6-12，1～8）[2]，笔者认为第 3 层之扁鼓腹罐形鼎（图 6-12，1）、深鼓腹罐形鼎（图 6-12，2）、分裆袋足甗（图 6-12，4）、细高柄浅腹碗形豆（图 6-12，5）、弧腹盆（图 6-12，3）属龙山晚期；但第 2 层浅盘鼎（图 6-12，7）、刻槽盆（图 6-12，8）形态典型，应属商晚期。

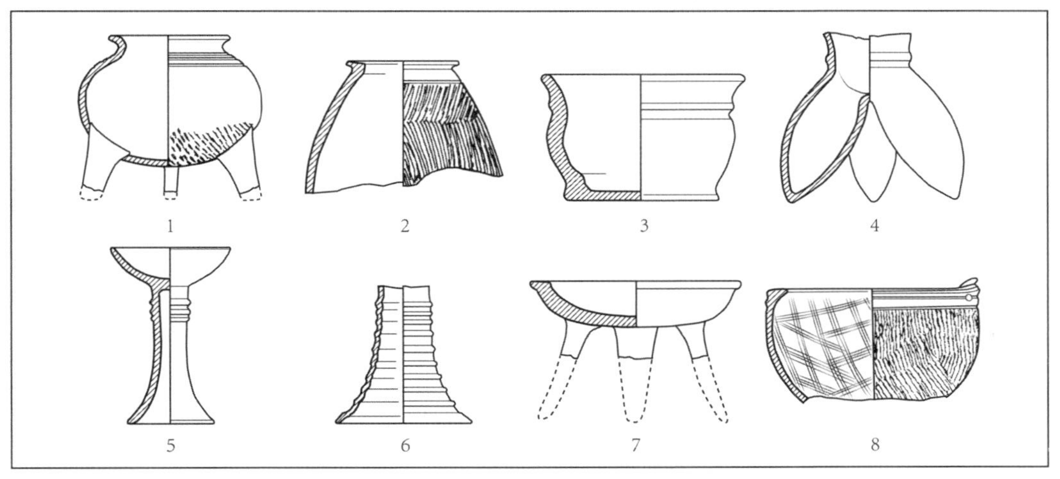

图6-12　朝墩头龙山、商时期遗存

1.鼎　2.鼎　3.盆　4.甗　5.豆　6.豆　7.鼎　8.刻槽盆

（2）断山墩遗址

位于现镇江市丹徒区丁岗镇平昌村东侧，有小河自遗址南流过。遗址海拔 15～19 米，面积约 2 万平方米。1957 年，对宁镇山脉一线进行调查时发现。1981 年由南京博物院、南京大学、厦门大学发掘 750 平方米[3]。陶器主要为红、灰陶，红陶比例在 70%～80% 之间。除此之外，还有一定数量的硬陶和原始瓷。陶器器类主要有鬲、甗、簋、豆、壶、盘、盆、瓮、罐、钵等，硬陶器主要器

[1]　谷建祥：《高淳县朝墩头新石器时代至周代遗址》，《中国考古学年鉴・1990》，文物出版社，1991年。

[2]　谷建祥、申宪：《王油坊类型龙山文化去向初探——江苏境内王油坊类型龙山文化遗存分析》，《南京大学历史系考古专业成立三十周年纪念文集》，第44～48页，天津人民出版社，2002年。

[3]　邹厚本、宋建、吴绵吉：《丹徒断山墩遗址发掘纪要》，《东南文化》1990年第5期。

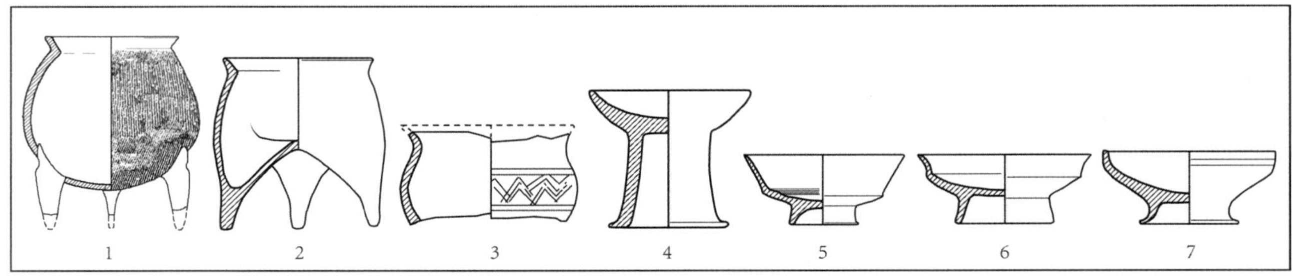

图6-13　断山墩夏商时期遗存

1.鼎（T302⑦：？）　2.鬲（T607④：14）　3.簋（T703⑦：？）　4.豆（H36：1）　5～7.原始瓷豆（T206③：9、T407③：5、T705⑥：？）

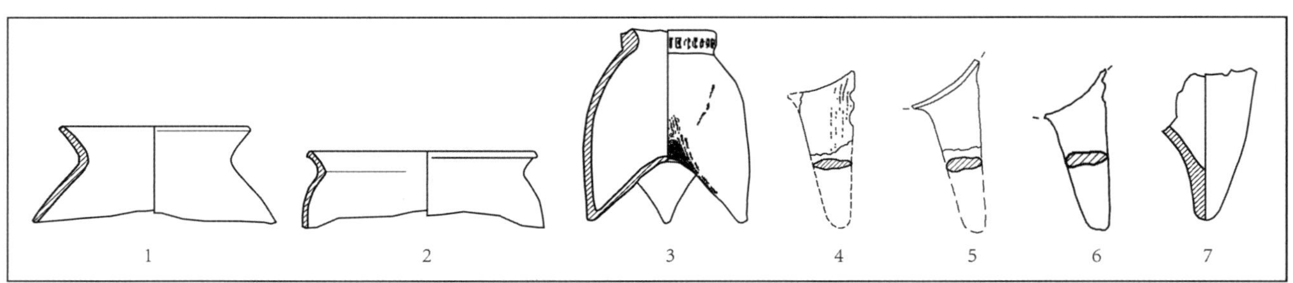

图6-14　老鼠墩龙山、商时期遗存

1.鼎　2.鬲　3.甗　4～6.鼎足　7.鬲足

类有瓮、罐、瓿，原始瓷器类主要有豆。总体来看素面器为多，纹饰主要有绳纹、折线纹、梯格纹、云雷纹、回纹、叶脉纹等。作者将断山墩遗存分为四期，年代分别定为西周前期、西周晚期、春秋中期和春末战初。笔者在对各期遗物进行分析后，发现简报各期遗物年代并不统一，而是有早、晚之分。第一期罐形鼎（图6-13，1），为二里头一期遗物。其他几期也发现了以折沿鼓腹鬲（图6-13，2）、弧腹簋（图6-13，3）、粗高柄浅盘豆（图6-13，4）、矮圈足原始瓷豆（图6-13，5～7）等为代表的商晚期遗物。从形态特征看，年代应为殷墟三、四期。

（3）老鼠墩遗址

位于现南京市江宁区湖熟镇曹家边村南，南临秦淮河支流句容河。遗址海拔12～14米，高出周围地面1～2米，面积1100平方米；1951年由南京博物院进行发掘[1]；2010年，又对其东侧约270米的曹家边遗址进行了发掘[2]。两处应属同一个遗址。遗址堆积厚0.4～1.2米，最深2.5米。遗物主要为陶器，多夹砂红陶素面器，纹饰有绳纹、云雷纹、梯格纹、方格纹、回纹等，器类有鬲、鼎、甗、罐、盆、纺轮等。其中的折沿垂腹鼎（图6-14，1），与钱山漾文化的垂腹鼎形态接近；侧扁三角形鼎足（图6-14，4～6），足扁瘦，足跟一有按窝，年代约为龙山中晚期；卷沿鼓腹鬲（图6-14，2）、足窝不深的鬲足（图6-14，7）、足尖很矮的甗的鬲部（图6-14，3），应为殷墟末遗物，下限可能到周初。

（4）癞鼋墩遗址

位于现镇江市丹徒区西葛村，遗址南侧有注入长江的小河流过。海拔14～16米，高出周围地

[1]　南京博物院：《江宁湖熟史前遗址调查记》，《南京附近考古报告》，第1～32页，上海出版公司，1952年。

[2]　南京博物院：《江宁湖熟曹家边遗址考古发掘报告》，《穿越宜溧山地：宁杭高铁江苏段考古发掘报告》，第1～31页，科学出版社，2013年。

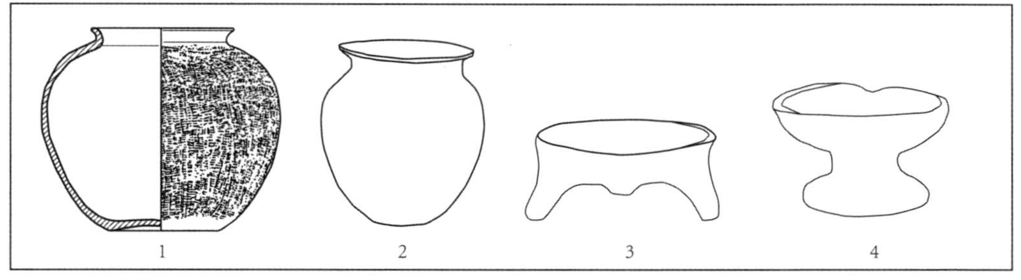

图6-15　癞鼋墩商时期遗存

1.罐　2.罐　3.鼎　4.豆

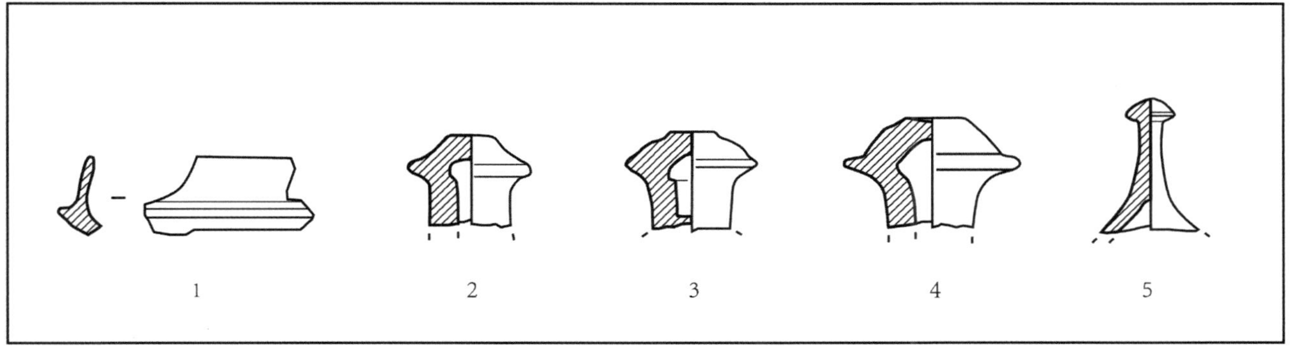

图6-16　丁沙地夏时期遗存

1.盒（T0103③：3h）　2～5.器盖（T0102③：1、T0102③：3、T0102③：4、T0102③：2）

面 4 米左右，面积约 1.2 万平方米。1956 年 4 月，南京博物院发掘 155 平方米[1]。作者将遗址堆积分为三大层，上层属汉代；中层、下层细节不清，但可知出土陶器以夹砂红陶为主，存在硬陶器。从已公布的材料看，存在商中晚期的遗物，陶器有矮束颈的梯格纹深腹罐（图 6-15，1）、斜颈弧腹罐（图 6-15，2）、浅盘撇足鼎（图 6-15，3）、粗柄碗形豆（图 6-15，4）等。

（5）丁沙地遗址

位于现镇江句容市宝华镇丁沙地村北，北距长江 3500 米；西侧 400 米有小河流过，可通长江。海拔 10 ～ 13 米，面积 5 万平方米。1988 年钻探、试掘一次[2]，1998 年又发掘一次[3]，共揭露面积约 530 平方米。在 1998 年的发掘中，第 3 层发现少量灰陶器，有明显的岳石文化作风；如子母口盒（图 6-16，1）、菌状钮器盖（图 6-16，2 ～ 4）、长柄器盖（图 6-16，5）等，年代相当于二里头三、四期。

（6）太岗寺遗址

位于现南京市雨花台区西善桥村南，西距长江 6 千米。遗址海拔 20 米，高出周围地面 8 米，面积约 2 万平方米。1957 年发现[4]，1960 年进行发掘，共揭露面积 220 平方米。作者将遗址堆积分为两大文化层，陶器以夹砂红陶为主，占 38%；泥质红陶次之，占 21%；夹砂灰陶再次，占 18%；但

[1]　南京博物院：《江苏丹徒葛村新石器时代遗址探掘记》，《考古通讯》1957年第5期。

[2]　南京博物院：《江苏句容丁沙地遗址试掘钻探简报》，《东南文化》1990年第1、2期合刊。

[3]　南京博物院考古研究所：《江苏句容丁沙地遗址第二次发掘简报》，《文物》2001年第5期。

[4]　尹焕章、张正祥：《宁镇山脉及秦淮河地区新石器时代遗址普查报告》，《考古学报》1959年第1期。

未分层统计[1]。从公布资料可知，两大文化层出土有龙山时期和商时期的遗物。如高颈捏口鬶（图6-17，2）、曲壁扁耳杯（图6-17，4）、敛口折腹钵（图6-17，5）等，年代为龙山早中期；而腹径大于口径的折沿鼓腹鼎（图6-17，1）、长颈的扁鼓腹壶（图6-17，3）、大敛口的圆肩浅腹钵（图6-17，6）等，年代则为龙山中、晚期；半月形双孔石刀（图6-17，7），属商中晚期遗物。

（7）锁金村遗址

位于现南京市玄武区锁金村，西南侧靠玄武湖，北距紫金山1000米。遗址高出周围地面约4米，面积约1.5万平方米，现已不存。1955年发现，采集到许多商时期遗物[2]；1956～1957年，前后进行两次发掘，发掘面积约540平方米，发现良渚、商周时期遗存[3]。首次采集到的陶鬲特征典型，如折沿鼓腹的鼎式鬲（图6-18，1、2），腹径大于或等于腹径，粗壮的圆锥形实足或外撇；类似五担岗5段鼎式鬲，年代为花园庄晚段。而折沿斜鼓腹、腹径大于口径、最大腹径居中、足尖外斜的鼓腹鬲（图6-18，3），属殷墟二期常见风格，大城墩7段中也有类似遗物。豆比较多，有浅斜盘豆（图6-18，6）、中粗柄碗形豆（图6-18，4、5）、束腰敛口豆（图6-18，8）等，部分豆柄饰长方形镂孔（图6-18，7），这种情况多见于中晚商时期。硬陶钵（图6-18，9）为敛口，扁平耳，口缘至肩之间有明显的抹平加工迹象；这种形态多见于花园庄晚段至殷墟早期。

（8）安怀村遗址

位于现南京市玄武区安怀村附近的柴山，西北距长江约3千米，南距玄武湖约1700米。1956

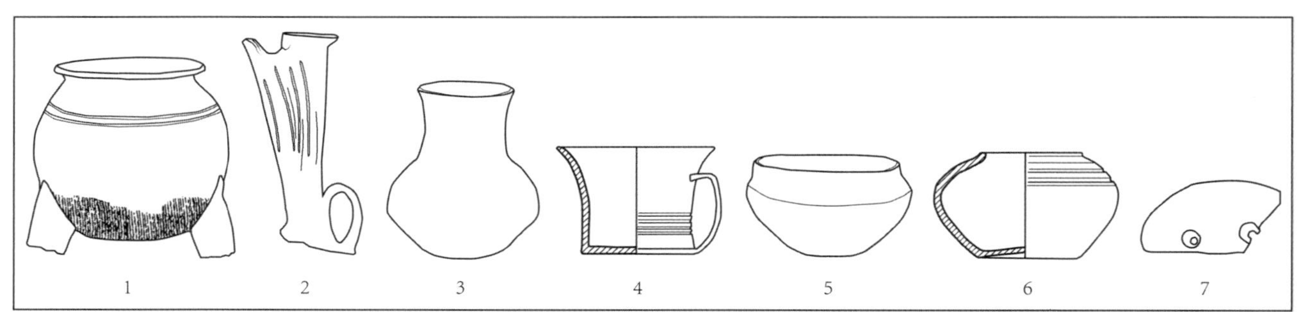

图6-17 太岗寺龙山时期遗存

1.鼎 2.鬶 3.壶 4.杯 5.钵 6.钵 7.石刀

图6-18 锁金村商时期遗存

1～3.鬲 4～8.豆 9.钵

[1] 江苏省文物工作队太岗寺工作组：《南京西善桥太岗寺遗址的发掘》，《考古》1962年第3期。

[2] 李鑑昭：《南京锁金村发现的新石器时代遗址》，《考古通讯》1956年第4期。

[3] 尹焕章、蒋赞初、张正祥：《南京锁金村遗址第一、二次发掘报告》，《考古学报》1957年第3期。

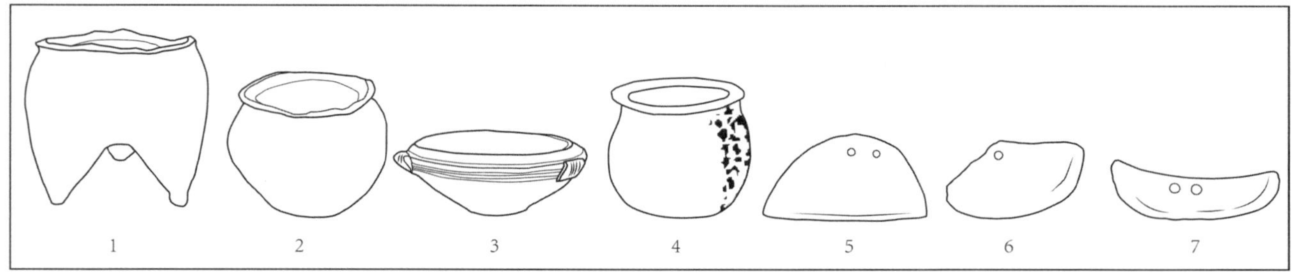

图6-19　安怀村、鲤鱼山商时期遗存

1.鬲　2.罐　3.钵　4.罐　5～7.石刀　（安怀村3～6，鲤鱼山1、2、7）

图6-20　申东、朱岗渡等龙山至夏商时期遗存

1～6.鼎足　7.甗足　8.壶　（朱岗渡1，船头村2，锤墩山3，杨坟塘，四围村5、6，申东7，姑山8）

年，南京博物院发掘约1200平方米，出土遗物有陶器和石器等。陶器多为夹砂红陶，器类有罐、钵等[1]。硬陶钵（图6-19，3）、深腹罐（图6-19，4）、半月形双孔石刀（图6-19，5、6）等，应为商中晚期遗物。

其他遗址如鲤鱼山[2]、申东[3]、欧墩[4]、昝庙[5]、城上村[6]、左湖[7]、乌龟山[8]、乌龟墩[9]、姑山[10]等也出土有夏商时期陶器，如鲤鱼山鼓腹袋足鬲（图6-19，1）、鼓腹罐（图6-19，2）、双孔石刀（图6-19，7）等，应为商晚期遗物；而申东袋足甗（图6-20，7），裆部较宽，应为中晚商遗物；姑山鸭形壶（图6-20，8），硬陶，口部与鸭尾之间上部壶腹近平，半环耳位于一侧，腹部饰刻划的叶脉状纹饰，时代为二里头二期或稍晚。羽状饰，时代约为二里头二期或偏晚。其他遗址资料多未正式发表。2008～2011年，中国国家博物馆、安徽省文物考古研究所对马鞍山当涂县姑溪河水系

[1]　南京博物院：《南京安怀村古遗址发掘简报》，《考古通讯》1957年第5期。南京博物院、南京市文物保管委员会等：《江苏省出土文物选集》，第45页，文物出版社，1963年。

[2]　南京市博物馆：《南京市栖霞区鲤鱼山遗址发掘》，《江苏考古（2012～2013）》，南京出版社，2015年。

[3]　叶润清、罗虎：《安徽马鞍山市申东商周遗址考古发掘收获》，《中国文物报》2013年11月8日第8版。

[4]　宋永祥：《安徽郎溪欧墩遗址调查报告》，《考古》1989年第3期。

[5]　魏正瑾：《昝庙遗址内涵的初步分析》，《江苏省哲学社会科学联合会1981年年会论文选（考古学分册）》，1982年。

[6]　南京博物院、江苏句容博物馆：《江苏句容城上村遗址考古调查、勘探报告》，《南方文物》2013年第2期。

[7]　南京博物院、镇江博物馆：《江苏镇江市左湖遗址发掘简报》，《考古》2000年第4期。

[8]　镇江博物馆：《镇江谏壁月湖乌龟山遗址发掘报告》，《东方文明之韵——吴文化国际学术研讨会论文集》，第50～63页，岭南美术出版社，2001年。

[9]　镇江博物馆：《镇江大港乌龟墩遗址发掘简报》，《东方文明之韵——吴文化国际学术研讨会论文集》，第42～49页，岭南美术出版社，2001年。

[10]　1995年4月，南京大学水涛教授赴南陵县考古调查，于姑山遗址发现鸭形壶1件。姑山遗址位于漳河上游东侧的丘陵区，位于现南陵县三里镇新义村，与师姑墩相距仅34千米。

前后做过三次区域系统调查，在不同的遗址采集到龙山时期遗物[1]，较有代表性的为侧扁的鼎足（图6-20，1～6），兼具江淮地区及太湖流域同期文化特征；这也说明姑溪河在当时可能是沟通太湖流域与长江下游江北区域的重要通道。

二　铜器地点

宁镇地区经正式发掘的商时期遗址，出土许多个体较小的铜器，如镞、销刀、鱼钩、锥等；这些材料，暂不列为笔者的讨论对象。有几处地点，铜器个体较大，但均非科学出土，数量也不多，器类有爵、斝、瓿和铙。典型地点如南京江宁横溪塘东[2]、南京江宁陶吴-横溪[3]、马鞍山经开区[4]、铜陵童墩[5]等。典型铜器5件，如塘东瓿（图6-21，1），卷沿、束颈、窄斜肩、矮斜圈足，圈足上有圆方孔；纹饰主体为饕餮纹，脊背上单支羽翅，尾部自中间开始上卷，地纹为细密雷纹；

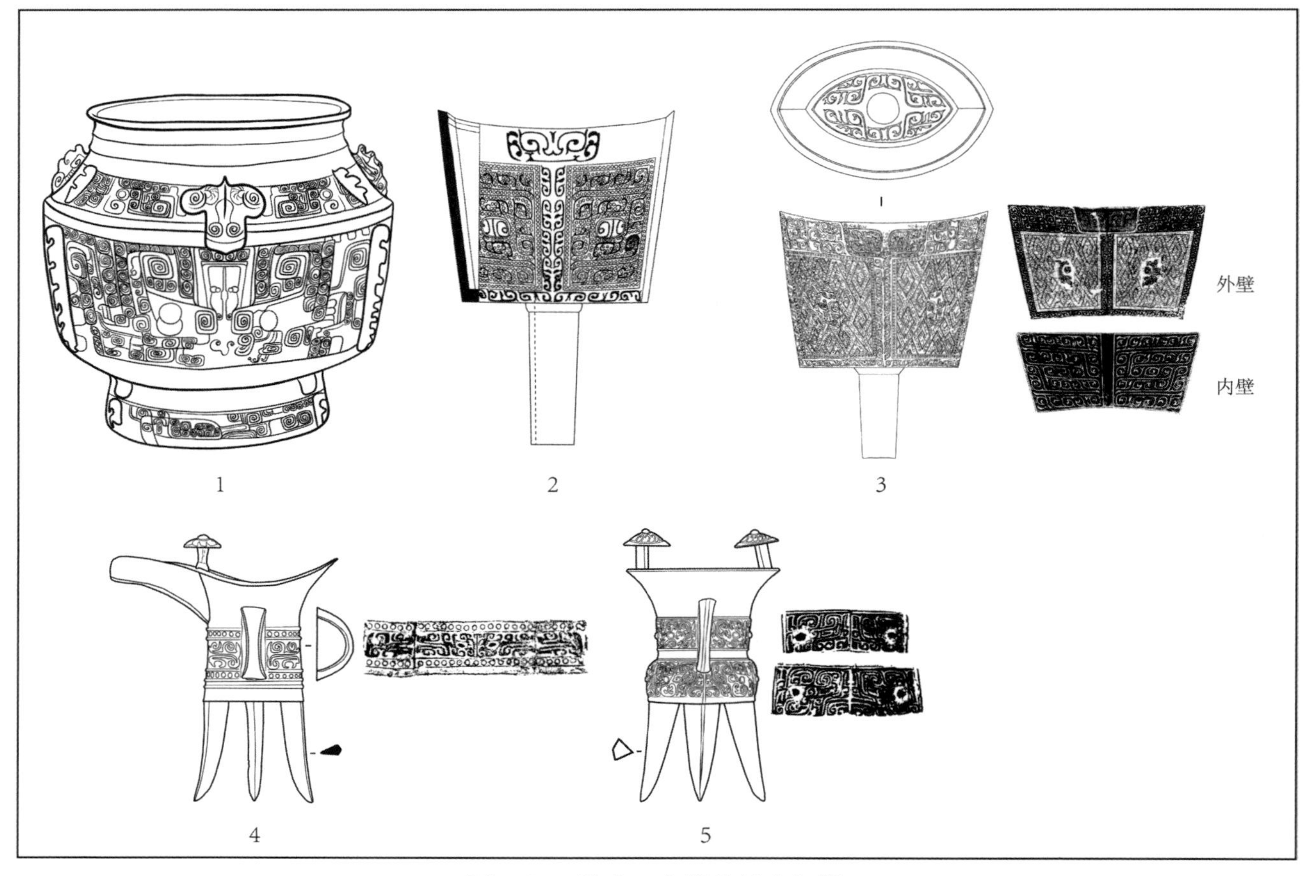

图6-21　塘东、童墩等地点铜器

1.瓿　2、3.铙　4.爵　5.斝　（塘东1，陶吴-横溪2，经开区3，童墩4、5）

[1] 中国国家博物馆、安徽省文物考古研究所：《安徽省当涂县姑溪河流域区域系统调查简报》，《东南文化》2014年第5期。

[2] 南京市文化局、南京市文物局：《南京文物精华》，第170页，上海人民美术出版社，2000年。

[3] 林留根：《中国出土青铜器全集·7江苏》，第4页，科学出版社，2018年。

[4] 安徽大学、安徽省文物考古研究所：《皖南商周青铜器》，第14～17页，文物出版社，2006年。

[5] 安徽大学、安徽省文物考古研究所：《皖南商周青铜器》，第14～17页，文物出版社，2006年。

从这些特征看，属殷墟二期前后。陶吴－横溪铙（图 6-21，2）、经开区铙（图 6-21，3）形态相似，器宽均大于器高（不含甬部），正、背面无枚，为夔纹或云雷纹铺地，饕餮纹凸目或作长方形；总体来看，年代应属殷墟二期前后，经开区铙应较陶吴－横溪的略晚。童墩爵（图 6-21，4），直筒形腹、腹稍斜直、最大腹径近底，三棱锥形实足，腹饰连珠纹＋饕餮纹的组合纹饰。童墩斝（图 6-21，5），杯形腹，敞口，束腰，下腹微外鼓，平底，锥形空足、断面近三角形，菌状柱较高、帽径大、帽顶饰涡纹；上、下腹各饰一组饕餮纹。童墩爵和斝风格相近，年代为二里冈上层二期或稍晚。

总体来看，宁镇皖南地区出现铜器的时间并不太早。从五担岗遗址资料看，存在中商一、二期的小件铜器。这与铜陵童墩斝的年代大致同时。而体型更大的商时期铜器，发现不多，最早约为殷墟早期偏晚。整个商时期，铜器数量均不多。与此相反，本地在较早阶段便有硬陶器，至迟于中商偏早阶段出现原始瓷器，殷墟时期已较为发达。本地出现的两大技术体系，也是中原文化与本地文化碰撞、交流后的结果。

第二节　宁镇皖南地区龙山时期向夏时期考古学文化的过渡

宁镇皖南地区新石器时代晚期的考古学文化谱系，编年基本接续。但新石器时代末遗存的辨识，稍显模糊。这个时段的遗址，正式发掘者至少已有 15 处，宁镇山脉东北处沿江地带有马迹山、断山墩；秦淮河水系有太岗寺、城头山、老鼠墩；金川河水系有北阴阳营；采石河水系有毕家山、小山；七乡河水系有点将台；胥河水系有朝墩头；新安江水系所在的徽州盆地有新州、下冯塘、太子山、下林塘等；漳河水系有凤凰嘴。考古调查则更多，其中姑溪河水系调查工作较细致，先秦遗址发现有朱岗渡、埂头、锤墩山、杨坟塘、四维村、埂头、张家甸、窑墩、船头村等[1]。其他的遗址发掘或调查，公布的材料一般偏简略，但仍可判断遗存文化性质和年代，如薛城[2]、庙基山[3]、昝庙[4]等。现将本区域龙山时期遗物进行简要分析。

1.分期与年代

遗址发掘较多，但遗物不丰富；陶器，仅鼎可见前后演变的趋势。其他器类则难分辨，因此不再作型式划分，仅作分期、分段处理。

第 1 段：以城头山第 1 组为代表；前文已讨论，城头山该段遗物属良渚文化晚期遗存。如三足类器物流行侧扁三角形或正装扁体刻槽足，侧扁三角足跟或有按窝；足外侧内曲的鸭嘴形足稍早，外侧弧凸的足稍晚，两者年代略有差异。典型器有侧扁三角足鼎（图 6-22，1～3）、三足盉（图 6-22，4、5）、侧扁三角足甗（图 6-22，6、7）、罐形环耳盉（图 6-22，8、9）、盘形匜（图 6-22，10）等。以城头山第 1 组为代表的这类遗存，侧扁足为三角形，近乎到了良渚文化晚期。良渚文化

[1]　郭晓敏：《姑溪河流域先秦遗址初探》，安徽大学2013年硕士学位论文。中国国家博物馆、安徽省文物考古研究所：《安徽省当涂县姑溪河流域区域系统调查简报》，《东南文化》2014年第5期。中国国家博物馆、安徽省文物考古研究所：《姑溪河：石臼湖流域先秦时期聚落考古调查与研究》，科学出版社，2019年。

[2]　南京市文物局、南京市博物馆、高淳县文管所：《江苏高淳县薛城新石器时代遗址发掘简报》，《考古》2000年第5期。

[3]　高淳县地方志编纂委员会：《高淳县志（1986～2005）》，第880页，方志出版社，2010年。

[4]　魏正瑾：《昝庙遗址内涵的初步分析》，《江苏省哲学社会科学联合会1981年年会论文选（考古学分册）》，1982年。

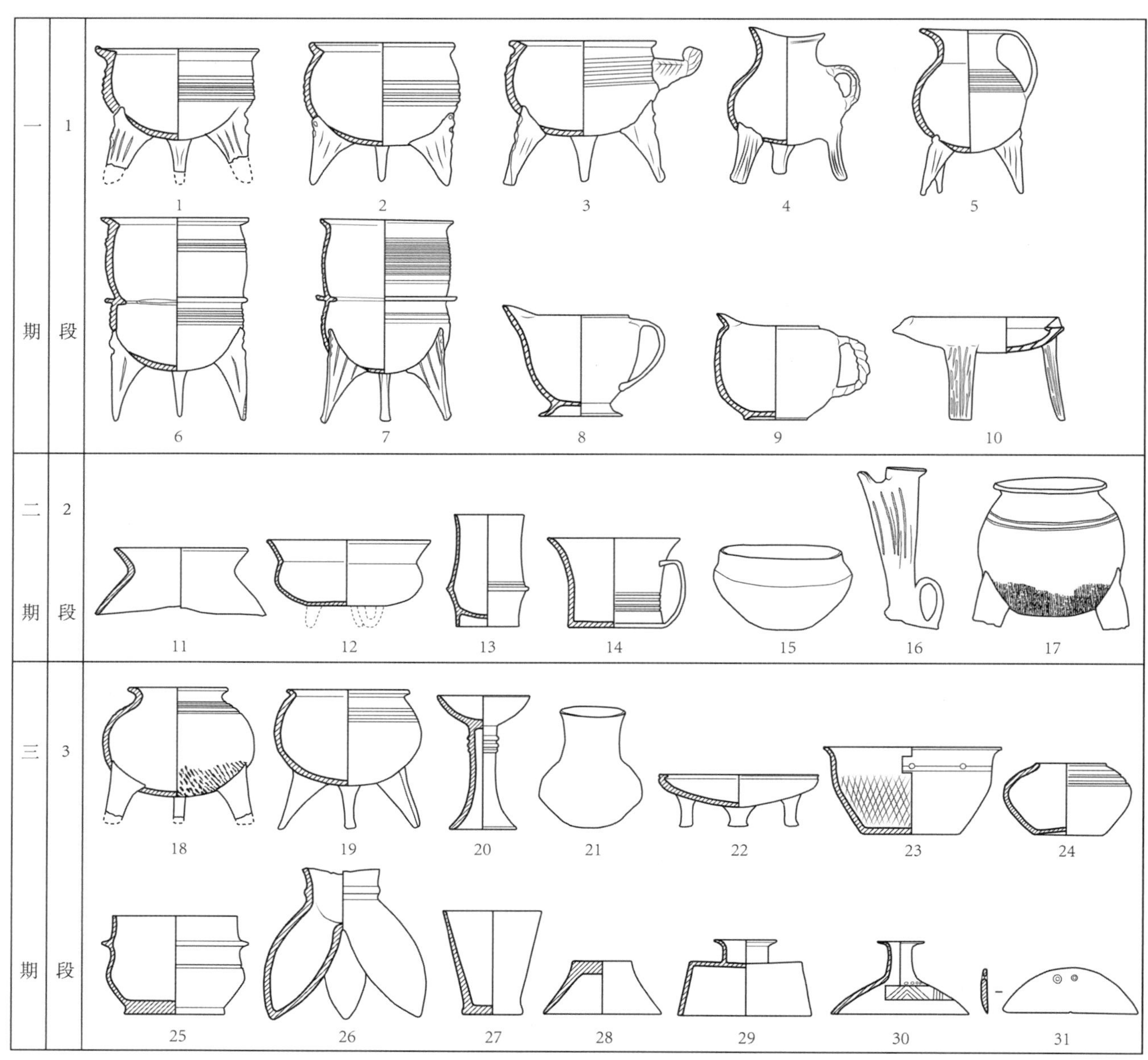

图6–22　宁镇皖南地区龙山时期典型器物分期图

1～3.鼎（T16⑥：13、H3：3、M37：1）　4、5.盉（M37：1、M35：4）　6、7.甗（T16⑥：28、H4：1）　8、9.盉（H4：4、M35：4）　10.匜（T15⑥：27）　11.鼎　12.盆（T205④：11）　13.杯（T462④：9）　14.杯　15.钵　16.鬶　17.鼎　18.鼎　19.鼎（M32：2）　20.豆　21.鼎　22.鼎（ⅡT0101⑥：22）　23.盆（ⅡT0101⑥：8）　24.钵　25.盒（ⅠT0202⑥：2）　26.甗　27.杯（ⅠT0202⑥：3）　28～30.器盖（ⅡT0101⑥：9、ⅡT0101⑥：10、M35：6）　31.石刀（ⅠT0202⑥：5）　（城头山1～10、19，老鼠墩11，点将台12，北阴阳营13，太岗寺14～17、21、24，朝墩头18、20、26，马迹山22、23、25、27～31）

晚期，多刻槽翅形足，然后演变为刻槽的三角足和正装足。年代方面，为良渚文化晚期，与龙山文化早期在一定区间内重合；为便于区分，将本段遗存的年代定为龙山早期。关于该阶段相当于良渚晚期的遗存，在太湖流域、宁镇地区均有分布，长江以北的东台开庄遗址第4、3层[1]及兴化影山头遗址[2]也可见到类似遗物。

[1]　盐城市博物馆、东台市博物馆：《江苏东台市开庄新石器时代遗址》，《考古》2005年第4期。

[2]　江苏省文物局：《江苏省第三次全国文物普查新发现》，第31页，江苏美术出版社，2009年。

第 2 段：以点将台第 1 组、北阴阳营第 1 组为代表，太岗寺、老鼠墩部分遗存归入该组。点将台该段遗存有龙山早期风格；但考虑到本地文化背景、器物形态特征，应较上段年代晚些，但不会晚至龙山中期，划为龙山早中期较合适。点将台宽折沿环足盘（图 6–22，12），属典型的龙山文化较早阶段遗物，特征非常明显；北阴阳营圈足折腹杯（图 6–22，13）与之年代相仿。而老鼠墩折沿垂腹鼎（图 6–22，11）与太岗寺的深鼓腹侧扁三角足鼎（图 6–22，17）、曲壁扁耳杯（图 6–22，14）、高颈捏口鬶（图 6–22，16）、敛口折肩钵（图 6–22，15）等，年代最迟为龙山中期。

第 3 段：以马迹山第 1 组为代表，太岗寺和朝墩头部分遗存归入该组。该段陶器，变化最明显的为鼎，最大的形态变化是由上段垂腹变为鼓腹，腹部有由深鼓腹向扁鼓腹过渡趋势，腹径与口径比也渐大，鼎足也较外斜。甗为炮弹形袋足、高分裆，足外斜较厉害。豆为敞口、浅腹碗形，细高柄自上而下有渐细趋势。壶为高颈外倾，扁鼓腹。盘为折平沿、浅腹、圜底、三矮足，与周邶墩 2 段者相似。盆为敞口、折沿、弧腹，与周邶墩 3 段者相似。盒为子母口，弧腹。杯为敞口，斜腹。钵敛口甚，扁鼓腹。器盖形态有两种，一种为高捉手覆碗形，一种为平顶曲壁。典型器有扁鼓腹鼎（图 6–22，18、19）、袋足甗（图 6–22，26）、细高柄碗形豆（图 6–22，20）、高颈扁鼓腹壶（图 6–22，21）、浅盘鼎（图 6–22，22）、折沿弧腹盆（图 6–22，23）、扁腹钵（图 6–22，24）、子母口盒（图 6–22，25）、斜腹杯（图 6–22，27）、平顶曲壁器盖（图 6–22，28）、大捉手折腹器盖（图 6–22，29）、高捉手覆碗形器盖（图 6–22，30）等；典型石器有半月形双孔石刀（图 6–22，31）。由上分析可知，本段遗存年代约相当于龙山晚期。

以上 3 段遗存，可对应三期。第一期年代为龙山早期，第二期为龙山早中期，第三期为龙山晚期。

2. 文化因素分析

在对出土陶器进行分析后，将文化因素构成分为以下几类。

A 类：以刻槽侧扁三角足甗、折沿弧腹侧扁刻槽足鼎、折沿鼓腹侧扁刻槽足鼎、罐形环耳盉、盘形匜、罐形鋬耳盉等（图 6–23，1 ～ 12）为代表，与良渚文化晚期陶器特征相似。宁镇地区良渚文化晚期遗存有一定数量分布，如点将台、太岗寺、锁金村、城上村、烟袋山[1]、磨盘墩[2]等；长江北岸区域发现较少，目前仅发现开庄和影山头。龙山文化对本地区施加影响之前，本地存在的就是良渚文化，这也是其文化背景。尽管龙山文化早期可能与良渚文化晚期在时空上存在重叠，但影响本地区的绝非最早期的龙山文化。因此，未来对里下河及运湖西地区龙山时期的遗存研究尤为重要。

B 类：以折沿环足盆、浅盘鼎、子母口盒、斜腹杯、曲壁杯、鸟首形鼎等（图 6–23，13 ～ 19）为代表。这类器物具有明显的海岱龙山文化特征，分布于里下河地区的南荡类型遗存中也存在类似文化因素。自龙山早期至晚期，这类文化因素对宁镇皖南地区的影响一直未间断。

C 类：以扁鼓腹侧扁三角足鼎、细高柄碗形豆、浅腹圈足盘、放射状纹纺轮等（图 6–23，20 ～ 26）为代表。这类因素较复杂。这类器物具有明显的鲁豫皖交界处龙山文化特征，或称造律台

[1] 镇江博物馆：《印记与重塑——镇江博物馆考古报告集（2001～2009）》，第95页，江苏大学出版社，2010年。

[2] 南京博物院、丹徒县文教局：《江苏丹徒磨盘墩遗址发掘简报》，《史前研究》1985年第2期。

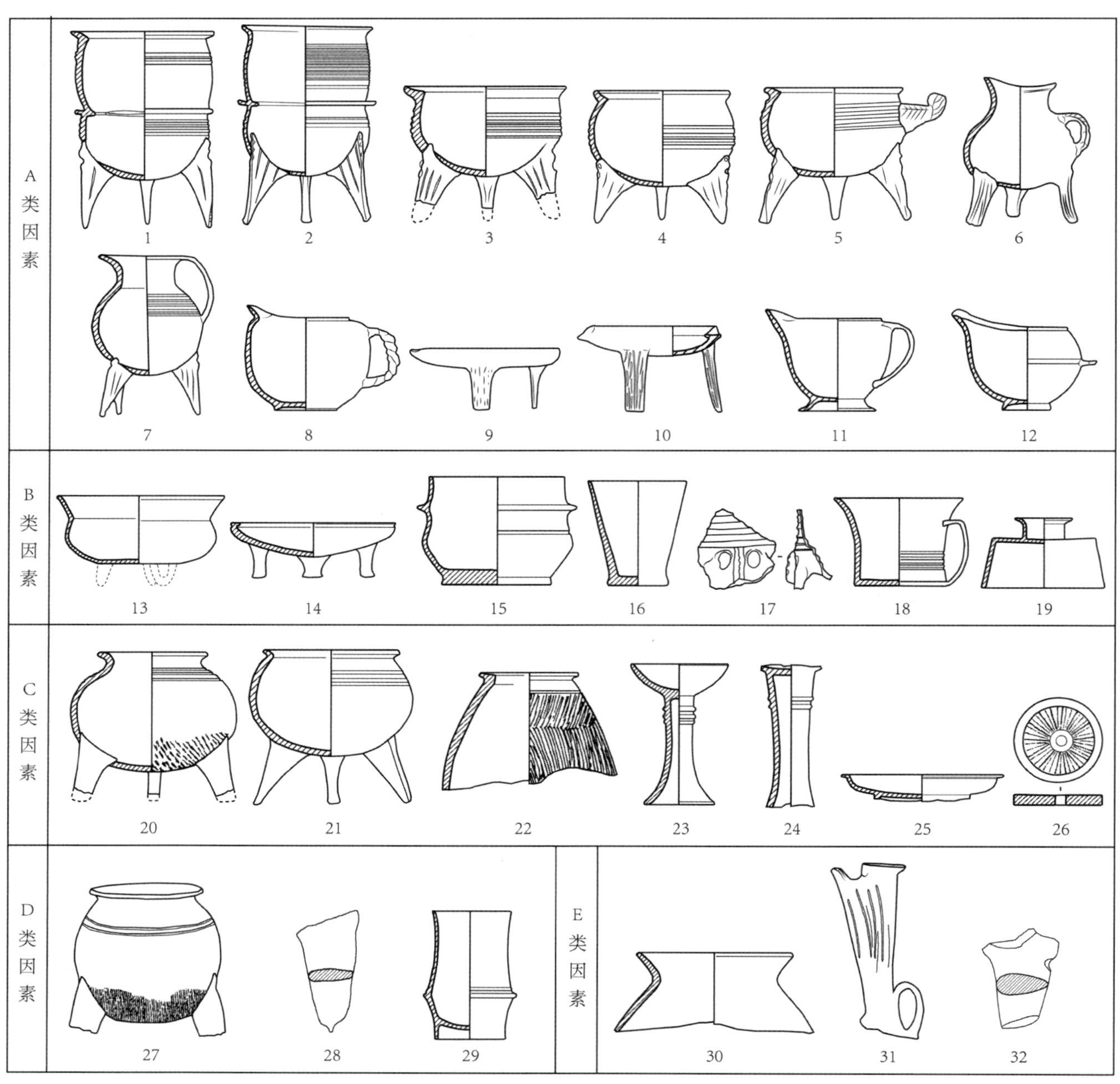

图6-23　宁镇皖南地区龙山时期遗存文化因素构成图

1、2.甗（T16⑥：28、H4：1）　3～5.鼎（T16⑥：13、H3：3、M37：1）　6～8.盉（M31：1、M35：4、M35：4）　9、10.匜（H4：2、T15⑥：27）　11、12.盉（H4：4、T15⑥：25）　13.盆（T2054：11）　14.鼎（ⅡT01016：22）　15.盒（ⅠT0202⑥：2）　16.杯（ⅠT0202⑥：3）　17.鼎足（T274④：？）　18.杯　19.器盖（ⅡT0303⑥：1）　20.鼎　21.鼎（M32：2）　22.鼎　23.豆　24.豆（H47：1）　25.豆（ⅠT0201⑥：3）　26.纺轮（T604②：6）　27.鼎　28.鼎足　29.杯（T462④：9）　30.鼎　31.鬶　32.鼎足　（城头山1～12、21，点将台13、26，马迹山14～16、19、24、25，北阴阳营17、29，太岗寺18、27、31，朝墩头20、22、23，四维村28，老鼠墩30，锤墩山32）

文化，以往学者对此也有探讨；但造律台文化的下层遗存年代最早仅到龙山中期。造律台文化影响至里下河地区后，可能吸收了其他因素，成为具有地方特征的南荡类型。该类龙山遗存，与广富林文化年代相近。

D类：以圆鼓腹鼎和折腹圜底杯等（图6-23，27～29）为代表；该类因素应来源于淮河中游龙山文化，如禹会龙山遗存。禹会遗存在龙山早中期的时候受到了淮河上游龙山遗存的冲击，之后影响了滁河流域；年代与钱山漾文化近似。这种因素，以淮河中游最为发达，或称为禹会类型[1]。笔者认为，该文化因素应是由禹会类型经滁河流域传播而来。

E类：深鼓腹侧扁三角足鼎、宽折沿垂腹鼎、捏口高颈鬶、按窝不等厚侧扁足等（图6-23，30～32）为代表。这几件器物的形态多见于以太湖流域为核心分布区的钱山漾文化，而淮河中游龙山文化也存在宽折沿垂腹鼎、捏口高颈鬶的类似器物；这是两个区域之间同期遗存的共有因素。

笔者将宁镇地区龙山早中期的主要陶器与钱山漾文化、禹会类型及滁河流域同期遗存进行了对比[2]。发现四个区域陶器的主要器形均可互见，具有许多共同特征。几种陶器中，以鬶的区别最小，几乎不见形态差异；但鼎的变化较大，尤其是鼎足。由相关研究可知，禹会类型龙山文化是在大汶口文化尉迟寺类型[3]基础上发展起来的，继承了其部分文化因素，如刻槽舌形足、侧扁足和鸭嘴形足等；新出现各种形态的索形堆纹足、按窝足。细长颈袋足鬶、斜向刻槽饰并非淮河中游土著因素，属南方文化系统产物。而钱山漾文化除继承良渚文化因素外，在形成过程中受到了更多外力冲击，如鸭嘴形足、索状堆纹足、对按窝足、舌形足等的出现。包含以上特征的鼎足，淮河中游及偏北地区均非常发达。良渚文化晚期，淮河下游地区文化版图发生了较大变动，陶器的变化非常剧烈。里下河地区诸多良渚文化器物已经出现刻槽侧扁足、刻槽舌形足和鸭嘴形足，“T”形鼎足外缘越变越窄演变为扁三角足，翅形足则过渡到鱼鳍形足。鱼鳍形足并非良渚文化孤立发展的产物，它的形态类似于禹会类型外侧缘弧凸的侧扁足，它很可能便是在与北方文化系统碰撞过程中所产生的。滁河流域情况要模糊一些，但可以作大致的判断。以牛头岗为例，遗址除各种形态的鼎、袋足鬶等外，还存在其他数量较多的禹会类型陶器[4]。也有钱山漾文化典型器，如鱼鳍形足鼎等。至宁镇地区，鱼鳍形鼎足、斜向刻槽纹因素增多，但仍远比太湖流域少；对捏足尖的侧扁足、纵向刻槽的舌形足因素仍得以保留，至太湖流域则无觅踪迹。

宁镇地区龙山晚期遗存与南荡类型、广富林文化的共性大于差异。陶器的主要器类，如鼓腹鼎、细高柄豆、高颈扁腹、单耳杯等均可互见器形，制作技术、装饰特征也相近。尽管如此，仍然存在一定的地域差异，具体如下：① 陶器：地理位置愈偏南，南荡类型等北方龙山文化因素愈弱。宁镇地区后良渚阶段二期遗存中缺少了南荡类型常见的袋足甗，至太湖流域种类则继续减少，如直口盉、斜直腹杯、斜直腹器盖等，但选择性地保留了仍具有直腹特征的单耳杯。② 骨器、蚌器：南荡类型、广富林文化均有一定数量的小件骨器，宁镇地区暂未发现。考虑到南荡类型来自造律台文化，而造

[1]　韩建业认为这种以垂腹鼎、高颈罐、假圈足扭器、假腹高圈足簋、长颈壶、浅盘等为特征器的禹会龙山遗存，或可称禹会类型，并认为其年代为龙山前后期过渡阶段或稍偏晚，具体可见韩建业：《早期中国——中国文化圈的形成和发展》，第169页，上海古籍出版社，2015年。笔者认同将禹会龙山时期遗存单划为一种类型的认识，并认为可将袋足甗、实足鬶、袋足鬶、深鼓腹罐补充入内。鼎的形态多见侧扁足，足跟、足尖多经按捺处理。除此之外，足面纵向刻槽的舌形足（或正装足）、多样的纵向索状堆纹足均较发达，也可见到少量鸟首形足、斜向刻划纹饰的舌形足或鸭嘴形足。禹会类型分布范围北部至少已到北淝河，南部至少到瓦埠湖水系，东部可能到泗县一带，西部暂不清晰。

[2]　白国柱、余飞、刘海峰：《试析宁镇地区后良渚阶段遗存及其与周边考古学文化的关系》，《东南文化》2019年第1期。另：本文对宁镇地区龙山早中期、龙山晚期的文化分析作了部分引用，不再另文阐释。特此说明。

[3]　苗霞：《大汶口文化尉迟寺类型及其年代与分期》，《考古与文物》1998年第6期。梁中合：《尉迟寺类型初论》，《青果集：吉林大学考古系建系十周年纪念文集》，第110～121页，知识出版社，1998年。

[4]　滁河流域存在类似遗存的遗址有肥东大城头和南京牛头岗。大城头材料可参安徽省博物馆：《安徽新石器时代遗址的调查》，《考古学报》1957年第1期。牛头岗材料可参王光明：《牛头岗遗址早期陶器与禹会村出土陶器之初步比较》，《禹会村遗址研究——禹会村遗址与淮河流域文明研讨会论文集》，第99～105页，科学出版社，2014年；华国荣：《南京牛头岗遗址的发掘》，《2003中国重要考古发现》，第44～47页，文物出版社，2004年。

律台文化的骨器、蚌器较为发达，可见这种因素也是由北往南渐弱。③ 玉石器：南荡类型中存在少量的石器，至宁镇地区石器器形、数量均增多，且出现了小件玉器；至广富林文化玉石器则更发达，甚至出现了具有礼仪性质的石琮、玉琮。半月形石刀是宁镇地区、太湖流域的共有因素，但太湖流域在数量上远比宁镇地区为多；而南荡类型中未见。

由上分析可知，宁镇地区后良渚阶段遗存可划分为两期。第一期遗存与禹会类型、钱山漾文化均存在一定的共性，也存在一定差异。如禹会类型文化因素越接近钱山漾文化分布中心区变得越少，钱山漾文化因素越接近禹会类型中心区也变得越少。宁镇地区位于二者的过渡地带，其文化特征掺杂了禹会类型、钱山漾文化的核心要素，但却又与二者不完全相同。有学者将这种情况称为考古学文化的“漩涡地带”[1]，是诸文化间碰撞、分化、渗透、融合的结果。第二期遗存与南荡类型、广富林文化之间的共性更多，但在宁镇地区本地显示的特征并非是某种考古学文化的整体迁移，而是掺杂了很多土著文化因素。因此，并不能将宁镇地区后良渚阶段遗存归属到以上考古学文化中的任何一种。笔者建议将张敏先生所划分的城头山—朝墩头文化遗存期里面的良渚文化遗存剥离出来，并以朝墩头遗址年代属龙山早中期、龙山晚期的遗存作为宁镇地区后良渚阶段的典型代表。建议沿用已有称谓，称其为朝墩头类型。而此朝墩头类型，便是后来点将台文化的先驱。

第三节　宁镇皖南地区夏商时期考古学文化分期

一　本区域夏时期遗存

宁镇皖南地区夏时期遗存的分布，大体以漳河入江处至固城湖一线即古中江作为分界，南北两地区夏时期遗存不属于同一文化系统。就目前情况，宁镇地区夏时期遗存主要分布于宁镇山脉沿江地带河流附近地势较高地带，分布于内陆者较少；如七乡河水系点将台及偏东的丁沙地、高资河水系团山、慈湖河水系五担岗、采石河水系毕家山、运河附近马迹山，金川河水系北阴阳营、丹徒沿江附近地带的断山墩也可能分布有同类遗存。分布于内陆者，仅秦淮河水系城头山，且可沿河进入长江。皖南地区，有夏时期遗存者仅 2 处，即黄浒河水系师姑墩和漳河水系姑山。

宁镇皖南地区夏时期遗存文化内涵，南北有异，为便于表述及文化因素分析，现分两宁镇、皖南分别进行讨论。遗存主要为陶器和石器，未见铜器。以下单就陶器进行分期讨论。

（一）宁镇地区

1.分期与年代

材料可分 5 组，对应 5 段。

第 1 段：以马迹山第 2 组、城头山第 3 组为代表。典型器有侧扁三角足扁鼓腹鼎（图 6-23，1）、扁腹篮纹罐（图 6-24，2）、细高柄直盘口豆（图 6-24，3）、榫口弧腹盆（图 6-24，5）、敞口弧腹盆（图 6-24，6）、圈足簋（图 6-24，7）、环耳杯（图 6-24，8）、扁腹钵（图 6-24，9）等。

[1] 高蒙河：《试论“漩涡地带”的考古学文化研究》，《东南文化》1989年第1期。

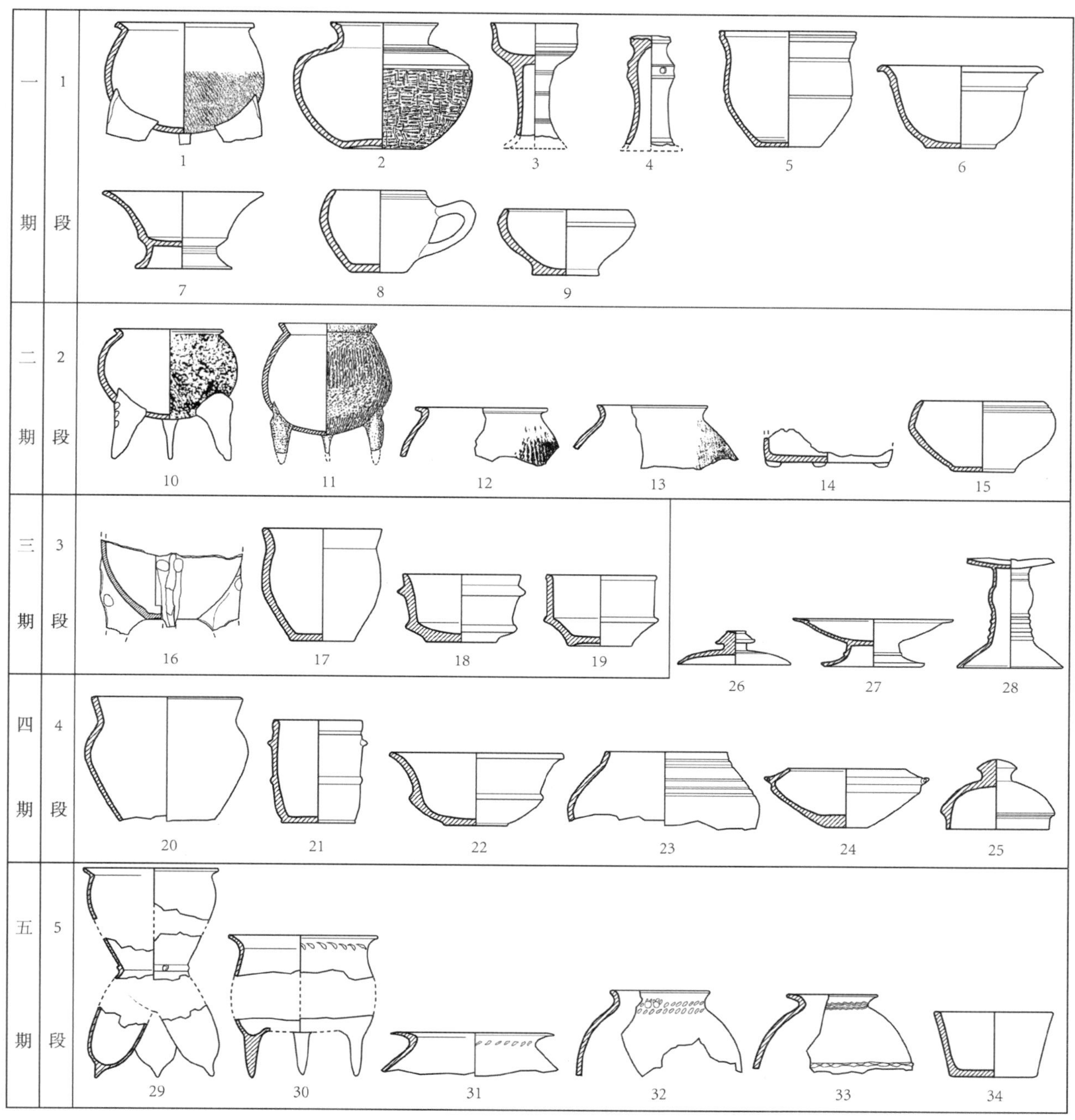

图6-24　宁镇地区夏时期典型器物分期图

1.鼎（ⅡT0301⑥：3）　2.罐（M33：1）　3、4.豆（T6⑥：28、T6⑥：27）　5、6.盆（T6⑥：27、T13⑥：19）　7.簋（T18⑥：25）　8.杯（T18⑥：27）　9.钵（H11：1）　10、11.鼎（H10：1、T302⑦：？）　12、13.罐（T205④：12、T205④：13）　14.盘（T408④：12）　15.钵（T208③：9）　16.鼎（H77：2）　17.罐（T2②：47）　18、19.盒（H1：10、H1：13）　20.罐（H15：2）　21.尊（T3②：39）　22.盆（H2：29）　23.罐（T3②：9）　24.钵（H15：1）　25、26.器盖（T1②：19、T3②：21）　27、28.豆（ⅡT0201⑤：4、ⅡT0201⑤：2）　29.甗（T1404⑪：11）　30.鬲（T1404⑪：17）　31～33.罐（T1404⑪：12、T205③：13、T408③：13）　34.盆（T208③：15）　（马迹山1、17～19、20～28，城头山2～9，北阴阳营10，断山墩11，点将台12～15、32～34，五担岗16，团山29～31）

陶器以素面器为主，凹凸棱饰也较多，绳纹、圆形镂孔等则较少。鼎、罐类陶器流行鼓腹或扁鼓腹的形态，鼎足外斜的程度已较龙山时期明显变小；扁弧腹罐的形态较典型，多流行于新砦期至二里头一期之间。侈口扁鼓腹罐、小口径的细高柄豆、曲壁的圈足盆、环耳杯等，是新砦期文化的典型器物。敛口的圈足钵在不同地域同期遗存中多见，已脱离了龙山时期圈足相对较高的形态，但仍有区域龙山文化的残余影响。

第 2 段：以北阴阳营第 2 组、点将台第 2 组、断山墩早段遗存为代表。典型器有侧扁三角足扁鼓腹鼎（图 6-24，10）、侧扁三角足罐形鼎（图 6-24，11）、折沿鼓腹罐（图 6-24，12）、卷沿鼓腹罐（图 6-24，13）、矮三足盘（图 6-24，14）、扁腹钵（图 6-24，15）等。绳纹陶器比例上升，素面器变少。从该段开始，扁鼓腹鼎腹部变更扁，腹径显得更大，但足的倾斜程度继续变小、内移；形态偏瘦的罐形鼎本地区较少见，大多稍偏胖；鼎足最大变化是足跟变宽以致于足上下分两段，这是二里头一期较典型的特征；总体来说两种鼎都是继承了龙山时期形态，并在此基础上有所发展，而罐形鼎的延续性更强些。有的罐颈部开始有了短斜特征，腹部多较鼓。矮三足盘的形态较少见，斗鸡台文化也有类似器物。钵的圈足变矮，足微外撇。本段遗存与上段紧密相接，总体上仍未脱离龙山文化影响，但器类稍有所增多，且有了一定程度发展。

第 3 段：以马迹山第 3 组、五担岗第 1 组为代表，城头山第 4 组及毕家山部分遗存归入该段。典型器有侧扁三角足罐形鼎（图 6-24，16）、侈口弧腹罐（图 6-24，17）、凹凸棱盒（图 6-24，18、19）等。自本段起，陶器风格大变，素面器激增，仅少量按捺纹、弦纹辅助纹饰。器类明显变多，应是受到了海岱地区同期文化的影响。罐形鼎的形态基本上继承自上段，但底部开始变平，这一点与中原几乎同步，但却变为素面器；这种素面的罐形鼎首先见于豫东，后影响至宁镇并在此基础上有了发展；除五担岗见到 1 件外，毕家山也存在类似的罐形鼎[1]。增加的器类，如盒等均是在受海岱龙山文化影响下产生，但不是产生于宁镇本地，而是来自海岱地区的岳石文化。综合各种因素，本段遗存年代应为二里头二期前后。

第 4 段：以马迹山第 4 组为代表。典型器有折沿斜腹罐（图 6-24，20）、斜腹凸棱尊（图 6-24，21）、双腹盆（图 6-24，22）、敛口鼓腹罐（图 6-24，23）、菌状钮器盖（图 6-24，25、26）、扁腹钵（图 6-24，24）、碗形豆（图 6-24，27）、凸棱豆（图 6-24，28）等。本段遗存特色与上段有很多相似之处，陶器以素面器为主，多凹凸棱的辅助性纹饰。菌状钮器盖属岳石文化典型器物，多见于中国东部沿海区域。就目前发现，器物多具岳石文化因素，受江淮地区、太湖流域的影响相较偏少。从器物特征看，本段遗存年代应为二里头三期偏晚。

第 5 段：以团山第 1 组、点将台第 3 组为代表。典型器有斜腹盆形袋足甗（图 6-24，29）、卷沿弧腹高实足鬲（图 6-24，30）、卷沿鼓腹罐（图 6-24，31 ～ 33）、敞口斜腹盆（图 6-24，34）等。本段器物装饰风格发生了较大改变，陶器颈部多有一道或两道斜向羽状划纹，这种装饰方法在滁河流域、里下河地区同时期遗存中也有发现。从陶器形态可知，炮弹形大袋足甗、浅足窝高实足鬲，文化来源较为复杂，或许受到了滁河流域或里下河及运湖西地区同期遗存的影响形成。年代偏早，可能相当于二里头四期。

综合以上分析可知，各段可各对应一期。第一期年代要早些，应处于新砦期前后，下限可能进入二里头一期早段。第二期遗存大致与中原二里头一期年代对应，但要较上段晚些。第三、四期遗存深受岳石文化的影响，年代约为二里头三期。第五期起，本地遗存文化构成骤然变复杂，年代应

[1]　笔者2011年在安徽省文物考古研究所参观毕家山遗址出土陶器，其罐形鼎与五担岗H77：2形态几乎一致，具体详参《马鞍山五担岗》，第206页，文物出版社，2016年。

为二里头四期。

2.文化因素分析

对陶器进行分析后，文化因素可分以下几类。

A类：以扁腹篮纹罐、细高柄直口豆、圈足簋、敞口弧腹盆、环耳杯、扁腹钵等（图6–25，1～7）为代表，年代大致处于新砦期至二里头一期偏早阶段。这类陶器与影响本地的龙山晚期遗存文化因素不同，器类、形态均有较大区别，笔者认为其与海岱地区、鲁豫皖交界处、里下河及运湖

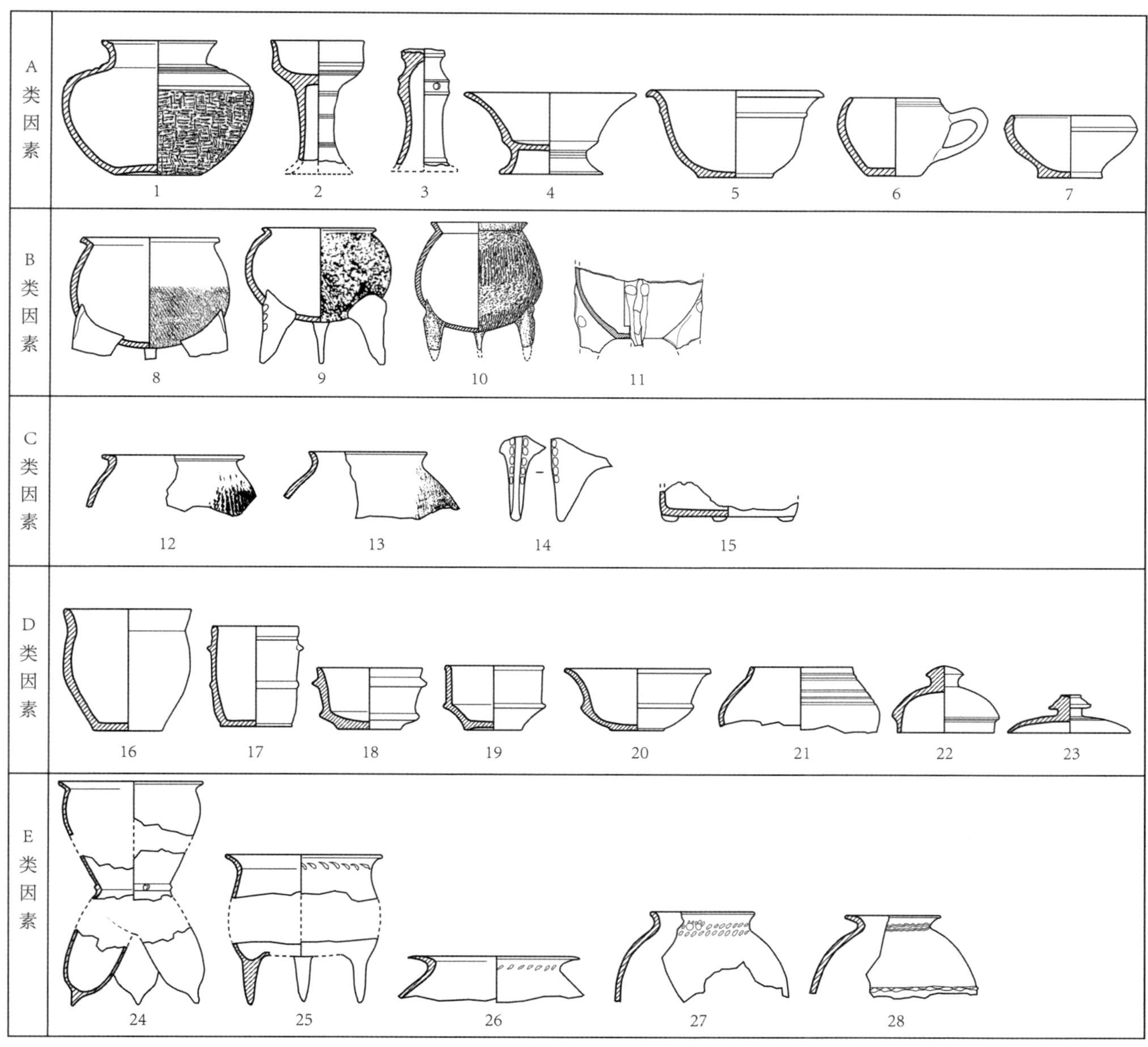

图6–25　宁镇地区夏时期遗存文化因素构成图

1.罐（M33：1）　2、3.豆（T6⑥：28、T6⑥：27）　4.簋（T13⑥：19）　5.盆T18⑥：25）　6.杯（T18⑥：27）　7.钵（H11：1）　8～11.鼎（ⅡT0301⑥：3、H10：1、T302⑦：？、H77：2）　12、13.罐（T205④：12、T205④：13）　14.鼎足（T1②：？）　15.盘（T408④：12）　16.罐（T2②：47）　17.尊（T3②：39）　18、19.盒（H1：10、H1：13）　20.盆（H2：25）　21.罐（T3②：9）　22、23.器盖（T1②：19、T3②：21）　24.甗（T1404⑪：11）　25.鬲（T1404⑪：17）　26～28.罐（T1404⑪：12、T205③：13、T408③：13）　（城头山1～7、14，马迹山8、16～23，北阴阳营9，断山墩10，五担岗11，点将台12、13、15、27、28，团山24～26）

西地区文化关联要小些，更可能与分布于双洎河水系的新砦期文化有关。王迅先生将江淮、巢湖、滁河一带的龙山晚期至早商阶段的遗存命名为斗鸡台文化[1]，斗鸡台文化中便有类似性质的遗存，淮河中游南岸地带斗鸡台、丁家孤堆等遗址中均有发现[2]。宁镇地区发现的类似因素，应即由斗鸡台文化区传播而来。

B类：以侧扁三角足扁鼓腹鼎、侧扁三角足罐形鼎（图6-25，8～11）等为代表，自新砦期延续至二里头三期左右；早期仍带有本地龙山时期文化烙印，稍晚受二里头文化的影响，属土著因素。

C类：以对称按窝侧扁三角足鼎、折沿鼓腹罐、卷沿鼓腹罐、矮三足盘等（图6-25，12～15）为代表，其中称按窝侧扁三角足鼎的鼎足为密集的多对按窝，数量一般为4～5对，分布于鼎足上半部；多出现于二里头一期偏晚阶段，它与斗鸡台文化偏早阶段的夏时期遗存文化来源相同，可能与颍河水系周口一带同期遗存也有关。斗鸡台、点将台遗址中均发现有该类因素，陶器器类、装饰风格趋同。

D类：以素面器、凸棱陶器为代表，如斜腹凸棱尊、子母口凸棱盒、双腹盆、敛口罐、折沿深鼓腹罐、菌状钮器盖（图6-25，16～23）等；该类因素遗存特征明显，应来源于岳石文化。滁河流域、里下河及运湖西地区均发现有岳石文化因素的遗存，前者属滁河类型，后者属万北类型。目前滁河类型中岳石文化因素年代最早为二里头四期，万北类型则可早至二里头二期。那么，宁镇地区发现的岳石文化因素，应来自万北类型。

E类：以羽状刻划纹、绳索状附加堆纹陶器为代表，如折沿斜弧腹盆形大袋足甗、卷沿浅窝的高实足鬲、束颈明显的鼓腹罐（图6-25，24～28）等。这类陶器可能吸收了部分岳石文化因素，并夹杂有部分先商文化因素。之前已讨论，长江下游应受到了两种类型先商文化因素的影响，西侧为辉卫类型，东侧为鹿台岗类型，二者分别对斗鸡台文化滁河类型、岳石文化万北类型产生过影响。辉卫类型的影响曾到达滁河流域，这一点在含山大城墩、和县大城子遗址中均有体现；至于鹿台岗类型是否在豫东沿东南方向影响至宁镇地区，就目前材料，仍难以做出判断。豫东地区二里头四期阶段遗存分布非常复杂，以现有材料分析尚显不足，本文不再深入讨论。

从宁镇地区夏时期典型陶器的特征分析来看，文化因素主要分五类。

第一期：主要有A、B两类因素。典型陶器有折沿扁鼓腹鼎、扁腹篮纹罐、细高柄直口豆、圈足簋、环耳杯等。

第二期：主要有B、C两类因素，A类因素消失；典型陶器有折沿扁鼓腹鼎、折沿罐形鼎、矮三足盘、折沿鼓腹罐等，宁镇地区开始出现二里头文化因素，应是由斗鸡台文化系统传播而来。

第三期：主要有B、D两类因素，典型陶器有侧扁三角足素面罐形鼎、折沿深鼓腹罐、子母口盒等。自该期开始，二里头文化在B类因素中有所体现。二里头文化在南下的过程中，融入较多地方特征，显得没那么典型；以D类文化因素为代表的岳石文化，迅速融入当地，促进了土著文化发展。

第四期：绝大部分为D类因素；陶器器形较丰富，如斜腹尊、敛口罐、双腹盆及各类菌状钮器

[1] 王迅：《东夷文化与淮夷文化研究》，第48～56页，北京大学出版社，1994年。

[2] 东淝河水系同期遗存除斗鸡台有分布外，位置稍偏南的丁家孤堆也有发现；二遗址均于2014年发掘，笔者曾去现场考察；并认为1982年斗鸡台遗址第5层残留有新砦期文化影响，年代已进入二里头一期。

盖等。D类因素已在本地扎根，少见其他类型因素。

第五期：主要为E类因素；E类因素中也可见到D类因素的影响。典型陶器有折沿斜弧腹的大袋足甗、浅足窝的高实足鬲、刻划纹鼓腹罐等。

如上分析，宁镇地区夏时期考古学文化是在本地多元交融的龙山时期文化的发展背景下产生的。本地夏初期遗存，仍可见到龙山末期文化诸多特征；个别器类，甚至持续影响了较长时间。新砦期文化，经江淮影响宁镇，是年代最早的夏时期中原因素。随后，来自伊洛河水系的二里头文化因素同样经由江淮影响宁镇；年代为二里头一期偏晚阶段。自二里头二期起，岳石文化也开始影响宁镇地区，其中可能掺杂了经改良的二里头文化因素；岳石文化对本地的影响一直持续，并延续至商周时期。辉卫类型、鹿台岗类型可能对宁镇地区产生过影响；也存在一种可能，在某个时空范围内，岳石文化与鹿台岗类型的混合性文化影响到了宁镇，即目前文化内涵尚不完善的万北类型。

（二）皖南地区

陶器较少，未进行型、式划分。

1.分期与年代

材料可分3组，对应3段。

第1段：以师姑墩第1组为代表。典型器有深弧腹罐（图6-26，1）、高颈扁鼓腹罐（图6-26，2）、直腹大口缸（图6-26，3）、镂孔豆（图6-26，4、6）、凹凸棱细体觚（图6-26，5）、侧扁

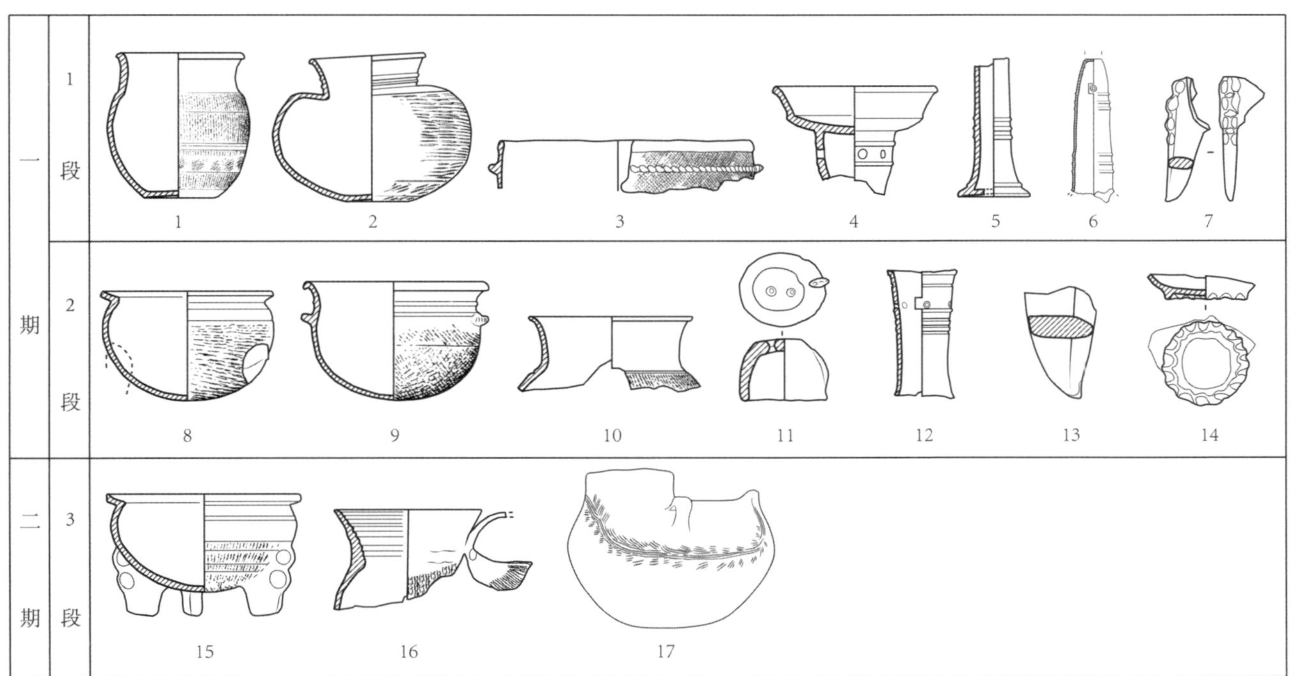

图6-26　皖南地区夏时期典型器物分期图

1.罐（H8：1）　2.罐（H8：2）　3.缸（T6⑫：37）　4.豆（T7⑫：1）　5.觚（T7⑫：24）　6.豆（T6⑫：3）　7.鼎足（T6⑫：27）　8.鼎（T6⑪：4）　9.盆（H9：3）　10.罐（T6⑪：23）　11.铃（T9⑪：3）　12.豆（T6⑪：61）　13.鼎足（T6⑪：84）　14.缸（T6⑪：59）　15.鼎（T8⑩：2）　16.鸭形壶（T8⑩：6）　17.硬陶鸭形壶（师姑墩1～16，姑山17）

三角足鼎（图 6-26，7）等。纹饰较为多样，如绳纹、横篮纹、方格纹、附加堆纹、圆形镂孔、指捺纹和凹凸棱纹等。陶罐多鼓腹或扁鼓腹，折盘豆很典型。以部分斜颈扁鼓腹罐为代表的陶器，依然可见龙山末期文化遗风。

第 2 段：以师姑墩第 2 组为代表。典型器有折沿鼓腹鼎（图 6-26，8、13）、鸡冠耳鋬圜底盆（图 6-26，9）、高颈罐（图 6-26，10）、弧壁铃（图 6-26，11）、高柄镂孔豆（图 6-26，12）和花边底缸（图 6-26，14）等。绳纹比例上升，凹凸棱依然流行，鸡冠耳鋬饰较典型。流行大圜底陶器，如鼎和盆等；罐腹部变得更鼓。鸡冠耳鋬盆、铃、花边缸等均非由土著文化产生，而是受到了周边文化影响。

第 3 段：以师姑墩第 3 组为代表，姑山部分遗存归入该段。以侧扁足按窝鼎（图 6-26，15）、鸭形壶（图 6-26，16、17）等为代表。从陶器形态可知，本地遗存在年代上已经到了二里头二期。依然流行绳纹陶器，但陶器的腹部变浅。由于该段公布的资料较少，应还包含其他类型和特征的遗物。

综合以上特征，将第 1、2 段合并为第一期，第 3 段作为第二期。第 1 段遗存文化因素似较多元，年代区间稍宽，应处于新砦期偏晚至二里头一期偏早之间。第 2 段陶器与二里头一期晚段特征相似，并有陶铃等在一般意义上认为属二里头文化的典型器；不过二里头遗址发现的铜铃，目前多发现于二里头二期之后，而师姑墩陶铃的形态稍原始。第 3 段遗存资料较少，年代应为二里头二期。

2.文化因素分析

从对皖南地区夏时期典型陶器的特征分析看，其文化因素主要分以下几类。

A 类：以高颈外翻唇的深弧腹罐、直腹大口缸和侧扁三角足鼎等（图 6-27，1～3）为代表，均见于第 1 段。这些陶器，可能包含淮河流域洪河水系杨庄类型因素，如深弧腹罐、大口缸、带对称多对按窝的侧扁三角足鼎在杨庄较为多见。鼎足特征与二里头一期晚段者稍有差异。这种因素，可能通过斗鸡台文化区传播而来。

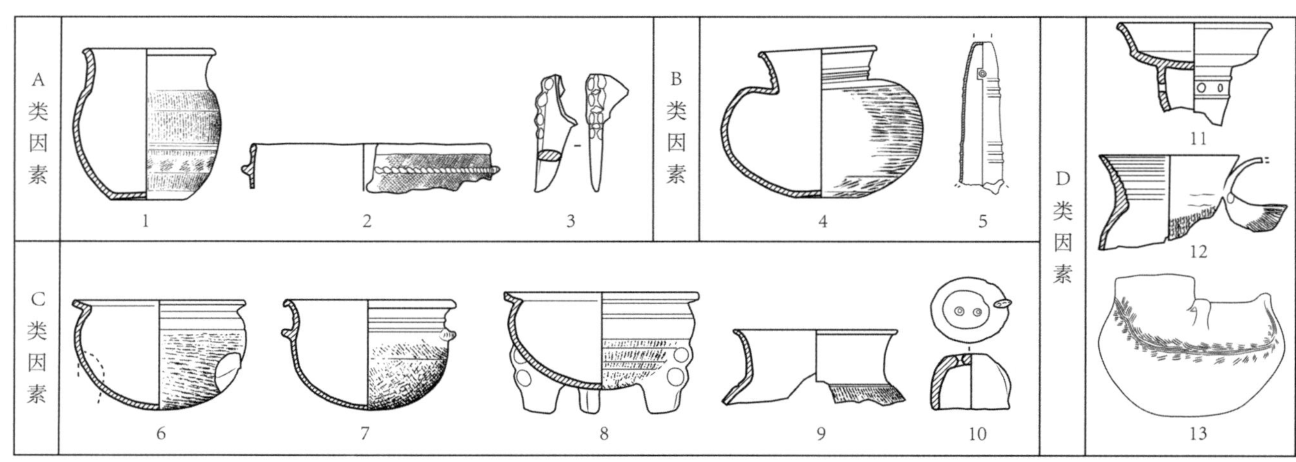

图6-27　皖南地区夏时期遗存文化因素构成图

1.罐（H8：1）　2.缸（T6⑫：37）　3.鼎足（T6⑫：27）　4.罐（H8：2）　5.豆（T6⑫：3）　6.鼎（T6⑪：4）　7.盆（H9：3）8.鼎（T8⑩：2）　9.罐（T6⑪：23）　10.铃（T9⑪：3）　11.豆（T7⑫：1）　12.鸭形壶（T8⑩：6）　13.硬陶鸭形壶（师姑墩1～12，姑山13）

B类：以高颈扁鼓腹罐、镂孔豆（图6-27，4、5）为代表，属土著文化因素，均见于第1段。高颈扁鼓腹罐可能是在受当地龙山末期文化遗存影响下产生，年代接近新砦期；镂孔柄形器基本不见于其他地域，暂列入土著因素。

C类：以折沿鼓腹鼎、鸡冠耳鋬圜底盆、侧扁足按窝鼎、高颈罐、弧壁铃等（图6-27，6～10）为代表，自第2段持续到第3段。从本地鼎形态看，由深圜底过渡到浅圜底，年代跨二里头一期偏晚阶段、二里头二期。参考陶器形态，应属二里头文化因素，经斗鸡台文化区传播而来。

D类：以中粗柄折盘镂孔豆（图6-27，11）、鸭形壶（图6-27，12、13）等为代表。来自于太湖流域，属马桥文化因素，至迟自二里头一期起即已存在于本地。偃师二里头一期晚段发现的鸭形壶，属太湖流域同期典型器物，以往的传播路线并不清晰；而师姑墩发现二里头文化与马桥文化的混合遗存，可为两种文化的交流通道提供一些线索。

如上，通过对本地区夏时期典型遗物的分析，文化因素主要有四类。

第一期：第1段遗存文化因素稍复杂，有A、B、D三类。A类应来源于杨庄龙山末期遗存，B类为土著因素，D类属马桥文化因素。自第2段起，A类因素基本消失，取而代之的是C类因素，属较典型的二里头文化因素，经斗鸡台文化区传播而来；D类因素则继续存在。

第二期：仅见C类因素。

通过以上分析，在进入夏时期前，本地即已存在新石器时代末期遗存，存在一定的区域性特征。近年来，芜湖凤凰嘴发现了属钱山漾文化时期、广富林文化时期的遗存，区域夏时期文化的发展便是建立在这种基础之上。本地的夏时期遗存，在偏早阶段便受到了周边区域文化的影响。自二里头一期偏晚阶段起，二里头文化南下，影响了江淮地区，融入斗鸡台文化中。后继影响皖南地区，并与马桥文化、土著文化结合产生了一种新类型的遗存。

二　本区域商时期遗存

1.遗存的分期与年代

本区域商时期遗存，宁镇、皖南二区也有区别，但差异较夏时期小。铜器出现于二里冈上层二期以后，进入殷墟时期数量稍多。总体来说，本区域商时期铜器仍然不多，但陶器非常丰富。下文将宁镇皖南地区以陶器为代表的典型遗物进行分期及类型学探讨，铜器不再赘述。

（1）典型器物型式划分

主要选取鬲、鼎、甗、簋、豆、瓮、罐、盘、钵等数量较多、延续性较强、且前后形态有明显变化的器物，按形态差异及变化趋势进行分析。

鬲　相较完整者可分二型。

A型　袋足鬲。分四亚型。

Aa型　多为方体，腹部多斜鼓，足尖多外斜。分四式。演变趋势：最大腹径偏下演变至偏上后再逐渐偏下（图6-28，5、17、21、24）。

Ab型　多为方体，足尖内斜。分三式。演变趋势：最大腹径由偏上演变至居中，再演变至偏上

期	段 \ 类型式	鬲							
		Aa型	Ab型	Ac型	Ad型	Ba型	Bb型	A型（口沿）	B型（口沿）
一期	1段					1			2
	2段								3
二期	3段								4
	4段	5			6	7	8		9
三期	5段		10	11	12	13	14	15	16
	6段	17	18		19			20	
	7段	21	22					23	
	8段	24						25	26

图6–28　宁镇皖南地区商时期典型器物分期图–1

1.鬲（T11⑦：1）　2.鬲（T11⑦：6）　3.鬲（T31⑨：5）　4.鬲（T31⑧：3）　5.鬲（T18⑥：1）　6.鬲（H2：3）　7.鬲（H110：1）　8.鬲（T17⑤：2）　9.鬲（H110：10）　10.鬲（T1②A：60）　11.鬲（H13：1）　12.鬲（T1②A：108）　13.鬲（H9：2）　14.鬲（H13：11）　15.鬲（H109：12）　16.鬲（H109：2）　17.鬲（H70：1）　18.鬲（T1②：2）　19.鬲（G2⑤：321）　20.鬲（H56：3）　21.鬲（G2①：98）　22.鬲（H11：1）　23.鬲（H52：7）　24.鬲（ⅡT0202⑤：4）　25.鬲（H36①：3）　26.鬲（F2：21）　（五担岗1～5、7～9、15～17、20、23、25、26，城头山6、10～12，团山13、14、22，白蟒台18，东岗头19、21，马迹山24）

（图 6–28，10、18、22）。

Ac 型　多为方体，颈部斜长（图 6–28，11）。

Ad 型　体态稍高，有明显的颈部。分三式。演变趋势：颈部渐斜、卷，最大腹径逐渐靠上（图 6–28，6、12、19）。

B 型　鼎式鬲。分二亚型。

Ba 型　足间距小于口径。分三式。演变趋势：腹径渐小、腹深渐大（图 6–28，1、7、13）。

Bb 型　足间距大于口径。分二式。演变趋势：腹径变小（图 6–28，8、14）。

可见口、腹部形态者简略分二型。

A 型　卷沿。分四式。演变趋势：腹径渐大后内收（图 6–28，15、20、23、25）。

B 型　折沿。分六式。演变趋势：宽沿短颈渐过渡到窄沿长颈，在过渡至稍宽沿、矮束颈（图 6–28，2～4、9、16、26）。

鼎　可分二型。

A 型　深腹鼎，弧腹或垂腹。可分四式。演变趋势：下腹部渐鼓（图 6–29，1～3、17）。

B 型　浅盘鼎。可分三式。演变趋势：腹深减小，腹部渐折，足间距渐小（图 6–29，4、8、13）。

甗　可见口、腹者分三型。

A 型　甑部为鼓腹盆形（图 6–29，9）。

B 型　甑部为弧腹盆形。可分二式。演变趋势：沿面变宽，腹变斜，腹深变小（图 6–29，10、14）。

C 型　甑部为筒形。可分三式。演变趋势：腹部变斜、变瘦（图 6–29，5、11）。

仅见鬲部者，均为袋足。可分二式。演变趋势：裆高渐矮，裆宽渐大（图 6–29，6、12）。

簋　弧腹。可分二式。演变趋势：腹部变鼓、下垂（图 6–29，16、18）。

豆　可分三型。

A 型　中粗柄，敞口。可分三式。演变趋势：口部渐直（图 6–29，7、15、19）。

B 型　矮粗柄。可分二式。演变趋势：口部渐直（图 6–30，6、12）。

C 型　粗高柄。可分二亚型。

Ca 型　真腹。可分二式。演变趋势：腹变斜，足内收（图 6–30，13、15）。

Cb 型　假腹（图 6–30，7）。

原始瓷豆　可分二式。演变趋势：腹渐斜，折盘位置下移（图 6–30，2、16）。

硬陶豆　可分三式。演变趋势：足渐外撇（图 6–30，3、8、14）。

刻槽盆　可分二型。

A 型　平底。分二亚型。

Aa 型　腹较斜。可分二式。演变趋势：腹更斜（图 6–30，1、9）。

Ab 型　腹较鼓，碗形。可分二式。演变趋势：腹收变缓（图 6–30，4、10）。

B 型　圜底。可分三式。演变趋势：腹深渐小，腹收变急（图 6–30，5、11、17）。

瓮　可分二型。

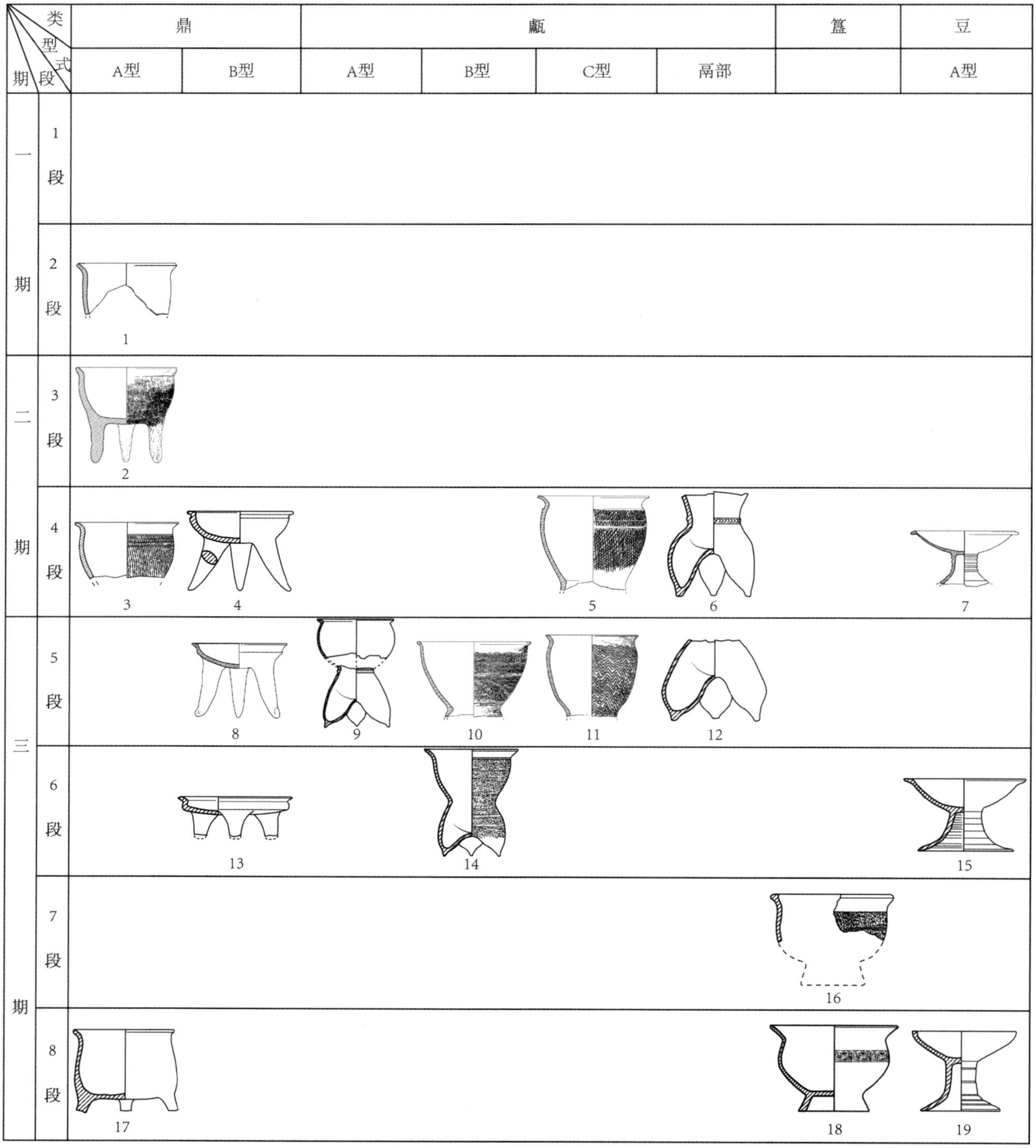

期	段	鼎 A型	鼎 B型	甗 A型	甗 B型	甗 C型	甗 鬲部	簋	豆 A型
一期	1段								
	2段	1							
二期	3段	2							
	4段	3	4			5	6		7
三期	5段		8	9	10	11	12		
	6段		13		14				15
	7段							16	
	8段	17						18	19

图6-29　宁镇皖南地区商时期典型器物分期图-2

1.鼎（T31⑨：2）　2.鼎（T32⑨：2）　3.鼎（H73：3）　4.鼎（H1：19）　5.甗（T17⑤：1）　6.甗（H2：5）　7.豆（H110：11）　8.鼎（T07④：1）　9.甗（H13：25）　10.甗（T07④：3）　11.甗（T07④：4）　12.甗（H9：3）　13.鼎（T492③：27）　14.甗（T302③：6）　15.豆（T405⑩;26）　16.簋（T402②：10）　17.鼎（T305②：4）　18.簋（ⅠT0303②B：1）　19.豆（H2：24）　（五担岗1～3、5、7、8、10、11，马迹山4、18、19，城头山6，团山9、12、15，北阴阳营13，点将台14、16、17）

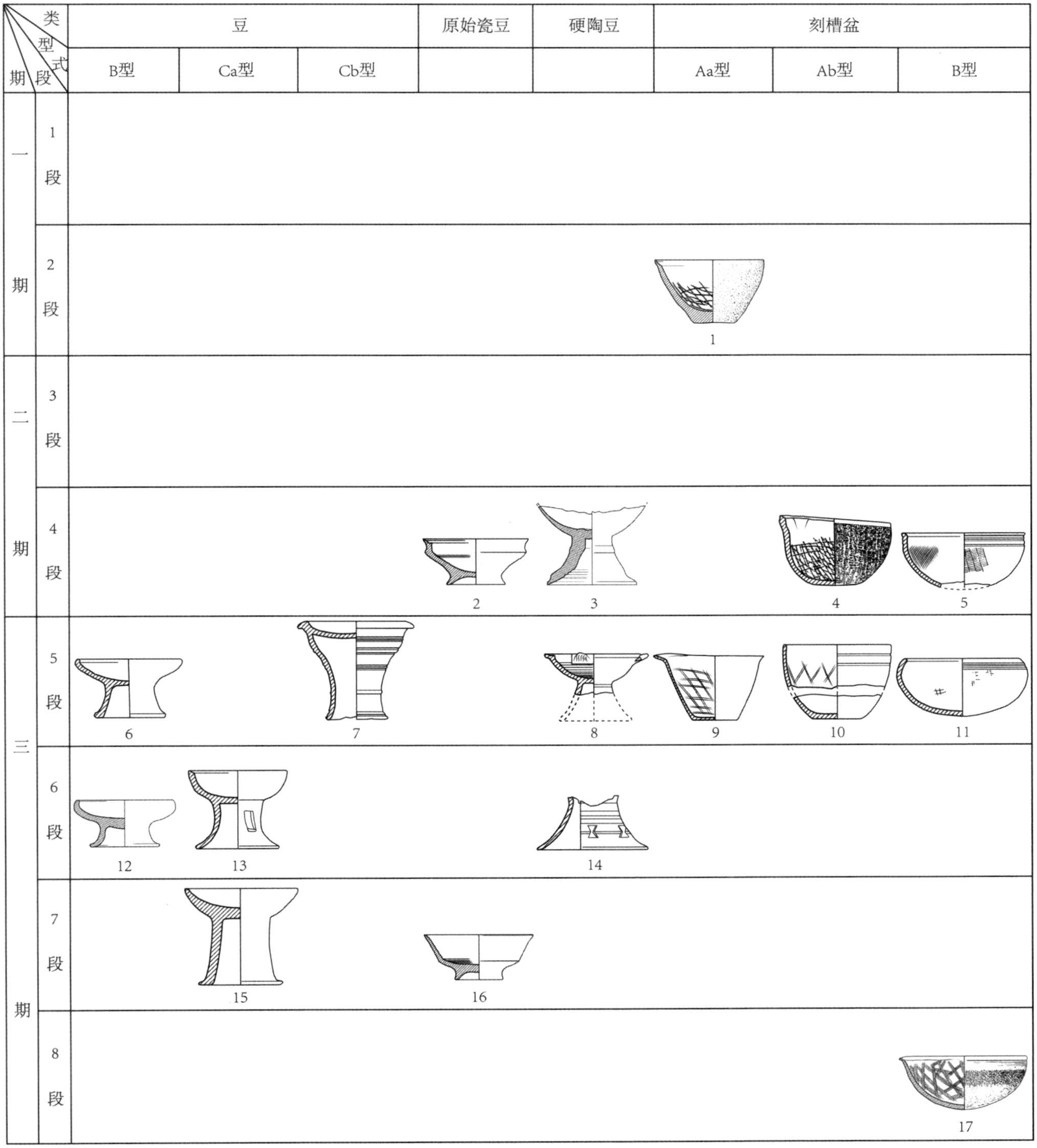

期	段	豆 B型	豆 Ca型	豆 Cb型	原始瓷豆	硬陶豆	刻槽盆 Aa型	刻槽盆 Ab型	刻槽盆 B型
一期	1段								
	2段						1		
二期	3段								
	4段				2	3		4	5
三期	5段	6		7		8	9	10	11
	6段	12	13			14			
	7段		15		16				
	8段								17

图6–30　宁镇皖南地区商时期典型器物分期图–3

1.刻槽盆（T32⑩：1）　2.豆（T17⑤：4）　3.豆（H110：19）　4.刻槽盆（T373③：83）　5.刻槽盆（H2：14）　6.豆（T1②A：16）　7.豆（T37⑨：6）　8.豆（H13：12）　9.刻槽盆（H13：3）　10.刻槽盆（T1②A：49）　11.刻槽盆（T1③：27）　12.豆（T23⑥：2）　13.豆（T34②：Ⅱ2293）　14.豆（T406⑩：22）　15.豆（H36：1）　16.豆（H87：7）　17.刻槽盆（T31⑥：1）　（五担岗1～3、12、16、17，北阴阳营4、13，城头山5、6、10，师姑墩7，团山8、9、14，白蟒台11，断山墩15）

A 型　腹径、口径比值较大。可分三式。演变趋势：高颈变矮束颈，再变为长斜颈（图 6-31，1、2、6）。

B 型　腹径、口径比值较小。可分二式。演变趋势：肩内收，形态变高（图 6-31，3、10）。

硬陶瓮　可分二型。

A 型　弧腹。可分三式。演变趋势：肩、腹交界处渐鼓（图 6-31，7、11、13）。

B 型　鼓腹（图 6-31，8）。

罐　鼓腹。可分四式。演变趋势：形态渐扁（图 6-31，4、9、12、15）。

原始瓷罐　折肩，最大腹径偏上（图 6-31，5）。

硬陶罐　肩、腹交界处鼓出（图 6-31，16）。

硬陶瓿　卷沿，扁鼓腹（图 6-31，14）。

簋形器　圆鼓腹，有圈足。可分二式。演变趋势：圈足内收，变小（图 6-32，4、8）。

盆　弧腹。可分二式。演变趋势：沿下角变小，腹内收（图 6-32，1、5）。

缸　大口。斜腹。可分二式。演变趋势：腹变斜（图 6-32，9）。

盘　有圈足。可分二式。演变趋势：盘腹变斜，渐为敞口（图 6-32，6、10）。

杯　器身有凹凸棱纹，体态较高。可分二式。演变趋势：直口变为敞口（图 6-32，11、14）。

钵　弧腹。可分三式。演变趋势：敛口形态先加剧，而后敛口形态变弱（图 6-32，7、12、16）。

硬陶钵　斜弧腹。可分二式。演变趋势：腹深变大，腹收变缓（图 6-32，13、15）。

器盖　圈形捉手。可分二式。演变趋势：腹深变大（图 6-32，2、3）。

（2）分期与年代

总体来说，宁镇地区商时期遗存较为丰富，但多散乱，地层延续性较好的遗址极少。

第 1 段：以五担岗第 2 组为代表。典型器有 Ba 型Ⅰ式鬲（图 6-28，1）、B 型Ⅰ式鬲口沿（图 6-28，2）、A 型Ⅰ式瓮（图 6-31，1）等。陶器大多为红陶，少量黑陶，不见灰陶。从纹饰上看，绳纹多见，也有部分网纹。本地遗存中已明显见到了商文化的影响，许多陶器在器类和形态上与商文化并无二致，但陶质选择上为富地域色彩的红陶系；部分陶器仍具有明显的岳石文化影响，证明本地的土著文化在商文化影响之前主要是吸收了岳石文化因素并发展了很长一段时间。鼎式鬲自本段发现后，似乎并没有持续发展，而是到第 4 段时才再次出现。

第 2 段：以五担岗第 3 组为代表。典型器有 B 型Ⅱ式鬲口沿（图 6-28，3）、A 型Ⅰ式鼎（图 6-29，1）、Aa 型Ⅰ式刻槽盆（图 6-30，1）、Ⅰ式盆（图 6-32，1）、Ⅰ式器盖（图 6-32，2）等。总体来说，本段陶器数量并不多；鬲、鼎、器盖等在形态上仍模仿了商文化器物，也是上段的延续。也产生了具有自身文化特色的器物，如刻槽盆。刻槽盆自本段起出现，延续性较强，从本段起至第 8 段均有发现。自本段起，硬陶罐的发现证明本地文化开始受到太湖流域同期文化影响。

第 3 段：以五担岗第 4 组为代表。典型器有 B 型Ⅲ式鬲口沿（图 6-28，4）、A 型Ⅱ式鼎（图 6-29，2）、Ⅱ式器盖（图 6-32，3）等。该段陶器数量较上段还少，但与上段有明显的承继关系。发现的陶器，有与中原陶质、形态、纹饰毫无二致的鬲、鼎、盆、器盖等。也发现了原始瓷及小件铜器。

期	段	瓮 A型	瓮 B型	硬陶瓮 A型	硬陶瓮 B型	罐	原始瓷罐	硬陶罐	硬陶瓿
一期	1段	1							
	2段								
二期	3段								
	4段	2	3			4	5		
三期	5段	6		7	8	9			
	6段		10	11		12			
	7段			13					14
	8段					15		16	

图6-31　宁镇皖南地区商时期典型器物分期图-4

1.瓮（T11⑦：6）　2.瓮（H110：15）　3.瓮（H108：1）　4.罐（T18⑥：1）　5.罐（T17⑤：13）　6.瓮（T23②：Ⅰ1348）　7.瓮（H9：1）　8.瓮（H103：4）　9.罐（H9：6）　10.瓮（T24⑤：11）　11.瓮（T406⑩：25）　12.罐（T406⑩：24）　13.瓮（H11：2）　14.瓿（G2④：279）　15.罐（M15：6）　16.罐（T2①：13）　（五担岗1～5、8、10，北阴阳营6，团山7、9、11～13，东岗头14，城头山15，白蟒台16）

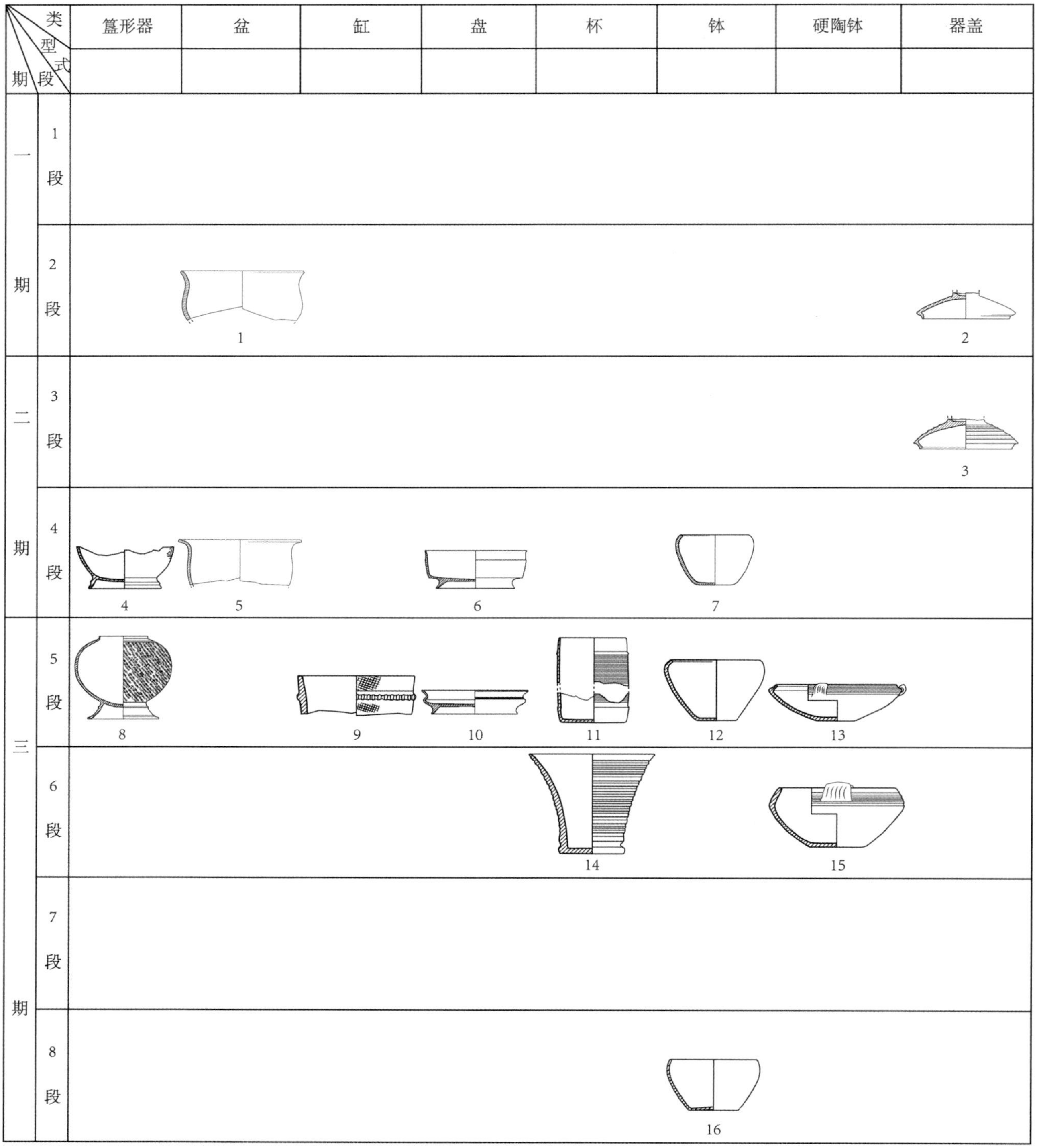

期	段	簋形器	盆	缸	盘	杯	钵	硬陶钵	器盖
一期	1段								
	2段		1						2
二期	3段								3
	4段	4	5		6		7		
三期	5段	8		9	10	11	12	13	
	6段					14		15	
	7段								
	8段						16		

图6-32 宁镇皖南地区商时期典型器物分期图-5

1.盆（T32⑩：1） 2.器盖（T31⑨：8） 3.器盖（H111：1） 4.簋形器（H13：23） 5.盆（H110：14） 6.盘（H16①：2） 7.钵（T18⑥：2） 8.簋形器（T0605⑤：9） 9.缸（T1②A：4） 10.盘（T0704⑤：1） 11.杯（H13：16） 12.钵（T204⑩：18） 13.硬陶钵（H13：2） 14.杯（T205⑩：21） 15.硬陶钵（T203⑩：10） 16.钵（H36①：1） （五担岗1～3、5、7、16，二塘头6、8、10，团山4、11～15，城头山9）

仅从目前发现看，土著文化因素在本段表现得似较薄弱。

第4段：以五担岗第5组、城头山第5组、北阴阳营第3组、二塘头第1组为代表。马迹山第5组、师姑墩第4组、点将台第4组及锁金村部分遗存属于该段。典型器有Aa型Ⅰ式鬲（图6-28，5）、Ad型Ⅰ式鬲（图6-28，6）、Ba型Ⅱ式鬲（图6-28，7）、Bb型Ⅰ式鬲（图6-28，8）、B型Ⅳ式鬲口沿（图6-28，9）、A型Ⅲ式鼎（图6-29，3）、B型Ⅰ式鼎（图6-29，4）、C型Ⅰ式甗（图6-29，5）、Ⅰ式甗鬲部（图6-29，6）、A型Ⅰ式豆（图6-29，7）、Ⅰ式原始瓷豆（图6-30，2）、Ⅰ式硬陶豆（图6-30，3）、Ab型Ⅰ式刻槽盆（图6-30，4）、B型Ⅰ式刻槽盆（图6-30，5）、A型Ⅱ式瓮（图6-31，2）、B型Ⅰ式瓮（图6-31，3）、Ⅰ式罐（图6-31，4）、原始瓷折肩罐（图6-31，5）、Ⅰ式簋形器（图6-32，4）、Ⅱ式盆（图6-32，5）、Ⅰ式盘（图6-32，6）、Ⅰ式钵（图6-32，7）等。自本段起，遗存开始变得丰富，这种情况一直持续至第8段。夹砂、泥质陶器在器类、数量上激增，形态继续模仿商文化同类器物；装饰特征则是中原、土著、太湖流域三类因素并存。硬陶器、原始瓷器在器类、数量上也相应增多，来自太湖流域的文化因素影响增强。鼎式鬲重新出现，似受到薛家岗类型影响。

第5段：以五担岗第6组、团山第2组、城头山第6组、白蟒台第1组为代表，马迹山第5组、师姑墩第4组、北阴阳营第4组、点将台第4组和二塘头第2组的部分遗存、朝墩头部分遗存、癞鼋墩部分遗存、锁金村部分遗存、毕家山部分遗存属于该段。典型器有Ab型Ⅰ式鬲（图6-28，10）、Ac型鬲（图6-28，11）、Ad型Ⅱ式鬲（图6-28，12）、Ba型Ⅲ式鬲（图6-28，13）、Bb型Ⅱ式鬲（图6-28，14）、A型Ⅰ式鬲口沿（图6-28，15）、B型Ⅴ式鬲口沿（图6-28，16）、B型Ⅱ式鼎（图6-29，8）、A型甗（图6-29，9）、B型Ⅰ式甗（图6-29，10）、C型Ⅱ式甗（图6-29，11）、Ⅱ式甗鬲部（图6-29，12）、B型Ⅰ式豆（图6-30，6）、Cb型豆（图6-30，7）、Ⅱ式硬陶豆（图6-30，8）、Aa型Ⅱ式刻槽盆（图6-30，9）、Ab型Ⅱ式刻槽盆（图6-30，10）、B型Ⅱ式刻槽盆（图6-30，11）、A型Ⅲ式瓮（图6-31，6）、A型Ⅰ式硬陶瓮（图6-31，7）、B型硬陶瓮（图6-31，8）、Ⅱ式罐（图6-31，9）、Ⅱ式簋形器（图6-32，8）、缸（图6-32，9）、Ⅱ式盘（图6-32，10）、Ⅰ式杯（图6-32，11）、Ⅱ式钵（图6-32，12）、Ⅰ式硬陶钵（图6-32，13）等。出现颈部斜长且外倾的鬲，是本段最典型的陶器。本段遗存是上段的延续，其影响范围也往东扩大至茅山一线。

第6段：以五担岗第7组、团山第3组、白蟒台第2组、东岗头第1组为代表。马迹山第5组、点将台第4组、北阴阳营第4组、二塘头第2组部分遗存属于该段。典型器有Aa型Ⅱ式鬲（图6-28，17）、Ab型Ⅱ式鬲（图6-28，18）、Ad型Ⅲ式鬲（图6-28，19）、A型Ⅱ式鬲口沿（图6-28，20）、B型Ⅲ式鼎（图6-29，13）、B型Ⅱ式甗（图6-29，14）、A型Ⅱ式豆（图6-29，15）、B型Ⅱ式豆（图6-30，12）、Ca型Ⅰ式豆（图6-30，13）、Ⅲ式硬陶豆（图6-30，14）、B型Ⅱ式瓮（图6-31，10）、A型Ⅱ式硬陶瓮（图6-31，11）、Ⅲ式罐（图6-31，12）、Ⅱ式杯（图6-32，14）、Ⅱ式硬陶钵（图6-32，15）等。自本段起，本地受商文化影响力度减弱，后保持至第8段；来自太湖流域的影响加强，并延续至第8段。

第7段：以五担岗第8组、团山第4组、城头山第7组、白蟒台第3组、东岗头第2组为代表，北阴阳营第5组、二塘头第3组和癞鼋墩部分遗存属于该段。典型器有Aa型Ⅲ式鬲（图6-28，

21）、Ab型Ⅲ式鬲（图6-28，22）、A型Ⅲ式鬲口沿（图6-28，23）、Ⅰ式簋（图6-29，16）、Ca型Ⅱ式豆（图6-30，15）、Ⅱ式原始瓷豆（图6-30，16）、A型Ⅲ式硬陶瓮（图6-31，13）、扁鼓腹硬陶甗（图6-31，14）等。鬲开始逐渐出现较粗壮、足尖稍矮的实足，原始瓷豆出现敞口、折盘现象。

第8段：以五担岗第9组、团山第5组、城头山第8组、东岗头第3组为代表，北阴阳营第5组、二塘头第3组和断山墩晚段部分遗存属于该段。典型器有Aa型Ⅳ式鬲（图6-28，24）、A型Ⅳ式鬲口沿（图6-28，25）、B型Ⅵ式鬲口沿（图6-28，26）、A型Ⅳ式鼎（图6-29，17）、Ⅱ式簋（图6-29，18）、A型Ⅲ式豆（图6-29，19）、B型Ⅲ式刻槽盆（图6-30，17）、Ⅳ式罐（图6-31，15）、弧腹硬陶罐（图6-31，16）、Ⅲ式钵（图6-32，16）等。鬲的实足更加粗壮，圜底刻槽盆的腹深渐小。

综合各段器物特征，将第1、2段合并为第一期，将第3、4段合并为第二期，将第5、6、7、8段合并为第三期。第1段遗存年代要早些，有相当于二里冈下层二期的鼎式鬲，这种鬲在中原相对少见；从个别陶器来看，应存在分裆袋足鬲。第2段遗存，有袋足鬲，属二里冈风格，但改灰陶为红陶；年代为二里冈上层一期。第3段遗存在年代相对模糊，应相当于二里冈上层二期偏晚至花园庄早段；第4段遗存年代相当于花园庄晚段。自本期起，商文化对本地的影响力度明显变大。第5至8段遗存年代大致与中原的殷墟一至四期相对应；本地文化受商文化影响未间断，但力度渐弱，土著文化逐渐崛起。

2.文化因素分析

对出土遗物进行分析后，将文化因素划为七类。

A类：以袋足鬲、鼎式鬲、鼎、袋足甗、簋、真腹豆、假腹豆、广肩瓮、大口缸、斜腹盆、圈足盘等（图6-33，1～15）为代表，属商文化因素。其影响时间至迟自二里冈下层二期开始，延续至殷墟四期。

B类：以浅盘鼎、鼓腹素面甗、圆形镂孔豆、对三角镂孔豆、细高柄碗形豆、粗柄碗形硬陶豆、束颈梯格纹瓮或罐、硬陶瓮、硬陶罐、硬陶钵、原始瓷豆、原始瓷罐、钵形角把鬲、钵形鼎、硬陶瓮或坛、梯格纹刻槽盆、矮圈足簋形器等（图6-33，16～32）为代表，属亭林类型文化因素。年代上限或略早于殷墟一期，并延续至殷墟晚期。

C类：以腰部有附加堆纹饰的素面袋足甗、卷沿深鼓腹罐、半月形石刀等（图6-33，33～35）为代表，属典型的岳石文化因素。岳石文化因素自夏时期影响宁镇地区后，逐渐融入了当地文化中；也保留了一些器类，但不多。

D类：以鼎式鬲（图6-33，36、37）为代表，应来自商文化薛家岗类型。宁镇地区二里冈下层二期虽也有鼎式鬲，但风格与商式器物更相近。而到了花园庄晚段，典型商文化区少见这种特征的鼎式鬲，而是更多地存在于商文化盘龙城类型和薛家岗类型中。薛家岗类型自花园庄晚段开始，受大路铺文化的影响，开始往东退却，可能对巢湖流域、宁镇皖南地区均产生了影响。

E类：以硬陶小罐等（图6-33，38、39）为代表，属马桥文化因素。在早商阶段，马桥文化对宁镇地区的影响力有限，目前仅发现硬陶小罐。与湖熟文化东部地区相邻的马桥文化为神墩类型，这种文化因素即应来源于此。

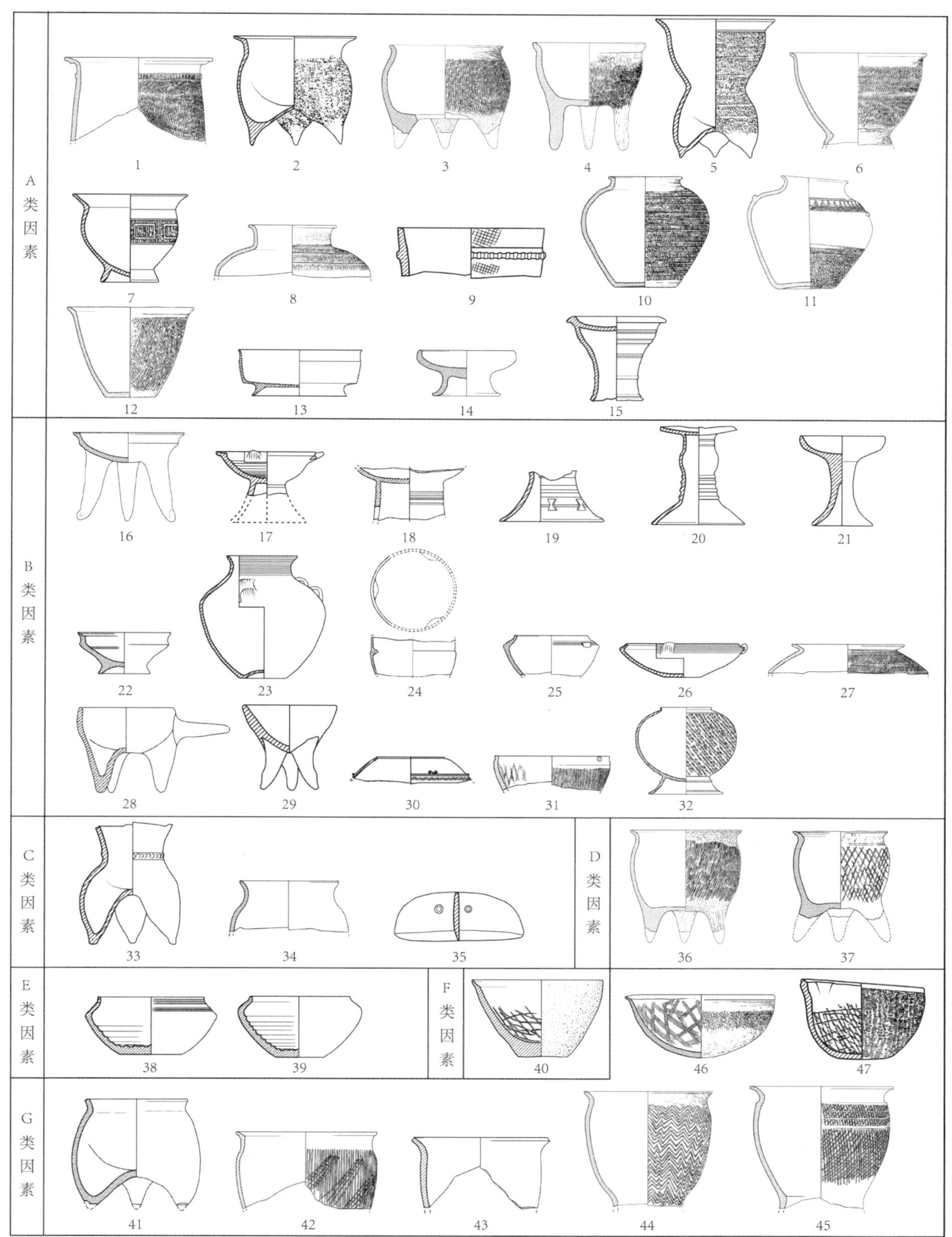

图6-33　宁镇皖南地区商时期遗存文化因素构成图

1.鬲（T31⑧：3）　2.鬲（H13：1）　3.鬲（T11⑦：1）　4.鼎（T31⑨：2）　5.甗（T302③：6）　6.甗（T07④：3）　7.簋（M15：2）　8.瓮（T11⑦：6）　9.缸（T1②A：4）　10.瓮（H108：1））　11.瓮（H109：1）　12.盆（H100②：1）　13.盘（H16①：2）　14.豆（T23⑥：2）　15.豆（T37⑨：6）　16.鼎（T07④：1）　17.硬陶豆（H13：12）　18.豆（T0506⑤：4）　19.硬陶豆（T406⑩：22）　20.豆（ⅡT0201⑤：2）　21.豆（T373③：32）　22.原始瓷豆（T17⑤：4）　23.硬陶瓮（H13：14）24.甗（H15②：5）　25.原始瓷罐（T17⑤：13）　26.硬陶钵（H13：2）　27.瓮（H110：6）　28.鬲（G2⑤：329）　29.鼎（G2①：105）　30.原始瓷罐（H16①：8）　31.刻槽盆（T27②：1）　32.簋形器（T0605⑤：9）　33.甗（H2：5）　34.罐（T32⑩：2）　35.石刀（T1②：91）　36.鬲（H110：1）　37.鬲（T17⑤：2）　38.硬陶小罐（T31⑨：4）　39.硬陶小罐（T31⑨：3）　40.刻槽盆（T31⑨：7）　41.鬲（T18⑥：1）　42.鬲（H110：10）　43.鼎（T31⑨：2）　44.甗（T07④：4）　45.甗（T17⑤：1）　46.刻槽盆（T31⑥：1）　47.刻槽盆（T373③：83）　（五担岗1、3、4、6、8、10～12、14、16、22、25、27、31、34、36～46，点将台5，城头山7、9、33、35，二塘头13、18、24、30、32，北阴阳营21、47，师姑墩15，团山2、17、19、23、26，马迹山20，东岗头28、29）

F类：以素面刻槽盆（图6-33，40）为代表，属土著文化因素。典型商文化中也有少量刻槽盆，一直不太流行。从宁镇地区二里冈下层二期的刻槽盆形态来看，应是在二里头文化影响下产生，并逐渐土著化，并非是受太湖流域文化影响产生。这种刻槽盆在本地的生命力较强，商时期自早至晚均多见。

G类：以素面袋足鬲、刻划纹鬲、素面鼎、刻划网纹甗、曲折纹甗、圜底绳纹刻槽盆、梯格纹刻槽盆等（图6-33，41～47）为代表，属吸收了商文化、岳石文化、马桥文化或亭林类型因素后的改良器。

如上，可知本区域商时期遗存文化因素，主要有七类。

第一期，遗存内涵较复杂，主要由A、C、E、F、G五类因素组成，可能有少量D类因素。其中，A、C、E、F类因素较明显。一些红褐陶素面器，有商式形态，但经过改造，应属G类因素。商文化大城墩类型在二里冈下层二期已较强势，但该阶段对本区域的影响稍显有限。以E类因素为代表的马桥文化至迟在二里头晚期便影响了滁河流域、里下河地区，但在进入花园庄阶段前该类因素遗存偏单薄。以F类为代表的本地因素，器物较少，逐渐吸收A、C、E等类因素进行改良。

第二期，在上期五类因素基础之上，明确多了D类因素。G类因素比重变大，土著文化在与商文化交流变频繁的同时，开始吸收更多外来因素，并转化为自身特色；商文化因素的影响在该期达到顶峰。D类因素是本期后段开始出现的，并一直影响至第三期早段。

第三期，本期的最早阶段，E类因素开始消失，取而代之的是B类因素。B类因素是接替E类因素影响本区域的太湖流域文化，属亭林类型。大约自殷墟一期起，开始对宁镇地区产生影响。

通过以上分析可知，宁镇皖南地区商时期遗存是在商文化南下影响的过程中逐渐发展的。该地区文化背景复杂，在更早的时间内有岳石文化、二里头文化、马桥文化等交汇于此。商文化约自二里冈下层二期起影响本地区，除二里冈二期偏早阶段陷于停滞外，其他时段基本上保持了延续性。自二里冈上层二期偏晚阶段起，商文化对宁镇皖南地区影响加强，并一直持续至殷墟一期，这也是商文化对宁镇皖南地区影响的高峰期。自殷墟二期起，商文化对宁镇地区的影响逐渐减弱，土著文化力量加强，但商文化与本地区的交流却持续至殷墟四期；宁镇皖南地区土著文化对商文化主要是以吸收、改造为主，并未全盘接纳，逐渐融合产生新特色。

第四节　宁镇皖南地区夏商时期考古学文化类型

宁镇皖南地区的地理情况，前文已述。该区域的北部地区，以秦淮河和姑溪河水系为主为宁镇地区；而南部地区，则以郎川河、水阳江、青弋江和漳河水系为主，其间也分布有秋浦河、九华河、青通河、黄浒河等较小的河流，为皖南地区。两个区域，大致以古中江为界。

本区域的夏时期遗存，大致可分为两类，一类分布于宁镇地区，一类分布于皖南地区。宁镇地区夏时期遗存，已有学者提出了“点将台文化”[1]的认识。皖南地区的夏时期遗存，文化面貌为首

[1] 张敏：《试论点将台文化》，《东南文化》1989年第3期。张敏：《宁镇地区青铜文化研究》，《长江流域青铜文化研究》，第252～263页，科学出版社，2002年。

见，尚未归入到某一文化类型。总体而言，宁镇地区发现的夏时期遗存文化，有一定的分布区域、时间延续长、文化内涵有别于周边区域。以“点将台文化”命名该类遗存，并无疑问。皖南地区发现的夏时期遗存，文化内涵明显有别于宁镇地区，也有别于太湖流域和巢湖流域，延续时间似比点将台文化稍短，但也是一种具有明显地域特征的遗存。这类遗存具有明显的二里头文化和马桥文化因素，早期遗存中似也有淮河上游杨庄龙山末遗存因素。这类遗存，与斗鸡台文化、马桥文化均有密切联系，但又有区别；与点将台文化关联少且差异极大。因此，难以将皖南地区夏时期遗存归入斗鸡台文化、马桥文化或点将台文化的其中一种，可暂称为“师姑墩类夏时期遗存”。目前，巢湖流域、皖南地区的夏时期遗存尚不丰富。等以后这两个区域夏时期遗存丰富些，再划分文化类型更合理。

本区域商时期遗存，同样有南、北差异。宁镇地区的商时期遗存，目前认识已较为成熟，属“湖熟文化”，这也是自中华人民共和国成立至今几代学者所取得的共识。关于湖熟文化，目前主要有三个问题要解决。一是年代问题，这也是最主要的问题。以往将团山第 11 层或 H9、H13 当作湖熟文化最早期遗存，并认为年代在夏商之际或早商[1]，长时间影响了有关湖熟文化的分期、断代体系。团山第 11 层遗存的年代，争议较小，相当于二里头四期，但这并非湖熟文化的年代上限。而团山 H9、H13 的年代，以往认为属早商者居多。笔者在梳理以往资料后，结合近年宁镇地区、太湖流域新发掘遗址如五担岗、新浮、邱城、彭祖墩、钱底巷、神墩、昆山、钱山漾等，判定团山 H9、H13 年代应为殷墟一期。在年代问题取得重新认识后，意味着整个湖熟文化分期体系也必须要重建。二是文化属性问题。观察团山第 11 层遗存，明显与湖熟文化的核心内涵有区别，属商文化影响本地之前的区域文化影响，时间短暂。这与以商文化、马桥文化、亭林类型、岳石文化等因素为主体的湖熟文化体系不同。三是文化分布。从现有材料看，湖熟文化以宁镇地区为核心分布区。北部可能越过长江，但具体界限仍不明朗；南部则已越过姑溪河，但姑溪河与古中江间的商时期遗存内涵不清，导致南界暂时也模糊。

一　点将台文化

1.“点将台文化”的重新认识

前文已对城头山龙山至夏商时期遗存进行分析，明确以 T16⑥、H3、H4、M31、M32、M35、M37 为代表的遗存属龙山时期。一些遗物，如侧扁三角足甗、侧扁三角足折沿弧腹鼎、侧扁三角足折沿鼓腹鼎、三足盉、盘形匜，属良渚文化晚期遗物。而城头山 T6⑥、T13⑥、T18⑥、H11、M33 等单位，年代为新砦期，属最早段的点将台文化遗存。而团山第 11 层，包含明显早于二里冈下层时期的中原文化因素，而其中的袋足甗、高实足鬲、鼓腹瓮等，似为岳石文化、先商文化因素的混合遗存。滁河流域、里下河地区及宁镇地区，均发现年代相当于二里头四期颈部有刻划羽状饰的夹砂红褐陶器。这种特征器，在斗鸡台文化滁河类型、岳石文化万北类型中均有发现，存续时间均不长。

[1] 刘建国、张敏：《论湖熟文化分期》，《东南文化》1989年第1期。张敏：《宁镇地区青铜文化研究》，《长江流域青铜文化研究》，第263～278页，科学出版社，2002年。中国社会科学院考古研究所：《中国考古学·夏商卷》，第467～472页，中国社会科学出版社，2003年。

这种情况，或是先商文化辉卫类型、鹿台岗类型南下影响的结果。在这个过程中，可能吸收了数种文化因素，进而冲击了原有文化体系，最终形成新的文化格局。那么，点将台文化的年代上限，应为新砦期阶段；年代下限，则为二里头四期。

宁镇地区自新砦期以后，二里头文化、岳石文化逐渐影响本地，两种因素遗存中逐渐融入土著因素，大大完善了点将台文化的内涵。这种情况一直持续至二里头三期，或者稍偏晚的阶段。

2.分布

由目前资料可知，点将台文化分布于宁镇沿江地带，分布于内陆者则相对少。宁镇地区北缘，分布有北阴阳营、点将台、丁沙地、团山、马迹山等；宁镇地区西南，分布有五担岗、马迹山等；偏中间的秦淮河水系，分布有城头山。其分布范围，西、北以长江为界，东以茅山山脉为界，南侧大致以姑溪河为界（图 6-34）。根据目前资料情况，点将台文化分布地点仍偏少，分布密度较小。

3.分期及文化特征

由前文可知，宁镇地区夏时期遗存可分为五期。

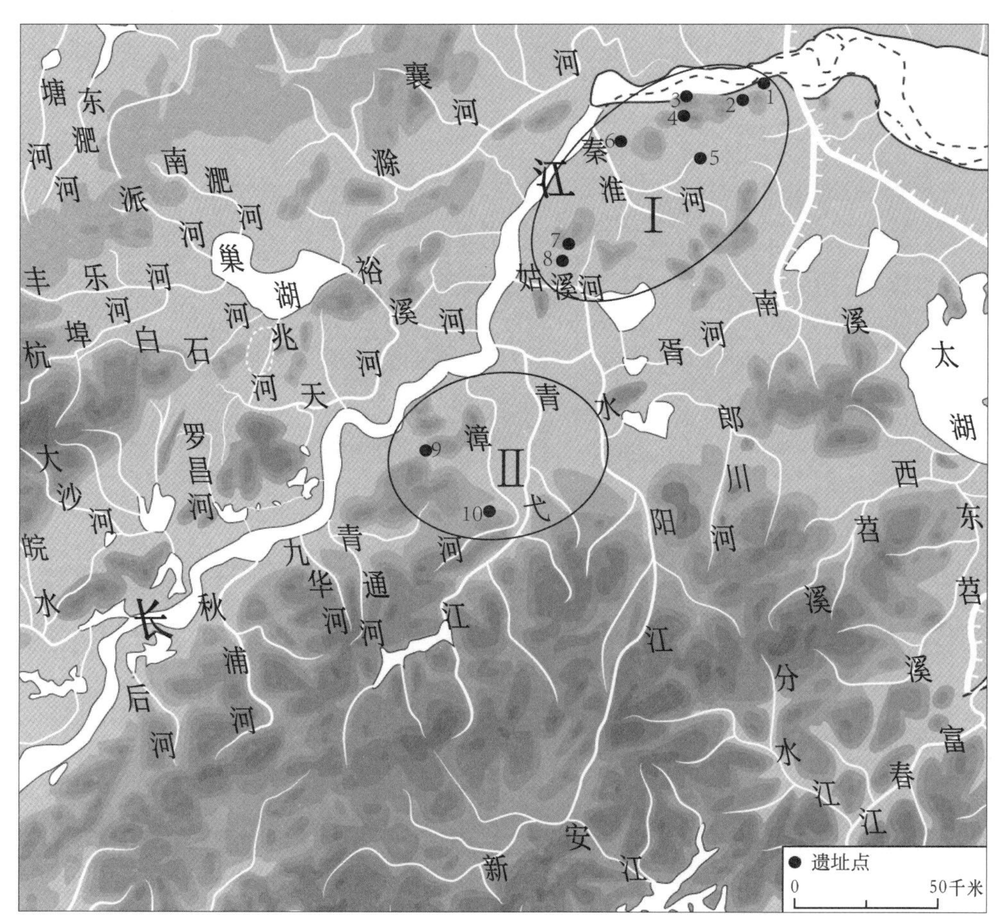

图6-34　宁镇皖南地区夏时期考古学文化分布图

1.马迹山　2.团山　3.丁沙地　4.点将台　5.城头山　6.北阴阳营　7.五担岗　8.毕家山　9.师姑墩　10.姑山　（Ⅰ点将台文化　Ⅱ师姑墩类夏时期遗存）

第一期，典型陶器有侧扁足鼎、宽折肩弧腹罐、细高柄豆、深弧腹盆、双腹豆、浅弧腹盆、环耳杯、扁腹钵等（图 6–35，1 ～ 9），其中细高柄的直口豆、曲腹簋、环耳杯均属新砦期文化因素。因此，本期年代属新砦期。

第二期，典型陶器有扁鼓腹鼎、侧扁足罐形鼎、深弧腹罐、矮三足盘、扁腹钵等（图 6–35，10 ～ 15）。侧扁足罐形鼎属在本地龙山时期遗存基础上发展起来的土著因素，而深鼓腹罐和矮三足盘等则属二里头文化因素；后者可能经滁河流域传播而来。由此可知，本期年代相当于二里头一期。二里头文化影响本地的时间，可能处于本期稍偏晚的阶段。

第三期，典型陶器有深弧腹小罐、子母口盒等（图 6–35，17 ～ 19），属岳石文化因素；而平底侧扁足罐形鼎（图 6–35，16）等则属在吸收二里头文化因素基础上产生的具有地方特色器物。本期年代约为二里头二期。

第四期，典型陶器有大口小底罐、双腹盆、尊、敛口罐、菌状钮器盖、扁腹钵等（图 6–35，20 ～ 26），多岳石文化因素器物，年代为二里头三期。

第五期，典型陶器有素面深腹盆形袋足甗、高实足鬲、鼓腹瓮等（图 6–35，27 ～ 31），属先商文化因素；而斜腹盆（图 6–35，32）则属岳石文化因素。由上分析可知，本期年代为二里头四期偏早阶段。

从第一期遗存可知，该期掺杂了新砦期文化因素，年代约相当于新砦期，而发现该段遗存的城头山遗址并没有测年数据。根据新砦期文化测年数据，绝对年代落在 1850BC ～ 1750BC[1] 之间。从第二至五期，则相当于二里头一至四期。

点将台文化，是在朝墩头类型的文化背景下产生的。点将台文化的最早阶段，仍可见到朝墩头类型的诸多文化特征。新砦期阶段，新砦期文化南下，改变了长江下游地区的文化版图，宁镇地区、皖南地区和太湖流域考古学文化均发生了改变。宁镇地区，在朝墩头类型的背景下发展出点将台文化。进入二里头一期的偏晚阶段，二里头文化南下，经斗鸡台文化区进入宁镇，融入了点将台文化中，在二里头二期、二里头三期得到了充分的发展，也产生了一些独特的区域文化特征。进入二里头四期，中原文化版图剧变，以辉卫类型、鹿台岗类型为代表的先商文化分别影响了滁河流域、里下河地区，诸多文化因素在点将台文化中有所体现。这种情况，直至商文化南下，再次冲撞本区域考古学文化，产生新的文化类型。

二　师姑墩类夏时期遗存

皖南地区夏时期遗存，目前仅发现师姑墩、姑山两处（图 6–34）。该类遗存目前可分两期，第一期早段，年代属新砦期，典型陶器有深腹罐、直口缸、侧扁三角足按窝鼎、折盘豆、凹凸棱细体觚、柄状器等（图 6–26），应包含淮河流域杨庄龙山末期部分因素、马桥文化因素等。根据现有的资料，目前尚不明确新砦期文化是否对该区域产生了影响。但根据周边区域同时期文化版图的变动情况，有可能包含该类因素。第一期晚段，年代约为二里头一期偏晚，典型陶器有折沿鼓腹鼎、鸡

[1]　北京大学震旦古代文明研究中心、郑州市文物考古研究院：《新密新砦——1999～2000年田野考古发掘报告》，第428、429页，文物出版社，2008年。

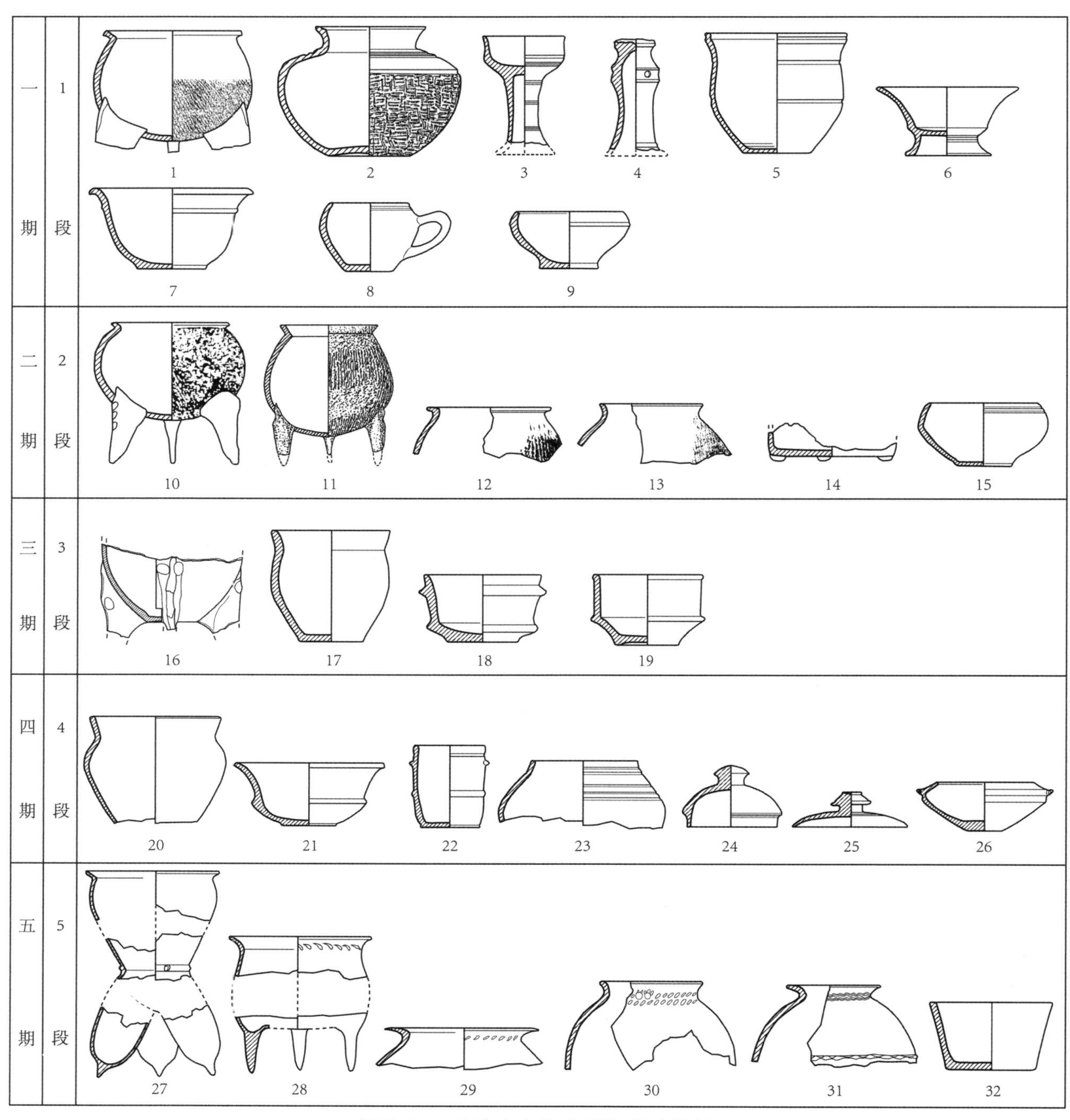

图6-35　点将台文化典型陶器分期图

1.鼎（ⅡT0301⑥：3）　2.罐（M33：1）　3、4.豆（T6⑥：28、T6⑥：27）　5.盆（T6⑥：27）　6.簋（T13⑥：19）　7.盆（T18⑥：25）　8.杯（T18⑥：27）　9.钵（H11：1）　10、11.鼎（H10：1、T302⑦：？）　12、13.罐（T205④：12、T205④：13）　14.盘（T408④：12）　15.钵（T208③：9）　16.鼎（H77：2）　17.罐（T2②：47）　18、19.盒（H1：10、H1：13）　20.罐（H15：2）　21.盆（H2：25）　22.尊（T3②：39）　23.罐（T3②：9）　24、25.器盖（T1②：19、T3②：21）　26.钵（H15：1）　27.甗（T1404⑪：11）　28.鬲（T1404⑪：17）　29～31.罐（T1404⑪：12、T205③：13、T408③：13）　32.盆（T208③：15）　（马迹山1、17～26，城头山2～9，北阴阳营10，断山墩11，点将台12～15、30～32，五担岗16，团山27～29）

冠耳鋬圜底盆、高颈罐、弧壁铃、高柄镂孔豆和花边底缸等（图6-26），二里头文化因素和马桥文化因素兼具。第二期，年代约为二里头二期，二里头文化因素的器物减少，但仍有侧扁足按窝鼎等二里头文化特征器。出现了鸭形壶等非常典型的马桥文化因素器物，折盘豆、凹凸棱细体觚、高颈罐等仍频繁出现。二里头二期以后的夏时期遗物，本区域暂未发现。二里头文化因素，应来自于斗鸡台文化巢湖类型。马桥文化因素，则应来自马桥文化神墩类型。岳石文化在二里头时期曾一度南下影响巢湖流域、里下河及运湖西地区、滁河流域、宁镇地区和太湖流域等地区，皖南地区仍未发现。

综上，师姑墩类夏时期遗存，目前仅见于皖南沿江地带，时间自新砦期延续至二里头二期。

三　湖熟文化

1.“湖熟文化”的重新认识

“湖熟文化”的考古学文化命名，自中华人民共和国成立初期即已提出，后经数辈学者逐步完善，现特指宁镇地区属商时期的考古学文化遗存。它的核心陶器，有红陶素面袋足鬲、红陶素面大袋足甗、梯格纹刻槽盆、梯格纹瓮、梯格纹罐、梯格纹盆、硬陶豆、硬陶瓮等；也有少量小件原始瓷器、铜器，为小个体的罐或豆。有几点需要认识。首先，必须明确皖南地区的商时期遗存，年代偏晚，上限为二里冈上层二期。这类遗存，也未发现梯格纹陶器。其次，湖熟文化贯穿了整个商时期，经历了马桥文化和亭林类型两个发展阶段，这两种类型的文化先后对宁镇地区产生过影响。早商阶段，马桥文化的影响相对较小，目前仅发现属二里冈上层一期的硬陶小罐；而从花园庄晚段偏晚至殷墟一期偏早阶段开始，太湖流域考古学文化完成了更替，亭林类型与湖熟文化的交流远超之前。而以往认为湖熟文化代表性纹饰梯格纹便是来自太湖流域，梯格纹刻槽盆、硬陶器、原始瓷器均是来源于此。即便前提至马桥文化时期，梯格纹、硬陶器、原始瓷器也是神墩类型的典型文化特征，而非点将台文化的。点将台文化的核心构成是二里头和岳石文化，并不包含梯格纹、刻槽盆因素，更不包含硬陶器、原始瓷因素。神墩类型至迟自二里头晚期便开始流行梯格纹、刻槽盆并延续至商时期，这也是分布于太湖西部、西南部马桥文化的流行纹饰；而点将台文化暂未见刻槽盆。至于里下河地区周邶墩梯格纹器，也是神墩类型北上所致。其实，马桥文化、亭林类型对湖熟文化的影响远不止如此；湖熟文化的圆实足浅盘鼎、曲折纹器也非土著因素，而是来自太湖流域。而土墩墓因素也自殷墟末开始影响宁镇地区，并改变了整个宁镇地区社会进程。有一点可以确定，商文化、岳石文化、太湖（神墩、亭林）文化因素是湖熟文化的核心构成；作为湖熟文化核心要素的鬲几乎在殷墟一期前未进入过太湖流域。

2.分布

由历年发掘资料可知，湖熟文化遗址在数量上不少，但经发掘且正式公布资料者并不多。因此，湖熟文化在年代及文化内涵方面均容易发生误判。由前文分析可知，湖熟文化的分布大致如下：东以茅山为界，南以古中江为界，西以长江为界；北侧大致也以长江为界，但在殷墟晚期一度到达江北的胥浦河水系（图 6-36）。宁镇地区西侧、北侧的沿江丘陵地区，遗址数量最多、分布相对集中；其次为秦淮河水系，遗址数量也较多，分布密度也较大。

3.分期及文化特征

宁镇地区商时期遗存可分为三期八段；这也是湖熟文化的分期（图 6-28 ～ 32）。

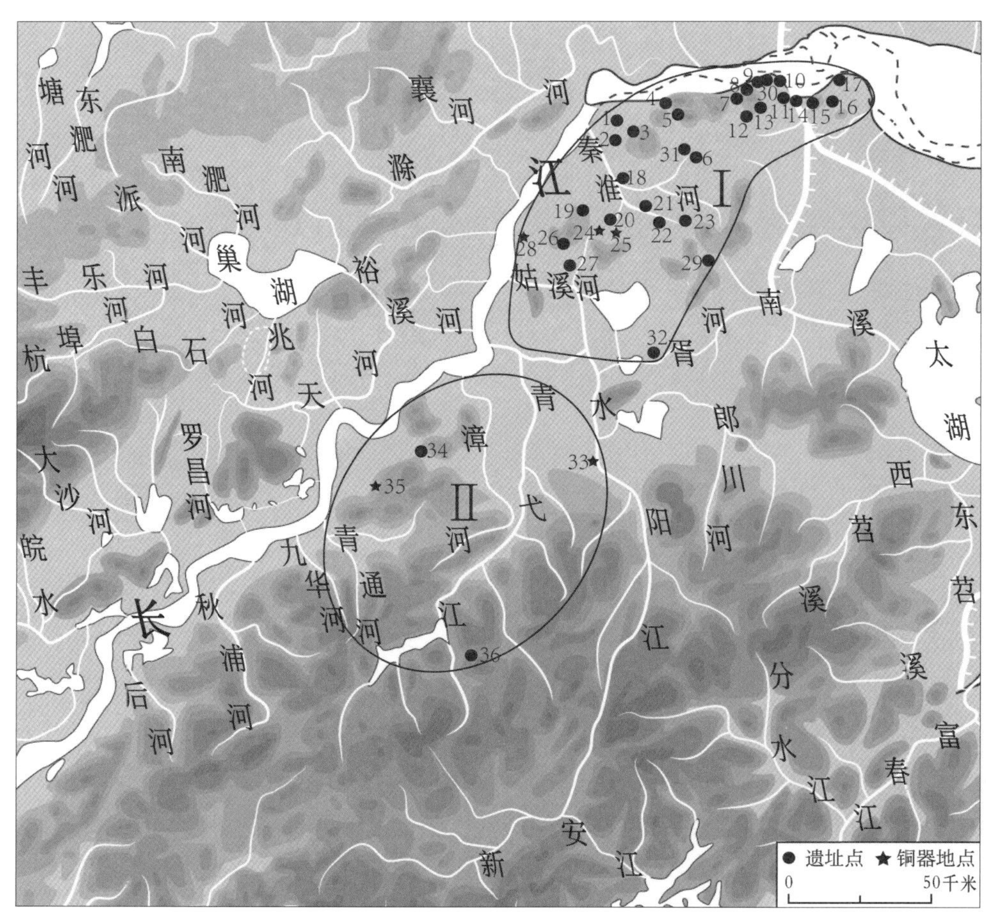

图6-36 宁镇皖南地区商时期考古学文化分布图

1.安怀村 2.北阴阳营 3.锁金村 4.鲤鱼山 5.点将台 6.城头山 7.团山 8.枕子山 9.龙脉团山 10.左湖 11.乌龟山 12.丁家村 13.松子头 14.癞鼋墩 15.东祁墩 16.断山墩 17.乌龟墩 18.窨子山 19.太岗寺 20.昝庙 21.老鼠墩 22.东岗头 23.白蟒台 24.陶吴-横溪 25.塘东 26.五担岗 27.小山 28.经开区 29.二塘头 30.马迹山 31.城上村 32.朝墩头 33.石山村 34.师姑墩 35.童墩 36.姜家山 （Ⅰ湖熟文化 Ⅱ师姑墩类商时期遗存）

第一期，典型陶器有鼎式鬲、高颈圆肩深腹瓮、大袋足甗等，属商文化因素；而深弧腹素面小罐、深鼓腹素面小罐等，则属岳石文化因素；折沿鼓腹的素面高实足跟袋足鬲，属改良过的商文化因素；而硬陶小罐，则属神墩类型文化因素。本期前后分两段，其中前段年代为二里冈下层二期，核心组成为商、岳石文化因素；后段年代为二里冈上层一期，除以上二因素外，增加了神墩类型文化因素。

第二期，典型陶器有斜腹袋足鬲、素面鼓腹袋足鬲、盆形鼎、浅腹盘形鼎、圈足盘等，属商文化因素；鼎式鬲，属薛家岗类型文化因素；主体素面的附加堆纹袋足甗，为岳石文化因素；而梯格纹刻槽盆、梯格纹瓮、圈足簋形器、硬陶豆、原始瓷豆、原始瓷罐等；则属马桥文化因素。本期前后分两段，其中前段年代为二里冈上层二期，主要为商文化因素，其他因素少见；后段年代在花园庄阶段，另外可见岳石、薛家岗、马桥等文化因素。晚段遗存中也出现了以斜长颈袋足鬲、戳印圆圈纹为代表的因素，可能来自吴城文化。

第三期，典型陶器有绳纹袋足鬲、灰陶绳纹甗、圈足盘等，属商文化因素；素面袋足鬲、素面袋足甗，属改良后的商文化因素；圆实足浅盘鼎、细柄浅盘豆、硬陶瓮、硬陶罐、原始瓷豆等，属亭林类型因素。本期前后可分四段，分别对应殷墟第一至四期。在文化组成上，商因素逐渐改良，更具地方特色；单纯的岳石文化因素基本消失，融入了土著文化中；亭林类型陶器与太湖流域者无差异，基本未经宁镇地区土著的改造，并且贯穿整个殷墟时期。

关于湖熟文化的年代，首先是年代上限问题。宁镇自点将台文化第五期后，未见延续。而目前所知的五担岗遗址年代最早的商时期遗存，年代已到二里冈下层二期，包含有商文化因素。但需要注意的是，宁镇地区暂缺乏二里冈下层一期遗存。滁河流域大城墩遗址的二里冈下层一期遗存数量也较少，且商文化因素不典型。那么，存在一种更可能的情况，即典型商文化因素在二里冈下层一期并未影响宁镇地区。目前所知的二里冈下层二期测年数据在 1455BC ～ 1415BC 之间[1]，这很可能就是湖熟文化的年代上限。

4.宁镇地区花园庄阶段至殷墟一期遗存年代的辨识及意义

在湖熟文化较早阶段的研究工作中，曾将团山第 11 层遗存划归湖熟文化并借以确定年代上限。随着资料更新，有学者将团山第 11 层遗存剔除出湖熟文化范畴。从那之后至现在，学界普遍认为以团山 H9、H13 作为湖熟文化的最早期遗存，并认为其年代属早商。通过前文对团山材料的论述，H9、H13 属殷墟一期遗存，年代要晚于城头山 H2。综合团山、城头山这几个单位，年代区间在花园庄晚段至殷墟一期偏早阶段。这类遗存，五担岗遗址发现很多，年代均处于这个阶段。五担岗该类遗存，还被稍晚的遗存叠压；这种稍晚的遗存，年代与团山 H9、H13 很接近。借助宁镇地区的亭林类型因素器物，如圆实足浅盘鼎、矮圈足簋形器、梯格纹瓫、梯格纹罐等，再将视角转向太湖流域新浮第 4 层、邱城 92H23 和钱底巷 T604③。可以发现，不同区域遗址存在相同特征的遗物。而借助这些材料，恰好可以确定该类遗存的年代。通过对比可知，宁镇地区殷墟时期遗存，自殷墟一期至殷墟四期均有，且有较好的延续性。尽管商文化影响在稍晚阶段有一定的减弱，但殷墟时期均有发现。而亭林类型，在殷墟时期对宁镇地区的影响一直较强。

宁镇地区、太湖流域商时期考古学文化联系非常紧密，一个环节出差错往往导致整个分期体系出现错误。花园庄阶段遗存的辨识，不仅可以更为深入地了解宁镇地区中商时期的考古学文化体系，更重要的是对马桥文化与亭林类型更替年代可以有更明确的认识。而亭林类型的出现，则标志着宁镇地区、太湖流域考古学文化分期及体系的变动。而这种变动，又与这两个区域随后的吴、越文化研究紧密相连。因此，一些关键时间点的年代判定，显得十分重要。

四 师姑墩类商时期遗存

师姑墩类商时期遗存，目前主要见于皖南地区。受资料所限，目前见到的遗存点不多。其中，黄浒河水系有师姑墩，顺安河水系有童墩，青弋江上游有姜家山[2]。由此可知，该类型遗存的分布范围为以青弋江、漳河为主体，包含西侧沿江地带的区域（图 6-36）。该类遗存有袋足鬲、假腹豆、圈足盘等较典型的商文化因素，也有以圈足罐形豆、矮圈足原始瓷豆为代表的太湖流域文化因素。

[1] 夏商周断代工程专家组：《夏商周断代工程1996—2000年阶段成果报告（简本）》，第63页，世界图书出版公司，2000年。

[2] 程先通：《黄山区出土一件商代陶斝》，《文物研究》第五辑，黄山书社，1989年。

除此之外，童墩也发现了铜爵、铜斝，形态、做法与江淮流域同类器无异。浅盘假腹豆多见于大城墩类型、薛家岗类型甚至吴城文化，属花园庄阶段至殷墟早期的典型器；而师姑墩相关器物年代为花园庄晚段偏晚至殷墟一期。这种假腹豆，并不见于湖熟文化；因此师姑墩的商文化因素可能与湖熟文化无关，而是更可能来自以上所提三类型。结合遗存年代判断，这种太湖流域文化因素似稍晚，更可能属亭林类型。以师姑墩为代表的这类商时期遗存，有假腹豆，不见刻槽盆、梯格纹器等宁镇地区、太湖流域的典型因素器物。这类遗存，可能有一定的地域性和时间延续性。因此，暂将其单列为师姑墩类商时期遗存。

第七章　太湖流域夏商时期考古学文化

太湖流域，新石器时代晚期至夏时期的编年框架非常完整。自新石器时代末良渚文化起，钱山漾文化、广富林文化相继出现，而马桥文化又与广富林文化年代上接序。良渚至夏商时期遗址，分布众多，几乎遍及所有水系（图 7-1）。太湖西部地区，主要指南溪和胥河东部水系，遗址有西溪[1]、神墩[2]和新浮[3]等。太湖西北部靠近宁镇山地的地带，河流多通过长荡湖和滆湖与太湖相通；遗址有凤凰山[4]、王家山[5]、葛城[6]等。再稍往东，进入常州一带后，境内河流多直接流入太湖；遗址有新岗[7]、象墩[8]、姬山[9]等。由常州往东，位于太湖正北、东北及东南的地带，遗址有阖闾城[10]、施墩[11]、仙蠡墩[12]、施墩[13]、许巷[14]、彭祖墩[15]、北街[16]、花山[17]、佘城[18]、望海墩[19]等。太湖东部地区，遗址则更多，资料稍丰富者有钱底巷[20]、越城[21]、张墓村[22]、郭新河[23]、绰墩[24]、马

[1] 南京博物院、宜兴市文物管理委员会：《江苏宜兴西溪遗址发掘纪要》，《东南文化》2009年第5期。

[2] 南京博物院、常州博物馆、溧阳市文化局：《江苏溧阳神墩遗址发掘简报》，《东南文化》2009年第5期。常州市博物馆、溧阳市文物管理委员会：《溧阳市神墩新石器时代及商周时期遗址》，《中国考古学年鉴·2007》，文物出版社，2008年。南京博物院、常州博物馆等：《溧阳神墩》，文物出版社，2016年。

[3] 南京博物院：《江苏金坛市新浮遗址的试掘》，《考古》2008年第10期。南京博物院考古研究所：《江苏金坛县薛埠镇上水土墩墓群二号墩发掘简报》，《考古》2008年第2期。

[4] 凤凰山考古队：《江苏丹阳凤凰山遗址发掘报告》，《东南文化》1990年第1、2期合刊。镇江博物馆、丹阳市文化局：《丹阳凤凰山遗址第二次发掘》，《东南文化》2002年第3期。

[5] 镇江博物馆：《江苏丹阳王家山遗址发掘简报》，《考古》1985年第5期。

[6] 镇江博物馆考古队：《江苏丹阳葛城遗址勘探试掘简报》，《江汉考古》2009年第3期。

[7] 常州博物馆：《常州新岗——新石器时代文化遗址发掘报告》，文物出版社，2012年。

[8] 郑铎：《江苏常州象墩遗址的考古调查与发现》，《中国文物报》2013年5月10日第8版。

[9] 王岳群：《江苏武进姬山遗址调查》，《东南文化》1998年第4期。

[10] 张敏：《阖闾城遗址的考古调查和保护设想》，《江汉考古》2008年第4期。

[11] 江苏省文物管理委员会：《江苏无锡锡山公园古遗址清理简报》，《文物参考资料》1956年第1期。

[12] 江苏省文物管理委员会：《江苏无锡仙蠡墩新石器时代遗址清理简报》，《文物参考资料》1955年第8期。另：1954年第一次发掘，1959年第二次发掘；第二次发掘发现马桥文化时期遗存，但未正式发表。

[13] 江苏省文物管理委员会：《江苏无锡锡山公园古遗址清理简报》，《文物参考资料》1956年第1期。

[14] 扬名镇志编纂委员会：《扬名镇志》，图版三六，方志出版社，2004年。

[15] 南京博物院、无锡市博物馆、锡山区文物管理委员会：《江苏无锡锡山彭祖墩遗址发掘报告》，《考古学报》2006年第4期。

[16] 冯普仁：《吴文化和无锡考古研究》，《无锡文博》2006年第2期。

[17] 江阴花山遗址联合考古队：《江阴花山夏商文化遗址》，《东南文化》2001年第9期。

[18] 江阴佘城遗址联合考古队：《江阴佘城遗址试掘简报》，《东南文化》2001年第9期。

[19] 林留根：《吴地古代聚落》，第44页，河海大学出版社，1999年。张童心：《论祁头山文化——读〈祁头山〉》，《上海文化起源与早期文化生态——近年上海及周边考古研究》，第139页，上海大学出版社，2013年。

[20] 南京博物院、无锡市博物馆、锡山区文物管理委员会：《江苏无锡锡山彭祖墩遗址发掘报告》，《考古学报》2006年第4期。

[21] 南京博物院：《江苏越城遗址的发掘》，《考古》1982年第5期。

[22] 吴县文物管理委员会：《江苏吴县越溪张墓村遗址调查》，《考古》1989年第2期。

[23] 姚勤德：《江苏吴县南部地区古遗址调查简报》，《考古》1990年第10期。

[24] 苏州市考古研究所：《昆山绰墩遗址》，文物出版社，2011年。

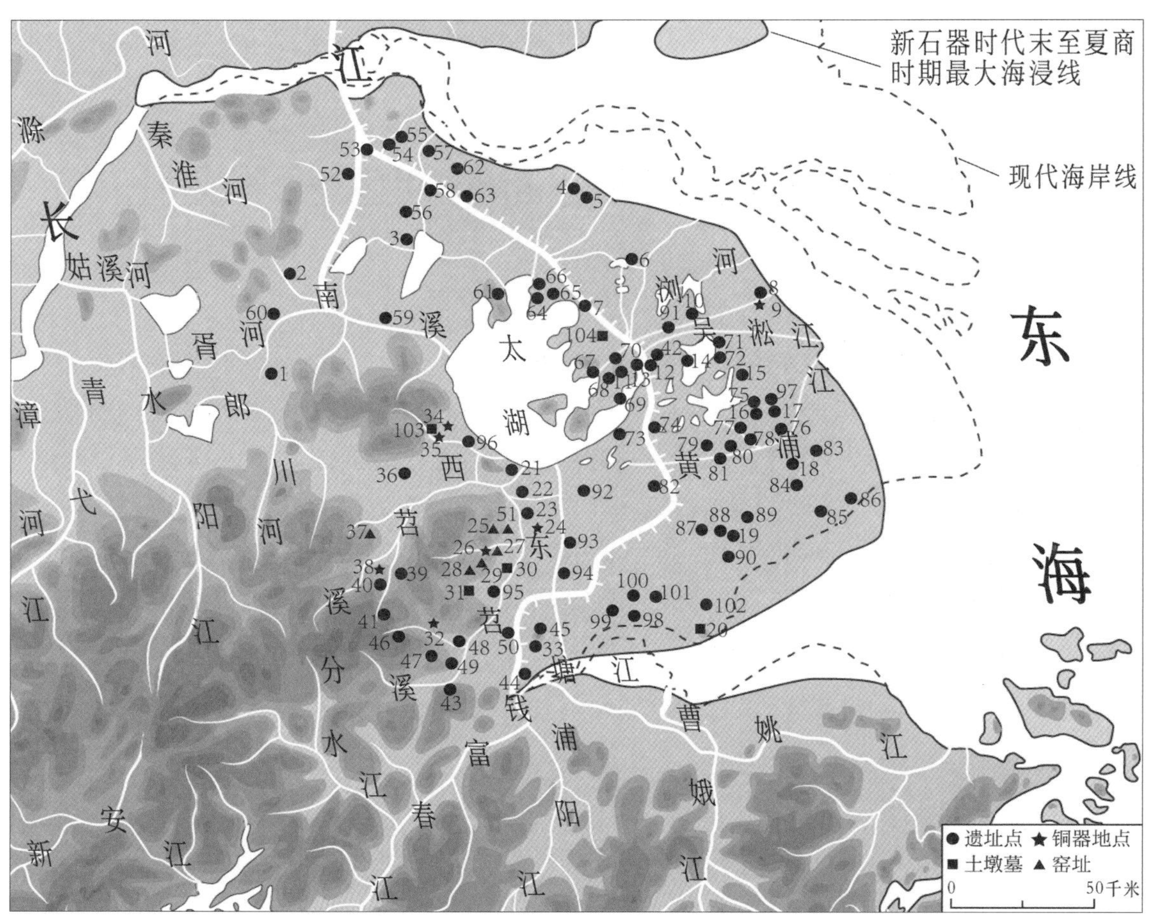

图7-1　太湖流域新石器时代末至夏商时期主要遗存分布图

1.神墩　2.新浮　3.姬山　4.花山　5.佘城　6.钱底巷　7.彭祖墩　8.维新　9.长春村　10.绰墩　11.越城　12.张墓村　13.郭新河　14.澄湖　15.寺前　16.平原村　17.广富林　18.亭林　19.垗墩　20.夹山　21.邱城　22.昆山　23.钱山漾　24.袁家汇　25.南山　26.乌龟山　27.瓢山　28.龙山　29.南山　30.南王山　31.小紫山　32.石濑村　33.水田畈　34.上草楼　35.长兴中学　36.江家山　37.上马村　38.周家湾　39.安乐　40.大树墩　41.芝里　42.郭新河　43.南湖　44.吉如　45.茅山　46.小古城　47.陶村桥　48.西安寺　49.张堰　50.庙前　51.黄梅山　52.墩山头　53.王家山　54.三城巷　55.后彭　56.西沟居　57.象墩　58.新岗　59.西溪　60.秦堂山　61.阖闾城　62.高城墩　63.寺墩　64.许巷　65.北街巷　66.施墩　67.茶店头　68.星火　69.徐巷　70.金鸡墩　71.姜里　72.赵陵山　73.彭家里　74.刘家浜　75.崧泽　76.马桥　77.泖塔　78.汤庙　79.张安村　80.金山坟　81.大往　82.双桥　83.江海　84.招贤浜　85.查山　86.柘林　87.雀幕桥　88.大坟　89.姚家村　90.高墩　91.独墅湖　92.广福村　93.塔地　94.将军台　95.武康菜市场　96.上莘桥　97.福泉山　98.达泽庙　99.新地里　100.小兜里　101.仙坛庙　102.西长浜　103.南符　104.俞墩

桥[1]、千步村[2]、汤庙村[3]、亭林[4]、查山[5]、广福村[6]、金山坟[7]、雀幕桥[8]等；另有北罗墩、维新、巴城、荣庄[9]、黄泥山、草鞋山、赵陵山、星火、徐巷、彭家里、刘家浜、姜里、寺前、福泉山、果

[1]　上海市文物保管委员会：《上海马桥遗址第一、二次发掘》，《考古学报》1978年第1期。上海市文物管理委员会：《上海市闵行区马桥遗址1993～1995年发掘报告》，《考古学报》1997年第2期。上海市文物管理委员会：《马桥——1993～1997年发掘报告》，上海书画出版社，2002年。

[2]　黄宣佩、徐英铎：《上海青浦县发现千步村遗址》，《考古》1963年第3期。

[3]　黄宣佩、孙维昌：《上海市松江县汤庙村古遗址调查》，《考古》1963年第1期。

[4]　孙维昌：《上海市金山县查山和亭林遗址试掘》，《南方文物》1997年第3期。

[5]　孙维昌：《上海市金山县查山和亭林遗址试掘》，《南方文物》1997年第3期。

[6]　苏州博物馆、吴江市文物陈列室：《江苏吴江广福村遗址发掘简报》，《文物》2001年第3期。

[7]　上海市文物保管委员会：《上海青浦县金山坟遗址试掘》，《考古》1989年第7期。

[8]　浙江省嘉兴县博物、展览馆：《浙江嘉兴雀幕桥发现一批黑陶》，《考古》1974年第4期。嘉兴市文化局：《浙江嘉兴市雀幕桥遗址试掘简报》，《考古》1986年第9期。

[9]　王德庆：《江苏昆山荣庄新石器时代遗址》，《考古》1960年第6期。

园、刘夏、平原村、辰山、俞塘、董家村、平原村、独墅湖、澄湖、淀山湖、彭家里、张安村、大往[1]、泖塔、江海、招贤浜、柘林、大坟[2]、双桥[3]、挑墩[4]、姚家村、吉城、窑墩、朱皇庙、图泽、支家桥、高墩、杨家殿、石泉高地、三官墩、达泽庙、杨家车、莲花、杨家大桥等。太湖南部东苕溪沿线，资料稍丰富的遗址有昆山[5]、钱山漾[6]，另有西山、邱家墩、下菰城、花城、塔地、梅林、将军台、瓦窑、水田畈、小古城、西安寺、张堰、陶村桥等；另发现有几百处夏商时期的窑址，主要有龙山、青山窑业群，另有瓢山、金龙山、北家山、城山、南山等代表性窑址[7]；太湖西南侧的合溪、长兴港沿线，遗址有上莘桥[8]、红卫桥[9]、台基山等；西苕溪沿线，资料稍丰富的遗址有安乐[10]、大树墩[11]、芝里[12]、江家山、新安等；东、西苕溪汇聚后濒临太湖的流域，代表性遗址有邱城[13]。

除部分遗址出土有铜器外，另有数处铜器地点，如长春村[14]、乌龟山[15]、袁家汇[16]、上草楼[17]、石濑村[18]、长兴中学[19]、周家湾[20]、杨桥[21]、港口村[22]、杨湾[23]、上阳村[24]等。土墩墓有小紫山[25]、夹山[26]、南王山[27]、俞墩[28]、南符[29]等。

关于太湖流域新石器时代末向夏时期的考古学文化过渡情况，随着近年钱山漾、广富林遗址的

[1]　政协嘉善县文史委员会、嘉善县博物馆：《嘉善古迹》，《嘉山县文史资料》第十四辑。

[2]　陆耀华：《浙江嘉兴大坟遗址的清理》，《文物》1991年第7期。

[3]　陆跃华：《嘉兴市古遗址调查》，《浙江省文物考古研究所学刊》创刊号，文物出版社，1981年。

[4]　陆跃华：《嘉兴市古遗址调查》，《浙江省文物考古研究所学刊》创刊号，文物出版社，1981年。

[5]　浙江省文物考古研究所、湖州市博物馆：《昆山》，文物出版社，2006年。

[6]　浙江省文物管理委员会：《吴兴钱山漾遗址第一、二次发掘报告》，《考古学报》1960年第2期。浙江省文物考古研究所、湖州市博物馆：《钱山漾——第三、四次发掘报告》，文物出版社，2014年。

[7]　浙江省文物考古研究所、湖州市博物馆、德清博物馆：《东苕溪流域夏商时期原始瓷窑址》，文物出版社，2015年。

[8]　夏星南：《浙江长兴县发现上海马桥四层文化型陶器》，《考古与文物》1989年第2期。

[9]　浙江文物年鉴编委会：《长兴发掘红卫桥遗址》，《浙江文物年鉴·2010》，第81页，浙江古籍出版社，2011年。

[10]　安吉县博物馆：《苕水流长》，第58、91页，浙江摄影出版社，2014年。

[11]　陈元甫：《安吉大树墩商周时期遗址》，《浙江考古新纪元》，第151～153页，科学出版社，2009年。

[12]　王宁远、周亚乐、程永军：《安吉芝里遗址》，《浙江考古新纪元》，第61～63页，科学出版社，2009年。

[13]　梅福根：《江苏吴兴邱城遗址发掘简介》，《考古》1959年第9期。浙江省文物考古研究所：《浙江省湖州市邱城遗址第三、四次的发掘报告》，《浙江省文物考古研究所学刊》第七辑，科学出版社，2005年。浙江省文物管理委员会：《浙江省吴兴县邱城遗址1957年发掘报告初稿》，《浙江省文物考古研究所学刊》第七辑，科学出版社，2005年。

[14]　太仓博物馆：《太仓文物精华》，第88页，文物出版社，2007年。

[15]　湖州市博物馆：《湖州市博物馆藏品集》，第81页，西泠印社，1999年。

[16]　浙江省文物考古研究所、湖州市博物馆：《昆山》，文物出版社，2006年。

[17]　浙江省文物管理委员会：《浙江长兴出土的两件铜器》，《文物》1960年第7期。

[18]　浙江省文物考古研究所、湖州市博物馆：《昆山》，第469页，文物出版社，2006年。

[19]　长兴县文化馆：《浙江长兴县的两件青铜器》，《文物》1973年第1期。

[20]　浙江安吉县博物馆：《浙江安吉出土商代铜器》，《文物》1986年第2期。

[21]　夏星南：《浙江长兴出土五件商周铜器》，《文物》1979年第11期。

[22]　夏星南：《浙江长兴出土五件商周铜器》，《文物》1979年第11期。

[23]　夏星南：《浙江长兴出土五件商周铜器》，《文物》1979年第11期。

[24]　夏星南：《浙江长兴出土五件商周铜器》，《文物》1979年第11期。

[25]　郑建明：《德清小紫山土墩墓群》，《中国考古学年鉴·2011》，文物出版社，2012年。郑建明：《浙江德清小紫山土墩墓群》，《马桥文化探微——发现与研究文集》，第61～66页，上海书店出版社，2018年。

[26]　浙江省文物考古研究所：《海宁县夹山商周土墩石室结构遗存》，《中国考古学年鉴·1985》，文物出版社，1985年。

[27]　浙江省文物考古研究所、德清县博物馆：《独苍山与南王山——土墩墓发掘报告》，科学出版社，2007年。

[28]　苏州市考古研究所：《苏州阳山俞墩土墩墓发掘简报》，《东南文化》2012年第4期。

[29]　孟国平、胡秋凉：《浙江长兴南符小山土墩墓》，《马桥文化探微——发现与研究文集》，第68～70页，上海书店出版社，2018年。

发掘，已经提出“钱山漾文化”“广富林文化”的认识。太湖流域自良渚文化之后，形成钱山漾文化—广富林文化—马桥文化的文化谱系；从目前发现来看，这无疑是非常正确的。鉴于文化谱系已较清晰，本章不另对太湖流域新石器时代末遗存再行梳理。

第一节　典型遗存分期

一　遗址

1.新浮遗址

新浮遗址位于现常州金坛市薛埠镇新浮村的南侧，北距上水村土墩墓群约500米。遗址西距茅山山脉约2000米，南距高河约1000米，沿高河南下可至荆溪再至太湖。遗址平面近长方形，海拔27～31米，高出周围地面1.5～2米。原面积近20000平方米，于2005年6至7月，南京博物院发掘150平方米，发现灰坑、灰沟等遗迹。简报认为，遗址第4层陶器特征与团山H13、H9、第10层及二里冈下层相似，年代为商早期，属湖熟文化早期[1]。笔者认为，新浮第4层与团山H13、H9年代确实接近，但团山第10层稍晚，二里冈下层则较新浮第4层年代早很多。经分析，可将新浮商时期遗存分为2组。

第1组：以T1⑤、T2⑤、H15为代表。

第2组：以T1④、T2④、T5③、H13、H16为代表。

以上2组对应2段。

两段遗存多为夹砂红褐陶器，次为泥质灰陶器，有一定数量的硬陶器和原始瓷器。

第1段遗存，陶器器类主要有鬲、甗、簋、豆、盆、刻槽盆、罐等（图7-2，1～11）；纹饰有绳纹、梯格纹、方格纹、凹凸棱、三角镂孔等。鬲为敛口，颈部仍未外斜；瓮颈部有外斜迹象；甗腹部稍鼓、仅见袋足；豆多外翻唇，柄上多见大凸棱和三角镂孔。典型陶器有折沿敛口鬲（图7-2，1）、凸棱豆（图7-2，3）、卷沿弧腹盆（图7-2，5）、卷沿鼓腹甗（图7-2，6）、刻槽盆（图7-2，8）、圈足簋（图7-2，10）等；典型硬陶器有对三角镂孔豆（图7-2，2）、高颈罐（图7-2，7）；典型原始瓷器有三角镂孔豆（图7-2，4）。该段器物，特征同五担岗第5组、城头山第5组，年代约为花园庄晚段。

第2段遗存，陶器器类主要有鬲、鼎、甗、簋、豆、罐、盆、刻槽盆、簋形器、缸、盘、钵、器盖和勺等（图7-2，12～44），纹饰与上段大致相同，另有圆形镂孔、网纹、曲折纹等。许多陶器由唇缘下拉至颈，颈部明显外倾、加长。鼎多侧扁足、圆实足，甗则为束腰，豆仍多大凸棱、内斜沿特征出现。典型陶器有斜颈袋足鬲（图7-2，12～18）、曲折纹甗（图7-2，19）、束腰甗（图7-2，20、21）、大凸棱豆（图7-2，23）、圈足簋形器（图7-2，25）、高颈罐（图7-2，26）、卷沿弧腹盆（图7-2，34）、刻槽盆（图7-2，36、37）、圈足盘（图7-2，24）等；典型硬陶器有对三角镂孔豆（图7-2，22）、高颈罐（图7-2，27）、圈形捉手器盖（图7-2，40、41）等。这些器物与五担岗第6组、城头山第6组、团山第2组特征相似，年代约为殷墟一期；③层下灰坑陶器

[1]　南京博物院：《江苏金坛市新浮遗址的试掘》，《考古》2008年第10期。南京博物院考古研究所：《江苏金坛县薛埠镇上水土墩墓群二号墩发掘简报》，《考古》2008年第2期。

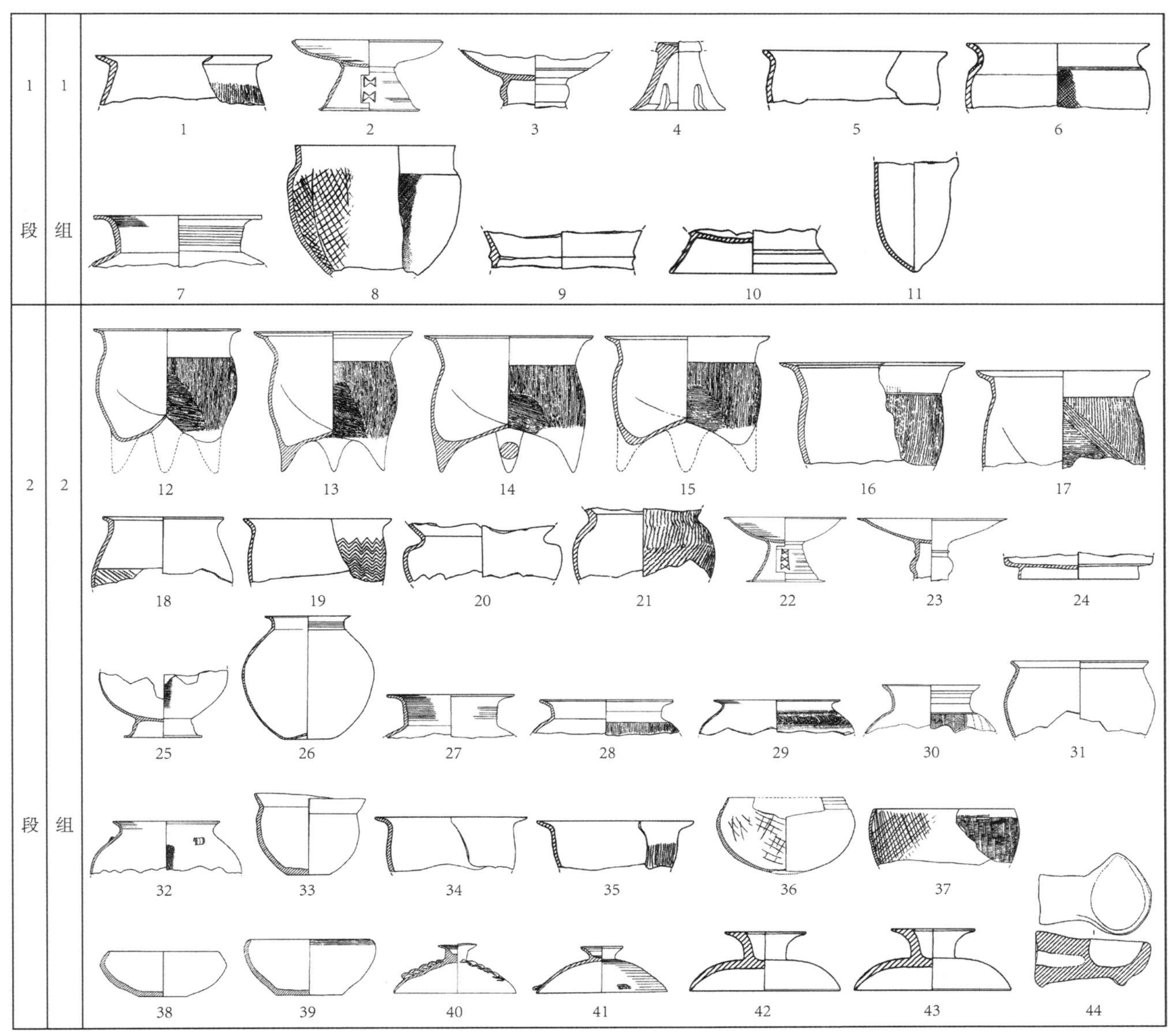

图7–2　新浮商时期遗存

1.鬲（T1⑤：20）　2.硬陶豆（T1⑤：9）　3.豆（T1⑤：31）　4.原始瓷豆（T1⑤：36）　5.盆（T1⑤：43）　6.甗（T1⑤：46）　7.硬陶罐（T1⑤：53）　8.刻槽盆（T1⑤：65）　9.甗（T1⑤：72）　10.簋（T1⑤：76）　11.甗（T1⑤：71）　12.鬲（H13：2）　13.鬲（T1④：7）　14.鬲（T1④：28）　15.鬲（T2④：10）　16.鬲（T1④：21）　17.鬲（T1④：29）　18.鬲（T1④：63）　19.甗（T1④：62）　20.甗（T1④：64）　21.甗（T1④：73）　22.硬陶豆（T1④：2）　23.豆（T1④：30）　24.盘（H16：1）　25.簋形器（T1④：75）　26.罐（T1④：19）　27.硬陶罐（T1④：49）　28.罐（T1④：51）　29.罐（T1④：100）　30.罐（T1④：58）　31.甗（T1④：74）　32.罐（H13：3）　33.盆（T2④：6）　34.盆（T1④：41）　35.盆（T1④：40）　36.刻槽盆（T1④：68）　37.刻槽盆（T1④：69）　38.钵（H15：9）　39.钵（T1④：18）　40.硬陶器盖（T1④：5）　41.硬陶器盖（T1④：6）　42.器盖（T1④：14）　43.器盖（T1④：16）　44.勺（T2④：7）

年代稍晚，与二塘头第 2 组、白蟒台第 2 组特征相近，年代约为殷墟二期。因此，该段遗存年代为殷墟早期。

2.钱山漾遗址

钱山漾遗址位于现湖州市吴兴区八里店镇潞村，东苕溪支流龙溪自遗址西侧流过。遗址位于丘陵向平原过渡地带，海拔 2～5 米，周围河湖密布。1934 年，慎微之先生首先发现此遗址 [1]。1956 年，浙江省文物委员会对遗址进行了调查、发掘；1958 年又开展一次发掘 [2]。2005～2008 年，浙江省文物考古研究所、湖州市博物馆对遗址发掘两次 [3]。几次发掘，均发现良渚、钱山漾、广富林、夏商时期遗存，后两次发掘更为科学、系统。

现将后两次发掘的夏商时期材料分为 8 组。

第 1 组：以 H41、H136、H149、H182、T0403⑤、T0503⑤为代表。

第 2 组：以土台偏东④ B 层、H66、H107、H141、T0403④、T0503④为代表。

第 3 组：以土台偏东④ A 层、H26、H76、H79、H89、H177 为代表。

第 4 组：以 H56②、H63、H75、H196②为代表。

第 5 组：以 H56①、H105②、G4 为代表。

第 6 组：以 H206 为代表。

第 7 组：以土台偏东的③层、H201⑤为代表。

第 8 组：以 H201④、H201③、H201②、H201①、H217①为代表。

第 9 组：以 J9、H80②为代表。

第 10 组：以 J8、H80①为代表。

以上 10 组对应 10 段，遗存主要为陶器。

第 1 段：陶器器类主要有鼎、盘、觚、壶、罐、盆等（图 7-3，1～9）；流行横篮纹、凹凸棱纹，另有方格纹、叶脉纹、云雷纹、鸡冠鋬耳饰、圆形镂孔等，组合纹饰有方格纹 + 云雷纹 + 叶脉纹、横篮纹 + 鸡冠耳鋬；流行鼓腹、垂腹。典型陶器有折沿垂腹凹弧足鼎（图 7-3，1）、瓦足盘（图 7-3，2）、折腹觚（图 7-3，4）、鸭形壶（图 7-3，5）、高颈壶（图 7-3，6）等，典型硬陶器有垂腹罐（图 7-3，7）、直口深腹罐（图 7-3，8）、折沿鼓腹盆（图 7-3，9）等，典型原始瓷器为中粗柄豆（图 7-3，3）。本段遗存，部分器物与新砦期文化特征类似，如折沿鼓腹罐、深腹罐等，但可能较之略晚。而折沿垂腹鼎，形态则不见于中原。该段遗存年代，可能属二里头一期偏晚阶段。

第 2 段：陶器器类主要有鼎、盘、豆、簋形器、觚、壶、罐、盆、器盖等（图 7-3，10～25）；纹饰有篮纹、方格纹、条格纹、凹凸棱纹、绳纹、鱼形纹、方格纹、叶脉纹等；流行垂腹、鼓腹。鼓腹鼎的敛口形态更甚，豆的敞口形态加剧，觚的撇足程度变小。典型陶器有折沿垂腹凹弧足鼎（图 7-3，10）、折沿垂腹圆实足鼎（图 7-3，11）、瓦足盘（图 7-3，12、13）、折盘豆（图 7-3，14）、簋形器（图 7-3，16）、撇足觚（图 7-3，17、18）、鸭形壶（图 7-3，20）、双耳簋形器（图 7-3，23）、弧腹盆（图 7-3，24）、袋足短流盉（图 7-3，25）等，典型硬陶器有折盘环耳豆（图 7-3，15）、鸭形壶（图 7-3，19）、高颈罐（图 7-3，21、22）等。本段陶器延续上段特征，如折沿垂腹鼎、折盘豆、觚等；部分陶器形态发生了变化，如瓦足盘、高颈罐等。本段遗存年代，约为二里头二期。

第 3 段：陶器器类主要有鼎、甗、豆、壶、罐、器盖等（图 7-3，26～46）；纹饰有绳纹、席

[1] 慎微之：《湖州钱山漾石器之发现与中国文化之起源》，《江苏研究》1937年第5～6期。

[2] 浙江省文物管理委员会：《吴兴钱山漾遗址第一、二次发掘报告》，《考古学报》1960年第2期。

[3] 浙江省文物考古研究所、湖州市博物馆：《钱山漾——第三、四次发掘报告》，文物出版社，2014年。

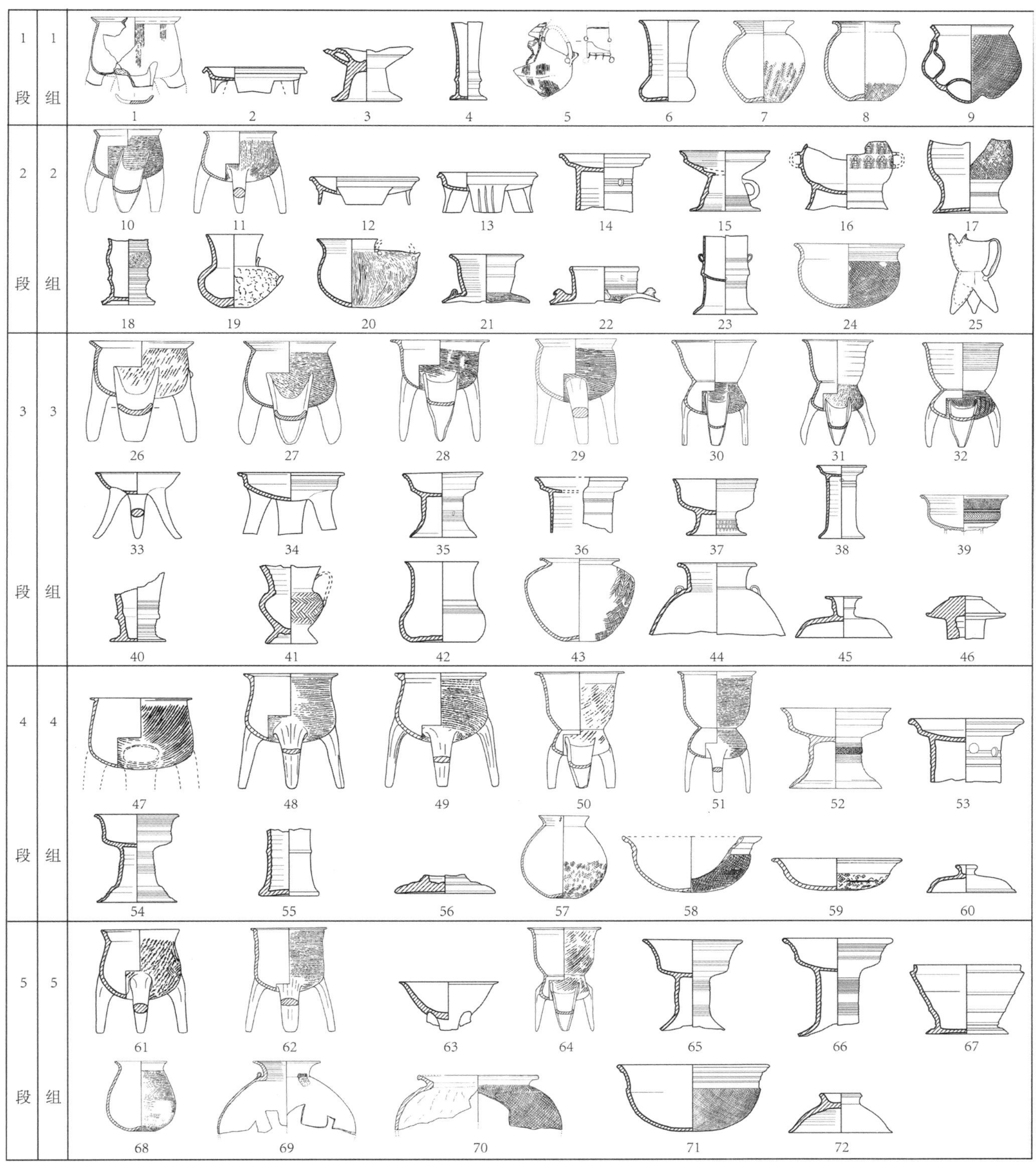

图7-3　钱山漾夏商时期遗存

1.鼎（T0403⑤：38）　2.盘（T0503⑤：36）　3.原始瓷豆（T02④B：18）　4.觚（T0403⑤：8）　5.壶（T0503⑤：37）　6.壶（T0503⑤：11）　7.硬陶罐（H193②：11）　8.硬陶罐（H193②：7）　9.硬陶盆（T0403⑤：20）　10.鼎（T1102④B：11）　11.鼎（T1001④B：15）　12.盘（T0801④B：39）　13.盘（T1002④B：5）　14.豆（T1003④B：2）　15.硬陶豆（T02④B：16）　16.簋形器（T03④B：24）　17.觚（T1001④B：2）　18.觚（T02④B：21）　19.硬陶壶（T0901④B：34）　20.壶（T1001④B：11）　21.硬陶罐（T0801④B：8）　22.硬陶罐（T0801④B：32）　23.簋形器（H107：1）　24.盆（T0904④B：6）　25.盉（H107：9）　26.鼎（T01④B：19）　27.鼎（T01④B：20）　28.鼎（H26：6）　29.鼎（H34：7）　30.甗（H26：11）　31.甗（H26：12）　32.甗（H89：24）　33.鼎（T07④A：3）　34.鼎（T04④A：35）　35.豆（T0503④：9）　36.豆（H26：31）　37.豆（T03④A：3）　38.豆（H26：17）　39.豆（H161①：1）　40.觚（T1001④A：8）　41.原始瓷壶（T04④A：38）　42.壶（H89：18）　43.罐（H89：30）　44.硬陶罐（T01④A：25）　45.器盖（H89：21）　46.器盖（T03④A：22）　47.鼎（H56②：13）　48.鼎（H56②：22）　49.鼎（H56②：23）　50.甗（H56②：14）　51.甗（H56②：20）　52.豆（H105②：2）　53.豆（H141：1）　54.豆（H196②：3）　55.觚（H75②：8）　56.觚（H75②：15）　57.罐（H56②：16）　58.盆（H75②：11）　59.盆（H75②：2）　60.器盖（H56②：21）　61.鼎（H56①：1）　62.鼎（H56①：7）　63.硬陶鼎（H56①：5）　64.甗（G4②：13）　65.豆（H56①：25）　66.豆（H56①：26）　67.尊（G4①：1）　68.罐（H56①：8）　69.硬陶罐（H56①：39）　70.硬陶罐（H56①：35）　71.盆（H56①：29）　72.硬陶器盖（H56①：9）

纹等，梯格纹、云雷纹、叶脉纹、夔纹、凹凸棱纹、圆形镂孔等，新出现梯格纹。垂腹、鼓腹形态仍多见；扁鼓腹增多，如罐等器物。折盘豆敞口形态加剧，出现曲壁、圜底形态。典型器有折沿垂腹凹弧足鼎（图 7-3，26、27）、弧腹盆形凹弧足鼎（图 7-3，28）、折沿垂腹扁柱足鼎（图 7-3，29）、弧腹盆形凹弧足甗（图 7-3，30～32）、浅盘鼎（图 7-3，33、34）、折盘豆（图 7-3，35、36、38）、高颈扁腹壶（图 7-3，42）、折肩罐（图 7-3，43）、高颈鼓腹硬陶罐（图 7-3，44），典型原始瓷器有圈足高颈壶（图 7-3，41）等。敞口折盘粗高柄豆、折肩罐、鼓腹罐、浅盘鼎等，与二里头三期同类器形态相近。本段遗存年代，相当于二里头三期。

第 4 段：陶器器类主要有鼎、甗、豆、觚、罐、盆、器盖等（图 7-3，47～60）。流行绳纹、弦纹，另有叶脉纹、篮纹等。陶器多垂腹，且向深腹变化。典型器有折沿垂腹舌形足鼎（图 7-3，48、49）、弧腹盆形凹弧足甗（图 7-3，50）、弧腹盆形舌形足甗（图 7-3，51）、折盘豆（图 7-3，52～54）、撇足觚（图 7-3，55、56）、深垂腹罐（图 7-3，57）、浅腹盆（图 7-3，58、59）等。大部分陶器，特征接近二里头四期偏早阶段。

第 5 段：陶器器类主要有鼎、甗、豆、尊、罐、盆、器盖等（图 7-3，61～72）；流行方格纹、凹凸棱饰，另有圆形镂孔、椭圆形镂孔、叶脉纹、曲折纹、绳纹等；依然流行垂腹，深腹、鼓腹仍多见，新出现浅腹盆。典型陶器有折沿垂腹扁柱足鼎（图 7-3，61）、折沿筒腹舌形足鼎（图 7-3，62）、中粗柄折盘豆（图 7-3，65、66）、撇足尊（图 7-3，67）、深垂腹罐（图 7-3，68）、宽卷沿浅腹圜底盆（图 7-3，71）等，典型硬陶器有碗形鼎（图 7-3，63）、高颈垂腹罐（图 7-3，69）、折沿鼓腹罐（图 7-3，70）、圈形捉手器盖（图 7-3，72）等。该段遗存年代，约为二里冈下层一期。

第 6 段：陶器器类主要有鼎、甗、盘、豆、簋、罐和盆等（图 7-4，1～14）。流行绳纹、凹凸棱、方格纹，另有云雷纹、篮纹、条格纹、梯格纹、叶脉纹、曲折纹等。多见鼓腹、垂腹器，粗柄豆少见。典型陶器有折沿垂腹鼎（图 7-4，1、2）、深弧腹舌形足甗（图 7-4，4）、瓦足盘（图 7-4，5）、中粗柄折盘豆（图 7-4，6、7）、矮圈足簋（图 7-4，8）、折沿鼓腹罐（图 7-4，13）、卷沿浅弧腹盆（图 7-4，14）等；典型硬陶器有深弧腹罐（图 7-4，10、11）、高颈鼓腹罐（图 7-4，12）等。浅弧腹盆、深弧腹罐、深鼓腹罐等形态多见于二里冈下层二期。因此，该段遗存年代为二里冈下层二期前后。

第 7 段：陶器器类主要有鼎、甗、壶、罐等（图 7-4，15～22）。纹饰多绳纹、篮纹、方格纹、夔纹等，鼓腹或圆肩弧腹形态流行。典型器有折沿垂腹舌形足鼎（图 7-4，15）、敞口浅盘鼎（图 7-4，16）、钵形鼎（图 7-4，17）、鸭形壶（图 7-4，18）、深腹盆形舌形足甗（图 7-4，19）、深腹罐（图 7-4，21）、折腹小罐（图 7-4，22）、高颈硬陶壶（图 7-4，20）等。该段器物，多为二里冈上层一期风格。因此，该段遗存年代为二里冈上层一期前后。

第 8 段：陶器器类主要有鼎、甗、豆、觚、罐、盆等（图 7-4，23～31）。纹饰有梯格纹、云雷纹、叶脉纹、三角镂孔等，也有云雷纹 + 叶脉纹组合纹饰；宽斜肩形态开始多见，肩部多突出，腹收多较急。典型器有深弧腹扁柱足鼎（图 7-4，23）、深腹盆形甗（图 7-4，26）、折盘豆（图 7-4，27）、撇足觚（图 7-4，28）、深鼓腹罐（图 7-4，29）、弧腹盆（图 7-4，30、31）等。深腹鼎、浅折盘豆等器物，属二里冈上层二期至花园庄早段形态。因此，该段遗存年代，属二里冈上层二期

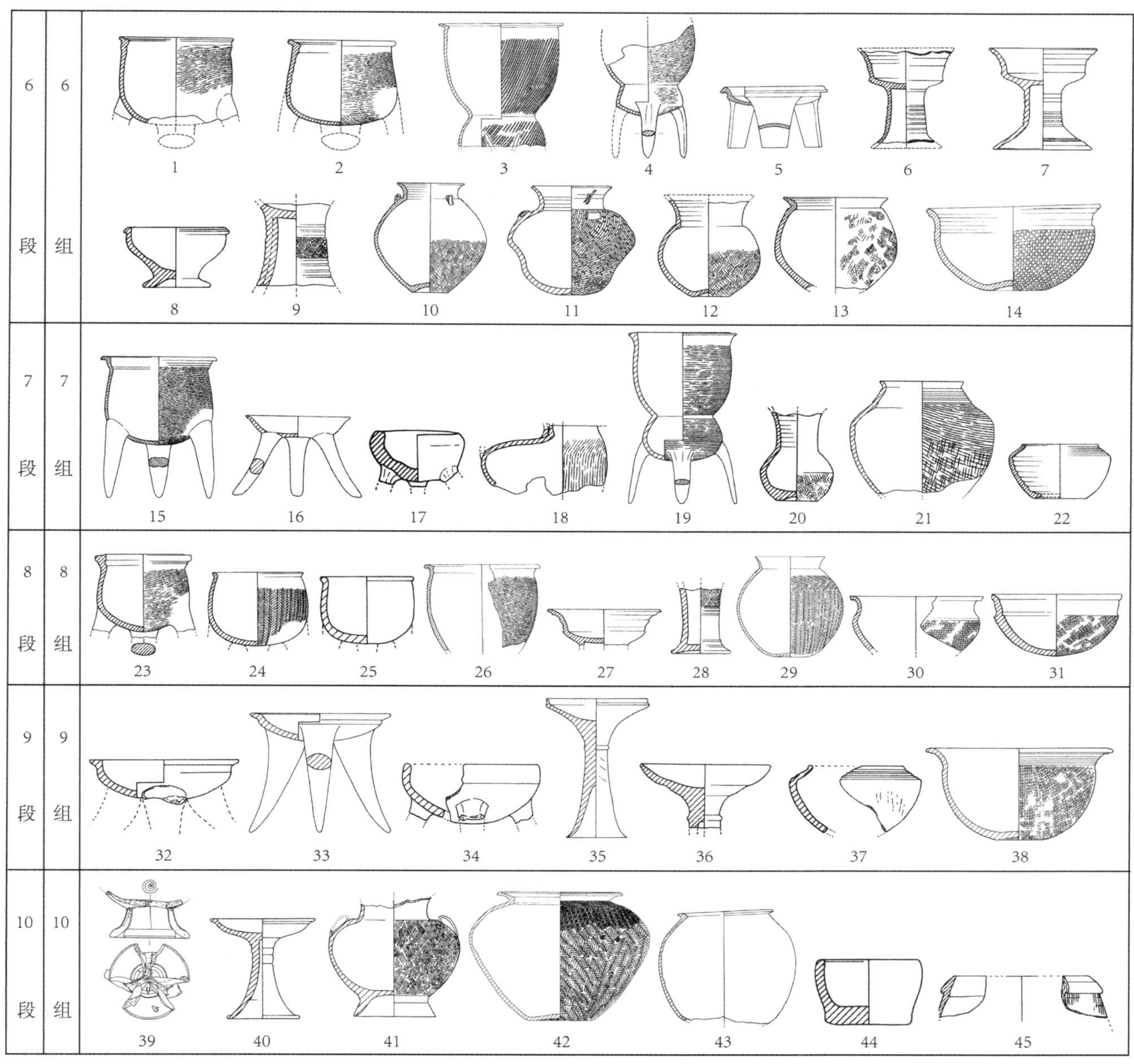

图7-4　钱山漾夏商时期遗存

1.鼎（H206②：83）　2.鼎（H206②：84）　3.甗（H206①：58）　4.甗（H206①：7）　5.盘（H206①：8）　6.豆（H206①：43）　7.豆（H206②：14）　8.簋（H206②：21）　9.豆（H206②：25）　10.硬陶罐（H206①：9）　11.硬陶罐（H206②：16）　12.硬陶罐（H206②：13）　13.罐（H206①：4）　14.盆（H206②：15）　15.鼎（H201⑤：49）　16.鼎（T07③：4）　17.鼎（T05③：2）　18.壶（T06③：5）　19.甗（H201⑤：47）　20.硬陶壶（T08③：4）　21.罐（T07③：15）　22.罐（T08③：5）　23.鼎（H201④：5）　24.鼎（H201④：8）　25.鼎（H201④：36）　26.甗（H201②：26）　27.豆（H201①：4）　28.觚（H201②：17）　29.罐（H201②：22）　30.盆（H201①：14）　31.盆（H201④：32）　32.鼎（H80②：5）　33.鼎（H80②：1）　34.鼎（H80②：12）　35.豆（H80②：2）　36.豆（J9①：5）　37.罐（H80②：3）　38.盆（H80②：10）　39.原始瓷豆（J8②：10）　40.豆（H80①：18）　41.原始瓷罐（J8④：7）　42.硬陶罐（J8②：11）　43.硬陶罐（H80①：19）　44.钵（J8②：12）　45.罐（J8②：13）

至花园庄早段。

第9段：陶器器类主要有鼎、豆、罐和盆等（图7-4，32～38）。纹饰有绳纹、弦纹、方格纹、云雷纹等；鼎或豆类器物，多浅腹盘形，豆多细柄。典型器有浅盘鼎（图7-4，32、33）、钵形鼎（图7-4，34）、细高柄浅盘豆（图7-4，35、36）、折腹小罐（图7-4，37）、弧腹盆（图7-4，38）等。

该段陶器，风格接近于五担岗 5、6 组，年代约为花园庄晚段至殷墟一期。

第 10 段：陶器器类主要有豆、罐和钵等（图 7-4，39 ～ 45）。纹饰有云雷纹、条格纹、弦纹、叶脉纹等，另有云雷纹 + 叶脉纹组合纹饰。许多器物肩部突出，豆仍多见细柄。典型陶器有细高柄浅盘豆（图 7-4，40）、扁腹钵（图 7-4，44）、外翻缘罐（图 7-4，45）等；典型硬陶器有折沿斜肩罐（图 7-4，42）、深鼓腹罐（图 7-4，43），典型原始瓷器有三角镂孔圈足豆（图 7-4，39）和圈足罐（图 7-4，41）等。该段器物，与五担岗 7、8 组风格相近，测年上限数据约为 1210BC。因此，该段年代大致为殷墟二期或稍晚。

3.马桥遗址

马桥遗址位于现上海市闵行区马桥镇北松公路与花王路交界口西北，黄浦江支流自遗址南侧流过。原始面积超过 15 万平方米。1959 年发现，1960、1966 年各进行过一次发掘[1]，1992 至 1997 年又进行了四次发掘；发掘面积总计约 5200 平方米[2]。

从层位关系及遗物特征分析，可将夏商时期遗存分为 8 组。

第 1 组：以Ⅱ区 A 片③ F 层为代表。

第 2 组：以Ⅱ区 A 片③ E 层、Ⅱ区 B 片③ D 层为代表。

第 3 组：以Ⅱ区 A 片③ D 层、Ⅱ区 B 片③ C 层为代表。

第 4 组：以Ⅱ区 A 片③ C 层、Ⅱ区 B 片③ B2 层、Ⅱ区 B 片 H107、Ⅱ区 B 片 H149 为代表。

第 5 组：以Ⅱ区 A 片③ B 层下 H108、H148 为代表。

第 6 组：以Ⅱ区 A 片③ B 层、Ⅱ区 B 片③ B（③ B1）层为代表。

第 7 组：以Ⅱ区 A 片③ A 层、Ⅱ区 B 片③ A 层、Ⅱ区 A 片③ A 层下 H249 为代表。

以上 7 组对应 7 段。

第 1 段：陶器器类主要有鼎、觚、壶、盆、器盖等（图 7-5，1 ～ 7）；纹饰主要有绳纹、弦纹、条格纹、夔纹、云雷纹、云纹、席纹、曲折纹、刻槽纹、乳丁纹、镂孔等，以云雷纹或夔纹组成的纹饰带多见。鼎多垂腹，腹径大于口径；鸭形壶多圈足、腹部较肥胖、鸭尾微上翘。典型器有折沿垂腹舌形足鼎（图 7-5，1）、曲壁觚（图 7-5，2）、圈足鸭形壶（图 7-5，3）、曲壁圜底盆（图 7-5，4）、宽卷沿弧腹盆（图 7-5，5）、菌状钮器盖（图 7-5，6）和圈形大捉手器盖（图 7-5，7）等。该段陶器，特征接近钱山漾第 2 组，年代约为二里头二期。

第 2 段：陶器器类主要有鼎、甗、盘、豆、觚、壶、刻槽盆、罐、盆和器盖等（图 7-5，8 ～ 23）。纹饰有绳纹、条格纹、附加堆纹、席纹、叶脉纹、篮纹、弦纹、夔纹、网纹、方格纹、刻槽纹、乳丁纹、镂孔等；条格纹及云纹母题纹饰变更多。依然流行垂腹，但鼎一类的器物最大腹径开始内收，腹深有变浅趋势；鸭形壶腹部变瘦、尾部微翘、把手明显低于口部。典型陶器有折沿垂腹舌形足鼎（图 7-5，8）、折沿直腹凹弧足鼎（图 7-5，9）、束腰甗（图 7-5，10）、瓦足盘（图 7-5，11）、粗高柄浅折盘豆（图 7-5，12、13）、粗高柄罐形豆（图 7-5，14）、粗体觚（图 7-5，

[1] 上海市文物保管委员会：《上海马桥遗址第一、二次发掘》，《考古学报》1978年第1期。

[2] 上海市文物管理委员会：《上海市闵行区马桥遗址1993～1995年发掘报告》，《考古学报》1997年第2期。上海市文物管理委员会：《马桥——1993～1997年发掘报告》，上海书画出版社，2002年。

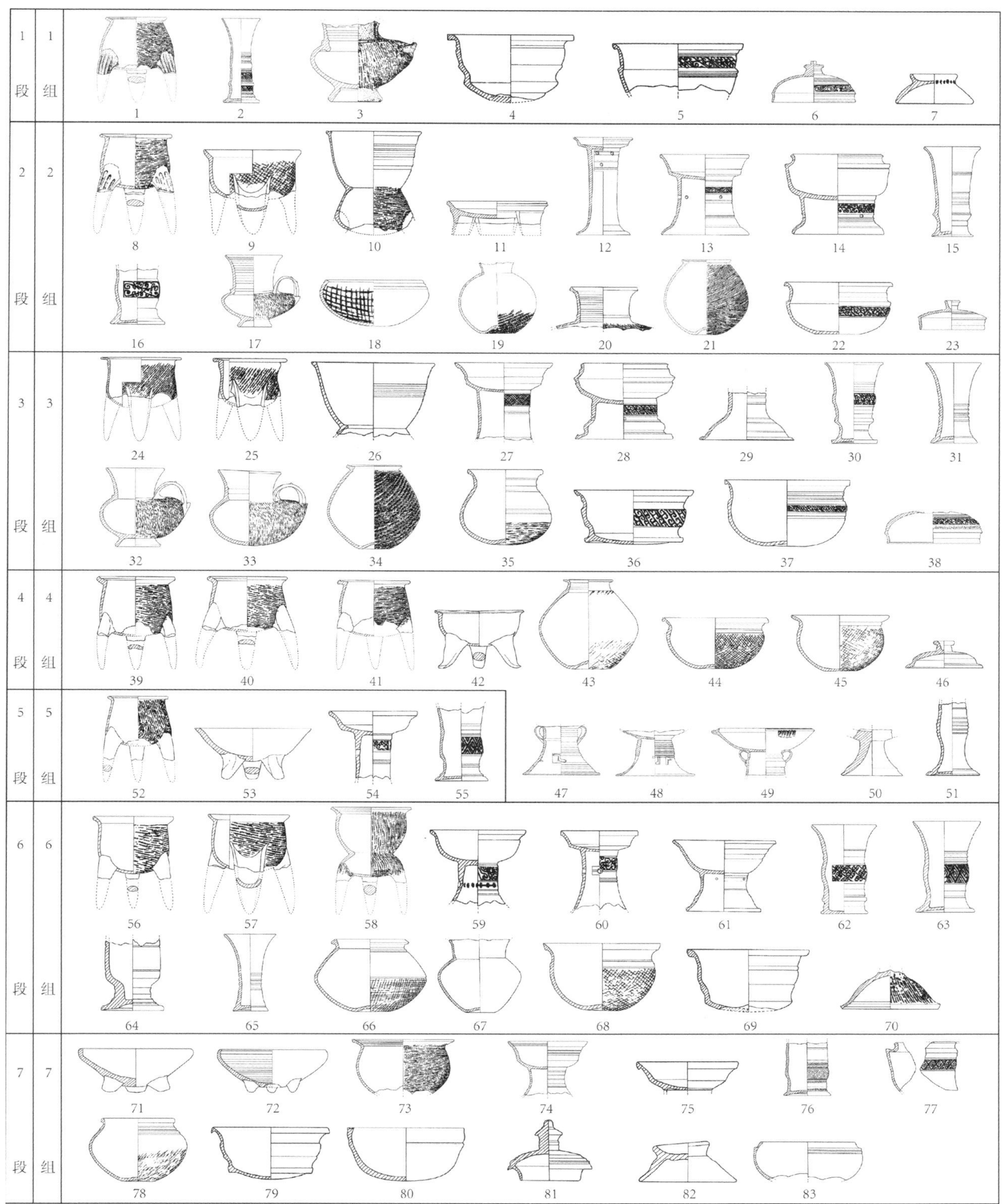

图7–5　马桥夏商时期遗存

1.鼎（ⅡT821③F：16）　2.觚（ⅡT522③F：22）　3.壶（ⅡT918③F：28）　4.盆（ⅡT522③F：28）　5.盆（ⅡT621③F：21）　6.器盖（ⅡT522③F：17）　7.器盖（ⅡT621③F：22）　8.鼎（ⅡT822③E：16）　9.鼎（ⅡT721③E：15）　10.甗（ⅡTD205：1）　11.盘（ⅡT1032③D：21）　12.豆（ⅡT724③C：9）　13.豆（ⅡT918③E：16）　14.豆（ⅡT522③E：24）　15.觚（ⅡT623③D：8）　16.觚（ⅡT623③D：20）　17.壶（ⅡT819③E：10）　18.刻槽盆（ⅡT623③D：13）　19.硬陶罐（ⅡT522③E：19）　20.硬陶罐（ⅡTD205：6）　21.罐（ⅡT619③E：6）　22.盆（ⅡT518③E：5）　23.器盖（ⅡT821③E：8）　24、25.鼎（ⅡH114：6、ⅡT621③D：20）　26.甗（ⅡTD101：28）　27.豆（ⅡT1233③D：8）　28.豆（ⅡTD101：6）　29.豆（ⅡH284：7）　30.觚（ⅡH284：2）　31.觚（ⅡT1233③D：13）32.壶（ⅡT821③D：5）　33.壶（ⅡT1020③D：4）　34.罐（ⅡT1233③D：21）　35.罐（ⅡT821③D：15）　36、37.盆（ⅡH114：2、ⅡT621③D：18）　38.器盖（ⅡH114：1）　39.鼎（ⅠTD4：20）　40.鼎（ⅠTD4：22）　41.鼎（ⅠTD4：23）　42.鼎（ⅡT1034③C：12）　43.罐（ⅡH230：1）　44.盆（ⅡTD4：16）　45.盆（ⅠTD4：21）　46.器盖（ⅡT1034③C：7）　47～50.原始瓷豆（ⅡH107：9、ⅡH107：10、ⅡH149：1、ⅡH149：2）　51.觚（ⅡH149：3）　52.鼎（ⅡH148：1）　53.鼎（ⅡH108：3）　54.豆（ⅡH148：2）　55.觚（ⅡH148：3）　56.鼎（Ⅱ1132③B：12）　57.鼎（ⅡT824③B：5）　58.甗（ⅠTD1：1）　59.豆（ⅡT819③B：3）　60.豆（ⅡT822③B：17）　61.豆（ⅠTD1：11）　62.觚（ⅡT822③B：3）　63.觚（ⅡT823③B：4）　64.觚（ⅡT819③B：17）　65.觚（Ⅱ1132③B：8）　66.罐（ⅡT825③B：12）　67.罐（ⅡH241：1）　68.盆（ⅡT917③B：2）　69.盆（Ⅱ1022③B：1）　70.器盖（ⅠTD1：15）　71.硬陶鼎（ⅡT1033③A：15）　72.鼎（ⅡT1033③A：16）　73.甗（ⅡT1021③A：1）　74.豆（ⅡH249：3）　75.豆（ⅡH249：5）　76.觚（ⅡT1021③A：12）　77.豆（ⅡH249：7）　78.罐（ⅡT735③A：3）　79、80.盆（ⅡT1109③A：4、ⅡT1019③A：11）　81、82.器盖（ⅡT1031③A：11、ⅡH249：8）　83.钵（ⅡH249：6）

15、16）、鸭形壶（图 7-5，17）、刻槽盆（图 7-5，18）、弧腹盆（图 7-5，22）、圈形捉手器盖（图 7-5，23）等，典型硬陶器为高颈罐（图 7-5，19、20）。该段器物，特征接近钱山漾第 3 组，年代约为二里头三期。

第 3 段：陶器器类主要有鼎、甗、豆、觚、鸭形壶、盆、罐和器盖等（图 7-5，24～38）。纹饰种类与上段变化不大，仍以绳纹为主，条格纹、叶脉纹和夔纹较有特色。鼎等器物腹有内曲现象，鸭形壶腹底变平、鸭尾稍收，圜底盆依然流行。典型器有折沿垂腹凹弧足鼎（图 7-5，24、25）、弧腹盆形甗（图 7-5，26）、粗高柄折盘豆（图 7-5，27）、粗高柄罐形豆（图 7-5，28）、粗体觚（图 7-5，30、31）、鸭形壶（图 7-5，32、33）、垂腹罐（图 7-5，34、35）、圜底盆（图 7-5，36）、弧腹凹底盆（图 7-5，37）和器盖（图 7-5，38）等。该段器物，与钱山漾第 4 组风格接近，年代约为二里头四期偏早。

第 4 段：陶器器类主要有鼎、豆、觚、罐、盆和钵等（图 7-5，39～51）。纹饰主要有绳纹、弦纹、方格纹、云雷纹、夔纹和镂孔等。鼎腹继续内收，垂腹罐的腹径变大等。典型陶器有折沿垂腹舌形足鼎（图 7-5，39、40）、浅腹碗形鼎（图 7-5，42）、细体觚（图 7-5，51）、垂腹罐（图 7-5，43）、弧腹盆（图 7-5，44、45）和圈形捉手器盖（图 7-5，46）等，典型原始瓷器为中粗柄豆（图 7-5，47～50）。该段器物，风格类似钱山漾第 5 组，年代约为二里冈下层一期。

第 5 段：陶器器类主要有鼎、豆和觚等（图 7-5，52～55）。纹饰主要有绳纹、云雷纹、弦纹、夔纹、之字形镂孔等。浅盘鼎呈敞口的盘形，是新出现的形态。典型器有折沿垂腹圆实足鼎（图 7-5，52）、浅腹盘形鼎（图 7-5，53）、中粗柄折盘豆（图 7-5，54）、粗体觚（图 7-5，55）等。该段器物，风格类似钱山漾第 6 组，年代约为二里冈下层二期。

第 6 段：陶器器类主要有鼎、甗、豆、觚、罐、盆和器盖等（图 7-5，56～70）。纹饰主要有绳纹、夔纹、云雷纹、弦纹、方格纹和镂孔等。陶器中鼎的最大腹径继续变小，有的已不见垂腹现象；豆的下盘腹腹深变浅。典型器有垂腹舌形足鼎（图 7-5，56）、弧腹凹弧足鼎（图 7-5，57）、弧腹盆形圆实足甗（图 7-5，58）、高柄碗形豆（图 7-5，59）、高柄折盘豆（图 7-5，60）、粗体觚（图 7-5，62～64）、细体觚（图 7-5，65）、扁鼓腹罐（图 7-5，66）、高颈圆肩弧腹罐（图 7-5，67）、弧腹盆（图 7-5，68）、圜底盆（图 7-5，69）等。该段器物，风格类似钱山漾第 7 组，年代约为二里冈上层一期。

第 7 段：陶器器类主要有鼎、豆、觚、罐、盆、钵和器盖等（图 7-5，71～83）。纹饰主要有绳纹、弦纹、云雷纹和曲折纹等。鼎为浅腹钵形；甗腹似变浅；豆的下盘腹深仍极浅。典型器有浅腹钵形鼎（图 7-5，71、72）、折沿鼓腹甗（图 7-5，73）、折盘豆（图 7-5，74、75）、罐形豆（图 7-5，77）、粗体觚（图 7-5，76）、扁腹罐（图 7-5，78）、圜底盆（图 7-5，79、80）、菌状钮器盖（图 7-5，81）、圈形捉手器盖（图 7-5，82）和扁腹钵（图 7-5，83）等。该段器物，风格类似钱山漾第 8 组，年代应为二里冈上层二期或偏晚。

4. 神墩遗址

神墩遗址位于现常州溧阳市社渚镇的孔村行政村下文自然村东 30 米处，胥河支流梅渚河自遗址东流过。海拔 6～8 米，高出周围地面 1～3 米，面积近 3 万平方米。2004～2006 年，南京博物院、常州市博物馆等单位发掘约 1000 平方米，发现夏商周时期灰坑 12 个、灰沟 1 条[1]。

笔者对这些材料分析后，将夏商时期遗存大体可分为 6 组。

第 1 组：以 G1⑥为代表。

第 2 组：以 G1⑤为代表。

第 3 组：以 G1④为代表。

第 4 组：以 G1③、H30 为代表。

第 5 组：以 G1②、H1、H13 为代表。

第 6 组：以 G1①为代表。

以上 6 组对应 6 段。陶器均以灰黑陶、红陶为主，夹砂陶多夹蚌；有少量硬陶、原始瓷。各段纹饰不同，总体流行凹凸棱饰，网格纹、叶脉纹、梯格纹一直较多，绳纹比例呈缓慢提升趋势。

第 1 段：陶器器类有鼎、豆、刻槽盆、壶、瓮、罐、盆、釜器盖等（图 7-6，1 ~ 24）；流行网格纹、弦纹、叶脉纹等，另有附加堆纹、梯格纹、刻划纹、云雷纹、曲折纹、回纹、篮纹、指捺纹等。豆多斜腹、柄上有凸棱；刻槽盆多为深腹、圜底；存在凹弧足器。典型陶器有浅盘鼎（图 7-6，2）、折盘敞口凸棱豆（图 7-6，3）、斜腹浅盘豆（图 7-6，4、9）、碗形豆（图 7-6，5）、深腹刻槽盆（图 7-6，12）、鼓腹瓮（图 7-6，15）、垂腹罐（图 7-6，17）、深鼓腹釜（图 7-6，18）、穿孔罐（图 7-6，22）等，典型硬陶器有垂腹罐（图 7-6，1）、圈足鸭形壶（图 7-6，11）等。浅盘豆为岳石文化二、三期风格，浅盘鼎、穿孔罐、鸭形壶等同昆山第 4、5 组。该段遗存，年代约为二里头四期至二里冈下层一期。

第 2 段：陶器器类有鼎、豆、觚、刻槽盆、钵等（图 7-6，25 ~ 33）；流行网格纹、弦纹，另有叶脉纹、梯格纹、绳纹、刻划纹、指捺纹、篮纹、曲折纹、三角填线纹等。陶豆形态多样，豆柄凸棱变大，有外翻唇现象，有凹弧足器。典型器有折盘豆（图 7-6，25）、大凸棱豆（图 7-6，26）、粗体觚（图 7-6，29）、素面刻槽盆（图 7-6，30）等。刻槽盆、折盘豆、大凸棱豆有二里冈下层二期风格。因此，该段遗存年代约为二里冈下层二期。

第 3 段：陶器器类有鼎、豆、瓮、罐、盆和碗等（图 7-6，34 ~ 46）；流行弦纹、网格纹，另有绳纹、叶脉纹、篮纹、梯格纹、刻划纹、三角填线纹、指捺纹、曲折纹等。豆依然多斜腹、凸棱柄，大撇足常见；瓮、罐等多鼓腹、垂腹；盆多卷沿、弧腹。典型器有折沿浅腹鼎（图 7-6，34）、斜腹豆（图 7-6，38、39）、鼓腹瓮（图 7-6，40）、垂腹圜底罐（图 7-6，41）、卷沿弧腹盆（图 7-6，44）、敞口斜腹碗（图 7-6，46）等；折沿浅腹鼎、卷沿弧腹盆、敞口斜腹碗属二里冈上层一期风格；薛家岗第 4 组也有类似的折沿浅腹鼎。因此，本段遗存年代为二里冈上层一期前后。

第 4 段：陶器器类有鼎、豆、刻槽盆、瓮、盆等（图 7-6，47 ~ 61）；出现少量原始瓷。流行弦纹、网格纹，另有叶脉纹、梯格纹、篮纹、云雷纹、指捺纹、刻划纹、对三角镂孔、长方形镂孔等，对三角镂孔、长方形镂孔为新见，并延续至第 6 段。豆的盘腹稍变弧、腹深仍浅，豆柄凸棱变缓；刻槽盆腹深变浅；瓮腹收变急、变斜。典型器有弧腹撇足鼎（图 7-6，47）、细高柄浅盘豆（图

[1] 南京博物院、常州博物馆、溧阳市文化局：《江苏溧阳神墩遗址发掘简报》，《东南文化》2009年第5期。常州市博物馆、溧阳市文物管理委员会：《溧阳市神墩新石器时代及商周时期遗址》，《中国考古学年鉴·2007》，文物出版社，2008年。南京博物院、常州博物馆等：《溧阳神墩》，文物出版社，2016年。

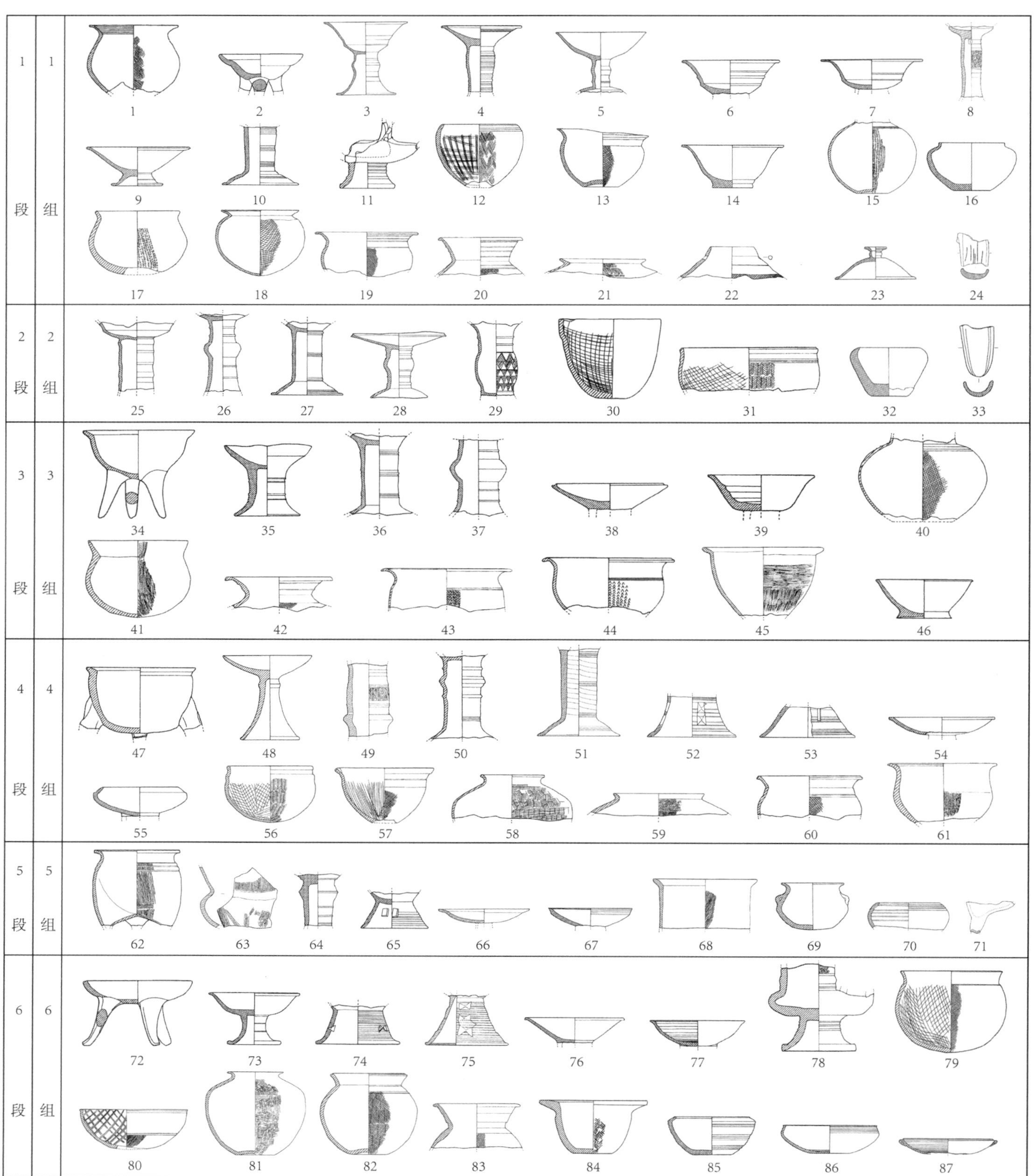

图7–6　神墩夏商时期遗存

1.硬陶罐（G1⑥：9）　2.鼎（G1⑥：114）　3～10.豆（G1⑥：102、G1⑥：119、G1⑥：118、G1⑥：121、G1⑥：116、G1⑥：123、G1⑥：6、G1⑥：131）　11.硬陶壶（G1⑥：124）　12.刻槽盆（G1⑥：25）　13、14.盆（G1⑥：104、G1⑥：127）　15、21.瓮（G1⑥：122、G1⑥：24）　16、17、19、20、22.罐（G1⑥：101、G1⑥：134、G1⑥：137、G1⑥：8、G1⑥：141）　18.釜（G1⑥：135）　23.器盖（G1⑥：128）　24.鼎足（G1⑥：23）　25～28.豆（G1⑤：4–1、G1⑤：2、G1⑤：1–1、G1⑤：27）　29.觚（G1⑤：4–2）　30、31.刻槽盆（G1⑤：1–2、G1⑤：6）　32.钵（G1⑤：28）　33.鼎足（G1⑤：7）　34.鼎（G1④：4–1）　35～39.豆（G1④：16、G1④：7、G1④：13、G1④：4–2、G1④：10–1）　40.瓮（G1④：3）　41、42.罐（G1④：2、G1④：15–1）　43～45.盆（G1④：11、G1④：12、G1④：15–2）　46.碗（G1④：14）　47.鼎（G1③：10）　48～51、54、55.豆（G1③：103、G1③：11、G1③：12、G1③：13、G1③：21、G1③：3）　52、53.硬陶豆（G1③：5–1、G1③：9）　56、57.刻槽盆（G1③：1、G1③：2）　58、59.瓮（G1③：17、G1③：5–2）　60、61.盆（G1③：6、G1③：4）　62.鬲（H1：9）　63.甗（G1②：10）　64、66、67.豆（G1②：1–1、G1②：3、G1②：4）　65.硬陶豆（G1②：6）　68.盆（G1②：5）　69.罐（G1②：1–2）　70.钵（G1②：2）　71.鬲足（H1：19）　72.鼎（G1①：2）　73、76、77.豆（G1①：5、G1①：21、G1①：26）　74、75.硬陶豆（G1①：4–1、G1①：23）　78.硬陶壶（G1①：3）　79、80.刻槽盆（G1①：29、G1①：31）　81.瓮（G1①：25）　82、83.罐（G1①：20、G1①：35）　84.盆（G1①：27）　85.钵（G1①：22）　86、87.硬陶钵（G1①：4–2、G1①：9）

7-6，48、54）、扁腹钵形豆（图 7-6，55）、矮粗柄三角镂孔硬陶豆（图 7-6，52、53）、弧腹瓮（图 7-6，58、59）、弧腹盆（图 7-6，60、61）等。弧腹撇足鼎、弧腹瓮风格类似五担岗第 5 组，矮粗柄三角镂孔豆则近新浮第 1 组。因此，该段遗存年代约为花园庄阶段。

第 5 段：陶器器类主要有鬲、甗、豆、罐、盆、钵等（图 7-6，62 ～ 71）；流行弦纹、绳纹，另有网格纹、梯格纹、刻划纹、云雷纹、曲折纹、刻划纹、长方形镂孔等，长方形镂孔较上段变宽。总体来看，鬲开始增多，袋足鬲、鼎式鬲并存；甗腹变鼓；豆的盘腹变深、内斜沿变宽；钵的肩、腹交界处变圆。典型器有卷沿鼓腹袋足鬲（图 7-6，62）、鼎式鬲（图 7-6，71）、束腰甗（图 7-6，63）、矮粗柄长方形镂孔硬陶豆（图 7-6，65）、扁腹钵（图 7-6，70）等。袋足鬲与五担岗第 6 组、城头山第 6 组鬲相似，长方形镂孔豆与北阴阳营第 4 组豆相近。本段遗存年代，约为殷墟一期。

第 6 段：陶器器类主要有鼎、豆、壶、瓮、罐、盆、钵等（图 7-6，72 ～ 87）；流行弦纹、网格纹、绳纹，另有梯格纹、席纹、叶脉纹、刻划纹、篮纹、曲折纹、复线菱纹、曲折纹、三角镂孔等。鼎腹较浅、足间距略大于口径；豆有弧腹碗形和斜腹两种，斜腹豆多平底；鸭形壶圈足更撇，尾部上翘变缓；刻槽盆腹深有变浅迹象。典型陶器有浅腹撇足鼎（图 7-6，72）、斜腹豆（图 7-6，73、76）、碗形豆（图 7-6，77）、圜底刻槽盆（图 7-6，79、80）、斜肩弧腹瓮（图 7-6，81）、斜颈罐（图 7-6，83）、斜弧腹盆（图 7-6，84）、扁腹钵（图 7-6，85）等，典型硬陶器有中粗柄豆（图 7-6，74、75）、圈足鸭形壶（图 7-6，78）、扁腹钵（图 7-6，86、87）等。该段紧接上段，年代稍晚。碗形豆、斜肩弧腹瓮、斜颈罐属殷墟二期或偏晚风格。该段遗存年代，约为殷墟二期，下限可能进入殷墟三期。

5. 昆山遗址

昆山遗址位于湖州市吴兴区北部八里店镇昆山村。遗址地势较高，海拔数米至十几米不等，西邻东苕溪支流龙溪河，西南距钱山漾遗址约 5 千米。具体面积不详。1957 年冬发现，60 ～ 80 年代间做过数次调查。1995、2000 年各进行过一次发掘，揭露面积约 200 平方米。2004 ～ 2005 年，浙江省文物考古研究所、湖州市博物馆又发掘 2000 平方米，发现丰富的夏商时期遗存，遗迹有大型灰沟、建筑遗存、灰坑等[1]。

现将夏商时期遗存分为 7 组。

第 1 组：以 G1⑤为代表。

第 2 组：以 G1④为代表。

第 3 组：以 G1③为代表。

第 4 组：以 G1②为代表。

第 5 组：以 G1①偏早遗存为代表，H11 划归该组。

第 6 组：以 G1①偏晚遗存为代表。

第 7 组：以 K1 为代表。

[1] 浙江省文物考古研究所、湖州市博物馆：《昆山》，文物出版社，2006年。另：原报告G1层位的记录与常规颠倒，从上至下分别为⑤、④、③、②、①。为避免误解，笔者将上下层序调整为①、②、③、④、⑤。

以上7组对应7段。

第1段：陶器出土较少，有少量灰红色或紫褐色硬陶。陶器器类有鼎、瓮等（图7-1，1～5）。纹饰有篮纹、绳纹、弦纹、方格纹、云雷纹和叶脉纹等，叶脉纹较有特色。从形态看，鼎一类的腹部多较斜，类似钱山漾第1组。典型器有折沿斜腹凹弧足鼎（图7-7，1）、折沿鼓腹硬陶罐（图7-7，2）、卷沿鼓腹罐（图7-7，3）、直口鼓腹罐（图7-7，4）、卷沿弧腹盆（图7-7，5）等。陶器形态类似钱山漾第1组，但有一部分陶器年代似稍晚。因此，将第1段年代定在二里头二期偏早，上限为二里头一期偏晚。

第2段：陶器较上段多，有一定数量硬陶。器类有鼎、甗、豆、罐、盆和器盖等（图7-7，6～15）。纹饰以绳纹为多，另有弦纹、篮纹、条格纹、叶脉纹、席纹、曲折纹、附加堆纹、镂孔等，部分硬陶器口部有刻划符号。条格纹应由广富林文化继承而来；弦纹多为凹凸棱，多见于豆柄及罐颈；方格纹则多见于盆和罐；叶脉纹自第1段起即出现，一直延续至第7段。形态方面，鼎为卷沿垂腹罐形；甗则为鼓腹、无足，这种无足甗在后面几段并未再出现；豆柄多有圆形镂孔，圈足多为喇叭形；罐类陶器有一种较为特别，即高颈、微外倾，多鼓腹。典型陶器有垂腹罐形鼎（图7-7，6、7）、束腰无足甗（图7-7，8）、中粗柄豆（图7-7，9、11）、细高柄豆（图7-7，10）、折沿斜弧腹盆（图7-7，14）等，典型硬陶器有高颈罐（图7-7，12）、折沿弧腹罐（图7-7，13）等。从该段器物形态及其他特征来看，与钱山漾第2段更接近，年代应为二里头二期前后。

第3段：陶器数量较多，硬陶器数量上升，有少量原始瓷。陶器器类有鼎、盘、豆、觚、壶、刻槽盆、瓮、罐、盆、器盖等（图7-7，16～38）；部分硬陶器有爆汗釉，多个体稍小。原始瓷器也仅有个体较小的豆。本段遗物数量较多，陶器和原始瓷器纹饰相较丰富；纹饰仍以绳纹、弦纹为主，另有曲折纹、叶脉纹、条格纹、方格纹、三角纹、羽状纹、云雷纹、云纹、夔纹、梯格纹、指捺纹、乳丁纹和镂孔等，有少量组合纹饰；新出现的纹饰有梯格纹和指捺纹，其中梯格纹与偏晚阶段稍有差别，但已极接近。瓮、罐数量和形态均丰富，折沿或卷沿陶器沿面一般有多周凸棱，束颈常见；部分罐类器物高颈；鸭形壶的颈部至鸭尾之间多缓平、或向下微曲，颈部与把手顶部近平。典型陶器有垂腹凹弧足鼎（图7-7，16）、盘形鼎（图7-7，18、19）、钵形鼎（图7-7，20）、瓦足盘（图7-7，21）、浅腹盘形豆（图7-7，22～24）、粗体觚（图7-7，26）、折沿鼓腹瓮（图7-7，31）、折沿鼓腹盆（图7-7，33）、敞口斜腹盆（图7-7，34）、卷沿弧腹盆（图7-7，35、36）等，典型硬陶器有鸭形壶（图7-7，27）、圜底刻槽盆（图7-7，28）、高颈罐（图7-7，29）、卷沿鼓腹罐（图7-7，30）、折沿浅弧腹盆（图7-7，32）等。该段器物风格，与钱山漾第3组者相近，年代约为二里头三期。

第4段：陶器数量较多，硬陶器多见，有少量原始瓷器。陶器器类主要有鼎、甗、盘、豆、觚、杯、瓮、罐、盆等（图7-7，39～55）。纹饰种类与上段相近，新见席纹、之字镂孔、三角填线纹等；圆形镂孔由前几段稍稀疏、较大的圆孔变为细密的小圆孔。陶器腹部多较凸出；甗等出现斜腹；高颈瓮或罐依然流行。典型陶器有卷沿垂腹鼎（图7-7，39）、卷沿弧腹鼎（图7-7，40）、束腰斜腹甗（图7-7，41）、敞口浅盘鼎（图7-7，42）、瓦足盘（图7-7，43）、粗高柄豆（图7-7，44、47）、中粗柄碗形豆（图7-7，48）、曲壁细体觚（图7-7，49）、折沿鼓腹瓮（图7-7，52）、扁弧腹小罐（图7-7，55）等，典型硬陶器有之字镂孔豆（图7-7，45）、宽把杯（图7-7，50）、高

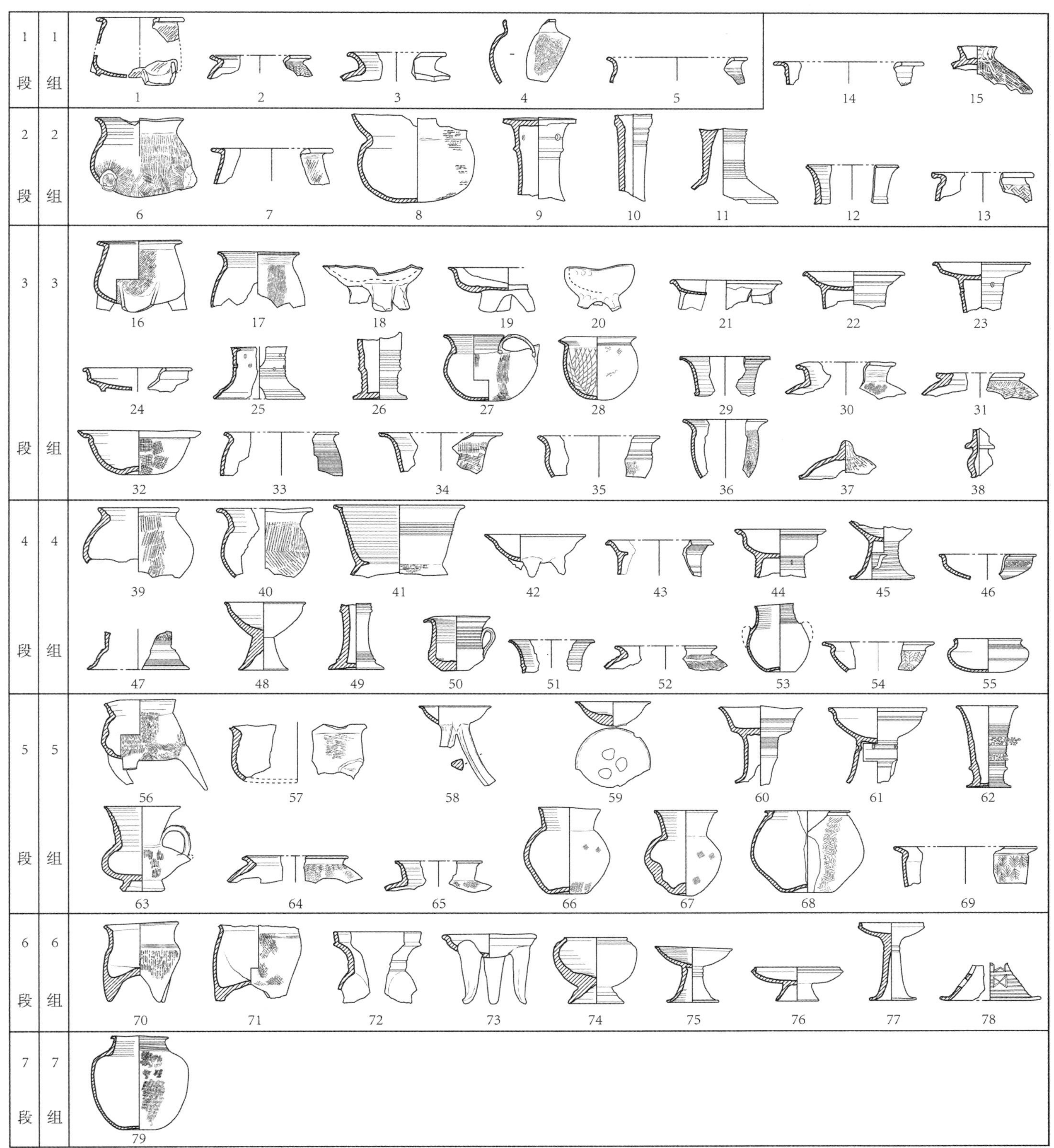

图7–7　昆山夏商时期遗存

1.鼎（G1⑤：4）　2.硬陶罐（G1⑤：16）　3.罐（G1⑤：19）　4.罐（G1⑤：3）　5.盆（G1⑤：12）　6.鼎（G1④：97）　7.鼎（G1④：68）　8.甗（G1④：74）　9.豆（G1④：88）　10.豆（G1④：42）　11.豆（G1④：97）　12.硬陶罐（G1④：43）　13.硬陶罐（G1④：61）　14.盆（G1④：89）　15.器盖（G1④：96）　16.鼎（G1③：312）　17.鼎（G1③：44）　18.鼎（G1③：87）　19.鼎（G1③：88）　20.鼎（G1③：17）　21.盉（G1③：40）　22.豆（G1③：29）　23.豆（G1③：237）　24.豆（G1③：149）　25.豆（G1③：123）　26.觚（G1③：94）　27.硬陶壶（G1③：8）　28.硬陶刻槽盆（G1③：311）　29.硬陶罐（G1③：247）　30.硬陶瓮（G1③：145）　31.罐（G1③：174）　32.硬陶盆（G1③：18）　33.盆（G1③：285）　34.盆（G1③：36）　35.盆（G1③：101）　36.盆（G1③：274）　37.器盖（G1③：175）　38.器盖（G1③：141）　39.鼎（G1②：54）　40.鼎（G1②：114）　41.甗（G1②：165）　42.鼎（G1②：17）　43.盘（G1②：21）　44.豆（G1②：72）　45.硬陶豆（G1②：142）46.豆（G1②：80）　47.豆（G1②：16）　48.豆（G1②：4）　49.觚（G1②：18）　50.硬陶杯（G1②：12）　51.硬陶罐（G1②：52）　52.瓮（G1②：30）　53.硬陶罐（G1②：9）　54.硬陶盆（G1②：48）　55.罐（G1②：1）　56.鼎（G1①：1）　57.甗（H11：18）　58.硬陶鼎（G1①：214）　59.硬陶鼎（H11：3）　60.豆（H11：29）　61.豆（G1①：187）　62.觚（G1①：253）　63.硬陶壶（G1①：4）　64.硬陶瓮（H11：24）　65.硬陶瓮（H11：22）　66.硬陶罐（H11：5）　67.硬陶罐（H11：8）　68.罐（G1①：3）　69.硬陶盆（H11：25）　70.鬲（HPC：24）　71.鬲（1992采）　72.斝（HPC：20）　73.鼎（HPC：52）　74.豆（HPC：11）　75.硬陶豆（G1①：268）　76.硬陶豆（HPC：4）　77.豆（HPC：3）　78.硬陶豆（G1①：77）　79.硬陶瓮（K1：1）

颈罐（图 7-7，51）、深鼓腹双耳罐（图 7-7，53）、浅弧腹盆（图 7-7，54）等。该段器物风格，与钱山漾第 4 组相近，年代应为二里头四期偏早。

第 5 段：陶器数量最多，硬陶器较多，原始瓷较前几段多。陶器器类主要有鼎、甗、豆、觚、壶、盘、瓮、罐、盆和器盖等（图 7-7，56～69）。纹饰种类与上段相似，新增长方形镂孔，圆形镂孔变为长圆形镂孔，多见三角形镂孔。陶器形态方面，以鼎、豆、瓮、罐组合为主，继续流行鼓腹、垂腹。典型陶器有垂腹罐形鼎（图 7-7，56）、束腰甗（图 7-7，57）、中粗柄折盘豆（图 7-7，60）、粗体觚（图 7-7，62）、折沿鼓腹罐（图 7-7，68）等，典型硬陶器有高撇足碗形鼎（图 7-7，58、59）、鸭形壶（图 7-7，63）、折沿鼓腹瓮（图 7-7，64）、直口鼓腹瓮（图 7-7，65）、高颈罐（图 7-7，66、67）、折沿深弧腹盆（图 7-7，69）等。该段器物风格，与钱山漾第 5 组相近，年代应为二里冈下层一期。

第 6 段：陶器较多，但多为采集品。陶器器类有鬲、鼎、斝、豆等（图 7-7，70～78），鬲和斝是新见器类。纹饰多见绳纹、弦纹、三角镂孔等。典型器有折沿高颈袋足鬲（图 7-7，70）、折沿弧腹袋足鬲（图 7-7，71）、浅盘撇足鼎（图 7-7，73）、盘口斝（图 7-7，72）、矮圈足罐形豆（图 7-7，74）、浅腹碗形硬陶豆（图 7-7，75）、矮圈足浅盘硬陶豆（图 7-7，76）、细高柄浅盘豆（图 7-7，77）、对三角镂孔硬陶豆（图 7-7，78）等。该段器物风格，与五担岗第 6 组相近，年代应为殷墟一期，上限可能进入花园庄晚段。

第 7 段：仅 1 件紫褐硬陶瓮（图 7-7，79），折沿、斜长颈、圆肩、弧腹，与萧山柴岭山 D21M2：1[1] 相似，年代应为殷墟二、三期前后。

6.邱城遗址

邱城遗址位于现湖州市吴兴区白雀乡太湖路与通湖路交界处南 200 米处，东侧 170 米处为南北流向的小梅港河，北距太湖仅 700 米。遗址海拔 11～31 米，高出周围地面 2～29 米，平面圆方形，面积超过 6000 平方米。1957 年发现，1957、1973、1986、1992 年各进行过一次发掘，总计揭露 760 平方米以上[2]。本文以第三、四次发掘资料为主，划分为 2 组。

第 1 组：以 86T1②、92H21 为代表。

第 2 组：以 92H23 为代表。

以上 2 组对应 2 段。

第 1 段：遗物主要为夹砂、泥质陶，部分硬陶。器类有鼎、甗、盘、豆、觚、釜、罐等（图 7-8，1～24）。纹饰主要有绳纹、弦纹，有少量云雷纹。陶器形态方面，鼎、罐一类流行鼓腹，盘多为浅腹。典型陶器有垂腹舌形足鼎（图 7-8，1）、凹弧足甗（图 7-8，5）、瓦足盘（图 7-8，6～9）、粗柄钵形豆（图 7-8，10）、粗体觚（图 7-8，15）、鼓腹罐（图 7-8，17、19）等，典型硬陶器有深弧腹釜（图 7-8，16）、鼓腹罐（图 7-8，18、21）、深垂腹罐（图 7-8，20）、单耳鼓

[1] 杭州市文物考古研究所、萧山博物馆：《萧山柴岭山土墩墓》，第196页，文物出版社，2013年。

[2] 梅福根：《江苏吴兴邱城遗址发掘简介》，《考古》1959年第9期。浙江省文物考古研究所：《浙江省湖州市邱城遗址第三、四次的发掘报告》，《浙江省文物考古研究所学刊》第七辑，科学出版社，2005年。浙江省文物管理委员会：《浙江省吴兴县邱城遗址1957年发掘报告初稿》，《浙江省文物考古研究所学刊》第七辑，科学出版社，2005年。另：1973年发掘情况不知，未见正式发表。

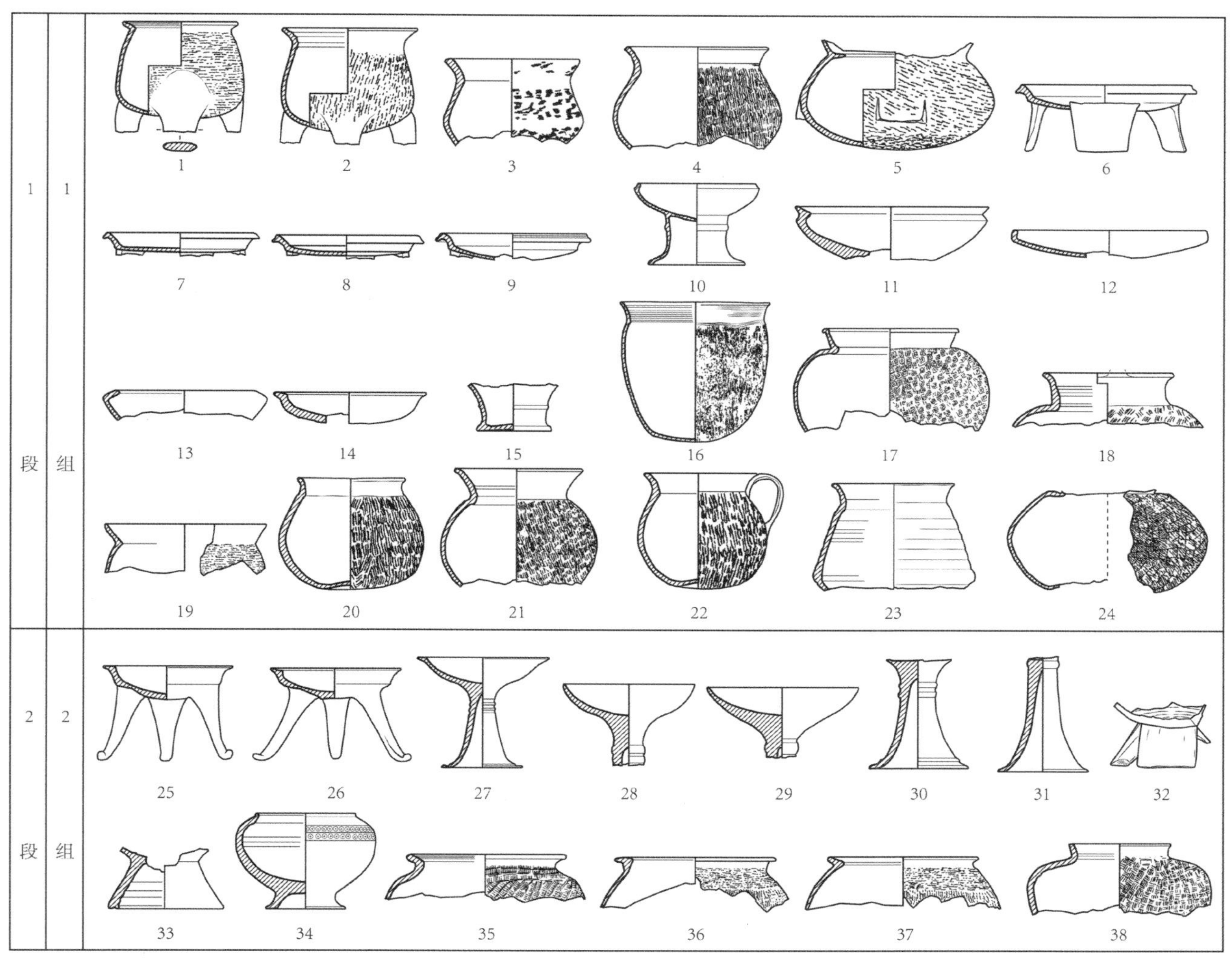

图7-8　邱城夏商时期遗存

1.鼎（86T1②：3）　2.鼎（86T1②：4）　3.鼎（92H21：14）　4.鼎（92H21：10）　5.甗（92H21：26）　6.盘（92H21：19）　7.盘（92H21：17）　8.盘（92H21：18）　9.盘（92H21：20）　10.豆（92H21：4）　11.豆（92H21：13）　12.豆（92H21：15）　13.豆（92H21：21）　14.豆（92H21：33）　15.觚（92H21：5）　16.硬陶釜（92H21：1）　17.罐（92H21：2）　18.硬陶罐（92H21：31）　19.罐（92H21：27）　20.硬陶罐（92H21：8）　21.硬陶罐（92H21：11）　22.硬陶罐（92H21：7）　23.硬陶罐（92H21：12）　24.硬陶罐（92H21：9）　25.鼎（92H23：5）　26.鼎（92H23：6）　27.豆（92H23：1）　28.豆（92H23：7）　29.豆（92H23：8）　30.豆（92H23：2）　31.豆（92H23：3）　32.硬陶豆（92H23：11）　33.硬陶豆（92H23：18）　34.豆（92H23：9）　35.罐（92H23：21）　36.罐（92H23：32）　37.罐（92H23：33）　38.硬陶罐（92HQ采：1）

腹罐（图7-8，22）、斜腹罐（图7-8，23）、扁鼓腹罐（图7-8，24）等。从垂腹鼎、瓦足盘、折盘豆、深垂腹硬陶罐等器物特征看，与钱山漾第4组非常接近，年代约为二里头四期偏早。

第2段：遗物主要为夹砂、泥质陶器。一定数量硬陶，有爆汗釉现象。陶器器类有鼎、豆、罐等（图7-8，25～38）。纹饰以绳纹、弦纹为主，另有梯格纹、席纹、戳印圆圈纹、镂孔等，梯格纹与宁镇地区、太湖北部同期者相近。形态方面，不见马桥文化中常见的罐形鼎，而浅盘鼎多见；豆也不见粗高柄者，多见细高柄或较大矮圈足者；罐一类的陶器肩部多较宽。典型陶器有浅盘鼎（图7-8，25、26）、细高柄豆（图7-8，27～31）、矮圈足罐形豆（图7-8，34）、折沿弧腹罐（图7-8，35）、鼓腹罐（图7-8，36、37）等，典型硬陶器有矮圈足豆（图7-8，32、33）、深弧腹罐（图7-8，38）等。从浅盘鼎、细高柄豆、矮圈足罐形豆等陶器特征看，接近钱山漾第9组；浅盘鼎与五担岗第6组同类器相似。因此，该段年代应为殷墟一期。

7.绰墩遗址

绰墩遗址位于现苏州昆山市巴城镇绰墩山村，西邻阳澄湖，东临傀儡湖；海拔5～6米，总面积约15万平方米。遗址发现于1961年，南京博物院对太湖流域进行考古调查时发现[1]。1982年至2004年期间，共进行过7次发掘，揭露面积总计约3500平方米，发现夏商时期灰坑、水井数十个[2]。

经分析后，笔者将夏商时期遗存分为5组。

第1组：以T2904⑤为代表。

第2组：以H42、H69为代表。

第3组：以H36为代表。

第4组：以T2904③、H75为代表。

第5组：以H22、J8为代表。

以上5组对应5段。

第1段：陶器器类有鼎、豆、罐、钵、盆等（图7-9，1～7），纹饰有弦纹、方格纹、绳纹、镂孔等。典型器有凹弧足鼎（图7-9，1）、中粗柄碗形豆（图7-9，2～4）、垂腹罐（图7-9，5）、扁腹钵（图7-9，6）和弧腹凹底盆（图7-9，7）等。从凹弧足鼎、碗形豆、弧腹盆特征看，与钱山漾第5组接近，年代为二里冈下层一期或稍早。

第2段：陶器器类有鼎、豆、觚、罐和盆等（图7-9，8～19），纹饰有绳纹、弦纹、云雷纹、席纹和条格纹等。典型器有凹弧足鼎（图7-9，8）、中粗柄碗形豆（图7-9，9～11）、粗体觚（图7-9，12、13）、垂腹罐（图7-9，14、15）、鼓腹罐（图7-9，16、17）、扁鼓腹罐（图7-9，18）、弧腹凹底盆（图7-9，19）等。观察凹弧足鼎、碗形豆和垂腹罐特征，形态与钱山漾第6组、第5组接近，年代约为二里冈下层二期，部分器物可能早至二里冈下层一期。

第3段：陶器较少，器类有鼎、甗和器盖等，纹饰仅见弦纹，典型器有扁实足鼎（图7-9，20）、圆实足甗（图7-9，21）、平顶器盖（图7-9，22）。从鼎、器盖形态看，属二里冈上层一期风格，甗形态接近于钱山漾第7组。从上分析可知，该段遗存年代大致为二里冈上层一期前后。

第4段：陶器器类有鼎、豆和罐等（图7-9，23～32）；纹饰有绳纹、弦纹、方格纹和戳印圆圈纹等；典型器有浅腹钵形鼎（图7-9，23）、浅盘撇足鼎（图7-9，24～26）、细高柄浅盘豆（图7-9，27、28）、矮圈足罐形豆（图7-9，29、30）和鼓腹罐（图7-9，31、32）等。浅盘撇足鼎，形态与钱底巷第3组接近；矮圈足罐形豆，形态与邱城第2组接近。因此，该段遗存年代应为殷墟一、二期前后。

第5段：陶器器类有鼎、甗和豆等（图7-9，33～43）；纹饰有弦纹、方格纹和戳印圆圈纹等；典型器有垂腹罐形鼎（图7-9，33）、浅腹撇足鼎（图7-9，34～36）、深垂腹圆实足甗（图7-9，

[1] 尹焕章、张正祥：《对江苏太湖地区新石器文化的一些认识》，《文物》1962年第3期。

[2] 南京博物院、昆山县文化馆：《江苏昆山绰墩遗址的调查与发掘》，《文物》1984年第2期。苏州博物馆、昆山市文物管理所：《江苏昆山市绰墩遗址发掘报告》，《东南文化》2000年第1期。苏州博物馆、昆山市文物管理所：《江苏昆山绰墩遗址第二次发掘报告》，《东南文化》2000年第6期。苏州博物馆、昆山市文物管理所、昆山市正仪镇政府：《江苏昆山遗址第一至第五次发掘简报》，《东南文化》2003年增刊1。苏州市考古研究所：《昆山绰墩遗址》，文物出版社，2011年。

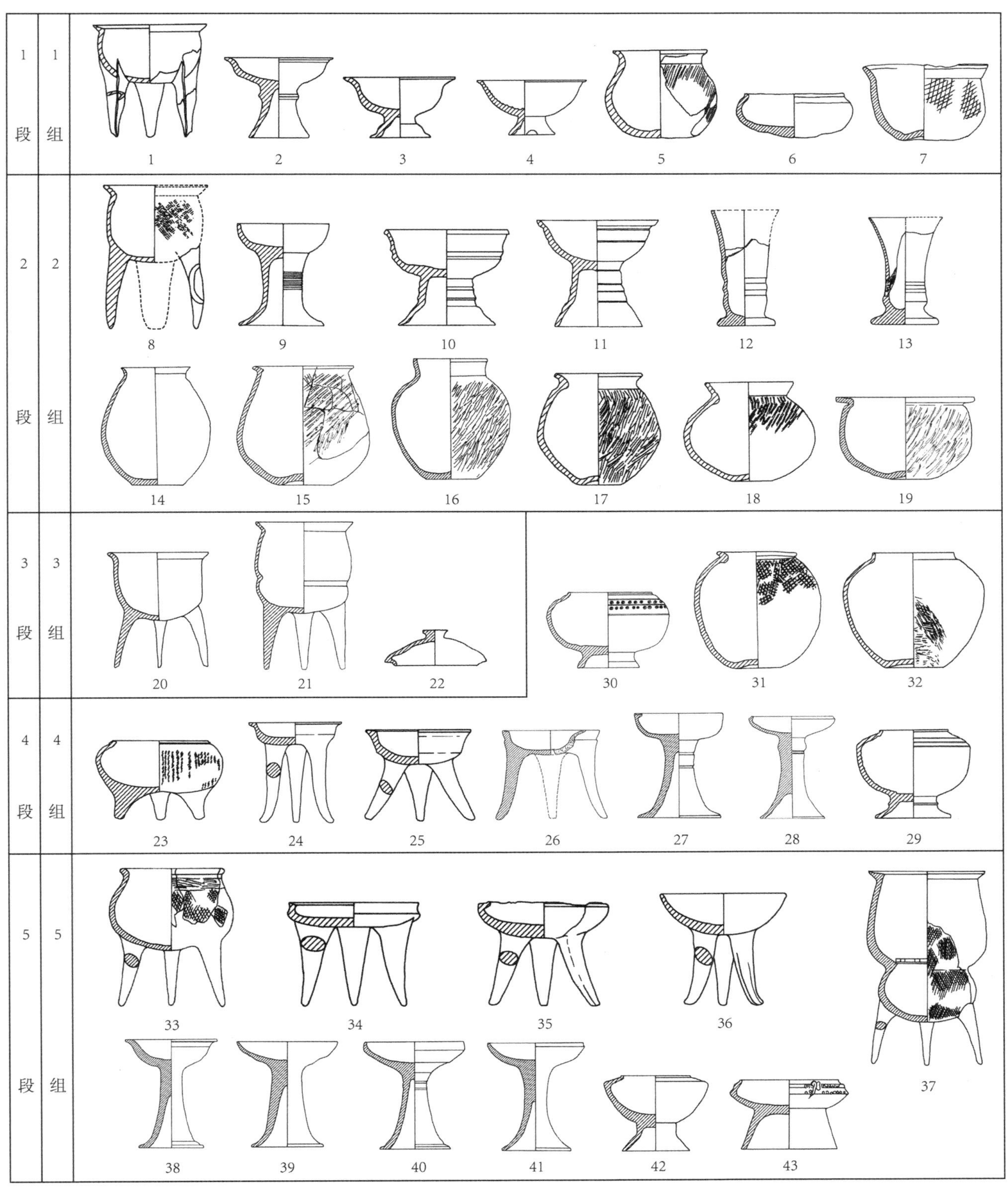

图7–9　绰墩夏商时期遗存

1.鼎（T2904⑤：54）　2.豆（T2904⑤：3）　3.豆（T2904⑤：12）　4.豆（T2904⑤：48）　5.罐（T2904⑤：20）　6.钵（T2904⑤：49）　7.盆（T2904⑤：15）　8.鼎（H69：22）　9.豆（H42：17）　10.豆（H69：5）　11.豆（H69：6）　12.觚（H69：25）　13.觚（H42：6）　14.罐（H42：9）　15.罐（H69：3）　16.罐（H42：11）　17.罐（H69：7）　18.罐（H69：10）　19.盆（H69：2）　20.鼎（H36：4）　21.甗（H36：7）　22.器盖（H36：5）　23.鼎（T2904③：13）　24.鼎（T2904③：14）　25.鼎（T2904③：12）　26.鼎（H75：4）　27.豆（T2904③：10）　28.豆（H75：5）　29.豆（H75：1）　30.豆（H75：2）　31.罐（H75：3）　32.罐（H75：4）　33.鼎（H22②：9）　34.鼎（H22①：2）　35.鼎（H22①：7）　36.鼎（J8：1）　37.甗（H22②：13）　38.豆（H22①：6）　39.豆（H22②：2）　40.豆（H22②：5）　41.豆（H22②：7）　42.豆（H22①：1）　43.豆（H22②：8）

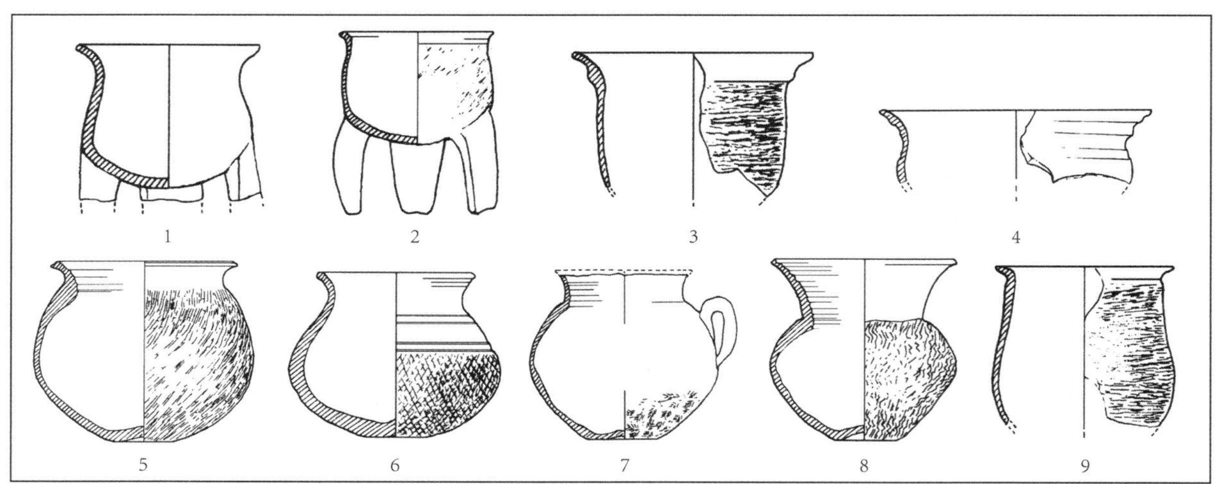

图7-10　广福村商时期遗存

1.鼎（J2：1）　2.鼎（J2：2）　3.釜（J1：20）　4.盆（H3：2）　5.硬陶罐（J1：9）　6.罐（J1：11）　7.硬陶罐（J1：16）　8.硬陶罐（J1：16）　9.釜（J1：21）

37）、细高柄浅盘豆（图 7-9，38～41）、矮圈足罐形豆（图 7-9，42）、矮圈足钵形豆（图 7-9，43）等。浅腹盘形鼎与钱底巷第 3 组同类器形态相近，鼎底部开始变平，足继续内收且变矮；略敛口的浅腹盘形豆、矮圈足罐形豆形态同花山第 2 组。由上分析可知，该段遗存年代应为殷墟三期前后。

8.广福村遗址

广福村遗址位于现苏州市吴江区桃源镇广福村，西北距太湖约 17 千米。遗址四面环水，海拔 4～6 米，略高于周围地面。1985 年发现，1996 年 12 月由苏州博物馆、吴江市文管会对其进行了抢救性发掘，共揭露面积约 160 平方米，发现灰坑、水井等遗迹[1]。

作者将年代定为马桥文化时期，未进一步断代。这些灰坑、水井，均开口于①层下。笔者在对出土遗物分析后，发现年代较集中。陶器多为红褐陶、灰陶；少量硬陶，个别施釉。器类有鼎、盆、釜和罐等（图 7-10，1～9），纹饰有绳纹、篮纹、云雷纹、弦纹、曲折纹、方格纹和叶脉纹等。典型器有凹弧足垂腹鼎（图 7-10，1、2）、卷沿深弧腹釜（图 7-10，3）、宽卷沿弧腹盆（图 7-10，4）、垂腹罐（图 7-10，6）、折沿垂腹釜（图 7-10，9）、鼓腹硬陶罐（图 7-10，5）、鼓腹单耳硬陶罐（图 7-10，7）、高颈弧腹硬陶罐（图 7-10，8）等。从陶器特征看，J1、J2 年代应为二里冈下层二期前后；H3 稍晚，约为二里冈上层一期。

9.钱底巷遗址

钱底巷遗址位于常熟市深圳路与珠海路交接处西南侧的新光村西，西南距虞山约 2 千米。遗址海拔约 3～4 米，总面积近 4 万平方米。1980 年常熟市文管会发现，1983 年南京博物院试掘。1988 年，南京大学历史系考古专业、常熟市文管会发掘 475 平方米，发现商周时期遗存，包含灰坑、水井等

[1]　苏州博物馆、吴江市文物陈列室：《江苏吴江广福村遗址发掘简报》，《文物》2001年第3期。

遗迹[1]。

经分析，笔者将商时期遗存分为三组。

第 1 组：以 T604④为代表。

第 2 组：以 T604③为代表。

第 3 组：以 T1206③为代表。

以上 3 组对应 3 段。

第 1 段：陶器数量较少，器类有豆和钵等（图 7-11，1 ～ 4）；纹饰仅弦纹；典型器有细高柄豆（图 7-11，1、3）、中粗柄硬陶豆（图 7-11，2）和弧腹钵（图 7-11，4）等，从地层关系及陶器特征看，本段遗存年代应略早于殷墟一期，应属花园庄晚段。

第 2 段：陶器数量较多，器类有鼎、甗、豆、刻槽盆、罐、盆、器盖等（图 7-11，5 ～ 17）；纹饰有绳纹、弦纹、网纹和戳印圆圈纹等，戳印圆圈纹也是殷墟一期前后本地流行纹饰。典型器有

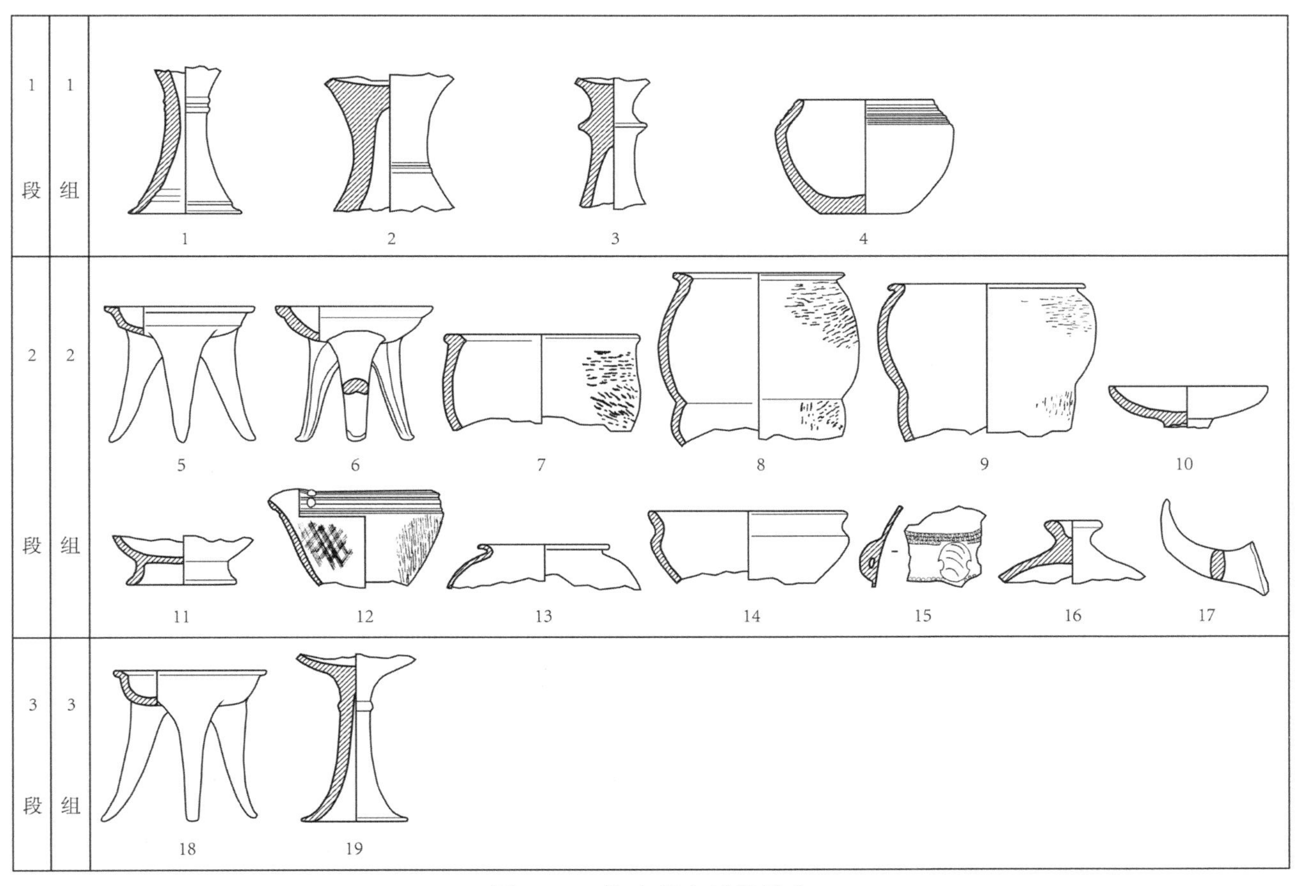

图7-11　钱底巷商时期遗存

1.豆（T604④：？） 2.硬陶豆（T604④：？） 3.豆（T604④：？） 4.钵（T604④：3） 5.鼎（T604③：4） 6.鼎（T604③：6） 7.甗（T604③：？） 8.甗（T604③：2） 9.甗（T604③：5） 10.豆（T604③：？） 11.豆（T604③：？） 12.刻槽盆（T604③：？） 13.硬陶罐（T604③：？） 14.硬陶盆（T604③：？） 15.罐（T604③：？） 16.器盖（T604③：？） 17.把手（T604③：？） 18.鼎（T1206③：5） 19.豆（T1206③：？）

[1] 南京大学历史系考古专业、常熟博物馆：《江苏常熟钱底巷遗址发掘报告》，《考古学报》1996年第4期。

浅盘撇足鼎（图 7-11，5、6）、鼓腹甗（图 7-11，8、9）、浅盘豆（图 7-11，10）、矮圈足豆（图 7-11，11）、刻槽盆（图 7-11，12）、折沿鼓腹硬陶罐（图 7-11，13）、卷沿斜弧腹硬陶盆（图 7-11，14）等。本段鼓腹甗，与新浮第 2 组甗形态接近；而浅盘撇足鼎、折沿鼓腹硬陶罐与五担岗第 6 组风格相近。因此，该段遗存年代约为殷墟一期。

第 3 段：陶器较少，器类有鼎、豆等（图 7-11，18、19）；纹饰有绳纹、弦纹、方格纹等。典型器有撇足浅盘鼎（图 7-11，18）、细高柄豆（图 7-11，19）等。从浅盘撇足鼎形态看，已由殷墟一期的圜底形态向平底过渡，但足较高、且较外撇，年代要稍晚些，类似绰墩第 4 组浅盘鼎。因此，该段遗存年代约为殷墟二期前后。

10.彭祖墩遗址

彭祖墩遗址位于现无锡市锡山区鸿山镇管家桥村西南，东距鸿山约 1 千米。遗址海拔约 6.5 米，高出周围地面约 2 ～ 3 米，总面积约 7 万平方米。1990 年发现，2000 年至 2002 年由南京博物院、无锡市博物馆和锡山区文管会先后发掘三次，面积总计 1175 平方米。发现商周时期遗存，包含灰坑等遗迹 [1]。现将商时期遗存分为 3 组。

第 1 组：以 T3201③、T3537③、T4820③、T5329③、T5331③、H10、H29 为代表。

第 2 组：以 T1408②、T5329②、H27、H28 为代表。

第 3 组：以 H36、H39、H43、H44、H46 为代表。

以上 3 组对应 3 段。

第 1 段：陶器器类有鼎、甗、釜、豆、罐和盆等（图 7-12，1 ～ 12）；纹饰有绳纹、弦纹、方格纹、梯格纹等。典型陶器有深弧腹釜（图 7-12，1）、鼓腹甗（图 7-12，2）、浅盘撇足鼎（图 7-12，3）、敞口碗形豆（图 7-12，6）、圆肩弧腹罐（图 7-12，7、8）、深鼓腹罐（图 7-12，10）、折沿弧腹盆（图 7-12，12）等，典型硬陶器有中粗柄浅盘豆（图 7-12，4）、矮粗柄圈足豆（图 7-12，5）、折沿弧腹罐（图 7-12，9）、扁折腹小罐（图 7-12，11）等。浅盘撇足鼎腹部有明显折棱、圜底，中粗柄浅盘豆圈足不高、浅口折腹部位偏上，折肩斜腹扁体罐腹部不鼓；风格与新浮第 1 组、五担岗第 5 组同类器相近，年代约相当于花园庄阶段。

第 2 段：陶器器类有鼎、甗、豆、刻槽盆、罐和盆等（图 7-12，13 ～ 24）；纹饰有绳纹、弦纹、曲折纹、梯格纹、方格纹、戳印圆圈纹和对三角镂孔等。典型陶器有浅盘撇足鼎（图 7-12，13）、深弧腹甗（图 7-12，15、16）、梯格纹刻槽盆（图 7-12，19）、宽肩弧腹罐（图 7-12，20、21）和直腹盆（图 7-12，24）等，典型硬陶器有浅盘豆（图 7-12，17）、中粗柄对三角镂孔豆（图 7-12，18）、圆肩深鼓腹罐（图 7-12，22）、扁折腹小罐（图 7-12，23）等。深腹甗的甑部为筒形腹，中粗柄对三角镂孔豆柄较高、纵向镂孔仅两排，宽肩弧腹罐肩部很宽；风格与五担岗第 6 组、新浮第 2 组相似，戳印圆圈纹 + 曲折纹的组合纹饰同钱底巷第 2 组、花山第 1 组。因此，该段遗存年代约为殷墟早期。

第 3 段：陶器器类有鼎、甗、豆、罐和器盖等（图 7-12，25 ～ 42），纹饰有绳纹、弦纹、叶

[1] 南京博物院、无锡市博物馆、锡山区文物管理委员会：《江苏无锡锡山彭祖墩遗址发掘报告》，《考古学报》2006年第4期。

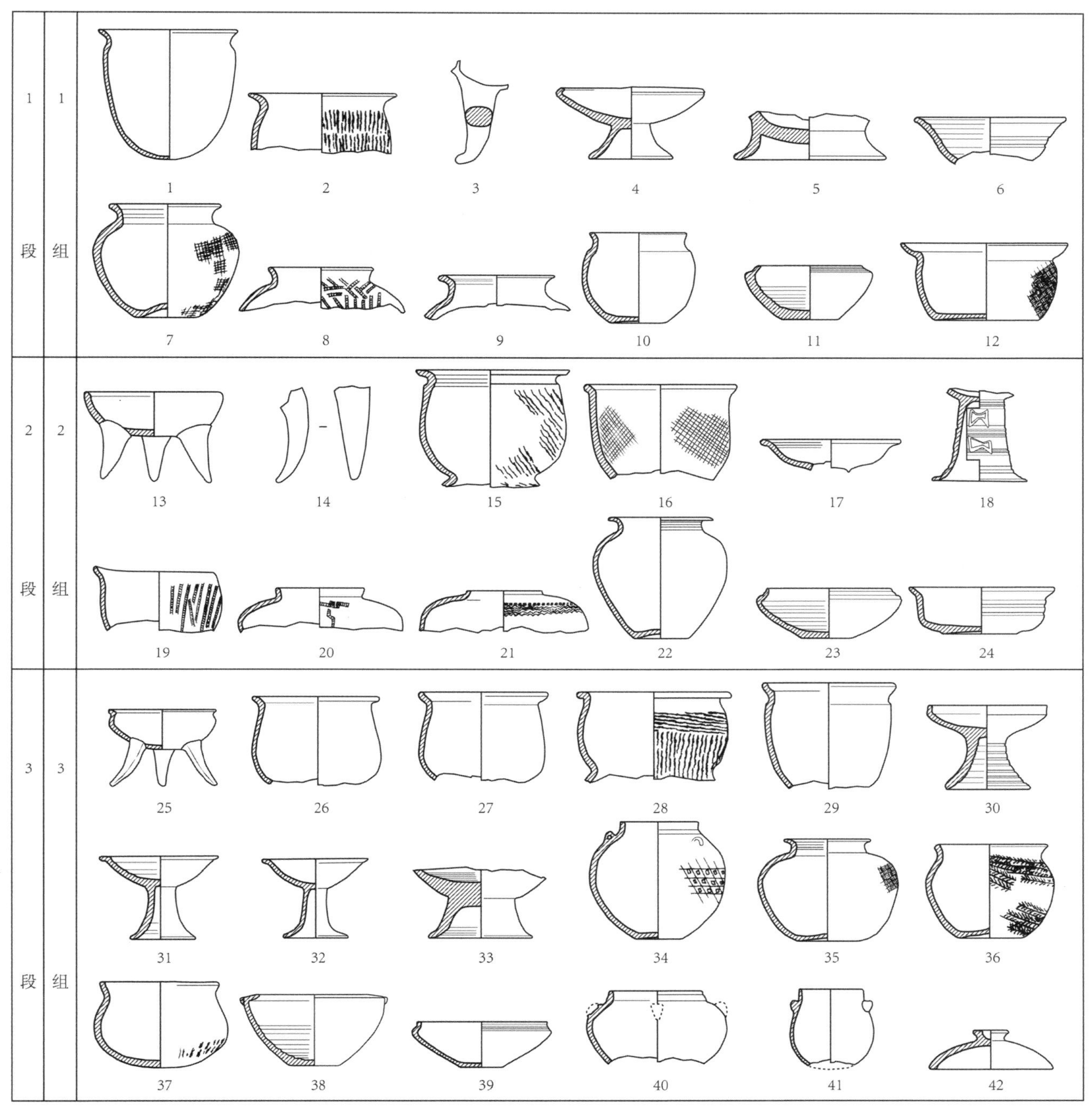

图7-12　彭祖墩商时期遗存

1.釜（T3201③：6）　2.甗（H29：1）　3.鼎（T4820③：7）　4.硬陶豆（T4820③：1）　5.硬陶豆（T3537③：8）　6.豆（H10：2）　7.罐（T3537③：3）　8.罐（T4820③：8）　9.硬陶罐（T5331③：3）　10.罐（T4820③：4）　11.硬陶罐（T3201③：2）　12.盆（T5329③：2）　13.鼎（H28：12）　14.鼎（H28：11）　15.甗（H27：2）　16.甗（H28：7）　17.硬陶豆（T1408②：2）　18.硬陶豆（T5329②：9）　19.刻槽盆（H28：8）　20.罐（H28：9）　21.罐（H28：10）　22.硬陶罐（T1408②：1）　23.硬陶罐（H28：2）　24.盘（H28：3）　25.鼎（H39：1）　26.甗（H46：4）　27.甗（H44：7）　28.甗（H44：6）　29.甗（H46：1）　30.硬陶豆（H44：8）　31.硬陶豆（H39：4）　32.硬陶豆（H39：5）　33.硬陶豆（H46：3）　34.硬陶罐（H44：3）　35.硬陶罐（H43：4）　36.罐（H44：4）　37.罐（H43：3）　38.硬陶罐（H39：3）　39.罐（H36：4）　40.硬陶罐（H44：9）　41.罐（H44：10）　42.硬陶器盖（H36：5）

脉纹、席纹等。典型陶器有浅腹钵形鼎（图7-12，25）、深弧腹甗（图7-12，26～29）、鼓腹罐（图7-12，36）、垂腹罐（图7-12，37）、扁折腹小罐（图7-12，38）、深鼓腹双系罐（图7-12，41）等，典型硬陶器有浅盘豆（图7-12，30～32）、矮粗柄圈足豆（图7-12，33）、直口鼓腹罐（图

7-12，34）、卷沿弧腹罐（图7-12，35）、扁折腹小罐（图7-12，38）、直口弧腹四系罐（图7-12，40）、圈形捉手器盖（图7-12，42）等。深弧腹甗与绰墩第5组甗风格接近。本段遗存年代，大致相当于殷墟晚期。

11.花山遗址

花山遗址位于现无锡江阴市云亭镇的花山村，西侧紧邻花山，西北距长江约10千米。海拔约5～17米，总面积约10万平方米。1998年因修筑锡澄高速进行抢救性发掘，总计揭露面积约500平方米。发现商周时期灰坑12个，灰沟2条[1]。

在对材料分析后，将商时期遗存分为2组。

第1组：以H7、G1的部分遗物为代表。

第2组：以H1、H7、G2的部分遗物为代表。

以上2组对应2段。

第1段：陶器器类有甗、豆、簋形器、罐等（图7-13，1～7）；纹饰有绳纹、云雷纹、弦纹、方格纹、曲折纹、戳印圆圈纹等，有绳纹+云雷纹、戳印圆圈纹+曲折纹折合纹饰。典型陶器有弧腹盆形甗（图7-13，1）、深筒腹甗（图7-13，2）、矮圈足鼓腹簋形器（图7-13，4）、直口弧腹罐（图7-13，5）、弧腹环耳罐（图7-13，6）等，典型原始瓷器有矮圈足罐形豆（图7-13，3）和弧腹罐（图7-13，7）等。弧腹盆形甗、深筒腹甗、直口弧腹罐与彭祖墩第2组、五担岗第6组、彭祖墩第2组同类器相似；矮圈足簋形器与新浮第2组、二塘头第2组簋形器风格接近。因此，本段遗存年代应为殷墟早期。

第2段：陶器器类有鼎、甗、釜、豆、刻槽盆、匜、罐、盆、钵、拍和器盖等（图7-13，8～30）；纹饰有绳纹、弦纹、刻划纹、叶脉纹、云雷纹、戳印圆圈纹、梯格纹、云纹等，梯格纹+云雷纹等。典型陶器有浅腹撇足鼎（图7-13，8～11）、弧腹甗（图7-13，12）、深斜腹釜（图7-13，14）、细高柄浅盘豆（图7-13，16、17）、矮圈足罐形豆（图7-13，19）、圜底刻槽盆（图7-13，20～22）、凹凸棱匜（图7-13，23）、折沿弧腹罐（图7-13，24）、扁折腹罐（图7-13，25）、扁弧腹盆（图7-13，26）、弧腹圜底盆（图7-13，27）、扁腹钵（图7-13，28）、圈形捉手器盖（图7-13，29）、云纹拍（图7-13，30）等，典型硬陶器有中粗柄碗形豆（图7-13，15）、中粗柄罐形豆（图7-13，18）等。浅腹撇足鼎与钱底巷第3组、绰墩第5组同类器相似；中粗柄罐形硬陶豆、卷沿浅弧腹圜底盆与绰墩第5组、北阴阳营第5组同类器相似。因此，该段遗存年代应为殷墟晚期。

12.亭林遗址

亭林遗址位于现上海市金山区亭林镇亭林公园附近。海拔7～8米，面积约2万平方米。1966年发现，1972年试掘，1973至1988年进行过两次正式发掘，发掘面积近870平方米，发现新石器时代晚期至夏商时期遗存[2]。现将商时期遗存分为2组。

---

[1] 江阴花山遗址联合考古队：《江阴花山夏商文化遗址》，《东南文化》2001年第9期。

[2] 孙维昌：《上海市金山县查山和亭林遗址试掘》，《南方文物》1997年第3期。上海博物馆考古研究部：《上海金山区亭林遗址1988、1990年良渚文化墓葬的发掘》，《考古》2002年第10期。

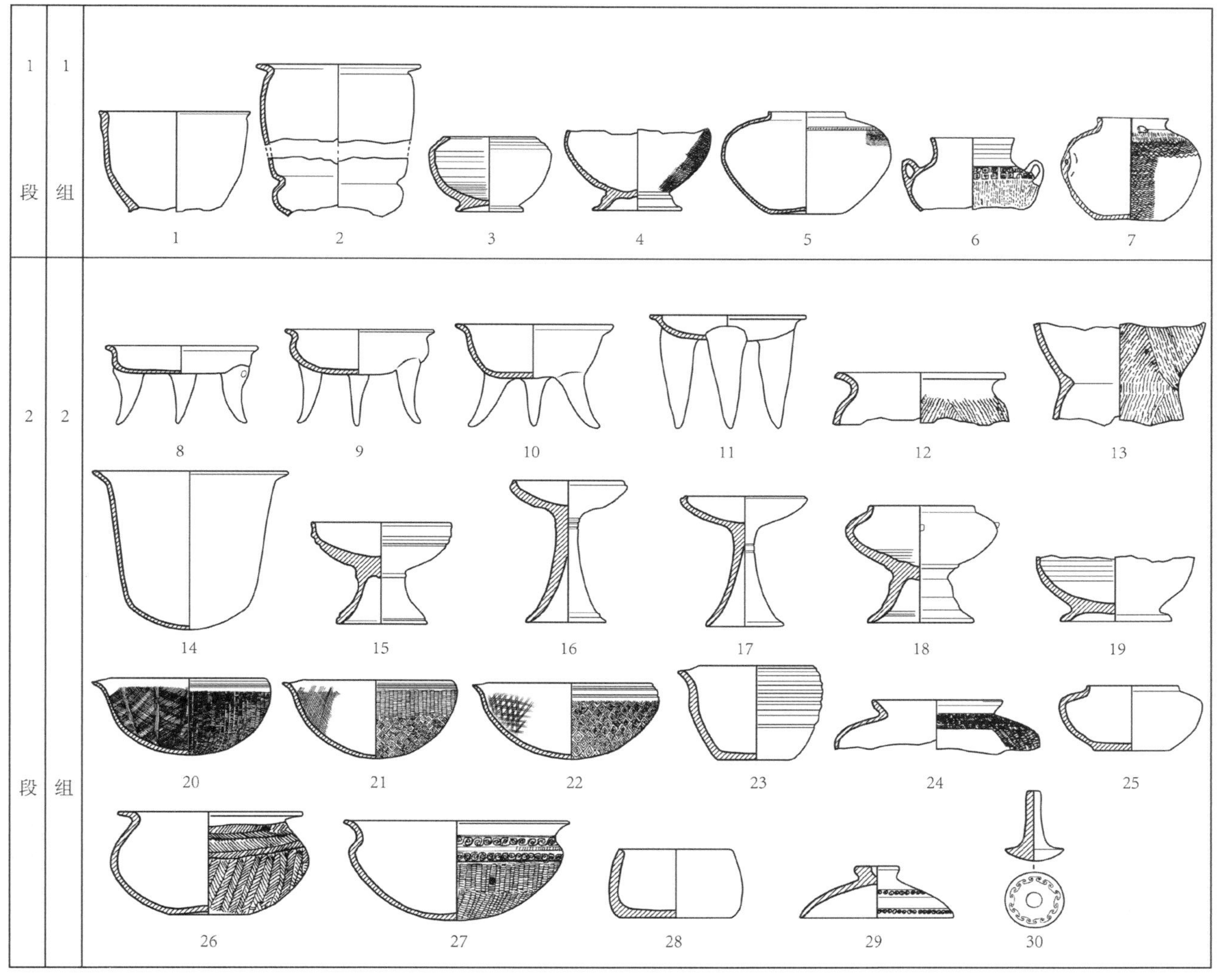

图7−13　花山商时期遗存

1.甗（G1：b1）　2.甗（G1：b4）　3.原始瓷豆（G1：1）　4.簋形器（H7：b3）　5.罐（C：15）　6.罐（H7：b1）　7.原始瓷罐（G1：10）　8.鼎（H1：1）　9.鼎（G2：27）　10.鼎（G2：28）　11.鼎（G2：67）　12.甗（G2：b7）　13.甗（G2：b103）　14.釜（G2：68）　15.硬陶豆（G2：4）　16.豆（G2：70）　17.豆（H1：4）　18.硬陶豆（G2：7）　19.豆（G2：b99）　20.刻槽盆（G2：18）　21.刻槽盆（G2：19）　22.刻槽盆（G2：65）　23.匜（G2：23）　24.罐（G2：b31）　25.罐（G2：15）　26.盆（G2：9）　27.盆（H7：9）　28.钵（G2：12）　29.器盖（G2：29）　30.拍（G2：25）

第1组：以H2、H3为代表。

第2组：以H1为代表。

以上2组对应2段。

第1段：陶器器类有鼎、豆、釜、觚、罐、盆和器盖等（图7−14，1～10），纹饰有绳纹、方格纹、叶脉纹、云雷纹、篮纹、弦纹、条格纹、席纹、曲折纹等。典型陶器有粗柄圈足豆（图7−14，2）、深筒腹釜（图7−14，4）、折腹觚（图7−14，3）、折沿深弧腹罐（图7−14，5）、卷沿深鼓腹罐（图7−14，6）、折沿浅弧腹盆（图7−14，8）、圈形捉手器盖（图7−14，9、10）等，典型硬陶器为浅腹鼎（图7−14，1）。本段陶器，与钱山漾第5、6组特征接近，年代约为二里冈下层一、二期。

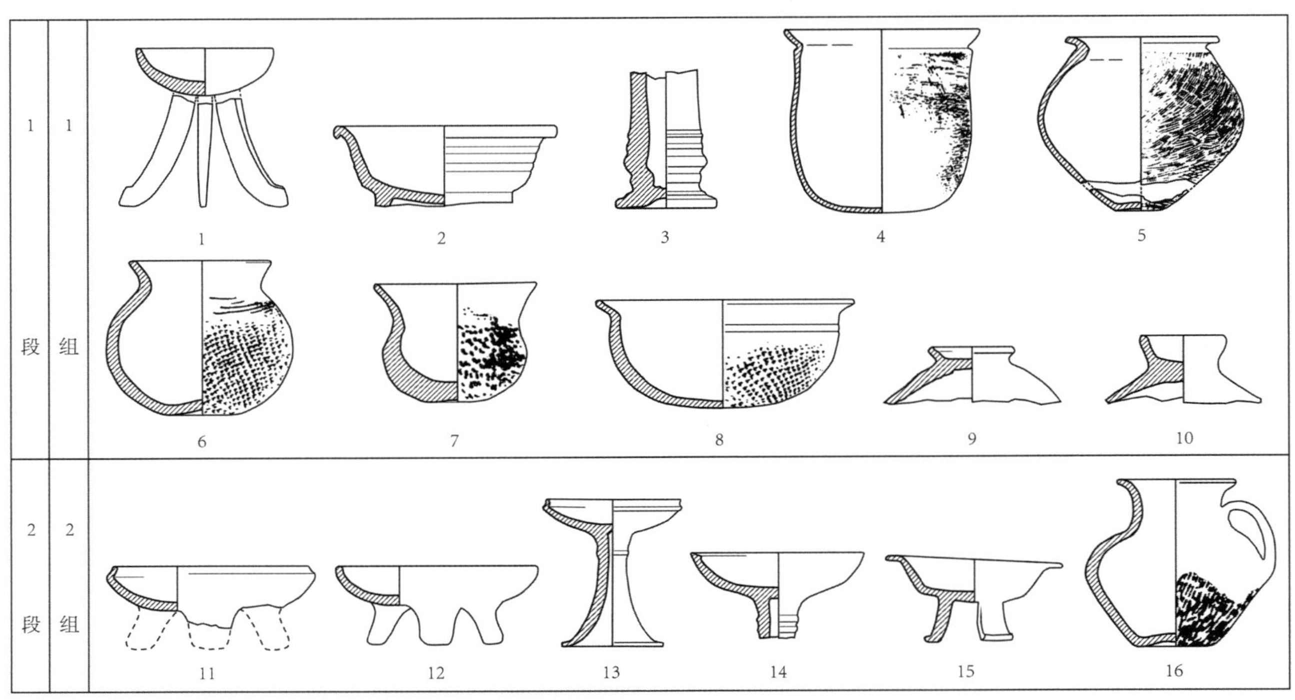

图7-14　亭林商时期遗存

1.硬陶鼎（H2：23）　2.豆（H3：6）　3.觚（采：12）　4.釜（H2：25）　5.罐（H2：22）　6.罐（H2：10）　7.罐（H2：9）　8.盆（H2：5）　9.器盖（H2：8）　10.器盖（H2：11）　11.鼎（采：4）　12.鼎（采：11）　13.原始瓷豆（采：5）　14.豆（T1：3）　15.硬陶豆（T2：1）　16.原始瓷罐（H1：2）

第2段：陶器器类有鼎、豆、罐等（图7-14，11～16），纹饰有弦纹、篮纹、戳印圆圈纹等。典型陶器有浅盘撇足鼎（图7-14，11、12）、细高柄浅盘豆（图7-14，14）等，典型硬陶器有中粗柄圈足豆（图7-14，15），典型原始瓷器有细高柄浅盘豆（图7-14，13）、深弧腹单耳罐（图7-14，16）。本段陶器，浅盘豆已开始向平盘过渡，这种转变大致发生在殷墟偏晚阶段；绰墩第5组、钱底巷第3组也存在这种情况。而细高柄浅盘豆年代可能略早。因此，本段遗存年代应为殷墟晚期。

13.其他遗址

（1）上莘桥遗址

位于现湖州长兴县开发区上莘桥村附近。1976年开挖长兴港时发现，出土十几件夏时期陶器[1]。陶器器类有鼎、豆、觚、壶、尊等（图7-15，1～13）；纹饰有绳纹、弦纹、席纹、弦纹、云纹、乳丁纹、镂孔等。典型陶器有凹弧足鼎（图7-15，1）、矮粗柄碗形豆（图7-15，2）、细体觚（图7-15，3～5）、粗体觚（图7-15，6、7）、矮足鸭形壶（图7-15，8～11）和斜腹尊（图7-15，13）等，硬陶器有高圈足环耳壶（图7-15，12）。陶器风格接近马桥第2组、钱山漾第3组；如鸭形壶上腹部较为平缓或往下微曲显得鸭尾上翘，多见于太湖南部、太湖东部、太湖北部沿岸一带；还有一种鸭形壶鸭尾退化，以环耳壶形态出现，壶腹多较扁、腹部近折，圈足较高；均为二里头三期多见。因此，上莘桥遗存年代大致为二里头三期前后。

[1]　夏星南：《浙江长兴县发现上海马桥四层文化型陶器》，《考古与文物》1989年第2期。

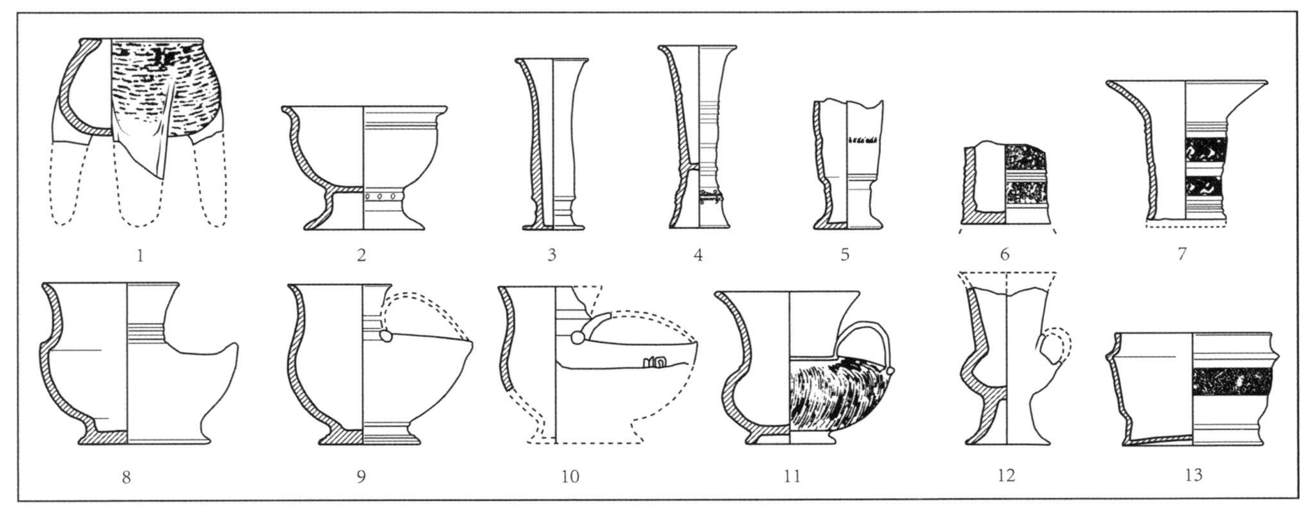

图7-15　上莘桥夏时期遗存

1.鼎　2.豆　3～7.觚　8～11.壶　12.硬陶壶　13.尊

（2）查山遗址

位于现上海市金山区金卫镇的查山东南麓。1972 年发现，试掘 163 平方米，在第二地点发现夏时期遗存[1]。陶器器类有豆、觚、壶、罐、盆和器盖等（图 7-16，1～18），纹饰有绳纹、弦纹、叶脉纹、云雷纹、夔纹、条格纹、方格纹、镂孔等。典型陶器有粗柄碗形豆（图 7-16，1、2）、细高柄豆（图 7-16，3）、粗体觚（图 7-16，4、6）、细体觚（图 7-16，5）、扁鼓腹罐（图 7-16，13、14）、斜腹圜底盆（图 7-16，15）、折沿浅弧腹盆（图 7-16，17）和菌状钮器盖（图 7-16，18）等，典型硬陶器有高圈足单耳壶（图 7-16，7）、鸭形壶（图 7-16，8）、圈足双耳壶（图 7-16，9）、高颈鼓腹罐（图 7-16，10）、折沿垂腹罐（图 7-16，11）、扁鼓腹罐（图 7-16，12）、卷沿浅弧腹盆（图 7-16，16）等。粗柄碗形豆、细高柄豆与钱山漾第 4 组、钱山漾第 3 组同类器风格相似，年代大致相当于二里头三、四期。

（3）金山坟遗址

位于现上海市青浦区蒸淀镇东团村，总面积约 4 万平方米。20 世纪 60 年代发现，1985 年 12 月试掘，揭露面积约 120 平方米，发现夏时期遗存[2]。遗存以陶器为主，器类有豆、觚、罐和盆等（图 7-17，1～6），纹饰有绳纹、弦纹和夔纹等。典型器有粗高柄折盘豆（图 7-17，1）、粗柄碗形豆（图 7-17，2）、细体觚（图 7-17，3）、粗体觚（图 7-17，4）、扁鼓腹双耳硬陶罐（图 7-17，5）、卷沿浅弧腹盆（图 7-17，6）等。粗高柄折盘豆、粗柄碗形豆风格与钱山漾第 3 组豆相似，年代应为二里头三期。

（4）寺前遗址

位于现上海市青浦区大盈乡天一村东北，寺溪河自遗址东、北、西三面流过。海拔 4～5 米，总面积约 2.1 万平方米。1966 年发现、试掘，揭露面积 53 平方米[3]。地层有三层，第二层属商时期。

[1]　孙维昌：《上海市金山县查山和亭林遗址试掘》，《南方文物》1997年第3期。
[2]　上海市文物保管委员会：《上海青浦县金山坟遗址试掘》，《考古》1989年第7期。
[3]　孙维昌：《上海青浦寺前村和果园村遗址试掘》，《南方文物》1998年第1期。

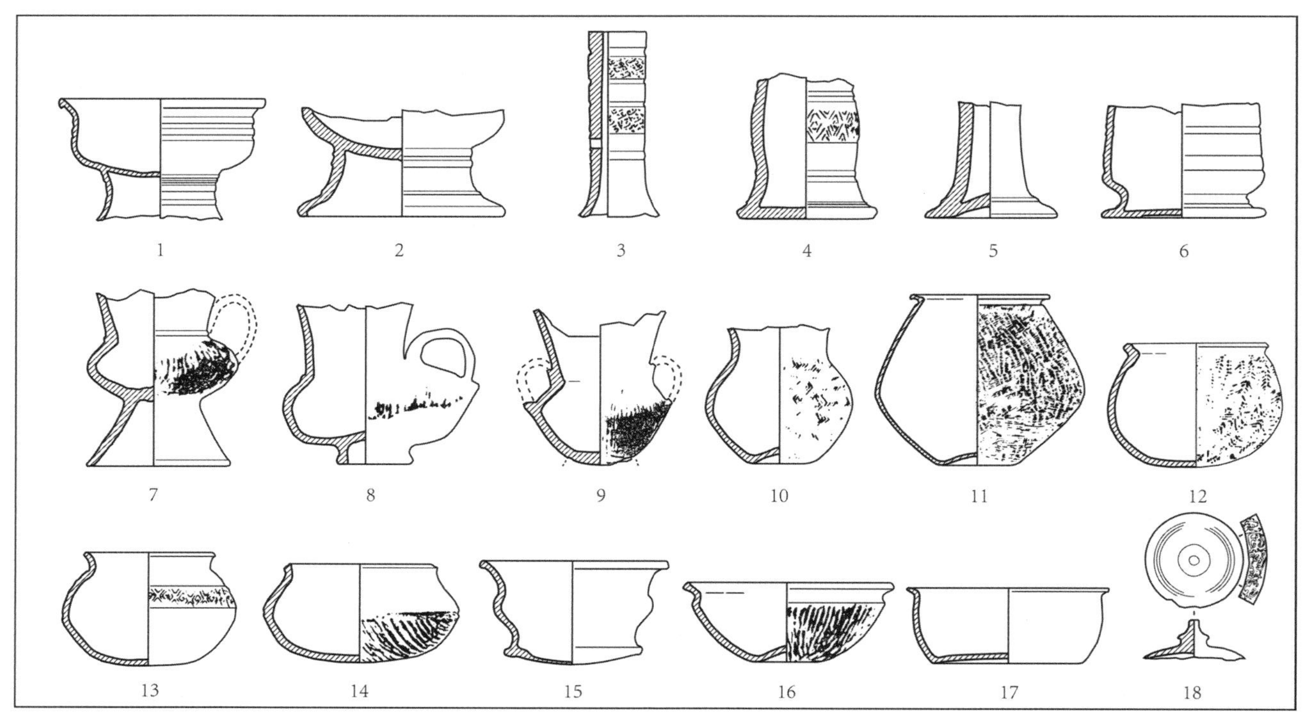

图7-16　查山夏时期遗存

1.豆（T9：1）　2.豆（T10：14）　3.豆（T9：22）　4.觚（T9：20）　5.觚（T9：21）　6.觚（T9、10隔梁：1）　7.硬陶壶（T9：11）　8.硬陶壶（T10：4）　9.硬陶壶（采：8）　10.硬陶罐（T6：3）　11.硬陶罐（T11：6）　12.硬陶罐（T11：5）　13.罐（T9：10）　14.罐（T9：8）　15.盆（T9：2）　16.硬陶盆（T9：5）　17.盆（T4：5）　18.器盖（T6：8）

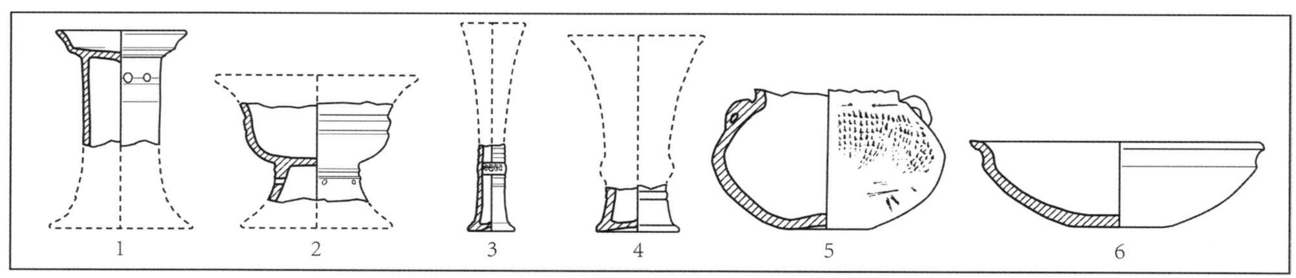

图7-17　金山坟夏时期遗存

1.豆　2.豆　3.觚　4.觚　5.硬陶罐（T5：4）　6.盆

遗物主要为陶器，器类有鼎、甗、豆等（图 7-18，1～6），纹饰有绳纹、弦纹、云雷纹、叶脉纹、梯格纹、戳印圆圈纹、曲折纹等，以及戳印圆圈纹＋曲折纹、叶脉纹＋云雷纹的组合纹饰。典型器有浅盘撇足鼎（图 7-18，1）、弧腹撇足鼎（图 7-18，2）、鼓腹甗（图 7-18，3、4）、细高柄豆（图 7-18，5）和中粗柄折盘豆（图 7-18，6）等。浅腹撇足鼎、鼓腹甗与钱底巷第 2 组同器类风格相似；而浅盘撇足鼎、细高柄豆与邱城第 2 组同类器风格相似；这种浅盘撇足鼎在宁镇地区五担岗第 6 组也有发现。因此，寺前村商时期遗存年代应为殷墟一期。

（5）佘城遗址

位于现江苏省无锡江阴市云亭镇花山村高家墩自然村，西侧隔小河与花山遗址相邻。海拔 6～8 米，总面积近 30 万平方米。1998 年发现，2000 年 2～4 月试掘，揭露面积 180 平方米，发现商时期

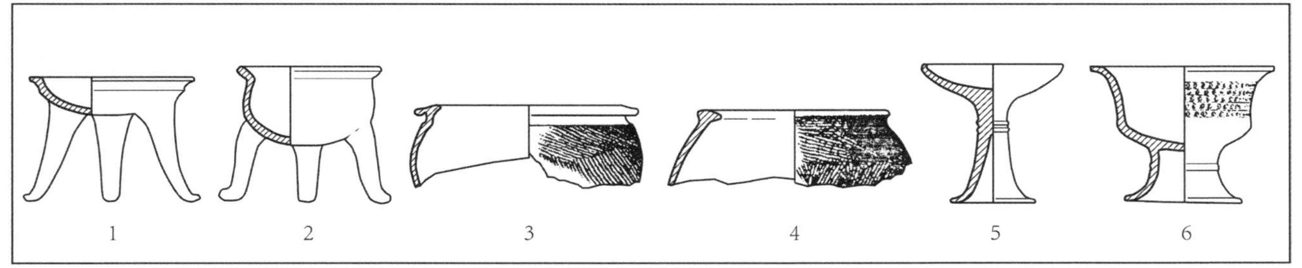

图7-18　寺前商时期遗存

1.鼎（T5：19）　2.鼎（T14：1）　3.甗（T5：26）　4.甗（T12：8）　5.豆（T11：3）　6.豆（T5：12）

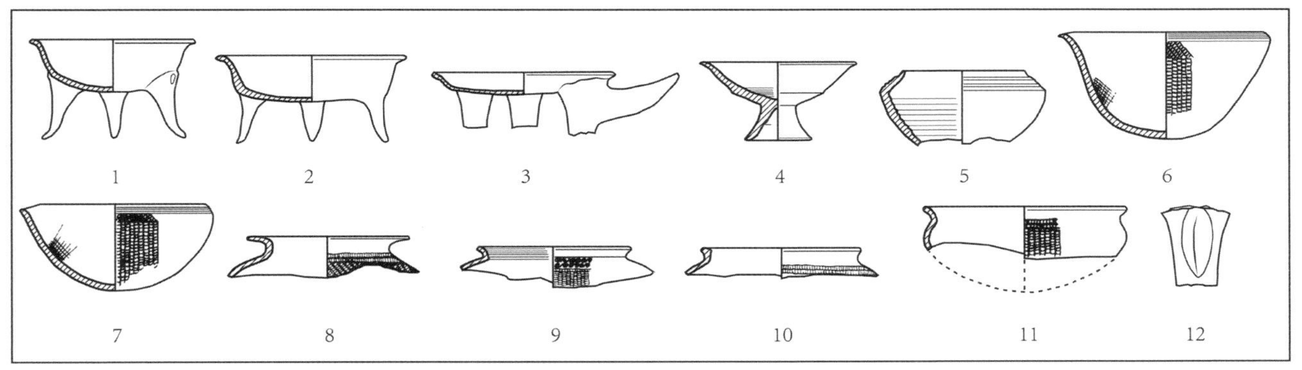

图7-19　佘城商时期遗存

1.鼎（TG1④：11）　2.鼎（TG1④：13）　3.鼎（TG1④：12）　4.硬陶豆（TG1④：1）　5.硬陶罐（TG2④：4）　6.刻槽盆（TG1④：27）　7.刻槽盆（TG1④：28）　8.罐（H1：9）　9.罐（TG1④：29）　10.罐（H1：10）　11.盆（H1：11）　12.鼎足（佘城：？）

遗存[1]。出土遗物以陶器为主，器类主要有鼎、豆、刻槽盆、罐等（图7-19，1～12）；纹饰有绳纹、弦纹、指捺纹、梯格纹等。典型器主要有浅腹撇足鼎（图7-19，1、2）、浅盘角把鼎（图7-19，3）、敞口硬陶豆（图7-19，4）、折腹硬陶小罐（图7-19，5）、圜底刻槽盆（图7-19，6、7）、鼓腹罐（图7-19，8～10）、折沿弧腹盆（图7-19，11）、弧形槽鼎足（图7-19，12）等。TG2④折腹硬陶小罐形态偏早，大致相当于五担岗第5、6组；而弧形槽鼎足具有明显的岳石文化风格，与硬陶小罐年代相近，年代约在花园庄阶段，不会晚于殷墟一期。TG1④、H1陶器，年代稍晚，如浅腹撇足鼎、刻槽盆、弧腹盆与花山第2组同类器相近，弧腹盆与北阴阳营第5组同类器也相似。TG1④、H1年代约属殷墟晚期，下限可能进入西周初。

（6）郭新河遗址

位于现苏州市吴中区郭巷镇尹山村东，郭新河自村东流过。1956年南京博物院调查发现，1987～1988年又调查三次，采集到一些文化遗物[2]。遗物以陶器为主，器类有鼎、甗、豆、刻槽盆、釜、盆等（图7-20，1～7）；纹饰有绳纹、曲折纹、云雷纹、弦纹、方格纹、网纹、条格纹等。典型器有深弧腹釜（图7-20，1）、弧腹凹底盆（图7-20，2）、浅盘撇足鼎（图7-20，3）、粗圈足豆（图7-20，4）、圜底刻槽盆（图7-20，5、6）、鼓腹无足甗（图7-20，7）等。弧腹釜与神墩

[1]　江阴佘城遗址联合考古队：《江阴佘城遗址试掘简报》，《东南文化》2001年第9期。

[2]　姚勤德：《江苏吴县南部地区古遗址调查简报》，《考古》1990年第10期。

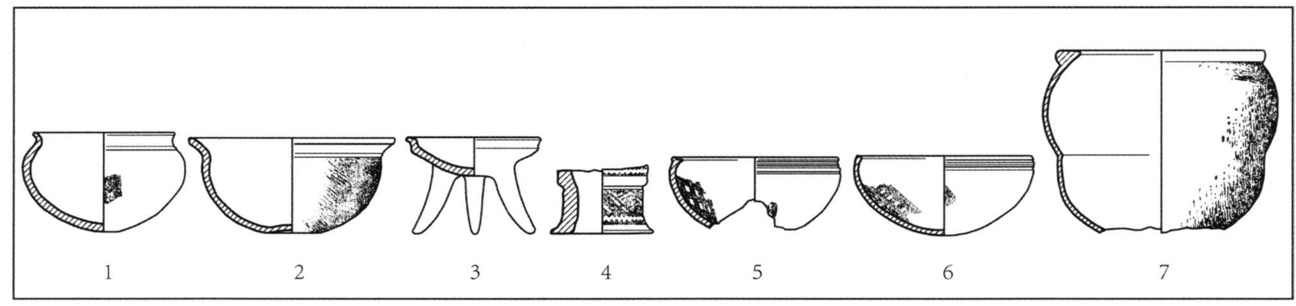

图7-20　郭新河夏商时期遗存

1.釜（88QZ1：47）　2.盆（88QZ1：11）　3.鼎（88QZ1：25）　4.豆（88QZ1：13）　5.刻槽盆（88QZ1：32）　6.刻槽盆（88QZ1：53）　7.甗（88QZ1：29）

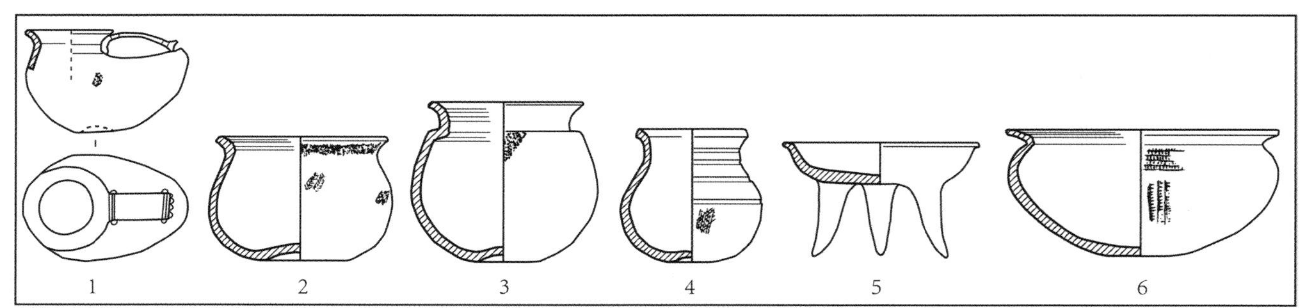

图7-21　澄湖夏商时期遗存

1.硬陶壶（74Wch采：81）　2.盆（74Wch采：37）　3.罐（74WchJ136：1）　4.罐（74WchJ164：1）　5.鼎（74WchJ2：1）　6.盆（74WchJ12：1）

第1组同类器相似；弧腹凹底盆与钱山漾第4、5组同类器相似；而云雷纹+曲折纹组合纹饰的粗柄豆，与钱山漾第4组纹饰相同。这几件陶器年代偏早，年代约为二里头四期，下限可能到了二里冈下层时期。而浅盘鼎、鼓腹无足甗等与钱底巷第2组同类器相似，年代应为殷墟早期。

（7）澄湖遗址

位于现苏州市东南的澄湖内，面积约34万平方米。1974年发现，同年4～6月由复旦大学历史系进行发掘[1]。2003年，苏州市文管会、吴中区文管会、苏州市博物馆又进行了调查及发掘[2]。1974年遗物以陶器为主，器类主要有鼎、壶、罐和盆等（图7-21，1～6），纹饰有梯格纹、乳丁纹、篮纹、弦纹、曲折纹、云雷纹等。典型器有硬陶鸭形壶（图7-21，1）、弧腹盆（图7-21，2、6）、卷沿深鼓腹罐（图7-21，3）、卷沿垂腹罐（图7-21，4）、浅盘撇足鼎（图7-21，5）等。硬陶鸭形壶扁耳与口部近平、口部至鸭尾之间向下曲，形态与马桥第2组、昆山第3组同类器相近；卷沿垂腹罐腹部下垂，与钱山漾第3组同类器相似，年代约为二里头三期；而卷沿深鼓腹罐、卷沿垂腹罐与钱山漾第6组年代相近，大致相当于二里冈下层二期。浅盘撇足鼎，与钱底巷第3组同类器形态接近，年代应为殷墟二期，甚至更晚。折沿弧腹平底盆与北阴阳营第5组、佘城H1盆特征相似，年代应为殷墟晚期。

[1]　南京博物院、吴县文管会：《江苏吴县澄湖古井群的发掘》，《文物资料丛刊》9，文物出版社，1985年。

[2]　丁金龙：《苏州澄湖遗址发掘报告》，《苏州文物考古新发现——苏州考古发掘报告专辑（2001～2006）》，第139～141页，古吴轩出版社，2007年。

（8）新岗遗址

位于常州市钟楼区新岗村。海拔 6 ～ 8 米，高出周围地面 1 ～ 4 米，总面积约 3.3 万平方米。20 世纪 70 年代发现，2002 至 2009 年发掘 4 次，发掘面积约 1700 平方米，发现少量夏商时期遗存 [1]。遗物主要为陶器，陶器器类有鼎、豆、罐和盆等（图 7–22，1 ～ 5）；纹饰有绳纹、弦纹、指捺纹、叶脉纹、方格纹、梯格纹、刻槽纹等。典型器有侧扁三角足鼎（图 7–22，1）、卷沿弧腹硬陶罐（图 7–22，2）、折沿鼓腹硬陶罐（图 7–22，3）、中粗柄折盘豆（图 7–22，4）和浅弧腹盆（图 7–22，5）等。侧扁三角按窝鼎足有 4 组按窝，与五担岗第 1 组鼎足相似，年代大约为二里头三期。中粗柄折盘豆，大敞口、下盘腹较浅，形态与神墩第 1 组豆相似，年代为二里头四期至二里冈下层一期。折沿鼓腹罐与钱山漾第 5 组同类器相似，年代属二里冈下层一期前后。卷沿浅弧腹盆与以上豆、罐年代相近，不会晚于二里冈下层二期。

（9）水田畈遗址

位于现杭州市拱墅区半山火车站附近。海拔 8 ～ 9 米，面积约 4000 平方米。1958 年发现，当年及次年各进行过一次发掘，总计揭露面积约 270 平方米，发现少量商时期遗存 [2]。陶器器类有豆和罐，纹饰有弦纹和席纹等。典型硬陶器有中粗柄豆（图 7–22，1、2）、扁折腹小罐（图 7–22，3）和折沿深鼓腹罐（图 7–22，4）等。从这几件陶器特征来看，与彭祖墩第 3 组风格相似，年代应为殷墟晚期。

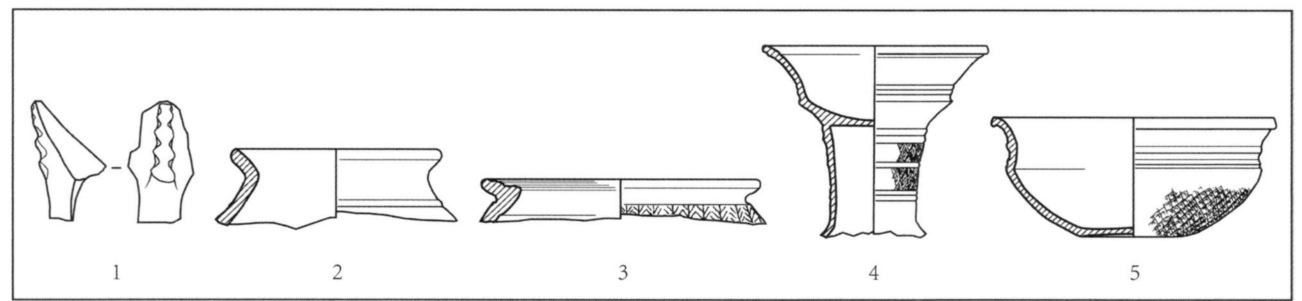

图7–22 新岗夏商时期遗存

1.鼎足（H8标：1） 2.硬陶罐（H10标：3） 3.硬陶罐（H10标：7） 4.豆（T0102②a：5） 5.盆（T0102②a：1）

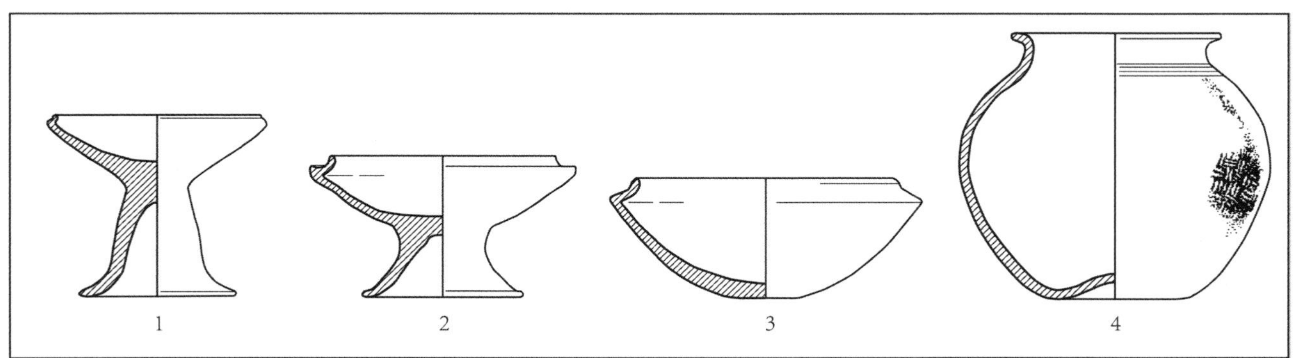

图7–23 水田畈商时期遗存

1、2.硬陶豆 3、4.硬陶罐

[1] 常州博物馆：《常州新岗——新石器时代文化遗址发掘报告》，第49、237、238页，文物出版社，2012年。

[2] 浙江省文物管理委员会：《杭州水田畈遗址发掘报告》，《考古学报》1960年第2期。

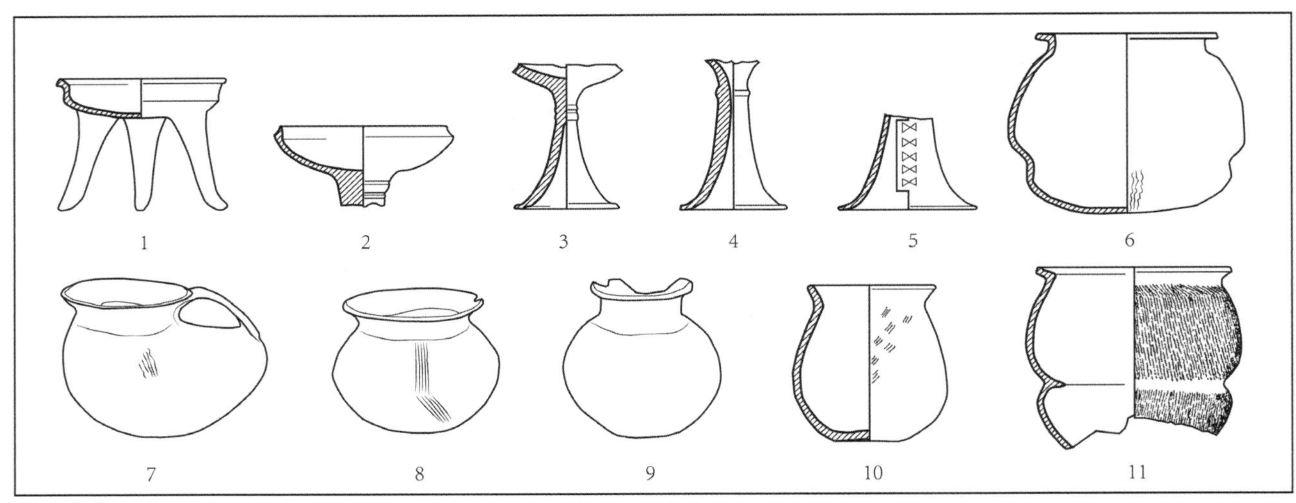

图7－24　越城、施墩等夏商时期遗存

1.鼎（T1：8）　2.豆　3.豆　4.豆　5.硬陶豆（采：55）　6.甗（1955乙地灰坑）　7.壶　8.罐　9.罐　10.罐　11.甗　（越城1，张墓村2～4、11，姬山5，施墩6，许巷7、8，荣庄9，维新10）

还有一些遗址，夏商时期遗物不多。太湖北部的遗址，如越城[1]、施墩[2]、张墓村[3]、许巷[4]、荣庄[5]、姬山[6]、维新[7]等。越城浅盘撇足鼎（图7－24，1），盘腹为浅圜底，足外撇，与钱底巷第3组同类器相似，年代大致为殷墟二期。施墩甗（图7－24，6），形态与钱底巷第2组同类器相似；张墓村甗（图7－24，11），形态与钱底巷第2组同类器相似；高柄豆（图7－24，2～4）则与邱城第2组、钱底巷第2组、寺前遗存同类器相似，以上陶器年代均为殷墟一期前后。姬山中粗柄硬陶豆（图7－24，5），柄上有五组对三角镂孔，大致属殷墟二、三期。许巷鸭形壶（图7－24，7）把手与口部近平，口部与鸭尾之间的上部壶腹往下微曲，接近马桥第2组；垂腹罐（图7－24，8）与钱山漾第3组同类器相近；两件陶器年代均为二里头三期，上限可能到二里头二期偏晚。荣庄高颈深鼓腹罐（图7－24，9），腹部较深、较鼓，与钱山漾第6组、昆山第5组同类器相近，年代为二里冈下层二期前后。维新垂腹罐（图7－24，10），最大腹径偏下，形态与钱山漾第4组罐相近，年代约为二里头四期偏早。

太湖东部的遗址，如崧泽[8]、广富林[9]等也有夏商时期遗物。陶器器类主要有鼎、甗、豆等（图7－25，1～9）。如崧泽浅腹撇足鼎（图7－25，1），敞口、平底、矮宽足，与昆山第4组相似，年代应为二里头四期偏早；而敞口、折盘的中粗柄敞口碗形豆（图7－25，2、3），与钱山漾第5组同类器相似，年代应为二里冈下层一期或更早；敛口浅腹钵形豆（图7－25，4），体态较扁，年代应到了殷墟晚期；硬陶豆为敞口、浅腹碗形（图7－25，5、6），与新浮第1、2组同类器相似，年代

[1]　南京博物院：《江苏越城遗址的发掘》，《考古》1982年第5期。

[2]　江苏省文物管理委员会：《江苏无锡锡山公园古遗址清理简报》，《文物参考资料》1956年第1期。

[3]　吴县文物管理委员会：《江苏吴县越溪张墓村遗址调查》，《考古》1989年第2期。

[4]　扬名镇志编纂委员会：《扬名镇志》，图版三六，方志出版社，2004年。

[5]　王德庆：《江苏昆山荣庄新石器时代遗址》，《考古》1960年第6期。

[6]　王岳群：《江苏武进姬山遗址调查》，《东南文化》1998年第4期。

[7]　闻惠芬、张铁军等：《太仓市维新遗址试掘简报》，《苏州文物考古新发现——苏州考古发掘报告专辑（2001～2006）》，第295、296页，古吴轩出版社，2007年。

[8]　上海市文物保管委员会：《崧泽——新石器时代遗址发掘报告》，文物出版社，1987年。上海市文物管理委员会：《1987年上海青浦县崧泽遗址的发掘》，《考古》1992年第3期。

[9]　上海博物馆考古研究部：《上海松江区广富林遗址2001～2005年发掘简报》，《考古》2008年第8期。

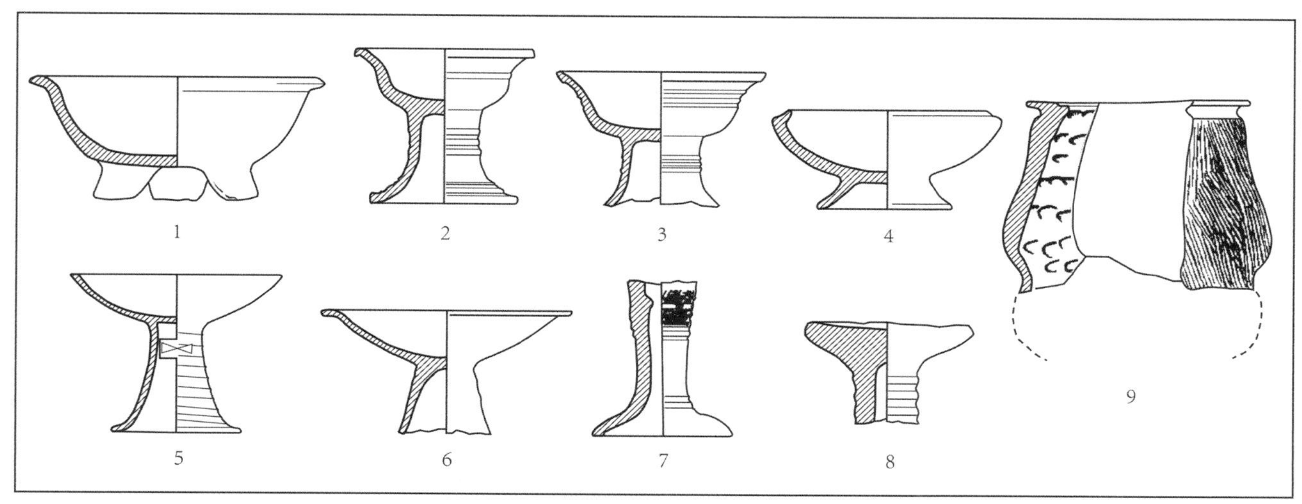

图7–25　崧泽、广富林夏商时期遗存

1.鼎（60T2：15）　2.豆（T14②：1）　3.豆（T14②：5）　4.豆（采：3）　5.硬陶豆（60T2：2）　6.硬陶豆（采：2）　7.豆　8.豆　9.甗（H198：3）　（崧泽1～8，广富林9）

应为花园庄晚段至殷墟一期；广富林甗（图 7–25，9），折沿、腹外斜，与绰墩第 5 组同类器相近，年代应为殷墟晚期。

太湖东部、南部，包括东苕溪沿岸及东部地区的遗址，如大往[1]、大坟[2]、双桥[3]、垗墩[4]、姚家村[5]、武康菜市场[6]、雀幕桥[7]。另外，嘉善县博物馆也藏有本地出土的夏商时期陶器[8]。大往弧腹撇足鼎（图 7–26，1）、粗柄折盘豆（图 7–26，2）、长圆顶器盖（图 7–26，3）、卷沿折腹罐（图 7–26，4）等，形态与昆山第 5 组同类器相似，年代相当于二里冈下层一、二期。大坟深腹盆（图 7–26，5、6）和垂腹罐（图 7–26，7）等，年代应属二里头三、四期。双桥的盆和豆（图 7–26，8 ～ 10），年代已进入二里冈下层时期。垗墩浅腹撇足鼎（图 7–26，11）、扁腹罐（图 7–26，12），年代近于殷墟二、三期。姚家村垂腹罐（图 7–26，13），最大腹径偏中下，与钱山漾第 4 组同类器形态相近，年代大致相当于二里头四期偏早。嘉善博物馆藏的深鼓腹罐（图 7–26，14）、粗柄豆（图 7–26，15），与钱山漾第 6 组同类器相似，年代相当于二里冈下层二期。武康菜市场鸭形壶（图 7–26，16），把手高度与口部近平，口部与鸭尾之间上腹下曲，年代应为二里头三期。雀幕桥细柄豆（图 7–26，18），折盘、下腹近无；小口罐（图 7–26，19）为高束颈，有明显的垂腹现象；弧腹盆（图 7–26，20）为宽卷沿，腹部较鼓；这三件陶器以及鼎（图 7–26，17）、器盖（图 7–26，21），与钱山漾第 5 组同类器形态接近，年代应为二里冈下层一期。

---

[1]　政协嘉善县文史委员会、嘉善县博物馆：《嘉善古迹》，《嘉山县文史资料》第十四辑。

[2]　陆耀华：《浙江嘉兴大坟遗址的清理》，《文物》1991年第7期。

[3]　陆跃华：《嘉兴市古遗址调查》，《浙江省文物考古研究所学刊》创刊号，文物出版社，1981年。

[4]　陆跃华：《嘉兴市古遗址调查》，《浙江省文物考古研究所学刊》创刊号，文物出版社，1981年。

[5]　芮国耀：《嘉兴姚家村遗址的发掘》，《浙江考古新纪元》，第149～150页，科学出版社，2009年。

[6]　鸭形壶为德清博物馆藏品，详见http：//www.deqingmuseum.com/html/object/object_24_1.html.

[7]　浙江省嘉兴县博物、展览馆：《浙江嘉兴雀幕桥发现一批黑陶》，《考古》1974年第4期。嘉兴市文化局：《浙江嘉兴市雀幕桥遗址试掘简报》，《考古》1986年第9期。

[8]　嘉善县博物馆：《嘉华天宝——嘉善县博物馆馆藏文物精选》，第15、16页，文物出版社，2009年。

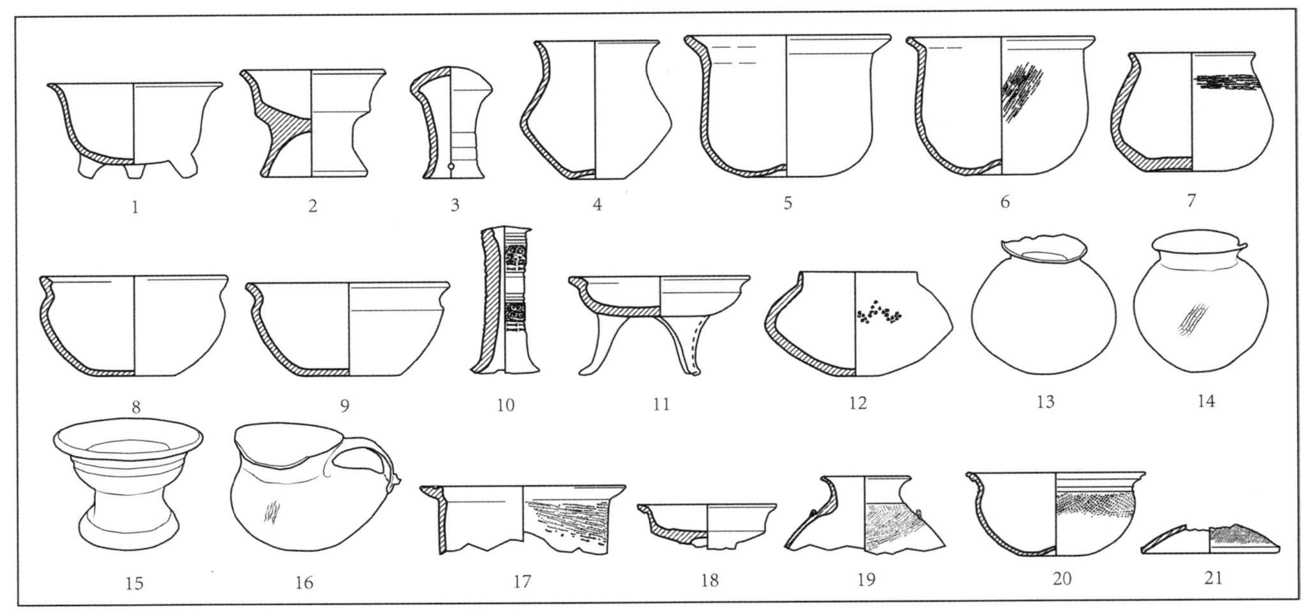

图7-26　大往、大坟等夏商时期遗存

1.鼎　2.豆　3.器盖　4.罐　5.盆　6.盆　7.罐　8.盆　9.盆　10.豆　11.鼎　12.罐　13.罐　14.罐　15.豆　16.壶　17.鼎　18.豆　19.罐　20.盆　21.器盖　（大往1～4，大坟5～7，双桥8～10，垗墩11、12，姚家村13，嘉善博物馆藏14、15，武康菜市场16，雀幕桥17～21）

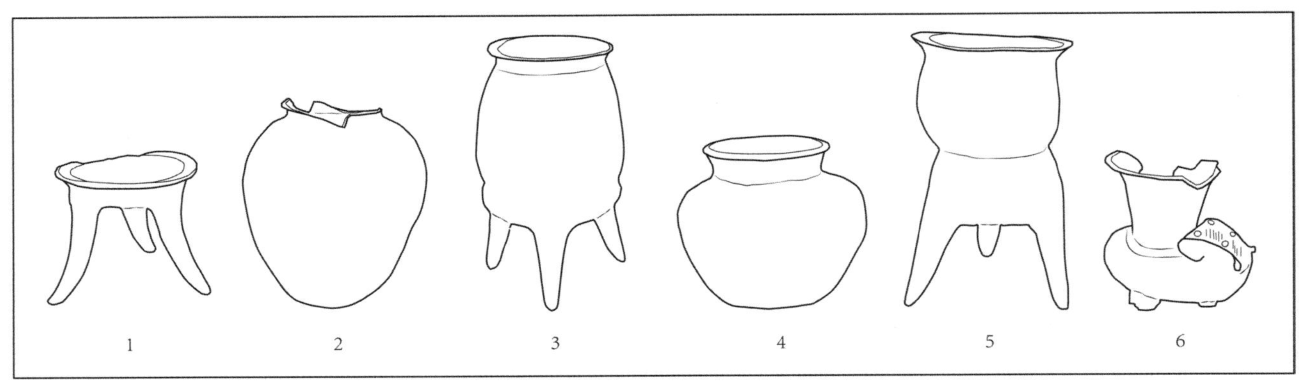

图7-27　大树墩、安乐等商时期遗存

1.鼎　2.瓮　3.甗　4.罐　5.甗　6.釉陶壶　（大树墩1、2，安乐3、4，江家山5，芝里6）

太湖西南部，主要为西苕溪水系遗址，如大树墩[1]、安乐[2]、江家山[3]、芝里[4]等。这些遗址，均发现有夏商时期遗物。大树墩浅盘撇足鼎（图7-27，1），盘腹近平，足外撇；瓮（图7-27，2）的肩部很圆，深腹收较缓；两件陶器年代相当于殷墟二期。安乐甗（图7-27，3）、罐（图7-27，4）分别与绰墩第5组、彭祖墩第3组同类器形态相似；年代相当于殷墟三期。江家山甗（图7-27，5），深筒形腹，与彭祖墩第2组甗相近，年代约为殷墟二期。芝里釉陶鸭形壶（图7-27，6），颈部较高，把手远低于口部，腹极扁，把手上饰叶脉纹+乳丁纹组合纹饰，年代约为殷墟早期。

[1]　陈元甫：《安吉大树墩商周时期遗址》，《浙江考古新纪元》，第151～153页，科学出版社，2009年。

[2]　安吉县博物馆：《苕水流长》，第58、91页，浙江摄影出版社，2014年。

[3]　楼航：《长兴江家山新石器时代遗址》，《浙江考古新纪元》，第64～67页，科学出版社，2009年。

[4]　王宁远、周亚乐、程永军：《安吉芝里遗址》，《浙江考古新纪元》，第61～63页，科学出版社，2009年。

二　土墩墓

太湖流域夏商时期土墩墓，目前发现较少，年代多偏晚。东苕溪水系2处，分布有南王山[1]、小紫山[2]。西苕溪水系1处，即南符[3]。太湖东南钱塘江北岸一带，分布有夹山[4]。太湖东岸，分布有俞墩[5]。南王山、小紫山、夹山均为土墩墓群，有一定代表性，年代均属商时期。

1.南王山土墩墓

位于现湖州市德清县洛舍镇砂村的陆庄里自然村，西侧为独仓山，东侧紧邻东苕溪。南王山最高海拔17米左右，在西坡发现一处土墩（D1）。1999年10月至2000年1月，为配合杭宁高速建设进行发掘。D1大体呈圆形，直径约8.7～10米，高约1.4米，上下可分两层，每层均发现一座墓葬。上层M1属西周时期，下层M2属商时期。M2出土物均为陶器，计8件；其中2件为硬陶器。陶器器类有鼎、甗、豆、坛、盂和罐等（图7-28，1～5）。鼎、甗、坛均残损严重，未见线图。由描述可知鼎有羊角把手，甗为鼓腹，坛为折沿、束颈、斜弧肩。矮圈足罐形豆（图7-28，1、2），敛口，罐形，圈足较矮且外撇，形态与绰墩第4组同类器相似。硬陶罐（图7-28，4）为折沿、束颈、斜弧肩，形态与绰墩第4组、团山第6组同类器相近，属殷墟二、三期风格。因此，南王山商时期遗存，年代应为殷墟二、三期。

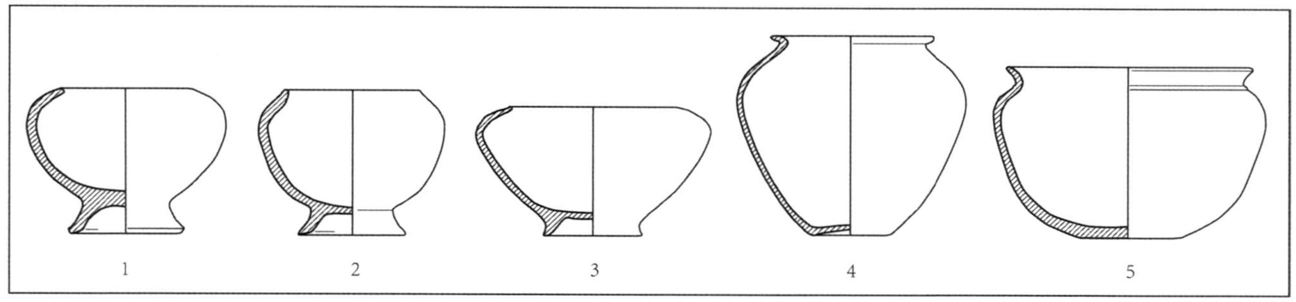

图7-28　南王山商时期遗存

1.豆（D1M2：3）　2.豆（D1M2：2）　3.盂（D1M2：5）　4.硬陶罐（D1M2：7）　5.罐（D1M2：4）

2.夹山土墩墓群

位于浙江省海宁市硖石镇夹山村审坟山和夹山的山脊上。1984年10月至12月，浙江省文物考古研究所发掘土墩墓17座。作者认为，D2M3、D4M2、D17M3和D18M2属商时期墓葬。相关研究资料中，公开了D4M2的部分资料，包含硬陶罐（图7-29，1）、原始瓷豆（图7-29，2）各1件。作者认为D4M2原始瓷豆，在殷墟及前掌大墓地均有相似者，年代属商后期[6]。郑建明曾将北方地

[1]　浙江省文物考古研究所、德清县博物馆：《独苍山与南王山——土墩墓发掘报告》，科学出版社，2007年。

[2]　郑建明：《德清小紫山土墩墓群》，《中国考古学年鉴·2011》，文物出版社，2012年。郑建明：《浙江德清小紫山土墩墓群》，《马桥文化探微——发现与研究文集》，第61～66页，上海书店出版社，2018年。

[3]　孟国平、胡秋凉：《浙江长兴南符小山土墩墓》，《马桥文化探微——发现与研究文集》，第68～70页，上海书店出版社，2018年。

[4]　浙江省文物考古研究所：《海宁县夹山商周土墩石室结构遗存》，《中国考古学年鉴·1985》，文物出版社，1985年。杨楠：《夹山商周时期土墩遗存的发掘及若干问题》，《考古学研究（八）》，科学出版社，2011年。杨楠：《江南土墩遗存研究》，民族出版社，1998年。

[5]　苏州市考古研究所：《苏州阳山俞墩土墩墓发掘简报》，《东南文化》2012年第4期。

[6]　杨楠：《夹山商周时期土墩遗存的发掘及若干问题》，《考古学研究（八）》，科学出版社，2011年。杨楠：《江南土墩遗存研究》，第42～44页，民族出版社，1998年。

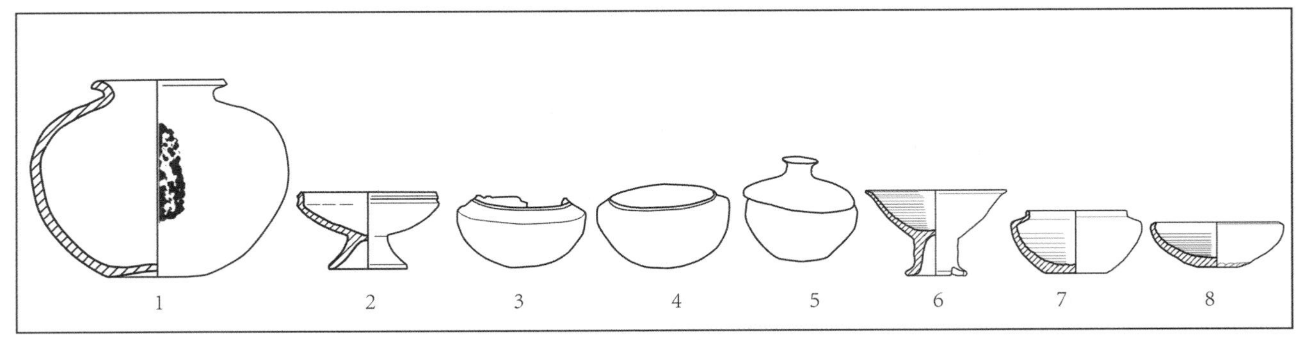

图7-29 夹山、小紫山、南山夏商时期遗存

1.硬陶罐（D4M2：3） 2.原始瓷豆（D4M2：1） 3.硬陶罐 4.硬陶罐 5.硬陶罐、器盖组合 6.原始瓷豆（湖·南ⅠT303⑥：2） 7.原始瓷罐（湖·南ⅠT303⑨：5） 8.原始瓷钵（湖·南ⅠG1：14） （夹山1、2，小紫山3～5，南山6～8）

区原始瓷豆分期，类似形态的豆年代为殷墟四期至西周初[1]。笔者认为，该件原始瓷豆相较殷墟四期豆体态更高，而苗圃北地同形态豆年代定为殷墟三期[2]，是可信的。

3.小紫山土墩墓群

位于现湖州市德清县武康镇三桥村的光华小区北侧。为配合武康镇经开区建设，2010年10月至2011年1月，浙江省文物考古研究所、德清县博物馆进行了发掘。发现商周时期土墩墓14座，其中商早期（甚至更早）2座，商中晚期9座。墓葬分两种，一种为平地掩埋，一种为长方形岩坑墓。随葬品也分两种，一种仅随葬原始瓷器，一种仅随葬硬陶器。目前均未公布完整材料。从浙江省文化厅官网材料可知，一墓出土4件硬陶器，器类有罐、钵和器盖等（图7-29，3～5），钵和器盖为组合出现。从肩部较折的硬陶小罐（图7-29，4）来看，敛口明显，肩、颈交界处有多周凸棱纹，腹部较为鼓出，与五担岗第5、6组风格接近。硬陶钵，口部微敛，口、腹部交界处较为缓和，下腹部微内曲；硬陶器盖为覆盘形，腹深较小，圈形捉手细高，盘腹表面微微凸出；新浮第2组也有类似风格器物。因此，随葬硬陶器的土墩墓年代应为花园庄阶段，下限应不会晚于殷墟一期。

三 窑址

本区域早期窑址的调查和发掘工作，业已开展数十年，但多属两周时期。夏商时期的相关发现，则是集中在近十年[3]。就目前所公布的资料看，主要集中于东苕溪水系，发现了瓢山、金龙山、北家山、城山、南山等[4]代表性窑址。其中南山窑延续了很长时间，约自夏商之际至商末。包含南山窑在内的诸多窑址，在东苕溪水系应有专门化、专业化的生产，而以瓢山、金龙山、北家山、城山等为代表的窑址，具体年代仍需深入分析。本文暂以南山窑作简要说明，原始瓷、硬陶窑址的发现及相

[1] 郑建明：《商代原始瓷分区与分期略论》，《东南文化》2012年第2期。

[2] 中国社会科学院考古研究所：《殷墟发掘报告（1958～1961）》，第142页，文物出版社，1987年。

[3] 本区域的夏商时期窑址，多集中发现于全国第三次文物普查工作中，后续也对东苕溪水系开展了针对性的调查，发现大量窑址。特别是东苕溪水系，发现夏商时期窑业群，但资料体系仍待完善，尤其是早期测年样本，年代为夏末商初，本文选取早年发现的南山窑作为典型。

[4] 浙江省文物考古研究所、湖州市博物馆、德清博物馆：《东苕溪流域夏商时期原始瓷窑址》，文物出版社，2015年。

关技术的探讨将另文讨论。

南山窑

位于湖州市东林镇南山村西，属青山片区窑址群。2010 年，浙江省文物考古研究所发掘 800 平方米，发现明确具有地层叠压关系的窑炉及相关遗迹，并明确分为五期。该窑址烧制原始瓷器，器类比较单一，原始瓷器主要为豆、钵、罐（图 7-29，6～8），也有少量器盖等，兼烧硬陶器。第一期年代，约为夏商之际或商初；第二期年代，约为二里冈下层二期；第三期年代，约为二里冈上层一期至二里冈上层二期偏早阶段；第四期年代，约为二里冈上层二期偏晚；第五期年代，相当于殷墟时期。

四　铜器地点

太湖流域商时期铜器地点较少，出土数量不多，器类有鬲、爵、觚、盘、铙、戈、锛、刀、镞、案足等。笔者选择了几处有代表性的地点。太湖东部及东苕溪以东、钱塘江以北地区，铜器地点有马桥[1]、长春村[2]、乌龟山[3]、袁家汇[4]、湖州中医院[5]等。典型铜器 7 件，如乌龟山爵（图 7-30，1），为筒腹、卵底，柱在口部近流折处，菌形帽，三足较长且有一定程度的外撇；这种形态的爵，年代应为殷墟二期偏晚至三期偏早阶段。袁家汇戈（图 7-30，2～5）为宽条形援，两腰不等，年代应属殷墟早期。长春村戈（图 7-30，6）为銎内戈，这种样式始见于殷墟二期偏早阶段，后流行至殷墟三期偏早阶段。马桥锛（图 7-30，7），器身矮宽、两侧微束腰、刃微弧，年代约为商中晚期。

太湖西南部的长兴港、合溪水系，铜器地点有上草楼[6]、石濑村[7]和长兴中学[8]等。上草楼盘（图 7-31，1），浅腹，矮圈足，内底有较大的龟纹，口沿至圈足饰“C”形云纹。与龟纹盘同出的铙（图 7-31，2），枚刚发育，无钲部，似比盘年代略晚。石濑村铙（图 7-31，3），无枚，腔体饰浮雕饕餮纹，甬部饰“C”形云纹，甬部未见旋；应与龟纹盘年代相近。长兴中学铙（图 7-31，4），枚较上草楼者发育但仍不突出，旋也较上草楼铙大。这几件铜器，尤其是铙的年代有一定争议。但这种龟纹、“C”形云纹，均多见于商时期。宝鸡竹园沟 7 号墓甬钟，是目前西周最早者；已有明显的钲部和发达的枚。这种不发达的有枚铙，应不会晚至西周。由上可知，这几件铜器年代应为殷墟晚期，长兴中学铙可能晚至商末周初。

太湖西南部的西苕溪水系，铜器地点有周家湾[9]，出土铜器计 8 件，有鬲、爵、觚和案足等（图 7-32，1～4），数件残损严重。鬲（图 7-32，1），宽卷沿，长斜颈，鼓腹，腹径略大于口径，足

[1]　上海市文物管理委员会：《马桥——1993～1997年发掘报告》，第289页，上海书画出版社，2002年。
[2]　太仓博物馆：《太仓文物精华》，第88页，文物出版社，2007年。
[3]　湖州市博物馆：《湖州市博物馆藏品集》，第81页，西泠印社，1999年。
[4]　浙江省文物考古研究所、湖州市博物馆：《昆山》，第468页，文物出版社，2006年。
[5]　湖州市文物局、湖州市博物馆等：《湖州·博物馆联盟馆藏集萃》，第8页，安徽美术出版社，2015年。
[6]　浙江省文物管理委员会：《浙江长兴县出土的两件铜器》，《文物》1960年第7期。
[7]　浙江省文物考古研究所、湖州市博物馆：《昆山》，第469页，文物出版社，2006年。
[8]　长兴县文化馆：《浙江长兴县的两件青铜器》，《文物》1973年第1期。
[9]　浙江安吉县博物馆：《浙江安吉出土商代铜器》，《文物》1986年第2期。

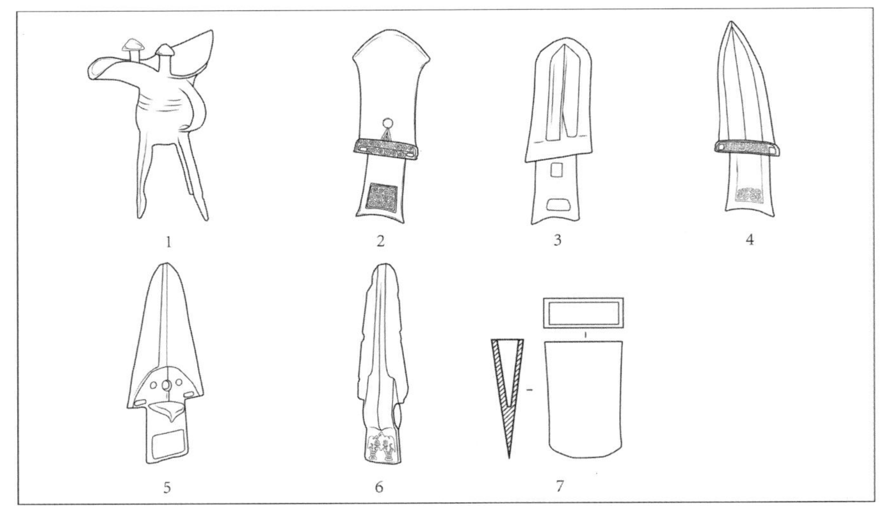

图7–30 马桥、长春村等地点铜器

1.爵 2～6.戈 7.锛 （乌龟山1，袁家汇2～5，长春村6，马桥7）

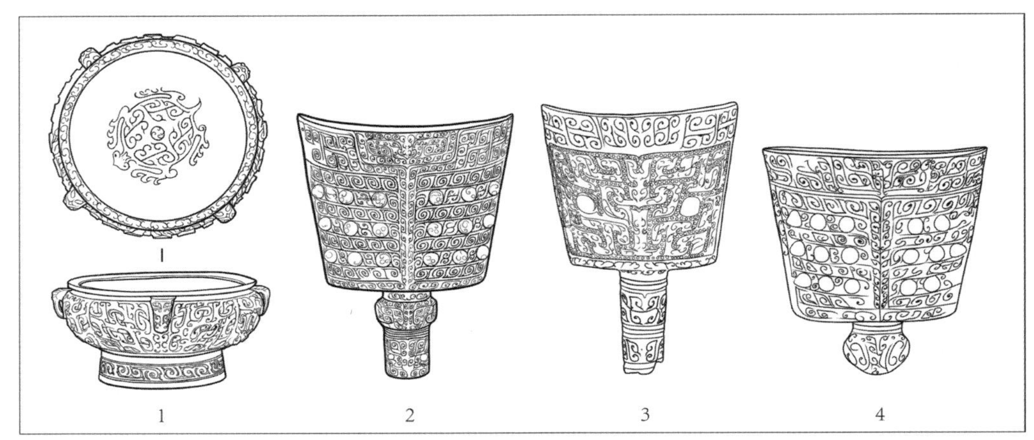

图7–31 上草楼、石濑村、长兴中学地点铜器

1.盘 2～4.铙 （上草楼1、2，石濑村3，长兴中学4）

外撇，腹饰兽面纹，三扉棱与足位置对应；形态与河南灵宝东桥殷墟早期铜鬲[1]类似。爵（图7–32，2），筒腹、深卵底，柱在口部近流折处，菌形帽，三足较长稍稍外撇；年代应属殷墟二期偏晚。觚（图7–32，3），大口、瘦长形，觚体分三段，圈足为直角下折，觚的中腰、圈足有四条扉棱；同形态觚可见于妇好墓[2]、大司空东南地M663[3]，年代为殷墟二期偏晚。因此，周家湾铜器年代，应为殷墟二期偏晚。

综上分析，太湖流域铜器年代多属商晚期，器类不太丰富。马桥也曾出土过年代偏早的铜刀（Ⅱ T723③ D：7），可能早至二里头晚期。但马桥铜刀尚属孤例，这个区域是否存在夏时期铜器，仍需要更多实质证据。

[1] 河南省博物馆、灵宝县文化馆：《河南灵宝出土一批商代青铜器》，《考古》1979年第1期。

[2] 中国社会科学院考古研究所：《殷墟妇好墓》，文物出版社，1980年。

[3] 中国社会科学院考古研究所安阳工作队：《安阳大司空村东南的一座殷墓》，《考古》1988年第10期。

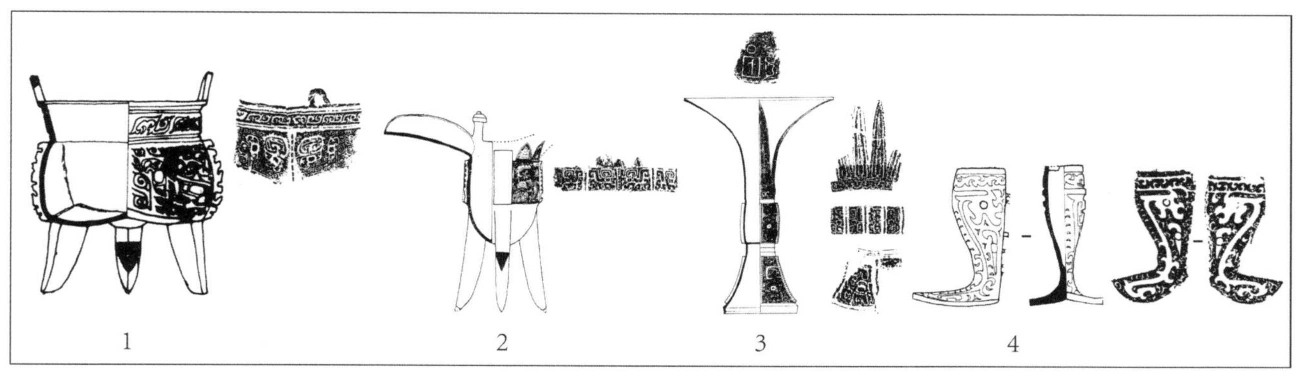

图7-32　周家湾地点铜器
1.鬲　2.爵　3.觚　4.案足

第二节　太湖流域龙山时期向夏时期考古学文化的过渡

太湖流域新石器时代末考古学文化，尤以对良渚文化的研究更为系统和成熟。本区域进入良渚文化中晚期后，已与中原龙山文化并行发展，存在文化交流且互有借鉴。良渚文化之后，太湖流域后续为“钱山漾文化”和“广富林文化”[1]。如此，太湖流域新石器时代末至夏时期的文化谱系已基本完整；而广富林文化与马桥文化间也不再存在明显年代缺环。钱山漾文化、广富林文化的分布、文化特征及年代，下文将作简要讨论。

一　钱山漾文化在太湖流域的分布情况、文化特征及年代

钱山漾文化主要分布于太湖的南、东、北三侧，其中以东、南侧发现为多，西侧则较少。如太湖南侧分布有钱山漾[2]、昆山[3]、邱城[4]，东侧有广富林[5]、龙南[6]、张墓村[7]，北侧分布有钱底巷[8]、北罗墩[9]、徐家湾[10]、蔡墩[11]，西侧分布有姬山[12]。总体来看，钱山漾文化的分布，大致以太

[1]　宋建：《“钱山漾文化”的提出与思考》，《中国文物报》2015年2月13日第6版。张忠培：《解惑与求真——在“环太湖新石器时代末期暨广富林遗存学术研讨会”的讲话》，《南方文物》2006年第4期。宋建：《环太湖地区新石器时代末期考古学研究的新进展》，《南方文物》2006年第4期。

[2]　浙江省文物管理委员会：《吴兴钱山漾遗址第一、二次发掘报告》，《考古学报》1960年第2期。浙江省文物考古研究所、湖州市博物馆：《钱山漾——第三、四次发掘报告》，文物出版社，2014年。

[3]　浙江省文物考古研究所、湖州市博物馆：《昆山》，文物出版社，2006年。

[4]　浙江省文物考古研究所：《浙江省湖州市邱城遗址第三、四次的发掘报告》，《浙江省文物考古研究所学刊》第七辑，科学出版社，2005年。

[5]　周丽娟：《广富林遗址良渚文化墓葬与水井的发掘》，《东南文化》2003年第11期。上海博物馆考古研究部：《上海松江区广富林遗址2001～2005年发掘简报》，《考古》2008年第8期。上海博物馆考古研究部：《上海松江区广富林遗址2008年发掘简报》，《广富林：考古发掘与学术研究论集》，第64～97页，上海古籍出版社，2014年。

[6]　苏州博物馆、吴江县文物管理委员会：《江苏吴江龙南新石器时代村落遗址第一、二次发掘简报》，《文物》1990年第7期。苏州博物馆、吴江市文物管理委员会：《吴江梅堰龙南新石器时代村落遗址第三、四次发掘简报》，《东南文化》1999年第3期。

[7]　吴县文物管理委员会：《江苏吴县越溪张墓村遗址调查》，《考古》1989年第2期。

[8]　南京博物院、无锡市博物馆、锡山区文物管理委员会：《江苏无锡锡山彭祖墩遗址发掘报告》，《考古学报》2006年第4期。

[9]　姚治平、陈颖：《聚沙成塔：梅李历史文化博物馆》，第40页，上海文化出版社，2009年。

[10]　王德庆、缪自强：《江苏沙洲县新石器时代遗址调查简报》，《考古》1987年第10期。

[11]　王德庆、缪自强：《江苏沙洲县新石器时代遗址调查简报》，《考古》1987年第10期。

[12]　王岳群：《江苏武进姬山遗址调查》，《东南文化》1998年第4期。

湖为中心，南、东、北三个方向呈半环状。

钱山漾文化遗物，主要为陶器，石器也较多，有少量木器和骨器。陶器多夹砂和泥质陶，夹砂陶有红、灰、黑三色，泥质陶有灰、黑二色；其中以夹砂红陶系为主。陶器器类有鼎、甗、豆、鬶、尊、壶、盆、瓮、罐、盘、缸、碗、钵和器盖等；纹饰有绳纹、间断绳纹、篮纹、弦纹、曲折纹、八字纹、方格纹、刻槽纹、附加堆纹、七角星形刻划纹、戳印圆圈纹等，以间断绳纹、曲折纹、刻槽纹最为流行。鼎多垂腹，鱼鳍形鼎足，足横截面为一端宽、一端窄，足两侧面多饰刻槽；豆多为敞口，有粗、细柄两种；鬶均为高细颈、捏口、大袋足，把手位于袋足偏上位置；尊为高颈、高圈足，其他地域少见；壶多为弧腹，有乳丁足、圈足两种；盆以斜弧腹者为多，少数圜底；瓮多为折沿、深弧腹、小平底；罐有高颈鼓腹、扁弧腹、深弧腹、深鼓腹等几种，以高颈最富特色；缸多微斜腹、尖圜底。典型陶器有鱼鳍形足鼎、鼎式鬶、高颈大袋足捏口鬶、浅腹盘形豆、圈足盘、高颈鼓腹罐、乳丁足壶、深弧腹小平底瓮、高圈足高颈尊、斜腹尖圜底缸等。

钱山漾文化，文化因素构成总体分两种。一种是在继承本地良渚文化基础上的发展，如可以反映陶器制作技术的陶器种类、形态、纹饰等；鼎的垂腹形态显然由良渚文化晚期直接过渡而来，仍没有脱离其影响，鱼鳍形鼎足与良渚时期的鼎足仅发生了局部变化，且均流行竖向刻槽。其他如高颈大袋足捏口鬶、高颈高圈足簋等，也均是继承自良渚文化。另一种文化因素来自北方，来源地主要是江淮地区和海岱地区，以前者的影响尤为明显。本文在介绍滁河流域新石器时代末考古学文化时，曾对此问题进行过讨论。如滁河下游牛头岗遗址，可明显见到与钱山漾文化极类似的因素，同时也有部分禹会类型特征；笔者认为钱山漾文化中来自北方的因素极可能是来自淮河中游一带，再途经滁河流域，进而达到与钱山漾文化交流的目的。

钱山漾文化的测年数据，目前有 46 个，树木年轮校正后的年代区间为 2480BC ～ 2030BC，年代或有浮动 [1]。

二　广富林文化在太湖流域的分布情况、文化特征及年代

广富林文化，仍以太湖流域为核心分布区，分布大致呈环形。太湖南侧分布有钱山漾 [2]、昆山 [3]、茅山 [4]，东侧有广富林 [5]，北侧有北罗墩 [6]、花山 [7]，西侧有骆驼墩 [8]、秦堂山 [9] 等。

广富林文化遗物，主要为陶器，石器较多，少量玉器。陶器主要为夹砂和泥质陶，夹砂陶有红、灰二色，泥质陶有灰、黑二色；灰陶器占比高于红陶器。陶器器类有鼎、豆、瓮、罐、盆、杯、盘、

[1] 浙江省文物考古研究所、湖州市博物馆：《钱山漾——第三、四次发掘报告》，第453页，文物出版社，2014年。

[2] 浙江省文物考古研究所、湖州市博物馆：《钱山漾——第三、四次发掘报告》，文物出版社，2014年。

[3] 浙江省文物考古研究所、湖州市博物馆：《昆山》，文物出版社，2006年。

[4] 浙江省文物局：《浙江省第三次全国文物普查新发现丛书（古遗址）》，第87页，浙江古籍出版社，2012年。

[5] 上海市文物保管委员会：《上海市松江县广富林新石器时代遗址试探》，《考古》1962年第9期。上海博物馆考古研究部：《上海松江区广富林遗址1999～2000年发掘简报》，《考古》2002年第10期。上海博物馆考古研究部：《上海松江区广富林遗址2001～2005年发掘简报》，《考古》2008年第8期。

[6] 姚治平、陈颖：《聚沙成塔：梅李历史文化博物馆》，第40页，上海文化出版社，2009年。

[7] 江阴花山遗址联合考古队：《江阴花山夏商文化遗址》，《东南文化》2001年第9期。

[8] 南京博物院、宜兴市文物管理委员会：《江苏宜兴骆驼墩遗址发掘报告》，《东南文化》2009年第5期。

[9] 南京博物院：《“江苏溧阳市秦堂山遗址考古成果专家论证会”会议纪要》，《东南文化》2016年第3期。

尊、器盖、钵和纺轮等；纹饰有绳纹、间断绳纹、弦纹、篮纹、曲折纹、方格纹、八字纹、三角填线纹、戳印圆圈纹、锥刺纹、指捺纹、刻划纹等，以绳纹、篮纹、方格纹最为流行。鼎仍流行垂腹，但鼓腹、扁鼓腹、直腹形态也开始多见，足变为以侧扁三角足多见，鼎足侧面的刻槽纹开始变浅、甚至简化为较浅的刻划纹，足跟部往往出现按窝；鬶有高颈捏口鬶和高颈长流鬶两种，前者大袋足，但颈部变直、耳变扁变宽，耳最高处位于颈部，颈下泥条变为梯形；豆仍见粗柄和细柄两种，细柄豆更为流行；盆仍多斜腹，但也见下腹较鼓者；罐均弧腹，腹部往往较鼓；尊为高颈；杯为直腹。石器，出现了半月形刀，这也是半月形石刀出现的最早时间。

广富林文化，文化因素构成总体分两种。一种承袭了钱山漾文化，如垂腹鼎、细高柄豆、大袋足高颈捏口鬶、深弧腹罐、高颈尊等。另一种则比较复杂，本文在介绍里下河地区、宁镇地区新石器时代末遗存时曾讨论过；来源可能分三类，第一类是沿以东淝河水系、滁河流域而来的江淮因素即禹会类型，第二类是来自鲁豫皖交界处同期遗存即造律台文化，第三类是典型的海岱龙山文化，这三类文化因素似乎均存在于广富林文化中。

广富林文化的测年数据，目前不多。广富林遗址有两个，树木年轮校正后分别为2320BC、2310BC，时间均偏早；后来所进行的测年，数据仍未发表。本文暂以钱山漾遗址第三、四次发掘的测年数据为准，树木年轮校正后的年代区间为2120BC～1780BC[1]。

从钱山漾文化和广富林文化的测年数据可知，二者之间基本接续。而广富林文化的年代下限，似已到1780BC，甚至更晚。由此推知，广富林文化末期似已与夏时期非常接近。

第三节　太湖流域夏商时期考古学文化分期

一　本区域夏时期遗存

太湖流域自钱山漾文化、广富林文化之后，紧接便是马桥文化，未见明显年代缺环；马桥文化早期，已进入夏时期。本区域夏时期遗存，多分布于太湖周围，东、南两个方向分布更密集。太湖西北，滆湖北部分布有新岗[2]；太湖北部，分布有许巷[3]；太湖东部，吴淞江水系分布有澄湖[4]、郭新河[5]、绰墩[6]、维新[7]等，东江（黄浦江）水系分布有马桥[8]、金山坟[9]、查山[10]、崧泽[11]、姚家

[1] 浙江省文物考古研究所、湖州市博物馆：《钱山漾——第三、四次发掘报告》，第456页，文物出版社，2014年。

[2] 常州博物馆：《常州新岗——新石器时代文化遗址发掘报告》，文物出版社，2012年。

[3] 扬名镇志编纂委员会：《扬名镇志》图版三六，方志出版社，2004年。

[4] 南京博物院、吴县文管会：《江苏吴县澄湖古井群的发掘》，《文物资料丛刊》9，文物出版社，1985年。丁金龙：《苏州澄湖遗址发掘报告》，《苏州文物考古新发现——苏州考古发掘报告专辑（2001～2006）》，第139～141页，古吴轩出版社，2007年。

[5] 姚勤德：《江苏吴县南部地区古遗址调查简报》，《考古》1990年第10期。

[6] 南京博物院、昆山县文化馆：《江苏昆山绰墩遗址的调查与发掘》，《文物》1984年第2期。苏州博物馆、昆山市文物管理所：《江苏昆山市绰墩遗址发掘报告》，《东南文化》2000年第1期。苏州博物馆、昆山市文物管理所：《江苏昆山绰墩遗址第二次发掘报告》，《东南文化》2000年第6期。苏州市考古研究所：《昆山绰墩遗址》，文物出版社，2011年。

[7] 闻惠芬、张铁军等：《太仓市维新遗址试掘简报》，《苏州文物考古新发现——苏州考古发掘报告专辑（2001～2006）》，第295、296页，古吴轩出版社，2007年。

[8] 上海市文物管理委员会：《上海市闵行区马桥遗址1993～1995年发掘报告》，《考古学报》1997年第2期。上海市文物管理委员会：《马桥——1993～1997年发掘报告》，上海书画出版社，2002年。

[9] 上海市文物保管委员会：《上海青浦县金山坟遗址试掘》，《考古》1989年第7期。

[10] 孙维昌：《上海市金山县查山和亭林遗址试掘》，《南方文物》1997年第3期。

[11] 上海市文物保管委员会：《崧泽——新石器时代遗址发掘报告》，文物出版社，1987年。上海市文物管理委员会：《1987年上海青浦县崧泽遗址的发掘》，《考古》1992年第3期。

村[1]、大坟[2]等；太湖南部，东苕溪水系分布有钱山漾[3]、昆山[4]，西苕溪水系分布有芝里[5]，东、西苕溪并流后太湖西南分布有邱城[6]；太湖西部，胥河水系分布有神墩[7]。

本区域夏时期遗存以陶器为主，有一定数量的原始瓷器和石器，极少量玉器；陶器中有一定数量的硬陶器。因硬陶器、原始瓷器数量、形态演变不明显，仅作分期，而不作型、式划分。

1.遗存的分期与年代

（1）典型器物型式划分

主要选取数量较多、延续性较强、且前后形态有明显变化的器物，如鼎、甗、豆、觚、盘、壶、罐等。

鼎　主要分二型。

A型　罐形鼎。分三亚型。

Aa型　舌形足。腹径多大于口径。分三式。演变趋势：腹部总体上内收，上腹部有渐内曲的变化（图7-33，2、6、14）。

Ab型　凹弧足。腹径多大于口径。分三式。演变趋势：斜腹变为垂弧腹，圜底变深（图7-33，1、3、7）。

Ac型　圆实足。腹径多大于口径。分二式。演变趋势：腹部内收，足间距变小（图7-33，4、8）。

B型　盘形鼎，敞口、浅盘（图7-33，9）。

甗　主要分三型。

A型　舌形足，深腹盆形（图7-33，15）。

B型　凹弧足。腹径多大于口径。分二式。演变趋势：斜腹倾斜幅度变小，足间距变小（图7-33，10、16）。

C型　圜底无足（图7-33，11）。

豆　主要分二型。

A型　粗柄。可分二亚型。

Aa型　高柄。折盘、盘腹较浅，柄上多见圆形镂孔。分三式。演变趋势：豆盘折角变小，形态上体现为敞口程度变小（图7-33，5、12、17）。

Ab型　中高柄。折盘、盘腹较深。分二式。演变趋势：豆盘折角变小，形态上体现为敞口程度变小（图7-33，13、18）。

B型　中粗柄。折盘、盘腹较深。分二式。演变趋势：豆盘折角变小，形态上体现为敞口程度

[1]　芮国耀：《嘉兴姚家村遗址的发掘》，《浙江考古新纪元》，第149、150页，科学出版社，2009年。

[2]　陆耀华：《浙江嘉兴大坟遗址的清理》，《文物》1991年第7期。

[3]　浙江省文物考古研究所、湖州市博物馆：《钱山漾——第三、四次发掘报告》，文物出版社，2014年。

[4]　浙江省文物考古研究所、湖州市博物馆：《昆山》，文物出版社，2006年。

[5]　王宁远、周亚乐、程永军：《安吉芝里遗址》，《浙江考古新纪元》，第61～63页，科学出版社，2009年。

[6]　浙江省文物考古研究所：《浙江省湖州市邱城遗址第三、四次的发掘报告》，《浙江省文物考古研究所学刊》第七辑，科学出版社，2005年。

[7]　南京博物院、常州博物馆等：《溧阳神墩》，文物出版社，2016年。

期	段	鼎				甗			豆	
		Aa型	Ab型	Ac型	B型	A型	B型	C型	Aa型	Ab型
一期	1段		1							
二期	2段	2	3	4					5	
三期	3段	6	7	8	9		10	11	12	13
四期	4段	14				15	16		17	18

图7-33　太湖流域夏时期典型陶器分期图-1

1.鼎（T0403⑤：38）　2.鼎（ⅡT821③F：16）　3.鼎（T1002④B：11）　4.鼎（T1001④B：15）　5.豆（T1003④B：2）　6.鼎（ⅡT822③E：16）　7.鼎（T01④A：20）　8.鼎（H34：7）　9.鼎（T07④A：3）　10.甗（H26：12）　11.甗（G1④：74）　12.豆（H26：17）　13.豆（T0503④：9）　14.鼎（H56②：22）　15.甗（H56②：20）　16.甗（H56②：14）　17.豆（H141：1）　18.豆（H105②：2）　（钱山漾1、3～5、7～10、12～18，马桥2、6，昆山11）

变小（图 7-34，11、17）。

觚　中粗筒形，下腹部往往有明显的凸棱，足外撇。分三式。演变趋势：觚体开口渐大（图 7-34，1、5、12）。

簋形器　粗体，腹部饰有对称的扁平耳，中高圈足（图 7-34，6）。

盉　三较细的乳足，短流，并有较大的宽扁耳，耳的上部紧贴口部（图 7-34，7）。

盘　浅腹盘形，三瓦足。分二式。演变趋势：盘腹倾斜程度变小，外翻沿下垂程度变小（图 7-34，2、8）。

壶　按总体差异，分二型。

A 型　鸭形壶。有明显的颈部，腹部如鸭形，口、腹之间有把手。可分二亚型。

Aa 型　无圈足。分四式。演变趋势：口部至鸭尾之间的腹部上侧由倾斜变平缓或内曲，鸭首腹部渐鼓，腹部渐扁（图 7-34，3、9、13、18）。

Ab 型　有圈足。分三式。演变趋势：腹部渐扁，腹底渐平，鸭尾上扬程度渐小（图 7-34，10、14、19）。

B 型　高颈，扁腹，大平底。分二式。演变趋势：器体变扁，颈部变矮（图 7-34，4、15）。

罐　束颈，垂腹，内凹底。分二式。演变趋势：最大腹径上移（图 7-34，16、20）。

（2）分期与年代

总体来说，太湖流域夏时期遗址并不少见，但地层延续性往往较差。年代最早的地层一般较单薄，出土物也少。借助地层、遗迹间彼此的叠压、打破关系，可以对太湖流域夏时期遗存进行简单的分期。

第1段：以钱山漾第1组、昆山第1组为代表。典型陶器有Ab型Ⅰ式鼎（图7-33，1）、Ⅰ式觚（图7-34，1）、Ⅰ式盘（图7-34，2）、Aa型Ⅰ式壶（图7-34，3）、B型Ⅰ式壶（图7-34，4）、鼓腹硬陶罐（图7-35，1、2、4、5）、鼓腹硬陶盆（图7-35，3）等。鼎、甗类等个体较大的陶器多为夹砂器，且多红、灰色；豆、觚、盆、罐、钵等个体相对较小的陶器，则多泥质器；有相当数量的硬陶器，多紫褐色或红褐色。泥质、夹砂陶器纹饰多见弦纹、绳纹；硬陶器多见方格纹、叶脉纹和席纹，席纹多拍纹较大、较凌乱，叶脉纹和席纹均有不满饰的现象。该段器物，仍可见广富林文化的影响，瓦足盘、高颈壶等均属该因素。从器物特征看，太湖流域与中原地区有明显交流迹象，如二里头遗址发现有偏早阶段的鸭形壶，即应自太湖流域传播而来。

第2段：以钱山漾第2组、昆山第2组、马桥第1组为代表。典型陶器有Aa型Ⅰ式鼎（图7-33，2）、Ab型Ⅱ式鼎（图7-33，3）、Ac型Ⅰ式鼎（图7-33，4）、Aa型Ⅰ式豆（图7-33，5）、Ⅱ式觚（图7-34，5）、双耳篮形器（图7-34，6）、袋足短流盉（图7-34，7）、Ⅱ式盘（图7-34，8）、

期	段	豆	觚	篮形器	盉	盘	壶			罐
		B型					Aa型	Ab型	B型	
一期	1段		1			2	3		4	
二期	2段		5	6	7	8	9	10		
三期	3段	11	12				13	14	15	16
四期	4段	17					18	19		20

图7-34　太湖流域夏时期典型陶器分期图-2

1.觚（T0403⑤：8）　2.盘（T0503⑤：36）　3.壶（T0503⑤：37）　4.壶（T0503⑤：11）　5.觚（ⅡT719③F：13）　6.篮形器（H107：1）　7.盉（H107：9）　8.盘（T1002④B：5）　9.壶（T1001④B：11）　10.壶（ⅡT918③F：28）　11.豆（H161①：1）　12.觚（T1001④A：8）　13.壶（G1③：8）　14.壶（ⅡT819③E：10）　15.壶（H89：18）　16.罐（ⅡT522③E：9）　17.豆（H196②：3）　18.壶（ⅡTD101：16）　19.壶（ⅡT1020③D：4）　20.罐（H56②：16）　（钱山漾1～4、6～9、11、12、15、17、20，马桥5、10、14、16、18、19，昆山13）

Aa 型Ⅱ式壶（图 7-34，9）、Ab 型Ⅰ式壶（图 7-34，10）、折盘硬陶环耳豆（图 7-35，6）、高颈硬陶罐（图 7-35，7、8）、硬陶鸭形壶（图 7-35，9）、折沿弧腹硬陶罐（图 7-35，10）、中粗柄原始瓷豆（图 7-36，1）等。本段陶器数量明显增多，硬陶器数量也较多，出现原始瓷器。主流纹饰仍为绳纹、弦纹，另有篮纹、方格纹、叶脉纹、条格纹、云雷纹、席纹等，席纹、叶脉纹往往单体较大，开始流行在颈部饰横向叶脉纹的装饰手法。自该段起，太湖流域与中原地区文化交流变频繁，实物证据较多，如双耳簋形器、袋足扁耳盉、敛口鸡冠耳鋬罐等；岳石文化因素也开始出现在太湖流域，如曲壁簋形器、斜腹圜底盆等。袋足扁耳盉、鸭形壶、曲壁簋形器是该段最典型器物，代表了中原、海岱、当地土著文化因素三者于太湖流域的融合情况。本地土著器物鸭形壶，在太湖南部继续发展，太湖东部也开始出现。

第 3 段：以钱山漾第 3 组、昆山第 3 组、马桥第 2 组为代表。典型陶器有 Aa 型Ⅱ式鼎（图 7-33，6）、Ab 型Ⅲ式鼎（图 7-33，7）、Ac 型Ⅱ式鼎（图 7-33，8）、B 型鼎（图 7-33，9）、B 型Ⅰ式甗（图 7-33，10）、C 型甗（图 7-33，11）、Aa 型Ⅱ式豆（图 7-33，12）、Ab 型Ⅰ式豆（图 7-33，13）、B 型Ⅰ式豆（图 7-34，11）、Ⅲ式觚（图 7-34，12）、Aa 型Ⅲ式壶（图 7-34，13）、Ab 型Ⅱ式壶（图 7-34，14）、B 型Ⅱ式壶（图 7-34，15）、Ⅰ式罐（图 7-34，16）、扁足硬陶鼎（图 7-35，11、12）、中粗柄硬陶豆（图 7-35，13、14）、硬陶鸭形壶（图 7-35，15、16）、圜底硬陶刻槽盆（图 7-35，17）、高颈硬陶罐（图 7-35，18、20）、矮颈硬陶罐（图 7-35，19）、深鼓腹硬陶罐（图 7-35，21、22）、垂腹硬陶罐（图 7-35，23）、扁鼓腹硬陶罐（图 7-35，24）、鼓腹硬陶罐（图 7-35，25～33）、鼓腹硬陶盆（图 7-35，34）、鼓腹硬陶盆（图 7-35，35）、硬陶钵（图 7-35，36）、原始瓷豆（图 7-36，2、3）、原始瓷觚（图 7-36，4）、原始瓷壶（图 7-36，5）、原始瓷罐（图 7-36，6、7）等。本段陶器、原始瓷数量均增多，器类也变多。纹饰种类与上期变化不大，新出现纵向曲折纹、梯格纹[1]。刻槽盆是新出现的器类。自上段起硬陶器已经有了较大发展后，本段达到一个高峰期；器物数量明显变多。该段有多种文化因素交融现象，中原地区与太湖流域的交流变得更紧密；来自海岱地区的岳石文化因素与上期大约持平，对本地的影响有限。代表本地典型文化因素的鸭形壶，除太湖东、南以外，还出现在了太湖北部；金衢盆地西南侧江山盆地的肩头弄遗址也发现了与本段年代大致同时的鸭形壶，但形态简化、且不施纹饰。长江北岸里下河地区的周邶墩遗址也出现了诸多硬陶器，其高颈硬陶罐与本遗址该段同类器毫无二致。

第 4 段：以钱山漾第 4 组、昆山第 4 组、马桥第 3 组、神墩第 1 组、邱城第 1 组为代表。典型陶器有 Aa 型Ⅲ式鼎（图 7-33，14）、A 型甗（图 7-33，15）、B 型Ⅱ式甗（图 7-33，16）、Aa 型Ⅲ式豆（图 7-33，17）、Ab 型Ⅱ式豆（图 7-33，18）、B 型Ⅱ式豆（图 7-34，17）、Aa 型Ⅳ式壶（图 7-34，18）、Ab 型Ⅲ式壶（图 7-34，19）、Ⅱ式罐（图 7-34，20）、扁足硬陶鼎（图 7-35，37）、中粗柄硬陶豆（图 7-35，38、39）、深弧腹釜（图 7-35，40）、宽把硬陶杯（图 7-35，41）、高颈硬陶罐（图 7-35，42）、鼓腹硬陶罐（图 7-35，43～46、49、50）、深鼓腹双耳硬陶罐（图 7-35，47）、单耳鼓腹硬陶罐（图 7-35，48）、扁弧腹硬陶盆（图 7-35，51）、扁鼓腹硬陶盆（图 7-35，52）、浅弧腹硬陶盆（图 7-35，53）、扁体硬陶小罐（图 7-35，54）、扁耳原始瓷罐（图 7-36，8）

[1]　太湖流域夏时期第3段遗存中的梯格纹为商时期梯格纹的母形，自商时期第1段起定型；宁镇地区梯格纹始见于商中晚期，应从太湖流域传播而来。

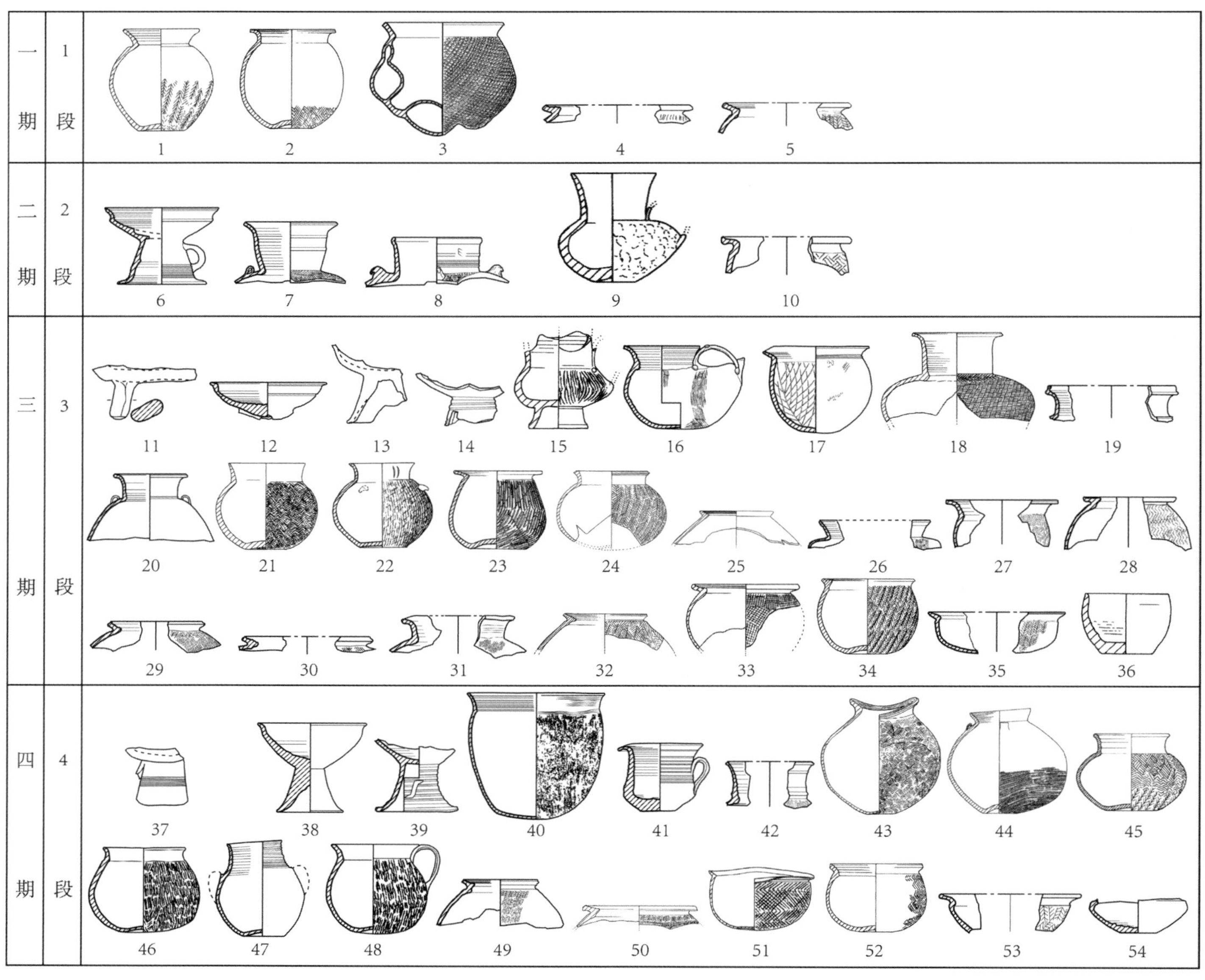

图7-35　太湖流域夏时期典型硬陶器分期图

1.罐（H193②：11）　2.罐（H193②：7）　3.盆（T0403⑤：20）　4.罐（G1⑤：15）　5.罐（G1⑤：16）　6.豆（T02④B：16）　7.罐（T0801④B：8）　8.罐（T0801④B：32）　9.壶（T0901④B：34）　10.罐（G1④：61）　11.鼎（G1③：281）　12.鼎（G1③：112）　13.豆（G1③：49）　14.豆（G1③：99）　15.壶（H124：1）　16.壶（T0503④：19）　17.刻槽盆（G1③：311）　18.罐（H26：30）　19.罐（G1③：185）　20.罐（T01④A：25）　21.罐（H26：8）　22.罐（H89：23）　23.罐（H34：5）　24.罐（T0503④：8）　25.罐（H67①：5）　26.罐（G1③：240）　27.罐（G1③：214）　28.罐（G1③：81）　29.罐（G1③：167）　30.罐（G1③：301）　31.罐（G1③：145）　32.罐（T03④A：21）　33.罐（H34：9）　34.盆（H175：1）　35.盆（G1③：205）　36.钵（H125：7）　37.鼎（G1④：35）　38.豆（G1④：4）　39.豆（G1④：142）　40.釜（92H21：1）　41.杯（G1②：12）　42.罐（G1②：112）　43.罐（H157：1）　44.罐（H157：4）　45.罐（H174：6）　46.罐（92H21：8）　47.罐（G1②：9）　48.罐（92H21：7）　49.罐（G1②：20）　50.罐（H8：8）　51.盆（H157：8）　52.盆（H157：14）　53.盆（G1②：8）　54.罐（G1②：148）　（钱山漾1～3、6～9、15、16、18、20～25、32～34、36、43～45、50～52，昆山4、5、10～14、17、19、26～31、35、37～39、41、42、47、49、53、54，邱城40、46、48）

等。本段在上段基础上继续发展，出现一些新器类、新器形。陶器开始流行装饰单耳。纹饰种类变化较小，但纵向曲折纹占比变高。来自中原地区、海岱地区的文化因素继续与本地的土著文化因素融合，太湖西侧胥河水系、滆湖北岸地带本地因素增强；太湖西侧至西北侧一带最早在第3段、最晚在第4段受到了太湖东部、东南部文化因素的影响。

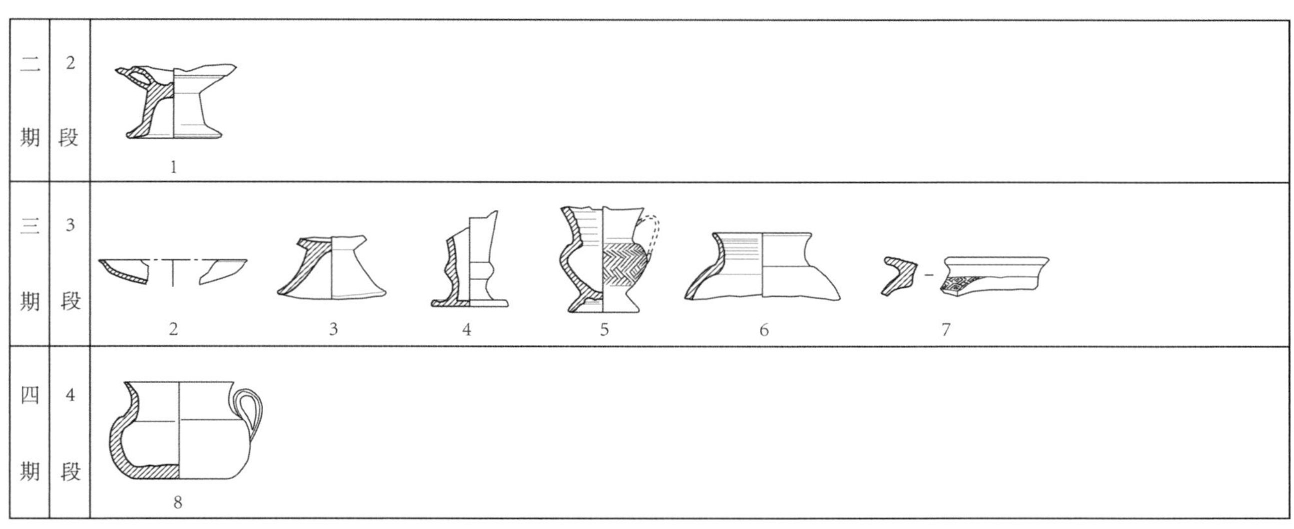

图7－36　太湖流域夏时期典型原始瓷器分期图

1.豆（T02④B：18）　2.豆（G1③：85）　3.豆（G1③：296）　4.觚（H98：1）　5.壶（T04④A：38）　6.罐（H209①：38）　7.罐（T0403④：17）　8.罐（H162：1）　（钱山漾1、4～8，昆山2、3）

综合各段特征，第 1 至 4 段可各对应一期。第一期遗存主要见于太湖东部和南部，它与钱山漾文化、广富林文化的核心分布区部分重合。从目前材料看，年代上限可到二里头一期偏晚阶段，基本与广富林文化接序，仅有较小缺环，或是考古发现不足所致。第一期遗存仍可看到不少器物有广富林文化的影响，如凹弧足鼎、舌形足鼎、圆实足鼎等，但各类实足甗、鸭形壶似是一种突变产物。至迟自二里头一期晚段起，太湖流域与中原地区交流加深。自第二期起，硬陶器逐渐开始变多，也出现了原始瓷器。一些器物如觚、豆、罐、盆等均与二里头文化共有、数量也大，难以分清源流；除与中原地区有明显互动外，海岱地区的岳石文化也对本地产生了影响，但属次要因素。第三期到了发展高峰，硬陶器在器类、数量上均有了很大提升。部分陶器在吸收了二里头文化因素或岳石文化因素后，产生了一些新器类、新器形。太湖北部、西北部也发现了该类遗存，但并不丰富。长江北岸里下河地区、滁河下游地区开始受到马桥文化明显影响。第四期在第三期基础上继续发展，太湖西部的胥河水系也发现有该类遗存，本期遗存的年代大致相当于二里头四期偏早。

2.文化因素分析

根据出土遗物进行分析后，将文化因素归为以下几类。

A 类：以凹弧足鼎、舌形足鼎、圆实足鼎、浅腹撇足鼎、凹弧足甗、舌形足甗、无足甗、粗柄折盘豆、折盘环耳硬陶豆、高粗柄折盘豆、大撇足细体觚、鸭形壶、扁耳硬陶杯、瓦足盘、双耳簋形器、高颈罐、斜弧腹圜盆、圈形捉手器盖等（图 7-37，1～21）为代表，部分器类自第一期开始出现，也包含后来在土著文化因素基础上的改良器物。这类因素的核心陶器组合，如凹弧足鼎、舌形足鼎、圆实足鼎、实足甗、鸭形壶、折盘豆、瓦足盘等，从第一期延续至第四期。自广富林时期起，便有凹弧足鼎、甗，应是在此基础上延续而来。折盘豆、单耳杯、瓦足盘、高颈罐，也属本地文化传统。实足甗，特别是凹弧足、舌形足鼎体与盆形甑体的组合样式，在本地及周边地区不见文化传承；与之类似的还有鸭形壶；应均为新出现的器类。

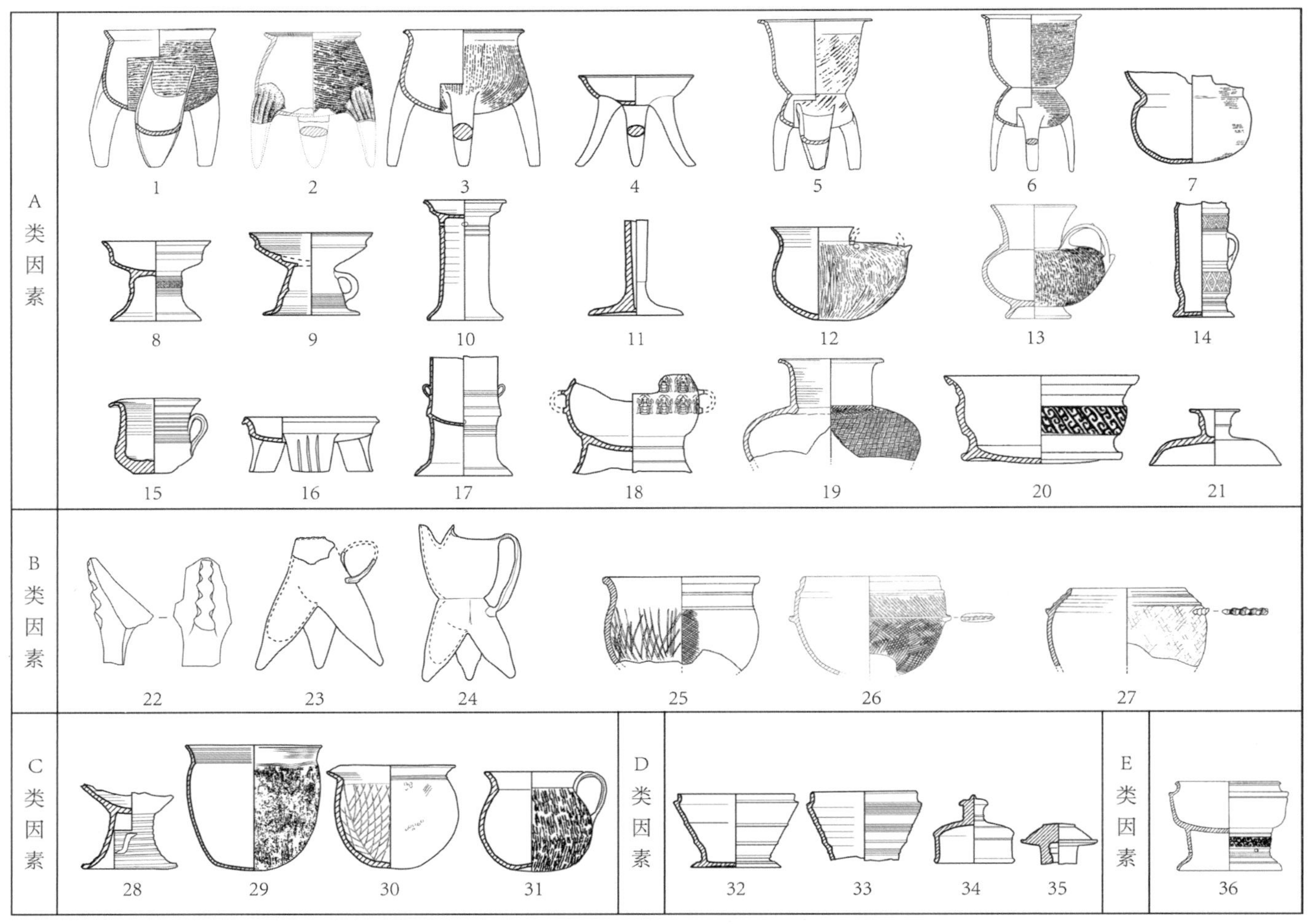

图7－37　太湖流域夏时期遗存文化因素构成图

1.鼎（T1102④B：11）　2.鼎（ⅡT821③F：16）　3.鼎（T1001④B：15）　4.鼎（T07④A：3）　5.甗（H56②：14）　6.甗（H56②：20）　7.甗（G1④：74）　8.豆（H105②：2）　9.硬陶豆（T02④B：16）　10.豆（H26：17）　11.觚（H193②：12）　12.鸭形壶（T1001④B：11）　13.壶（ⅡT821③D：5）　14.杯（ⅡT722③F：16）　15.硬陶杯（G1②：12）　16.盘（T1002④B：5）　17.簋形器（H107：1）　18.簋形器（T03④B：24）　19.罐（H26：30）　20.盆（ⅡT622③D：10）　21.器盖（H89：21）　22.鼎足（H8标：1）　23.盉（H107：17）　24.盉（H107：9）　25.刻槽盆（G1⑥：3）　26.鼎或盆（H107：21）　27.鼎或盆（H205：10）　28.硬陶豆（G1②：142）　29.硬陶釜（92H21：1）　30.硬陶刻槽盆（G1③：311）　31.硬陶罐（92H21：7）　32.尊（G4①：1）　33.尊（H198②：12）　34.器盖（H76：10）　35.器盖（T03④A：22）　36.豆（ⅡT522③E：24）　（钱山漾1、3～6、8～12、16～19、21、23、24、26、27、32～35，马桥2、5、13、14、20、36，昆山7、15、28、30，邱城29、31，神墩25，新岗22）

B类：以侧扁三角按窝足鼎、袋足盉、刻槽盆、鸡冠耳鋬器等（图7-37，22～27）为代表，这种因素来自中原地区；在来源上似可细化为伊洛河水系和双洎河水系。短流袋足盉基本可确认来源于双洎河水系的新砦期文化，本地盉流稍高；两者年代略有差距，一为新砦期，一为二里头二期；这说明从自中原传播至太湖流域后又有发展。其他如鸡冠鋬耳盆在属伊洛河水系、双洎河水系均多见，仍难分清从何时、何地影响而来。而四对按窝的侧扁三角足鼎、刻槽盆影响太湖流域的时间是在二里头晚期，可认定是受到了典型二里头文化影响。饰对称按窝的侧扁三角足鼎仅发现一例，且是在与宁镇地区地理位置接近的溧湖一带，应是由点将台文化区传播而来，而这种因素并没有深入到太湖流域核心文化区。

C类：以之字纹中粗柄豆、深弧腹硬陶釜、刻槽盆、单耳罐等（图7-37，28～31）为代表，均为硬陶器。这些陶器形态或装饰特征具有二里头文化因素，但制作工艺有了创新。深弧腹罐，应来自于二里头文化。太湖流域夏时期刻槽盆大致出现于二里头三期，在广富林时期至二里头二期之间未见踪影，应是由二里头文化传播而来。单耳罐，则属典型的二里头文化因素。之字纹的装饰手法，也来自于二里头文化。

D类：以斜腹尊、菌状钮器盖等（图7-37，32～35）为代表，属岳石文化因素。这种因素，最早或约自二里头二期起影响太湖流域，并贯穿于当地文化发展中，但始终为次要因素。这类岳石文化因素，自北往南影响的过程中，在途经里下河、滁河下游、宁镇等地区后形态基本未变；而在到达太湖流域后，则经过了更多筛选和过滤，仅保留了斜腹尊、深直口器盖、菌状钮器盖等少数几种器物形态，其他均进行了舍弃或改良。

E类：以敛口斜腹的粗柄圈足豆（图7-37，36）为代表，属吸收岳石文化因素后的创新器物。形态来源于岳石文化的圈足尊，但发生了一些改变。

在对太湖流域夏时期遗存进行分析后，文化因素大致可分五类。

第一期，主要为A、B类因素。A类属土著文化因素，是在本地广富林文化基础上演变而来，并有了创新。B类属中原文化因素，包括新砦期文化因素和伊洛河水系二里头文化因素，这些因素在本地的发展中或有混合。

第二至第四期，包含A、B、C、D、E五种因素。其中C类为二里头文化的改良因素，D类为岳石文化因素，E类为岳石文化的改良因素。

通过以上分析可知，本地夏时期遗存建立在广富林文化基础之上。在广富林时期，中原地区与太湖流域交流频繁，此后至新砦期也并未中断；因此，在太湖流域夏时期遗存中发现含有新砦期文化因素的遗物便属正常了。至中原二里头文化形成之后，这种交流仍延续，并基本贯穿二里头文化的始终。

二　本区域商时期遗存

太湖流域商时期遗存以陶器为主，包括部分硬陶器；有一定数量原始瓷器和石器。现以陶器、原始瓷器作为研究对象，进行分期与年代探讨。硬陶器、原始瓷器因数量或前后形态演变者不明显等原因，仅作分期，而不作型、式划分。

1.遗存的分期与年代

（1）典型器物型式划分

主要选取鼎、甗、豆、觚、尊、鬲、斝、盘、壶、刻槽盆、罐和盆等数量较多、延续性较强、且前后形态有明显变化的器物，并对其进行分析。

鼎　可分四型。

A型　垂腹鼎。可分二亚型。

Aa型　舌形足。垂腹，腹径接近或小于口径。分四式。演变趋势：腹部渐鼓，圜底渐深（图7-38，1、7、12、15）。

Ab型 圆实足。垂腹，腹部均较鼓。分四式。演变趋势：器体先变瘦后变扁，足跟渐内移（图7-38，2、8、16、22）。

B型 折平沿，浅腹盘形，圆实足或椭圆实足。分四式。演变趋势：腹深渐小、圜底渐过渡为平底，足跟部渐内移、足间距渐小（图7-38，3、18、19、21）。

C型 折沿或卷折沿，圜底。分三式。演变趋势：腹渐斜，腹深渐小，足跟总体上渐内移（图7-38，4、9、13）。

D型 敛口，腹部为圜底钵形。分二式。演变趋势：腹深变小（图7-38，14、17）。

甗 深腹盆或罐形甑。可分四型。

A型 舌形足。深腹盆形甑。分二式。演变趋势：甑部折沿变外斜沿、沿下角变大、腹由微斜变鼓，鼎腹变深（图7-38，5、10）。

B型 凹弧足。深腹盆形甑（图7-38，6）。

C型 圆实足。深腹盆形或罐形甑。分二式。演变趋势：甑部腹变外斜，鼎部有垂腹变扁鼓腹（图7-38，11、23）。

D型 无足。深腹甑（图7-38，20）。

豆 可分三型。

A型 粗柄。可分二亚型。

Aa型 浅腹盘形。可分三式。演变趋势：盘腹变深，豆柄渐外斜（图7-39，1、9、13）。

Ab型 斜腹罐形（图7-39，10）。

B型 中粗柄。可分三亚型。

Ba型 折腹盘形，高柄。可分二式。演变趋势：折盘程度变小，上腹壁变更直（图7-39，2、6）。

Bb型 罐形，柄相对较矮。可分二式。演变趋势：敛口程度加剧，腹部变更扁，柄相对变高（图7-39，15、17）。

C型 细柄。可分二式。演变趋势：盘底变大、敞口程度变小（图7-39，14、16）。

觚 可分二型。

A型 粗体。可分二式。演变趋势：觚腹变更斜，觚开口程度变大（图7-39，3、11）。

B型 细体。可分三式。演变趋势：觚腹渐长，腹部与足之间夹角变小、撇足变大（图7-39，4、7、12）。

尊 上下分段，斜腹，有圈足。可分二式。演变趋势：敛口变敞口，上腹变浅（图7-39，5、8）。

鬲 袋足。可分二式。演变趋势：颈变矮，最大腹径上移，裆高变矮（图7-40，14、16）。

斝 盘口，高束颈，袋足（图7-40，15）。

盘 外翻沿，折盘，浅圜底，梯形瓦足（图7-40，5）。

壶 高颈，有圈足。可分二型。

A型 鸭形。可分二亚型。

Aa 圈足较高。可分二式。演变趋势：腹部变扁，圈足变更撇（图7-40，1、17）。

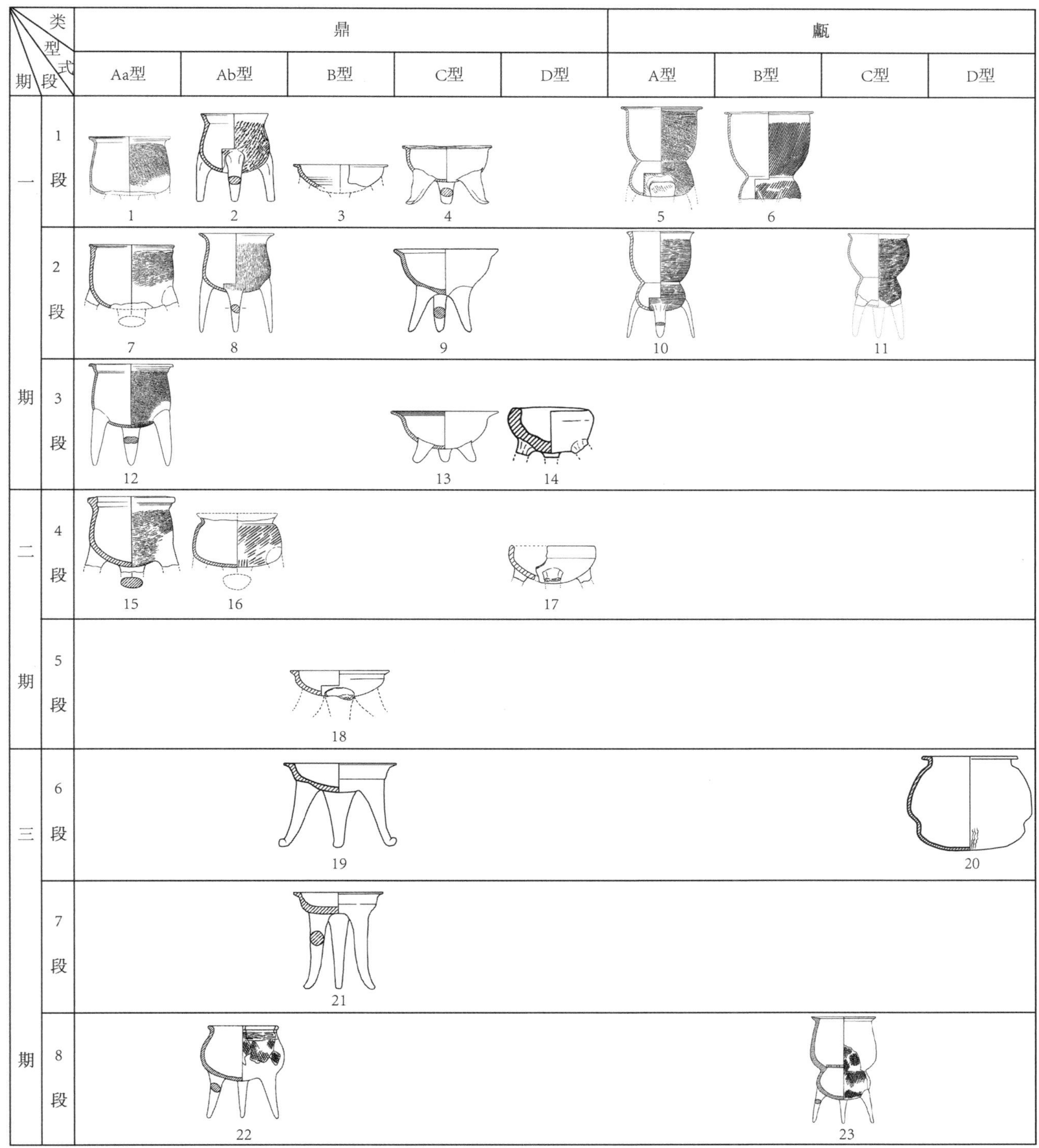

图7−38　太湖流域商时期典型陶器分期图−1

1.鼎（H200：20）　2.鼎（H56①：1）　3.鼎（H214：2）　4.鼎（ⅡT1034③C：12）　5.甗（H14：5）　6.甗（H206①：58）　7.鼎（H206②：83）　8.鼎（H8：9）　9.鼎（HG1④：4−1）　10.甗（H201⑤：47）　11.甗（ⅡT1033③B：10）　12.鼎（H201⑤：49）　13.鼎（ⅡT818③B：27）　14.鼎（T05③：2）　15.鼎（H201④：5）　16.鼎（H217①：9）　17.鼎（H80②：12）　18.鼎（H80②：5）　19.鼎（92H23：5）　20.甗（1955乙地灰坑）　21.鼎（T2904③：14）　22.鼎（H22②：9）　23.甗（H22②：13）　（钱山漾1～3、5～8、10、12、14～18，马桥4、11、13，神墩9，邱城19，绰墩21～23，施墩20）

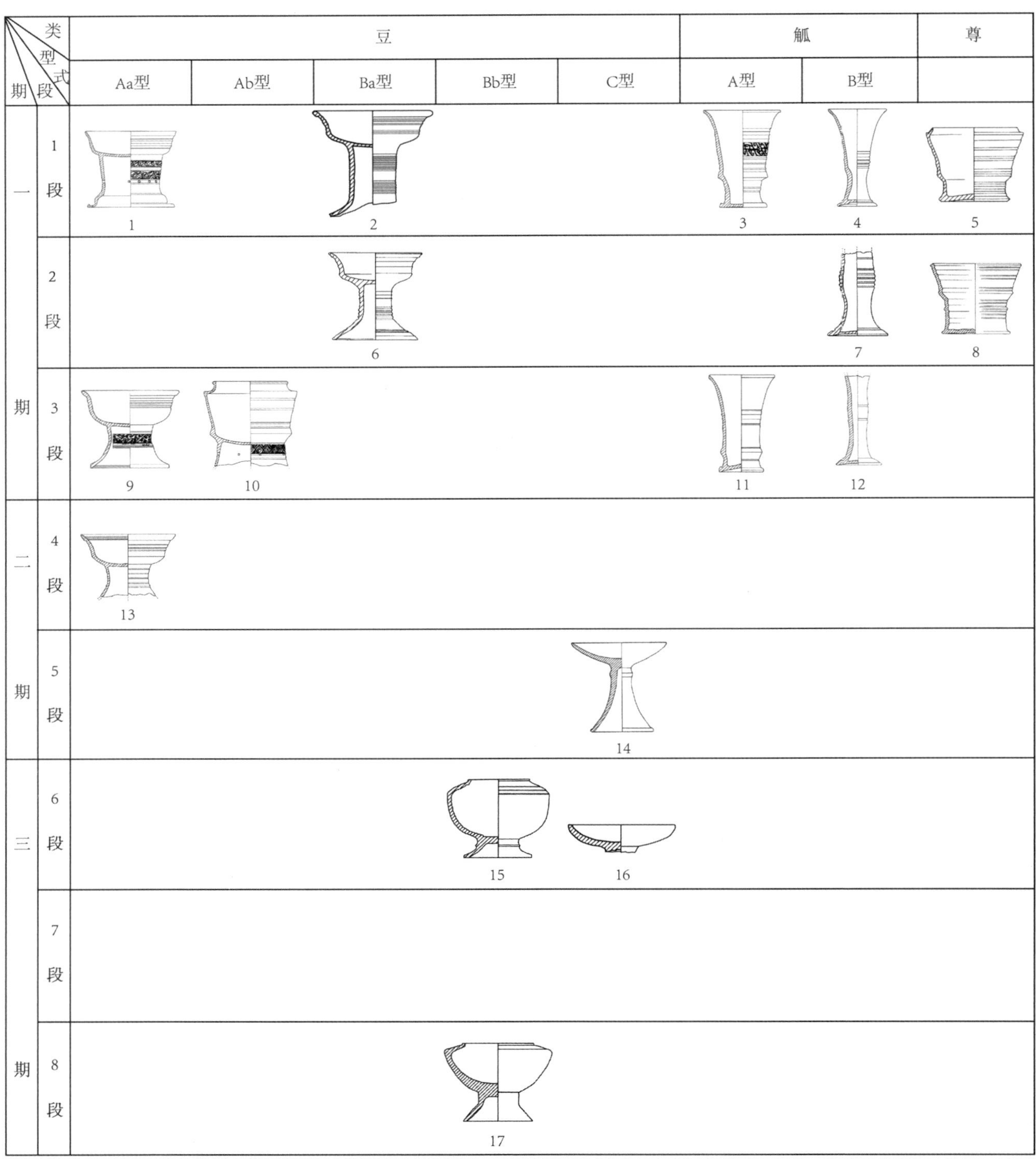

图7-39　太湖流域商时期典型陶器分期图-2

1.豆（ⅡT1031③B2：4）　2.豆（H56①：26）　3.觚（ⅡT722③C：13）　4.觚（ⅡT1031③B2：6）　5.尊（H171：1）　6.豆（H206②：14）　7.觚（ⅡH149：3）　8.尊（H217①：6）　9.豆（ⅡT1021③B：3）　10.豆（ⅡT923③B：2）　11.觚（ⅡT1231③B：7）　12.觚（ⅡT720③B：13）　13.豆（ⅡH249：3）　14.豆（G1③：103）　15.豆（H75：1）　16.豆（T604③：？）　17.豆（H22①：1）　（马桥1、3、4、7、9～13，钱山漾2、5、6、8，神墩14，绰墩15、17，钱底巷16）

期	段	鬲	斝	盘	壶 Aa型	壶 Ab型	壶 B型	刻槽盆	罐	盆
一期	1段				1	2	3			4
一期	2段			5				6	7	8
一期	3段					9		10	11	
二期	4段									12
二期	5段							13		
三期	6段	14	15							
三期	7段	16			17					
三期	8段							18		

图7-40　太湖流域商时期典型陶器分期图-3

1.壶（ⅡT619③C：2）　2.壶（ⅡT625③B：8）　3.壶（H163①：1）　4.盆（H56①：44）　5.盘（H206①：8）　6.刻槽盆（G1⑤：1）　7.罐（H206①：49）　8.盆（H206②：15）　9.壶（ⅡT725③B：6）　10.刻槽盆（G1④：2）　11.罐（T07③：16）　12.盆（H204①：4）　13.刻槽盆（G1③：1）　14.鬲（HPC：24）　15.斝（HPC：20）　16.鬲（H1：9）　17.壶（G1①：3）　18.刻槽盆（G1①：31）　（马桥1、2、9，钱山漾3～5、7、8、11、12，神墩6、10、13、16～18，昆山14、15）

Ab 型　圈足较矮。可分二式。演变趋势：扁腹变斜腹，鸭尾腹变窄狭（图 7-40，2、9）。

B 型　高颈，扁弧腹（图 7-40，3）。

刻槽盆　弧腹，内侧腹壁刻划网纹。可分四式。演变趋势：口部由微敞变敛口再变直口，腹深总体渐小（图 7-40，6、10、13、18）。

罐　折沿，鼓腹。可分二式。演变趋势：口沿折角渐小，沿面由微鼓渐变内凹（图 7-40，7、11）。

盆　弧腹。可分三式。演变趋势：腹部渐斜（图 7-40，4、8、12）。

（2）分期与年代

太湖流域商时期遗址较多，但延续性较好者依然较少。出土遗物种类较多，包括陶器、硬陶器、原始瓷器、石器等。通过前三者尤其是陶器的型、式分析，再借助不同遗址间同彼此的对应关系，可以对太湖流域商时期遗存进行简单的分期构架。

第 1 段：以钱山漾第 5 组、昆山第 5 组为代表。该段典型陶器有 Aa 型 Ⅰ 式鼎（图 7-38，1）、Ab 型 Ⅰ 式鼎（图 7-38，2）、B 型 Ⅰ 式鼎（图 7-38，3）、C 型 Ⅰ 式鼎（图 7-38，4）、A 型 Ⅰ 式甗（图 7-38，5）、B 型甗（图 7-38，6）、Aa 型 Ⅰ 式豆（图 7-39，1）、Ba 型 Ⅰ 式豆（图 7-39，2）、A 型 Ⅰ 式觚（图 7-39，3）、B 型 Ⅰ 式觚（图 7-39，4）、Ⅰ 式尊（图 7-39，5）、Aa 型 Ⅰ 式壶（图 7-40，1）、Ab 型 Ⅰ 式壶（图 7-40，2）、B 型 Ⅰ 式壶（图 7-40，3）、Ⅰ 式盆（图 7-40，4）、浅腹硬陶鼎（图 7-41，1～5）、中粗柄硬陶豆（图 7-41，6、7）、硬陶鸭形壶（图 7-41，8）、鼓腹硬陶罐（图 7-41，9～15）、弧腹硬陶盆（图 7-41，16、17）、硬陶器盖（图 7-41，18、19）、原始瓷豆（图 7-42，1～7）等。本段遗存与太湖流域夏时期末段遗存在时间上基本相接，无大的间断。主要以陶器、硬陶器、原始瓷器和石器为代表；陶器以灰陶、黑陶、红陶为主，有一定数量的橘黄陶；纹饰以绳纹、篮纹、方格纹、弦纹为主，另有叶脉纹、竖向曲折纹、梯格纹、条格纹、三角填线纹、云雷纹、乳丁纹、镂孔等，并有纵向曲折纹 + 方格纹、横向叶脉纹 + 方格纹的组合纹饰；鼎一类器物，凹弧足者减少，椭圆实足、圆实足者变多，浅盘鼎变流行；新出现斜腹尊；高颈罐或壶较有代表性。尊、斜腹豆属岳石文化因素，其中尊为太湖流域首见，且为新器类，应是区域间文化交流的结果。本段遗存年代，约为二里冈下层一期。

第 2 段：以钱山漾第 6 组、马桥第 5 组、神墩第 2 组、绰墩第 2 组为代表。该段典型陶器有 Aa 型 Ⅱ 式鼎（图 7-38，7）、Ab 型 Ⅱ 式鼎（图 7-38，8）、C 型 Ⅱ 式鼎（图 7-38，9）、A 型 Ⅱ 式甗（图 7-38，10）、C 型 Ⅰ 式甗（图 7-38，11）、Ba 型 Ⅱ 式豆（图 7-39，6）、B 型 Ⅱ 式觚（图 7-39，7）、Ⅱ 式尊（图 7-39，8）、瓦足盘（图 7-40，5）、Ⅰ 式刻槽盆（图 7-40，6）、Ⅰ 式罐（图 7-40，7）、Ⅱ 式盆（图 7-40，8）、硬陶鼎（图 7-41，20、21）、硬陶罐（图 7-41，22～27）、原始瓷器盖（图 7-42，8）等。本段延续上段，主要器类和纹饰未见明显变化；新出现一种细密的菱格纹，常施于豆柄。仍不见商文化的直接影响，但在鼎、甗、罐、盆等一些器形与商文化器物形态已具有同步性；如鼎的腹部开始内收，甗的甑腹已无内曲特征；刻槽盆由夏时期多见的深圜底变为小平底；盆的腹部收腹变急；深腹盘形或碗形的圆实足鼎腹深变小，较有代表性。岳石文化影响依然存在，如斜腹尊。本段遗存年代，约为二里冈下层二期。

第 3 段：以钱山漾第 7 组、马桥第 6 组、神墩第 3 组、绰墩第 3 组为代表。该段典型陶器有 Aa

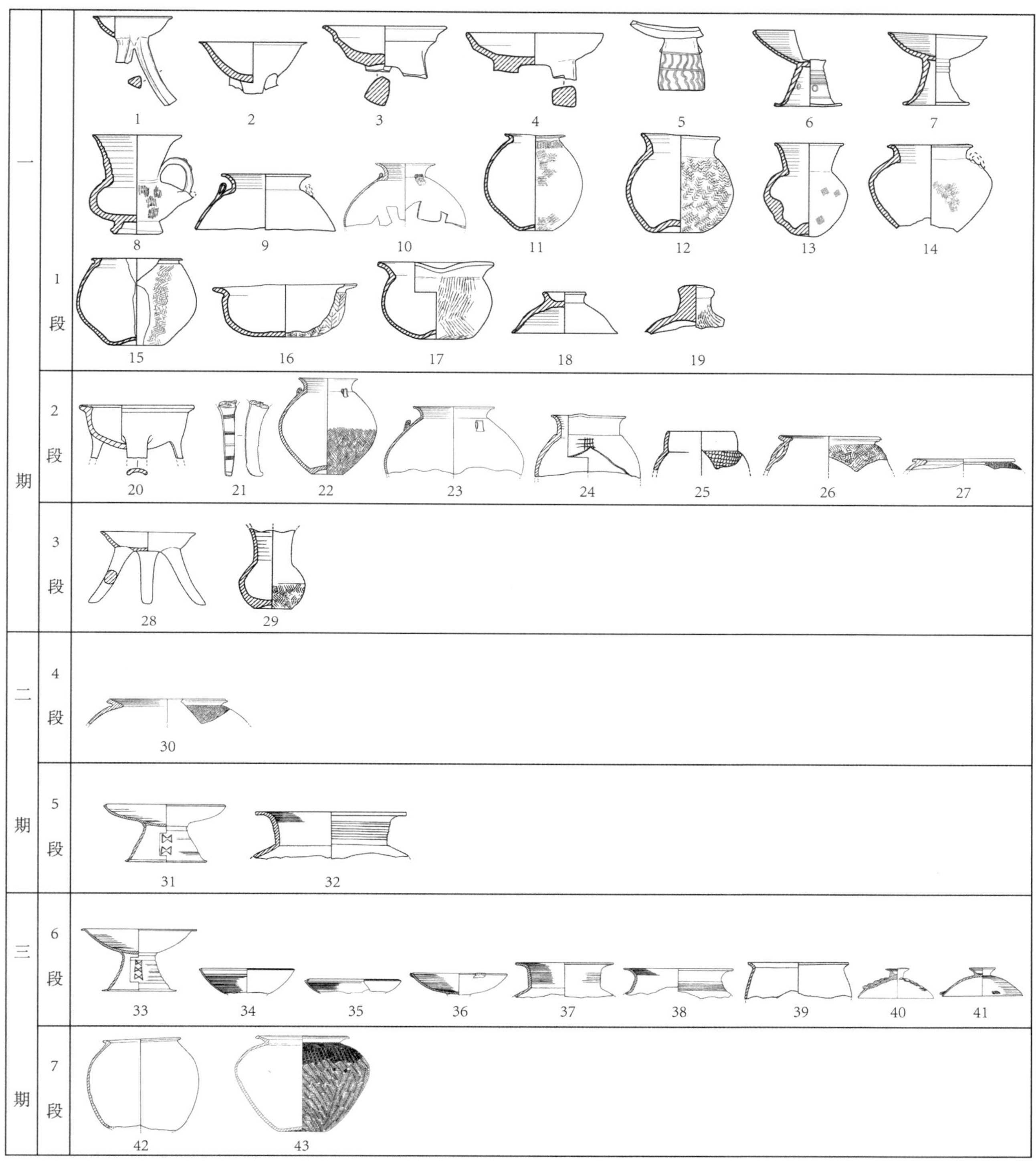

图7-41　太湖流域商时期典型硬陶器分期图

1.鼎（G1①：214）　2.鼎（H56①：5）　3.鼎（G1①：7）　4.鼎（G1①：151）　5.鼎（G1①：109）　6.豆（G1①：55）　7.豆（G1①：268）　8.壶（G1①：4）　9.罐（H56①：37）　10.罐（H56①：39）　11.罐（G1①：270）　12.罐（G1①：20）　13.罐（H11：8）　14.罐（G1①：267）　15.罐（G1①：3）　16.盆（G1①：121）　17.盆（G1①：211）　18.器盖（H56①：9）　19.器盖（G1①：138）　20.鼎（H203：10）　21.鼎足（H78：5）　22.罐（H206①：9）　23.罐（H206①：1）　24.罐（H163②：7）　25.罐（H206①：31）　26.罐（H206①：28）　27.罐（H206①：38）　28.鼎（T07③：4）　29.壶（T08③：4）　30.罐（H201④：30）　31.豆（T1⑤：9）　32.罐（T1⑤：53）　33.豆（T1④：2）　34.豆（T1④：33）　35.豆（T1④：34）　36.豆（T1④：35）　37.罐（T1④：49）　38.罐（T1④：52）　39.罐（T1④：54）　40.器盖（T1④：5）　41.器盖（T1④：6）　42.罐（H80①：19）　43.罐（J8②：11）　（昆山1、3～8、11～17、19，钱山漾2、9、10、15、18、20～30、42、43，新浮31～41）

型Ⅲ式鼎（图 7-38，12）、C 型Ⅲ式鼎（图 7-38，13）、D 型Ⅰ式鼎（图 7-38，14）、Aa 型Ⅱ式豆（图 7-39，9）、Ab 型豆（图 7-39，10）、A 型Ⅱ式觚（图 7-39，11）、B 型Ⅲ式觚（图 7-39，12）、Ab 型Ⅱ式壶（图 7-40，9）、Ⅱ式刻槽盆（图 7-40，10）、Ⅱ式罐（图 7-40，11）、硬陶浅盘鼎（图 7-41，28）、硬陶高颈壶（图 7-41，29）等。菱格纹的装饰器类变多，不仅施于豆，也出现于鸭形壶的颈部；其他器类上仍少见。陶器形态方面，鼎腹部继续变鼓、腹深变大，出现一种敛口的钵形小鼎；甗的腹部也出现变鼓迹象；斜腹罐形豆敛口、斜腹的形态，具有明显的岳石文化特征，与海岱地区、里下河地区圈足尊非常相似；鸭形壶的变化要体现在首、尾两端，腹部变狭、有了明显的夹角，尤其是鸭尾变斜，鸭尾变尖。本段遗存年代，约为二里冈上层一期。

第 4 段：本段遗物数量偏少。以钱山漾第 8 组、马桥第 7 组为代表。该段典型陶器有 Aa 型Ⅳ式鼎（图 7-38，15）、Ab 型Ⅲ式鼎（图 7-38，16）、D 型Ⅱ式鼎（图 7-38，17）、Aa 型Ⅲ式豆（图 7-39，13）、Ⅲ式盆（图 7-40，12）、鼓腹硬陶罐（图 7-41，30）、原始瓷鼎（图 7-42，9）、原始瓷豆（图 7-42，10）等。陶器形态方面，鼎腹继续变鼓，圜底变深；新出现扁腹鼎；钵形鼎腹深变小。盆的腹部，收腹更急、腹深更浅。本段陶器，鼎、甗类陶器的口部均可见外翻现象，盆的腹深较上段者更急、更浅；这些特征，属二里冈上层二期风格。本段遗存年代，约为二里冈上层二期。

第 5 段：以钱山漾第 9 组、神墩第 4 组、新浮第 1 组、钱底巷第 1 组、彭祖墩第 1 组为代表。该段典型陶器有 B 型Ⅱ式鼎（图 7-38，18）、C 型Ⅰ式豆（图 7-39，14）、Ⅲ式刻槽盆（图 7-40，13）、浅盘硬陶豆（图 7-41，31）、硬陶罐（图 7-41，32）等。陶器形态方面，浅盘鼎的上腹部较直，三足明显内移；细柄豆的腹部较斜、盘极浅，柄上有一或二道凸棱；刻槽盆仍然敛口，但腹深变小。该段遗存年代，与上段有较小的缺环。从各方面分析，本段遗存年代更接近花园庄晚段，或可略前提。

第 6 段：以神墩第 5 组、昆山第 6 组、钱底巷第 2 组、邱城第 2 组为代表。该段典型陶器有 B 型Ⅲ式鼎（图 7-38，19）、D 型甗（图 7-38，20）、Bb 型Ⅰ式豆（图 7-39，15）、C 型Ⅱ式豆（图 7-39，16）、Ⅰ式鬲（图 7-40，14）、盘口袋足斝（图 7-40，15）、浅盘硬陶豆（图 7-40，33～36）、硬陶罐（图 7-40，37～39）和硬陶器盖（图 7-40，40、41）等。罐形鼎本段未见，圆实足的浅盘鼎则较常见，鼎腹明显变斜且有曲腹现象。本段开始出现长颈袋足鬲、盘口袋足斝等典型的商式陶器，矮圈足罐形豆则为吸收商文化因素后的改良器；而岳石文化因素器物少见。从鬲、斝、豆等形态来看，与中原殷墟一期同类器形态相似。因此，本段遗存年代约为殷墟一期。

第 7 段：以钱山漾第 10 组、神墩第 6 组、钱底巷第 3 组为代表。该段典型陶器有 B 型Ⅳ式鼎（图 7-38，21）、Ⅱ式鬲（图 7-40，16）、Aa 型Ⅱ式壶（图 7-40，17）、折沿弧腹硬陶罐（图 7-41，42、43）、大三角镂孔原始瓷豆（图 7-42，11）、双系圈足原始瓷罐（图 7-42，12）等。袋足鬲仍然存在，腹径变大且最大径上移；鸭形壶腹腔变得极狭，腹底已经变得非常平；宽肩硬陶罐的肩部仍然较宽，但器体变矮；原始瓷豆柄上的三角镂孔变大，上开口已近豆盘的底部。本段遗存年代，约为殷墟二期。

第 8 段：本段遗物较少，以绰墩第 5 组、彭祖墩第 3 组为代表。该段典型陶器有 Ab 型Ⅳ式鼎（图 7-38，22）、C 型Ⅱ式甗（图 7-38，23）、Bb 型Ⅱ式豆（图 7-39，17）、Ⅳ式刻槽盆（图 7-40，

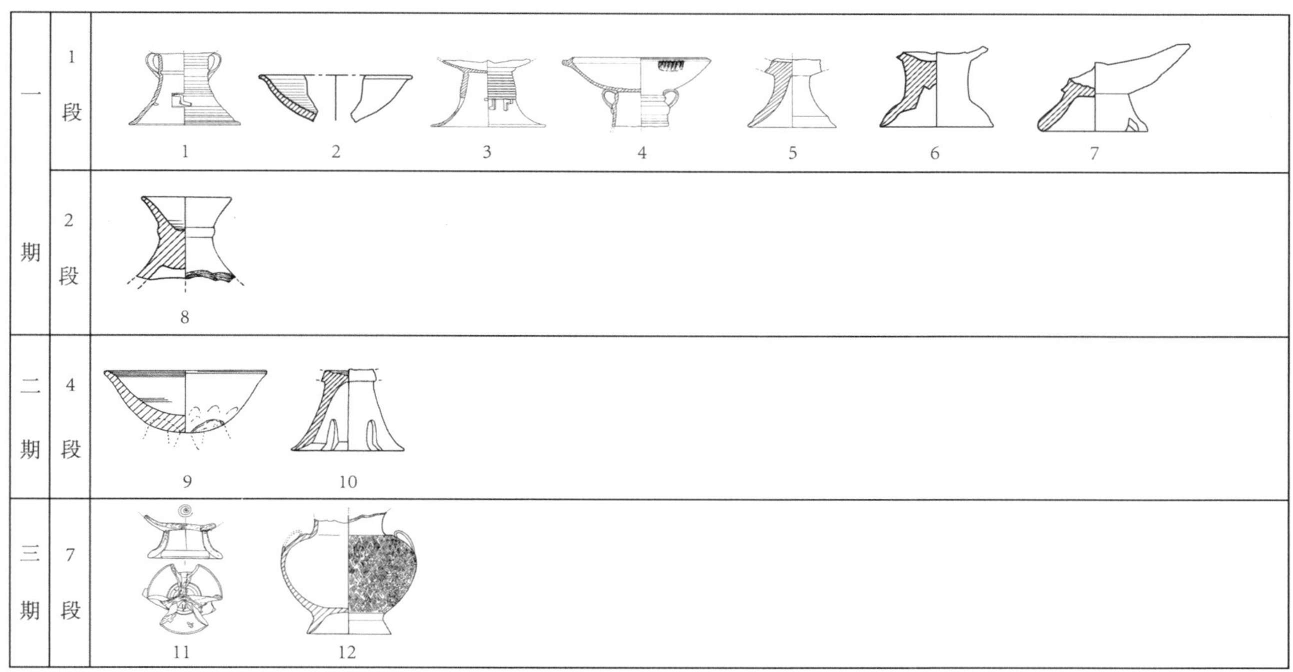

图7-42　太湖流域商时期典型原始瓷器分期图

1.豆（ⅡH107：9）　2.豆（G1①：64）　3.豆（ⅡH107：10）　4.豆（ⅡH149：1）　5.豆（ⅡH149：2）　6.豆（G1①：62）　7.豆（G1①：56）　8.器盖（H206①：40）　9.鼎（H80②：9）　10.豆（T1⑤：36）　11.豆（J8②：10）　12.罐（J8④：7）　（马桥1、3～5，昆山2、6、7，钱山漾8、9、11、12，新浮10）

18）等。本段罐形鼎十分少见，扁鼓腹；甗的腹部开始外斜，这是自殷墟三期前后开始出现的特征；刻槽盆的腹深变小，圜底变大。从甗腹部外斜、刻槽盆大圜底等形态来看，本段遗存年代约为殷墟三期。

综合各段器物特征，将第 1、2、3 段合并为第一期，第 4、5 段合并为第二期，第 6、7、8 段合并为第三期。第 1 段遗存，鼎、甗等器物形态与二里冈下层一期同类器相似。第 2 段遗存，年代相当于二里冈下层二期。第 3 段遗存，年代相当于二里冈上层一期。第 4 段遗存，年代约为二里冈上层二期。第 5 段遗存，年代接近花园庄晚段。第 6～8 段遗存，年代大致与殷墟第一至三期对应。

2.文化因素分析

根据出土遗物进行分析，文化因素可划分为以下几类。

A 类：以凹弧足鼎、舌形足鼎、圆实足鼎、凹弧足甗、舌形足甗、圆实足甗、无足甗、中粗柄折盘豆、中粗柄浅盘豆、细柄浅盘豆、大三角镂孔原始瓷豆、瓦足盘、鸭形壶、深弧腹釜、刻槽盆、扁鼓腹盆、硬陶罐、原始瓷罐、硬陶盆和硬陶器盖等（图 7-43，1～28）为代表，为土著文化因素。其中，有少量因素自新石器时代末便已出现，后又经夏时期传承至商时期；如凹弧足的鼎或甗、舌形足的鼎或甗、瓦足盘、高颈罐等，均非常典型。还有部分是吸收了夏时期中原特别是二里头文化因素后，融入太湖流域文化再转变为自身特色，如刻槽盆等。这两类因素，延续性极强，第 1 段至第 8 段均有发现。也有部分因素，为本地首见，其他地方少见；如浅盘鼎、钵形鼎、鸭形壶等，这类因素有的自夏时期就存在，并一直延续至商时期。

B 类：以袋足鬲、袋足斝、袋足甗、圈足盘、有柄勺等（图 7-43，29 ～ 35）为代表，属典型的商文化因素。第 1 ～ 4 段遗存，几乎不见典型商文化因素；仅部分器物形态有共同点，说明二文化间确实有交流。自第 5 段遗存起，开始少量出现典型商文化因素，但器物多零星、破碎，有了直接影响但力度不强。自第 6 段遗存开始，开始出现袋足鬲、袋足斝、圈足盘等典型商式器物，这种情况一直延续到第 7 段。土著文化也自第 6 段起明显吸收商文化因素，并融入至自身体系中；如圈足簋、罐形豆等器物，自典型商文化因素影响太湖流域后才出现，其实质均是借鉴了商式器物形态。商文化影响路线，大致由西往东推进；第 7 段之后，典型商式器物未再出现，但商文化因素并未立即消失，而是有所延续。

C 类：以菌钮形器盖等（图 7-43，36）为代表，属典型岳石文化因素。这种因素自夏时期便出现于太湖流域，有些因素比较典型。但大部分因素经过改良，与典型的岳石文化因素稍有区别。到了商时期之后，岳石文化因素更是呈逐渐减弱的迹象。该因素从第 1 段遗存便存在，至第 6 段起逐渐融入至土著文化中。

D 类：以罐形豆、簋形器、平顶器盖等（图 7-43，37 ～ 40）为代表，属改良的商文化因素。这类陶器，与典型商文化同类器形态有别，在借鉴形态后也用于了其他类别的器物，如本地圈足器对商式簋、豆形态的借鉴；属土著文化对商式器物的改良。器盖出现年代约为二里冈上层一期，时间偏早些，也属改良的商式器物；太湖流域第 6 段首见，并延续至第 8 段。

E 类：以斜腹罐形豆、斜腹尊、斜腹圜底盆等（图 7-43，41 ～ 43）为代表，属改良的岳石文化因素。这类陶器，在岳石文化中也很难直接找到原型。但对岳石文化典型陶器进行分析后可知，斜腹罐形豆和斜腹尊应均来源于岳石文化尊；仅在形态上发生了部分变化。这类因素，自第 1 段起便开始出现，延续至第 4 段前后。

在对太湖流域夏时期遗存进行分析后，主要有五类文化因素。

第一期，遗存主要由 A、C、D、E 三类因素组成。自第 1 段起，A 类便为最主要因素，C、D、E 类则为次要因素。以 C 类为代表的岳石文化因素自夏时期出现于本地，被土著文化不断同化、吸收，形成具有本地特色的 E 类因素，即改良的岳石文化因素。含有这种因素的陶器，渐渐脱离典型岳石文化陶器的原始形态。这几种文化因素，第一期时多见于太湖东、南、西三个方向，北部稍薄弱。

第二期，遗存主要由 A、B、C、E 四类因素组成，其中 B 类因素是在本期稍偏晚阶段才出现的。A 类仍然为最主要的文化因素；E 类继续存在，并至少延续至本期晚段。C、E 类因素于本期早段仍然流行，自 B 类因素出现后逐渐消失。B 类因素影响太湖流域的方向是自西向东，经宁镇皖南地区传播而来。自该期偏早阶段起，少量发现于太湖的西、南、东三个方向，北部则未发现。

第三期，遗存主要由 A、B、D 三类因素组成，C、E 因素几近消失。B 类因素器物如袋足鬲、袋足斝和圈足盘等，仅见于第 6、7 段遗存，进入第 8 段后消失。D 类因素器物如圈足簋形器或豆是新出现的器形，并一直延续至本期结束。袋足鬲、袋足斝和圈足盘等陶器仅见于太湖西、南两个方向，太湖以东未发现。D 类因素见于太湖西、南、北三个方向；而 A 类因素器物细柄豆，虽自第 1 段起便出现于太湖西、南两个方向，但至第 6 段以后方发现于太湖以东，并持续至第 8 段。

通过以上分析可知，太湖流域商时期遗存主体上继承了夏时期本地的土著文化，新的时间段与

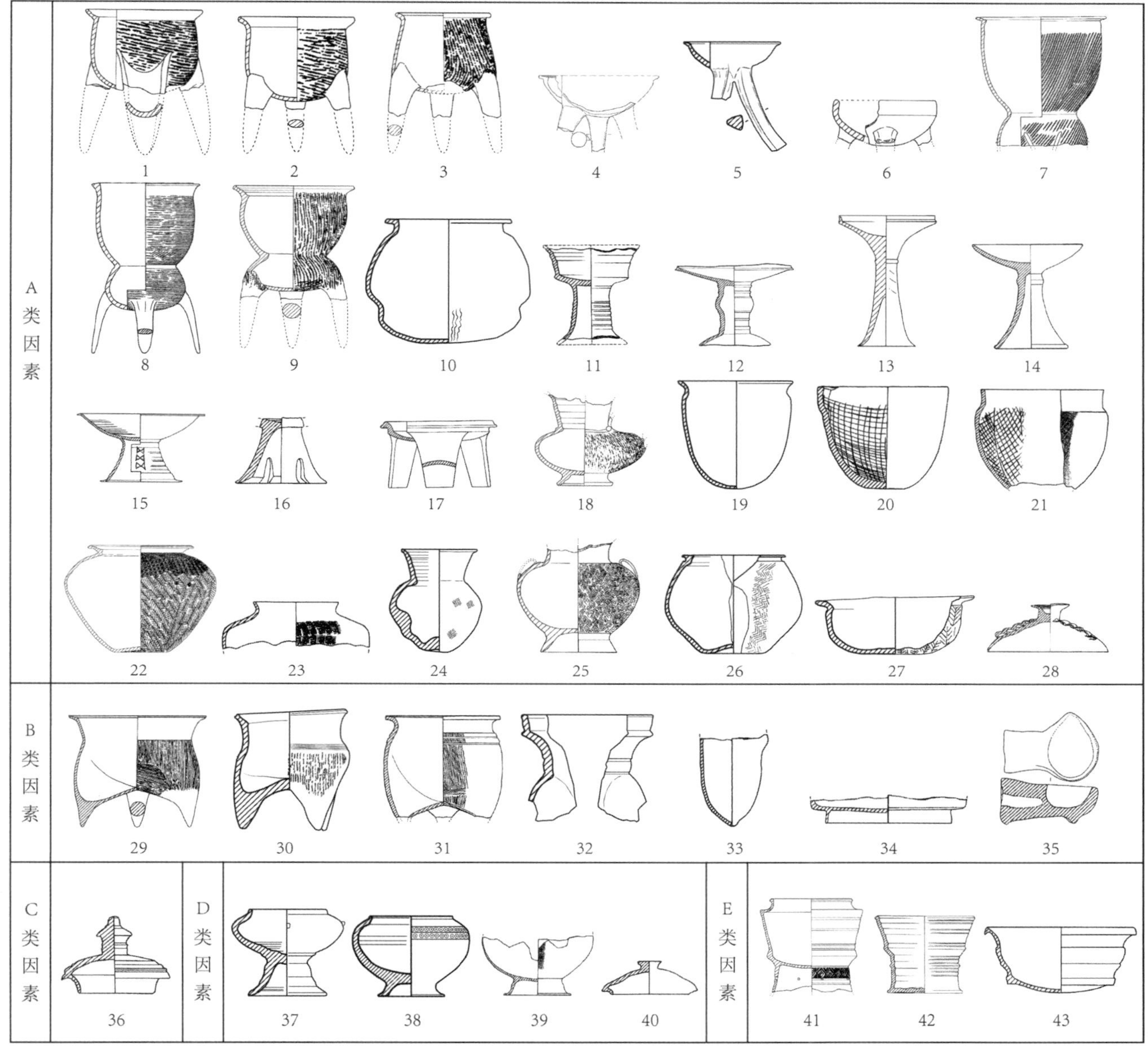

图7–43　太湖流域商时期遗存文化因素构成图

1.鼎（ⅡT824③B：5）　2.鼎（ⅡT1132③B：12）　3.鼎（ⅡH148：1）　4.鼎（G1①：8）　5.硬陶鼎（G1①：214）　6.鼎（H80②：12）　7.甗（H206①：58）　8.甗（H201⑤：47）　9.甗（ⅠTD：1）　10.甗（施墩1955乙地灰坑）　11.豆（H206①：43）　12.豆（G1⑤：27）　13.豆（H80②：2）　14.豆（G1③：103）　15.硬陶豆（T1④：2）　16.原始瓷豆（T1⑤：36）　17.盘（H206①：8）　18.鸭形壶（ⅡT625③B：8）　19.釜（T3201③：6）　20.刻槽盆（G1⑤：1）　21.刻槽盆（T1⑤：65）　22.硬陶罐（J8②：11）　23.罐（T5②：1）　24.硬陶罐（H11：8）　25.原始瓷罐（J8④：7）　26.罐（G1①：3）　27.硬陶盆（G1①：121）　28.硬陶器盖（T1④：5）　29.鬲（T1④：28）　30.鬲（HPC：24）　31.鬲（H1：9）　32.斝（HPC：20）　33.甗足（T1⑤：71）　34.盘（H16：1）　35.勺（T2④：7）　36.器盖（ⅡT1031③A：11）　37.豆（G2：7）　38.豆（92H23：9）　39.簋形器（T1④：75）　40.器盖（H36：5）　41.豆（ⅡT923③B：2）　42.尊（H217①：6）　43.盆（ⅡT1109③A：4）　（马桥1～3、9、18、36、41、43，昆山4、5、24、26、27、30、32，钱山漾6～8、11、13、17、22、25、42，施墩10，神墩12、14、20、31，新浮15、16、21、23、28、29、33～35、39，彭祖墩19，花山37，邱城38，绰墩40）

其他地域的考古学文化持续或重新建立了联系。太湖流域商时期文化，在偏早的阶段仍然延续了与岳石文化交流的传统；与典型商文化间的交流则不那么密切，陶器中很少互见器形。与之相对，西侧宁镇地区至迟至二里冈下层二期起便受到了典型商文化的影响；但这种典型商文化影响宁镇地区后多分布于沿江一带，往东未至茅山便基本被当地的土著文化同化。考虑到典型商文化因素的影响路线，那么也不难理解太湖流域缺乏典型商文化因素陶器的存在。这种情况大约持续至花园庄晚段，这种典型的商文化因素才开始越过茅山，进而影响太湖流域。

第四节 太湖流域夏商时期考古学文化类型

太湖流域的地理情况，前已详述。综合前文，可将太湖流域大致分为四个地理单元。一是以洮湖、滆湖、荆溪为主体的流域；二是太湖西南以西苕溪、合溪、长兴港为主体的流域，包括现在长兴、安吉的大部分地区；三是以东苕溪及境内诸多细密河流为主体的流域，包括现在嘉兴、湖州大部及杭州的东北部，也称杭嘉湖地区；四是太湖东部、北部以黄浦江、吴淞江、浏河等为主体的流域，包括现在上海、苏州、无锡大部，可能还包含常州、嘉善、平湖的部分地区，或可称为太湖东、北部平原。

受篇幅所限，本文并未将钱塘江以南的夏商时期遗存纳入分期体系。但总体来看，钱塘江以南地区有两个明显的地理单元；一是以金衢、广丰和信江三大盆地为代表的环黄山丘陵、盆地区[1]，东侧可经富春江与太湖流域交流，西侧可经信江与鄱阳湖东部地区交流，三个盆地间不存在地理阻碍；一是以宁绍平原、诸暨盆地、嵊新盆地为代表的浙东地区，境内主要分布浦阳江、曹娥江、姚江水系，地形上以丘陵、盆地、平原为主，北侧可跨过钱塘江与太湖流域交流，西南侧虽与金衢盆地相接但有山体阻隔。由此可见，太湖流域、环黄山南侧地带、浙东地区在地理上有自身的独立性；这三个区域同时期考古学文化遗存由地理隔绝导致的差异也属自然。除太湖流域外，其他两个区域夏商时期资料经系统、完整公布者较少。尽管如此，从目前材料亦可推断三个区域间同期文化虽然具有一定的亲缘关系，但差异也较大。就目前资料情况，笔者暂不赞同将环黄山南缘、浙东地区自夏至殷墟时期之间的考古遗存纳入马桥文化体系的认识。原因有二：一是环黄山南缘、浙东地区的新石器时代末期遗存与夏时期遗存有较大年代缺环，而太湖流域基本接续；二是环黄山南缘、浙东地区夏时期遗存年代上已进入二里头偏晚阶段，三个区域的典型陶器有较大差别。

一 马桥文化

总体来说，太湖流域夏商时期遗存较为丰富，也有非常强的文化传承。早在新石器时代的不同阶段，太湖周边地带便分布着诸多文化遗存。至钱山漾文化、广富林文化之后，这种传承依然没有中断。大致在 20 世纪 50 年代末，便对太湖流域夏商时期遗存有了初步认识，典型实例是马桥遗址。伴随着太湖流域夏商时期遗址发掘增多和认识的深化，逐渐确立了“马桥文化”的认识[2]。在此期

[1] 水涛曾在2011年与笔者讨论提出环黄山文化圈的认识，笔者在将信江盆地、金衢盆地内夏商时期遗存进行对比后，认为自鄱阳湖以东的江西东部至浙江西南的义乌和东阳一带的丘陵、盆地区甚至包含闽北地带，同时期的考古学文化具有相当的一致性；该区域考古学文化上的一致性应该较早。

[2] 宋建：《“马桥文化”试析》，《1981年江苏省考古学会第二次年会暨吴文化学术讨论会论文集（第一册）》，1981年。

间，还有“高祭台类型”[1]、“马桥—肩头弄”[2]的名称。在这个基础之上，又提出将马桥文化划分为马桥类型和肩头弄类型[3]；后也有将马桥文化按地区划分类型的方式，如环太湖、浙东北、浙闽类型，并提出马桥文化主要来源于肩头弄第一单元的认识[4]。以上这些认识，均是在以往发掘资料较少情况下的认知。综合前人对太湖流域夏商时期遗存的研究成果，笔者基本赞同将太湖流域自夏时期至商时期具有一定分布地域、且有较强延续性的考古遗存命名为“马桥文化”。然而，伴随着近些年来更多遗址的发掘、发掘技术的深化，我们应对这些认识有所反思。

（一）来源

要认识马桥文化的来源，必须要考虑太湖流域的文化背景。太湖流域新石器时代晚期的考古学文化框架目前已较清晰，为马家浜文化—崧泽文化—良渚文化—钱山漾文化—广富林文化前后连续的序列。太湖流域自广富林文化后，便是属马桥文化的夏时期遗存。由资料所知，广富林文化遗存的年代下限约为1780BC[5]，这个数据要早于二里头文化的年代上限。由马桥、钱山漾遗址资料可知，目前马桥文化的年代上限至迟为二里头一期偏晚，且仍有上溯空间；而师姑墩遗址可知，发现的马桥文化因素遗存年代应可至二里头一期偏早甚至更早。由此可知，广富林文化和马桥文化在年代上是基本接序的。

从前文对太湖流域夏时期陶器的文化因素分析可知，马桥文化主要是建立在土著文化的基础之上，受其影响最深。马桥文化主要承袭了广富林文化传统，但又在此基础上发生了改变；如陶器中的凹弧足鼎（图7-44，27）、粗柄折盘豆（图7-44，31）、瓦足盘（图7-44，30）、高颈硬陶罐（图7-44，34）等均来源于广富林文化。而从广富林文化晚期的垂腹鼎（图7-44，2）来看，鼎足已有向凹弧足过渡迹象；鼎、甗（图7-44，3、4）与马桥文化陶器的腹部形态接近，个别器腹似已向双腹过渡，这一点非常类似马桥文化实足甗或无足甗的鼎部。而马桥文化鸡冠耳鋬鼎或盆（图7-44，29）、长宽把短流袋足盉（图7-44，32）、双耳簋形器（图7-44，33）、双腹豆（图7-44，35）、刻槽盆等均可在新砦期文化（图7-44，9、12～14、16）中找到类似者；江淮地区斗鸡台文化、宁镇地区点将台文化中均见新砦期文化的影响，那么影响太湖流域也极有可能。而新砦期文化的影响范围似乎也不仅于此。按目前资料来看，闽西北地区同期遗存似也有新砦期文化影响，只不过影响力已较长江下游小很多。新砦期文化中并不见凹弧足的鼎足或甗足，但双腹豆或盆应该引起注意，原报告H161：2命名为双腹盆；但从整体观察，并不像新砦遗址其他双腹盆的形态。参考里下河地区龙山末期的甗，再对比新砦期文化“双腹盆”、马桥文化早段遗存甗，腹部形态均非常接近。因新砦期文化“双腹盆”下部残缺，不太完整，无法直接推断马桥文化甗是否是受新砦期文化影响产生；但形态已非常接近。

在厘清广富林文化、新砦期文化是马桥文化早段遗存的重要来源后，笔者将视线再次转向马桥

[1]　牟永抗：《高祭台类型初析》，《浙江省文物考古研究所学刊——建所十周年纪念（1980～1990）》，第7～15页，科学出版社，1993年。原文为1984年参加中山大学人类学系成立六十周年会议论文。

[2]　陆建方：《初论马桥—肩头弄文化》，《东南文化》1990年第1、2期合刊。

[3]　陆建方：《初论马桥—肩头弄文化》，《东南文化》1990年第1、2期合刊。

[4]　宋建：《马桥文化的分区和类型》，《东南文化》1999年第6期。

[5]　浙江省文物考古研究所、湖州市博物馆：《钱山漾——第三、四次发掘报告》，第456页，文物出版社，2014年。

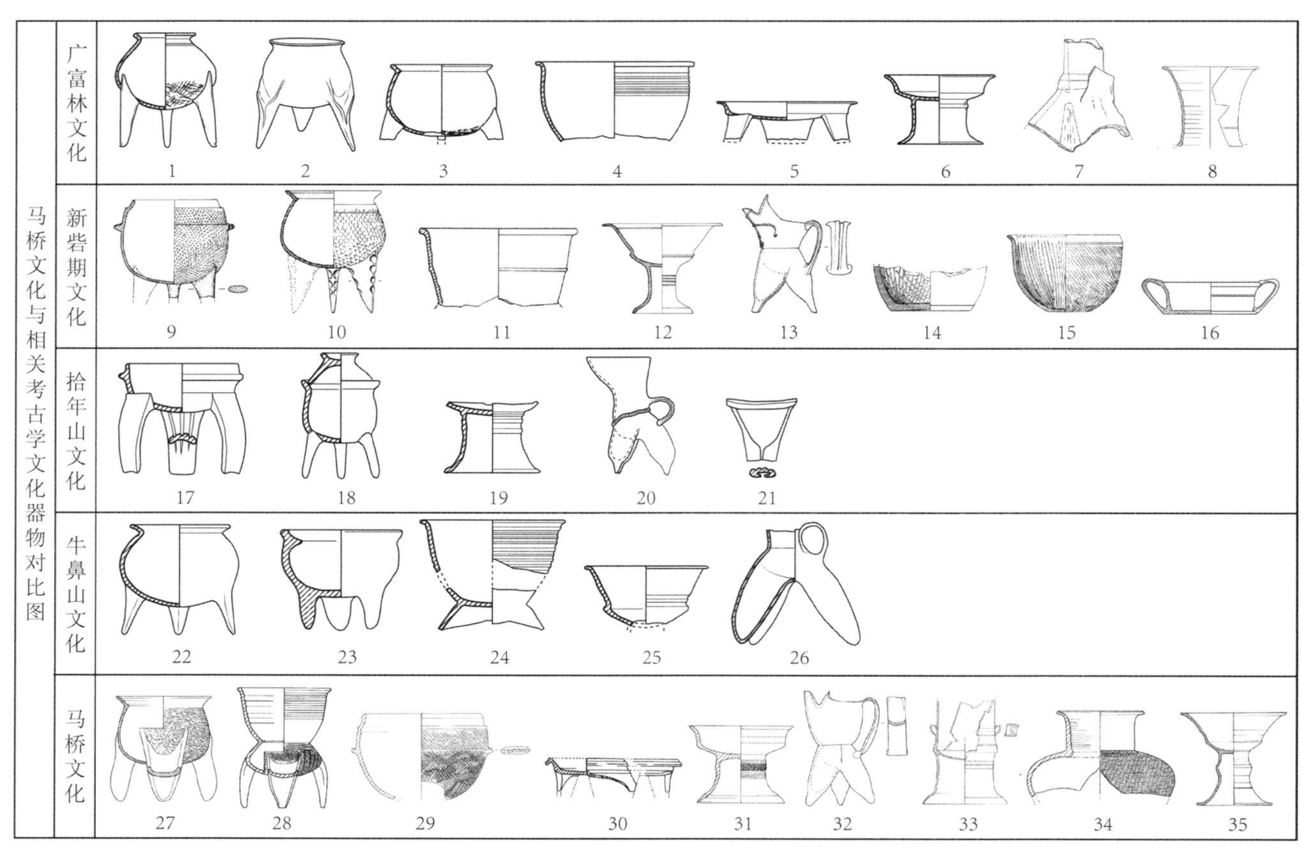

图7-44　马桥文化与相关考古学文化器物对比图

1.鼎（TD9：5）　2.鼎（2012SGH2374：2）　3.鼎（ⅠT1238③：3）　4.鼎或甗（T5034②b：6）　5.盘（T5033②b：7）　6.豆（T5033②b：3）　7.鬶（T0802⑥C：21）　8.罐（T0403⑦：37）　9.鼎（T6⑧：768）　10.鼎（T6⑧：777）　11.盆或甗（H161：2）　12.豆（T6⑧：784）　13.盉（T6⑦～⑧：902）　14.刻槽盆（2000T4H26④：181）　15.刻槽盆（T6⑧：628）　16.盆（T12⑤A：14）　17.鼎（T18③B：43）　18.鼎（M55：1）　19.豆（M39：2）　20.鬶（M77：1）　21.鼎足（T1③B：59）　22.鼎（M18：8）　23.鼎（M3：4）　24.甗（M18：7）　25.豆（M15：5）　26.鬶（M9：13）　27.鼎（T01④A：20）　28.甗（H89：24）　29.鼎或盆（H107：21）　30.盘（T0503⑤：36）　31.豆（H105②：2）　32.盉（H107：9）　33.簋形器（H107：1）　34.硬陶罐（H26：30）　35.豆（G1⑥：102）（广富林1～3，骆驼墩4～6，钱山漾7、8、27～34，新砦9～16，拾年山17～21，牛鼻山22～26，神墩35）

文化陶器中比较典型的实足甗、无足甗。从现有资料看，有凹弧足特征的陶器在广富林文化晚期有发现，但发现极少；而实足或无足甗则未找到直接源头。大汶口文化尉迟寺类型、良渚文化中均有实足甗，尉迟寺类型实足甗与马桥文化实足甗相似，但年代毕竟相差甚远；况且受大汶口文化南下影响的长江下游新石器晚期考古遗存中也见不到这种实足甗踪迹。崧泽文化虽有凹弧鼎足，但年代也相差很远，且在后续太湖流域考古学文化中未见延续；长江以北更是难觅凹弧足源头。受限于此，笔者将范围扩大至鄱阳湖流域及闽西北地区。以鄱阳湖流域为核心分布区的拾年山文化中，发现有钱山漾文化因素，年代相当于钱山漾文化中偏晚阶段；但鄱阳湖流域土著文化较为强势，钱山漾文化对本地的影响有限。引起笔者注意的是，拾年山文化的凹弧足特别发达，上部稍内卷的凹弧足（图7-44，21）竟然与广富林文化凹弧足（图7-44，2）形态一致，年代也接近。尽管拾年山文化凹弧足特征发达，但多流行盆形鼎和盘形鼎，垂腹鼎则极少；而且更不见甗类器物。因此可作推论，太湖流域的钱山漾文化、广富林文化与鄱阳湖流域的拾年山文化存在交流；其交流路线及区域间同期遗存是重要参照资料。因此，广富林文化中少见、马桥文化多见的凹弧足是否来源于拾年山文化，目前仍未有定论，但这是一个重要线索。再看闽西北地区的牛鼻山文化，也未明确见到拾年山文化的影响，但却可以发现其鼓腹鼎（图7-44，22、23）、短把袋足鬶（图7-44，26）等与广富林文化同类器形态一致；而双腹豆（图7-45，25）也与新砦期文化同类器（图7-44，11）形态一致。目前存疑的是广富林文化鼎或甗，下腹部可见明显的分界；牛鼻山甗下部残缺，也不知其为鼎足、袋足或无足；二者年代相近，均为广富林文化晚期。因此，牛鼻山文化与广富林文化之间应存在交流。可见，在判断马桥文化凹弧足鼎或甗的来源问题上，要尤为注意拾年山文化和牛鼻山文化；信江盆地、金衢盆地若是发现钱山漾至广富林时期考古遗存，可能是解决以上问题的关键。

由以上分析可知，马桥文化建立在广富林文化基础之上；在广富林文化晚期受新砦期文化南下的影响而形成。在马桥文化形成过程中，可能还受到了黄山南缘同期考古学文化的影响。在马桥文化形成之初，并不包含二里头文化因素和岳石文化因素，更不包含商文化因素；伴随自身的发展，二里头文化、岳石文化、商文化渐与马桥文化产生交流。

受资料限制等原因，国内学者曾长时间认为马桥文化来源于良渚文化，后来则又提出是来源于肩头弄第一单元遗存。焦天龙曾对江山肩头弄第一至第三单元的陶器进行过研究，认为三个单元遗存年代相去不远[1]。笔者在对这三个单元陶器对比分析后，也得出同样结论。结合近些年对二里头遗址陶器特别是象鼻盉的断代[2]，可进一步确定这三个单元遗存年代相当于二里头二、三期前后。那么，马桥文化来源于肩头弄第一单元的错误观点就必须更正了。

（二）马桥文化三类型[3]

1.成因

结合近些年发掘资料及分析，太湖东和东北部、太湖南部、太湖西和西北部三个地区的马桥文化遗存内涵因地理差异有所区别。太湖东部和东北部遗存以马桥遗址为代表，近些年未见材料更新；太湖南部遗存以昆山、钱山漾遗址为代表，该地马桥文化遗存与太湖东部有差异；太湖西和西北部遗存，以神墩、新岗遗址为代表，该地马桥文化遗存不但与太湖东和东北部者不同，与太湖南部也有区别。茅山东麓高河附近的新浮遗址，发现了湖熟文化和马桥文化深度交融的情况。马桥文化的区域差异问题，前人已有研究，其中以宋建将马桥文化划分为太湖流域、浙闽地区、浙东北地区的划分法为代表[4]。本文认为“马桥文化”的命名可取，且存在地理差异。结合地理、文化特征，笔者将马桥文化划分为三个文化类型即马桥类型、高祭台类型、神墩类型。

2.分布、年代

（1）马桥类型

马桥类型是由黄宣佩、孙维昌首先提出，但最初是指上海、江苏、浙江境内发现的该类型遗

[1] 焦天龙：《论马桥文化的起源》，《南方文物》2010年第1期。

[2] 中国社会科学院考古研究所：《二里头（1999—2006）》，文物出版社，2014年。

[3] 宁绍地区同期遗存暂不纳入马桥文化的讨论范围。浙西南的同期资料数量较少且不成体系，陶器器类存在一定程度差别，谨慎起见仅作对比分析。

[4] 宋建：《马桥文化的分区和类型》，《东南文化》1999年第6期。

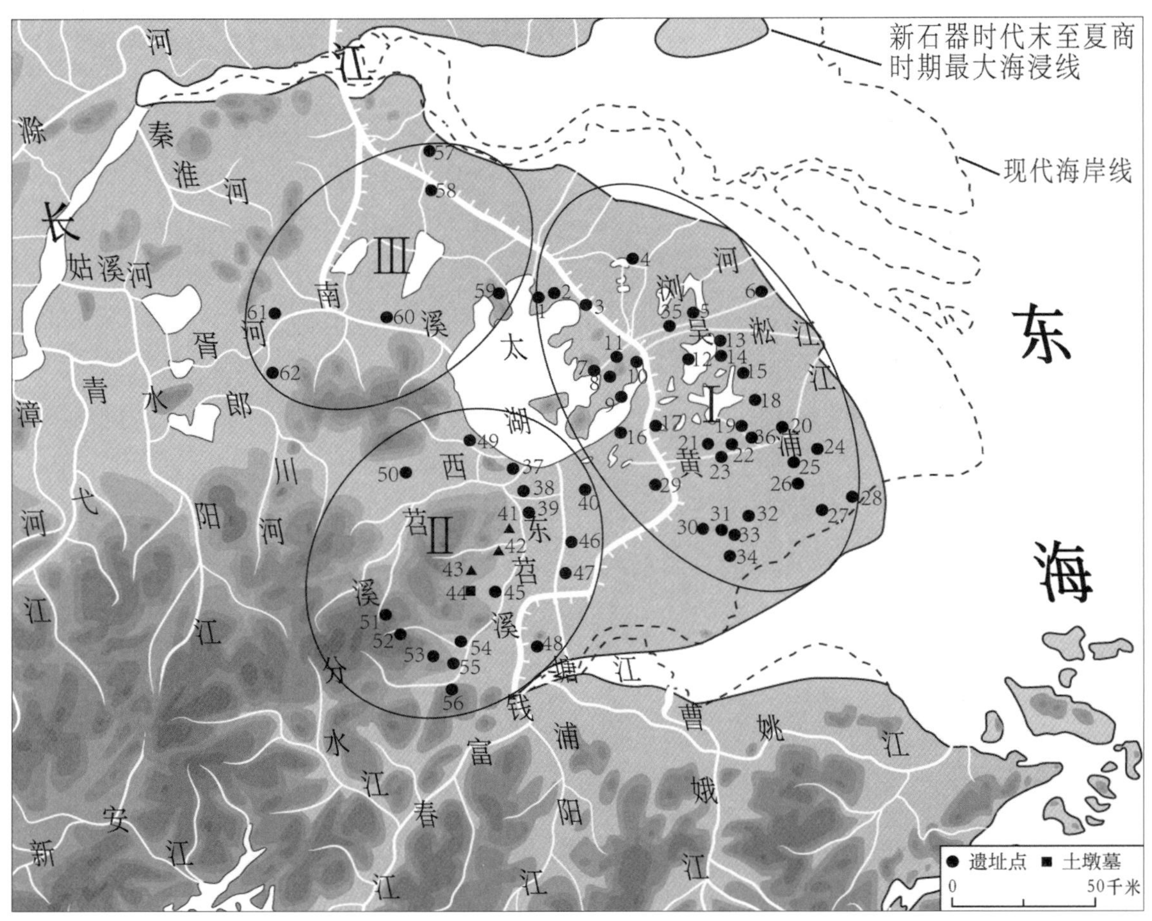

图7-45　马桥文化三类型分布图

1.许巷　2.北街巷　3.彭祖墩　4.钱底巷　5.绰墩　6.维新　7.茶店头　8.星火　9.徐巷　10.郭新河　11.金鸡墩　12.澄湖　13.姜里　14.赵陵山　15.寺前　16.彭家里　17.刘家浜　18.崧泽　19.泖塔　20.马桥　21.张安村　22.金山坟　23.大往　24.江海　25.亭林　26.　27.查山　28.柘林　29.双桥　30.雀幕桥　31.大坟　32.姚家村　33.垗墩　34.高墩　35.独墅湖　36.汤庙　37.邱城　38.昆山　39.钱山漾　40.广福村　41.黄梅山　42.瓢山　43.龙山　44.小紫山　45.武康菜市场　46.塔地　47.将军台　48.水田畈　49.上莘桥　50.江家山　51.　52.小古城　53.陶村桥　54.西安寺　55.张堰　56.南湖　57.象墩　58.新岗　59.阖闾城　60.西溪　61.秦堂山　62.神墩　（Ⅰ马桥类型　Ⅱ高祭台类型　Ⅲ神墩类型）

存[1]，之后逐渐过渡到“马桥文化”。笔者所提出的马桥类型，与最初黄、孙二先生提出的马桥类型分布范围大致相同；在地域分布、文化特征上与其他二类型有区别。马桥类型主要分布于太湖东、北部的黄浦江、吴淞江、浏河水系，西部以锡澄运河为界，南至嘉兴北部密集的湖区（图7-45）；典型遗址有上海马桥、上海崧泽、上海查山、上海金山坟、上海招贤浜、苏州郭新河、昆山绰墩等，其他如无锡、苏州、嘉兴、嘉善等地也发现同类遗存；很多遗址确定存在该类型遗存但未见详细资料公布。该类型遗存分布的核心区域为浏河、吴淞江、黄浦江水系，浏河与锡澄运河间分布较稀疏。总体来看，黄浦江水系发现的马桥类型遗存年代稍早。根据目前材料判断，年代应可至二里头一期偏晚阶段。黄浦江上游是马桥类型与高祭台类型交流的重要交通路线。吴淞江水系、浏河水系、锡澄运河与浏河间马桥类型遗存年代上限不会早于二里头二期，甚至到二里头三期前后。马桥类型遗存，特别是锡澄运河一带遗存，大概自花园庄晚段起文化性质开始发生改变，这也是该类型的年代下限。

[1]　黄宣佩、孙维昌：《马桥类型文化分析》，《1981年江苏省考古学会第二次年会暨吴文化学术讨论会论文集（第一册）》，1981年。

（2）高祭台类型

高祭台类型为牟永抗首先提出，是对浙江境内马桥文化遗存的命名，认为它与马桥类型并列，属另外一个类型。[1]笔者认为，杭州湾与太湖间的杭嘉湖平原特别是偏西地区，与杭州湾南岸地区遗存在文化特征上有很大差异，不宜归为同一文化类型；而富春江以北天目山系淳安高祭台遗存与东苕溪水系同期遗存性质相近，应属同一种文化类型且有别于马桥类型。因此，笔者建议暂保留高祭台类型的认识，但杭州湾南岸地带不宜再划入该类型（图 7-45）。以高祭台遗址为代表的新安江水系，资料欠缺、模糊，暂不纳入以上所提三类型，待将来资料丰富后梳理。从地理特征上看，西苕溪、合溪、长兴港水系与东苕溪水系联系紧密，应属同一文化区；但目前除上莘桥、芝里零星出土较早阶段的遗物外，其他遗址发现的材料较少，年代也相对较晚。目前的典型遗址，如湖州钱山漾、湖州昆山、湖州邱城、湖州塔地、吴江广福村、长兴上莘桥等；桐乡、德兴、杭州北、临安、安吉等地也发现有同类遗存。高祭台类型分布的核心区域应为东苕溪水系，其他地区分布稍稀疏，东苕溪水系遗址在时代延续性上较好。高祭台类型的年代上限，至迟为二里头一期偏晚，甚至还要再提前些；其年代的下限，不会晚于殷墟一期。

（3）神墩类型

太湖西部、西北部也分布有马桥文化遗存，但长期以来少见考古发掘资料公布。进入 21 世纪后，伴随常州新岗、溧阳神墩等遗址的发掘及资料公布，该地区的夏商时期文化面貌渐变清晰。分布于该地理区间的夏商时期遗存，在文化性质上属马桥文化，但与马桥类型、高祭台类型均有差异；因材料多数见于神墩遗址，建议将该类遗存命名为神墩类型。神墩类型主要分布于茅山山脉与太湖西部、西北部之间的区域，北至长江，南至江苏与安徽、浙江之间的界岭，东至锡澄运河一线；境内河流最终通往太湖。典型遗址有溧阳神墩、常州新岗，金坛新浮也存在较多神墩类型因素遗存。另外，域内的溧阳秦堂山、宜兴西溪、武进阖闾城、常州象墩等遗址也有零星发现。神墩类型分布的核心区域为洮湖、滆湖为中心的水系区（图 7-45），西南侧借古胥溪、古丹阳大泽与秦淮河水系、姑溪河水系、漳河水系、水阳江水系交流，东侧借荆溪、太湖与西苕溪水系、东苕溪水系交流；至迟至二里头晚期，神墩类型分布的北界已到达常州新岗以北的沿江地带；大约在花园庄晚段，其分布的东界已突破锡澄运河，到了现阳澄湖以西的常熟、无锡一线。从目前资料推测，神墩类型的年代上限至迟至二里头晚期；花园庄晚段前后湖熟文化越过茅山，与神墩类型碰撞形成一种新的文化类型。因此，神墩类型的年代下限应为花园庄晚段至殷墟一期间。

由上分析，马桥文化的分布区域基本以太湖为中心，呈圆环状分布。由三类型年代可知，马桥文化的年代区间相当于二里头一期至殷墟一期，上限可能进入新砦期。

3. 文化特征异同

（1）共同特征

马桥类型、高祭台类型、神墩类型的文化特征，在很多方面保持了较高的一致性（图 7-46，

[1] 牟永抗：《高祭台类型初析》，《浙江文物考古研究所学刊建所十周年纪念（1980—1990）》，第7～15页，科学出版社，1993年。

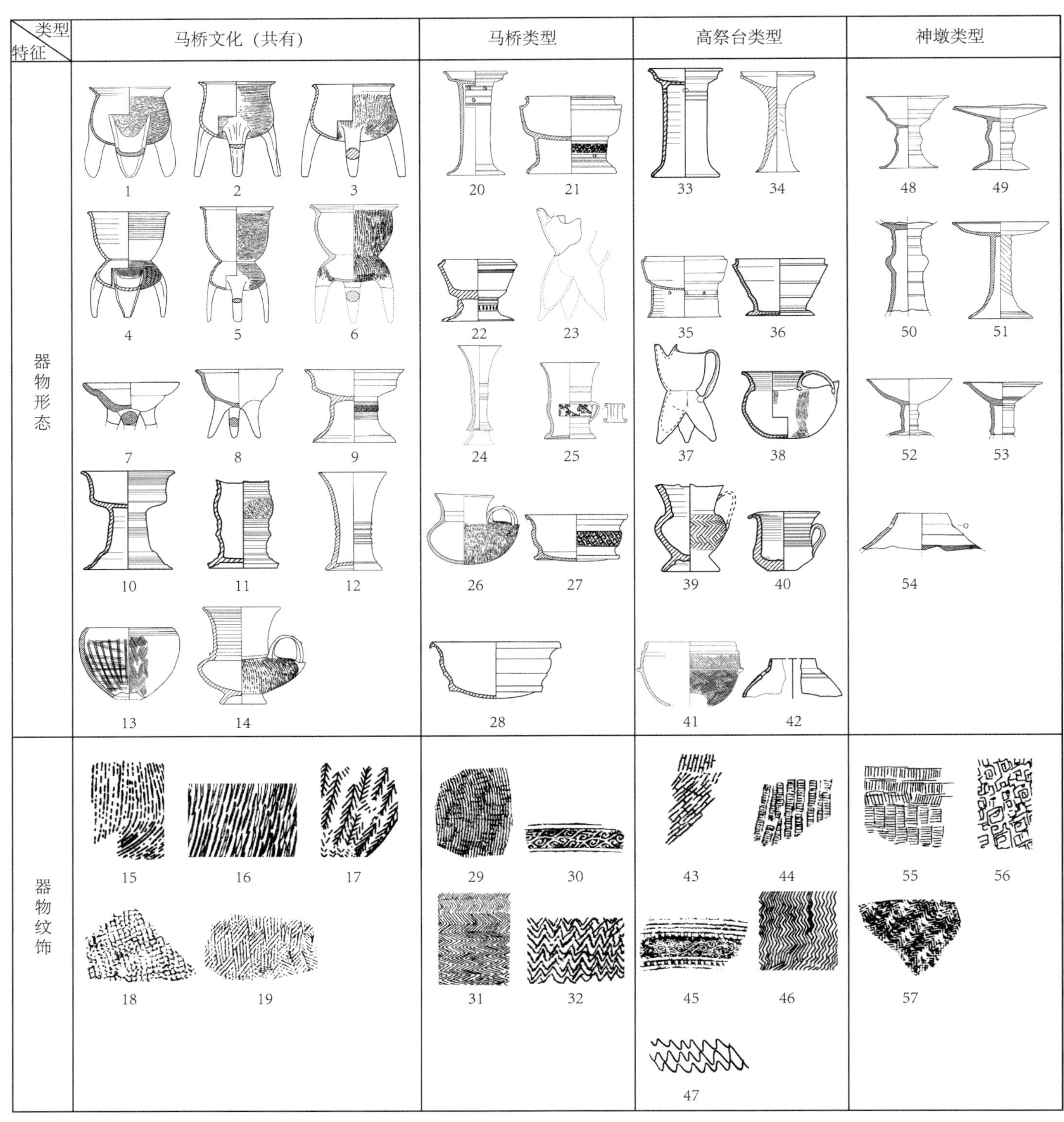

图7–46　马桥文化三类型文化特征对比图

1.鼎（T01④A：20）　2.鼎（H56②：22）　3.鼎（T1001④B：15）　4.甗（H89：24）　5.甗（H56②：20）　6.甗（ⅠTD1：1）　7.鼎（G1⑥：114）　8.鼎（G1④：4）　9.豆（H105②：2）　10.豆（H196②：3）　11.觚（T02④B：21）12.觚（ⅡT1233③D：13）　13.刻槽盆（G1⑥：25）　14.鸭形壶（ⅡT819③E：10）　15.绳纹（T1001④B：15）　16.篮纹（H26：32）　17.叶脉纹（H193②：11）18.方格纹（H202：13）　19.席纹（ⅡTD203：？）　20.豆（ⅡT724③C：9）　21.豆（ⅡT522③E：24）　22.豆（H84：7）　23.盉（ⅡT919③E：18）　24.觚（ⅡT619③F：8）　25.觚（ⅡT622③F：20）　26.鸭形壶（ⅡT1020③D：4）　27.盆（ⅡT622③D：10）　28.盆（ⅡT719③F：12）　29.条格纹（ⅡH279：1）　30.云纹（ⅡT1121③C：？）　31.曲折纹（ⅡT620③F：4）　32.曲折纹（ⅡT1332③A：1）　33.豆（H26：17）　34.豆（H80②：2）　35.豆（H88：2）　36.尊（G4①：1）　37.盉（H107：9）　38.硬陶鸭形壶（G1③：8）　39.原始瓷壶（T04④A：38）40.硬陶杯（G1②：12）　41.鼎或盆（H107：21）　42.硬陶罐（G1①：133）　43.条格纹（G1④：97）　44.梯格纹（G1⑤：184）　45.云纹（H157：11）　46.曲折纹（G4②：15）　47.曲折纹（J8①：8）　48.豆（G1⑥：102）　49.豆（G1⑤：27）　50.豆（G1⑤：2）　51.豆（G1⑥：107）　52.豆（G1⑥：118）　53.豆（G1⑥：120）　54.罐（G1⑥：141）　55.梯格纹（G1⑥：138）　56.云雷纹（G1⑥：123）　57.曲折纹（G1④：5）　（钱山漾1～5、9～11、15～18、33～37、39、41、45～47，马桥6、12、14、19～21、23～32，神墩7、8、13、48～57，绰墩22，昆山38、40、42～44）

1～19），如均包含土著、二里头和岳石文化因素；在马桥文化形成之初更是受到新砦期文化南下的影响，然后融入土著因素；三种类型核心均为土著文化因素。陶器均以夹砂泥质陶为主，但流行硬陶器、原始瓷器。器类、器形方面，流行凹弧足、舌形足、圆实足的鼎或实足甗，流行鸭形壶、觚、豆、罐、盆等；鼎多为垂腹罐形，也存在一定数量的浅腹碗或盘形的撇足鼎；甗多有足，但也有无足甗；有粗柄或中粗柄豆，折盘豆较典型；流行鸭形壶，可分无圈足和有圈足两种；均见直腹敞口的觚；盉袋足多细瘦，并有明显的束腰；三种类型均发现有刻槽盆，但多寡不一。纹饰方面，均流行绳纹、弦纹、方格纹、叶脉纹、云雷纹、席纹、篮纹、网纹、附加堆纹、指捺纹、刻槽纹、镂孔等；尤其是复杂的印纹，更是马桥文化区别于其他地域文化的典型特征。

（2）差异

马桥类型：岳石文化因素比例较高，高于高祭台类型，似为三类型最高者；硬陶器比例不高，低于高祭台类型，高于神墩类型；存在少量原始瓷器（图 7-46，20～32）。陶器器类、器形方面，流行各种形态的觚（图 7-46，24、25）、斜弧腹带凸棱的圜底盆（图 7-46，27、28）、圜底或平底的鸭形壶（图 7-46，26）；扁斜腹罐形豆（图 7-46，21、22）、短流长把袋足盉（图 7-46，23）、圆形镂孔折盘豆（图 7-46，20）数量较少，但较典型，其中圆形镂孔折盘豆的发达程度要低于高祭台类型；刻槽盆不发达，也不见其他二类型多见的细柄豆。纹饰方面，以云纹为母题的纹饰发达，是三类型最流行者；流行纵向或横向的曲折纹（图 7-46，31、32）、条格纹（图 7-46，29），流行程度也高于其他二类型，其中曲折纹明显有由竖向往横向过渡的趋势；几乎不见三角填线纹；梯格纹极少，自花园庄晚段起方始出现；“之”字形镂孔较典型。刻划符号非常发达，目前已见两百多个。马桥类型中，居住址和墓葬均有发现。居住址与高祭台类型发现者近似，为平地起建，有的为两开间，发掘者推测可能为干栏式建筑[1]。墓葬也有少量发现，多为长方形土坑墓，也可能存在平地掩埋的形式；这与高祭台类型土墩墓完全不同。马桥类型迄今未发现窑址，虽然存在后世破坏或发现方面原因，但与高祭台类型中密集分布的窑址群仍有较大差异。

高祭台类型：岳石文化因素比重较低，低于其他二类型。硬陶器非常发达，并有一定数量的原始瓷器（图 7-46，33～47）；这两者发达程度、比重均高于其他二类型。陶器器类、器形方面，流行鸡冠耳鋬的鼎或盆（图 7-46，41）、粗高柄圆形镂孔折盘豆（图 7-46，33）、圜底或平底鸭形壶（图 7-46，38），其中鸡冠耳鋬的鼎或盆为三类型独有，粗高柄圆形镂孔折盘豆为三类型最发达者；觚虽然也较多，但数量、器形上远比马桥类型少。扁斜腹罐形豆（图 7-46，35）、斜腹尊（图 7-46，36）、短流长把袋足盉（图 7-46，37）、细柄豆（图 7-46，34）、双扁耳器、穿孔罐数量不多，但较典型；刻槽盆不发达。纹饰方面，以云纹为母题的纹饰较为发达，但发达程度远不及马桥类型；方格纹、圆形镂孔特别流行，应为三类型中最发达者；纵向或横向的曲折纹（图 7-46，46、47）、条格纹（图 7-46，43）较为发达，发达程度不及马桥类型；梯格纹、三角填线纹、鸡冠耳鋬饰有一定比例，也是该类型的典型纹饰；“之”字形镂孔较典型；存在较为复杂的纹饰，如鱼纹、鸟纹、兽面纹等，也为三类型所独有。刻划符号较为发达，目前已见七十多个。高祭台类型中，居住址、墓葬、窑址均有发现，与马桥类型、神墩类型有区别。居住类建筑均为平地起建，长方形。

[1] 上海市文物管理委员会：《马桥——1993～1997年发掘报告》，第73页，上海书画出版社，2002年。

墓葬也有发现，距居住址相较远，但性质单纯，为单独的土墩墓或土墩墓群；多发现于东苕溪西侧的低山丘陵，如小紫山等；年代上限可能为商偏早阶段。东苕溪西侧的山前丘陵地带，发现很多功能性较强的窑址，如瓢山、龙山、黄梅山、南山等；这些窑址的年代上限可能为二里头晚期至二里冈下层一期。

神墩类型：陶器存在二里头文化因素、岳石文化因素影响，也包含较多土著文化因素；岳石文化因素比重较高祭台类型高，与马桥类型大致相近。硬陶器较为发达，但远不及高祭台类型；存在少量原始瓷器（图 7-46，48～57）。陶器器类、器形方面，典型陶器如大凸棱豆（图 7-46，48～52）、斜直腹高柄浅盘豆（图 7-46，43），为马桥类型、高祭台类型罕见；细柄豆（图 7-46，51）、刻槽盆多见；高祭台类型也存在一定数量细柄豆，但高祭台、马桥二类型均少见刻槽盆；鸭形壶仅见高圈足器，不见其他二类型存在的平底或圜底器。神墩类型的大凸棱豆、斜直腹高柄浅盘豆和刻槽盆，是区别于其他二类型的重要标准；有一定数量的细柄豆、穿耳罐，这一点与高祭台类型相同；圜底或平底鸭形壶、觚类器物欠发达。纹饰方面，复杂程度似乎不及马桥、高祭台二类型，虽然也存在一定比例的云雷纹，但均较简单、甚至简化；有一定数量的曲折纹，但未见完整器；流行梯格纹、三角填线纹，其中前者有明显的延续性，自二里头晚期至中晚商时期基本未间断。目前神墩类型资料，仅存在灰坑、灰沟等遗迹，而更能够反映其社会形态的居住址、墓葬和窑址则未发现。

（三）马桥文化对临近地区的影响

由上文分析可知，马桥文化的核心分布区域为太湖流域，围绕太湖大致呈圆环状分布（图 7-47）。马桥文化又可分为三大类型，即马桥、高祭台和神墩类型，其中神墩类型为新认识。结合前文，除太湖流域外，长江下游其他地区也相继发现了马桥文化因素遗存，分别为宁镇地区慈湖河水系及郎川河水系、里下河地区高邮湖水系、滁河水系、皖西南地区皖河水系和皖南新安江水系。

1.宁镇皖南地区马桥文化因素

马桥文化因素明显且有明确地层关系的遗址有两个，分别为师姑墩和五担岗。师姑墩发现的马桥文化因素陶器，器类有壶、豆、罐等；有的豆柄上可见一排四个的圆形镂孔（图 7-48，6），其中第 12 层陶豆较偃师二里头一期偏晚阶段豆形态更早些；而鸭形壶（图 7-48，3、10），是马桥文化的典型器；师姑墩马桥文化因素陶器主要见于二里头一期阶段，甚至更早。之所以出现这种情况，是因为漳河下游在新石器时代末期便受到了钱山漾和广富林文化的影响，如芜湖的凤凰嘴和月堰遗址，与周边地区有紧密的文化交流。出现早于二里头一期晚段的马桥文化因素陶器，也属正常。这也从侧面证明，马桥文化年代上限可能要更早些。师姑墩也发现了典型二里头文化因素陶器，年代自二里头一期一直延续至二期；可能当时在较早的阶段，这里便是二里头文化与马桥文化交流的重要路线。五担岗发现的马桥文化因素陶器较少，均为硬陶小罐（图 7-48，1、2），年代为二里冈上层一期。与太湖流域邻近的郎川河水系，有磨盘山和欧墩遗址。磨盘山为南京大学 2015 年和 2016 年发掘，也出土了马桥文化因素陶器。而欧墩为 20 世纪 80 年代初调查材料，当时发现了凹弧足器、

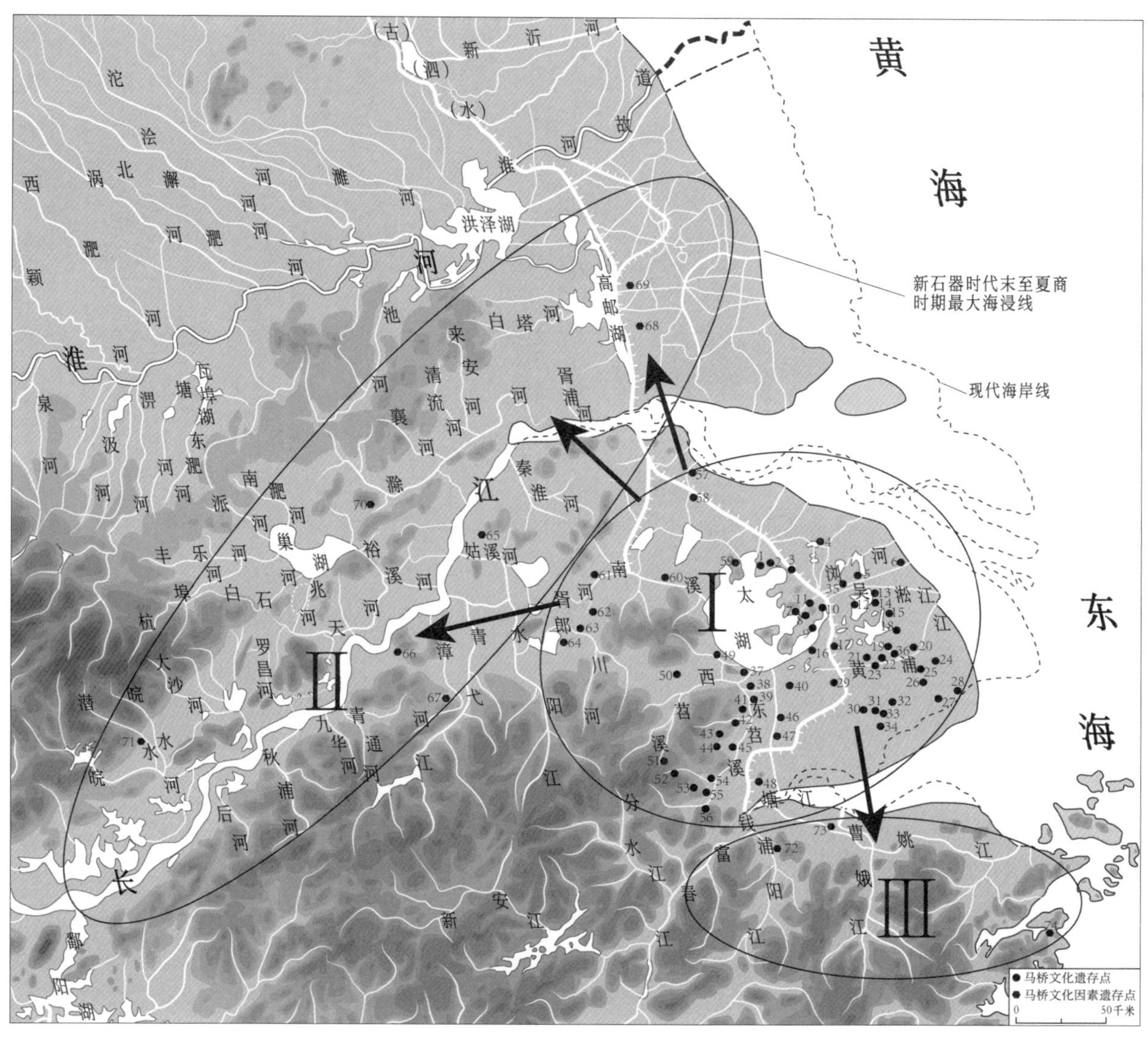

图7-47　马桥文化对临近地区的影响

1.许巷　2.北街巷　3.彭祖墩　4.钱底巷　5.绰墩　6.维新　7.茶店头　8.星火　9.徐巷　10.郭新河　11.金鸡墩　12.澄湖　13.姜里　14.赵陵山　15.寺前　16.彭家里　17.刘家浜　18.崧泽　19.泖塔　20.马桥　21.张安村　22.金山坟　23.大往　24.江海　25.亭林　26.招贤浜　27.查山　28.柘林　29.双桥　30.雀幕桥　31.大坟　32.姚家村　33.垗墩　34.高墩　35.独墅湖　36.汤庙　37.邱城　38.昆山　39.钱山漾　40.广福村　41.黄梅山　42.瓢山　43.龙山　44.小紫山　45.武康菜市场　46.塔地　47.将军台　48.水田畈　49.上莘桥　50.江家山　51.芝里　52.小古城　53.陶村桥　54.西安寺　55.张堰　56.南湖　57.象墩　58.新岗　59.阖闾城　60.西溪　61.秦堂山　62.神墩　63.欧墩　64.磨盘山　65.五担岗　66.师姑墩　67.姑山　68.周邶墩　69.佛前墩　70.大城墩　71.薛家岗　72.金山　73.壶瓶山　74.塔山（Ⅰ马桥文化核心分布区　Ⅱ马桥文化重要影响区　Ⅲ马桥文化亲缘区）

中粗柄镂孔豆、细柄豆等陶器，属马桥文化因素；中粗柄豆的年代应为夏末商初。

2.里下河及运湖西地区马桥文化因素

该地区有马桥文化因素遗存的遗址有周邶墩、佛前墩，典型陶器有高颈弧腹硬陶罐（图7-48，11、12）和折沿缩颈鼓腹硬陶罐（图7-48，12～16）；前者年代至迟为二里头三期偏晚，后者则为二里冈下层时期。纹饰有席纹、方格纹、曲折纹、叶脉纹及叶脉纹＋方格纹。再参照器物形态，几乎与太湖流域高祭台类型一致。这就证明马桥文化至少在二里头三期便开始影响里下河地区。硬陶

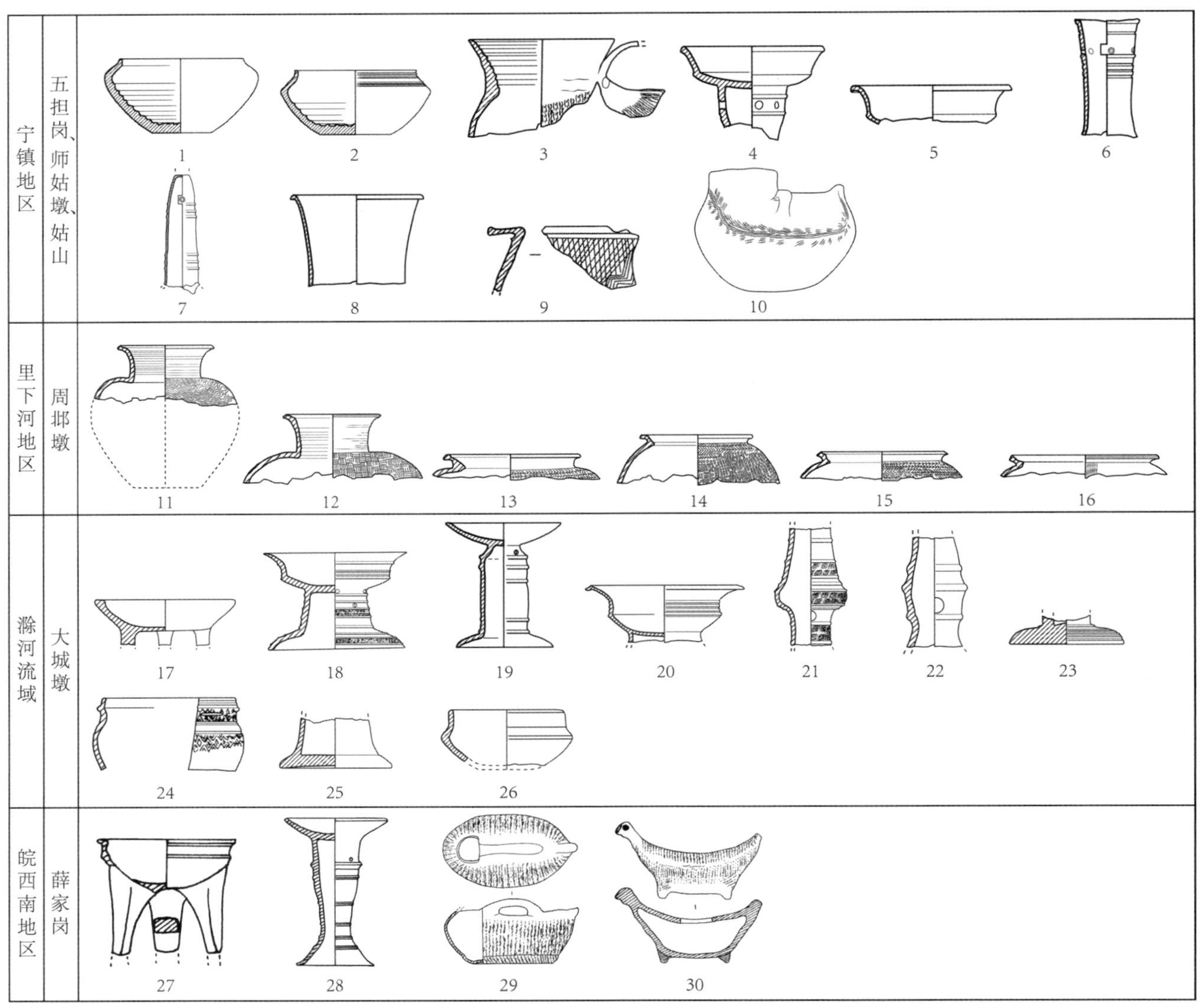

图7-48　长江下游地区马桥文化因素遗存（不含太湖流域）

1.硬陶罐（T31⑨：3）　2.硬陶罐（T31⑨：4）　3.鸭形壶（T8⑩：6）　4.豆（T7⑫：1）　5.豆（T8⑩：33）　6.豆（T6⑪：61）　7.豆（T6⑫：3）　8.罐（T8⑩：30）　9.硬陶罐（T9⑪：11）　10.硬陶鸭形壶　11.硬陶罐（采：01）　12.硬陶罐（采：02）　13.硬陶罐（采：03）　14.硬陶罐（采：05）　15.硬陶罐（采：04）　16.硬陶罐（H8：1）　17.鼎（T17⑧：67）　18.豆（T5⑧：4）　19.豆（T5⑧：5）　20.豆（T17⑥：224）　21.豆（T1⑥：2）　22.豆（T18⑰：196）　23.觚（T1⑥：6）　24.硬陶罐（T17⑥：226）　25.觚（T1⑥：9）　26.罐（T18⑰：199）　27.鼎（H17：89）　28.豆（H25：93）　29.鸭形壶（H20：14）　30.禽形尊（H17：72）　（五担岗1、2，师姑墩3～9，姑山10，周邶墩11～16，大城墩17～26，薛家岗27～30）

器是万北类型典型器，而这类器物应源于太湖流域。

3.滁河流域马桥文化因素

具有马桥文化因素遗存的遗址仅大城墩，但马桥文化因素陶器数量较多，且存在少量的硬陶器。大城墩的马桥文化因素遗存贯穿夏商两个阶段，具有一定延续性。年代偏早的陶器有斜腹浅盘鼎（图7-48，17）、粗柄折盘镂孔豆（图7-48，18）、中粗柄碗形豆（图7-48，19）、大凸棱镂孔豆（图7-48，21、22）、觚（图7-48，23、25）和小罐（图7-48，26）等，约当于二里头四期偏早；年代偏晚的陶器有粗柄折盘豆（图 7-48，20）和子母口硬陶罐（图 7-48，24）等，约当于花园庄早段。大城墩马桥文化因素遗存的发现，不仅丰富了夏商时期滁河流域遗存的文化内涵，也证明了滁河是当时中原与太湖流域交流的重要通道。

4.皖西南地区马桥文化因素

仅薛家岗遗址。陶器有浅盘鼎（图 7-48，27）、中粗柄浅腹碗形镂孔豆（图 7-48，28）、鸭形壶（图 7-48，29）和禽形尊（图 7-48，30）等，年代大致相当于二里冈下层时期。滁河流域的大城墩遗址中，发现了先商与马桥文化因素的混合性遗存，这与薛家岗情况类似。薛家岗鸭形壶与含先商因素的器物鼎式鬲、深腹罐、细瘦袋足斝同出，属二里冈下层一期前后遗物；年代要较大城墩先商因素遗存略晚，而与长江中游盘龙城一期 1 段遗存相近。薛家岗遗存中，马桥文化因素遗存不多，但却可以与盘龙城类型中的类似因素联系起来。或许，长江中游马桥文化因素遗存是经皖西南地区影响所致。

5.宁绍平原马桥文化因素

发现数量较多，如杭州萧山金山、绍兴壶瓶山、象山塔山等遗址（图 7-47）。目前该区域夏商时期遗存与以太湖流域为核心分布区的马桥文化内涵有很多相似之处，陶器的很多器类，如鼎、豆、罐、盆、刻槽盆等。也有较多硬陶器、原始瓷器，许多硬陶器口沿也习惯装饰刻划符号。但本区域角把器较多，特别是双角把器特别流行。这种遗存，似乎与马桥文化有非常紧密的联系。总体来说，该区域夏商时期文化内涵仍不算清晰，其与马桥文化间的关系，可能需要更丰富的考古材料进行阐释。

二　亭林类型

“亭林类型”，是 20 世纪七八十年代由黄宣佩提出的。他认为，上海亭林遗址上层为代表的遗存，属上海及周边地区西周时期区域文化，在年代上接序马桥文化[1]。李伯谦认为上海寺前遗址中层、无锡华利湾墓葬遗物有别于马桥文化，年代应已到了西周早期[2]。之后，宋建以常熟钱底巷、上海寺前、吴县郭新河等遗址资料为基础，提出太湖流域殷墟晚期至西周早期的遗存已非马桥文化，应为“后马桥文化”，同时认为亭林遗址上层遗存年代为西周时期[3]。按照近些年的认识，马桥文化年代的下限应到了殷墟早期[4]。曹峻结合部分新材料，重新阐释了亭林类型，将其分为早、晚两期，并认为早期年代已到商晚或末，晚期相当于西周时期[5]。笔者认同曹峻亭林类型的年代上限认识，但同时认为该类遗存年代下限应未至西周。尽管如此，诸学者基本已认识到太湖流域殷墟晚期或西周时期的考古遗存与马桥文化有较大区别。笔者认为，“后马桥文化”的概念是特定时代的产物，遗

[1] 黄宣佩、孙维昌：《上海地区几何印纹陶的分期》，《文物集刊·3》，文物出版社，1981年。
[2] 李伯谦：《马桥文化的源流》，《中国原始文化论集——纪念尹达八十诞辰》，第222～228页，文物出版社，1989年。
[3] 宋建：《马桥文化的去向》，《中国考古学会第九次年会论文集》，文物出版社，1997年。
[4] 上海市文物管理委员会：《马桥——1993～1997年发掘报告》，第296～200页，上海书画出版社，2002年。
[5] 曹峻：《亭林类型初论》，《中国考古学会第十四次年会论文集》，文物出版社，2012年。

址年代的认识并不充分，这种称谓比较容易造成误解。尽管“亭林类型”在辨别、分期及断代上虽然存在一定分歧，但这种认识要较“后马桥文化”的表述更合理。因此，本文同意这种考古学文化认识，但也作出了相应调整。

（一）来源

明确亭林类型来源，首先要确认马桥文化的年代下限，前文已就此讨论；笔者认为马桥文化年代下限为花园庄晚段，最迟不晚于殷墟一期早段。前人所提的亭林类型遗存，如太湖东部、南部的亭林上层、寺前中层、邱城92H23等，年代上限均未超出殷墟一期范畴。而太湖西北部、北部情况则有所不同，如太湖西北部的新浮第5层、神墩G1③等，均叠压于年代属殷墟一期的层位下，年代明显偏早；而太湖北部钱底巷T604④和彭祖墩T4820③年代则在花园庄晚段至殷墟一期间；花山、寺前、亭林、邱城等同类偏早阶段遗存年代则已到了殷墟一期。这就证明，亭林类型取代马桥文化有一个过程；可能在花园庄晚段至殷墟一期之间。而亭林类型取代马桥文化，则有一个从西往东渐进的趋势。马桥文化时期，太湖西北部分布着马桥文化神墩类型，早中商时期对茅山西侧的湖熟文化有重要影响；从五担岗遗址出土遗物看，马桥文化至迟自二里冈上层时期开始影响当地，大致持续至殷墟一期。而湖熟文化的重要代表——鬲文化因素至迟于殷墟一期越过茅山到达太湖流域最西端的新浮遗址，代表地层是第4层；而年代更早的第5层，似见鬲口沿，是否有鬲仍待商榷。太湖流域出土鬲的遗址还有神墩、昆山、周家湾，而昆山鬲年代最早者也约在殷墟一期。太湖流域商时期考古学文化性质发生整体改变恰是在殷墟一期，其代表性变化是鬲及梯格纹因素的东进、戳印圆圈纹或戳印圈点纹及与曲折纹的组合纹饰产生。总体来说，亭林类型是在包含较多商文化因素的考古学文化冲击下产生的，而神墩类型则转变、构成了这种新文化类型的主体，并延续至殷墟晚期。这种西来的商文化因素，构成较复杂，这与湖熟文化发展过程中不断变化的情况有关。这种商文化因素遗存，在较早阶段受大城墩类型影响；花园庄阶段又融入吴城、薛家岗类型因素，也可能包含部分潘庙类型因素。亭林类型偏早阶段的长颈鬲较为特殊，它是自花园庄晚段才逐渐增多的形态，殷墟时期开始流行，而这恰是吴城文化的主体文化特征；宁镇地区、太湖流域在进入殷墟时期前基本不见圈点纹。这两种因素的出现，大致可确定湖熟文化在发展至花园庄晚段后，吸收了吴城文化因素，逐步进入太湖流域，促进了亭林类型产生。

（二）分布

亭林类型继承了神墩类型文化基因，同时受其他地域考古学文化冲击形成。它的分布范围，在较短的时间内迅速扩大，从仅分布于太湖西北部扩大至整个太湖流域，南部边界可能越过杭州湾达到宁绍平原的北部地带（图7-49）；与马桥文化分布区域大致相似。太湖西北部的南溪、滆湖、洮湖水系，分布有神墩、新浮、姬山；太湖东北部锡澄运河至浏河间地区，分布有花山、佘城、钱底巷、彭祖墩；太湖东部浏河、吴淞江、黄浦江水系，分布有长春村、维新、绰墩、越城、张墓村、郭新河、澄湖、寺前、平原村、广富林、亭林；太湖东南部靠近杭州湾的地区，分布有垗墩、夹山、水田畈；太湖南部地区，东苕溪水系分布有邱城、昆山、钱山漾、袁家汇、南山、乌龟山、瓢山、

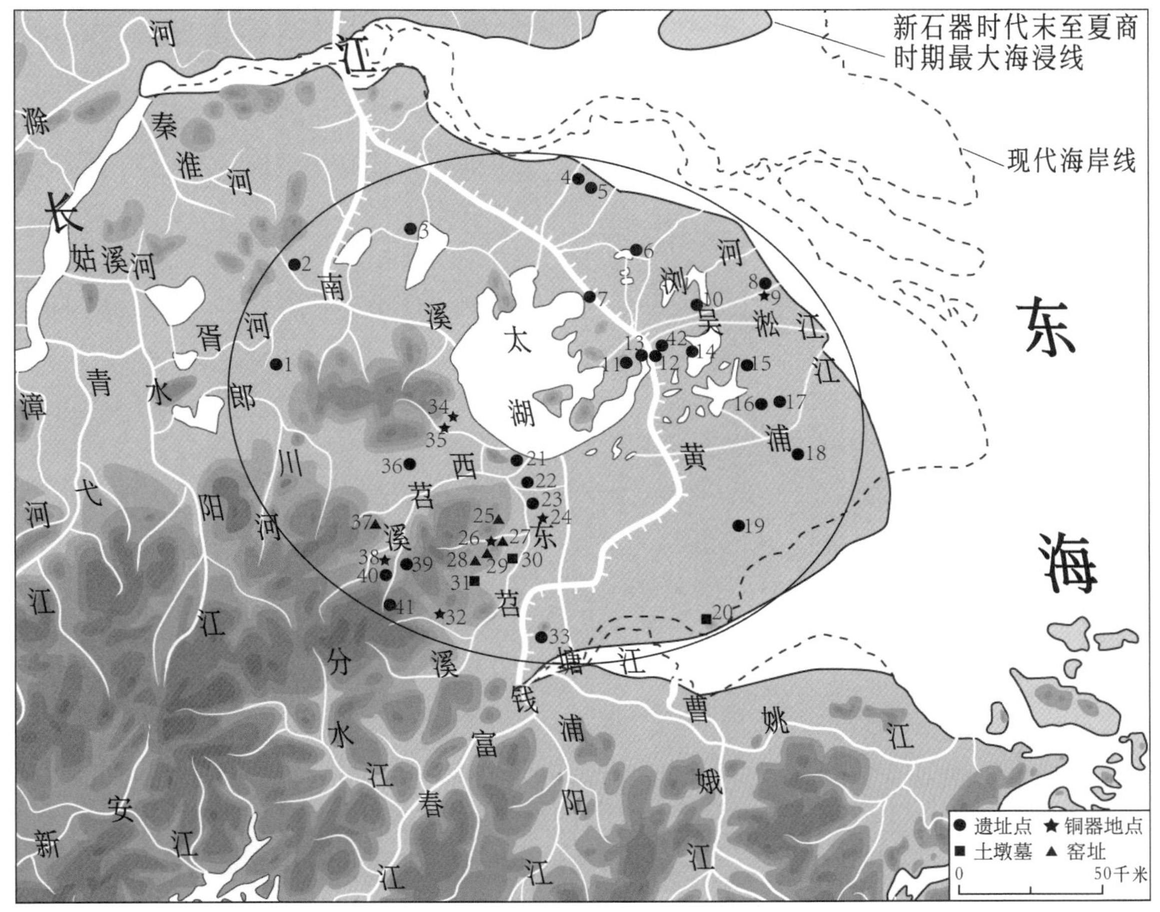

图7-49　亭林类型分布图

1.神墩　2.新浮　3.姬山　4.花山　5.佘城　6.钱底巷　7.彭祖墩　8.维新　9.长春村　10.绰墩　11.越城　12.张墓村　13.郭新河　14.澄湖　15.寺前　16.平原村　17.广富林　18.亭林　19.姚墩　20.夹山　21.邱城　22.昆山　23.钱山漾　24.袁家汇　25.南山　26.乌龟山　27.瓢山　28.龙山　29.南山　30.南王山　31.小紫山　32.石濑村　33.水田畈　34.上草楼　35.长兴中学　36.江家山　37.上马村　38.周家湾　39.安乐　40.大树墩　41.芝里　42.郭新河

龙山、南山、南王山、小紫山、石濑村，西苕溪水系分布有上草楼、长兴中学、江家山、上马村、周家湾、安乐、大树墩、芝里。由目前发现看，太湖东部的浏河、吴淞江、黄浦江水系及太湖南部、西南部的东、西苕溪水系遗址分布较密集；而太湖西北部的南溪、滆湖、洮湖水系及太湖东南部的杭州湾北部边缘地带，分布则较稀疏。

（三）文化特征

亭林类型主要由两种文化因素组成，分别为商、土著，其中以土著为主。商文化因素由宁镇地区传播而来，似也包含大城墩、吴城甚至潘庙类型的混合因素；这种情况，是因为中晚商时期长江下游文化格局发生变动导致；同时期的湖熟文化中，甚至包含薛家岗或类似盘龙城文化因素，但太湖流域至今未见。如折沿袋足鬲、圈足盘属典型商文化因素；而长颈的铜或陶鬲，属吴城文化因素；而有柄的陶勺，则多见于潘庙类型。土著因素主要来源于神墩类型，尤其是大凸棱豆，更是证明了这一点。亭林类型多见的圈点纹，应属吴城文化因素。

铜器数量不多，器类主要有鬲（图7-50，1）、觚（图7-50，2）、爵（图7-50，3）、簋（图7-50，4）、铙（图7-50，5）、戈（图7-50，6）等；鬲有明显的长斜颈、实足，与新干大洋洲同类器非常相似。

陶器器类较多，数量大（图7-50，7～12、20～45）。典型器有折沿长颈袋足鬲（图7-50，7、8）、折沿矮弧颈袋足鬲（图7-50，9）、盘口袋足斝（图7-50，10）、圈足盘（图7-50，11）、有柄勺（图7-50，12）、扁圆实足鼎（图7-50，20）、钵形撇足鼎（图7-50，21）、浅盘撇足鼎（图7-50，22～23）、碗形撇足鼎（图7-50，24）、弧腹圆实足甗（图7-50，25）、无足甗（图7-50，26）、对三角镂孔硬陶豆（图7-50，27）、细高柄豆（图7-50，28～29）、大凸棱豆（图7-50，30）、硬陶鸭形壶（图7-50，31）、刻槽盆（图7-50，32～33）、弧腹硬陶罐（图7-50，34）、弧腹罐（图7-50,35）、扁弧腹罐（图7-50,36）、扁弧腹盆（图7-50,37）、圈足簋形器（图7-50，38）、圈足罐形豆（图7-50，39、41）、圈形捉手硬陶器盖（图7-50，40）、圈足折腹豆（图7-50，42）、弧腹罐（图7-50，43、44）、圈形捉手器盖（图7-50，45）等。原始瓷、釉陶器、硬陶器非常发达，典型器主要有中粗柄圈足豆（图7-50，13、14）、扁腹小罐（图7-50，15）、扁腹钵（图7-50，16）、鸭形壶（图7-50，17）、双耳圈足罐（图7-50，18）、弧腹罐（图7-50，19）等。以上器物，长颈鬲、矮圈足簋、圈足罐形豆等均首见于太湖流域，且较典型；刻槽盆发达；而大凸棱豆是太湖流域典型器物。

纹饰方面，尤以梯格纹（图7-51，1、2）、云雷纹（图7-51，3、4）、圈点纹（图7-51，6）、曲折纹（图7-51，7）、云雷纹+梯格纹（图7-51，5）、圈点纹+曲折纹（图7-51，8～9）、叶脉纹（图7-51，10）、叶脉纹+云雷纹（图7-51，11）、对三角镂孔（图7-51，12）等典型。梯格纹承继自马桥文化神墩类型，并贯穿亭林类型始终，太湖东部的出现时间要晚于其他地区。对三角镂孔形态来源于马桥文化，早期多见于高祭台类型。而圆圈纹或圈点纹在马桥文化时期几乎不见于太湖流域，直到亭林类型形成方始出现。亭林类型中，发现的遗迹类型有灰坑、灰沟、水井、墓葬、窑址等，不见房址。所见墓葬、窑址，均单独出现于较低矮的丘陵或附近。墓葬类型均为土墩墓，未见存在于有居住址的遗址中。窑址多就近河流，目前大多见于东苕溪水系，西苕溪水系也有少量分布；这些窑址，烧制的多为原始瓷、釉陶和硬陶器。

（四）对长江下游其他地区的影响

亭林类型在长江下游地区的影响区域，主要为宁镇地区。在马桥文化时期，太湖流域对宁镇地区的影响者主要为神墩类型，并持续了较长一段时间，大致在二里冈上层二期至花园庄早段之间。在进入花园庄晚段后，随着湖熟文化等势力的东进，促成了亭林类型的产生；太湖流域对宁镇地区的影响并未因此中断，而是至少持续至殷墟晚期。在这段时间内，亭林类型对宁镇地区的影响是深入、全面的，甚至要超过马桥文化时期；典型遗址有马鞍山五担岗、南京北阴阳营、南京安怀村、南京锁金村、溧水二塘头、句容白蟒台、句容东岗头、镇江团山等。亭林类型对宁镇地区的影响主要体现在原始瓷和硬陶器上，不仅是单纯器物的交流，似乎伴随着技术的交流。这些原始瓷、硬陶器，更多为小件器物，如对三角镂孔豆、硬陶钵、硬陶小罐；个体较大者多为瓮。夹砂、泥质陶器的交流也较广泛，典型者如各类浅盘鼎、细柄豆、刻槽盆。迄今为止，宁镇地区内尚未发现实足甗

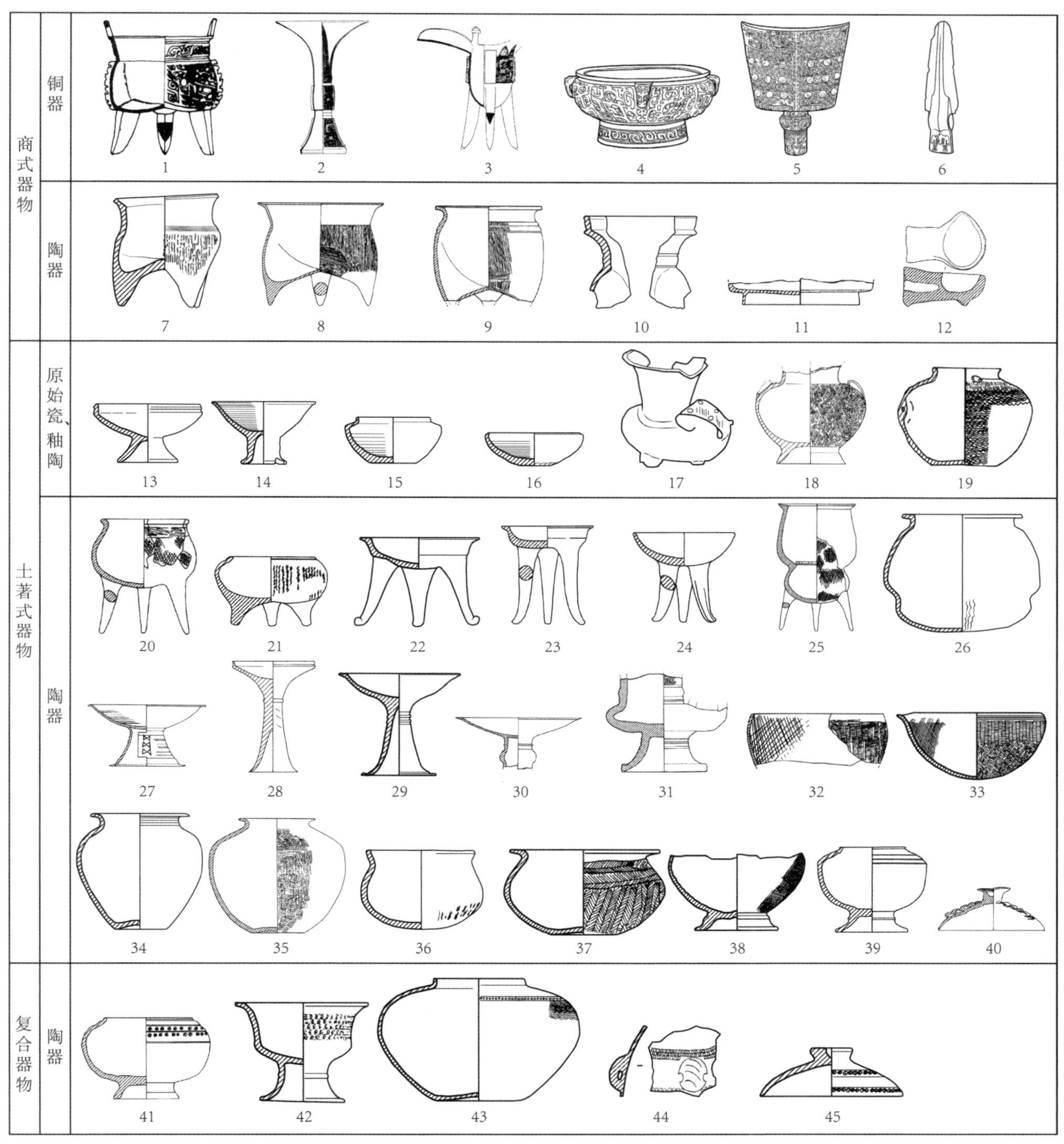

图7–50　亭林类型典型器

1.铜鬲　2.铜觚　3.铜爵　4.铜簋　5.铜铙　6.铜戈　7.鬲（HPC：24）　8.鬲（T1④：28）　9.鬲（H1：9）　10.斝（HPC：20）　11.盘（H16：1）　12.勺（T2④：7）　13.原始瓷豆（D4M2：1）　14.原始瓷豆（湖·南ⅠT303⑥：2）　15.原始瓷罐（湖·南ⅠT303⑨：5）　16.原始瓷钵豆（湖·南ⅠG1：2）　17.釉陶鸭形壶　18.原始瓷罐（J8④：7）　19.原始瓷罐（G1：10）　20.鼎（H22②：9）　21.鼎（T2904③：13）　22.鼎（92H23：5）　23.鼎（T2904③：14）　24.鼎（J8：1）　25.甗（H22②：13）　26.甗（1955乙地灰坑）　27.硬陶豆（T1④：2）　28.豆（H80②：2）　29.豆（92H23：1）　30.豆（T1④：30）　31.硬陶鸭形壶（G1①：3）　32.刻槽盆（T1④：70）　33.刻槽盆（G2：19）　34.硬陶罐（T1408②：1）　35.罐（G1①：25）　36.罐（H43：3）　37.盆（G2：9）　38.簋形器（H7：b3）　39.豆（H75：1）　40.硬陶器盖（T1④：5）　41.豆（H75：2）　42.豆（T5：12）　43.罐（C：15）　44.罐（T604③：？）　45.器盖（G2：29）　（周家湾1～3，上草楼4～5，长春村6，昆山7、10，新浮8、27、30、32、40，神墩9、31、35，南山14～16，夹山13，芝里17，钱山漾18、28，花山19、33、37～38、43、45，绰墩20～21、23～25、39、41，邱城22、29，施墩26，彭祖墩34、36，寺前42，钱底巷44）

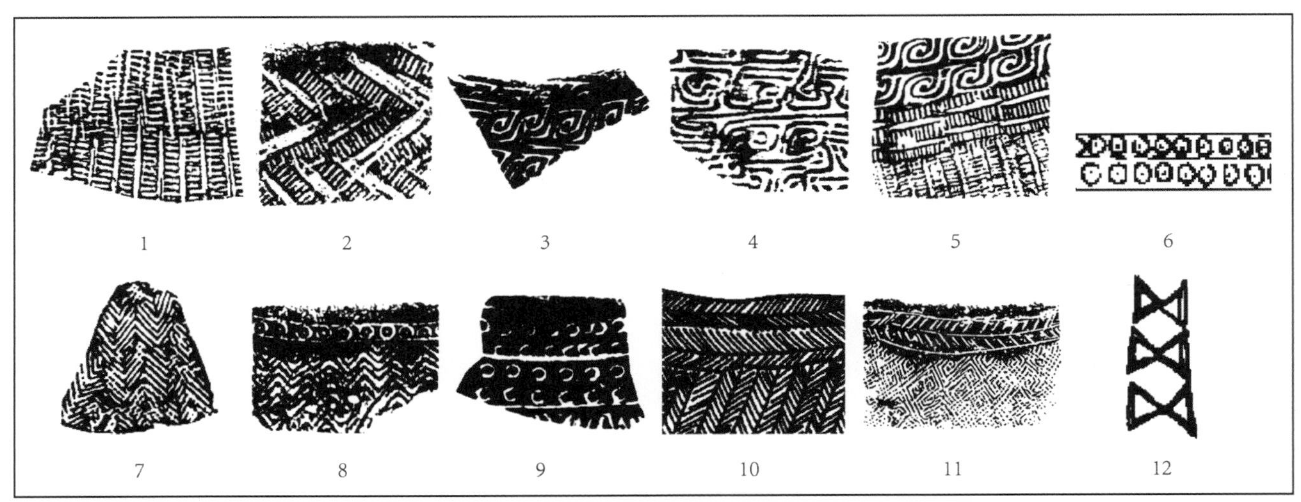

图7-51 亭林类型典型纹饰

1.梯格纹（T604③：？） 2.梯格纹（T4820③：8） 3.云雷纹（G1①：42） 4.云雷纹（G1①：48） 5.云雷纹+梯格纹（H12：2） 6.圈点纹（92 H23：9） 7.曲折纹（92H21：30） 8.圈点纹+曲折纹（H28：10） 9.圆圈纹+曲折纹（G1①：17） 10.叶脉纹（G2：9） 11.叶脉纹+云雷纹（G1①：17） 12.三角镂孔（T1④：2） （钱底巷1，彭祖墩2、5、8，神墩3、4、9，邱城6、7，花山10，寺前11，新浮12）

或无足甗；未来假如发现，恐怕数量也相当稀少。宁镇地区陶器，仍然以鬲、袋足甗为主。至于宁镇地区常见的梯格纹，在很长一段时间内均认为是湖熟文化的特有或典型纹饰，认为其来自于里下河地区，然后再传播至其他地区。而神墩类型中梯格纹，年代上限至迟到了二里头四期；而马桥文化消失后，取而代之的亭林类型依然延续使用这种纹饰，并至少使用至殷墟晚期。而宁镇地区的梯格纹，按照现在对相关具有明确地层叠压关系的遗址年代的划分，年代上限在花园庄晚段前后。由此可知，宁镇地区发现的梯格纹是从太湖流域传播而来的。

第八章　长江下游地区夏商时期考古学文化的编年和动态演变

前面章节对长江下游地区夏商时期遗存进行了分期和年代断定，诸地理单元内及地理单元间的层位系络已基本清晰。在此基础之上，进行了文化因素分析和划分。不同地理单元夏商时期的文化脉络不尽相同，同时期考古学文化因地理单元不同可能存在差异，对应的分期、编年构架也随之不同。因此，在对每个地理单元进行分期、建立各单元的编年构架后，再进行纵向、横向的比较是非常有必要的。

第一节　长江下游地区夏商时期考古学文化的编年

如上所述，现按长江下游地理差异，建立相应的编年序列。这几个区域，分别为里下河及运湖西地区、滁河流域、巢湖流域、皖西南地区、宁镇皖南地区和太湖流域等。

一　里下河及运湖西地区

里下河地区在时间纵向上，可建立一个编年序列；湖西地区暂缺。

（一）纵坐标——一个编年序列

出现六个时间刻度。

①二里头三期（周邶墩5段、孙庄、施庄）

②二里头四期（周邶墩6段、孙庄、施庄）

③二里冈下层时期（周邶墩7段）

④花园庄阶段（龙冈、佛前墩）

⑤殷墟早期（佛前墩）

⑥殷墟晚期（甘草山、佛前墩）

由上可知，里下河及运湖西地区可建立一个编年序列。区域内二里头三期至二里冈下层时期遗存延续性较好，未见间断；二里冈上层一、二期遗存缺乏；殷墟时期基本延续。

（二）横坐标

本区域横坐标可参考纵向序列（表8-1）。

二里头三、四期，至少存在周邶墩、施庄、孙庄三个遗存点；二里冈下层时期，仅周邶墩一个遗存点；花园庄阶段，有龙冈、佛前墩两个遗存点；殷墟早期，有佛前墩一个遗存点；殷墟晚期，至少有甘草山、佛前墩两个遗存点。

表8-1 里下河及运湖西地区不同期段对应关系表

发展阶段	地区 编年	里下河地区
一	二里头三期	√
二	二里头四期	√
三	二里冈下层时期	√
四	花园庄阶段	√
五	殷墟早期	√
六	殷墟晚期	√

二 滁河流域

纵向上，因地理、文化等因素差异，可建立两个编年序列；滁河中上游、滁河中下游二单元遗存具有一定的同步性。

（一）纵坐标——两个编年序列

1.滁河中上游十一个时间刻度

①二里头一期（吴大墩 2 段）

②二里头二期（大城墩 3 段）

③二里头三期（大城墩 4 段）

④二里头四期（大城墩 5 段）

⑤二里冈下层一期（大城墩 6 段）

⑥二里冈下层二期（大城墩 7 段）

⑦二里冈上层一期（大城墩 8 段）

⑧二里冈上层二期（孙家岗）

⑨花园庄阶段（大城墩 9 段、大城墩 10 段、吴大墩 3～4 段、乌龟滩、孙戚村）

⑩殷墟早期（大城墩 11 段、孙家岗）

⑪殷墟晚期（大城墩 12 段）

2.滁河中下游七个时间刻度

①二里头三期（牛头岗 2 段）

②二里头四期（牛头岗 2 段、大城子）

③二里冈下层一期（牛头岗 3 段、大城子）

④二里冈上层时期（牛头岗 4 段）

⑤花园庄阶段（牛头岗 4 段、顿丘山、濮家墩、大城子）

⑥殷墟早期（濮家墩、大城子）

⑦殷墟晚期（蒋城子、拐墩、大城子）

由上可知，滁河中上游、滁河中下游各自建立了编年序列。滁河中上游夏商时期年代基本连续，并没有明显间断。滁河中下游夏商时期遗存，二里头三期至二里冈下层一期连续，花园庄阶段至殷墟晚期间遗存基本连续，二里冈下层二期缺乏，二里冈上层二期遗存偏少。

（二）横坐标

建立纵坐标以后，主要选取二里头时期、二里冈下层一期至二里冈上层一期、二里冈上层二期至花园庄阶段和殷墟时期四个大的发展阶段确立横坐标，又可分出 11 个时段（表 8-2）。

表8-2　滁河流域两个编年序列不同期段对应关系表

发展阶段	编年＼地区	中上游地区	中下游地区
一	二里头一期	√	
	二里头二期	√	
	二里头三期	√	√
	二里头四期	√	√
二	二里冈下层一期	√	√
	二里冈下层二期	√	
	二里冈上层一期	√	√
	二里冈上层二期	√	√
三	花园庄阶段	√	√
四	殷墟早期	√	√
	殷墟晚期	√	√

1.二里头时期

两个地区均有发现，其中偏早阶段的遗存仅发现于滁河中上游。滁河流域代表性遗存有吴大墩 2 段、大城墩 3～5 段、牛头岗 2 段，大城子也存在该阶段遗存。

2.二里冈下层一期至二里冈上层一期

滁河中上游的夏坝河水系、滁河中下游都有发现，代表性遗存有大城墩 6～8 段、牛头岗 3～4 段。

3.二里冈上层二期至花园庄阶段

两个地区均有发现。代表性遗存有大城墩 9～10 段、吴大墩 3～4 段、牛头岗 4 段，孙家岗、孙戚村、顿丘山、濮家墩、大城子也存在该阶段遗存。

4.殷墟时期

两个地区均有发现。代表性遗存有大城墩 11～12 段，孙家岗、濮家墩、何郢、蒋城子、拐墩、大城子存在该阶段遗存。

三 巢湖流域

巢湖流域在时间纵向上，可建立一个编年构架。

（一）纵坐标——一个编年序列

共出现七个时间刻度。

①二里头三期（塘岗 1 段、大墩子 1 段、师谷墩）

②二里头四期（塘岗 2 段、师谷墩）

③二里冈下层二期（大墩子 2 段）

④二里冈上层时期（大墩子 2 段）

⑤花园庄阶段（馆驿、庙集大城墩）

⑥殷墟早期（福元、小颜湾）

⑦殷墟晚期（小颜湾、城墩）

由上可知，巢湖流域可建立一个编年序列。区域有少量二里头三、四期遗存；暂未见二里冈下层一期遗存；少量二里冈下层二期遗存；花园庄阶段至殷墟时期遗存相对较多。

（二）横坐标

本区域横坐标可参考纵向序列（表 8-3）。

表8-3 巢湖流域不同期段对应关系表

发展阶段	地区 / 编年	巢湖流域
一	二里头三期	√
	二里头四期	√
二	二里冈下层二期	√
	二里冈上层时期	√
三	花园庄阶段	√
四	殷墟早期	√
	殷墟晚期	√

二里头三、四期，可参考派河及丰乐河水系遗存，如塘岗1～2段、大墩子1段、师谷墩。二里冈下层二期，仅见于大墩子2段。二里冈上层时期，也仅见于大墩子2段。花园庄阶段，仅派河水系馆驿、柘皋河水系庙集大城墩。殷墟时期，派河、丰乐河及杭埠河水系均有发现，如小颜湾、福元、城墩等。

四　皖西南地区

时间纵向上，可建立三个编年序列；时间横向上，不同的次级地理单元遗存具有一定的同步性。

（一）纵坐标——三个编年序列

1.东部地区八个时间刻度

①二里头三期（小北墩）

②二里头四期（汤家墩1段、小北墩）

③二里冈下层一期（汤家墩2段）

④二里冈上层一期（汤家墩3段）

⑤花园庄早段（汤家墩4段）

⑥花园庄晚段（汤家墩5段）

⑦殷墟三期（汤家墩6段、小北墩）

⑧殷墟四期（汤家墩7段、小北墩）

2.大沙河水系七个时间刻度

①二里冈上层二期（跑马墩1段）

②花园庄早段（跑马墩2段）

③花园庄晚段（跑马墩3段、张四墩1段、沈店神墩）

④殷墟一期（跑马墩4段、张四墩2段、沈店神墩）

⑤殷墟二期（跑马墩5段、张四墩2段）

⑥殷墟三期（孙家城1段、跑马墩6段）

⑦殷墟四期（孙家城2段）

3.皖河水系十个时间刻度

①二里头四期（薛家岗1段）

②二里冈下层一期（薛家岗2段）

③二里冈下层二期（薛家岗3段、百林山1段）

④二里冈上层一期（薛家岗4段、百林山2段）

⑤二里冈上层二期（薛家岗5段）

⑥花园庄早段（薛家岗 6 段）

⑦花园庄晚段（薛家岗 6 段）

⑧殷墟一期（薛家岗 7 段）

⑨殷墟二期（王家墩、晋熙）

⑩殷墟三期（薛家岗 8 段、王家墩、刘畈、彰法山、冶溪）

由上可知，三个次级地理单元各建立了编年序列。东部地区夏商时期遗存年代基本连续，并没有明显间断。大沙河水系自二里冈上层二期至殷墟四期年代上连续，不见更早段的遗存。皖河水系夏商时期遗存自二里头四期至殷墟二期年代上连续，但殷墟二期以后遗存分布情况并不清晰。

（二）横坐标

在建立纵坐标以后，横坐标的确立主要选取二里头晚期、二里冈下层一期至二里冈上层一期、二里冈上层二期至花园庄阶段和殷墟时期四个大的发展阶段，四大发展阶段又可分出不同的 12 个时段（表 8-4）。

1.二里头晚期

东部地区、皖河水系存在该阶段遗存，以汤家墩 1 段、薛家岗 1 段、小北墩为代表。

皖西南地区的东、西部存在该阶段遗存，大沙河水系尚未发现。大沙河水系位于皖西南中部，以后应会发现该阶段遗存。

2.二里冈下层二期至二里冈上层一期

东部地区、皖河水系存在该阶段遗存，东部地区代表性遗存有汤家墩 2 段、汤家墩 3 段；皖河水系代表性遗存有薛家岗 2～4 段、百林山 1～2 段。

表8-4　皖西南地区三个编年序列不同期段对应关系表

发展阶段	地区 编年	东部地区	皖河水系	大沙河水系
一	二里头三期	√		
	二里头四期	√	√	
二	二里冈下层一期	√	√	
	二里冈下层二期	√	√	
	二里冈上层一期	√	√	
三	二里冈上层二期		√	√
	花园庄早段	√	√	√
	花园庄晚段	√	√	√
四	殷墟一期		√	√
	殷墟二期		√	√
	殷墟三期	√		√
	殷墟四期	√		√

3.二里冈上层二期至花园庄晚段

东部地区、皖河水系、大沙河水系存在该阶段遗存，或缺乏个别时段遗存。东部地区代表性遗存有汤家墩 4～5 段，大沙河水系代表性遗存有跑马墩 1～3 段、张四墩 1 段、沈店神墩，皖河水系代表性遗存有薛家岗 5～6 段。

4.殷墟时期

东部地区、皖河水系、大沙河水系均存在该阶段遗存，但时间不同步。东部地区代表性遗存有汤家墩 6～7 段、小北墩，大沙河水系代表性遗存有跑马墩 4～6 段、孙家城 1～2 段、张四墩 2 段、沈店神墩，皖河水系代表性遗存有薛家岗 7～8 段、王家墩、晋熙、刘畈、彰法山、冶溪。

五　宁镇皖南地区

宁镇皖南地区因地理、文化等因素不同，纵向可建立两个编年序列；以古中江为南北分界，南、北二地夏时期偏早阶段遗存同步，商时期偏晚时段遗存较为同步。

（一）纵坐标——两个编年序列

1.宁镇地区十三个时间刻度

①新砦期（马迹山 2 段、城头山 3 段）

②二里头一期（北阴阳营 2 段、点将台 2 段、马迹山 2 段、城头山 3 段等）

③二里头二期（马迹山 3 段、五担岗 1 段、城头山 4 段、点将台 2 段等）

④二里头三期（马迹山 4 段、五担岗 1 段、城头山 4 段等）

⑤二里头四期（团山 1 段、点将台 3 段等）

⑥二里冈下层二期（五担岗 2 段）

⑦二里冈上层一期（五担岗 3 段）

⑧二里冈上层二期（五担岗 3～4 段）

⑨花园庄阶段（五担岗 4～5 段、城头山 5 段、北阴阳营 3 段、二塘头 1 段、马迹山 5 段、点将台 4 段等）

⑩殷墟一期（五担岗 5～6 段、团山 2 段、城头山 5～6 段、白蟒台 1 段、北阴阳营 4 段、马迹山 5 段、点将台 4 段、二塘头 2 段等）

⑪殷墟二期（五担岗 7 段、团山 3 段、白蟒台 2 段、东岗头 1 段、马迹山 5 段、点将台 4 段、北阴阳营 4 段、二塘头 2 段等）

⑫殷墟三期（五担岗 8 段、团山 4 段、城头山 7 段、白蟒台 2～3 段、东岗头 2 段、北阴阳营 5 段、点将台 5 段、二塘头 3 段等）

⑬殷墟四期（五担岗 9 段、团山 5 段、城头山 8 段、白蟒台 3 段、马迹山 6 段、东岗头 3 段、北阴阳营 5 段、点将台 5 段、二塘头 3 段等）

2.皖南地区六个时间刻度

①新砦期（师姑墩 1 段）

②二里头一期（师姑墩 1～2 段）

③二里头二期（师姑墩 3 段）

④二里冈上层时期（童墩）

⑤花园庄阶段（师姑墩 4 段）

⑥殷墟一期（师姑墩 4 段）

由上可知，南、北两个地区各自建立了编年序列。宁镇地区新砦期至二里头四期、二里冈下层二期至殷墟时期遗存延续性较强，缺乏二里冈下层一期遗存。皖南地区存在新砦期至二里头二期、二里冈上层二期至殷墟一期遗存，缺乏二里头三期至二里冈上层一期、殷墟二至殷墟四期遗存。

（二）横坐标

建立纵坐标以后，横坐标的确立主要选取新砦期、二里头时期、二里冈下层一期至二里冈上层一期、二里冈上层二期至花园庄阶段和殷墟时期五大发展阶段，又可分出不同的 13 个较小时段（表 8-5）。

表8-5　宁镇皖南地区两个编年序列不同期段对应关系表

发展阶段	地区 编年	宁镇地区	皖南地区
一	新砦期	√	√
二	二里头一期	√	√
	二里头二期	√	√
	二里头三期	√	
	二里头四期	√	
三	二里冈下层二期	√	
	二里冈上层一期	√	
四	二里冈上层二期	√	√
	花园庄阶段	√	√
五	殷墟一期	√	√
	殷墟二期	√	
	殷墟三期	√	
	殷墟四期	√	

1.新砦期

两个地区均有发现，2 处分布于沿江地带，1 处分布于内陆。代表性遗存有马迹山 2 段、城头山

3 段、师姑墩 1 段。

2.二里头时期

两个地区均有发现，宁镇地区贯穿二里头时期始终，皖南地区仅见二里头一、二期遗存。宁镇地区，代表性遗存有点将台 2～3 段、五担岗 1 段、马迹山 2～4 段、团山 1 段、北阴阳营 2 段、城头山 3～4 段等。皖南地区，代表性遗存有师姑墩 1～3 段、姑山。

3.二里冈下层二期至二里冈上层一期

仅见于宁镇地区。代表性遗存有五担岗 2～4 段。

4.二里冈上层二期至花园庄阶段

宁镇地区多见，皖南地区少见。宁镇地区，代表性遗存有五担岗 4～5 段、城头山 5 段、北阴阳营 3 段、二塘头 1 段、马迹山 4 段、点将台 4 段等。皖南地区，代表性遗存有师姑墩 4 段、童墩。

5.殷墟时期

两个地区均多见，但宁镇地区更丰富。宁镇地区，代表性遗存有五担岗 6～9 段、团山 2～5 段、城头山 5～8 段、白蟒台 1～3 段、北阴阳营 4～5 段、东岗头 1～3 段、二塘头 2～3 段、马迹山 5 段、点将台 4～5 段等；皖南地区，代表性遗存有师姑墩 4 段。

六　太湖流域

太湖流域，主要分为三个地理单元，分别为太湖东部—东北部、西部—西北部、太湖南部；南部相应可建纵向的三个编年序列；三个地区间在具有较高的同步性。

（一）纵坐标——三个编年序列

1.太湖东部—东北部十个时间刻度

①二里头二期（马桥 1 段）

②二里头三期（马桥 2 段）

③二里头四期（马桥 3 段、绰墩 1 段）

④二里冈下层一期（马桥 4 段、绰墩 1～2 段、亭林 1 段）

⑤二里冈下层二期（马桥 5 段、绰墩 2 段、亭林 1 段）

⑥二里冈上层一期（马桥 6 段、绰墩 3 段）

⑦二里冈上层二期（马桥 7 段）

⑧花园庄阶段（钱底巷 1 段、彭祖墩 1 段）

⑨殷墟早期（绰墩 4 段、钱底巷 2～3 段、彭祖墩 2 段、花山 1 段、亭林 2 段、寺前、郭新河、垗墩、崧泽、越城、施墩、张墓村、澄湖、佘城）

⑩殷墟晚期（绰墩5段、彭祖墩3段、花山2段、佘城、澄湖、崧泽、广富林、夹山）

2.太湖南部十一个时间刻度

①二里头一期（钱山漾1段、昆山1段）
②二里头二期（钱山漾2段、昆山1～2段）
③二里头三期（钱山漾3段、昆山3段）
④二里头四期（钱山漾4段、昆山4段、邱城1段）
⑤二里冈下层一期（钱山漾5段、昆山5段、南山）
⑥二里冈下层二期（钱山漾6段、南山）
⑦二里冈上层一期（钱山漾7段、南山）
⑧二里冈上层二期（钱山漾8段、南山）
⑨花园庄阶段（钱山漾8～9段、昆山6段、南山）
⑩殷墟早期（钱山漾9～10段、昆山6～7段、邱城2段、周家湾、南山）
⑪殷墟晚期（昆山7段、南山）

3.太湖西部—西北部八个时间刻度

①二里头三期（新岗）
②二里头四期（神墩1段、新岗）
③二里冈下层一期（神墩1段、新岗）
④二里冈下层二期（神墩2段）
⑤二里冈上层一期（神墩3段）
⑥花园庄阶段（神墩4段、新浮1段）
⑦殷墟早期（神墩5段、新浮2段）
⑧殷墟晚期（神墩6段）

由上可知，太湖流域按地理差异划分了三个地区，并各自建立了编年序列。太湖东部—东北部自二里头二期至殷墟晚期延续性较强，基本未见间断，但缺乏二里头一期遗存；马桥遗址可能存在二里头一期的遗存。太湖南部自二里头一期至殷墟晚期未见间断，延续性较太湖东部—东北部要强。太湖西部—西北部夏时期遗存年代上限为二里头三期，自二里头三期至二里冈上层一期延续，花园庄阶段至殷墟晚期基本延续，缺乏二里冈上层二期遗存。

（二）横坐标

建立纵坐标以后，横坐标的确立主要选二里头时期、二里冈下层一期至二里冈上层一期、二里冈上层二期至花园庄阶段和殷墟时期四大发展阶段，又可分出不同的11个较小时段（表8-6）。

表8-6　太湖流域三个编年序列不同期段对应关系表

发展阶段	地区/编年	太湖东部—东北部	太湖南部	太湖西部—西北部
一	二里头一期		√	
	二里头二期	√	√	
	二里头三期	√	√	√
	二里头四期	√	√	√
二	二里冈下层一期	√	√	√
	二里冈下层二期	√	√	√
	二里冈上层一期	√	√	√
三	二里冈上层二期	√	√	
	花园庄阶段	√	√	√
四	殷墟早期	√	√	√
	殷墟晚期	√	√	√

1.二里头时期

三个地区均有发现，年代上限以太湖南部最早，太湖东部—东北部次之，太湖西部—西北部最晚。代表性遗存有钱山漾1～4段、马桥1～3段、昆山1～4段、神墩1段、新岗，邱城1段、绰墩1段，上莘桥、武康菜市场、许巷、澄湖、查山、金山坟、郭新河、维新、嵇泽、大坟、姚家村等遗址也存在该时段遗存。

2.二里冈下层一期至二里冈上层一期

三个地区均有发现，延续性均较好。代表性遗存有神墩1～3段、钱山漾5～7段、绰墩1～3段、昆山5段、亭林1段、新岗、南山，郭新河、嵇泽、雀幕桥、广福村、澄湖、荣庄、大往等遗址也存在该时段遗存。

3.二里冈上层二期至花园庄阶段

三个地区均有发现，但花园庄早段遗存不明显。代表性遗存有钱山漾8段、神墩4段、新浮1段、马桥7段、钱底巷1段、彭祖墩1段，嵇泽、小紫山等也存在该时段遗存。

4.殷墟时期

三个地区均有发现。代表性遗存有神墩5～6段、钱山漾9～10段、绰墩4～5段、花山1～2段、钱底巷2～3段、彭祖墩2～3段、昆山6～7段、新浮2段、亭林2段、周家湾、南山，姬山、大树墩、江家山、芝里、水田畈、安乐、南王山、垗墩、越城、施墩、张墓村、澄湖、寺前、郭新河、佘城、嵇泽、广富林、夹山等也存在该时段遗存。

第二节　长江下游地区夏商时期考古学文化的分布及演变

长江下游地区夏商时期，存在五个大的考古学文化发展阶段，分别为新砦期、二里头时期、二里冈下层一期至二里冈上层一期、二里冈上层二期至花园庄阶段和殷墟时期；其中前两者对应中原的夏时期，后三者对应中原的商时期。这五大阶段中，也存在着较多考古学文化转变的关键时段，如新砦期、二里头二期、二里头三期、二里冈下层一期、花园庄阶段、花园庄晚段偏晚至殷墟一期偏早阶段、殷墟一期、殷墟四期等；这些关键时段，往往对应着一种考古学文化的形成及另外一种考古学文化的消失。从考古学文化发展的稳定性来看，可分为新砦期至二里头一期、二里头二至四期、二里冈下层一期、二里冈下层二期至花园庄阶段、花园庄晚段偏晚至殷墟一期初、殷墟一期至殷墟四期。

一　新砦期至二里头一期

大约于新砦期阶段，宁镇地区在朝墩头类型的基础之上，受新砦期文化的冲击，形成点将台文化。点将台文化偏早阶段，是朝墩头类型与新砦期文化的融合，最具有代表性的便是小盘口直腹的高柄豆、双腹豆，明显来自双洎河水系。时间稍迟，开始向新的阶段转变。如扁鼓腹的罐形鼎，腹径已变小，足跟按窝开始出现。可以说，新砦期文化的影响，改变了宁镇地区的文化格局，直接促成了点将台文化的产生。而此时的皖南地区，也产生了一种新的文化，暂且命名为师姑墩类夏时期遗存。这类遗存的早期，便含有淮河流域杨庄文化因素、马桥文化因素，而此时二里头文化尚未影响本地。巢湖流域、滁河流域虽然未见新砦期文化因素，但吴大墩发现的角把鼓腹鼎，显然是属早于二里头文化的因素。分布于江淮一带的斗鸡台文化遗存中，明显可以见到新砦期文化带来的冲击，只是目前暂未在巢湖流域、滁河流域发现。宁镇地区新砦期文化因素不可能凭空出现，其南下过程中必然经过斗鸡台文化区。这种新砦期文化，影响至太湖流域后，与广富林文化发生碰撞，融入周边地区多种因素后形成马桥文化。也就是说，马桥文化是中原文化与太湖流域文化碰撞、融合后的结果。太湖流域目前也未发现新砦期阶段遗存，但是该地区及南部多个区域均发现了明显属新砦期文化因素的遗存。因此，马桥文化的年代上限应早于二里头时期，这应是一个必然的结果（图8-1）。

自二里头一期偏晚阶段起，滁河流域、宁镇地区的二里头文化因素渐多；此时太湖流域的马桥文化已经形成。马桥文化因素在该阶段并未出现于宁镇北部，皖南地区沿江地带却有发现，它与二里头文化因素在当地碰撞，让师姑墩类夏时期遗存内涵变得更多元。马桥文化因素在皖南地区的发现，年代上限可能早于二里头时期，证明本地较早阶段便与中原文化产生交流，只不过以往一直不明确它与中原的交流路线。这类遗存的发现，说明巢湖流域与太湖流域间的皖南地区，属中原文化与太湖流域文化交汇的前沿地带。这个阶段，滁河流域的二里头文化因素，似乎还不及皖南地区典型。宁镇地区二里头一期的遗存，仍以土著因素为主，二里头文化应在稍晚的阶段影响到了该地，且并不典型。

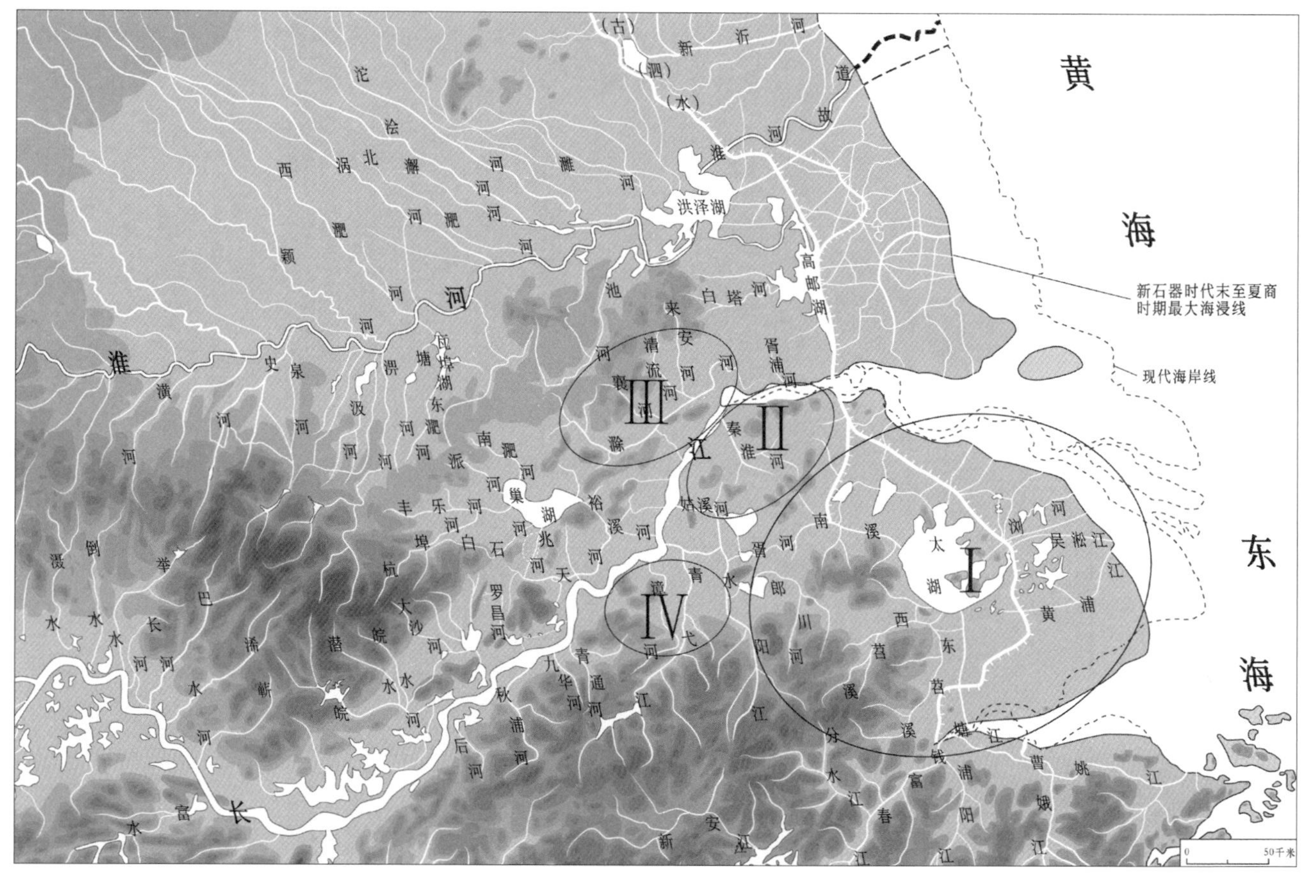

图8-1　长江下游地区新砦期至二里头一期考古学文化分布图

Ⅰ马桥文化　Ⅱ点将台文化　Ⅲ滁河类型　Ⅳ师姑墩类夏时期遗存

二　二里头二期至二里头四期

二里头二期，是个关键阶段，因为宁镇地区、太湖流域均发现了这个时段的岳石文化因素。但奇怪的是，整个里下河及运湖西地区都未发现一个该阶段的遗址点。唯一确定存在二里头二期遗存的是泗洪后陈，但它位于洪泽湖西北的濉河水系，已偏离了岳石文化因素南下的通道。这种岳石文化因素在南下之后，迅速成为点将台文化、马桥文化的组成部分；而它影响的区域似乎也不局限于宁镇地区、太湖流域，甚至跨过钱塘江到达浙东一带（图 8-2）。

分布于宁镇地区的点将台文化，自此之后至二里头三期趋于稳定；皖南地区的师姑墩类夏时期遗存则在二里头二期后消失。太湖流域的马桥文化，在从二里头二期向四期的过渡过程中，逐渐形成了三个重要类型，即马桥类型、高祭台类型和神墩类型，尤以神墩类型特殊。这并不是因为它比其他二类型文化发达，而是因为它与宁镇地区、里下河地区相邻，二地区是马桥文化北上西进的重要通道；实际上，它的文化发达程度上是比不上其他二类型的。

神墩类型区别于其他二类型的关键，在于大凸棱豆、刻槽盆特别发达，且盛行梯格纹；大凸棱豆也是神墩类型的典型器。神墩类型在整个二里头时期似乎并未与西侧的点将台文化发生直接碰撞，太湖西部与秦淮河水系间也有茅山的天然阻隔。需要注意的是，神墩类型至迟在二里头三期偏晚阶

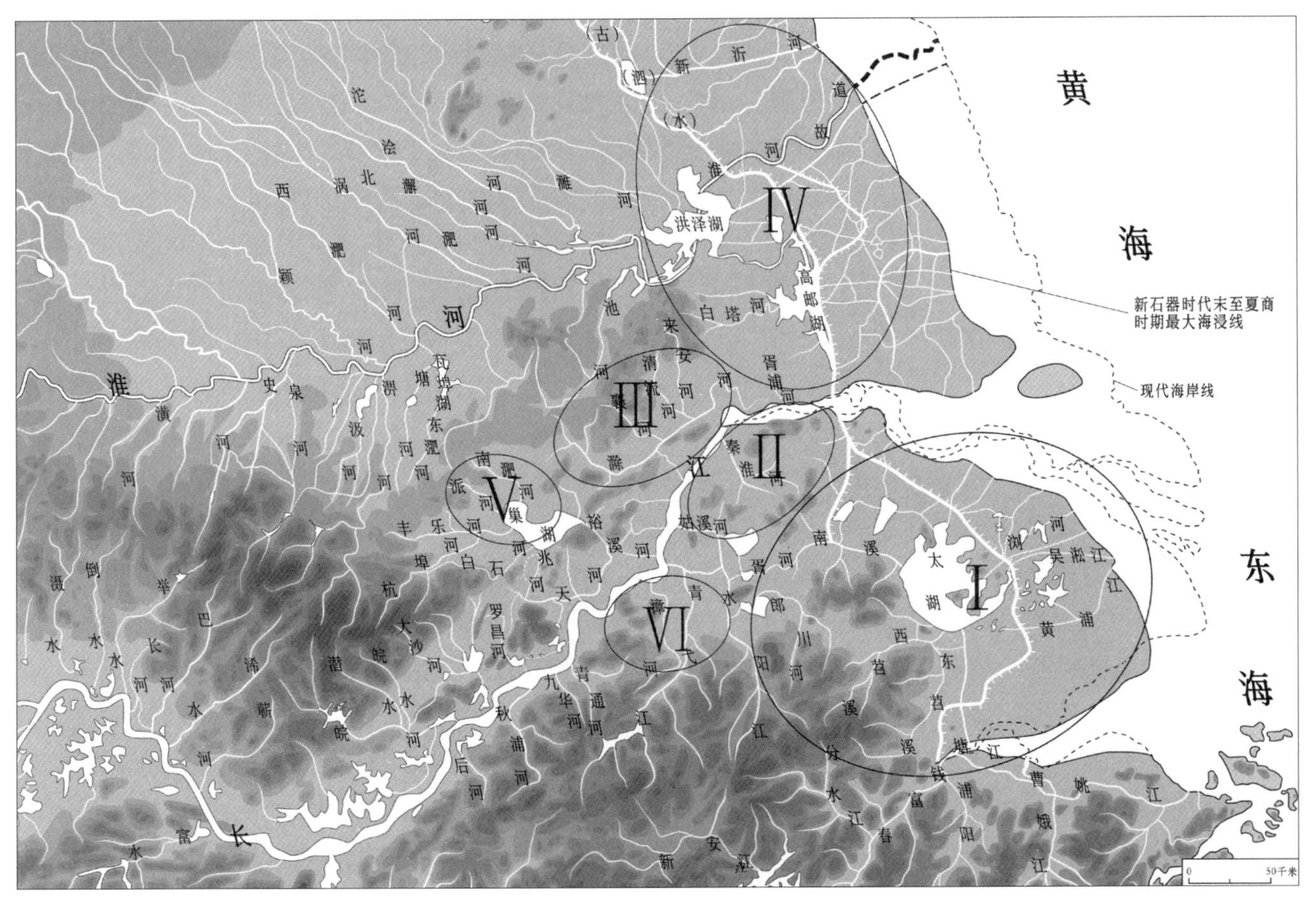

图8-2　长江下游地区二里头二期至二里头四期考古学文化分布图

Ⅰ马桥文化　Ⅱ点将台文化　Ⅲ滁河类型　Ⅳ万北类型　Ⅴ巢湖类型　Ⅵ师姑墩类夏时期遗存

段影响到了里下河及运湖西地区，改变了万北类型的文化构成，万北类型文化内涵因此变得更加多元；该因素在里下河及运湖西地区至少持续至花园庄阶段。如果再加以注意，便会发现马桥文化因素在夏末商初曾往北影响至新沂河水系，灌云大伊山硬陶器应该是马桥文化北上影响下的产物。万北类型中除岳石文化和马桥文化因素外，鹿台岗类型的部分因素也是重要组成，这也是万北类型的三种主要因素。神墩类型文化因素除了北上里下河地区外，还有一部分深入滁河流域，与二里头、岳石、当地土著等因素构成滁河类型，年代区间为二里头三至四期。滁河类型的早期阶段由二里头文化和当地土著因素组成，二里头晚期时岳石、马桥文化因素融入后文化构成变得丰富，从而区别于斗鸡台类型、巢湖类型。滁河类型中，发现的岳石文化因素不早于二里头三期，而且上、下游区域也有早晚差别。到二里头四期偏早阶段，辉卫类型文化因素南下到达滁河流域，滁河类型的文化因素种类达到顶峰；代表器物如侧扁三角足扁腹平底鼎、侧扁三角足釜形鼎，这两种因素器物又可见于盘龙城类型。巢湖流域目前最早的夏时期遗存年代为二里头三期，属斗鸡台文化巢湖类型。该类型主要由二里头、岳石两种文化因素组成，分布区域主要集中于巢湖西、北部，年代为二里头晚期。巢湖类型北部的斗鸡台类型夏时期遗存和南部的师姑墩类夏时期遗存，年代上限可能均到了新砦期，二者也均有二里头文化因素；师姑墩类夏时期遗存中的二里头文化因素年代到了二里头一期。那么，巢湖类型没有理由不早于二里头三期。

三　二里冈下层一期

二里冈下层一期作为单独的一个时间段，是因为不同地理单元分布的考古遗存文化性质发生了重要变化。里下河及运湖西地区，万北类型在该阶段遗存偏少，鹿台岗类型、马桥文化因素渐少，此后该地区考古学文化在较长一段时间内空白。滁河流域，辉卫类型、岳石文化因素渐少，马桥文化因素继续存在。增加了商文化因素，形成大城墩类型，该阶段核心要素是商文化、马桥文化、土著文化因素；这种组成持续到花园庄阶段，非常稳定。宁镇地区，此阶段似乎空白，商文化因素还未影响此地。太湖流域，马桥、高祭台、神墩三种类型文化分布均非常稳定，并持续至花园庄阶段。皖西南地区，随着辉卫类型的南下与西进，到达该地延续时间较长，后续与商、马桥等因素并存，形成薛家岗类型。薛家岗类型中发现的鸭形壶，一般认为与马桥文化有关，但却不知如何交流而来，交通路线如何；其实除该器物外，还存在禽鸟形壶、大凸棱豆等，这也是马桥文化因素器物。如果再考虑大城墩类型中的辉卫类型因素，那么则不难理解辉卫类型、马桥文化因素可能自滁河流域一起来到本地。薛家岗类型至迟自二里冈下层一期便开始出现，分布区域也较稳定，直至殷墟一期才发生较大改变。该阶段，太湖流域仍为马桥、高祭台、神墩三类型，暂未受商文化直接影响（图8-3）。

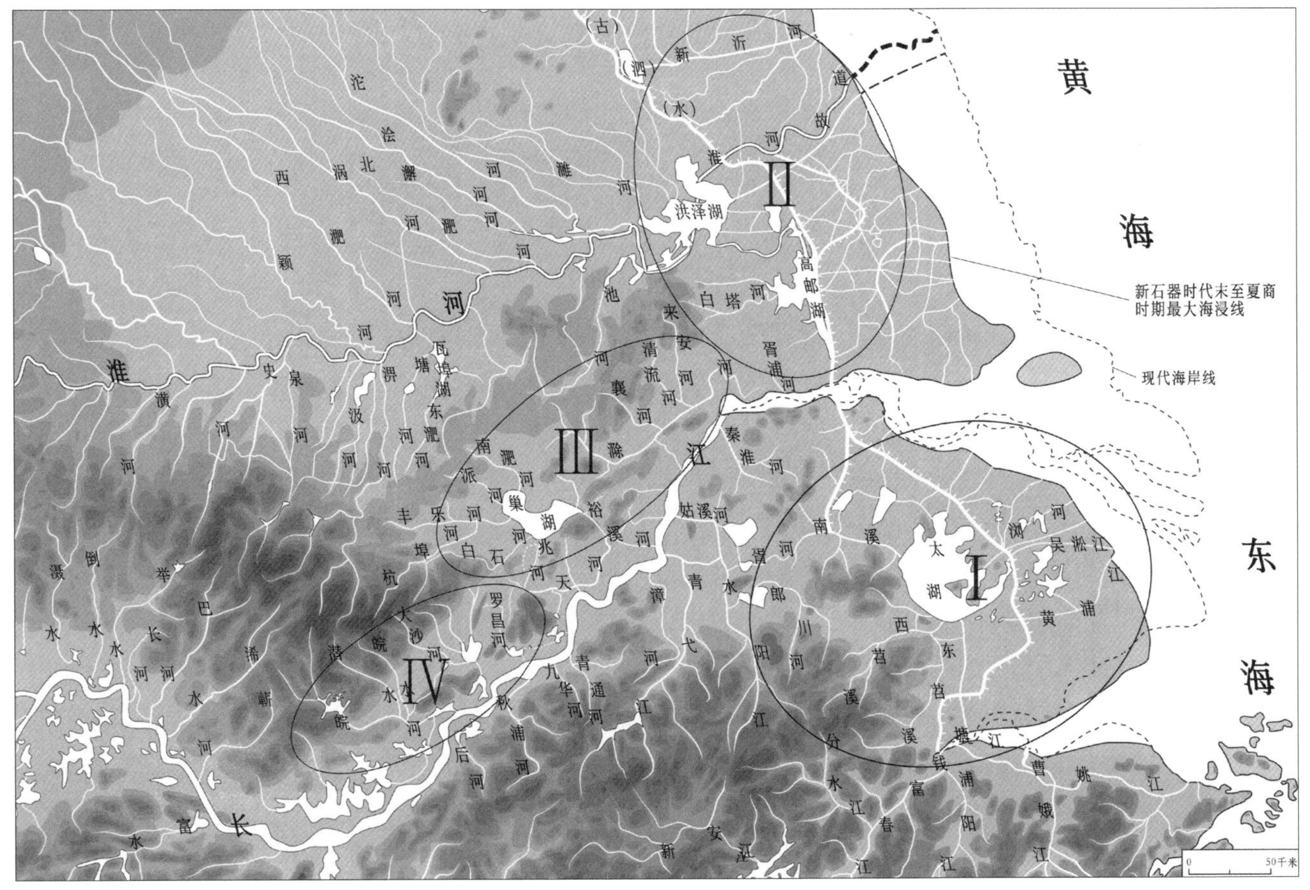

图8-3　长江下游地区二里冈下层一期考古学文化分布图

Ⅰ马桥文化　Ⅱ万北类型　Ⅲ大城墩类型　Ⅳ薛家岗类型

四　二里冈下层二期至花园庄早段

自本阶段开始，商文化因素迅猛而至，首先影响的是巢湖、滁河流域。自此，大城墩类型主体构成渐渐变得稳定，并持续发展至商末。商文化对本地的影响，并不像单纯的交流，而更像是一种对地方的征服。它所包含的商文化因素与中原并无明显差别，且陶器均较发达，甚至还包含较多的马桥文化因素，分布范围似乎比较大。而此时皖西南地区薛家岗类型在当地稳固后，开始有了自身的发展，并产生了以曲柄盉、釜形鼎等为代表具有浓厚地方特色的陶器。宁镇地区自二里冈下层二期开始便已出现商文化因素，它与早已植根于本地的岳石文化因素结合形成了新的文化类型——湖熟文化；这种岳石文化因素自二里头二期便到达本地，并贯穿商周时期，成为土著文化不可缺少的一部分。在二里冈下层二期，湖熟文化主要由商文化因素、岳石文化因素组成，可能还不包含马桥文化因素；这种情况直到二里冈上层一期开始改变，以硬陶小罐为代表的马桥文化因素随后融入湖熟文化。自此开始，商、岳石、马桥三因素成为湖熟文化的核心要素，并一直持续至花园庄晚段。自二里冈下层二期至二里冈上层二期，湖熟文化的遗址点多分布于沿江地带，极少深入内陆；而早期阶段的商文化因素，应该就是来源于隔江对岸的大城墩类型（图 8-4）。

湖熟文化中的商文化因素，在到达本地后大多数被以岳石文化因素为代表的土著文化同化；如

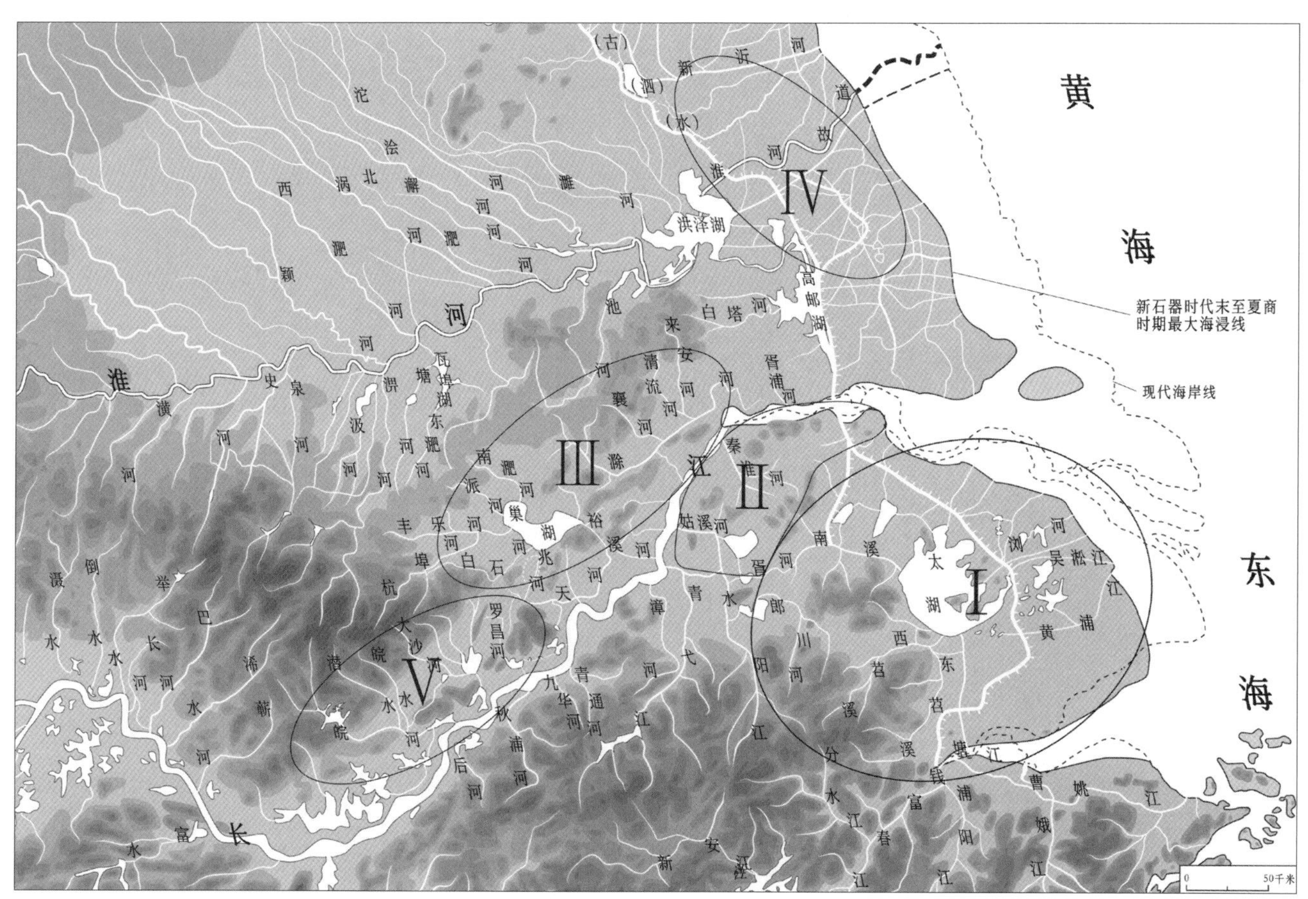

图8-4　长江下游地区二里冈下层二期至花园庄早段考古学文化分布图

Ⅰ马桥文化　Ⅱ湖熟文化　Ⅲ大城墩类型　Ⅳ龙冈类型　Ⅴ薛家岗类型

灰陶绳纹器多直接变化为红褐陶素面器，但器形属商文化。湖熟文化对商文化因素的吸收非常全面，陶器大部分器类、器形多直接来源于商文化系统，但在陶色、纹饰选择上有自身的特色。自二里冈上层二期开始，商文化对宁镇地区的影响变强，本地一度发现许多绳纹灰陶鬲和甗等。进入花园庄阶段，商文化对宁镇地区的影响开始进入高峰期，本地中也开始出现大量红褐陶、较多灰陶绳纹陶器；土著势力似仅保留了以红褐陶制作陶器的传统，其他则全盘吸收。在此阶段，一些装饰纹样比较特别，比如类似篦纹的绳纹，在商文化大辛庄类型多见。那么，湖熟文化中该类纹饰，可能仍遗留有岳石文化的影响。

自二里冈下层二期至花园庄阶段，马桥文化对湖熟文化的影响也逐渐加强。二里冈上层一期出现硬陶器后，至迟自花园庄早段开始也出现了原始瓷器。总体上讲，马桥文化对湖熟文化的影响，远不如商文化强；这种情况至花园庄晚段开始逐渐改变。

二里冈下层二期至二里冈上层一期间的里下河及运湖西地区，不见商时期遗存。但自二里冈上层二期开始，潘庙类型似开始越过淮河南下，促进了龙冈类型的形成。至于潘庙类型南下的原因，可能与征服当地的夷人有关；龙冈类型商因素大部分来源于潘庙类型，另含有少量岳石文化因素。据《古本竹书纪年》记载，商王祖乙继位曾居庇，而庇可能即位于鲁西南潘庙类型所分布的核心区，年代在公元前 14 世纪前后，刚好位于二里冈上层二期偏晚至花园庄阶段的年代区间。里下河地区夷人的势力可能对商的稳定造成了影响，而南下征服夷人促进了龙冈类型的产生。

而该阶段的太湖流域，虽然历经中原夏、商两代的更迭，但马桥文化中几乎看不到商文化的直接影响。而从二里冈商文化中，也见不到与马桥文化直接交流的迹象。

五　花园庄晚段至殷墟一期初

进入花园庄晚段后，里下河及运湖西地区龙冈类型基本未见新的遗址点，滁河流域大城墩类型则依然保持稳定。在这个阶段，以长江中游为核心分布区的大路铺文化，往东逐渐推进至皖河水系西部。可能受此影响，薛家岗类型开始向东发展；最为显著的表现便是宁镇地区湖熟文化中开始出现鼎式鬲因素，而这是薛家岗类型的典型器。巢湖西部、皖南地区在较晚阶段出现的曲柄盉因素，可能也与薛家岗类型有关（图 8-5）。

从各方面情况看，皖西南地区大路铺文化遗存的年代上限，极可能比目前考古发现的要早些。大路铺文化的东进，可能与获取当地的资源有关。

与薛家岗类型相邻的师姑墩类商时期遗存，也是形成于该阶段；但从目前资料并不能直接推导出两类遗存间的关系。

宁镇地区，文化势力发生了比较大的变动。湖熟文化此时开始往东越过茅山，到达太湖流域西缘；最典型的陶器是袋足的长颈鬲。花园庄偏晚阶段，神墩类型由太湖西部、西北部东进至太湖偏东北的浏河一带；在西侧方向上，开始与湖熟文化产生密切的交流；湖熟文化中也开始密集出现各种形态的刻槽盆、细柄豆和梯格纹陶器。而这个阶段，神墩类型逐渐过渡至亭林类型。殷墟一期初，亭林类型与湖熟文化在太湖流域西缘出现融合迹象，比较有代表性的是新浮第 4 层遗存。亭林类型替代神墩类型可能与湖熟文化的东进有关，而此时的湖熟文化构成更加复杂，可能还包含了薛家岗

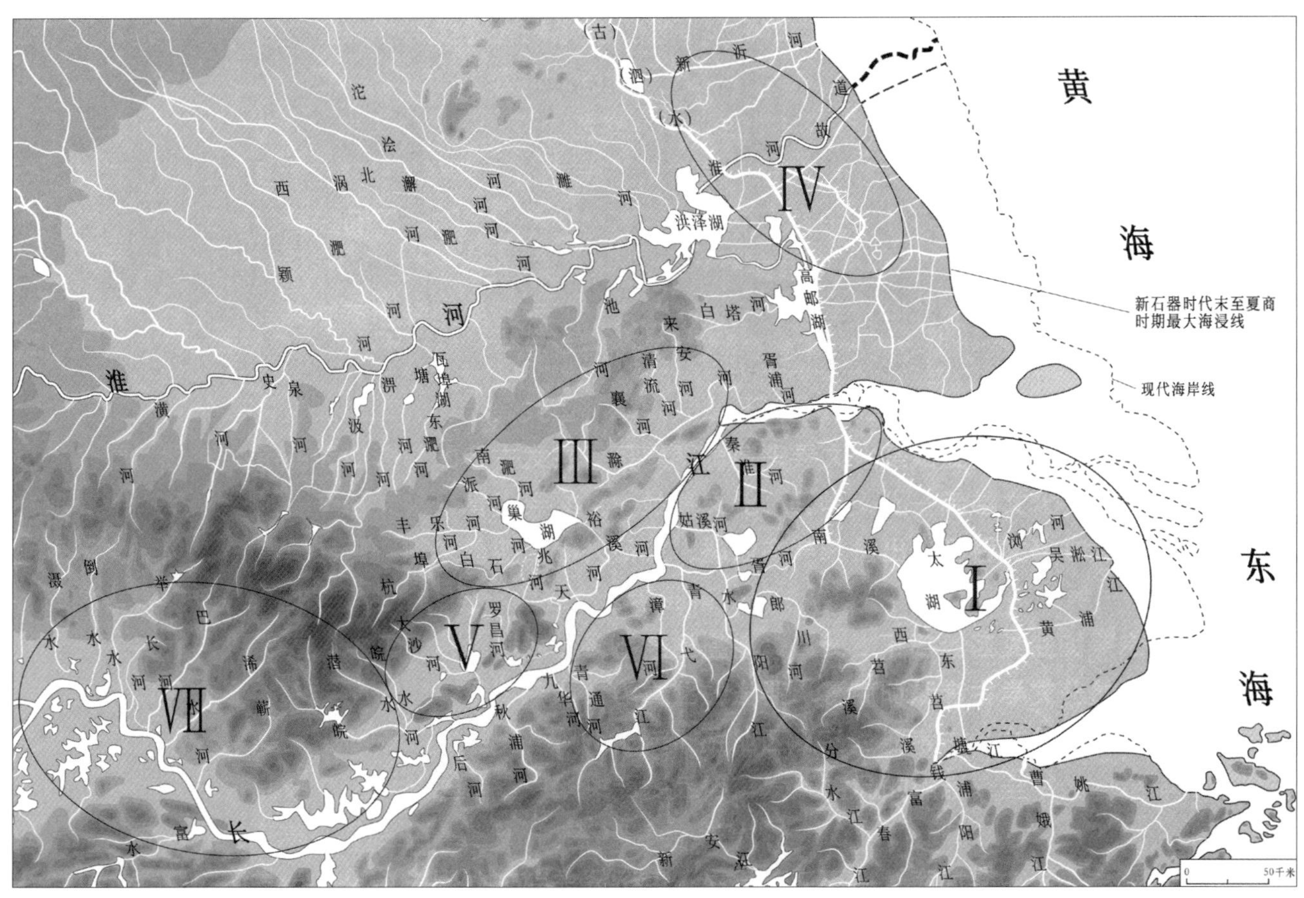

图8-5　长江下游地区花园庄晚段至殷墟一期初考古学文化分布图

Ⅰ马桥文化　Ⅱ湖熟文化　Ⅲ大城墩类型　Ⅳ龙冈类型　Ⅴ薛家岗类型　Ⅵ师姑墩类型商时期遗存　Ⅶ大路铺文化

类型、吴城文化甚至潘庙类型等因素在内。太湖西缘、太湖南部均发现了典型的商文化因素，如新浮、神墩、昆山等。这也证明，亭林类型是吸收了商文化因素后逐渐取代马桥文化三类型。亭林类型自到达浏河一线后，于殷墟一期初覆盖太湖流域。

六　殷墟一期至殷墟四期

自本阶段开始，长江下游地区文化格局发生了新的变动。里下河及运湖西地区，分布有佛前墩遗址，应属龙冈类型。而滁河流域，仍然是大城墩类型。自亭林类型出现后，殷墟一、二期暂未见与滁河流域交流迹象；自殷墟三期开始，滁河流域开始发现亭林类型因素；当然，这种因素也可能是由湖熟文化间接传播而来。这种因素的代表器物，有矮束颈的深弧腹硬陶瓮、矮圈足的斜腹原始瓷碗等。湖熟文化分布范围在东部方向上退到茅山西侧，在北部方向上则越过长江到达胥浦河水系。胥浦河与滁河各自的入江口仅相距7千米，湖熟文化可能在一定阶段对大城墩类型产生了影响。滁河下游在进入殷墟时期后，亭林类型因素代替马桥文化因素成为大城墩类型的重要组成，太湖流域对宁镇地区的影响达到顶峰。湖熟文化在进入殷墟时期后，势力逐渐变强，对外影响也变强（图8-6）。

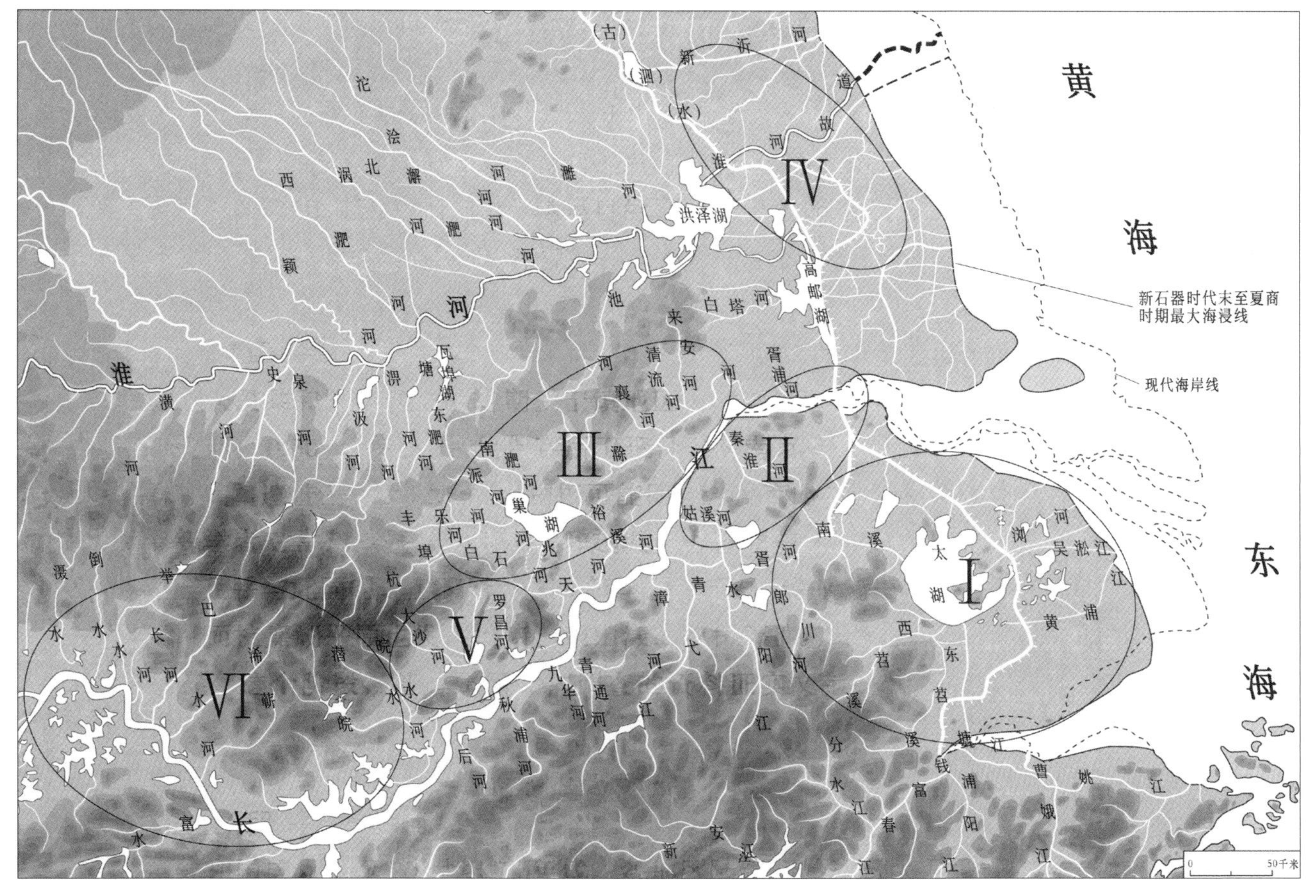

图8-6　长江下游地区殷墟一期至殷墟四期考古学文化分布图

Ⅰ亭林类型　Ⅱ湖熟文化　Ⅲ大城墩类型　Ⅳ龙冈类型　Ⅴ薛家岗类型　Ⅵ大路铺文化

亭林类型在覆盖太湖流域后，在南部方向上可能扩展至宁绍平原北缘。亭林类型的典型陶器有圈足罐形豆、圈足簋形器、硬陶器、原始瓷器等，代表性纹饰有梯格纹、曲折纹、曲折纹＋戳印圆圈纹等。皖南地区师姑墩类商时期遗存，发现了典型的亭林类型因素，说明当地与太湖流域存在交流。而师姑墩的商文化因素，如假腹豆等不见于湖熟文化，而湖熟文化中常见的刻槽盆也不见于该地；这说明该类遗存与湖熟文化明显有别。以长颈袋足鬲、假腹豆为代表的商文化因素，应来自周边商文化地方类型。

综上可知，长江下游夏商时期考古学文化的形成、分布与夏商文化的影响息息相关；而来自海岱地区的岳石文化因素，始终是长江下游考古学文化组成中不可忽视的；在不同的年代区间、地域，中原文化因素、岳石文化因素对长江下游产生的影响不尽相同。长江下游也存在强烈的地方因素，也曾在一定的时期对外产生过影响；这一方面，以马桥文化为代表，它不仅影响了中原核心区的文明构架，而且也深入别的地区促成新的地方文化产生。总体来说，中原文化对长江以北地区的影响要超过长江以南地区。中原文化对长江以北的土著文化往往是征服性的，对长江以南地区土著文化的影响更多则为交流。

第九章　结语

笔者以长江下游地区夏商时期考古遗存作为研究对象，通过系列梳理、年代判定后，建立了各地理单元的文化谱系和分期框架。在对这些材料分析、研究之后，确立了一些新的考古学文化类型；部分地区夏商时期遗存也发现有新的文化因素，加深了对不同时期区域间文化交流关系的理解；对不同区域同期遗存进行文化因素重新梳理后，有了新收获。尽管夏商时期中原文明发展斐然，而长江下游诸地理单元内其实也存在诸多发展进程不一的地域文明，且有各自的发展模式。区域间的文化交流，并未地理条件的太多限制，长江下游、中原地区、海岱地区等在内的多个区域，夏商时期文化的发展、兴衰，彼此间关系却是紧密联结，呈现出了同一的脉动趋势。在夏商王朝的不同阶段，中原文明确实对长江下游诸文明产生了重要影响。这些地域文明，有些深受中原文明影响，其根源在中原，特别是淮河与长江之间的区域。有些则有强烈的自身文化基因，虽然同受中原文明影响，但保持了相当的独立性、延续性；甚至反向影响中原，完善了中华文明的多元基因体系。本文取得的认识，是基于现有考古材料得出的结果，有一定程度的创新，但仍有待修正和完善。长江下游的文化认识，主要有以下几点。

（1）诸地理单元内的文化谱系、文化脉络，大多具有良好的延续性和传承性。部分文化基因，承继自本区域新石器时代文化，但也并非土著文化基因，而是跨地域传播的结果。如万北类型承继自南荡类型，但南荡类型中却也有良渚文化、海岱龙山文化、禹会类型和造律台文化的因素体现，后续又深刻影响了万北类型。又如马桥文化，主要承袭自广富林文化，而广富林文化的部分基因在拾年山文化、牛鼻山文化中也有体现。新砦期文化南下，改变了太湖流域文化格局，换言之其是文化碰撞的结果；这种多元基因继而在马桥文化中有所保留和延续。

（2）部分地理单元新石器时代末期的考古学文化，已有较系统的认识，如南荡类型、钱山漾文化、广富林文化、斗鸡台文化等，但文化构成远较以往认识的要复杂，笔者对部分文化重新进行了年代框架的阐释。皖西南地区、皖南地区、滁河流域的考古资料稍缺乏，新石器时代末期的文化面貌仍然处于较为模糊的状态，因此对该区域文化背景认识并不完整，但未来仍有充分的拓展空间。而宁镇地区，考古资料已成体系，经笔者梳理后提出朝墩头类型的新认识，这也是后续点将台文化的先驱。

（3）里下河地区夏时期至商初的考古学文化以万北类型为代表，在南北文化冲撞的过程中展现出了复杂的文化面貌，不仅包含岳石文化因素和马桥文化因素，也应包含鹿台岗类型在内的一种或数种因素。说明三个问题：一是鹿台岗类型的分布、影响。该类型分布似不仅局限于豫东，而是一度南下融入万北类型；里下河地区，甚至是长江下游两岸沿江地带的鬲因素，应是其影响下的结果，其背后所代表的时代背景、动力因素值得关注。二是马桥文化因素的北上问题。高邮湖东部水系、新沂河水系发现年代明确的马桥早期因素器物，自二里头晚期便已影响长江以北区域；而万北类型，是马桥文化与北方地区考古学文化的交流中介。三是文化廊道及连续性问题。里下河地区至迟自新石器时代晚期起便是黄河下游、长江下游文化交流的通道，且长期连续，二里头文化与长江下游诸文化的交流上限年代应更早。到目前为止，万北类型的文化内涵仍显单薄。该地区后续的商时期遗址纵然发现不多，但有限的分布地点却呈现出了丰富的文化面貌。确立了商文化龙冈类型，并将其年代判定为花园庄阶段至殷墟时期。该类型遗存主要有三类文化因素组成，即商文化因素、岳石文化因素、马桥文化因素。在晚期阶段，可能还包含亭林类型因素。湖熟文化中的商文化因素，可能有一部分由龙冈类型传播而来。

（4）滁河流域、巢湖流域夏时期遗存原被划分至斗鸡台文化系统，但滁河流域、巢湖流域与淮河南岸地带的夏时期文化有区别，或应将斗鸡台文化划分为斗鸡台、巢湖和滁河三种类型。而滁河类型明显有别于另外二类型，也可认为是从巢湖类型剥离出来的产物；具体可分为四期，相当于二里头一至四期。滁河类型是马桥文化在西北方向上与中原地区的交流中介，对了解滁河流域文明脉络具有重要意义。滁河类型与万北类型在组成上有共同因素，但也有明显区别。滁河类型发现有马桥文化因素，且有极强延续性，证明太湖流域与滁河流域具有文化交流传统。滁河类型的晚期阶段，出现类似辉卫类型陶器的做法，且有一定延续性。这种因素，或许与中原、皖西南、长江中游同期的类似遗存有一定关联，与里下河地区以袋足鬲为代表的万北类型是否有交流是非常值得深入探讨的方向。而巢湖类型分布地点较多，尤其是派河水系有重要的铜器地点，属于一种独具特色的文化类型，属于与中原、江淮及滁河流域、皖西南和皖南等区域的重要文化过渡区。大城墩类型则是分布于滁河流域和巢湖流域的重要商文化地方类型，笔者将其分为三期七段，时代自二里冈下层至殷墟晚期。早段商时期遗存特别值得关注，辨识出大城墩类型早期遗存中的先商文化辉卫类型因素、马桥文化神墩类型因素，二者均为大城墩类型早期阶段的主要文化因素来源。先商文化因素后被商文化因素同化，而马桥文化神墩类型因素则延续至花园庄阶段，后被亭林类型文化因素替代。由此明确，滁河流域与太湖流域考古学文化的交流，自夏时期一直延续至商时期，中间少有间断。

（5）皖西南地区夏时期遗址数量稀少，但在区域分布上并不集中。参考巢湖流域、滁河流域、皖南地区夏时期遗存，二里头文化在较晚阶段便已影响该区域，但就现有材料仍无法得出更深刻的认识。自略早于二里冈下层一期的阶段起，以辉卫类型因素为代表的先商文化南下，相继影响淮河南岸地带、巢湖流域及皖西南地区，马桥文化可能在初期参与到了区域文化的转变进程中来。此后至殷墟一期，该区域文化保持相对稳定，但与中原核心区商文化保持了持续且有深入的交流。以鼎式鬲、深直腹罐为代表的辉卫因素发展连续，且与商文化深度交融，产生了以曲柄盉、釜形鼎、鸟形尊等为代表的新式器物。这种文化融合，形成了一种全新的商文化地方类型，笔者将其命名为薛家岗类型，分期、断代后划分为三期十一段。薛家岗类型应至少包含四种文化因素，分别为辉卫类型因素、商文化因素、马桥文化因素、土著文化因素等。薛家岗类型曲柄盉，应是巢湖流域群舒文化、皖南地区曲柄盉的源头。花园庄晚段至殷墟一期，以长江中游为核心分布区的大路铺文化势力，逐步推进至皖河水系以西，而薛家岗类型的分布范围则逐步压缩至皖河以东的皖西南地区，这种情况应一直持续至殷墟晚期。

（6）宁镇皖南地区通常作为一个地理单元，南北地理有异、界限不彰，但文化差异明显。宁镇地区虽然在地缘上处于长江南岸地带，南、北文化体系在此交融均势，显示更多的是文化过渡区特征。新砦期文化因素势力经斗鸡台文化区东进改变了宁镇地区文明进程，与朝墩头类型碰撞后形成点将台文化。后续过程中，二里头文化因素和岳石文化因素分别借斗鸡台文化区、万北类型文化区影响宁镇地区，丰富了点将台文化体系。在整个二里头时期，以按窝侧扁三角足等为代表的二里头文化因素罕有跨越茅山山脉进入太湖流域，而以各类印纹硬陶器为代表的马桥文化北上影响滁河流域、里下河地区的过程中并未经过宁镇地区。因此，宁镇地区夏时期的文化保持了一定的独立性，将其单独命名考古学文化是没有疑问的。笔者重新对点将台文化进行了分期和断代，确认该文化有自身的分布区域，并自新砦期延续至二里头四期。同时期的皖南，多种因素势力与马桥文化势力在龙山时代结束以后便在此接触，完全超出了对本区域的文化预期。新砦期各势力在皖南停留的时间并不长，后续被二里头文化势力替代，继续与马桥文化势力在此交融。而岳石文化势力到达了宁镇地区和太湖流域，似并未进入皖南。因此，皖南夏时期的文化明显有别于斗鸡台文化、点将台文化和马桥文化，具有区域性的文化特征，笔者暂将其命名为师姑墩类夏时期遗存，未来仍有待补充、深入。湖熟文化是分布于宁镇的商时期地方文化，分布地点众多。笔者对原分期体系作了一定程度调整，认为团山H9和H13年代区间应为殷墟一期。马桥文化自早商阶段起影响宁镇地区，但进入花园庄阶段后才有了更深入、持久的影响。以刻槽盆、梯格纹陶器为代表的因素方进入宁镇地区，这些器物并非湖熟文化系统产生。商文化在花园庄偏晚阶段强烈影响了宁镇地区，后续跨越茅山，改变了太湖流域的文化格局。皖南地区延续了文化交融传统，商文化、马桥文化在此地融合，稍晚阶段亭林类型替代马桥文化。该区域文化有一定的独立性，笔者将其暂命名为师姑墩类商时期遗存。皖南地区夏商时期保持了自身的文化独立性和良好的延续性，夏商时期该地域的文化有一定合并空间。

（7）太湖流域夏商时期文化非常强盛，延续了良渚、钱山漾、广富林等诸文化的脉络，区域特征极为典型。以新砦期文化、拾年山文化、牛鼻山文化等为代表的龙山末期文化，很可能与广富林文化在太湖流域发生碰撞、交流后，进而促进马桥文化形成。马桥文化的年代上限，可能早于二里头时期。而二里头时期的较早阶段，二里头和岳石文化因素在马桥文化中有所体现，马桥文化因素在以上二文化中也有所反映。三大文化体系，跨越南北地理的山川、大河阻隔，实现了不同地理区间的文化交流和融合。甚至是在二里头文化的形成过程中，马桥文化都是不可忽视的重要因素。其交流动力，有可能是生产技术体系差异造成的技术交流，也有可能是承续行之已久的文化交流传统。在中原、海岱、长江下游乃至周边地理单元间，在较早的时空中便已出现各方面交流，实现了不同程度的融合。以原始瓷、硬陶为代表的长江下游文明，至迟于二里头时期便融入了中原文明体系中，商时期也保持了非常高的延续性。笔者认为马桥文化在不同的地理区间有差异，进而将其划分为马桥、高祭台和神墩三种类型，并在二里头至花园庄偏早阶段间保持了相当程度的稳定性、延续性。在花园庄偏晚阶段至殷墟一期间，以数种商文化地方类型、区域文化组成的势力集团进入太湖流域，改变了太湖流域文化进程和布局，亭林类型随之出现，但这种势力集团似并未在太湖流域过久停留。因此，太湖流域的文化独特性得以延续和发展。亭林类型继承了神墩类型的部分文化基因，在短时间的范围内，由太湖西北部扩大至整个太湖流域，基本覆盖了原马桥文化的分布区。相较马桥文化，亭林类型文化势力和分布未见衰弱，与中原及周边诸区域交流的文化传统无明显中断。

（8）中原、海岱、长江下游是有显著差异的三大文化体系，二里头文化传播至长江下游的时间可能在二里头一期偏晚阶段，而宁镇皖南及太湖流域几乎没有该阶段的铜器。总体来看，二里头文化对长江下游的影响主要体现于陶器上，而以原始瓷器、硬陶器为代表的马桥文化器物此时已传播至二里头文化区。进入商时期，商人的铜器制作技术有了明显发展，中原与长江下游的联系变得更加紧密。巢湖流域发现了早商时期的少量铜器，皖西南、宁镇、皖南的大部分铜器年代上限应为二里冈上层偏晚阶段，数量不多，但出现了铜铙等明显有别于中原的器物。长江下游最早的土墩墓发现于东苕溪水系，大多属花园庄阶段以后，殷墟时期对周边地区有一定影响，但一直未越过长江。而以岳石文化为代表的海岱文化对长江下游的影响主要体现在各类素面陶器上，特别是红褐陶系的影响比较大，进入花园庄阶段后逐渐融入至地方文化中。综合而论，长江下游地区夏商时期文明进程是中原、海岱和土著文化冲撞、交流的结果，周边区域的各种文化在不同阶段或也参与其中，构成了长江下游独特的文化特征和发展脉络。长江下游地区夏商时期诸文化发展过程，也是中华文明多元熔炉发展格局的缩影。

主要参考文献

一　考古发掘报告、简报（以首字母为序）

A

安徽省博物馆：《安徽新石器时代遗址的调查》，《考古学报》1957年第1期。

安徽省博物馆:《安庆市张四墩遗址1980年试掘述要》，《文物研究》第十五辑，黄山书社，2007年。

安徽省博物馆：《安庆市张四墩遗址1997年试掘新石器时代材料补遗》，《文物研究》第十五辑，黄山书社，2007年。

安徽省第三次全国文物普查办公室、怀宁县文物管理所：《怀宁考古记——基于“三普”调查的发现与研究》，文物出版社，2011年。

安徽省文物工作队：《潜山薛家岗新石器时代遗址》，《考古学报》1982年第3期。

安徽省文物考古研究所：《安徽肥西县古埂新石器时代遗址》，《考古》1985年第7期。

安徽省文物考古研究所：《望江汪洋庙新石器时代遗址》，《考古学报》1986年第1期。

安徽省文物考古研究所：《安徽枞阳、庐江古遗址调查》，《江汉考古》1987年第4期。

安徽省文物考古研究所：《宿松黄鳝嘴新石器时代遗址》，《考古学报》1987年第4期。

安徽省文物考古研究所：《安徽含山大城墩遗址发掘报告》，《考古学集刊·6》，中国社会科学出版社，1989年。

安徽省文物考古研究所、含山县文物管理所：《安徽含山大城墩遗址第四次发掘报告》，《考古》1989年第2期。

安徽省文物考古研究所：《怀宁县百林山遗址发掘简报》，《文物研究》第十二辑，黄山书社，2000年。

安徽省文物考古研究所、歙县文物管理所：《歙县新州遗址东区、北区的发掘》，《文物研究》第十三辑，黄山书社，2001年。

安徽省文物考古研究所：《安徽安庆市夫子城新石器时代遗址的发掘》，《考古》2002年第2期。

安徽省文物考古研究所：《潜山薛家岗》，文物出版社，2004年。

安徽省文物考古研究所：《安徽安庆市张四墩遗址试掘简报》，《考古》2004年第1期。

安徽省文物考古研究所：《安徽枞阳县汤家墩遗址发掘简报》，《中原文物》2004年第4期。

安徽省文物考古研究所、安庆市博物馆：《安徽安庆市先秦文化遗址调查报告》，《文物研究》第十四辑，黄山书社，2005年。

安徽省文物考古研究所：《凌家滩——田野考古发掘报告之一》，文物出版社，2006年。

安徽省文物考古研究所：《安徽肥西塘岗遗址发掘》，《东南文化》2007 年第 1 期。

安徽省文物考古研究所：《安徽芜湖月堰遗址新石器时代墓葬发掘简报》，《文物》2009 年第 8 期。

安徽省文物考古研究所、长丰县文物管理所：《安徽长丰县古城遗址发掘报告》，《文物研究》第十九辑，科学出版社，2012 年。

安徽省文物局、安徽省文物考古研究所：《杭埠河中游区域系统调查报告》，文物出版社，2012 年。

安徽省文物考古研究所：《安徽铜陵县师姑墩遗址发掘简报》，《文物》2013 年第 6 期。

安徽省文物考古研究所、怀宁县文物管理所：《安徽怀宁孙家城新石器时代遗址发掘简报》，《文物》2014 年第 5 期。

安徽省文物考古研究所、怀宁县文物局：《安徽省怀宁县孙家城遗址 H29 发掘简报》，《江汉考古》2015 年第 2 期。

安徽省文物考古研究所、武汉大学历史学院考古系：《皖北小孙岗、南城孜、杨堡史前遗址试掘简报》，《考古》2015 年第 2 期。

安徽省文物考古研究所：《安徽含山县韦岗遗址新石器时代遗存发掘简报》，《考古》2015 年第 3 期。

安徽省文物考古研究所、南京大学历史学院考古文物系等：《马鞍山五担岗》，文物出版社，2016 年。

安徽省文物工作队：《含山大城墩遗址调查试掘简报》，《安徽文博》总第 3 期，《安徽文博》编辑部，1983 年。

安徽省文物工作队：《太湖、宿松古文化遗址调查》，《安徽文博》总第 3 期，《安徽文博》编辑部，1983 年。

安徽省展览、博物馆：《安徽含山县孙家岗商代遗址调查与试掘》，《考古》1977 年第 3 期。

B

北京大学考古学系商周组、安徽省文物工作队:《安徽省霍邱、六安、寿县考古调查试掘报告》，《考古学研究（三）》，科学出版社，1997 年。

北京大学震旦古代文明研究中心、郑州市文物考古研究院：《新密新砦——1999 ～ 2000 年田野考古发掘报告》，文物出版社，2008 年。

C

常州市博物馆、溧阳市文物管理委员会：《溧阳市神墩新石器时代及商周时期遗址》，《中国考古学年鉴·2007》，文物出版社，2008 年。

常州博物馆：《常州新岗——新石器时代文化遗址发掘报告》，文物出版社，2012 年。

D

丁金龙：《苏州澄湖遗址发掘报告》，《苏州文物考古新发现——苏州考古发掘报告专辑（2001 ～ 2006）》，第 139 ～ 141 页，古吴轩出版社，2007 年。

F

凤凰山考古队：《江苏丹阳凤凰山遗址发掘报告》，《东南文化》1990 年第 1、2 期合刊。

G

高一龙：《太湖县王家墩遗址试掘》，《文物研究》第一期，黄山书社，1985 年。

高一龙、吴建民等：《安徽六安王大岗遗址发掘纪要》，《东南文化》1991 年第 2 期。

宫希成：《合肥市烟大谷堆商周时期遗址》，《中国考古学年鉴·2003》，文物出版社，2004 年。

谷建祥：《高淳县朝墩头新石器时代至周代遗址》，《中国考古学年鉴·1990》，文物出版社，1991 年。

国家文物局考古领队培训班：《山东济宁潘庙遗址发掘简报》，《文物》1991 年第 2 期。

H

韩明芳：《江苏盐城市龙冈商代墓葬》，《考古》2001 年第 9 期。

杭州市文物考古研究所、萧山博物馆：《萧山柴岭山土墩墓》，文物出版社，2013 年。

河北省文物研究所：《藁城台西商代遗址》，文物出版社，1985 年。

河北省文物研究所、吉林大学边疆考古研究中心等:《河北邢台市葛家庄遗址 1999 年发掘简报》，《考古》2005 年第 2 期。

河南省博物馆、灵宝县文化馆：《河南灵宝出土一批商代青铜器》，《考古》1979 年第 1 期。

河南省文物研究所、周口地区文化局：《河南乳香台遗址的发掘》，《华夏考古》1990 年第 4 期。

河南省文物考古研究所：《郑州商城——1953 ～ 1985 年考古发掘报告》，文物出版社，2001 年。

河南市文物考古研究所：《郑州大师姑》，科学出版社，2004 年。

河南省文物考古研究所：《郾城郝家台》，大象出版社，2012 年。

河南省文物考古研究所：《郑州小双桥——1990 ～ 2000 年考古发掘报告》，科学出版社，2012 年。

湖北省文物考古研究所纪南城工作站:《湖北黄梅意生寺遗址发掘报告》，《江汉考古》2006 年第 4 期。

湖北省文物考古研究所、湖北省黄石市博物馆、湖北省阳新县博物馆:《阳新大路铺》，文物出版社，2013 年。

华国荣:《南京牛头岗遗址的发掘》，《2003 年中国重要考古发现》，第 46 页，文物出版社，2004 年。

黄宣佩、徐英铎：《上海青浦县发现千步村遗址》，《考古》1963 年第 3 期。

J

嘉兴市文化局：《浙江嘉兴市雀幕桥遗址试掘简报》，《考古》1986 年第 9 期。

贾庆元、高飞：《肥西县塘岗新石器时代及商周时期遗址》，《中国考古学年鉴·2007》，文物出版社，2008 年。

江阴花山遗址联合考古队：《江阴花山夏商文化遗址》，《东南文化》2001 年第 9 期。

江阴佘城遗址联合考古队：《江阴佘城遗址试掘简报》，《东南文化》2001 年第 9 期。

江苏省文物管理委员会：《江苏无锡仙蠡墩新石器时代遗址清理简报》，《文物参考资料》1955 年第 8 期。

江苏省文物管理委员会：《江苏无锡锡山公园古遗址清理简报》，《文物参考资料》1956 年第 1 期。

江苏省文物工作队太岗寺工作组：《南京西善桥太岗寺遗址的发掘》，《考古》1962 年第 3 期。

江苏省驻仪征化纤公司文物工作队：《仪征胥浦甘草山遗址的发掘》，《东南文化》第二辑，江苏古籍出版社，1986 年。

江苏省文物局：《江苏省第三次全国文物普查新发现》，江苏美术出版社，2009 年。

江西省文物工作队、九江市博物馆：《江西九江神墩遗址发掘简报》，《江汉考古》1987年第4期。

江西省文物工作队、湖口县石钟山文管所：《江西湖口下石钟山发现商周时代遗址》，《考古》1987年第12期。

江西省文物工作队、万年县博物馆：《江西万年类型商文化遗址调查》，《东南文化》1989年第4、5期合刊。

江西省考古研究所铜岭遗址发掘队：《江西瑞昌铜岭商周矿冶遗址第一期发掘简报》，《江西文物》1990年第3期。

江西省文物考古研究所、江西婺源县博物馆：《江西省婺源县茅坦庄遗址商代文化遗存发掘简报》，《南方文物》2006年第1期。

江西省文物考古研究所、江西省彭泽县文管所：《江西彭泽县团山遗址发掘简报》，《南方文物》2007年第3期。

京九铁路考古队：《合九铁路（湖北段文物调查）》，《江汉考古》1993年第3期。

K

阚绪杭、方国祥：《枞阳县新石器时代文化遗址调查报告》，《文物研究》第八辑，黄山书社，1993年。

阚绪杭、汪景辉：《滁州市濮家墩新石器时代至周代遗址》，《中国考古学年鉴·1998》，文物出版社，2000年。

L

李鑑昭：《南京锁金村发现的新石器时代遗址》，《考古通讯》1956年第4期。

刘建国、刘兴：《江苏句容白蟒台遗址试掘》，《考古与文物》1985年第3期。

龙虬庄遗址考古队：《龙虬庄——江淮东部新石器时代遗址发掘报告》，科学出版社，1999年。

卢茂村：《怀宁杨家嘴遗址调查》，《安徽文博》总第1期，《安徽文博》编辑部，1980年。

M

梅福根：《江苏吴兴邱城遗址发掘简介》，《考古》1959年第9期。

N

南京博物院：《江宁湖熟史前遗址调查记》，《南京附近考古报告》，第1～32页，上海出版公司，1952年。

南京博物院：《江苏丹徒葛村新石器时代遗址探掘记》，《考古通讯》1957年第5期。

南京博物院：《南京安怀村古遗址发掘简报》，《考古通讯》1957年第5期。

南京博物院：《南京市北阴阳营第一、二次的发掘》，《考古学报》1958年第1期。

南京博物院：《江苏仪六地区湖熟文化遗址调查》，《考古》1962年第3期。

南京博物院：《江苏越城遗址的发掘》，《考古》1982年第5期。

南京博物院、昆山县文化馆：《江苏昆山绰墩遗址的调查与发掘》，《文物》1984年第2期。

南京博物院、丹徒县文教局：《江苏丹徒磨盘墩遗址发掘简报》，《史前研究》1985年第2期。

南京博物院、吴县文管会：《江苏吴县澄湖古井群的发掘》，《文物资料丛刊》9，文物出版社，

1985年。

南京博物院：《江宁汤山点将台遗址》，《东南文化》1987年第3期。

南京博物院：《江苏句容丁沙地遗址试掘钻探简报》，《东南文化》1990年第1、2期合刊。

南京市博物馆、南京大学历史系：《江苏江浦蒋城子遗址》，《东南文化》1990年第1、2期合刊。

南京博物院、连云港市博物馆等：《江苏灌云大伊山遗址1986年的发掘》，《文物》1991年第7期。

南京博物院：《江苏沭阳万北遗址新石器时代遗存发掘简报》，《东南文化》1992年第1期。

南京博物院：《北阴阳营——新石器时代及商周时期遗址发掘报告》，文物出版社，1993年。

南京博物院考古研究所、扬州博物馆、兴化博物馆：《江苏兴化戴家舍南荡遗址》，《文物》1995年第4期。

南京大学历史系考古专业、常熟博物馆：《江苏常熟钱底巷遗址发掘报告》，《考古学报》1996年4期。

南京博物院考古研究所、扬州博物馆、高邮文管会：《江苏高邮周邶墩遗址发掘报告》，《考古学报》1997年第4期。

南京市文物局、南京市博物馆、高淳县文管所：《江苏高淳县薛城新石器时代遗址发掘简报》，《考古》2000年第5期。

南京博物院、无锡市博物馆、锡山区文物管理委员会：《江苏无锡锡山彭祖墩遗址发掘报告》，《考古学报》2006年第4期。

南京博物院：《江苏金坛市新浮遗址的试掘》，《考古》2008年第10期。

南京博物院考古研究所：《江苏金坛县薛埠镇上水土墩墓群二号墩发掘简报》，《考古》2008年第2期。

南京博物院、宜兴市文物管理委员会：《江苏宜兴西溪遗址发掘纪要》，《东南文化》2009年第5期。

南京博物院、常州博物馆、溧阳市文化局：《江苏溧阳神墩遗址发掘简报》，《东南文化》2009年第5期。

南京博物院、宜兴市文物管理委员会：《江苏宜兴骆驼墩遗址发掘报告》，《东南文化》2009年第5期。

南京大学历史学系考古专业、安徽省文物考古研究所、马鞍山市文物局：《安徽省马鞍山市五担岗遗址发掘简报》，《东南文化》2012年第6期。

南京博物院：《江宁湖熟曹家边遗址考古发掘报告》，《穿越宜溧山地：宁杭高铁江苏段考古发掘报告》，第1～31页，科学出版社，2013年。

南京博物院、江苏句容博物馆：《江苏句容城上村遗址考古调查、勘探报告》，《南方文物》2013年第2期。

南京博物院、常州博物馆等：《溧阳神墩》，文物出版社，2016年。

Q

钱玉春：《巢湖文明的记忆》，黄山书社，2012年。

S

山东大学历史系考古专业教研室：《泗水尹家城》，文物出版社，1990年。

上海博物馆考古研究部：《上海金山区亭林遗址1988、1990年良渚文化墓葬的发掘》，《考古》2002年第10期。

上海博物馆考古研究部：《上海松江区广富林遗址1999～2000年发掘简报》，《考古》2002年第10期。

上海博物馆考古研究部:《上海松江区广富林遗址2001～2005年发掘简报》，《考古》2008年第8期。

上海博物馆考古研究部：《上海松江区广富林遗址2008年发掘简报》，《广富林：考古发掘与学术研究论集》，第64～97页，上海古籍出版社，2014年。

上海市文物保管委员会：《上海市松江县广富林新石器时代遗址试探》，《考古》1962年第9期。

上海市文物保管委员会：《上海马桥遗址第一、二次发掘》，《考古学报》1978年第1期。

上海市文物保管委员会：《上海青浦县金山坟遗址试掘》，《考古》1989年第7期。

上海市文物管理委员会：《1987年上海青浦县崧泽遗址的发掘》，《考古》1992年第3期。

上海市文物管理委员会：《上海市闵行区马桥遗址1993～1995年发掘报告》，《考古学报》1997年第2期。

上海市文物管理委员会：《马桥——1993～1997年发掘报告》，上海书画出版社，2002年。

朔知：《固镇孟城新石器时代遗址》，《文物研究》第十一辑，黄山书社，1998年。

宋永祥：《安徽郎溪欧墩遗址调查报告》，《考古》1989年第3期。

苏州博物馆、吴江县文物管理委员会：《江苏吴江龙南新石器时代村落遗址第一、二次发掘简报》，《文物》1990年第7期。

苏州博物馆、吴江市文物管理委员会：《吴江梅堰龙南新石器时代村落遗址第三、四次发掘简报》，《东南文化》1999年第3期。

苏州博物馆、昆山市文物管理所：《江苏昆山绰墩遗址第二次发掘报告》，《东南文化》2000年第6期。

苏州博物馆、吴江市文物陈列室：《江苏吴江广福村遗址发掘简报》，《文物》2001年第3期。

苏州博物馆、昆山市文物管理所、昆山市正仪镇政府：《江苏昆山遗址第一至第五次发掘简报》，《东南文化》2003年增刊1。

孙维昌：《上海市金山县查山和亭林遗址试掘》，《南方文物》1997年第3期。

孙维昌：《上海青浦寺前村和果园村遗址试掘》，《南方文物》1998年第1期。

苏州市考古研究所：《昆山绰墩遗址》，文物出版社，2011年。

T

唐际根：《河南安阳市洹北花园庄遗址1997年发掘简报》，《考古》1998年第10期。

屠思华：《江苏江宁县两处古文化遗址》，《考古》1958年第8期。

团山考古队：《江苏丹徒赵家窑团山遗址》，《东南文化》1989年第1期。

W

王德庆、缪自强：《江苏沙洲县新石器时代遗址调查简报》，《考古》1987年第10期。

王岳群：《江苏武进姬山遗址调查》，《东南文化》1998年第4期。

王湘：《安徽寿县史前遗址调查报告》，《中国考古学报》第二册，商务印书馆，1947年。

望江县文物管理所：《安徽望江县新石器时代遗址调查》，《考古》1988年第6期。

闻惠芬、张铁军等：《太仓市维新遗址试掘简报》，《苏州文物考古新发现——苏州考古发掘报告专辑（2001～2006）》，第295、296页，古吴轩出版社，2007年。

吴县文物管理委员会：《江苏吴县越溪张墓村遗址调查》，《考古》1989年第2期。

武穴市博物馆：《武穴市新石器及商周遗址调查》，《江汉考古》1995年第1期。

X

徐繁：《繁昌县缪墩遗址调查简报》，《文物研究》第七辑，黄山书社，1991年。

徐州博物馆：《江苏溧水二塘头遗址发掘简报》，《东南文化》2012年第6期。

许闻：《安徽安庆市张四墩遗址初步调查》，《文物研究》第十四辑，黄山书社，2005年。

许闻：《怀宁黄龙新石器时代遗址试掘简报》，《文物研究》第二期，黄山书社，1986年。

Y

盐城市博物馆、东台市博物馆：《江苏东台市开庄新石器时代遗址》，《考古》2005年第4期。

杨德标：《屯溪下林塘遗址试掘简报》，《文物研究》第一期，黄山书社，1985年。

姚勤德：《江苏吴县南部地区古遗址调查简报》，《考古》1990年第10期。

杨德标、金晓春等：《安徽怀宁跑马墩遗址发掘的主要收获》，《文物研究》第八辑，黄山书社，1993年。

叶润清：《安徽省宿州市芦城子遗址发掘简报》，《文物研究》第九辑，黄山书社，1994年。

叶润清、罗虎：《安徽马鞍山市申东商周遗址考古发掘收获》，《中国文物报》2013年11月8日第8版。

叶润清：《芜湖市凤凰嘴新石器时代至春秋时期遗址》，《中国考古学年鉴·2016》，中国社会科学出版社，2017年。

一丁：《江宁小丹阳镇发现古代遗址》，《东南文化》1988年第3、4期合刊。

尹焕章、蒋赞初、张正祥：《南京锁金村遗址第一、二次发掘报告》，《考古学报》1957年第3期。

尹焕章、黎忠义：《江苏江宁元山镇遗址的试掘与调查》，《考古》1959年第6期。

尹焕章、张正祥：《宁镇山脉及秦淮河地区新石器时代遗址普查报告》，《考古学报》1959年第1期。

尹增淮、裴安年：《江苏洪泽县考古调查简报》，《东南文化》1992年第1期。

袁颖：《盱眙县六郎墩周代遗址》，《中国考古学年鉴·1987》，文物出版社，1988年。

Z

张敬国：《巢湖市庙集乡大城墩商周遗址》，《中国考古学年鉴·1987》，文物出版社，1988年。

张敬国、贾庆元：《肥东县古城吴大墩遗址试掘简报》，《文物研究》第一期，黄山书社，1985年。

张敬国：《安徽肥东、肥西古文化遗址调查》，《文物研究》第二期，黄山书社，1986年。

浙江省文物管理委员会：《吴兴钱山漾遗址第一、二次发掘报告》，《考古学报》1960年第2期。

浙江省文物管理委员会：《浙江长兴出土的两件铜器》，《文物》1960年第7期。

浙江省嘉兴县博物、展览馆：《浙江嘉兴雀幕桥发现一批黑陶》，《考古》1974年第4期。

浙江省文物考古研究所：《海宁县夹山商周土墩石室结构遗存》，《中国考古学年鉴·1985》，文物出版社，1985年。

浙江安吉县博物馆：《浙江安吉出土商代铜器》，《文物》1986 年第 2 期。

浙江省文物考古研究所：《浙江省湖州市邱城遗址第三、四次的发掘报告》，《浙江省文物考古研究所学刊》第七辑，科学出版社，2005 年。

浙江省文物管理委员会：《浙江省吴兴县邱城遗址 1957 年发掘报告初稿》，《浙江省文物考古研究所学刊》第七辑，科学出版社，2005 年。

浙江省文物考古研究所：《浙江省湖州市邱城遗址第三、四次的发掘报告》，《浙江省文物考古研究所学刊》第七辑，科学出版社，2005 年。

浙江省文物考古研究所、湖州市博物馆：《昆山》，文物出版社，2006 年。

浙江省文物考古研究所：《浙江考古新纪元》，科学出版社，2009 年。

浙江省文物局：《浙江省第三次全国文物普查新发现丛书》，浙江古籍出版社，2012 年。

浙江省文物考古研究所、湖州市博物馆:《钱山漾——第三、四次发掘报告》，文物出版社，2014 年。

浙江省文物考古研究所、湖州市博物馆、德清博物馆：《东苕溪流域夏商时期原始瓷窑址》，文物出版社，2015 年。

镇江博物馆：《镇江市马迹山遗址的发掘》，《文物》1983 年第 11 期。

镇江市博物馆：《江苏句容城头山遗址试掘简报》，《考古》1985 年第 4 期。

镇江博物馆：《江苏丹阳王家山遗址发掘简报》，《考古》1985 年第 5 期。

镇江博物馆、丹阳市文化局：《丹阳凤凰山遗址第二次发掘》，《东南文化》2002 年第 3 期。

镇江博物馆考古队：《江苏丹阳葛城遗址勘探试掘简报》，《江汉考古》2009 年第 3 期。

镇江博物馆:《印记与重塑——镇江博物馆考古报告集（2001 ～ 2009）》，江苏大学出版社，2010 年。

镇江博物馆：《江苏镇江马迹山遗址第二次发掘简报》，《东南文化》2015 年第 1 期。

中国国家博物馆、安徽省文物考古研究所：《姑溪河：石臼湖流域先秦时期聚落考古调查与研究》，科学出版社，2019 年。

中国社会科学院考古研究所：《殷墟妇好墓》，文物出版社，1980 年。

中国社会科学院考古研究所二里头工作队:《1984 年秋河南偃师二里头遗址发现的几座墓葬》，《考古》1986 年第 4 期。

中国社会科学院考古研究所：《殷墟发掘报告（1958 ～ 1961）》，文物出版社，1987 年。

中国社会科学院考古研究所河南二队、河南商邱地区文物管理委员会：《河南永城王油坊遗址发掘报告》，《考古学集刊·5》，中国社会科学出版社，1987 年。

中国社会科学院考古研究所安阳工作队:《安阳大司空村东南的一座殷墓》，《考古》1988 年第 10 期。

中国社会科学院考古研究所安阳工作队：《河南安阳市洹北花园庄遗址 1997 年发掘简报》，《考古》1998 年第 10 期。

中国社会科学院考古研究所：《偃师二里头——1959 年～ 1978 年发掘报告》，中国大百科全书出版社，1999 年。

中国社会科学院考古研究所：《蒙城尉迟寺——皖北新石器时代聚落遗存的发掘与研究》，科学出版社，2001 年。

中国社会科学院考古研究所安阳工作队：《河南安阳市洹北商城的勘察与试掘》，《考古》2003 年第 5 期。

中国社会科学院考古研究所、安徽省蒙城县文化局：《蒙城尉迟寺（第二部）》，科学出版社，2007 年。

中国社会科学院考古研究所安阳工作队：《河南安阳市洹北商城宫殿区二号基址发掘简报》，《考古》2010 年第 1 期。

中国社会科学院考古研究所、安徽省蚌埠市博物馆：《蚌埠禹会村》，科学出版社，2013 年。

中国社会科学院考古研究所：《二里头（1999—2006）》，文物出版社，2014 年。

中国国家博物馆、安徽省文物考古研究所：《安徽省当涂县姑溪河流域区域系统调查简报》，《东南文化》2014 年第 5 期。

中国国家博物馆、南京博物院：《江苏泗洪后陈遗址发掘简报》，《中国国家博物馆馆刊》2015 年第 7 期。

郑州大学文博学院、开封市文物工作队：《豫东杞县发掘报告》，科学出版社，2000 年。

周煜、黄炳煜：《天目山、单塘河遗址调查简报》，《东南文化》第三辑，江苏古籍出版社，1988 年。

周振华：《都昌县发现商周遗址》，《南方文物》1999 年第 3 期。

周丽娟：《广富林遗址良渚文化墓葬与水井的发掘》，《东南文化》2003 年第 11 期。

郑铎：《江苏常州象墩遗址的考古调查与发现》，《中国文物报》2013 年 5 月 10 日第 8 版。

邹厚本、宋建、吴绵吉：《丹徒断山墩遗址发掘纪要》，《东南文化》1990 年第 5 期。

二　研究专著、论文集、工具书（以首字母排序）

A

安徽大学、安徽省文物考古研究所：《皖南商周青铜器》，文物出版社，2006 年。

安徽大学、安徽省社会科学院、安徽省文物考古研究所:《安徽江淮地区商周青铜器》，文物出版社，2014 年。

G

高蒙河：《长江下游考古地理》，复旦大学出版社，2005 年。

宫希成：《中国出土青铜器全集·8 安徽》，科学出版社，2018 年。

J

蒋赞初：《南京大学历史系考古专业成立三十周年纪念文集》，天津人民出版社，2002 年。

L

栾丰实：《海岱地区考古研究》，山东大学出版社，1997 年。

栾丰实、方辉等：《考古学理论·方法·技术》，文物出版社，2003 年。

〔美〕路易斯·亨利·摩尔根著，杨东莼、马雍等译：《古代社会》，中央编译出版社，2007 年。

〔美〕罗伯特·沙雷尔、温迪·阿什莫尔著，余西云等译：《考古学——发现我们的过去》，世纪出版集团 上海人民出版社，2009 年。

M

毛颖、张敏：《长江下游的徐舒与吴越》，湖北教育出版社，2005 年。

N

南京博物院：《重构与解读——江苏考古六十年考古成就》，南京大学出版社，2009 年。

南京博物院：《南京博物院建院七十五周年纪念文集》，文物出版社，2009 年。

南京博物院：《张敏文集》，文物出版社，2013 年。

Q

钱穆：《中国文化史导论》，商务印书馆，1994 年。

S

苏秉琦：《中国文明起源新探》，生活·读书·新知三联书店，1999 年。

T

汤加富：《大别山及邻区地质构造特征与形成演化》，地质出版社，2003 年。

W

王迅：《东夷文化与淮夷文化研究》，北京大学出版社，1994 年。

王立新：《早商文化研究》，高等教育出版社，1998 年。

X

夏鼐：《中国文明的起源》，文物出版社，1985 年。

夏商周断代工程专家组：《夏商周断代工程 1996 ～ 2000 年阶段成果报告（简本）》，世界图书出版公司，2000 年。

Y

严文明：《中华文明史》，北京大学出版社，2006 年。

杨晶、吴加安：《科技考古》，文物出版社，2008 年。

杨楠：《江南土墩遗存研究》，民族出版社，1998 年。

俞伟超：《考古类型学的理论与实践》，文物出版社，1989 年。

俞伟超：《古史的考古学探索》，文物出版社，2002 年。

Z

赵东升：《青铜时代江淮、鄂东南和赣鄱地区中原化进程研究》，花木兰出版社，2013 年。

浙江省考古研究所：《纪念浙江省文物考古研究所建所二十周年论文集（1979 ～ 1999）》，西泠印社，1999 年。

朱凤瀚：《中国青铜器综论》，上海古籍出版社，2009 年。

中国考古学研究编委会：《中国考古学研究——夏鼐先生考古五十年纪念论文集》，文物出版社，1986 年。

中国社会科学院古代文明研究中心、安徽省文化厅、蚌埠市人民政府：《禹会村遗址研究——禹会村遗址与淮河流域文明研讨会论文集》，科学出版社，2014 年。

中国社会科学院考古研究所：《中国考古学·夏商卷》，中国社会科学出版社，2003 年。

邹衡：《夏商周考古学论文集》，文物出版社，1980 年。

邹衡：《夏商周考古学论文集（续集）》，科学出版社，1998年。

邹衡：《夏商周考古学论文集（再续集）》，科学出版社，2011年。

邹厚本：《江苏考古五十年》，南京出版社，2000年。

三　研究论文（以首字母排序）

A

安家瑗：《中国早期的铜铃》，《中国历史博物馆馆刊》总第10期，文物出版社，1987年。

安金槐：《关于郑州商代二里岗期陶器分期问题的再探讨》，《华夏考古》1988年第4期。

C

曹峻：《论马桥文化与中原夏商文化的关系》，《中原文物》2006年第2期。

曹峻：《马桥文化再认识》，《考古》2010年第11期。

曹峻：《亭林类型初论》，《中国考古学会第十四次年会论文集》，文物出版社，2012年。

程露：《也谈肥西大墩孜出土的青铜斝和铃》，《东方博物》第五十二辑，中国书店，2014年。

D

丁兰：《当代法国田野考古发掘方法与技术》，《华夏考古》2006年第4期。

豆海锋：《试论安徽沿江平原商代遗存及与周边地区的文化联系》，《江汉考古》2012年第3期。

F

冯普仁：《吴文化和无锡考古研究》，《无锡文博》2006年第2期。

G

宫希成：《夏商时期安徽江淮地区的考古学文化》，《东南文化》1991年第2期。

H

贺云翱：《具有解构思维特征的“文化因素分析法”——考古学者的“利器”之四》，《大众考古》2013年第5期。

胡悦谦：《试谈肥西县大墩孜商文化》，《安徽省考古学会成立会议会刊》，1979年。

黄宣佩、孙维昌：《马桥类型文化分析》，《1981年江苏省考古学会第二次年会暨吴文化学术讨论会论文集（第一册）》，1981年。

黄宣佩、孙维昌：《上海地区几何印纹陶的分期》，《文物集刊·3》，文物出版社，1981年。

霍东峰、陈醉：《“全面揭露发掘法”与“探方揭露发掘法”评议》，《考古》2015年第11期。

J

焦天龙：《论马桥文化的起源》，《南方文物》2010年第1期。

L

李伯谦：《论文化因素分析法》，中国文物报1988年11月4日第3版。

李伯谦：《马桥文化的源流》，《中国原始文化论集——纪念尹达八十诞辰》，第222～228页，文物出版社，1989年。

陆建方：《初论马桥——肩头弄文化》，《东南文化》1990年第1、2期合刊。

罗运兵、陈斌、丁伟：《大路铺文化土著文化因素的形成与传播》，《江汉考古》2014年第6期。

M

牟永抗：《高祭台类型初析》，《浙江省文物考古研究所学刊——建所十周年纪念（1980～1990）》，第7～15页，科学出版社，1993年。

N

南京博物院：《“江苏溧阳市秦堂山遗址考古成果专家论证会”会议纪要》，《东南文化》2016年第3期。

Q

仇士华、蔡莲珍：《碳十四测定年代工作的发展近况》，《文物保护与考古科学》1989年第1期。

S

慎微之：《湖州钱山漾石器之发现与中国文化之起源》，《江苏研究》1937年第5、6期。

水涛：《试论商末周初宁镇地区长江两岸文化发展的异同》，《长江流域青铜文化研究》，第298～304页，科学出版社，2002年。

宋建：《马桥文化的去向》，《中国考古学会第九次年会论文集》，文物出版社，1997年。

宋建：《马桥文化的分区和类型》，《东南文化》1999年第6期。

宋建：《环太湖地区新石器时代末期考古学研究的新进展》，《南方文物》2006年第4期。

宋建：《“钱山漾文化”的提出与思考》，《中国文物报》2015年2月13日第6版。

苏秉琦、殷玮璋：《关于考古学文化的区系类型问题》，《文物》1981年第5期。

苏秉琦：《地层学与器物形态学》，《文物》1982年第4期。

T

汤惠生：《哈里斯矩阵：考古地层学理论的新进展》，《考古》2013年第3期。

唐际根：《中商文化研究》，《考古学报》1999年第4期。

W

王立新、胡宝华：《试论下七垣文化的南下》，《考古学研究（八）》，科学出版社，2011年。

王迅：《试论夏商时期东方地区的考古学文化》，《北京大学学报（哲学社会科学版）》1989年第2期。

Y

杨立新：《安徽淮河流域夏商时期古代文化》，《文物研究》第五辑，黄山书社，1989年。

尹焕章、张正祥：《对江苏太湖地区新石器文化的一些认识》，《文物》1962年第3期。

Z

张敏、韩明芳：《江淮东部地区古文化的初步认识》，《中国考古学会第九次年会论文集》，文物出版社，1997年。

张敏：《宁镇地区青铜文化研究》，《长江流域青铜文化研究》，第248～297页，科学出版社，2002年。

张敏：《阖闾城遗址的考古调查和保护设想》，《江汉考古》2008年第4期。

张敏：《殷商时期的长江下游》，《南京博物院集刊11：南京博物院建院七十五周年纪念文集》，文物出版社，2009年。

张忠培：《地层学与类型学的若干问题》，《文物》1983年第5期。

张忠培：《中国古代文明之形成史纲》，《考古与文物》1997年第1期。

张忠培：《中国古代的文化与文明》，《考古与文物》2001 年第 1 期。

张忠培:《解惑与求真——在“环太湖地区新石器时代末期文化暨广富林遗存学术研讨会”的讲话》，《南方文物》2006 年第 4 期。

赵春青：《新砦期的确认及其意义》，《中原文物》2002 年第 1 期。

赵辉、张海等：《田野考古的“系络图”与记录系统》，《江汉考古》2014 年第 2 期。

曾昭燏、尹焕章：《试论湖熟文化》，《考古学报》1959 年第 4 期。

邹衡：《试论郑州新发现的殷商文化遗址》，《考古学报》1956 年第 3 期。

邹衡：《试论殷墟文化分期》，《北京大学学报（哲学社会科学版）》1964 年第 4 期。

邹衡：《试论殷墟文化分期（绪完）》，《北京大学学报（哲学社会科学版）》1964 年第 5 期。

四 学位论文（按时间排序）

余建立：《何郢遗址出土陶器分析——兼论滁州地区西周时期考古学文化编年谱系及其相关问题》，北京大学 2006 年硕士学位论文。

陶治强：《皖西南地区夏商时期的考古学文化》，安徽大学 2007 年硕士学位论文。

陈小春：《新州遗址出土的石质品研究》，安徽大学 2009 年硕士学位论文。

赵东升：《论青铜时代江淮、鄂东南和赣鄱地区的文化格局及其与夏商西周文化的互动关系》，南京大学 2009 年博士学位论文。

豆海锋：《长江中游地区商代文化研究》，吉林大学 2011 年博士学位论文。

方玲：《下冯塘遗址研究》，安徽大学 2011 年硕士学位论文。

郭晓敏：《姑溪河流域先秦遗址初探》，安徽大学 2013 年硕士学位论文。

王清刚：《2012 年度上海广富林遗址山东大学发掘区发掘报告》，山东大学 2013 年硕士学位论文。

罗汝鹏：《公元前 20 至前 9 世纪中国东南地区考古学文化研究——以闽浙赣交界地区为中心》，北京大学 2014 年博士学位论文。

五 其他

滁州市政府官网：http://www.chuzhou.gov.cn/art/2010/9/8/art_308_15885.html.

后 记

长久以来，长江下游青铜时代考古，并非中国考古大类研究的热门。大家多将目光聚焦于中原，对长江下游的关注则较少。当然，也有很多客观原因。其重要者主要有两个。一是长江下游夏商时期考古资料的长期不系统性，部分地区甚至真空，导致难以从整体角度对区域文化进行把握。二是长江下游遗址地层时空多断裂，延续性很差，很多遗址往往由良渚地层直接跨越至春秋地层，直接导致断代工作难以细致。因此，长江下游夏商时期考古研究受到了很多先天性条件限制。然而，就在大家研究中原文明的高潮阶段，中原又发现了很多南方文明因素，却无法进行更深入、系统的阐释。因此，对长江下游的关注开始变多。笔者所进行的研究，特别是长江下游夏商时期关键层位遗存的断代以及由此延伸出来的年代序列，多是以近些年的考古材料为基础。而自身参与发掘的五担岗遗址断代、分期，更是这个基础的决定要素。

水涛先生是我硕士和博士期间的导师，而求学期间对我的各种历练，让我开始逐渐关注中国早期文明的区域进程。笔者从事该区域的考古研究，则得自考古发掘的机缘。 2009 年春，水先生受安徽省文物考古研究所委托，对马鞍山市五担岗遗址开展发掘工作，而我很荣幸成为了其中一员。考古工作从岁首持续至岁尾，发掘面积近 3800 平方米。体现出的文化内涵非常丰富，主体遗存自二里头时期延续至两周时期。我参与了遗址发掘和后续整理的整个流程，而这基本上就是本书的缘起。水老师让我承担五担岗考古报告的编写工作，而器物的分期、断代工作便成了头等大事。为了完成这项工作，我详查了江苏、安徽、浙江、上海、福建、江西、湖北、湖南、山东、河南、河北、山西、陕西等多个省、市的同时期考古资料，历时六年有余。终于，报告在 2016 年秋得以出版。而这个历程，也让我开始关注整个长江下游早期文明的动态演进过程。在此期间，水涛先生跟我提起要关注黄山文化圈，可以考虑作博士学位论文。我觉得这是个很好的研究方向，但切入很困难。我在分析长江下游考古资料的过程中，恰好发现夏商时期存在很多问题，随后便作为博士学位论文写作。2017 年春，在博士求学的第六年末，终于答辩毕业。时至今日，我在南京大学从事考古教学、研究后，有机会将博士学位论文出版，百感交集。

博士学位论文基本资料的收集，基本以 2016 年为限。在论文写作期间及至今天，很多考古资料陆续或即将出版，而笔者近几年未有余力将这些材料填补进体系，如东苕溪流域夏商时期窑业群、师姑墩、大城子、佛前墩、三官庙、琚新屋、下菰城、昆山等新资料，几个区域的部分铜器资料，铜器及原始瓷器技术，区域间的深入交流及多元性，等等。这些遗憾，将在以后另文讨论弥补。这是本书先天存在的诸多问题，还需同行专家批评指正。

感谢南京大学研究生院，博士学位论文的写作过程，得到了南京大学优秀博士研究生创新能力提升计划 B、南京大学优秀博士研究生创新能力提升计划 A 的资助，论文后获“南京大学优秀博士